Heute verkehren nicht mehr wie einst weltberühmte Künstler in Cadaqués. Doch Kunst wird im schönsten Dorf an der Costa Brava immer noch groß geschrieben.

Wahrhaft majestätisch und gar nicht so südländisch anmutend: das Bergmassiv der Picos de Europa

Die Kathedrale von Toledo →

DIE BESTEN BAEDEKER-TIPPS

Von allen Baedeker-Tipps in diesem Buch haben wir hier die interessantesten für Sie zusammengestellt! Erleben und genießen Sie Spanien von seiner schönsten Seite.

! Rusticae
In ganz Spanien gehören über 100 Häuser einer Hotelkette mit dem Namen »Rusticae« an. Diese charmanten Unterkünfte abseits vom Massentourismus haben einen besonderen familiären Charakter. ► **Seite 133**

! Mit dem Erdbeerzug ...
... kann man vom Bahnhof Atocha in Madrid nach Aranjuez fahren. Der nostalgische Dampfzug verkehrt heute von April bis Juli und von Mitte September bis Oktober, früher nur zur Erdbeerzeit. ► **Seite 184**

! Sardanas
Wer den katalanischen Nationaltanz ohne folkloristischen Tand sehen will, hat auf der Pla de la Seu in Barcelona Gelegenheit dazu. ► **Seite 218**

! Kaffee mit Picasso
In der Carrer Montsío in Barcelona hatte Picasso seine erste Ausstellung, und zwar im Café Els Quatre Gats. ► **Seite 221**

Ein Verkehrsmittel der Extravaganz hat die baskische Metropole Bilbao mit der »Hängenden Brücke« zu bieten.

In den Bars von Donostia blüht die Tapas-Kultur.

! Puente Colgante
Wer schwindelfrei ist, kann die Hängebrücke in Portugalete bei Bilbao auch zu Fuß auf dem Gitterwerk überqueren. ► **Seite 242**

! Produkte des Landes
Jeden Samstag wird auf der Plaza Mayor von Aranda de Duero Markt abgehalten. Es gibt landwirtschaftliche Produkte und Töpferwaren – garantiert kein Touristenkitsch! ► **Seite 254**

! Festival des los Patios
Beim Festival de los Patios Cordobéses wird der schönste Blumenhof in Córdoba gekürt. ► **Seite 293**

! Naturpark Montgó
Schöne Wanderungen kann man im Naturpark bei Dénia an der Costa Blanca um den 753 m hohen Montgó machen. ► **Seite 306**

Tapas auf baskisch
In der Altstadt von Donostia gibt es die besten und variantenreichsten Tapas des Landes. Also: Eine Tapa-Tour verspricht Hochgenuss! ► Seite 348

Alhambra im Mondlicht
Abends durch die Gemächer des erleuchteten Nasridenpalasts zu schlendern und dem sanften Gemurmel der Brunnen zu lauschen, ist ein unvergessliches Erlebnis. ► Seite 393

Ausflugstipps
Von Aracena aus sollte man einen Ausflug in die wunderbare Kork- und Steineichenlandschaft der Sierra de Aracena machen. ► Seite 406

Zünftiger Bergurlaub
Bei Villanúa an der N-330 liegt das Berghotel Faus-Hütte – ein idealer, freundlicher Ort für einen Pyrenäen-Urlaub. ► Seite 422

Wanderungen
Die klassische Wanderung im Parc Nacional d'Aigüestortes ist die Durchquerung von Ost nach West. ► Seite 449

Ein Ticket für drei
Für alle drei großen Gemäldesammlungen Madrids gibt es ein günstiges Sammelticket, erhältlich an den jeweiligen Museumskassen. ► Seite 479

Seilbahn in Madrid
Jenseits des Río Manzanares beginnt der Casa de Campo, der einstige königliche Wald. Vom Parque de la Montaña fährt eine Kabinenseilbahn hinüber. ► Seite 484

El Hammam
In diesem luxuriösen türkischen Bad im ehemaligen jüdischen Viertel von Málaga, unweit des Picasso-Museums, werden u. a. Massagen angeboten. ► Seite 487

Souvenirs
Alba de Tormes bei Santander ist bekannt für seine Keramik im traditionellen kastilischen Stil. ► Seite 564

Nachbildungen
Die originalen Höhlen von Altamira kann man leider nicht mehr besichtigen, aber immerhin eine Nachbildung im angegliederten Museum. ► Seite 584

Auch wenn man die Originale nicht mehr besichtigen darf – zu gefährlich ist der Atem der Besucher –, sollte man sich die Reproduktion der Steinzeitmalereien von Altamira nicht entgehen lassen.

Rundfahrt um Toledo
Manchmal lohnt es, Abstand zu nehmen vom bestaunten Objekt, oder eben drum herum zu fahren, um es am besten würdigen zu können. ► Seite 649

Tribunal de las Aguas
Wenn jeden Donnerstag das Wassergericht an der Puerta de los Apóstoles in Valencia zusammenkommt, erlebt man Geschichte hautnah. ► Seite 657

Wein vom Duero
Rund um Valladolid gibt es nicht nur Burgen, hier baut man auch Spitzenwein an. ► Seite 672

Badespaß
Über 3000 Kilometer Küste warten auf Sonnenhungrige und Wasserratten.
► Seite 95

HINTERGRUND

PRAKTISCHE INFORMATIONEN

Hinweis
Dieser Reiseführer beschreibt Ziele in Festlandspanien. Er enthält keine Beschreibungen der Balearen und der Kanarischen Inseln.

TOUREN

REISEZIELE VON A BIS Z

Überwältigend, grandios, einzigartig
Worte reichen nicht aus, um den Säulenwald in der Mezquita von Córdoba zu beschreiben.
▸ **Seite 286**

Preiskategorien

► **Hotels**
Luxus: ab 150 €
Komfortabel: 80 – 150 €
Günstig: bis 80 €

Für eine Übernachtung im Doppelzimmer

► **Restaurants**
Fein & teuer: ab 25 €
Erschwinglich: 12–25 €
Preiswert: bis 12 €

Für ein Hauptgericht ohne Getränke

Spanische Köstlichkeit
Zu den Hauptgerichten an der Costa Daurada zählt Paella – kein Wunder, wird doch seit alters im Ebro-Delta Reis angebaut.
▸ **Seite 319**

nachdenken • klimabewusst reisen
atmosfair

Mudéjarer Burgenbau ...
...in Reinkultur: das Castillo de Coca in der Umgebung von Segovia
▸ **Seite 585**

Hintergrund

DAS SPANISCHE KÖNIGREICH:
FAKTEN ÜBER POLITIK,
NATURRÄUME, GESCHICHTE,
WIRTSCHAFT UND KUNST.
IM FOLGENDEN NACHZULESEN
SIND DIE ECKDATEN DES LANDES.

SONNE, STRAND UND MEHR ...

Gut zehn Millionen Bundesbürger können nicht irren: Spanien ist das beliebteste Ferienziel der Deutschen. Die allermeisten von ihnen suchen Sonne, Strand und Meer und finden es zuhauf, preisgünstig und familienfreundlich an den Stränden. Aber war das schon alles? Ist da nicht noch ein bisschen mehr?

Es ist. Denn Spanien hat viel mehr zu bieten als – allerdings keineswegs zu verachtende – lange Strände, Sonnenschirme, Liegestühle und Flamenco-Abende in der Hotelbar. Da gibt es im Norden das grüne, das fast unbekannte Spanien: die wilde, zerklüftete Atlantikküste und das sanftwellige Binnenland von Galicien, das Land des heiligen Jakobus, die berggesäumte Küste von Asturien, Kantabrien und dem Baskenland an der Biskaya, die kleine Rioja, wo der beste Wein Spaniens reift (aber gewaltige Konkurrenz durch das Anbaugebiet Ribera del Duero bekommen hat), die Gebirgszüge der Picos de Europa und natürlich der Pyrenäen mit Matten und Almen, wie man sie in der Schweiz nicht schöner findet.

Eintönigkeit unbekannt
Bunte Hausfassaden in der Altstadt von Villajoyosa an der Costa Blanca

Kastilien schließt sich an, das Kernland Spaniens, karg, melancholisch, faszinierend. Ein weiter Himmel überwölbt die stolzen Burgen, von denen es seinen Namen hat, und noch stolzere Städte – León, Salamanca, Segovia, Ávila, Toledo und Madrid. Nach Westen hin wird es dann steiniger; von hier, aus der Extremadura, stammen die meisten Konquistadoren, die dem harten Dasein entfliehen wollten. Im Südosten, durch die Mancha, ritten Don Quijote und Sancho Pansa auf der Suche nach Abenteuern, und noch immer stehen hier die Mühlen, gegen die er anrannte.

Noch einmal über ein Gebirge, und schon ist man in Andalusien, für viele der Inbegriff Spaniens. Hier haben die Mauren großartige Kulturdenkmäler wie die Alhambra in Granada, aber auch Spuren im Alltag der heutigen Einwohner hinterlassen.

Dazu kommen noch die vor der Mittelmeerküste liegenden Balearen (Mallorca, Menorca, Ibiza, Formentera und Nebeninseln) und die Kanarischen Inseln vor der afrikanischen Nordwestküste (beide Inselgruppen nicht Gegenstand dieses Buches!) sowie die Städte Ceuta und Melilla auf dem nordafrikanischen Festland.

Land voller Überraschungen
In der eher trockenen und steinigen Extremadura findet man zauberhafte grüne Inseln.

Sonne satt
Strände wie die Platja Canal Roig bei Calp garantieren Erholung par excellence.

Wo sich Morgenland und Abendland begegnen
Das maurische Erbe ist überall in Andalusien allgegenwärtig – so etwa in Almeria.

Tradition und Moderne
Antonio Gaudí verband gotische Bauelemente mit eigenwilligen floralen Motiven und wurde so zum Vater des »Modernisme«.

Natur pur
Schneebedeckte Berge, grüne Wiesen und Täler, mittelalterliche Städte: die Pyrenäen in ihrer ganzen Schönheit

Flanieren und Genießen
gehören zu den liebsten Zeitvertreiben der Spanier, wie hier auf der Explanada in Alicante.

Spanien à la carte

Und so vielfältig wie die Landschaften ist Spaniens oft deftige Küche. Viel Olivenöl und reichlich Knoblauch finden sich in den Speisen fast aller Regionen des Landes. Im Süden haben sich maurische Einflüsse auf die Gerichte erhalten, z. B. die typischen Gewürze wie Zimt, Muskatnuss, Kreuzkümmel oder Safran. In den Küstenregionen, ob an der Biscaya (wo man gerne eine Sidra dazu trinkt) oder am Mittelmeer, isst man freilich vermehrt Fisch und Meeresfrüchte. In ganz Spanien verbreitet ist die Paella, die ursprünglich aus Valencia stammt und nun vielfach variiert wird. Weniger bekannt aber ebenso lecker: die Zarzuela de mariscos, verschiedene gebratene und scharf gewürzte Fischarten, oder Merluza a la Vasca, Seehecht mit grüner Soße. Wer es gerne herzhaft mag, der sollte sich den kastilischen Cocido, einen deftigen Eintopf, oder die asturische Fabada aus weißen Bohnen nicht entgehen lassen. Für die Liebhaber von Wild empfiehlt sich Kaninchen à la chilindrón aus Navarra und Aragón. In Andalusien genießt man Rabo de Buey (Ochsenschwanzragout) und trinkt dazu einen knochentrockenen Sherry oder einen sanftmütigen Oloroso. Bedenken Sie dabei: In Spanien geht kein Mensch vor 21.30 zum Essen ins Restaurant – gut, dass die Sportangebote überall im Land sehr umfangreich sind!

Lukullische Genüsse
Spanische Markthallen sind Tempel für Gourmets.

Spanische Lebensart

Es gibt eine einfache und hübsche Methode, um zumindest ein wenig am Lebensstil der Spanier teilzuhaben: Setzen Sie sich nachmittags so um 17.00 Uhr herum auf eine Plaza. Zunächst werden Sie dort ziemlich allein sein, schließlich geht die Siesta gerade zu Ende, aber dann, allmählich, bevölkern immer mehr Menschen den Platz. Es ist Zeit für die »Móvida«, das genüssliche Flanieren bis tief in die Nacht. Schließen Sie sich einfach an, schlendern Sie mit von Bar zu Bar, genehmigen Sie sich hier einen Sherry, dort einen Rotwein, ein Bier oder eine Sidra, probieren Sie überall von den wunderbaren Tapas und vergessen Sie darüber das geplante Abendessen und das Besichtigungsprogramm für den nächsten Tag. Gratulation: Wenn Ihnen das gelingt, haben Sie einen zwar kleinen, aber ganz und gar nicht unwesentlichen Zipfel spanischer Lebensart erwischt. Das ist schon ein kleines Olé wert in einem Land, in dem das Leben erst beginnt, wenn im übrigen Europa schon das Licht ausgemacht wird ...

Fakten

Wer spricht eigentlich klassisches Spanisch? Ist Spaniens König mächtig? Und wo ist es am wärmsten im Land der Sonne? Wissenswertes über Land und Leute, Wirtschaft und Politik, Gesellschaft und Alltagsleben.

Natur und Umwelt

Drei Oberflächenformen

Auf dem spanischen Festland lassen sich drei Oberflächenformen unterscheiden: das Innere Hochland (Meseta), der das Hochland umgebende innere Gebirgsring und die Gebirge und Becken der äußeren Randlandschaften.

◄ Inneres Hochland (Meseta)

Die ausgedehnte Hochebene der Meseta erstreckt sich auf einer Fläche von über 200 000 km² zwischen 600 und 1000 m Höhe. Das Kastilische Scheidegebirge (Cordillera Central), bestehend aus der bis auf 2592 m (Pico de Almanzor) aufsteigenden Sierra de Gredos südwestlich von Madrid und der Sierra Guadarrama (höchster Punkt Pico Peñalara, 2430 m) nordwestlich der Hauptstadt, trennt die Meseta in eine nördliche (Meseta Septentrional) und eine südliche Hälfte (Meseta Meridional). Die kleinere **Nordmeseta** umfasst die historischen Landschaften von Altkastilien und León und wird vom Duero durchflossen. Die **Südmeseta** entspricht den Landschaften Neukastilien und Extremadura, die nach Südosten hin auf 300–150 m Höhe abflacht. Die Flüsse Tajo und Guadiana entwässern die südliche Hochebene, wobei die Gebirgskette der Montes de Toledo das Tajo-Becken vom Guadiana-Becken trennt.

◄ Innere Randgebirge

Zu den Inneren Randgebirgen der Meseta zählen im Norden das Asturische Gebirge, dessen höchster Gipfel im Massiv der Picos de Europa die Torre de Cerredo mit 2648 m ist. Von Nordosten nach Osten zur Mittelmeerküste zieht sich, teils hochflächig, teils gebirgig, das Iberische Randgebirge und schließt steil abfallend die Meseta zum Ebro-Becken hin ab. Die Südmeseta wird von der kargen Sierra Morena vom Becken des Guadalquivir getrennt.

◄ Äußere Randlandschaften

Im äußersten Nordwesten Spaniens liegt das Galicische Bergland, dessen Küste von zahlreichen Rías (so genannte »ertrunkene Flussmündungen«) eingeschnitten ist, die der Landschaft den **Charakter norwegischer Fjorde** verleihen. Das Kantabrische Gebirge, das auf 1700 m aufsteigt, verbindet im Norden das Asturische Gebirge mit den Pyrenäen, die ihren höchsten Gipfel mit 3404 m im Pico d'Aneto erreichen. In südwestlicher Richtung schließt sich das bis zu 1700 m hohe Katalonische Gebirge an. Die beiden letztgenannten Gebirgszüge umschließen das Becken des Ebro, der das Katalonische Gebirge durchstößt und sich ins Mittelmeer ergießt.

Im Süden erstrecken sich von der Meerenge von Gibraltar bis zum Cabo de la Nao am Mittelmeer die Betischen Kordilleren (Cordilleras Béticas), die mit dem Cerro de Mulhacén (3481 m) und dem Pico de Veleta (3428 m) die höchsten Gipfel Spaniens besitzen. Der Gebirgszug fällt zum Mittelmeer hin ab, so dass zwischen der Südmeseta und der Küstenlandschaft von Valencia eine relativ niedrig gelegene

← *Karge Erde und unendliche Weite prägen die Hochebene von Guadix – die Schafe grasen vor der Kulisse der Burg Lacalahorra.*

Malerischer Bergsee in den katalonischen Pyrenäen bei Sort

Verbindung offen bleibt. Zwischen den Betischen Kordilleren und der Sierra Morena dehnt sich das Becken des Guadalquivir aus, der in einem großflächigen Delta in den Atlantik mündet.

Gewässer

Die Hauptwasserscheide zwischen Atlantik und Mittelmeer verläuft von dem nach Frankreich hinabfließenden Pyrenäenfluss Ariège bis zum Pico de los tres Mares im Osten des Asturischen Gebirges. Dort knickt sie scharf nach Südosten ab und wendet sich dann vor dem Jalón nach Süden, wo sie in den Betischen Kordilleren wieder in westlicher Richtung verläuft. Das einzige große spanische Flusssystem, das ins Mittelmeer mündet, ist das des **Ebro**. Alle anderen großen Flüsse – Duero, Tajo, Guadiana und Guadalquivir – fließen in den Atlantik. Größere **Binnenseen** gibt es in Spanien nicht; dagegen stößt man auf eine Vielzahl künstlicher Stauseen.

Großlandschaften

Katalonien (katal. Catalunya; span. Cataluña)

Katalonien ist die nördlichste der spanischen Mittelmeerlandschaften, die in Natur und geschichtlicher Entwicklung gegenüber dem kastilischen Binnenland ein eigenes Gepräge besitzen. Das Katalonische Gebirge verläuft parallel zur Küste und verbindet die östlichen Pyrenäen mit dem nordöstlichen Randgebirge der Meseta. Ursprünglich ein Kettengebirge, ist es später durch tektonische Störungen in **isolierte Bergstöcke** aufgelöst worden, den Montseny (1745 m) im Norden sowie den berühmten Montserrat (1241 m) mit der Klosteranlage und den Montsant (1071 m) im Süden.

Zwischen dem Hauptzug des Gebirges und einer niedrigeren Küstenkette erstreckt sich das Katalonische Längstal. Es ist das Herz des Landes, dicht besiedelt und mit Olivenhainen, Weinbergen und Korkeichenwäldern (besonders bei Girona) bedeckt. Die von den Pyrenäen herabkommenden Flüsse, vor allem der Llobregat, durchbrechen das Gebirge in engen Talschluchten.

◄ Katalonisches Längstal

In den Pyrenäen zeigt sich auf katalonischem Gebiet ein Bild menschenarmer, wilder Gebirgslandschaft. Im Quellgebiet des Segre liegt das kleine souveräne Fürstentum Andorra. Im Osten senken sich die Pyrenäen zum Hügelland Empordà; Olivenhaine, Weingärten und Korkeichenwälder säumen hier den Fuß des Gebirges.

◄ Pyrenäen

Katalonien ist die **wirtschaftlich bedeutendste Region Spaniens**. Wichtigster Wirtschaftszweig ist der Tourismus. Die reizvolle Costa Brava ist bis heute eines der meistbesuchten Ferienziele der Welt. Herausragende Industriezweige sind der Fahrzeugbau, die Möbelfertigung, Textil und Leder, Papier und Druck, die Nahrungsmittelproduktion sowie die chemische Industrie. Auch der Obstbau (bes. Orangen und Mandarinen) und der Weinbau samt Kellereiwirtschaft spielen eine nicht unerhebliche Rolle.

◄ Wirtschaft

Aragonien (Aragón), Navarra

Die früheren Königreiche Aragonien (Aragón) und Navarra umfassen im Wesentlichen das Ebro-Becken, das im Norden von den Pyrenäen, im Südwesten vom Iberischen Randgebirge und gegen das Mittelmeer vom Katalonischen Gebirge begrenzt wird. Der Ebro tritt durch die Conchas de Haro in das Becken ein, folgt dann einer sanften Abdachung und bahnt sich in einem engen Durchbruchstal durch das Katalonische Gebirge den Ausgang zum Meer. Von Gebirgen rings umschlossen, hat das **karge Hügelland** Aragoniens ein kontinentales Klima mit überaus trockenen Sommern, deren drückender Hitzedunst über der weißgrauen Ebene lagert. Den wegen seines Salz- und Gipsgehaltes unfruchtbaren Boden bedecken Halfagrassteppen und dürftige Schafweiden. Der Anbau von Getreide und Gemüse beschränkt sich auf die Uferstrecken der Flüsse, besonders des Ebro und des Segre. Der Bewässerung des Landes dient fast nur der Canal Imperial (Kaiserkanal), der dem rechten Ufer des Ebro auf einer Strecke von annähernd 90 km folgt. Die wenigen Siedlungen des menschenarmen Landes halten sich an diese lang gestreckten Flussoasen (Huertas). Zaragoza, die Hauptstadt Aragoniens, liegt in einer solchen Huerta, in der Mandeln, Oliven, Feigen und Wein gedeihen.

Nördlich reichen Aragonien und Navarra bis zum Hauptkamm der Pyrenäen. Diese zeigen im Westen, wo sie an das Kantabrische Gebirge anschließen, noch Mittelgebirgscharakter und steigen auf über 1500 m an. Hier entstand das kleine Königreich Navarra. Seine Hauptstadt Iruñea (Pamplona) liegt in einem baumlosen Becken zwischen dem Hauptkamm und der Sierrenzone. Östlich vom Somportpass (1640 m) steigt der Pyrenäenkamm zu einer gewaltigen Grenzmauer an, deren höchster Gipfel Pico de Aneto (3404 m) im Granitstock der Maladetagruppe auf spanischem Boden liegt. Der

◄ Pyrenäen

Zentralkamm trägt in kleinen Hochseen und Karen Spuren einer stärkeren eiszeitlichen Vergletscherung. Dem Südfuß des Gebirges folgt die aus einer Bergkette bestehende Sierrenzone, die von den durchbrechenden Flüssen in einzelne Rücken zerrissen wird (Sierra de la Peña u. a.). Da die spanische Seite der Pyrenäen regenarm ist, fehlt ihr das grüne Waldkleid des Nordabfalls. Nur magere Weiden sowie Macchia bedecken die gewaltigen Hänge der Täler.

Baskenland (bask. Euskadi, span. País Vasco)

Die baskischen Provinzen Guipúzcoa, Vizcaya und Álava umfassen den östlichen Teil des Kantabrischen Gebirges zwischen dem bei Bilbao mündenden Nervión und den Pyrenäen. Die Landschaft hat **Mittelgebirgscharakter** nur einige wenige Gipfel, wie die Peña de Gorbea (1475 m), ragen steiler empor. Durch Längstalfurchen wird das Küstengebirge vom Hauptkamm des Kantabrischen Gebirges getrennt. Unter dem Einfluss der feuchten Nord- und Nordwestwinde zeichnet sich dieses Küstenland durch reichen Pflanzenwuchs aus: auf den Höhen Eichen-, Buchen- und Kastanienwälder oder üppiges Farngestrüpp neben Aufforstungen mit Kiefer und Eukalyptus. Die Hügel und Täler sind mit Wiesen, Maisfeldern, Walnuss- und Obstbäumen bedeckt, in günstigen Lagen gedeiht auch ein leichter Landwein. Das angenehme Klima, das üppige Grün sowie die malerischen baskischen Einzelgehöfte geben dem Nordabhang des Kantabrischen Gebirges einen freundlichen Charakter. Besonders anziehend ist die meist über 300 m hohe Steilküste mit ihren vielfach zu Badeorten ge-

Großlandschaften Orientierung

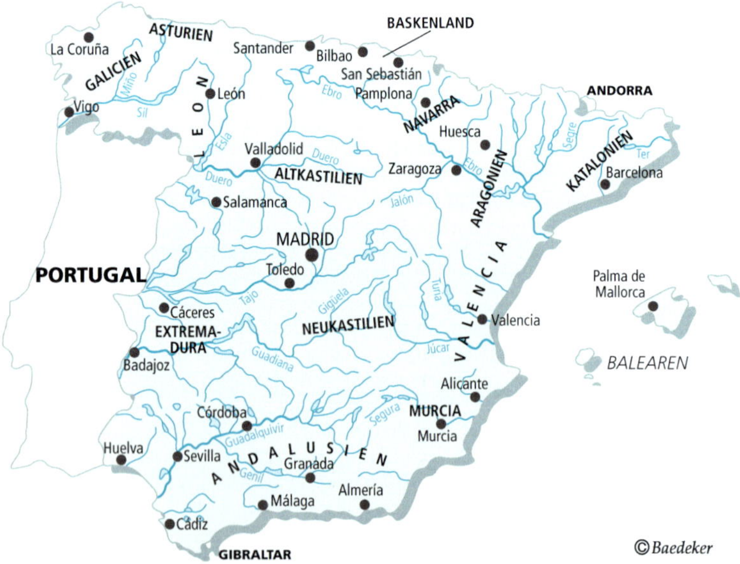

wordenen Fischersiedlungen. Der Süden des Kantabrischen Gebirges unterscheidet sich landschaftlich als auch wirtschaftlich vom Küstengebiet. Weite Täler wechseln mit Beckenlandschaften ab.

◄ Wirtschaft

Das Baskenland ist eine der ältesten Industrieregionen Europas. Schon früh konnten sich hier die Eisen- und Stahlindustrie sowie die chemische Industrie etablieren. Auch die Holzverarbeitung und die Papierherstellung haben eine lange Tradition. Seit Eisen und Stahl in die Krise geraten sind, entwickeln sich der Handel und der Dienstleistungssektor gut. Auch der Tourismus nimmt an Bedeutung zu.

Asturien (Asturias)

Das ehemalige Fürstentum Asturien, heute autonome Region mit der Hauptstadt Oviedo, zieht sich am Golf von Biscaya entlang und wird fast ganz vom Kantabrischen Gebirge erfüllt. Dieses erreicht hier alpine Höhen und erhebt sich in den **Picos de Europa** bis zu 2648 m. Im Westen sind die Bergzüge wild zerklüftet und von unerwarteter Romantik. Hohe Pässe führen nach Süden, doch nur der Pajarespass (1364 m), über den die Straße von Oviedo nach León führt, verbindet Asturien mit Innerspanien.

◄ Becken von Oviedo

Im Zentrum von Asturien, dem das ozeanische Klima ein grünes Pflanzenkleid verleiht, liegt das Becken von Oviedo, das sich als fruchtbares Hügelland bis an die Küste erstreckt. Größere Städte gibt es außer der Hauptstadt Oviedo und der Hafenstadt Gijón keine. Zahlreich sind jedoch die kleinen Fischerorte an der durch die Steilabstürze der Kliffe sehr malerischen Küste. Hier hat sich in den meisten Orten ein reges Badeleben entfaltet.

◄ Wirtschaft

Traditionell wurde das Wirtschaftsleben Asturiens von der Landwirtschaft (bes. Mais- und Obstanbau, Viehzucht) und vom Bergbau bestimmt. Der Abbau von Steinkohle und diversen Erzen sorgte viele Jahrzehnte für Wohlstand. Seit jedoch der Bergbau und die Metallverarbeitung in die Krise geraten sind, sucht man nach neuen Einkommensquellen. Einiges verspricht man sich vom Tourismus.

Galicien (gal. und span. Galicia)

Galicien umfasst die ganze Nordwestecke der Iberischen Halbinsel bis zur spanisch-portugiesischen Grenze. Waldige Tallandschaften (Kiefer, Eiche, Eukalyptus), von lang gestreckter Beckenform wie am Minho, werden von Gebirgszügen eingerahmt; dazwischen liegen Hochflächen, die Flüsse in engen und steilen Tälern durchziehen.

◄ Rías

Einen besonderen Charakter bekommt Galicien durch die tief ins Land eingeschnittenen Meeresbuchten der Rías (rías altas an der Nordküste, rías bajas an der Westküste), in die die einzelnen Täler münden. Diese Buchten, oft mit **vorzüglichen Sandstränden**, sind nicht nur Zufluchtstätten an der oft sturmgepeitschten Küste; hier befinden sich auch wichtige Häfen wie Vigo und A Coruña.

◄ Wirtschaft

Galicien ist im spanischen Vergleich eine wirtschaftlich **unterentwickelte Region**. Größere Industriebetriebe gibt es um die Großstädte A Coruña und Vigo. Einen hervorragenden Ruf hat sich die galicische Mode- und Textilindustrie erworben. Weltbekannt ist heute beispielsweise das Label »Zara« des in A Coruña ansässigen Textilkonzerns Inditex. Nach wie vor eine eine wichtige Rolle spielt die traditionelle Fischerei, die nach und nach von der modernen Aquakultur (bes. Muscheln) abgelöst wird. Ein wichtiger Wirtschaftsfaktor ist auch der Wallfahrtstourismus nach Santiago de Compostela.

Im Landesinnern werden Viehzucht und Ackerbau betrieben. Angebaut werden Mais, Weizen und im südwestlichen Teil auch Wein. Allerorten trifft man in Galicien auf die Hórreos genannten **Maisspeicher**, Wahrzeichen der Region. Auf Steinstützen hoch über dem Boden stehen tempelähnliche Kästen, deren Seitenwände entweder aus geschlitzten Steinplatten oder aus eng stehenden Holzlatten gebildet werden, die nur den Wind, nicht aber Vögel oder anderes Getier durchlassen. Zwischen Stütze und Kasten sind flache Steinscheiben als Mäusesperren geschoben. In den Speichern werden Maiskolben aufbewahrt, nur bei Bedarf wird ein Teil entnommen und gedroschen.

Kastilien (Castilla)

Kastilien, die Kernlandschaft Spaniens, umfasst ein größtenteils meerfernes Binnenland, die so genannte Meseta (Große Tafel). Die ehemals von zahlreichen Burgen und Kastellen gesicherte Hochfläche wird durch das Kastilische Scheidegebirge, eine Kette von Gebirgsgruppen (Sierra de Guadarrama, Sierra de Gredos, Sierra de Gata), in **Altkastilien** (Castilla la Vieja) im Norden und **Neukastilien** (Castilla la Nueva) im Süden getrennt. Diesen beiden westwärts geneigten Hochflächen folgen die großen, nicht schiffbaren Flüsse, wobei sie den Westrand in felsigen Schluchten queren. Die nördliche Abdachung, in der unter ozeanischem Klima liegenden Region Kantabrien, bildet das Kantabrische Gebirge.

Meseta ►

Die bedeutende Höhenlage der Meseta (Altkastilien 900 m und darüber, Neukastilien 600–700 m) verleiht dem Klima einen kontinentalen Charakter mit heißen Sommern und strengen Wintern. Das früher wegen der geringen Niederschläge, der Baumarmut und der dünnen Besiedlung größtenteils ungenutzte Land wird heute, besonders nach dem Bau von Stauseen und der Aufforstung mit schnell wachsendem Eukalyptus, bewirtschaftet und dient den aus Extremadura herüberziehenden Merinoschafherden als Weideland. Auf den großen Ebenen bei Palencia, Valladolid und Zamora sowie der Mesa de Ocaña in Neukastilien, die z. T. künstlich bewässert wird, baut man Getreide und **Kichererbsen** an. Menschenleer sind die im Winter windgepeitschten Páramos oder Parameras, hoch liegende trockene Kalktafeln am Ost- und Nordrand der Meseta.

León

Die drei Provinzen León, Zamora und Salamanca der historischen Landschaft León werden heute geografisch und verwaltungsmäßig zu Kastilien-León gerechnet. Sie umfassen den Hauptteil der Nordmeseta, die im Norden vom Kantabrischen Gebirge und im Süden von

Karg und windgepeitscht, trotzdem lange umkämpft: die Meseta von Kastilien, hier bei Consuegra

der Sierra de Gredos begrenzt wird. Den mittleren Teil der Region nimmt das Duero-Becken ein, das durch den Río Duero und seine Nebenflüsse mehr oder weniger stark zerschnitten wird.
In den Höhenlagen erlauben karge Böden und ungünstige Witterung neben bescheidenem Feldbau nur Viehzucht (Rinder, Kampfstiere, Schafe) auf den meist locker mit Korkeichen bestandenen Weiden. In den Flusstälern gedeihen Weizen und Roggen.

Valencia

Valencia erstreckt sich als schmale Küstenlandschaft vom Ebro-Delta bis zur Mündung des Segura; doch gehört die Provinz Alicante südlich vom Cabo de la Nao landschaftlich schon zu Murcia. Die Meseta tritt hier mit ihren baumlosen, rötlich grauen Kalk- und Sandsteinhochflächen nahe an das Mittelmeer und bricht in einem von engen Talschluchten zerfurchten Steilhang zur Küste ab. Flüsse wie der Guadalaviar und der Júcar, die bei Schneeschmelze oder nach Gewittergüssen in starken Flutwellen zu Tal stürzen und an der Küste einen Schwemmlandstreifen aufgeschüttet haben, spenden dem im Regenschatten des Hochlandes liegenden Land das Wasser für die Berieselungsanlagen. Durch die schon in der Antike angelegten **Bewässerungsanlagen** ist Valencia eine der fruchtbarsten Landschaften Spaniens. Eine uralte Wassergerichtsbarkeit sorgt noch heute für die gerechte Verteilung des kostbaren Nasses.

◀ Huertas

Das bewässerte Land ist das Gebiet der Huertas (lat. hortus = Garten), in denen mehrere Ernten im Jahr möglich sind. Neben Weizen-, Mais-, Luzernen- und Gemüsefeldern breiten sich besonders im Gebiet des sumpfigen Strandsees Albufera südlich von Valencia große Reisfelder aus, die wochenlang unter Wasser stehen müssen. Im Schatten der Orangen-, Aprikosen-, Mandel- und Feigenbäume wachsen Melonen und Tomaten. Reizvoller als in den oft geometrisch angelegten Huertas ist das Bild dort, wo Obsthaine in Terrassen angepflanzt sind oder Gruppen schlanker Palmen und Zypressen aufragen. Auf dem unbewässerten Land gedeihen Oliven, Wein und Johannisbrot.

Wirtschaft ► Wirtschaftsfaktor Nummer eins ist der **Tourismus**. Insbesondere der Golf von Valencia und die Costa Blanca zählen zu den meistbesuchten Urlaubsregionen Spaniens. Große wirtschaftliche Bedeutung hat auch der **Anbau von Obst und Gemüse** für den Export sowie die Konservierung und Verarbeitung landwirtschaftlicher Erzeugnisse. In jüngerer Zeit in die Krise geraten sind die Textil- und die Schuhindustrie. Auch der Fahrzeugbau und das Baugewerbe sehen sich derzeit großen Problemen ausgesetzt.

Murcia Südlich schließt sich an Valencia die Landschaft Murcia an. Wie die Meseta in Valencia tritt hier das Andalusische Kettengebirge bis an das Mittelmeer. Die nördlichen Bergketten verlaufen parallel zur Küste und enden in dem Kalkvorgebirge des Cabo de la Nao; die südlichen Vorketten sind teilweise abgesunken und ragen nur noch in Resten (Sierra de Cartagena) aus der Küstenebene auf.

An der Burg von Cullera vorbei geht der Blick über die Küstenebene der Provinz Valencia.

Längere Perioden mit Hitze und Trockenheit sind typisch für das Klima, besonders von Ende Juli bis Ende September. Die bis auf die Flussoasen sehr dünn besiedelte Landschaft präsentiert sich weithin als **wüstenhafte Steppe**, in der nur Espartogras und dürres Gestrüpp vorkommen. Um Landwirtschaft betreiben zu können, hat man ein ausgeklügeltes künstliches Bewässerungssystem ersonnen. In den Huertas von Murcia, Totana und Lorca wachsen Orangen-, Zitronen- und Maulbeerbäume sowie Dattelpalmen, die bei Elx den berühmten, schon von den Arabern angelegten Palmenwald bilden.

Wirtschaft ► Die Region Murcia ist **Europas größtes Obst- und Gemüseanbaugebiet**. Hier werden nicht nur Gurken, Tomaten, Paprikas etc. kultiviert, sondern auch Wein und Reis. Neuerdings setzt man auf den Tourismus. Inzwischen gibt es schon einige Dutzend Golfplätze für sportlich ambitionierte Gäste.

Extremadura Die Landschaft Extremadura ist die westliche Fortsetzung der Meseta, doch wird das Tafelland hier von den Talfurchen des Tajo und des Guadiana sowie ihrer Nebenflüsse tiefer zerschnitten; es ist im Norden durch die Sierra de Gata (1735 m), das Hochland von Béjar und die Sierra de Gredos (2592 m) von León und Altkastilien getrennt, fällt in der sanft ansteigenden Sierra Morena nach Andalusien ab und wird durch die Sierra de Guadalupe (1736 m) in die Extremadura Alta (Gebiet des Tajo, Provinz Cáceres) und die Extremadura Baja (Gebiet des Guadiana, Provinz Badajoz) geschieden.

◀ Landwirtschaft

Das Land ist trocken und weithin mit steinigen Heiden bedeckt, besonders am Fuß der Sierra de Gata. Der Anbau von Getreide und Hülsenfrüchten beschränkt sich auf die Gegend von Cáceres und Extremadura Baja. Außerdem gedeihen in den Tälern Wein, Oliven, Feigen und Mandeln, Maulbeerbäume jedoch nur um Plasencia, wo die Berghänge terrassenförmig angelegt sind. Schweinezucht wird v. a. in den Laubwäldern im Norden des Landes betrieben. Seit alters wird die Extremadura in den Wintermonaten von wandernden Herden feinwolliger Schafe durchzogen, die im Herbst von der Meseta herabsteigen.

Andalusien (Andalucía)

Andalusien, die südlichste Landschaft der Iberischen Halbinsel, ist in der Vorstellungswelt vieler immer noch das klassische Spanien. In reizvollem Gegensatz sind hier schneebedeckte Hochgebirge und Dünenwälle der Küstenniederung, sonnenverbrannte Hochsteppen und üppig-grüne Flussoasen, Palmenhaine und Cistusheiden vereint. Hinzu kommen die Denkmäler einer glänzenden Vergangenheit, die in dem Säulenwald der Moschee von Córdoba sowie in den rot leuchtenden Türmen und prächtigen Höfen der Alhambra von Granada gipfeln.

? WUSSTEN SIE SCHON ...?

- Um Streitigkeiten zwischen sesshaften Bauern und Schäfern in der Extremadura zu vermeiden, wurde 1526 ein besonderer Gerichtshof bestellt, der 1834 ein Gesetz erließ, wonach den Herden auf beiden Seiten der Landstraßen ein 90 Ellen (ca. 50 m) breiter Viehtriebweg einzuräumen ist.

◀ Andalusisches Kettengebirge

Den südlichen Teil Andalusiens beherrscht das Andalusische Kettengebirge (Cordillera Bética). Es trägt zwar in der vom ewigen Schnee bedeckten **Sierra Nevada** den höchsten Gipfel Spaniens (Cerro de Mulhacén, 3481 m), zeigt aber im Wesentlichen gerundete Mittelgebirgsformen. Steppen und Ziegenweiden, auch Macchiengestrüpp überziehen die schuttbedeckten Bergregionen. In tieferen Lagen finden sich Korkeichen- und Kastanienwälder.

◀ Küste

Anders ist der südliche, dichter besiedelte Küstenstreifen, der von den feuchten Ozeanwinden noch berührt wird und den Tourismus angelockt hat. In Terrassen ziehen sich Gärten mit Zuckerrohr und Bananen, Weinbergen und Baumwollfeldern hin. Das gewerbereiche **Málaga** ist Ausfuhrhafen, besonders für seinen berühmten Wein. Hier sowie in Algeciras und Cádiz hat sich eine rege Industrie angesiedelt.

◀ Andalusisches Tiefland

Zwischen dem Andalusischen Kettengebirge und der Sierra Morena ist das vom Guadalquivir durchströmte Andalusische Tiefland eingesenkt. In den östlichen Teilen ist das Guadalquivir-Becken ein zerschnittenes Hügelland, nur unterhalb von Sevilla ein echtes Tiefland. Hier breiten sich die Marismas aus, von Wasservögeln und Stierherden belebte **weite Sumpfgebiete**. Das heiße, trockene Hügelland ist weithin noch mit Steppen und Weideflächen für Kampfstiere und Andalusierpferde bedeckt. Nur dort, wo künstliche Bewässerung möglich ist, sind Gemüsefelder, Wein- und Obstgärten angelegt. In einer solchen fruchtbaren Gartenlandschaft liegt Andalusiens Hauptstadt Sevilla. Die dem Meer zugewandte Provinz Cádiz ist das Land der Großgrundbesitzer mit krassen sozialen Gegensätzen.

Wirtschaft ► Bedeutendster Wirtschaftsfaktor Andalusiens ist der **Tourismus**. Vor allem die Costa del Sol, aber auch geschichtsträchtige Städte wie Sevilla, Granada und Córdoba ziehen jährlich Millionen Gäste an. Weitere wichtige Wirtschaftszweige sind der exportorientierte Obst- und Gemüseanbau, die Fischerei, die Viehzucht (bes. Pferde und Rinder) und neuerdings auch die alternative Energiegewinnung (Sonne, Wind). An Bedeutung stark eingebüßt haben hingegen die Metall- und die chemische Industrie sowie der Bergbau.

Klima

Mediterranes Klima

Wie alle Anrainerländer des Mittelmeers ist auch Spanien vom mediterranen Klima geprägt. Typisch dafür sind **trockenheiße Sommer** und **feuchtkühle bis milde Winter**. Die erhebliche Ausdehnung der Iberischen Halbinsel sowie die unterschiedlichen Landschaftsformen sind der Grund für die große klimatische Vielfalt. Sie reicht von den ozeanisch beeinflussten Atlantikküsten mit Niederschlägen bis zu 3000 l/m² im Jahr in der galicischen Sierra da Estrella über das kontinental geprägte Trockenklima der zentralen Hochebenen mit großen tages- und jahreszeitlichen Temperaturgegensätzen bis zur mediterran dominierten Mittelmeerküste; nicht zu vergessen das wintersporttaugliche Hochgebirgsklima der Pyrenäen und der Sierra Nevada. Für den jahreszeitlichen Wechsel der Niederschläge ist das wandernde **Azorenhoch** verantwortlich, das in seiner nördlichen Sommerposition atlantische Tiefdruckgebiete von der Iberischen Halbinsel fernhält. Mit seiner Südverlagerung ab dem Herbst macht es den Weg frei für Tiefausläufer, die dann über Spanien und Portugal zum Mittelmeer ziehen. Während die Niederschläge von Nordwesten nach Südosten abnehmen, steigt die Sonnenscheindauer entsprechend an.

? WUSSTEN SIE SCHON ...?

- Eine meteorologische Besonderheit des Sommers, speziell auf der südlichen Meseta, ist die Calina, eine oft tagelang anhaltende schmutzig-staubige Lufttrübung, die durch thermische Turbulenzen über den erhitzten Hochflächen verursacht wird.

Regionale Winde

Der »Mistral« ist ein kalter Nordwind, der vor allem an der nordöstlichen Mittelmeerküste und im Grenzgebiet zu Frankreich unangenehm zu spüren ist. Schlagartig einsetzend, erreicht er bisweilen **Sturmstärke**. Besonders häufig tritt er im März und April auf. »Galerna« werden sehr heftige Gewitterstürme an der Biscayaküste zwischen San Sebastián und Santander genannt, die nach heißen Som-

Ein wolkenverhangener Himmel, wie hier über Luarca, ist keine Seltenheit an der nordspanischen Küste.

mer- und Herbsttagen aus Nordwesten aufziehen. Von Afrika weht im späten Frühjahr und im Frühsommer der heiße Wüstenwind »Leveche« herüber. Oft mit Saharastaub beladen, kann er die Temperaturen im südlichen Spanien schon im Mai auf 40 °C treiben. »Levanter« nennt man einen Ostwind, der an der Costa del Sol vor allem im Sommer zu spüren ist. Überstreicht er das relativ kühle, vom Atlantik durch die Straße von Gibraltar eindringende Wasser, bildet sich in der Nacht über dem Meer starker Dunst oder Nebel, der sich manchmal erst gegen Mittag auflöst. Im Juli und August ist die **Nebelwahrscheinlichkeit** mit 30% am größten.

Folgen des Klimawandels

Auch Spanien leidet zunehmend unter den Folgen globaler Klimaänderungen. Ausbleibende oder geringere Winterniederschläge führen seit Ende der 1980er-Jahre besonders in Südspanien zu anhaltender **Wasserknappheit**. Durch ungewöhnlich hohen Luftdruck in den Wintermonaten können atlantische Tiefausläufer immer seltener den Süden Spaniens erreichen. Langanhaltende Trockenperioden über mehrere Jahre treten auf der Iberischen Halbinsel periodisch auf, 2005 fiel so wenig Regen wie seit 1947 nicht mehr. Als Folge der Dürre nehmen überall im Land die Waldbrände zu. Durch den ständig steigenden Wasserbedarf für Landwirtschaft und Tourismus ergeben sich zunehmende Versorgungs- und Verteilungsprobleme.

Pflanzen und Tiere

Wildpflanzen

Einst waren weite Teile der Iberischen Halbinsel von Pinien- und Eichenwäldern bedeckt, die seit der Vorzeit durch Holzeinschlag für die Erzverhüttung und durch Rodung zur Schaffung von Ackerland und Weidegrund seit der römischen Besatzung bis ins Mittelalter weitgehend vernichtet wurden. Heute sind nur noch 5% der Gesamtfläche Spaniens von Wald bedeckt. Im kühleren und feuchteren Nordwesten überwiegen sommergrüne Laubbäume wie Eichen, Buchen und Kastanien, in den Pyrenäen gedeihen Koniferen. Nach Süden hin trifft man auf Stein- und Korkeichenwälder, spärliche Strauchvegetation (Ginster, Thymian, Lavendel, Rosmarin) und immergrüne Hartlaubgewächse. In Mittel- und Südostspanien hat sich aus dem Unterholz der einstigen Wälder die **Macchia**, eine dichte, immergrüne Gebüschformation aus Baumheide, Johannisbrotstrauch, Erdbeerbäumen und wilden Olivenbäumen, herausgebildet. In sehr trockenen und durch Beweidung beanspruchten Gebieten ist

Im kargen Osten Andalusiens werden Olivenbäume in riesigen Hainen angebaut.

die Macchia zur Garrigue geworden, auf der das Gebüsche niedriger bleibt und in größeren Abständen steht. Dazwischen ist der Boden oft nackt oder mit Gräsern und Disteln bedeckt.

Der Olivenbaum ist im Landesinneren bis zur Höhe von Madrid zu finden, während er an der Mittelmeerküste bis jenseits der Pyrenäen und nach Südfrankreich vordringt. Weitere Kulturpflanzen sind Korkeiche, Edelkastanie, Feigenbaum, Weinrebe sowie verschiedene Palmenarten und der weit verbreitete Feigenkaktus. In den bewässerten **Huertas** an der Mittelmeerküste werden u. a. Zitrusfrüchte, Pfirsiche, Mandeln, Datteln und Feigen geerntet. In Andalusien und Valencia sind der Reis- und Baumwollanbau verbreitet. An der Mittelmeerküste findet man die gesamte Mittelmeerflora: Bougainvilleen, Oleander, Hibiskus, Palmen und Agaven.

Tiere Der Arten- und Individuenreichtum der Tierwelt ist durch die Entwaldung stark zurückgegangen. So zeigt sich die Fauna heute ausgesprochen **artenarm**; sie entspricht derjenigen des übrigen Mittelmeerraums und Mitteleuropas. In den Hochgebirgsregionen leben noch Gämsen, der Spanische Steinbock und ganz vereinzelt Wölfe und Bären; man findet Füchse, Luchse und Wildkatzen, Wildschweine, den Spanischen Rothirsch, Greifvögel (darunter der Kaiseradler) und Eulen; in Feuchtgebieten trifft man Reiher, Rohrdommeln, Flamingos, Haubentaucher, Enten- und Gänsevögel an; schließlich sind noch Schlangen und Echsen zu nennen. Ausgesprochene Besonderheiten der spanischen Tierwelt sind die **Ginsterkatze** und der **Ägyptische Mungo**; auf dem Felsen von Gibraltar lebt eine Makakenart, die einzigen wild lebenden Affen in Europa.

Der Artenreichtum im Mittelmeer ist im Rückgang; Begegnungen mit großen Zackenbarschen oder Kopffüßern, wie sie vor fünfzig Jahren nicht selten waren, gibt es kaum noch. Gründe dafür sind zunehmende Gewässerbelastung durch Umweltgifte und hemmungslose Unterwasserjagd. Glücklicherweise ist heute die Unterwasserjagd mit Atemgeräten verboten. Die Küstengewässer des Atlantiks sind noch reich an Fischen, Krustentieren und Muscheln, die auch von erheblicher wirtschaftlicher Bedeutung sind.

Bevölkerung · Politik · Wirtschaft

Bevölkerungsdichte

Spanien hat 47 Mio. Einwohner, das entspricht einer Bevölkerungsdichte von 93 Einw./km². Die Bevölkerung ist äußerst ungleichmäßig auf die Regionen verteilt. Fast 80 % aller Spanier leben in gut 600 Orten mit mehr als 10 000 Einwohnern. Am dichtesten besiedelt sind die Provinz Barcelona mit 630 Einw./km² und die Hauptstadtregion Madrid mit 755 Einwohnern pro km². Weitere **Ballungsräume** sind die Provinzen Vizcaya (472 Einw./km²) und Guipúzcoa (350 Einw./km²) in der Autonomen Gemeinschaft Baskenland. Am dünnsten besiedelt sind die Provinzen Guadalajara (17 Einw./km²), Teruel (10 Einw./km²) und Soria (9 Einw./km²).

Verstädterung

Spaniens Ballungszentren liegen mit Ausnahme der Hauptstadt Madrid zumeist an der Küste bzw. in Küstennähe. Hauptsächlich in den 1960er- und 1970er-Jahren ergoss sich ein **Strom von Zuwanderern** aus strukturschwachen ländlichen Gegenden besonders in die beiden Metropolen Madrid und Barcelona, aber auch in die Städte des Baskenlandes und nach Valencia, wo Industrie, Handel und Tourismus vielfältige Arbeitsmöglichkeiten boten und auch das Klima – zumindest an der Küste – etwas angenehmer ist. Die riesigen, wenig ansprechenden Wohnblock-Siedlungen an den Peripherien der Großstädte zeugen noch von dieser Zuwanderung.

Einwanderung

Seit dem Beitritt Spaniens zur EU 1986 verläuft die Wohlstandsgrenze zwischen Europa und Afrika durch die Meerenge von Gibraltar. Spanien ist das »gelobte Land« von Migranten aus vielen von Kriegen und Misswirtschaft geschüttelten Gegenden Afrikas und Asiens geworden. Die Zahl derjenigen, die versuchen, spanisches Hohheitsgebiet zu erreichen, steigt ständig. Alljährlich versuchen Abertausende, mit Hilfe von kriminellen Schleppern und gegen Zahlung horrender Summen an Mittelsmänner, das spanische Festland zu erreichen oder zumindest die hohen Grenzzäune der Enklaven Ceuta und Melilla zu überwinden. Nicht wenige Migranten bezahlen ihre Sehnsucht nach einem Leben in Freiheit und Wohlstand mit dem Leben. Vielen gelingt es aber auch, in Spanien Fuß zu fassen, wo sie dann allerdings oft ein erbärmliches Leben fristen.

Volksgruppen und Sprachgebiete

Spanien ist ein **ethnisch vielfältiges Land**, dessen Volksgruppen sich in ihren Bräuchen, Trachten und vor allem in der Sprache deutlich unterscheiden. Die Verfassung von 1978 garantiert ihnen ihre Eigenständigkeit und erklärt auch die katalanische, die baskische und die galicische Sprache zu offiziellen Sprachen, die – neben dem kastilischen Spanisch als Schriftsprache – in den Schulen der entsprechenden Regionen unterrichtet werden.

Kastilisch (castellano) Die größte Sprachfamilie mit einem Sprecheranteil von ca. 29 Mio. ist die kastilische, die das **klassische Spanisch** hervorgebracht hat. Spanisch ist offizielle Amtssprache in 19 Staaten der Erde und wird weltweit von ca. 250 Mio. Menschen gesprochen. In Spanien gehören neben dem eigentlichen Kastilischen das Asturische, Leonische, Aragonische, Andalusische, Murcianische und Kanarische zur kastilischen Sprachfamilie.

Katalanisch (catalá, kastil. catalán) Das Katalanische ist eine eigenständige romanische Sprache, die von ca. 6 Mio. Menschen in Nordostspanien, Andorra, auf den Balearen und in Teilen Südfrankreichs gesprochen wird. Seit dem Ende der Franco-Ära hat es immer mehr an Bedeutung gewonnen und das Kastilische im täglichen Gebrauch weit überflügelt, was auch Ausdruck des ausgeprägten Selbstwusstseins der Katalanen ist. Es weist wesentliche Unterschiede zum Kastilischen auf und zeigt hinsichtlich des Wortschatzes Einflüsse des Provenzalischen. Zur katalanischen Sprachfamilie gehören noch das Valencianische und das Balearische (►Baedeker Special S. 122).

Galicisch (galego, kastil. gallego) Die galicische Sprache ist so eng mit dem Portugiesischen verwandt, dass keine klaren Sprachgrenzen angegeben werden können. Die politische Grenze entspricht jedenfalls nicht der Sprachgrenze.

Spanien *Sprachgebiete*

Ein Sonderfall ist das Baskische. Etwa 500 000 Menschen im spanischen und französischen Baskenland sprechen diese Sprache, die keinerlei Verwandtschaft zu anderen europäischen Sprachen aufweist. Baskisch ist eine **sehr alte Sprache** und der einzige Überrest aller vorindoeuropäischen Idiome.

Baskisch (euskera, kastil. vasco)

Die Sinti und Roma (gitanos) stammen ursprünglich aus Nordwestindien, von wo sie schon im Mittelalter auswanderten und sich zunächst in Europa und im 19. Jh. auch in Nordamerika ausbreiteten. Die Gitanos kamen über Nordafrika mit den Mauren nach Andalusien. Ihre Sprache ist das Caló, eine Sondersprache, in der neben spanischen Elementen auch Teile anderer europäischer Sprachen und des Sanskrit enthalten sind. Heute leben in Spanien ca. 500 000 Sinti und Roma – sowohl sozial als auch räumlich **am Rande der Gesellschaft**. Hohe Arbeitslosigkeit, fehlende Berufsausbildung, weit verbreiteter Analphabetismus, geringe Lebenserwartung und hohe Säuglingssterblichkeit kennzeichnen die Situation des Volkes, dem Spanien einen bedeutenden Beitrag zu Kultur und Folklore verdankt. Etwa die Hälfte der spanischen Sinti und Roma fristet ihr Dasein in armseligen Behausungen am Rande der Großstädte und versucht sich mit Schrotthandel, als fliegende Händler und mit Bettelei über Wasser zu halten. Die Integration in die Gesellschaft stößt zum einen auf Ressentiments in der spanischen Bevölkerung, zum anderen auf Widerstände seitens der Gitanos, die an ihren Traditionen festhalten und ihr ausgeprägtes Zusammengehörigkeitsgefühl nicht von außen durchbrechen lassen wollen.

Sinti und Roma

Ein Schwatz nach dem Kirchgang auf dem Albaicín in Granada

Staat und Gesellschaft

Die seit dem 27. Dezember 1978 gültige Verfassung macht Spanien zur parlamentarischen Monarchie, die sich zu den Grundsätzen eines demokratischen und sozialen Rechtsstaates bekennt. Der König als Oberhaupt des Staates soll als »Schiedsrichter und Lenker« über den Ablauf der Regierungsgeschäfte wachen und das Land nach außen hin repräsentieren. Er ist zudem Oberbefehlshaber der Streitkräfte.

Staatsform

Die Flagge des Königreichs Spanien zeigt die Farben Rot und Gelb, die seit dem Mittelalter als spanische Farben überliefert sind. Das Wappen besteht aus einem Schildgeviert, das (links oben beginnend) die Embleme von Kastilien, León, Aragonien, Navarra und Granada

Flagge und Wappen

Zahlen und Fakten Spanien

Lage

- im äußersten Südwesten Europas
- 35°59' bis 43°47' nördliche Breite
- 7°0' bis 5°37' westliche Länge
- Angrenzende Staaten: Frankreich, Andorra, britisches Dominium Gibraltar und Portugal

Fläche

- Festlandland: 492 463 km²
- gesamtes Staatsgebiet (inkl. Balearen, Kanaren und nordafrikanische Exklaven Ceuta und Melilla): 504 782 km²

Einwohnerzahl

- 47 Mio.
- Größte Städte:
  - Madrid 3,3 Mio.
  - Barcelona 1,62 Mio.
  - Valencia 810 000
  - Sevilla 704 000
  - Zaragoza 675 000
- Im Vergleich: Berlin 3,4 Mio.

Staat

- Parlamentarische Monarchie
- Staatsoberhaupt: König
- Regierungschef: Ministerpräsident
- Volksvertretung: Cortes Generales, bestehend aus Abgeordnetenhaus und Senat

Wirtschaft

- Einzelne Wirtschaftsbereiche: 63% Dienstleistungen, 33% Industrie und Bauwirtschaft, 4% Landwirtschaft
- Wichtigste Handelspartner: EU-Mitgliedsstaaten
- Wichtigste Wirtschaftszweige: Tourismus, metallverarbeitende Industrie (Kfz- und Schiffbau), Baugewerbe, Kommunikation und Informationstechnik, Landwirtschaft und Gartenbau
- Bruttoinlandsprodukt: 1 062 Mrd. Euro (2010)
  Pro-Kopf-Einkommen: 22 595 Euro (2010)
- Arbeitslosenquote: 20,3 % (Jahresdurchschnitt 2010)

Regionen und Sprachen

- 17 Autonome Gemeinschaften
- 50 Provinzen
- Offizielle Sprachen: Kastilisch (Hochspanisch), Katalanisch (Catalán, ca. 25%), Galizisch (Gallego, ca. 7%) und Baskisch (Euskera, ca. 3%)
- Sinti und Roma (span. gitanos) sprechen eine Sondersprache (»Caló«)

Religion

- Römisch-katholisch (92%)
- Protestantisch (0,3%)
- Muslime (0,5%)
- Juden (unter 0,1%)

zeigt. Den Schild flankieren die »Säulen des Herkules«, die aus der Antike überlieferten Endpunkte der Welt, mit denen meist die Meerenge von Gibraltar gemeint ist. Im spanischen Wappen symbolisieren sie zusammen mit dem lateinischen Spruchband »Plus ultra« (»Immer weiter«) die große Geschichte Spaniens als **Welt- und Seemacht**.

Parlament

Die Volksvertretung sind die Cortes Generales, die aus dem Abgeordnetenhaus und dem Senat bestehen. Das Abgeordnetenhaus wird alle vier Jahre gewählt und hat mindestens 300, höchstens 400 Mitglieder. Die Wahl erfolgt nach einer Mischung aus Direkt- und Verhältniswahl. Die Abgeordneten wählen den Ministerpräsidenten, der vom König ernannt wird. Als wichtiges Element sieht die Verfassung nach dem Vorbild des deutschen Grundgesetzes das **konstruktive Misstrauensvotum** vor.
Der Senat ist die Vertretung der Autonomen Gemeinschaften, die wiederum aus einer oder mehreren Provinzen bestehen können. In jeder Provinz werden von den Wahlberechtigten vier Senatoren gewählt. Zusätzlich ernennen die Parlamente der Autonomen Gemeinschaften einen Senator und pro 1 Mio. Einwohner weitere Senatoren. Der Senat besitzt gegenüber der Regierung ein Vetorecht.

Parteien

Seit der Regierung Suárez (1976–1982) hat sich die spanische Parteienlandschaft beträchtlich verändert. Von den damaligen Parteien sind nur die Sozialisten, **Partido Socialista Obrero Español** (PSOE), übrig geblieben. Bei den Wahlen im Dezember 1982 erreichten sie die absolute Mehrheit (48,2%), erlitten seit ihrer Wiederwahl 1986 jedoch ständig Rückschläge und verloren schließlich die Wahlen im März 1996. Bis 2004 war die PSOE in der Oppostion. Bei der Wahl im März, kurz nach den terroristischen Anschlägen in Spanien, änderte sich allerdings die Stimmung in der Bevölkerung schlagartig. Man warf der Regierung Aznar mangelnde Informationspolitik vor, weil die Anschläge zunächst der ETA zugeschrieben wurden. Die PP (**Partido Popular**), bis dahin regierende Partei mit absoluter Mehrheit, verlor die Wahl 2004. Seitdem regiert José Luis Rodríguez Zapatero von der PSOE.

◂ Kleinere Parteien

Die kommunistische PCE hat seit 1977 einen kontinuierlichen Niedergang erlebt und ist in mehrere Gruppen zerfallen. Bei den Wahlen 1986 trat sie erstmals innerhalb der Linkskoalition Izquierda Unida (Vereinigte Linke) an; im Jahr 2004 erhielt sie 4,96% der Stimmen. Im kommunalen Geschehen ist die Vereinigte Linke eine ernst zu nehmende Kraft, die mit den gewerkschaftsähnlichen Arbeiterkommissionen über eine starke Basis verfügt. Die katalanische Convérgencia i Unió (CiU) ist eine der stärksten Regionalparteien, ebenso die Partido Nacionalista Vasco (PNV), die gemäßigt bürgerlichen Basken, und die Kanarische Koalition (CC). Eine weitere Regionalpartei ist die gemäßigtere Eusko Alkartasuna aus dem Baskenland. Die radikale Herri Batasuna, die als politischer Arm der Terrororganisation ETA galt (Baedeker Special S. 352), wurde 2003 verboten.

Spanien Regionen und Provinzen

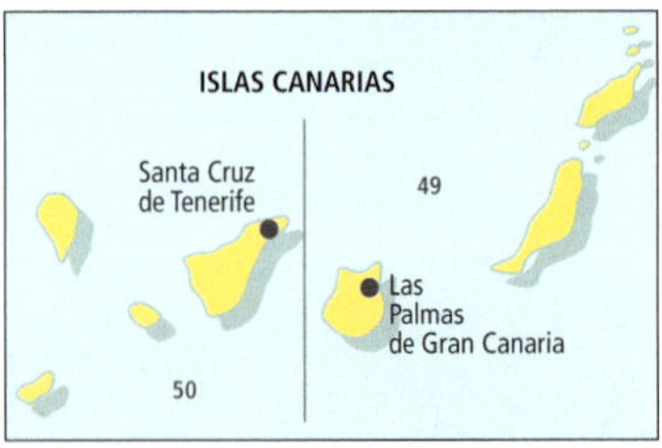

Grenzen der Autonomen Regionen

Grenzen der politischen Provinzen

1 La Coruña
2 Lugo
3 Asturias
4 Cantabria
5 Vizcaya
6 Guipúzcoa
7 Navarra
8 Huesca
9 Lleida
10 Girona
11 Pontevedra
12 Orense
13 León
14 Palencia
15 Burgos
16 Álava
17 La Rioja
18 Zaragoza
19 Tarragona
20 Barcelona
21 Zamora
22 Valladolid
23 Segovia
24 Soria
25 Guadalajara
26 Teruel
27 Castellón
28 Salamanca
29 Ávila
30 Madrid
31 Cáceres
32 Toledo
33 Cuenca
34 Valencia
35 Badajoz
36 Ciudad Real
37 Albacete
38 Alicante
39 Huelva
40 Sevilla
41 Córdoba
42 Jaén
43 Murcia
44 Cádiz mit Ceuta
45 Málaga mit Melilla
46 Granada
47 Almería
48 Baleares
49 Las Palmas de Gran Canaria
50 Santa Cruz de Tenerife

Zahlen und Fakten Regionen

Andalucía
- Provinzen: Almería, Cádiz, Córdoba, Granada, Huelva, Jaén, Málaga, Sevilla
- Fläche: 87 268 km²
- Bevölkerung: 8,3 Mio.

Aragón
- Provinzen: Huesca, Teruel, Zaragoza
- Fläche: 47 659 km²
- Bevölkerung: 1,3 Mio.

Asturias
- Provinzen: ehem. Oviedo
- Fläche: 10 565 km²
- Bevölkerung: 1,1 Mio.

Canarias
- Inseln: Gran Canaria, Teneriffa, Gomera, La Palma, Hierro (in diesem Reiseführer nicht beschrieben)
- Fläche: 7 242 km²
- Bevölkerung: 2,1 Mio

Cantabria
- Provinzen: ehem. Santander
- Fläche: 5 289 km²
- Bevölkerung: 0,6 Mio.

Castilla-Léon
- Provinzen: Ávila, Burgos, León, Palencia, Segovia, Salamanca, Soria, Valladolid, Zamora
- Fläche: 94 193 km²
- Bevölkerung: 2,5 Mio.

Castilla-La Mancha
- Provinzen: Albacete, Ciudad Real, Cuenca, Guadalajara, Toledo
- Fläche: 79 230 km²
- Bevölkerung: 2,1 Mio.

Catalunya
- Provinzen: Barcelona, Girona, Lleida, Tarragona
- Fläche: 31 930 km²
- Bevölkerung: 7,5 Mio.

Extremadura
- Provinzen: Badajoz, Cáceres
- Fläche: 41 602 km²
- Bevölkerung: 1,1 Mio.

Galicia
- Provinzen: A Coruña, Lugo, Ourense, Pontevedra
- Fläche: 29 434 km²
- Bevölkerung: 2,8 Mio.

Islas Baleares
- Inseln: Mallorca, Menorca, Ibiza (in diesem Reiseführer nicht beschrieben)
- Fläche: 5 014 km²
- Bevölkerung: 1,1 Mio.

Comunidad de Madrid
- Provinz: Madrid
- Fläche: 7 995 km²
- Bevölkerung: 6,5 Mio.

Région de Murcia
- Provinz: Murcia
- Fläche: 11 317 km²
- Bevölkerung: 1,4 Mio.

Navarra
- Provinzen: ehem. Navarra
- Fläche: 10 421 km²
- Bevölkerung: 0,6 Mio.

País Vasco
- Provinzen: Álava, Guipúzcoa, Vizcaya
- Fläche: 7 261 km²
- Bevölkerung: 2,2 Mio.

La Rioja
- Provinz: ehem. Logroño
- Fläche: 5 034 km²
- Bevölkerung: 0,3 Mio.

Comunidad Valencia
- Provinzen: Alacant, Castelló, Valencia
- Fläche: 23 305 km²
- Bevölkerung: 5,1 Mio.

Oliven, Getreide, Gemüse – Landwirtschaft in Andalusien

Gewerkschaften Die größten spanischen Gewerkschaften sind die sozialistische UGT (Unión General de Trabajadores; ca. 1,6 Mio. Mitglieder) und die kommunistischen Arbeiterkommissionen (CCOO; ca. 1,4 Mio. Mitglieder). Beide stehen in scharfem Gegensatz zueinander.

Regionalismus Die Unabhängigkeitsbestrebungen einzelner Regionen hatten ihren Ursprung dort, wo Sprache und Kultur sich deutlich von den kastilischen Spaniern unterschieden: in Galicien, im Baskenland und in Katalonien. In der Zweiten Spanischen Republik (1931–1936) erlangten Katalonien und das Baskenland ein Autonomiestatut. Unter dem Franco-Regime wurden alle Autonomiebestrebungen unterdrückt, das Kastilische zur einzigen Staatssprache erklärt und traditionelle regionale Bräuche verboten. Die Verfassung von 1978 dagegen gewährleistet das Recht auf **Selbstverwaltung** der Nationalitäten und Regionen. Neben dem Kastilischen werden Katalanisch, Baskisch und Galicisch als offizielle Sprachen anerkannt und in den Schulen der entsprechenden Regionen gelehrt.

Autonome Gemeinschaften ► Die wichtigste Veränderung ist jedoch die Konstituierung der 17 Autonomen Gemeinschaften (Comunidades Autónomas; Übersichtskarte S. 36) in den Jahren 1979–1983, die aus einer oder mehreren Provinzen bestehen. Jede der Gemeinschaften verfügt über ein **eige-**

nes Parlament und führt bestimmte Aufgaben in Selbstverwaltung durch (öffentliche Arbeiten, Kultur, Sozialfürsorge, Polizei, Gesundheitswesen, Umweltschutz). In Größe, Bevölkerungsdichte und Wirtschaftskraft unterscheiden sich die Autonomen Regionen beträchtlich. Hoch entwickelte Gebiete wie Katalonien heben sich scharf ab von schwach entwickelten wie Extremadura.

◄ Regionale Unabhängigkeitsbewegungen und Terrorismus

Die ersten Regionen, die ein Autonomiestatut erhielten, waren das Baskenland und Katalonien; hier waren die Bestrebungen nach völliger Lösung vom spanischen Staat besonders groß. Während jedoch die separatistischen Bewegungen in Katalonien einigermaßen zufrieden gestellt werden konnten, halten die Unabhängigkeitsbestrebungen im Baskenland und vor allem der Terrorismus der Untergrundbewegung ETA bis heute an (Baedeker Special S. 352).

Außenpolitik

Spanien ist seit 1955 Mitglied der UNO, seit 1982 der NATO und seit 1986 der EG (jetzt EU). Aufgrund seiner Geschichte als Kolonialmacht unterhält Spanien enge Beziehungen zu vielen lateinamerikanischen Staaten und ist ständiges beobachtendes Mitglied der Organisation Amerikanischer Staaten (OAS).

Wirtschaft

Erst Wachstum, jetzt Krise

Die spanische Volkswirtschaft ist die achtgrößte der Welt. Sie wuchs bis 2007 über dem EU-Durchschnitt. Diese Dynamik gründete auf einer starken Inlandsnachfrage und niedrigen Zinsen. 2008/2009 erlebte Spaniens Wirtschaft allerdings einen drastischen Einbruch, der – ähnlich wie in den USA – in erster Linie auf das Platzen der Immobilienblase zurückzuführen ist. Die **Arbeitslosenquote** ist binnen kurzer Zeit von 8,2 % auf über 20 % (2011) emporgeschnellt, wobei vor allem die hohe Jugendarbeitslosigkeit Anlass zu größter Besorgnis gibt. Damit einher geht die Furcht, die Staatsverschuldung nicht in den Griff zu bekommen.

◄ Wirtschaftszweige

Der **Tourismus** ist einer der wichtigsten Wirtschaftszweige. Er erbringt etwa ein Achtel des spanischen Bruttoinlandsprodukts. 2010 kamen 52,7 Mio. Touristen ins Land, davon 12,4 Mio. Briten und rund 8,8 Mio. Deutsche. Bedeutend ist auch die metallverarbeitende Industrie inklusive Automobil- und Schiffbau. Allerdings ist der Absatz der Automobilindustrie seit Herbst 2008 dramatisch zurückgegangen. Relativ gut halten konnten sich bislang der Obst- und Gemüseanbau sowie die Fischerei und Aquakultur.

Die **Haupthandelspartner** Spaniens sowohl bei Exporten als auch bei Importen sind die EU-Länder, allen voran Deutschland und Frankreich. Spanien zog bis vor kurzem auch viele Investoren an, vor allem aus den EU-Staaten Niederlande, Großbritannien und Deutschland, aber auch aus den USA. Die spanische Wirtschaft selbst engagiert sich hauptsächlich in der Europäischen Union. Nach Lateinamerika, wohin früher knapp zwei Drittel des Investitionskapitals abflossen, gehen nur noch knappe 20 Prozent.

Landwirtschaft und Fischerei

Rund zwei Drittel der Landesfläche sind landwirtschaftlich genutzt; ca. 7% der Erwerbstätigen sind im Agrarsektor beschäftigt. Hauptanbaugebiet für Getreide, Kartoffeln, Hülsenfrüchte und Zuckerrüben ist das **zentrale Hochland**; die 800 m hohe, winterkalte und sommertrockene Mancha-Ebene Neukastiliens gilt als die Kornkammer Spaniens. Die **Levante** mit ihren Huertas, eines der fruchtbarsten Gebiete Spaniens, ist ein bedeutendes Anbaugebiet für Obst (Südfrüchte, Aprikosen, Mandeln, Feigen) und Gemüse. Reis, Zuckerrohr und Zuckerrüben werden v. a. in den bewässerten Küstenebenen des Mittelmeers angepflanzt. Dort werden auch Exportprodukte (Südfrüchte, Wein, Mandeln, Tabak, Baumwolle) erzeugt. Im **Süden** konzentriert sich, neben dem Anbau von Baumwolle und Wein, mehr als die Hälfte der spanischen Olivenproduktion. Wein wird in fast allen Regionen Spaniens angebaut. Bei der Weinproduktion nimmt Spanien unter den europäischen Ländern den dritten Platz ein.

In der **Extremadura**, nordwestlich der Sierra Morena, dominiert die Rinder- und Schweinezucht.

Forstwirtschaft ▸

Der Bedarf am Rohstoff Holz kann bei weitem nicht mehr aus eigenen ursprünglichen Waldbeständen gedeckt werden, weshalb die Aufforstung (vor allem schnell wachsende Eukalyptus-, Pappel- und Kiefernarten) eine erhebliche Rolle spielt. Von wirtschaftlicher Bedeutung sind die **Harz- und Terpentingewinnung** aus Kiefern sowie die Korkproduktion aus der Rinde der Korkeichen, die zum größten Teil exportiert wird.

In Martorell bei Barcelona werden Automobile der heute zum Volkswagen-Imperium gehörenden Marke SEAT gebaut.

Spanien gehört zu den **großen Fischereiländern** der Welt; Hauptfanggebiet ist der Atlantik. Die wichtigsten Fischereihäfen befinden sich daher an der Küste Galiciens. Dort gibt es auch eine bedeutende Aquakultur (bes. Muscheln). Mehr als ein Drittel des Fangs, der vor allem aus Schellfisch, Sardinen und Thunfisch besteht, wird für den Export zu Konserven verarbeitet. Wegen knapper werdender Ressourcen und technischen Fortschritts gehen aber – wie überall in der EU – die Beschäftigungszahlen zurück. ◂ Fischerei

Bergbau und Energie

Spanien verfügt über vielerlei **Bodenschätze**, vor allem in den Randgebieten der Iberischen Halbinsel. Beim Abbau einiger Mineralien (u. a. Pyrit, Kalisalz) nimmt Spanien eine Spitzenposition auf dem Weltmarkt ein. Nennenswerten Abbau gibt es ferner bei Steinkohle, Braunkohle, Uran, Kupfer, Zinn, Blei, Eisenerz, Zink, Wolfram und Flussspat, doch ist der Anteil des Bergbaus am Bruttoinlandsprodukt insgesamt recht gering. Seine **Energie** kann Spanien lediglich zu rund einem Drittel aus eigenen Ressourcen generieren, besonders aus Wasserkraftwerken, neuerdings aber auch aus Wind- und Solarkraftwerken. Elektrische Energie wird aber auch in Öl-, Gas- und Kohlekraftwerken sowie zu einem Drittel in Atomkraftwerken gewonnen. Erdöl muss größtenteils importiert werden.

Industrie

Spaniens Industrie ist regional sehr unterschiedlich verteilt, einzig die Nahrungs- und Genussmittelindustrie ist in allen Teilen des Landes vertreten. Wichtige Industriestandorte im Landesinneren sind u. a. Madrid sowie Valladolid und Zaragoza. In Asturien und im Baskenland konzentrieren sich die Eisen- und Stahlindustrie, die chemische Industrie sowie der Schiff- und Maschinenbau. Die Gebiete entlang der Mittelmeerküste sind wirtschaftlich gut entwickelt. So etablierte sich in Katalonien – hauptsächlich im Ballungsraum Barcelona – Tarragona – die chemische Industrie, die Textilindustrie und die Automobilindustrie samt Zuliefergwerbe. Im Süden des Landes, insbesondere um Algeciras und Cádiz, gibt es große Stahlwerke, Werften und auch eine bedeutende chemische Industrie. Exportiert werden v. a. Autos, Maschinen, Industrieanlagen, Zement, Eisen und Stahl sowie Textilien, Nahrungs- und Genussmittel.

Tourismus

Der Tourismus ist nach wie vor eines der wichtigsten Standbeine der spanischen Wirtschaft. Die Einnahmen aus dem Tourismus beliefen sich im Jahre 2010 auf rund 49 Milliarden Euro. Im selben Jahr kamen etwa die Hälfte aller Gäste aus Großbritannien und Deutschland, größtenteils per Flugzeug, aber auch mit dem Auto. Bevorzugte Reiseziele sind die Atlantik- und Mittelmeerküste – vor allem die Costa Brava, die Costa Blanca und die Costa del Sol –, die Pyrenäen, Metropolen wie Madrid oder Barcelona, zunehmend lockt aber auch das Landesinnere Besucher an, die im Rahmen des Agrotourismus das noch etwas unbekannte und vor allem ruhigere Spanien kennenlernen wollen.

Geschichte

Als Welt- und Seemacht hat Spanien einst die Geschicke anderer Länder mitbestimmt. Man kann es auch daran erkennen, dass heute in 19 Staaten der Erde spanisch offizielle Amtssprache ist. Von den Phöniziern über die Römer, die Westgoten und die Mauren bis zum spanischen Königreich – die Iberische Halbinsel war von alters her ein begehrter Siedlungsraum.

Von der Frühzeit zu den Goten

15 000 v. Chr.	Bedeutende Höhlenmalereien wie z. B. in Altamira entstehen.
10.–5. Jh. v. Chr.	Phönizier, Griechen und Karthager gründen nacheinander Siedlungen auf der Iberischen Halbinsel.
218–201 v. Chr.	Zweiter Punischer Krieg
3. Jh. v. Chr.	Römische Herrschaft bis zum 5. Jh. n. Chr.
5.–8. Jh.	Herrschaft der Westgoten

Steinzeit

Das Gebiet des heutigen Spanien war schon in der Altsteinzeit besiedelt. Als die ältesten nachweisbaren Bewohner gelten die **Ligurer** an der Nordostküste sowie die wahrscheinlich aus Nordafrika eingewanderten **Iberer** im Osten und Süden des Landes. Die Basken gehören vermutlich der vorindogermanischen Bevölkerung an.
Im Norden der Iberischen Halbinsel, vor allem in den Provinzen Cantabria und Asturias, sowie im Süden, in der Provinz Málaga, wurden Höhenmalereien aus der Altsteinzeit entdeckt. Berühmt ist die Höhle von Altamira in der Nähe von Santillana del Mar mit einzigartigen farbigen Tierdarstellungen. Aus der Kupferzeit stammen monumentale Grab- und Kultbauten (Megalithkultur).

Phönizier, Karthager und Keltiberer

Ab dem 10. Jh. v. Chr. sind es die Phönizier, die ihr Einflussgebiet auf den westlichen Mittelmeerraum ausdehnten. Sie gründen, neben Karthago am Golf von Tunis, an der Südküste der Iberischen Halbinsel u. a. die Handelsstädte Gadri (Cádiz), Malaka (Málaga) und Tartessos. Auch im Landesinneren entstehen kleinere Siedlungen. Seit 800 v. Chr. kolonisieren die Griechen Teile der Ostküste. Nachdem die Karthager im 5. Jh. die Griechen verdrängt haben und zur führenden See- und Handelsmacht im Mittelmeerraum aufgestiegen sind, erweitern sie ihre Herrschaft bis ins Ebro-Gebiet. Zudem dringen seit dem 6. Jh. keltische Stämme auf die Iberische Halbinsel vor und verschmelzen mit den im Norden siedelnden Iberern zu Keltiberern.
Der Kampf um die Vormachtstellung im Mittelmeerraum führt im 3. und 2. Jh. v. Chr. zu Kriegen zwischen Karthagern und Römern. Die Zerstörung des mit den Römern verbündeten Saguntum (Sagunt) durch den karthagischen Feldherrn Hannibal löst den **Zweiten Punischen Krieg** (218–201 v. Chr.) aus, der mit Karthagos Verzicht auf seine iberischen Besitzungen endete.

Herrschaft der Römer

Im Jahr 197 v. Chr. errichten die Römer die beiden Provinzen Hispania citerior im Nordosten und Hispania ulterior im Südwesten. Von dort aus dringen sie nach Norden vor, stoßen aber auf heftigen Wi-

← *Vor allem Andalusien ist durch das maurische Erbe geprägt worden.*

derstand der Keltiberer. 133 v. Chr. nimmt Scipio Aemilianus mit Numantia die letzte keltiberische Hochburg ein. Doch der Widerstand der Keltiberer gegen die römische Besatzungsmacht hält bis zur endgültigen Romanisierung der Pyrenäenhalbinsel durch Kaiser Augustus (19 v. Chr.) an.

Völkerwanderung, Herrschaft der Westgoten

Während der Zeit der Völkerwanderung, etwa seit 400 n. Chr., setzen sich die aus der iranischen Steppe kommenden Alanen im heutigen Portugal, die ostgermanischen Vandalen im Süden Spaniens und die aus dem heutigen Süddeutschland stammenden Sueven im Nordwesten fest.

414 dringen die Westgoten unter König Athaulf in das Gebiet des heutigen Katalonien ein. Sie verdrängen die germanischen Stämme und begründen 476, nach dem Zusammenbruch des Weströmischen Reiches, unter König Eurich die westgotische Herrschaft in Spanien, die bis zur Eroberung der Iberischen Halbinsel durch den arabischen Feldherrn Tarik im Jahr 711 dauert.

Die Mauren und die Reconquista

711	Landung der Mauren bei Gibraltar und anschließende Eroberung fast der gesamten Halbinsel in kurzer Zeit
722	Schlacht von Covadonga und Gründung des Königreichs Asturien: Beginn der Reconquista
756–1031	Emirat (bzw. ab 929 Kalifat) von Córdoba
1238	Gründung des Emirats von Granada
1474/1479	Vereinigung der beiden Königreiche Kastilien und Aragón nach Thronbesteigung Isabellas I. bzw. Ferdinands II.
1492	Eroberung Granadas

Das maurische Spanien

Seit 714 ist Spanien (ausgenommen die Berggebiete Asturiens, Galiciens und des Baskenlandes) Provinz des Kalifats der Omaijaden. Nachdem im Jahr 750 die Omijadendynastie in Damaskus gestürzt worden war, erhebt Abd ar-Rahman I. das maurische Spanien 756 zum Emirat von Córdoba.

Während der Herrschaft der religös toleranten Omaijaden erlebt die Pyrenäenhalbinsel eine **wirtschaftliche und kulturelle Blütezeit**. Viele Christen treten zum Islam über und nehmen arabische Sprache und Sitten an. Das von den Mauren verbreitete antike und orientalische Wissen beeinflusst das gesamte christliche Abendland. Neue Kulturen (Reis, Zucker) und Techniken (künstliche Bewässerung) sowie eine wachsende Seiden- und Waffenproduktion bescheren dem Omaijadenreich relativen Wohlstand. Im Jahr 929 errichtet Abd ar-Rahman III. das Kalifat von Córdoba. Die Mauren expandieren in

Kalifat von Córdoba ▸

Die Mauern von Sevilla zur Zeit der Araber

den Norden des Landes; in den Jahren 985–997 erobert Almansur der Siegreiche, der Großwesir des Kalifen Hischam II., Barcelona, León und Santiago de Compostela. Nach dem Sturz des letzten omaijadischen Kalifen Hischam III. im Jahr 1031 löst sich das Kalifat von Córdoba in mehr als 20 unabhängige Teilstaaten auf. Um sich vor der Eroberung bzw. Rückeroberung durch die Christen zu schützen, rufen die maurischen Emire 1086 die **nordafrikanischen Almoraviden** zu Hilfe, die unter ihrem Feldherrn Jûsuf Teschufin den islamischen Süden Spaniens wieder vereinen und ihrem Reich zuschlagen. 1146 wird das Almoravidenreich von dem nordafrikanischen Berberstamm der **Almohaden** erobert, die sich bis Mitte des 13. Jh.s auch in Spanien halten können.

◄ Emirat von Granada

Mohammed ibn al-Ahmar gründet 1238 das Emirat von Granada mit Málaga und Almería, das bis 1492 besteht. Granada wird die reichste Stadt Spaniens und zugleich sein **kulturelles Zentrum**. Doch mit dem Fall Málagas 1487 und schließlich Granadas 1492 ist die Zeit der Herrschaft der Araber in Spanien endgültig vorbei. Die anschließende Vertreibung der Mauren bedeutet einen schweren Rückschlag für das wirtschaftliche und kulturelle Leben Spaniens.

Reconquista

Die mittelalterliche Geschichte Spaniens ist geprägt von der Reconquista, der christlichen Rückeroberung arabischer Territorien, die aber von den Machtkämpfen der christlichen Königreiche im Norden und Nordwesten des Landes lange Zeit behindert wird. Doch letztlich führt die Reconquista zur Bildung des **spanischen Nationalstaates**.
Schon seit Beginn der Omaijadenherrschaft leisten das unabhängige Königreich Asturien und die aus der Spanischen Mark Karls des Großen hervorgegangenen Grafschaften Katalonien und Navarra heftigen Widerstand gegen die Mauren. Um 900 entsteht die Grafschaft Kastilien, die mit Burgen und Kastellen den Norden Spaniens bis zum Ebro absichert. Die nach der Teilung des Königreichs Navarra im Jahr 1035 entstandenen Königreiche Kastilien und Aragón steigen zu beherrschenden christlichen Mächten der Iberischen Halbinsel auf. 1085 erobert Alfons VI. von Kastilien Toledo und nimmt den Titel eines »Kaisers von Spanien« an. Doch die Reconquista kommt infolge der von den Mauren zu Hilfe gerufenen nordafrikanischen Almoradviden ins Stocken. Erst im 13. Jh. gelingt mit Unterstützung Portugals die gänzliche Rückeroberung der islamischen Reiche bis auf das Emirat Granada, das sich noch bis 1492 behaupten kann.

Die Katholischen Könige ► Die Heirat von Ferdinand II. von Aragón mit Isabella von Kastilien führt zur Vereinigung der beiden bislang rivalisierenden Reiche und begründet den spanischen Nationalstaat. Unter der Herrschaft der »Katholischen Könige« erfolgt der Übergang Spaniens zur **absoluten Monarchie**.

Als Granada am 2. Januar 1492 nach über zweijähriger Belagerung durch Ferdinand II. fällt, endet die über siebenhundert Jahre währende Geschichte der Araber in Spanien und damit auch die 250 Jahre dauernde Herrschaft der Nasriden in Granada.

Aufstieg und Fall der Weltmacht

1492	Kolumbus landet in Westindien.
1516–1556	Herrschaft des Habsburgers Karl I., seit 1519 als Karl V. römisch-deutscher Kaiser; Eroberung des Kolonialreichs in Mittel- und Südamerika
1580–1640	Personalunion mit Portugal
1588	Untergang der Armada im Ärmelkanal
1659	Pyrenäenfrieden mit Frankreich
1701–1713	Spanischer Erbfolgekrieg
1804	Bündnis mit Napoleon I.
1805	Seeschlacht bei Trafalgar
1808	Frankreich besetzt Spanien; Beginn des Befreiungskrieges

Kolonialreich Als Christoph Kolumbus, unterstützt vom spanischen Königspaar, am 3. August 1492 mit den drei Karavellen »Santa María«, »Pinta« und »Niña« und insgesamt 88 Mann Besatzung zu seiner ersten Entdeckungsfahrt ablegt, ist der Grundstein für das spanische Kolonialreich gelegt. Am 12. Oktober entdeckt er die karibische Insel Guanahani und nimmt sie für die spanische Krone in Besitz. In den folgenden Jahrzehnten baut Spanien seine Kolonialherrschaft in der Neuen Welt aus; die Konquistadoren Hernán Cortés und Francisco Pizarro erobern Mexiko (1521), Peru (1534) und Chile (1537).

Karl V. ► 1516 wird der Habsburger Karl I. König von Kastilien und Aragón; 1519 wird er als Karl V. zum römisch-deutschen Kaiser gewählt (Krönung 1530 in Rom). Damit ist Spanien – zusammen mit seinem Kolonialbesitz sowie den habsburgischen Gebieten – zur beherrschenden Kontinental- und Seemacht aufgestiegen. Als sich Spanien 1580 in Personalunion mit Portugal verbindet – die bis 1640 hält –, erreicht das Land zusammen mit dem portugiesischen Kolonialbesitz die größte Ausdehnung seines Territoriums.

Doch die immer größer werdende Machtfülle Spaniens bringt auch **zahlreiche Konflikte** mit sich: Frankreich sieht sich durch die »habs-

Das spanische Kolonialreich zur Zeit Philipps II.

burgische Umklammerung« herausgefordert; die Auseinandersetzung mit den Osmanen in Südosteuropa schwächt die Kräfte des Kaisers. Und die beginnende Reformation beraubt das Imperium seiner religiösen Klammer.

1556 muss Karl V. abdanken, der spanisch-habsburgische Herrschaftskomplex zerbricht. Die westlichen und südlichen Territorien erbt sein Sohn Philipp II.; die habsburgischen Erblande fallen an Ferdinand I. Der Freiheitskampf der Niederlande von 1572 bis 1581 beschwört schließlich auch den Konflikt zwischen Spanien und England herauf. Durch den Untergang der Armada 1588 im Ärmelkanal verliert Spanien im Kampf mit Großbritannien die Vorherrschaft zur See.

◄ Untergang der Armada

Nach dem Tod Philipps II. verliert Spanien seine hegemoniale Stellung, da die ständigen Kriege, die es zur Erhaltung seiner Machtsphäre führt, das Land wirtschaftlich ruinieren. Schließlich ist Spanien so geschwächt, dass es im **Pyrenäenfrieden** von 1659, der im Wesentlichen die heutigen Grenzen der beiden Staaten festlegt, das Roussillon, die Cerdagne sowie Teile Flanderns an Frankreich abtreten muss; 1678 verzichtet Spanien auf die von Frankreich eroberte Franche-Comté. Spanien hat seine Rolle als Hegemonialmacht endgültig an Frankreich verloren.

Abhängigkeit von Frankreich

◄ Der Spanische Erbfolgekrieg

Der Tod des kinderlosen Königs Karl II. im Jahr 1700, der den französischen Bourbonen Philipp von Anjou zu seinem Nachfolger bestimmt hatte, löst den von 1701 bis 1713 dauernden Spanischen Erbfolgekrieg aus, der mit dem Friedensschluss von Utrecht endet. Nur mit Hilfe seines Onkels Ludwig XIV. kann Philipp V. (1700–1746) seine Ansprüche gegenüber den österreichischen Habsburgern und den mit auf den Plan gerufenen Briten schließlich durchsetzen, muss aber die Niederlande, Mailand und Neapel an Österreich, Sizilien an Savoyen und Menorca und Gibraltar an Großbritannien abtreten. Philipp V. etabliert in Spanien den **französischen Absolutismus**; seine Nachfolger Ferdinand VI. (1746–1759) und vor allem Karl III. (1759 bis 1788) vollenden den Aufbau eines zentralistischen Einheitsstaats.

Napoleon I. ►

Außenpolitisch wird Spanien von Frankreich abhängig und immer stärker in seine Kriege hineingezogen. Der frankophile Manuel de Godoy, ein Günstling der Königin María Luisa, der während der Regentschaft Karls IV. (1788–1808) die Regierungsgeschäfte betreibt, gibt schließlich jegliche selbständige Außenpolitik zu Gunsten Frankreichs auf. 1800 tritt Spanien seine nordamerikanischen Gebiete an Frankreich ab; in einem Bündnis mit Napoleon Bonaparte 1804 stellt sich Spanien offiziell gegen Großbritannien, das am 21. Oktober 1805 in der Schlacht beim Kap Trafalgar unter Admiral Nelson die französisch-spanische Flotte vernichtet. Die schlechte wirtschaftliche Lage Spaniens – Resultat der vielen verlustreichen Kriege – führt 1808 zu einem Aufstand in Aranjuez und zum Sturz Godoys sowie zur Abdankung Karls IV. Napoleon lässt Spanien besetzen und installiert seinen Bruder Joseph als König von Spanien (1808–1813). Doch schon mit dem Aufstand der Madrider Bevölkerung am 2. Mai 1808 setzt der Widerstand gegen Napoleons Herrschaft ein. Juntas (Volksregierungen) organisieren den Guerillakrieg; ein britisches Heer unter General Wellesley, dem späteren Herzog von Wellington, unterstützt den **spanischen Befreiungskampf**.

19. und 20. Jahrhundert

Bürgerkriege und soziale Spannungen

1812	Proklamation der ersten Verfassung
1834–1876	Insgesamt drei Karlistenkriege
1898	Spanisch-Amerikanischer Krieg
1923–1930	Diktatur Primo de Riveras
1931–1939	Zweite Republik
1939	Ende des Bürgerkriegs
1939–1975	Diktatur Francos

Erste spanische Verfassung

1812 proklamieren die in Cádiz versammelten Cortes die erste spanische Verfassung. Und der Sieg Wellingtons in der Schlacht bei Vitoria befreit Spanien von der Herrschaft Napoleons. Als Ferdinand VII. 1814 auf den spanischen Thron zurückkehrt, setzt er die Verfassung

Francisco de Goya: »Die Erschießung der Aufständischen vom 2. Mai 1808«

außer Kraft und regiert wieder absolutistisch. Die Geschichte Spaniens im 19. Jh. ist geprägt durch Bürgerkriege, die durch eine restaurative Politik, wirtschaftliche Rückständigkeit und außenpolitische Misserfolge verursacht werden.

◄ Karlistenkriege

1830 sichert Ferdinand VII. seiner Tochter Isabella das Thronfolgerecht. Als Ferdinand 1833 stirbt, erhebt sein Bruder Karl Anspruch auf den Thron. Es kommt zum Ersten Karlistenkrieg (1834–1839), der zu Gunsten Isabellas endet. Nachdem 1843 die 13-jährige Isabella für mündig erklärt worden ist, schränkt sie die Verfassung (1845) ein, schlägt einen weiteren Aufstand der Karlisten nieder (1847–1849) und versucht, Spaniens Einfluss in Lateinamerika wieder herzustellen. Eine Revolte unter General Prim und Marschall Serrano (1868) führt zur Absetzung Isabellas II. und zu ihrer Flucht nach Frankreich. 1869 bestimmen die Cortes Serrano zum Regenten bis zur Wahl eines neuen Königs. Schließlich wird 1870 Amadeo I., Sohn Viktor Emanuels II. von Italien, zum spanischen König gewählt. 1872 beginnt der Dritte Karlistenkrieg, der bis 1876 dauert und sich gegen Amadeo I. richtet, der 1873 abdankt, wie auch gegen die im selben Jahr von den Cortes ausgerufene Erste Republik. Alfons XII., der älteste Sohn Isabellas II., stellt die Monarchie wieder her und erlässt 1876 eine neue, restaurative Verfassung.

◄ Erste Republik

Von 1885 bis 1902 übernimmt die Königinwitwe María Cristina von Österreich für den unmündigen Alfons XIII. die Regentschaft. Langsam beginnt sich das durch Kriege und Unruhen geschwächte Land zu erholen, doch der Verlust der letzten großen überseeischen Kolonien (Kuba, Puerto Rico, Philippinen) im Krieg gegen die USA

◄ Krieg gegen die USA

versetzt Spanien einen Schock. Separatistische Kräfte, in erster Linie Basken und Katalanen, und eine radikale anarcho-syndikalistische Arbeiterbewegung destabilisieren das labile innere Gleichgewicht des Landes.

Erster Weltkrieg und Diktatur

Nach dem Ersten Weltkrieg, in dem Spanien neutral bleibt, werden die sozialen Spannungen immer stärker, die sich in zahlreichen Unruhen entladen. Schlielich übernimmt 1923 General Primo de Rivera mit Billigung von Alfons XIII. die Leitung eines Militärdirektoriums; das Parlament wird aufgelöst.

Primo de Rivera wandelt zwei Jahre später die Militärdiktatur in eine zivile Diktatur um, versucht das Finanzwesen neu zu ordnen und eine Agrarreform durchzusetzen, was ihm aber nicht gelingt. Die **wirtschaftliche Krise** Spaniens löst Unruhen und Revolten aus und führt 1930 zum Rücktritt des Diktators. Als 1931 die Republikaner die Kommunalwahlen gewinnen, dankt Alfons XIII. ab und verlässt das Land. Niceto Alcalá Zamora proklamiert die Zweite Republik, deren Präsident er bis 1936 bleibt.

Zweite Republik und Bürgerkrieg

1931 erhält Spanien eine neue liberal-fortschrittliche Verfassung: Einheitsstaat, Trennung von Staat und Kirche, Autonomiestatut für Katalonien (1932) und das Baskenland (1936). Aber auch eine Agrarreform kann die tiefe soziale und ökonomische Kluft im Land nicht überwinden. Als 1936 die aus Republikanern, Sozialisten und Kommunisten gebildete Volksfront die Regierung stellt, kommt es am 17. Juli unter General **Francisco Franco** y Bahamonde (1892–1975) zu einer Militärrevolte, die zu einem drei Jahre währenden Bürgerkrieg führt.

1936: Republikanische Milizen marschieren in Madrid auf.

Franco bildet in Burgos eine Gegenregierung und wird von der »Junta de Defensa Nacional« zu ihrem Chef (Caudillo) sowie zum Oberbefehlshaber der aufständischen Truppen ernannt. Als Führer der faschistischen Falange stützt er sich auf Monarchisten und den konservativen Klerus. Während die Truppen Francos von Deutschland, Italien und Portugal militärisch unterstützt werden, erhält die republikanische Regierung Hilfe von Mexiko und der Sowjetunion sowie von internationalen Freiwilligenbrigaden. Am 18. November erkennen Deutschland und Italien die Franco-Regierung an; Anfang 1939 erfolgt die Anerkennung der Regierung Francos durch Frank-

Bürgerkrieg in Spanien 1936–1939

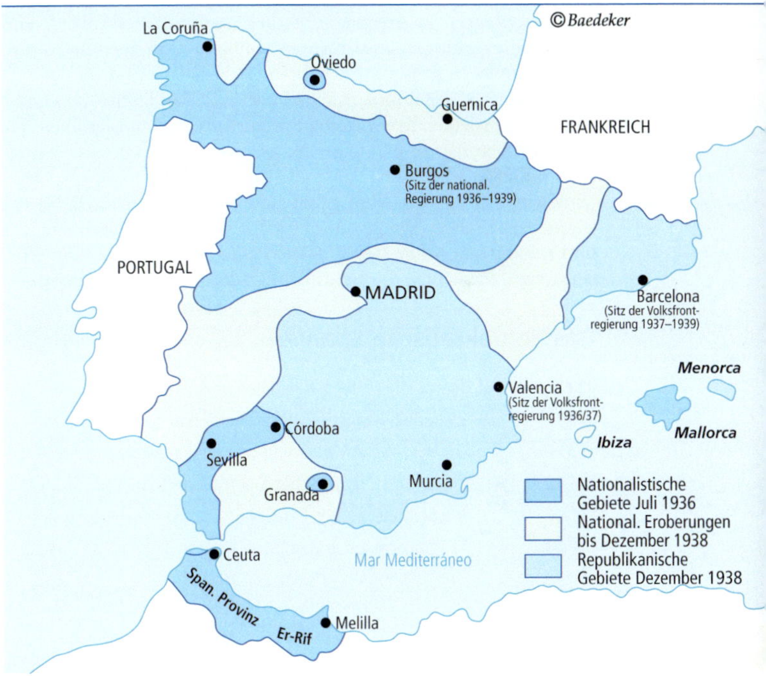

reich und die Vereinigten Staaten. Mit dem Einmarsch der faschistischen Truppen in Madrid am 28. März 1939 ist der Bürgerkrieg beendet.

Diktatur Francos

Nach seinem Sieg über die Republikaner etabliert Franco ein autoritäres Regime, wobei ihm die Falange-Bewegung zur Sicherung seiner Macht dient. Im Zweiten Weltkrieg bleibt Spanien trotz seiner Bindungen an die Achse Berlin–Rom weitgehend neutral. Auf Drängen Hitlers entsendet Franco jedoch die »Blaue Divison« (ca. 18 000 Freiwillige) an die Ostfront.

◄ Nach 1945

Spanien ist durch das faschistische Regime Francos sowohl politisch als auch wirtschaftlich isoliert; es wird nicht in die UNO aufgenommen und erhält auch keine Marshallplanhilfe. Doch schon 1950 gelingt es Franco, die **Isolierung Spaniens** zu überwinden: Auf Veranlassung der USA, die dafür Militärbasen im Land erhalten, werden die 1946 verhängten wirtschaftlichen und diplomatischen Sanktionen der UNO gegen Spanien aufgehoben; 1955 wird Spanien schließlich Mitglied der UNO.

Die Falange unterdrückt jegliche Opposition gegen die Franco-Diktatur, die die sozialen Spannungen durch Industrialisierung und Landreformen abzubauen versucht. Zahlreiche Streiks, v. a. durch Separatistenbewegungen in Aragonien, Asturien und im Baskenland, und Studentenrevolten richten sich gegen politische Unfreiheit und soziale Missstände. In den Sechzigerjahren erlebt das Land dank des aufkommenden Massentourismus und vieler ausländischer Investitionen einen bedeutenden wirtschaftlichen Aufschwung, der aber Anfang der Siebzigerjahre infolge der weltweiten Energiekrise wieder stark gebremst wird.

König Juan Carlos ►

1969 wird der 1938 in Rom geborene Prinz Juan Carlos, Enkel des letzten spanischen Königs Alfons XIII., zum Nachfolger Francos und zukünftigen König benannt. Als Franco am 20. November 1975 stirbt, wird Prinz Juan Carlos als Juan Carlos I. König von Spanien.

Das demokratische Spanien

1975	Juan Carlos I. wird König von Spanien
1977	Erste demokratische Wahlen seit 1936
1978	Demokratische Verfassung und Regionalstatut
1986	Beitratt zur Europäischen Gemeinschaft
2000	Wiederaufleben des ETA-Terrors
2004	Terroranschläge in Madrid
2008	Drastischer Einbruch der Volkswirtschaft

Demokratisierung

Unter König Juan Carlos I. beginnt die Demokratisierung des Landes, und Spanien entwickelt sich zu einem vollwertigen Mitglied der demokratischen Staatengemeinschaft. Juan Carlos amnestiert politische Gefangene und lässt politische Parteien und Gewerkschaften zu. Selbst zunehmende Gewaltakte der seit 1968 terroristisch agierenden baskischen Untergrundbewegung ETA und Putschversuche einiger Militärs (1981) können die junge Demokratie nicht gefährden.

Erste demokratische Wahlen ►

Nach den ersten demokratischen Wahlen seit 1936 am 15. Juni 1977 wird Adolfo Suárez Regierungschef. Nach den Cortes-Wahlen am 28. Oktober 1982, aus denen die Sozialisten (PSOE) siegreich hervorgehen, löst ihn **Felipe González** ab. Die von den Parteien ausgearbeitete neue demokratische Verfassung wird in einem Volksentscheid angenommen und tritt am 27. Dezember 1978 in Kraft. Im Baskenland und in Katalonien werden Regionalparlamente gewählt; in der Folge entstehen 17 Autonome Gemeinschaften.

Beitritt zur NATO und EG ►

Durch die Aufnahme Spaniens in den Europarat am 24. Februar 1978 und zur NATO am 30. Mai 1982 sowie den Beitritt zur EG (EU) am 1. Januar 1986 erfährt die junge spanische Demokratie außenpolitische Anerkennung.

Die anhaltende wirtschaftliche Krise zu Beginn der 1990er-Jahre veranlasst Felipe González zu vorgezogenen Neuwahlen, bei denen die Sozialisten die absolute Mehrheit verlieren. González bildet eine Minderheitsregierung, die von den gemäßigten katalanischen und baskischen Regionalparteien unterstützt wird. Als die konservative Volkspartei (PP) im April 1996 die Wahlen gewinnt und **José María Aznar** Ministerpräsident wird, setzt ein wirtschaftlicher Aufschwung ein. Dieser Erfolg der Regierung Aznar wird bei den Wahlen im März 2000 von den Bürgern honoriert: Die PP gewinnt die absolute Mehrheit. Die baskische ETA nimmt jetzt aber wieder ihren Terror auf.

Das heutige Spanien

Terroranschläge von Madrid

Im März 2004 kommen bei besonders heimtückischen **Bombenanschlägen islamistischer Terroristen** auf Nahverkehrszüge und Bahnhöfe in Madrid fast 200 Menschen ums Leben, Hunderte werden verletzt. Diese schlimmen Ereignisse und vor allem die problematische Informationspolitik der Regierung Aznar führen bei den kurz darauf stattfindenden Parlamentswahlen zu einem erneuten Regierungswechsel. Die Sozialisten (PSOE) mit ihrem Spitzenkandidaten **José Luis Rodríguez Zapatero** übernehmen die Macht.

Neue Lebensformen

Spanien befindet sich bis heute in einem tiefgreifenden **Transformationsprozess**. In Gesellschaft und Familie werden traditionelle Kulturmuster abgelöst. Die Zahl der Eheschließungen geht immer weiter zurück, fast die Hälfte aller Haushalte sind heute Singlehaushalte und die Geburtenrate ist auf weniger als 1,5 Kinder pro Frau gefallen. Im April 2005 hat die spanische Abgeordnetenkammer ungeachtet des Widerstands der katholischen Kirche in einem Gesetz gleichgeschlechtliche Beziehungen gebilligt und sie mit den selben Rechten ausgestattet wie normale Ehen.

Illegale Einwanderung

Zu einem großen Problem hat sich die illegale Einwanderung vor allem aus Nordafrika entwickelt. Spätestens seit 2004 versucht sich Spanien gegen den Ansturm von Kriegsflüchtlingen und Migranten abzuschotten, allerdings mit geringem Erfolg.

Parlamentswahlen 2008, Wirtschaftskrise

Aus den Parlamentswahlen im März 2008 gehen die Sozialisten mit leichten Stimmengewinnen erneut siegreich hervor. Regierungschef Zapatero muss sich jedoch ab Herbst 2008 mit den Auswirkungen der Immobilien- und Finanzkrise befassen, die auch in Spanien zum Platzen der Immobilienblase führt und im Land eine Wirtschaftskrise immensen Ausmaßes auslöst. Bereits im April 2009 sieht er sich zu einer weit reichenden Kabinettsumbildung gezwungen.

Generalstreik und Sparpolitik 2010/2011

Regierungschef Zapatero ist 2010 mit einem landesweiten Generalstreik der Gewerkschaften gegen seine Sparpolitik konfrontiert, die er allerdings durch einen geschickten Schachzug durchzusetzen versucht: Mit den Stimmen einer baskischen und einer kanarischen Regionalpartei im Parlament, die er nach erheblichen Zugeständnissen bekommt, hat Zapateros Minderheitsregierung für die laufende Legislaturperiode eine hauchdünne Mehrheit.

Kunst und Kultur

Welche Einflüsse bestimmten die kulturelle Entwicklung Spaniens? Warum kämpft Cervantes »Don Quijote« eigentlich gegen Windmühlen? Und gibt es, trotz der Pogrome im Mittelalter und der Renaissance, noch Zeugnisse jüdischen Lebens in Spanien?

Kunstgeschichte

Frühgeschichte und Altertum

Steinzeit

Die ersten künstlerischen Formen in Spanien, die Höhlenmalereien des franko-kantabrischen Raumes, stammen aus der jüngeren Altsteinzeit (40 000–10 000 v. Chr.). Sie stellen meist Tiere dar, die als Jagdbeute, Gottheiten, Fruchtbarkeitssymbole oder in anderen kultischen Funktionen eine zentrale Stellung im Leben der Jäger und Sammler einnahmen. Die Bilder erreichen hohe künstlerische Ausdruckskraft und erinnern in ihrer Stilisierung oft an Gegenwartskunst. Die aus dem Magdalénien (17 000–10 000 v. Chr.) erhaltenen Felsbilder in der **Höhle von Altamira** zählen zu den bedeutendsten dieser Art. Auch in der Nähe von Málaga wurden steinzeitliche Höhlenmalereien entdeckt. Der Mittel- und Jungsteinzeit zuzurechnen sind Felsbilder, die vor allem an der Mittelmeerküste zwischen Barcelona und Valencia größtenteils in Schluchten oder an überhängenden Felswänden gefunden wurden. Zeugnisse jungsteinzeitlichen (6000–4000 v. Chr.) Kunstschaffens beschränken sich nicht nur auf Felsmalereien. Zahlreiche Relikte der sog. **Impresso-Keramik** (mit Muschelabdrücken verzierte Gefäße) fanden sich an der Mittelmeerküste, so in El Pany in Katalonien und bei Valencia.

Kupfer- und Bronzezeit

Die Kupferzeit (3000–1800 v. Chr.) weist schon stadtähnliche Siedlungsformen auf. Charakteristisch sind große **Grabstätten**, die mit Kraggewölben versehen (Südspanien) oder als Megalithgräber (Cueva de Menga in Andalusien) vorkommen. Auf dem Gebiet der Keramik verbreitete sich die **Glockenbecherkultur** über die gesamte Iberische Halbinsel. Die Bronzezeit (ca. 2000–1600 v. Chr.) bringt fein gearbeitete Metallwerkzeuge hervor, auch aus Gold und Silber.

Phönizier, Griechen, Karthager

Auch die Völker, die die Iberische Halbinsel im Altertum kolonisierten, hinterließen ihre Spuren. Von den Phöniziern, die ab 1100 v. Chr. Handelsposten an der Südküste gründeten, aus denen u. a. die Städte Cádiz und Málaga hervorgingen, sind vor allem **Grabbeigaben** erhalten. Ihnen folgten ab ca. 700 v. Chr. die Griechen, deren bedeutendste Niederlassung Emporion (katal. Empúries) war.

Iberische Kunst

Von den spanischen Ureinwohnern traten die an der Mittelmeerküste lebenden Iberer künstlerisch am deutlichsten in Erscheinung. Es sind vor allem Skulpturen, die von ihren Fähigkeiten zeugen und eindeutig griechischen Einfluss verraten. Bedeutende Bildhauerarbeiten sind die **»Dame von Elche«** (► Abb. S. 56), eine 1897 gefundene Büste aus dem 3. oder 4. vorchristlichen Jahrhundert, die **»Göttin**

← Plaza de España, Sevilla – Stein gewordenes Zitat spanischer Architekturgeschichte

Die »Dame von Elche«

von Baza« und bei Cerro de los Santos gefundene Statuetten (alle im Museo Arqueológico in Madrid). Anschauliches Beispiel für den Städtebau der Iberer ist die Siedlung Ullastret in der Provinz Girona.

Aus der **römischen Zeit** haben sich bedeutende Baureste u. a. in Mérida (Theater), Segovia (Aquädukt), und A Coruña (Leuchtturm) erhalten; kleinere Fundobjekte liegen u. a. aus Mérida und Italica in der römischen Provinz Baetica (bei Sevilla) vor. Die Bedeutung der römischen Kultur in Spanien dokumentiert sich auch darin, dass die bereits gänzlich romanisierte Bevölkerung 74 n. Chr. das römische Bürgerrecht erhielt.

Westgotische und maurische Kunst

Westgotische Kunst

Die Westgoten übernahmen in ihrer Kirchenbauweise neben altrömischen auch Elemente der byzantinischen Architektur in Form der dreischiffigen Basilika mit Holzdach, geschmückt mit Weinranken- und Traubendekor; germanische Schmuckelemente sind Taufries, Rosette und Kreis. Bemerkenswert ist die Verwendung von Hufeisenbögen schon vor dem Einfall der Mauren. Die bedeutendste noch erhaltene westgotische Kirche ist **San Juan Bautista** in Baños de Cerrato (bei Palencia) aus dem Jahr 661.

Asturische Kunst

Die vor den eindringenden Arabern zurückweichenden Westgoten hinterließen in Asturien eine Architekturform, die auch als »präromanische Kunst« bezeichnet wird. Sie ist charakterisiert durch gestelzte Rundbögen, gedrechselt wirkende oder mit Fischgrätmuster dekorierte Rundsäulen und mit Doppelkordeln geschmückte Säulenkapitelle. Einige Kirchen weisen im Grundriss die Form eines griechischen Kreuzes auf. In Naranco (bei Oviedo) befinden sich als wichtigste Zeugnisse dieser Bauweise die um 845 zunächst als Königshalle von König Ramiro I. erbaute Kirche Santa María del Naranco und die Palastkapelle San Miguel de Lillo

Maurisch-arabische Kunst

Nach der Schlacht am Río Guadalete im Jahr 711 errichteten die Mauren in Spanien Kalifate, die sich vor allem im Süden durch eine Hochblüte des geistigen Lebens und damit verbunden auch durch eine **großartige Entfaltung der Architektur** auszeichneten. Manche für die spätere spanische Kunstentwicklung typische Eigentümlichkeit ist auf die islamische Kunst zurückzuführen. Wesentliche Merkmale der islamischen Baukunst sind die oft reich verzierten Hufei-

senbögen, das aus sieben Elementen (Rechteck, Parallelogramm, gleichseitige und rechtwinklige Dreiecke) bestehende Stalaktitengewölbe, überkragende, geschnitzte Vordächer, Zwillingsfenster aus zwei Hufeisenbögen, Kassettendecken und glasierte Ziegel. Die Bauweise der Moscheen (Hof und Betsaal) geht zurück auf das Haus des Propheten Mohammed in Medina.
Neben Moscheen hinterließen die Mauren teils gewaltige Burgen, vor allem den vollendeten Palastbau der **Alhambra in Granada**. Maurisch-arabische Fayencen zeugen von der Kunstfertigkeit der Handwerker; weltberühmt waren die Damaszenerklingen aus Toledo.

Mozarabischer und Mudéjar-Stil

In den maurisch besetzten Gebieten entwickelte sich unter den christlich gebliebenen »Mozarabern« ein christlich-maurischer Mischstil; besonders prächtig entfaltete sich der mozarabische Stil in der **Buchmalerei** des 10. Jahrhunderts.
Kunstgeschichtlich bedeutender ist jedoch der Mudéjar-Stil, benannt nach den Mauren, die in den im Zuge der Reconquista wieder christlich gewordenen Gebieten geblieben waren. Sie erstellten vom 12. bis zum 16. Jh. im Auftrag von Christen sakrale und profane Bauten, in denen sie maurische Stilelemente wie glasierte Ziegel, Kacheln, Hufeisenbögen, Sternrippengewölbe und kufische Schriftzeichen mit romanischen, gotischen und Renaissance-Elementen kombinierten. Den Höhepunkt erreichte der Mudéjar-Stil im **Kunst- und Dekorationshandwerk**.

? WUSSTEN SIE SCHON ...?

- ... dass der Islam die Darstellung von Personen verbietet? Deshalb werden die Moscheen mit Majolikakacheln mit floralen Ornamenten und Schriftfriesen geschmückt, in denen die Künstler unübertroffene Fantasie und Farbenfreude beweisen.

Romanik

Kirchenbau

Ungefähr um 1000 beginnt die Reconquista, die fast 500 Jahre dauert und in der Architektur zu einer Umwandlung arabischer Bauwerke in christliche führt. Der Beginn einer eigenständigen spanischen Kunst lässt sich auf das 11. Jh. datieren. Unter französischem und lombardischem Einfluss setzt sich die Romanik durch. Die **Kathedrale in Santiago de Compostela**, dem größten Wallfahrtsort des europäischen Mittelalters, von 1060 bis 1211 erbaut, stellt das bedeutendste frühromanische Bauwerk Spaniens dar.

Plastik

Die Bildhauerkunst der Romanik erreicht in Portalgestaltungen wie in Santa María in Ripoll, in den Portalfiguren von San Vicente in Ávila und dem Pórtico de la Gloria der Kathedrale von Santiago de Compostela bedeutende Höhepunkte.

Malerei

Die katalanische Malerei, von byzantinisch anmutender Strenge, wird tonangebend. Weniger starr und jenseitsorientiert sind die Fresken

Einen Höhepunkt erreichte die romanische Bildhauerkunst Spaniens im Pòrtico de la Gloria der Kathedrale von Santiago de Compostela.

des Königspantheons von San Isidro in León; in Orten abseits der großen Durchzugsstraßen haben sich hervorragende Fresken, vornehmlich aus dem 12. Jh., erhalten. Die Buchmalerei der Zeit schafft eindrucksvolle Werke; zu den schönsten Beispielen zählen die **Apokalypse-Handschriften** des 10. und 11. Jahrhunderts.

Gotik

Kirchenbau

Die Zisterzienser machen die burgundische Form der Gotik (Spitzbogen) in Spanien heimisch, beispielhaft zu sehen im **Kloster Las Huelgas** bei Burgos. Für lange Zeit entstehen nun Werke im romanisch-gotischen Mischstil wie die **Alte Kathedrale von Salamanca**.
Die Bauten dieser Epoche verraten immer noch eine einfache, erdgebundene Schwere, verbunden mit feierlicher Raumwirkung; das gotische Streben nach Höhe und die zunehmende Auflösung des Mauerwerks mit daraus resultierender neuartiger Lichtführung werden aber immer deutlicher. Die drei **Kathedralen von Burgos, Toledo und León** verraten die vollkommene Übernahme des durch ausländische Meister ins Land gebrachten französischen Kathedralenstils.
Maurische Moscheen wurden nach der Reconquista durch in Hallenform angelegte Kathedralen ersetzt, wie jene von **Sevilla** (nach 1402 entstanden), die mit ihren fünf gewaltigen Schiffen eine der größten gotischen Kirchen überhaupt ist.

Plateresker Stil ▶

Der schon erwähnte Mudéjar-Stil entwickelt sich, durch spätgotische und antike Formen bereichert, zum plateresken Stil weiter, wobei die mit vielfältigen Ornamenten und kleinformatigen Details geschmückten Fassaden oft überladen wirken. Frühestes Beispiel ist das von dem Silberschmied (platero) Pedro Díez 1480–1492 erbaute **Colegio de Santa Cruz in Valladolid**. Die von den Brüdern Juan und Rodrigo Gil de Hontañón erbauten **Kathedralen von Salamanca und Segovia**, im prunkvollen Spätstil und mit überreicher Dekoration ausgestaltet, stellen die letzten großen Manifestationen gotischer Baukunst in Spanien dar. Sie sind bereits Ausdruck des durch den erfolgreichen Abschluss der Reconquista gestiegenen Nationalgefühls sowie des durch die Gold- und Silbersendungen aus den neu entdeckten Ländern des amerikanischen Kontinents beginnenden nationalen Wohlstandes.

Plastik

Wie die Baukunst steht auch die gotische Plastik Spaniens unter starkem **französischem Einfluss**. Die Bauplastik zeigt sich am schönsten in den Kathedralen von Vitoria, León, Burgos, am Aposteltor der Kathedrale von Valencia und in Tarragona. In Katalonien und Aragonien finden sich große, aus vielen einzelnen Reliefszenen komponierte »Retablos« (schöne Beispiele in den Museen von Barcelona, Vic und Lleida) und bedeutende Grabmäler wie das des Erzbischofs Lope Fernández de Luna in Zaragoza. Im 15. Jh. orientiert sich die Plastik mit ihren wuchernden Formen hauptsächlich an niederländischen und deutschen Bildwerken.

Malerei

Für die Malerei der Gotik ist gleichfalls französischer, später italienischer und im 15. Jh. auch niederländischer Einfluss maßgebend. Eine große Anzahl italienischer Maler, u. a. Gherardo Starnina und Nicolás Florentino, arbeitet im Lande; als besonders einflussreich erweist sich die Malschule von Siena. Die Malschule von Barcelona, die sich im 15. Jh. entwickelt, lässt in den Werken von Luis Dalmau, Bartolomeo Vermejo und Jaime Huguet schon starke eigenständige Merkmale eines sehr ausgeprägten Realismus erkennen. Im späten 15. Jh. entstehen weitere Malschulen in Valencia und Kastilien.

Renaissance

Architektur

In der Baukunst kommt es zu erstaunlichen Stilmischungen zwischen spätgotisch-plateresken, maurischen und renaissancebestimmten Formen. Anschauliche Beispiele sind der Kreuzgang der Kathedrale von Santiago de Compostela, die Casa de Pilatos in Sevilla, der Hof der Universität und die Casa de las Conchas in Salamanca. Der von Pedro Machuca 1526 auf dem Alhambra-Hügel von Granada für Karl V. erbaute Sommerpalast ist das bedeutendste Beispiel spanischer Hochrenaissance. Burgos wird zu einem Zentrum des neuen Bauens unter Diego de Siloé. Aber erst unter dem Einfluss der Gegenreformation, die gegen den Überreichtum an Ornamenten auftritt, kann sich eine neue »harte«, imposante Strenge entwickeln, deren Hauptwerk, der **Escorial**, von Juan de Herrera 1584 beendet wird. Kloster, Festung und Schloss in einem, weist er bereits frühbarocke Anklänge auf. Die 1580 ebenfalls von Herrera begonnene Kathedrale von Valladolid war in ihren Ausmaßen so riesenhaft geplant, dass sie nie vollendet werden konnte.

Plastik Auch auf dem Gebiet der Plastik verdrängt die Renaissance nur sehr allmählich die nachwirkende Gotik. Die freistehende Tumba mit Liegefigur ist im Grabmal Ferdinands und Isabellas in der **Capilla Real in Granada** besonders eindrucksvoll gestaltet. Alonso Berruguete, Damián Forment, Juan de Juni und und Felipe Vigarny sind die großen Meister der spanischen Renaissance-Bildhauerei.
Die durch die Strenge und Härte der Gegenreformation unter Philipp II. bedingte »romanistische« (d.h. völlig auf Rom bezogene) Reaktion dämpft den Gefühlsüberschwang der Plastik zu Gunsten hehrer Größe und Starrheit, die in jenen nordspanischen Retablos zum Ausdruck kommt, die gelegentlich die gesamte Chorwand bis zur Wölbung hinauf bedecken, so im Retablo von Astorga (um 1560) von Gaspar Becerra. Die Bildhauerfamilie de Arfe schafft vor allem Kleinplastiken und Kirchengerätschaften.

Malerei Eine große Anzahl von Malern, unter ihnen Juan de Juanes, Juan Fernández Navarrete (genannt El Mudo = der Stumme), Bartolomé González und Luis de Morales, arbeitet nach dem Vorbild der großen italienischen Meister der Renaissance.

Juan de Juni: »Grablegung Christi«

Barock und Klassizismus

Architektur

Das spanische Barock bringt in die von Borromini geprägte architektonische Formensprache den auf José de Churriguera zurückgehenden fantasievollen, oft sehr überladen wirkenden Stil des **Churriguerismus** ein, der Spaniens charakteristischer Neigung zu ungehemmtem Dekorationsreichtum entspricht. Anschauliche Beispiele dieses Stils sind die Sakristei der Cartuja in Granada (1727–1764) und die Plaza Mayor in Salamanca. Unter den Bourbonen setzt in der zweiten Hälfte des 18. Jh.s eine Gegenbewegung ein, die sich der gemäßigten Formen des Klassizismus bedient. Ein frühes Meisterwerk dieser Stilrichtung ist der Palacio Real in Madrid, von dem Italiener Filippo Juvara entworfen und von Giovanni Battista Sacchetti ausgeführt. Der berühmteste Wegbereiter des Klassizismus in Spanien ist aber der Italiener Francisco Sabatini, der Hofbaumeister Karls III. Das wichtigste Beispiel des klassizistischen Stils in Spanien, der **Prado in Madrid** (1785–1819), wird von Juan de Villanueva gebaut.

Plastik

Die barocke Plastik beschränkt sich in Spanien fast ausnahmslos auf religiöse Themen. Mit dramatischen, häufig befremdlich wirkenden Effekten – indem man z. B. die Statuen mit Stoffgewändern und Perücken bekleidet und ihnen Augen einsetzt – wird eine äußerst realistische Wiedergabe der Vorbilder versucht. Berühmt sind die »Pasos« (Heiligenfiguren), die bei großen Prozessionen mitgetragen werden.

Malerei

Die spanische Malerei der Barockzeit zählt zu den kunstgeschichtlich bedeutendsten Leistungen Europas. Der geniale Manierist Domenikos Theotokopoulos aus Kreta, genannt El Greco (der Grieche), verleiht in seinen visionären Bildern dem religiösen Erleben größte Intensität und einzigartigen persönlichen künstlerischen Ausdruck (»Begräbnis des Grafen Orgaz« in Santo Tomé, Toledo; Abb. S. 643). Obwohl der spanischen Eigenart überaus entsprechend, wirkt er nicht schulbildend. Die Malerei des spanischen Barock schließt vielmehr an Francisco Ribalta und Jusepe de Ribera, den Lehrmeister von Velázquez, Zurbarán und Murillo an. **Francisco Zurbarán** ist vor allem bekannt durch seine Mönchsdarstellungen und seine schroffen Helldunkeleffekte in der Manier Caravaggios. ◄ El Greco

Diego Velázquez (1599–1660) gilt als der **hervorragendste spanische Barockmaler**, ein genialer Realist, der als Hofmaler Philipps IV. nicht nur wenig schmeichelhafte Porträts der Hofgesellschaft von höchstem menschlichen Aussagewert schafft, sondern auch zauberhafte Kinderbildnisse wie das Reiterbildnis des Prinzen Balthasar Karl und das Bildnis der kleinen Infantin Margarita Teresia. ◄ Velázquez

Der wohl volkstümlichste Maler Spaniens ist Bartolomé Esteban Murillo, dessen Arbeiten vor allem in Sevilla und im Prado von Madrid zu besichtigen sind. Er malt religiöse Visionen und Ekstasen, aber auch reizvolle Genrebilder, liebenswerte Gassenbuben und seelenvoll-wehmütige Jesus-Darstellungen. ◄ Murillo

Nach der barocken Hochblüte des 17. Jh.s bringt die Malerei des 18. Jh.s kaum bedeutende Meister hervor. Erst an der Wende des 18. zum 19. Jh. überwindet der Maler und Grafiker Francisco de Goya (1746–1828) die Stagnation des 18. Jh.s und gibt der Kunst Europas einen gewaltigen Anstoß. Voll tiefer Menschlichkeit und mit geschärftem Blick für die Nachtseiten und Grausamkeiten des Lebens gestaltet er erschütternde Szenen. Seine große Kunst als Porträtmaler findet am Hof Karls IV. ein reiches Betätigungsfeld. Seine Meisterwerke (über 120 Gemälde) sind im Prado in Madrid ausgestellt.

Goya ►

19. und 20. Jahrhundert

Architektur

Die Architektur des 19. Jh.s ist wie im übrigen Europa gekennzeichnet durch die Mischungen verschiedenster historischer Stile, wie der Historismus sie bevorzugte. Ein schönes Beispiel ist die **Almudena-Kathedrale** von Madrid, nach dem Entwurf des Marqués de Cubas 1895 begonnen. Die Katalanen Luis Domènech i Montaner und Antoni Gaudí gehen als Vertreter des so genannten neukatalanischen Stils eigene Wege. Der **Temple de la Sagrada Familia** in Barcelona, 1882 von Gaudí begonnen und noch immer im Bau, ist eine monumentale Kirche mit fantastischen, teils gotisierenden Formen von organisch anmutendem Charakter.

Antoni Gaudí ►

Santiago Calatrava ►

Der Architekt Santiago Calatrava hat sich auf Brücken spezialisiert (u. a. in Barcelona, Bilbao, Buenos Aires und Berlin), er tat sich auch als Architekt der neuen Kunst- und Wissenschaftsstadt in Valencia hervor. Die meisten seiner Bauten fallen durch ihr skulpturales Tragwerk auf. Oftmals werden Parallelen zu natürlichen Strukturen (Blattwerk, Skelette) oder Flügeln gezogen.

EXPO '92 in Sevilla ►

Nachhaltig verändert hat die Weltausstellung EXPO '92 das Stadtbild von Sevilla, besonders schön ist die Neugestaltung des Guadalquivir gelungen, der wieder in sein ursprüngliches Flussbett geleitet wurde. Die sechs neu gebauten Brücken, darunter zwei von Calatrava, gehören zu Sevillas bedeutendsten architektonischen Monumenten des 20. Jahrhunderts.

Guggenheim-Museum Bilbao ►

Ein Aufsehen erregendes Baukunstwerk entwarf der kalifornische Stararchitekt Frank O. Gehry mit dem Guggenheim-Museum im baskischen Bilbao, das im Oktober 1997 eröffnet wurde.

Plastik

Die Plastik des 19. Jh.s ist dem Denken des **Historismus** verbunden (Monument »Dos de Mayo« in Madrid, 1840); mit den Brüdern Vallmitjana, Julio Antonio und José Llimonadie ist die alte Bildhauertradition Kataloniens noch immer lebendig. Die erste Hälfte des 20. Jh.s bringt die bemerkenswerten Metallarbeiten von Julio González hervor. Pablo Picasso leitet als Plastiker den radikalen Bruch mit der Tradition ein; die Abhängigkeit kubistischer Plastik von der Malerei ist sehr auffällig, bevorzugt werden Pappe, Sperrholz und Fundstücke aller Art gegenüber herkömmlichen Materialien verwendet.

Francisco de Goyas »Familienbild König Karls IV. von Spanien« – Schmeichelei war des Künstlers Sache nicht.

Malerei

Die Porträtkunst Goyas findet in Vicente López, Federico Madrazo, Leonardo Alenza und José de Madrazo bemerkenswerte Nachfolger. Daneben entwickelt sich eine beachtliche Historienmalerei. Im 20. Jh. erlangt der Katalane José María Sert internationale Bedeutung als Freskenmaler.

◄ Picasso

Pablo Picasso wird zum führenden Exponenten einer neuen Kunstentwicklung. Zusammen mit Georges Braque entwickelt er den **Kubismus**, bei dem die dargestellten Gegenstände und Personen auf die Grundformen Kubus, Kegel und Kugel reduziert sind und gleichzeitig vielschichtige Betrachtungsmöglichkeiten zum Ausdruck kommen sollen. Picasso wird zum bedeutendsten Künstler des 20. Jh.s, zum großen Experimentator mit zutiefst menschlichem Anliegen, wie es in seinem berühmten Bild »Guernica« zum Ausdruck kommt (jetzt im Centro de Arte Reina Sofia in Madrid).

◄ Joan Miró, Salvador Dalí

Wie Picasso ist auch Juan Gris dem Kubismus verpflichtet, während Joan Miró sich dem im Paris der Zwanzigerjahre entstehenden Surrealismus anschließt. Seine verspielt-heiteren Bilder zählen zu den liebenswürdigsten Schöpfungen moderner Kunst. Salvador Dalí gilt als berühmtester Vertreter des Surrealismus; er belebte die Kunstszene immer wieder durch seinen Hang zur Exzentrik.

Gegenwart

Die spanische Avantgarde entwickelt eine radikal moderne Malerei, die auf beschreibende Bildmotive und kompositorische Regeln verzichtet. Richtungsweisend für diese **Informel** genannte Kunstrichtung ist Antoni Tàpies (1948 Mitbegründer der Gruppe »Dau al Set«).

◄ weiter auf S. 66

MODERNISME

Der mit »katalanischer Jugendstil« nur unzulänglich beschriebene Modernisme hat vor allem Architektur und Kunstgewerbe, aber auch Literatur, Musik und Tanz an der Wende vom 19. zum 20. Jahrhundert geprägt. Barcelona ist sein bedeutendstes Zentrum.

Gerade Linien waren **Antoni Gaudí** (► Berühmte Persönlichkeiten) ein Gräuel. Weiche, fließende Formen mussten seine Bauwerke aufweisen – bunte Fliesen im maurischen Stil, an Blütenblätter oder die Flügel eines Schmetterlings erinnernde Glasfenster, gewölbte Balkonbrüstungen und schmiedeeiserne Geländer, geschwungene Treppen, in anthropomorphe Skulpturen verwandelte Schornsteine und Belüftungsschächte.

Eigenständige katalanische Kunstrichtung

Antoni Gaudí war der Hauptvertreter des verspielten, von mittelalterlichen Architekturelementen und organischen Naturformen inspirierten sowie neue Techniken und Materialien mit alter Handwerkskunst (Kunstschmiede, Schreinerei, Keramikwesen, Glaserei) verbindenden Modernisme, dessen **Blütezeit** in Katalonien in der Zeit zwischen 1880 und 1920 lag. Anders als die vergleichbaren Bewegungen des deutschen Jugendstils, des französischen Art Nouveau oder des englischen Modern Style präsentierte sich der Modernisme als stark nationalistisch geprägter Kunststil, er ist die erste eigenständige katalanische Kunstrichtung. Ausschlaggebend für seine Entstehung war der durch die Industrialisierung eingeleitete wirtschaftliche Wiederaufschwung in der zweiten Hälfte des 19. Jh.s, der den Katalanen zu einem wachsenden Selbstbewusstsein verhalf und die **Renaixença** einleitete, die Rückbesinnung auf die eigene kulturelle Identität, auf die Geschichte und Sprache der Heimatregion. Mit dem Wirtschaftswachstum entstand auch eine wohlhabende bürgerliche Schicht, die über genügend Geldmittel verfügte, das neu gewonnene Selbstwertgefühl in Form von repräsentativen Bauwerken nach außen zu demonstrieren. So entwickelte sich der Modernsime zu einer Kultur des Großbürgertums, die von der ihr nachfolgenden Bewegung des Noucentisme wegen ihrer Nähe zur Macht und zum Geld scharf kritisiert wurde. Der Modernisme wies aber auch sozialreformerische Ansätze auf. So suchten viele Architekten nach humaneren Bauweisen

Auch das Interieur der Casa Milà wurde von Antoni Gaudí gestaltet.

für Fabriken und Arbeiterwohnungen, bei denen auch die Ästhetik nicht zu kurz kommen sollte.

Das Triumvirat

Die Stararchitekten des Modernisme waren neben Antoni Gaudí (1852–1926) Lluís Domènech i Montaner (1850–1920) und Josep Puig i Cadafalch (1867–1957). Am stärksten geprägt wurde das Stadtbild Barcelonas von Antoni Gaudí. Neben seinem Hauptwerk, dem Temple de la Sagrada Familia, sind die vielen Entwürfe für seinen großzügigen Förderer Eusebi Güell zu nennen: die Casa Milà, die Casa Batlló mit ihrer »knöchernen Fassade« und die Casa Vicens, sein erstes wichtiges Werk, das durch den historistischen Mudéjar-Stil inspiriert ist und Stein, Ziegel und farbige Fliesen vereinigt. An vielen Plätzen und Boulevards stehen von Gaudí entworfene Kandelaber, und auch das ornamental strukturierte Pflaster der Gehsteige in weiten Teilen des **Eixample** geht auf ihn zurück. Charakteristisch für Gaudís Entwürfe ist die Vermengung gotischer Stil- und Konstruktionselemente (denen er freilich recht kritisch gegenüber stand) mit der zu seiner Zeit üblichen weichen Linienführung. Überdies war er ein exzellenter Statiker, der seine Tragwerkskonstruktionen empirisch anhand von Draht- und Fadenmodellen entwickelte.Von ähnlicher Bedeutung ist **Lluís Domènech i Montaner**, der an der Hochschule für Architektur in Barcelona lehrte und eine stattliche Zahl von Zweckbauten – großenteils für die Weltausstellung von 1888 – sowie den prachtvollen Palau de la Música Catalana schuf. Wegweisend war die Funktionalität des von ihm konzipierten Hospital de la Santa Creu i de Sant Pau unweit des Temple de la Sagrada Familia. Nicht weniger als dreimal wurden von ihm errichtete Objekte mit dem Preis für das schönste Gebäude der Stadt ausgezeichnet. Weniger spektakulär sind die Entwürfe von **Josep Puig i Cadafalch**, der in erster Linie praxisorientierte Bauten für Industrie und Wirtschaft errichtete. Auf ihn geht auch ein guter Teil der Neugestaltung der Plaça de Catalunya sowie der nahe gelegenen Via Laietana zurück.

Ruta del Modernisme

In den Häuserblocks des Stadtviertels Eixample findet sich die größte Konzentration modernistischer Gebäude. Dieses Gebiet umfasst etwa hundert Häuserblocks und steht als »Quadrat d'Or« (Goldenes Quadrat) unter Denkmalschutz. Auf der Ruta del Modernisme kann man die Gebäude kennen lernen. Eintrittskarten, Stadtplan und Broschüre gibt es im Palau Güell und in der Casa Lléo Morera.

Dem Actionpainting wandte sich die Madrider Künstlergruppe »El Paso« zu, zu der u. a. Antonio Saura, Manuel Viola und Martín Chirino gehörten. Vertreter des Informel in der Bildhauerei sind Jorge Oteiza, Andréu Alfaro sowie Eduardo Chillida, dessen Werke keine figürlichen Elemente mehr aufweisen. Auch das neue Kanzleramt in Berlin schmückt eine seiner Plastiken.

Literatur

Von der Antike bis zur frühen Neuzeit

2000 Jahre Literatur

Spanien kann auf eine über 2000-jährige Literaturgeschichte zurückblicken. Die frühesten literarischen Zeugnisse stammen von den **Römern**, darunter von Seneca d. Ä., genannt der Rhetor (54 v. Chr. bis 39 n. Chr.), dem Epiker Lucan (39–65 n. Chr.) und dem Epigrammdichter Martial (42–104 n. Chr.).

Titel einer »Cid«-Ausgabe von 1552

Die Entwicklung der **christlichen lateinischen Literatur**, die im 4. Jh. entstand, wurde nach der maurischen Eroberung Spaniens jäh unterbrochen. Ihre Hauptvertreter sind Juvencus (um 330), Prudentius (348–410), Paulus Orosius, ein Universalhistoriker und Schüler des hl. Augustinus, sowie Isidor von Sevilla (um 570–636), der mit seinen »Etymologiae« die **erste Enzyklopädie** schuf.

Die maurischen Reiche auf der Pyrenäenhalbinsel brachten es zu höchster wissenschaftlicher und literarischer **Blüte**. Die Gelehrten und Schriftsteller an den arabischen Universitäten pflegten das Erbe der Antike, das im frühen Mittelalter bei den christlichen Gelehrten verpönt war. Einer der bedeutendsten arabischen Philosophen war Ibn Rushd (lat. Averroës; 1126–1198), der in seinen Aristoteles-Kommentaren viele antike naturwissenschaftliche Erkenntnisse überlieferte.

Spanische Nationalliteratur

Mit der epischen Dichtung erringt das Kastilische seine vorherrschende Stellung. Das älteste schriftlich überlieferte Werk dieser Gattung ist der um 1140 verfasste »Cantar de Mío Cid«, über Leben und Taten des Ruy Díaz de Vivar, genannt El Cid, der zum **Prototypus des spanischen Heldenepos** wurde und eine große Zahl von Bearbeitungen erfuhr.

Lehrhafte Dichtung

Die lehrhafte Dichtung des Mittelalters mit zumeist christlichen Inhalten (Marienlegenden des Gonzalo de Berceo) besitzt in dem schon allein durch seinen Umfang ungewöhnlichen Werk Alfons' X. von Kastilien (1221–1284) einen bedeutenden literarischen Schatz.

Es besteht aus Gesetzessammlungen, national- und universalhistorischen Büchern sowie umfangreichen Übersetzungen naturwissenschaftlicher und didaktischer Werke aus dem Arabischen und bildet die Grundlage für die weitere Entwicklung der **spanischen Prosa**. Eine der stilistisch vollendetsten Novellensammlungen ist der »Conde Lucanor« des Infanten Don Juan Manuel, eines Neffen Alfons' X.

Drama

Das spanische Drama entwickelt sich aus Schauspielen religiösen Inhalts. An der Schwelle vom Mittelalter zur Neuzeit erreicht es seinen ersten Höhepunkt in der **Fernando de Rojas** (um 1500) zugeschriebenen »Tragikomödie von Calisto und Melibea«, nach der kupplerischen Heldin meist »La Celestina« genannt.

Neuzeit

Goldenes Zeitalter (Siglo de Oro)

Die spanische Literatur erlebte im 16. und 17. Jh. ihr »goldenes Zeitalter«. War die Lyrik des 16. Jh. noch von den Themen und Formen der italienischen Renaissance bestimmt, setzte sich im 17. Jh. der überladene Stil des Barock durch. Herausragende Vertreter der Barockdichtung waren **Luis de Góngora** (1561–1627), mit seinen artifiziellen Versen der Begründer des »Cultismo«, und **Francisco Gómez de Quevedo** (1580–1645).

Daneben entwickelten sich volkstümlichere Kunstformen wie Schäferdichtung, Ritterroman und Schelmenroman. Die 1554 anonym erschienene Geschichte des »Lazarillo de Tormes« eröffnete die lange Tradition des Schelmenromans, der mit seiner humorvoll verpackten Sozialkritik die gesamte europäische Literatur beeinflusste. Einen Höhepunkt in der Entwicklung des spanischen Romans stellt **Miguel de Cervantes**' (1547–1616) »Don Quijote« dar. Vordergründig als Parodie auf die zeitgenössischen Ritterromane gedacht, ist der berühmte Roman dank der Gestaltungskraft seines Verfassers ein Werk von großer stilistischer Schönheit und tiefem menschlichen Sinngehalt (Baedeker Special S. 274).

◄ »Lazarillo de Tormes«

Im Siglo de Oro erlangt das **spanische Theater** seine universelle Bedeutung. Die herausragendsten und fruchtbarsten Theaterautoren der Zeit waren Félix Lope de Vega (1562–1635) mit über 1000 »Comedias«, in denen Komisches und Tragisches verquickt ist, und Calderón de la Barca (1600–1681).

18. und 19. Jahrhundert

Die Literatur des 18. Jh.s war bestimmt von der Nachahmung des »goldenen Zeitalters« sowie von der Auseinandersetzung zwischen dem seit Herrschaftsantriit der Bourbonen immer stärker werdenden französischen Einfluss und der Rückbesinnung auf die **spanische Tradition**. Ein Verfechter dieser nationalen Bewegung war der Dichter, Nationalökonom und Minister Gaspar Melchor de Jovellanos (1744

? WUSSTEN SIE SCHON ...?

- Shakespeare und Cervantes starben beide am 23. April 1616 – und doch nicht am selben Tag. In Spanien galt bereits 1582 der gregorianische Kalender, der dem julianischen um 10 Tage voraus war. Shakespeare starb dem gregorianischen Kalender folgend erst am 3. Mai 1616

bis 1811), der wegen seines Widerstands gegen die Franzosen vielen Verfolgungen ausgesetzt war.

Zu Beginn des 19. Jh.s entfaltet sich die **romantische Literatur** Spaniens, beeinflusst durch die englische und französische Romantik. Ein Hauptvertreter der romantischen spanischen Literatur ist José Zorrilla (1817–1893).

Realismus ► Die farbigen Milieuschilderungen Estébanez Calderóns (1799–1867) und die Romane Fernán Caballeros (1796–1877) leiten zur Epoche des Realismus über, die sich durch charakteristische Beschreibungen der Landschaften und Gebräuche einzelner Regionen sowie häufige Verwendung von Dialekt und Jargon auszeichnet und in den historischen und gesellschaftskritischen Romanen von Benito Pérez Galdós (1843–1920) und dem Werk Vicente Blasco Ibáñez' (1869–1928) ihren Höhepunkt erreicht. Zugleich setzt eine reiche Entwicklung der Erzählformen ein wie Dorfnovelle, Sitten-, Heimat- und psychologischer Roman.

Modernismo ► In der Lyrik entwickelt sich die zunächst unter französischem Einfluss stehende Schule des Modernismo. Im Gegensatz zur Romantik und zum Realismus betont der Modernismo die Formstrenge, ist geprägt von der reinen Subjektivität und strebt zugleich die Musikalität des Verses an. Als ihr Begründer gilt der aus Nicaragua stammende Dichter Rubén Darío (1867–1916). Herausragende Vertreter des Modernismo sind **Juan Ramón Jiménez** (1881–1958; Nobelpreis 1956), Manuel Machado (1874–1947) und **Vicente Aleixandre** (1898–1984; Nobelpreis 1977).

20. Jahrhundert

Wegbereitend für die Literatur des 20. Jh.s ist die »Generation von 1898«, eine Gruppe etwa gleichaltriger Schriftsteller, die Spaniens Kultur einer grundlegenden Kritik unterziehen. Mit dem Verlust der letzten Kolonien in Übersee nach der Niederlage im Spanisch-Amerikanischen Krieg (1898) besinnt man sich auf die traditionellen geistigen Werte Spaniens und versucht sie mit den Hauptströmungen des europäischen Denkens zu verknüpfen. Geistiges Haupt der »Generation von 1898« ist der baskische Schriftsteller und Philosoph **Miguel de Unamuno** (1864–1936). Weitere Vertreter der Gruppe sind José Martínez Ruiz (Azorín, 1874–1967), der neben Essays stimmungsvolle kastilische Volksszenen schuf, und der zutiefst pessimistische Romancier Pío Baroja (1872–1956).

Ortega y Gasset ► Unter den Prosaschriftstellern des 20. Jh.s ragen besonders der Philosoph José Ortega y Gasset (1883–1955) hervor, der das Essay zu einer eigenen Kunstform entwickelte und mit seinen soziologischen und **kulturkritischen Werken** (»Der Aufstand der Massen«) das europäische Geistesleben nachhaltig beeinflusste, sowie der geistreiche Salvador de Madariaga (1886–1978).

Die überaus **kunstvolle Lyrik** Federico García Lorcas (1898–1936) hat ihre Wurzeln in der volkstümlichen Poesie Andalusiens und in den improvisierten Flamencotexten, erreicht aber auch äußerst kühne, surrealistische Ausdrucksweisen. ◄ García Lorca

Gegenwart

Der Bürgerkrieg und die Franco-Diktatur zwangen viele Schriftsteller ins Exil. Die Literatur der Vierziger-, Fünfziger- und Sechzigerjahre reflektiert v. a. die deprimierenden Verhältnisse der Nachkriegszeit. In der Folge werden **neue Erzähltechniken** versucht (Camilo José Cela, geb. 1916, Literaturnobelpreis 1989, Cervantes-Literaturpreis 1995), Stilelemente des Nouveau Roman werden übernommen und weiterentwickelt (Juan Goytisolo, geb. 1931).
Javier Marías (geb. 1951) bringt in seinen psychologisch einfühlsamen Romanen das Lebensgefühl der Menschen im modernen Spanien zum Ausdruck.
In seinem Bestseller »Der Schatten des Windes« führt **Carlos Ruiz Zafón** den Leser in das Spanien der Franco-Ära.
Luis García Montero, 1958 in Granada geboren, gehört zu den erfolgreichsten zeitgenössischen Lyrikern Spaniens.
Die Erfahrung des Verlustes seines Geburtsortes – 1968 musste das Dorf Vegamián einem Stausee weichen – war prägend für das literarische Schaffen von **Julio Llamazares**. Die verlassene, vom Aussterben bedrohte ländliche Bergregion Leóns und Asturiens bildet immer wieder den Hintergrund seiner Werke.
Auf dem Hintergrund der baskischen Unabhängigkeitsbestrebungen skizziert **Bernardo Atxaga** in seinen Romanen Schicksale seine baskischen Landsleute.
Enrique Vila-Matas gilt als einer der wichtigsten Erzähler der jüngeren spanischen Autorengeneration, geschätzt für seinen diskreten Humor (»Paris hat kein Ende«, Roman, 2005).
Javier Tomeo ist einer der meist gelesenen europäischen Autoren der Gegenwart. Als studierter Rechtswissenschaftler und Kriminologe weiß er, wovon er schreibt in seinen Krimis – und seine Leser lieben ihn dafür.

Jüdisches Leben in Spanien

Spuren der Kultur

Allenthalben stößt man in Spanien auf eindrucksvolle Zeugnisse der maurisch-islamischen und der abendländisch-christlichen Kultur. Doch auch das Judentum hat seine Spuren hinterlassen, wenn auch weniger augenscheinlich. Im Gegensatz zu den beiden anderen Religionen hat das Judentum niemals auch nur einen Teil der Iberischen Halbinsel beherrscht; jahrhundertelang lebten die Juden unter der Herrschaft der Moslems und der Christen, wechselweise geduldet, geschätzt, verfolgt und schließlich vertrieben.

Sepharad Das Alte Testament nennt im Buch Obadja das Land »Sepharad« als Exil einer jüdischen Gemeinde. Wo es lag, ist umstritten geblieben, doch hat sich im Laufe der Zeit der Name »Sephardim« zunächst für die Juden Spaniens und Portugals und heute allgemein für die Juden im Mittelmeerraum eingebürgert – zur Unterscheidung von den »Aschkenasim«, den Juden Nord- und Mitteleuropas.

Ladino ► Die Sephardim sprachen mit dem Ladino eine Sprache, die heute noch von jüdisch-spanischen Gruppen auf dem Balkan, in Kleinasien, Israel, Nordafrika und sogar in New York gesprochen wird und im Wesentlichen das Kastilische vom Ende des 15. Jh.s wiedergibt, durchsetzt mit hebräischen Formen.

Erste Ansiedlungen ► Schon vor der Zerstörung des zweiten Tempels in Jerusalem 70 n. Chr. und der Niederschlagung des Bar-Kochba-Aufstandes 135 n. Chr. ließen sich Juden in der römischen Provinz Hispanien nieder, wo sie mit Gewürzen, Gold und Sklaven Handel trieben. Mit der Übernahme des Christentums als Staatsreligion im Römischen Reich änderte sich auch die Situation der Sephardim. Das Konzil von Iliberis (Granada) im Jahr 314 verbot den Christen jeglichen Umgang mit den Juden. Unter den Westgoten, die seit 409 auf die Iberische Halbinsel vordrangen, lebten die Sephardim in relativer Ruhe. Als sich aber König Rekkared I. zum Katholizismus bekannte, setzte die **Diskriminierung und Verfolgung der Juden** erneut ein. Alljährlich in Toledo stattfindende Konzile schränkten das jüdische Leben mehr und mehr ein; unter König Sisebut (612–621) kam es zu ersten Pogromen. Mitte des 7. Jh.s konnten die Sephardim nur noch ein Leben im Verborgenen führen.

Die Juden in Al-Andalus

Freie Religionsausübung Die Mauren (ab 711) bedienten sich der jüdischen Bevölkerung zum einen als Bewacher der eroberten Städte, zum anderen waren sie durch ihre Kenntnis der Sprache und der Sitten der Christen bald unentbehrlich und nahmen zahlreiche **Schlüsselstellungen in der Verwaltung** ein.

Einschränkungen für Juden ► Der Islam gestattete Christen und Juden die freie Religionsausübung, solange sie die Moslems nicht behelligten und einige Einschränkungen hinnahmen. Dazu gehörten die Entrichtung einer Kopfsteuer, das Verbot des Neu- oder Wiederaufbaus von Synagogen und das Verbot, moslemische Sklaven zu besitzen. Alle Juden waren außerdem gezwungen, einen gelben Turban, einen gelben Kreis auf der Brust und eine fransenbesetzte Leibbinde zu tragen.

Trotz dieser diskriminierenden Maßnahmen konnten sich die Juden auf den Schutz des jeweiligen Herrschers verlassen, so dass wäh-

? WUSSTEN SIE SCHON ...?

- Die Schlacht bei Sacrajas gegen das Heer Alfons' VI. von Kastilien ging als »Schlacht der gelben Turbane« in die Geschichte ein, da die Almoraviden den jüdischen Truppenteil des christlichen Königs an den gelben Turbanen deutlich erkannten und niedermachten.

rend des **Kalifats von Córdoba** im 10. und 11. Jh. in Lucena, Córdoba, Sevilla, Granada, Toledo und Zaragoza eine **jüdisch-arabische Kultur** erblühen konnte. Juden waren wichtige Ratgeber und betrieben oft die Geldgeschäfte der maurischen Herrscher; sie traten als Philosophen, Ärzte und Astronomen hervor und waren geschätzt als Übersetzer lateinischer, griechischer und arabischer Texte.
Auch nach dem Zerfall des Kalifats in mehrere so genannte Taifas konnten sich die Juden zunächst weiter entfalten. Im **Emirat von Zaragoza** bemühte sich der Dichter und Philosoph **Salomon ibn Gabirol** (Shlomo el-Sephardi) um eine Wiederbelebung der hebräischen Sprache; von ihm sind zahlreiche Werke überliefert. Teile aus seinem Gedicht »Königskrone« werden noch heute an jüdischen Feiertagen gesungen.

Denkmal für Moses Maimònides in der Judería von Còrdoba

◄ Almoraviden, Almohaden

Mit dem Einfall der Almoraviden ab 1086, die später von den Almohaden abgelöst wurden, ging auch diese Blütezeit zu Ende. Die Almoraviden führten den **»heiligen Krieg«** gegen die Ungläubigen mit aller Härte. In der Folgezeit flohen zahlreiche Sephardim nach Norden in den christlichen Machtbereich.

Die Juden in den christlichen Reichen

Blütezeit im 13. und 14. Jahrhundert

Die vor den Almoraviden und Almohaden in den Norden zu ihren Glaubensbrüdern flüchtenden Juden waren ihrer Kenntnisse und Fähigkeiten wegen den christlichen Herren nicht unwillkommen. Auch die jüdischen Bewohner der von den Christen im Zuge der Reconquista eroberten Städte hatten zunächst wenig zu befürchten. Sie mussten sich – wie auch die gebliebenen Moslems – dem »fuero« unterwerfen, dem **Untertanenvertrag**, der ihre speziellen Rechte und Pflichten festlegte. Die Juden wurden darin praktisch zum Eigentum des Herrschers erklärt, der ihnen dafür seinen Schutz versprach. Unter diesen Bedingungen konnte sich im Mittelalter eine jüdisch-christliche Kultur entfalten.

◄ Jüdische Gemeinden

Die Fueros wurden vom 12. Jh. an mit den jüdischen Gemeinden abgeschlossen, die in ihrem Bereich Steuern eintrieben und Recht sprachen. Im 13. und 14. Jh. kristallisierte sich der jeweilige Gemeindevorstand als Gesprächspartner der christlichen Herrschaft heraus. Auf höchster Ebene hielten die Oberrabbiner die Verbindung. Manch einer von ihnen stieg in höchste Ämter auf: Der Oberrabbiner der aragonischen Kronländer, Josef Ravaya, diente seinem Herrn als Bayle (königlicher Steuer- und Gerichtsverwalter) und wurde nach der Eroberung Siziliens zum Statthalter der Insel ernannt. Als so genannte **»Hofjuden«** standen viele Sephardim als Gelehrte, Ärzte, Übersetzer, Ratgeber und Finanziers in den Diensten der Könige; besonders Alfons X. von Kastilien umgab sich mit jüdischen Gelehrten.

Manche Juden hatten es nicht zuletzt ihrer Finanzkraft zu danken, dass sie zu Einfluss kamen: Konnten die christlichen Regenten ihre Schulden nicht bezahlen, vergaben sie einen attraktiven Posten. Das geistige jüdische Leben entfaltete sich zu ähnlicher Größe wie in Al-Andalus. Auch jenseits der maurischen Herrschaftszone brachten die jüdischen Gemeinden große Mediziner, Philosophen, Dichter und Naturwissenschaftler hervor.

Verfolgung und Vertreibung

Das Bild des friedlichen Austauschs zwischen den Kulturen trügt dennoch. Dogmatiker auf beiden Seiten vertieften die Gräben zwischen den Religionen. Immer wieder kam es zu Hassausbrüchen gegen die Juden: 1146 wurde das jüdische Viertel in Toledo geplündert, 1285 und 1391 in Barcelona; 1321 und 1328 kam es zu Pogromen in Navarra. Parallel dazu ergingen **Erlasse**, die die Juden aus dem öffentlichen Leben ausschlossen. Seit 1231 galt die päpstliche Anordnung, dass Juden auf ihrer Kleidung mit einem gelben Kreis, der »jüdischen Devise«, gekennzeichnet sein müssten. Im Königreich Aragón wurde ihnen der Zugang zu öffentlichen Ämtern verwehrt, ab dem 14. Jh. durften Juden nicht mehr als Finanzmakler und im Lebensmittelhandel tätig sein. Ihren Höhepunkt fanden die Pogrome nach den Pestepidemien zwischen 1348 und 1383, die den Juden angelastet wurden. 1391 rief der Erzdiakon von Sevilla, Fernando Martínez, zum Mord an den Juden und zur Plünderung ihrer Häuser auf; auch die jüdischen Viertel in Burgos, Valencia und vielen anderen Städte wurden zerstört.

Ausweg durch Taufe ►

In dieser Situation suchten viele Sephardim den Ausweg in der Taufe. Unter den Konvertiten waren solche, die aus Überzeugung Christen wurden und sich manchmal sogar als die antisemitischsten Eiferer und Denunzianten hervortaten. Zu ihnen gehörte der Oberrabbiner von Burgos, Samuel ha-Levi, der sich 1391 gleich mit der ganzen Familie taufen ließ und als Pablo de Santa María Bischof der Stadt wurde. Die meisten Juden jedoch nahmen den christlichen Glauben nur zum Schein an.

Endgültige Vertreibung ►

Die endgültige Vertreibung der Sephardim aus Spanien erfolgte unter **Ferdinand und Isabella** von Kastilien und Aragón: Nachdem sie mit jüdischen Krediten ihren Feldzug gegen die letzte Bastion der Mauren auf der Halbinsel – Granada – finanziert hatten, ordneten sie nach der Eroberung der Stadt am 2. Januar 1492 die Vertreibung aller Juden aus ihren Ländern an, es sei denn, sie ließen sich taufen. Geld, Gold und Schmuck durften sie nicht mitnehmen. Etwa 200 000 Juden verließen von Mai bis Juli 1492 Spanien, rund 150 000 ließen sich zum Christentum bekehren.

Zeugnisse jüdischen Lebens

Aljama, Call und Judería

In den Städten der Mauren und Christen lebten die Juden in eigenen Vierteln, die in Andalusien, Kastilien und Aragón mit dem arabischen Begriff Aljama, im katalanischen Sprachgebiet als Call (von hebr. kahal= Gemeinde) und in Nordspanien als Judería bezeichnet wurden. Eines der größten war in **Toledo**, dessen Einwohnerzahl man im 14. Jh. auf 8000–10 000 schätzte. Mittelpunkt des Viertels war die Synagoge; um sie und um die anderen Gemeinschaftsbauten wie die Bäder und die Thoraschulen wurden die Wohnhäuser errichtet. Die Gedrängtheit der Häuser, die zahlreichen Vorbauten und die Enge der Gassen rühren daher, dass es den Juden untersagt war, ihr Viertel beliebig auszudehnen. Unter den Mauren durften Synagogen weder neu gebaut noch renoviert werden. Unter den Christen galt die Anordnung, dass die Synagoge nicht über die übrigen Häuser hinausragen durfte, damit man sie nicht von den christlichen Vierteln aus sehen konnte. Prunkvolle Häuser waren verboten; im Inneren jedoch, besonders in den sakralen Bauwerken, war Schmuck erlaubt.

Die Synagoge El Trànsito in Toledo ist eines der drei in ganz Spanien unzerstört gebliebenen jüdischen Gotteshäuser.

Man erkennt heute die ehemaligen jüdischen Viertel an ihrer Lage dicht bei Verteidigungsanlagen, ihrer mittelalterlich gebliebenen Enge und an deutlich identifizierbaren Ein- und Ausgängen, die nachts verschlossen wurden. In Galicien wurden die Häuser häufig mit Porches versehen, von Holz- und Ziegelpfeilern abgestützten Portalen mit einem Hof.

Reiseziele mit bedeutenden Zeugnissen jüdischer Kultur

Wer an jüdischer Kultur in Spanien interessiert ist, findet in ► Segovia die ehemalige Synagoge – heute die Kirche Corpus Christi – und die Judería bei der Altstadt. In Galicien sind in Ribadavía (Umgebung von ► Ourense) und in ► Pontevedra zahlreiche Häuser jüdischen Ursprungs erhalten. Die Judería in ► Córdoba mit ihren engen Gassen ist nahezu unverändert geblieben; die Synagoge von 1315 ist eine von drei in Spanien, die den jüdischen Exodus von 1492 überstanden haben. Die beiden anderen stehen in ► Toledo, das zwei Judenviertel und zehn Synagogen besaß. Von diesen sind die ehemalige Hauptsynagoge (Kirche Santa María la Blanca) und die Synagoge El Tránsito erhalten geblieben, in der heute das Sephardische Museum eingerichtet ist.

Berühmte Persönlichkeiten

Hat Don Carlos wirklich versucht, aufklärerische Ideen gegen seinen Vater, den spanischen König Philipp II., durchzusetzen, wie es uns Schiller glauben macht? Wie verwandelte sich Ignatius von Loyola vom Soldaten zum Begründer des Jesuitenordens? Berühmte Spanier stellen sich vor.

Abd ar-Rahman I. (731–788)

Omaijadenherrscher

Abd ar-Rahman I., einer der bedeutendsten Omaijadenherrscher in Spanien, wurde in Damaskus geboren. Nach dem Sturz der Omaijaden-Dynastie durch die Abbasiden konnte er im Jahr 750 fliehen. Über Marokko gelangte er nach Spanien, wo er im Jahr 756 das vom Kalifen von Bagdad unabhängige Emirat und spätere Kalifat von Córdoba gründete. Als Emir von Córdoba veranlasste er den Bau der großartigen Moschee.

Abd ar-Rahman III. (889–961)

Kalif von Córdoba

Unter Abd ar-Rahman III. erlebte »al-Andalus«, das maurische Spanien, seine größte politische und kulturelle Blüte. Seit 912 Emir und seit 929 Kalif von Córdoba, drängte er die christlichen Königreiche von León und Kastilien über den Ebro zurück, die ihm 951 schließlich tributpflichtig wurden. In Nordafrika besiegte er die Fatimiden und beherrschte den nordwestlichen Maghreb.

Alfons X., der Weise (1221–1284)

Förderer der Künste und der Wissenschaften

Der am 23. November 1221 in Toledo geborene Herrscher von Kastilien und León (1252–1284), Sohn Ferdinands III. und der Beatrix von Schwaben, tat sich in der Politik des europäischen Hochmittelalters und in den Künsten und Wissenschaften hervor.

Nach dem Tod des deutschen Königs Konrad IV. 1254 erhob er als Enkel Philipps von Schwaben Anspruch auf den deutschen Thron und wurde 1257 auch gewählt; er hatte jedoch nie die Herrschaft inne. Das Deutsche Reich, das er nie betreten hat, war bis 1273 ohne Herrscher (Interregnum).

Als Förderer der Künste und der Wissenschaften umgab er sich mit Dichtern und Gelehrten und gründete Schulen in Toledo, Sevilla und Murcia. Er ließ arabische, hebräische und lateinische Werke übersetzen, veranlasste die Herausgabe einer umfangreichen Gesetzessammlung (»Las Siete Partidas«) und ließ eine Nationalgeschichte schreiben, in der u. a. zahlreiche Heldenepen wie »El Cid« festgehalten sind. Auf ihn gehen die »Alfonsinischen Tafeln« zurück, ein 1272 erstelltes Tabellenwerk, mit dem auf der Grundlage des ptolemäischen Systems die Standorte des Mondes, der Sonne und der damals bekannten Planeten errechnet werden konnten. Seine bekanntesten Dichtungen finden sich in den »Cantigas«, 420 Dichtungen in galicischer Sprache, in denen vor allem seine tiefe Gläubigkeit zum Ausdruck kommt. Er starb am 4. April 1284 in Sevilla.

← *Salvador Dalí hinterließ seinem Geburtsort Figueres ein Museum, das Jahr für Jahr mehrere Hunderttausend Besucher anzieht.*

Luis Buñuel (1900–1983)

Regisseur

Mit »Un chien andalou« (»Ein andalusischer Hund«), seinem Filmdebüt im Jahr 1928 (zus. mit Salvador Dalí), schuf Buñuel wohl den Kultfilm des Surrealismus, dem er 1930 mit »L'âge d'or« (»Das goldene Zeitalter«) ein weiteres Meisterwerk folgen ließ. Schon mit diesen beiden Filmen beschritt Buñuel den Weg, der sein schonungslos **sozialkritisches Anliegen** zum einen in detailversessene, realistische Bilder, zum anderen in surrealistische, albtraumartige Sequenzen umsetzte. Nach dem Sieg Francos 1939 emigrierte Buñuel zunächst in die USA, dann nach Mexiko, wo mit »Los olvidados« (»Die Vergessenen«, 1950), »Viridiana« (1961) und »El ángel exterminador« (»Der Würgeengel«, 1962) einige seiner bedeutendsten Filme entstanden. Anfang der Sechzigerjahre kehrte er nach Europa zurück, wo er in Spanien, Frankreich und Italien arbeitete und u. a. »Belle de jour« (»Schöne des Tages«, 1963), »Le charme discret de la bourgeoisie« (»Der diskrete Charme der Bourgeoisie«, 1972) und »Cet obscur objet de désir« (»Dieses obskure Objekt der Begierde«, 1977) drehte. In vielen seiner Filme spielte der ebenfalls aus Spanien stammende Schauspieler Fernando Rey die Hauptrolle. Buñuel starb am 29. Juli 1983 in Mexiko-Stadt.

Montserrat Caballé (geb. 1933)

Primadonna

Neben Maria Callas ist sie eine der bedeutendsten Sopranistinnen unserer Zeit und gehört in Spanien zu den bekanntesten Persönlichkeiten des öffentlichen Lebens. Ihre erste musikalische Ausbildung erhielt die 1933 in Barcelona geborene Opernsängerin als Achtjährige am Konservatorium ihrer Geburtsstadt. Ihr Bühnendebüt hatte sie 1956 am Stadttheater von Basel; 1959 – 1962 war sie am Stadttheater von Bremen engagiert. 1962 ging sie zurück nach Barcelona. Bis dahin hatte sich die perfekt Deutsch sprechende Sopranistin für eine Sängerin des deutschen Fachs gehalten, für eine Interpretin der Wagner-Opern. Nun aber begann sie, das italienische Repertoire für sich zu entdecken und sang Bellini, Verdi und Donizetti. Den internationalen Durchbruch erreichte sie 1965, als sie in der New Yorker Carnegie Hall ohne große vorherige Probe Marilyn Horne in einer Konzertaufführung von Donizettis »Lucrezia Borgia« ersetzte. Seither hat Montserrat Caballé, die über eine wunderschöne und sehr vielseitige Stimme verfügt und die Gesangstechnik souverän beherrscht, in allen großen Opernhäusern und Konzerthallen der Welt gesungen. Doch die Sopranistin beschränkt sich nicht nur auf Opern. 1987 brachte sie mit ihrem Freund Freddy Mercury, dem inzwischen verstorbenen Sänger der Rockgruppe »Queen«, ein Plattenalbum mit Duetten heraus; mit ihm eröffnete sie auch 1992 die Olympischen Sommerspiele von Barcelona. Die sehr sympathisch wirkende Sängerin ist mit internationalen Ehrungen überhäuft worden. U. a. erhielt sie mit der »Dona Isabel la Católica« den höchsten Titel der spanischen Regierung, und sie wurde zur Ehrenbotschafterin der Uno ernannt.

Pedro Calderón de la Barca (1600–1681)

Dramatiker

Calderón de la Barca war einer der bedeutendsten Dramatiker des »Siglo de Oro«. Er studierte Theologie an den Universitäten Alcalá und Salamanca, unterbrach aber die geistliche Laufbahn und wurde zum beliebtesten Theaterautor am Hof Philipps IV. Nach seiner Priesterweihe wurde er zum Kaplan des Königs ernannt. Er starb am 25. Mai 1681.
Calderón schrieb zunächst v. a. Komödien, in seinen späten allegorischen Dramen setzte er sich mit theologischen und philosophischen Problemen auseinander, so in »Das Leben, ein Traum« und »Der wundertätige Magus«. Calderón übte großen Einfluss auf Lessing, die deutschen Romantiker und Grillparzer aus. Weltberühmt ist sein Sakramentsspiel **»El gran Teatro del Mundo«**, das Hugo von Hofmannsthal in seinem »Großen Welttheater« neu gestaltete.

Miguel de Cervantes Saavedra (1547–1616)

Schriftsteller

Der Schöpfer des Romanes »Der sinnreiche Junker Don Quijote von der Mancha«, eines der größten Werke der Weltliteratur, kam als viertes von sieben Kindern eines wenig erfolgreichen Arztes in Alcalá de Henares zur Welt. 1571 nimmt er an der Seeschlacht von Lepanto gegen die Türken teil, wo seine linke Hand verstümmelt wird. Auf der Schiffsreise nach Spanien wird Cervantes von den Türken nach Algier in die Sklaverei verkauft. Er unternimmt mehrere Fluchtversuche; schließlich erwirbt Hassan Pascha, der Bei von Tunis, den widerspenstigen Sklaven und lässt ihn für fünf Monate in Ketten legen. 1580 ist das Lösegeld aufgebracht und Cervantes frei, jedoch **völlig mittellos**. Das Königshaus gewährt ihm eine Abfindung von 100 Dukaten. Da er vom Schreiben nicht leben kann, schlägt er sich als Soldat und als Kaufmann durch. Schließlich wird er Proviantkommissar der Armada in Andalusien und 1594 Steuereintreiber in Granada. In diesen Jahren arbeitet er an seinem Roman, dessen erster Teil 1605 erscheint (Baedeker Special, S. 274). Trotz des Erfolges bleibt Cervantes, der seit 1604 in Valladolid wohnt, arm, denn den Gewinn aus dem Druck des Buches teilen sich Verleger und Drucker. 1614 ist der zweite Teil vollendet, doch auch dessen Erfolg kann der Dichter nicht genießen: Er stirbt am 23. April 1616 in Madrid an der Wassersucht.

? WUSSTEN SIE SCHON ...?

- ... dass Cervantes öfter mal mit dem Gesetz in Konflikt kam? 1569 muss er gar wegen eines Duells nach Italien fliehen, um nicht ins Gefängnis zu kommen. Wenig später sitzt er zweimal wegen veruntreuter Gelder.

Hernán Cortés (1485–1547)

Konquistador

Am 18. Februar 1519 stach Hernán Cortés, Sohn eines adligen Hauptmanns aus Medellín (Extremadura), ohne Erlaubnis des Gouverneurs von Kuba mit einer kleinen Flotte von der Karibikinsel aus in See, um das mexikanische Festland zu erkunden. An der Golfküste gründete er die Stadt Villa Rica de la Vera Cruz (das heutige Veracruz). Am 3. November 1519 betrat er die aztekische Hauptstadt Tenochtitlán, wo sich der Aztekenherrscher Moctezuma II. ihm unterwarf, da er den Spanier für den wiedergekehrten Gott Quetzalcóatl hielt. Im Mai 1520 mußte Cortés Tenochtitlán vorübergehend verlassen. Die zurückgelassenen Spanier verübten ein Massaker in die Aztekenhauptstadt. Als Cortés zurückkam, fand er die Bevölkerung in Aufruhr, der ihn zur Flucht aus Tenochtitlán zwang. Am 13. August 1521 eroberten Cortés' Truppen und ihre indianischen Verbündeten die Stadt zurück und machten sie dem Erdboden gleich.
Kaiser Karl V. ernannte ihn 1522 zum Gouverneur und Generalkapitän der Kolonie Neuspanien. In den folgenden Jahren unterwarfen seine Truppen fast alle indianischen Staaten. Cortés starb am 2. Februar 1547 in Castilleja de la Cuesta bei Sevilla.

Salvador Dalí (1904–1989)

Künstler

Der am 11. Mai 1904 im katalanischen Figueres geborene Salvador Dalí war einer der produktivsten, vielseitigsten und schillerndsten Künstler unserer Zeit. Zwischen 1929 und 1935 gehörte er zur Gruppe der Surrealisten, die sich in Paris formierte. Seit Ende der Vierzigerjahre lebte Dalí fast ausschließlich in dem kleinen Portlligat an der Costa Brava, doch seit dem Tod seiner Frau und Muse Gala (Helena Diakonoff) mied er diesen Ort und zog sich in Galas Schloss bei dem Dorf Púbol in der Provinz Girona zurück, wo Gala auch begraben wurde. Dort starb Dalí am 23. Januar 1989.

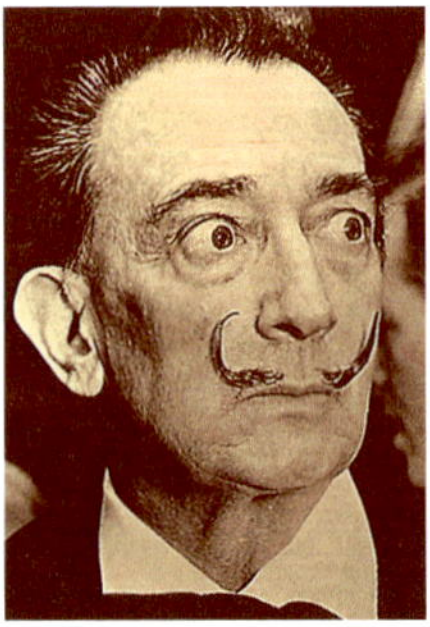

Das umfangreiche Werk Dalís berührt alle Sparten der Kunst und zeugt von seinem **Einfallsreichtum**. Es zeichnet sich aus durch eine virtuose Beherrschung der unterschiedlichsten Techniken und durch einen respektlosen Umgang mit Themen und Motiven. Seine Gemälde zeigen Kompositionen, die einer oft beklemmenden Welt aus Träumen und Halluzinationen zu entstammen scheinen.

Ferdinand II. (1452–1516) und Isabella I. (1451–1504)

»Katholische Könige«

Durch die Heirat Ferdinands, König von Sizilien und Thronfolger in Aragón, mit Isabella, der Thronerbin in Kastilien und León, im Jahr 1469 zeichnete sich die Verschmelzung der beiden großen Reiche auf spanischem Boden ab. Nach dem Tod von Isabellas Bruder Hein-

rich IV. 1474 erhob die neue Königin ihren Ehemann zum gleichberechtigten Mitregenten. 1478 führte sie die **Inquisition** wieder in Kastilien und León ein. Als Ferdinands Vater Johann II. 1479 starb, war die Vereinigung der Königreiche praktisch vollzogen. Die beiden Herrscher konzentrierten sich auf Kastilien, wo sie eine Zentralverwaltung einrichteten und die königliche Gewalt durchsetzten. Mit der Eroberung von Granada im Jahr 1492 beendeten sie die Reconquista. Im selben Jahr landete Christoph Kolumbus, dessen Vorhaben Isabella bei Hofe durchsetzte, in Amerika und öffnete es den spanischen Eroberern. Damit sicherten sich Ferdinand und Isabella endgültig ihren Platz in der Geschichte als Begründer des spanischen Weltreiches. 1496 verlieh Papst Alexander VI. den beiden Herrschern den Ehrentitel »Katholische Könige«. Als Isabella 1504 starb, übernahm ihr Schwiegersohn Philipp I. (der Schöne) die Krone Kastiliens. Doch Philipp verstarb schon zwei Jahre später; Ferdinand übte nun bis zu seinem Tod die Regentschaft für seine Tochter Johanna die Wahnsinnige aus. Ihm folgte sein Enkel Karl I. (als deutscher Kaiser Karl V.).

Francisco Franco y Bahamonde (1892–1975)

Diktator

Fast vierzig Jahre lang, von 1939 bis 1975, galt in Spanien nur der Wille eines Mannes, des »Caudillo« (»Führer«) Francisco Franco. Am 4. Dezember 1892 als Offizierssohn in El Ferrol geboren, verfolgt er zielstrebig eine militärische Karriere, bis er 1935 schließlich Chef des Generalstabs wird. Die 1936 an die Macht gelangte Volksfrontregierung ahnt die Gefährlichkeit des Generals und schiebt ihn auf die Kanarischen Inseln ab.

Mit deutscher und italienischer Unterstützung bekämpft er die Republik und erobert große Gebiete in Spanien. Im September 1936 ernennt ihn eine Junta zum Generalíssimo und zum **»Haupt des Staates«**; er selbst reklamiert für sich den Titel »Caudillo«. 1937 übernimmt er auch die Führung der faschistischen Falange. Nach dreijährigen Kämpfen ist im März 1939 mit dem Fall Madrids der Bürgerkrieg beendet.

Entgegen möglichen Hoffnungen seines Helfers Hitler, den er 1940 im französischen Grenzort Hendaye trifft, gelingt es Franco, Spanien aus dem Zweiten Weltkrieg herauszuhalten. Allerdings unterstützt er den deutschen Überfall auf die Sowjetunion durch die Entsendung der »Blauen Division« (ca. 18 000 Mann).

In Spanien errichtet Franco eine berufsständisch geordnete, **diktatorische Herrschaft**, die durch die Armee, die Falange und die Guardia Civil jegliche oppositionelle Regung im Keim erstickt. Es gibt weder Gewerkschaften noch politische Parteien, die Autonomiebestrebungen insbesondere in Katalonien und im Baskenland werden unterdrückt, der Katholizismus zur Staatsreligion erklärt. 1947 wird die

Monarchie offiziell wieder errichtet, allerdings behält sich Franco die Regentschaft auf Lebenszeit vor. 1969 wird Juan Carlos von Bourbon als »Prinz von Spanien« zu seinem Nachfolger designiert, jedoch stellt Franco mit Carrero Blanco (1973 von der ETA ermordet) dem zukünftigen König einen franquistischen »Aufpasser« zur Seite. Als Franco am 20. November 1975 stirbt, beginnt unter Juan Carlos I. die Rückkehr Spaniens zur Demokratie.

Federico García Lorca (1899–1936)

Lyriker Mit García Lorca und anderen Schriftstellern der »Generation von 1927« strebte die moderne spanische Lyrik einem letzten Höhepunkt vor dem Bürgerkrieg zu. Am 15. Juni 1899 in Fuentevaqueros (Granada) geboren, studierte er Philosophie, Literatur und Jura, hielt sich 1929/1930 in New York und Kuba auf und übernahm 1931 die Leitung der Wanderbühne »La Barraca«, die in der Provinz spanische Klassiker auf die Bühne brachte. Ein zentrales Thema seiner Lyrik ist seine andalusische Heimat, ihre Landschaft, ihre Kultur und ihre Mythen. Federico García Lorca wurde kurz nach Ausbruch des Bürgerkriegs am 19. August 1936 von Falangisten ermordet.

Antoni Gaudí (1852–1926)

Architekt Antoni Gaudí, am 25. Juni 1852 in Reus (Provinz Tarragona) geboren, ist der mit Abstand berühmteste spanische Baumeister der jüngeren Vergangenheit. Sein Ideal war die Wiederbelebung einer lichten, farbigen mediterranen Gotik, und gotische Formelemente sind es auch, die in vielen seiner Bauwerke hervortreten. Seine eigentliche kreative Leistung jedoch war es, unter gleichzeitiger Verwendung von historischen Mustern und pflanzenhaft sich schlingenden Formen des Jugendstils eine neue Stilrichtung zu schaffen, die dem spanischen **»modernismo«** zuzurechnen ist. Seine Hauptwerke stehen in Barcelona: Kirchenbauten, die Wohnhäuser Casa Milà, Casa Batlló und der Palau Güell. Gaudís bekanntestes Bauwerk ist der Temple de la Sagrada Familia in Barcelona. Ihm widmete er den weitaus größten Teil seines Arbeitslebens, und noch heute ist diese gewaltige Kirche der Armen, wie ihr Erbauer sie nannte, noch nicht vollendet. Gaudí starb am 10. Juni 1926.

Francisco de Goya (1746–1828)

Maler Francisco de Goya kam am 30. März 1746 in Fuendetodos in Aragón zur Welt. Ab 1775 arbeitete er für die Teppichmanufaktur in Madrid; in seinen Entwürfen stellte er zumeist ländliche Szenen im beschwingten Stil des Rokoko dar. Sein Ruf als Porträtist ließ ihn 1799 zum spanischen Hofmaler werden, obwohl gerade seine Porträts von schonungsloser, oftmals **karikierender Offenheit** waren, wie es besonders im Bild der Familie König Karls IV. deutlich wird. Die Werke seiner späten Schaffensphase sind düster und von einer erschreckenden, fantastischen Grauenhaftigkeit. Goya emigrierte 1824 nach Frankreich, wo er am 16. April 1828 in Bordeaux starb.

Dolores Ibárruri (1895–1989)

Politikerin

»La Pasionaria«, »die Leidenschaftliche« (oder »die Passionsblume«), nannte sich die am 9. Dezember 1895 in Gallarta im Baskenland geborene Kommunistin selbst in ihren Zeitungsartikeln, und voller Leidenschaft waren während des Spanischen Bürgerkriegs ihre flammenden Reden im Rundfunk und an der Front. »¡No pasarán!« – »Sie werden nicht durchkommen!«, waren wohl ihre berühmtesten Worte. Sie war 1920 Mitbegründerin der Spanischen Kommunistischen Partei und seit 1932 Politbüromitglied. Nach der Niederlage der Republik ging sie nach Moskau ins Exil, von wo sie 1942–1960 als Generalsekretärin und 1960–1967 als Vorsitzende der spanischen Exil-KP die Diktatur Francos bekämpfte und in dieser Zeit auch für Nichtkommunisten zu einer **Galionsfigur des antifaschistischen Spanien** wurde. Ihr Sohn Rubén fiel als sowjetischer Soldat in Stalingrad. 1977 konnte sie in ihre Heimat zurückkehren und wurde 1978 noch einmal Präsidentin der KPE. Hoch verehrt starb sie am 12. November 1989 in Madrid.

Ignatius von Loyola (1491–1556)

Gründer des Jesuitenordens

Das Schloss Loyola im Baskenland ist die Heimat von Ignatius von Loyola, der zunächst als Offizier in den Diensten des Vizekönigs von Navarra stand. Nachdem er bei der Belagerung von Pamplona durch die Franzosen 1521 schwer verwundet worden war, führte ihn während der Genesung die Bibellektüre zu dem Entschluss, sich fortan der Religion zu widmen. 1534 gründete er in Paris mit Gleichgesinnten den Jesuitenorden (Gesellschaft Jesu; lat. Societas Jesu, Abk. SJ), den Papst Paul III. 1540 genehmigte. Ignatius war der erste General der Jesuiten, die in allen Ländern der Erde missionarisch tätig waren. Er starb am 31. Juli 1556 und wurde 1622 heilig gesprochen.

Karl V. (1500–1558)

Kaiser des Heiligen Römischen Reichs

In die Zeit der Regentschaft des am 24. Februar 1500 in Gent geborenen und dort aufgewachsenen Karls V. fallen zwei der wichtigsten Ereignisse der Geschichte: die Eroberung des spanischen Kolonialreiches und die Reformation in Deutschland mit den daraus resultierenden Kriegen.

Seit 1516 als Karl I. König von Kastilien und Aragón, festigte er die uneingeschränkte königliche Gewalt in Spanien. Bei der Wahl des deutschen Kaisers 1519 in Frankfurt stach Karl seinen Gegenkandi-

daten aus, den vom Papst unterstützten Franz I. von Frankreich, auch dank großzügiger »Spenden« des Bankhauses Fugger an seine Gegner, und wurde als Karl V. Nachfolger Maximilians I. Auf dem Wormser Reichstag 1521 musste sich Luther vor ihm rechtfertigen; da dieser seine Lehren nicht zurücknahm, erließ Karl V. das Wormser Edikt, das die Luther-Anhänger unter Acht und Bann stellte. Im Schmalkaldischen Krieg 1546/1547 suchte er die Entscheidung gegen die protestantischen Fürstentümer. Er besiegte diese zwar, doch neuerliche Konflikte mit dem Papst gaben der deutschen Fürstenopposition Zeit, sich wieder zu organisieren und mit sich Heinrich II. von Frankreich zu verbünden. Im Augsburger Religions- und Landfrieden von 1555 schließlich wurde die Religionsfreiheit gewährt. 1530 krönte der Papst Karl in Bologna; es war die letzte Krönung eines deutschen Kaisers durch einen Papst. 1556 dankte Karl V. ab. Die deutsche Kaiserwürde ging an seinen Bruder Ferdinand I., sein Nachfolger in Spanien wurde Philipp II. Er starb am 21. September 1558.

Christoph Kolumbus (Cristóbal Colón, Cristoforo Colombo; 1451–1506)

Entdecker Amerikas

Der aus der italienischen Seefahrerrepublik Genua stammende Entdecker Amerikas hatte schon früh mit Seefahrt und -handel. Quasi auf der Durchreise konnte er im Kloster La Rábida den Beichtvater der spanischen Königin Isabella für seinen Plan, den Seeweg nach Indien zu suchen, gewinnen. Nach langem Zögern schloss Isabella mit ihm einen Vertrag, der die geplante Seereise festlegte und ihm den Rang eines Großadmirals und Vizekönigs der zu entdeckenden Gebiete verlieh, zusätzlich 10% des Erlöses des Unternehmens.

Am 3. August 1492 verließen die drei Karavellen »Santa María«, »Pinta« und »Niña« den Hafen von Palos de la Frontera an der südspanischen Atlantikküste. Nach über drei Wochen Fahrt durch die offene See, kam eine Insel in Sicht, die Kolumbus als Erster betrat und San Salvador nannte. Aller Wahrscheinlichkeit nach war es das heutige Watling Island in den Bermudas. Er kehrte nach Spanien zurück, um über den Erfolg seiner Fahrt persönlich zu berichten. Drei weitere Reisen schlossen sich an, ohne dass dem Entdecker in Spanien großer moralischer oder materieller Nutzen zuteil geworden wäre. Dort zeigte man sich enttäuscht, dass nicht das sagenhaft reiche Indien am Ende des gefundenen Seeweges lag, sondern – wie man meinte – nur ein von armseligen Wilden bewohntes Land.

? WUSSTEN SIE SCHON ...?

- ... dass Kolumbus bis zu seinem Tod davon überzeugt war, in Asien gelandet zu sein? Er hatte die Entfernung zwischen den Kanaren und Japan auf etwa 4500 km geschätzt, in Wirklichkeit sind es fast 20 000 km.

Selbst die von ihm entdeckte Neue Welt erhielt nicht seinen Namen, sondern den eines weit weniger bedeutenden Konkurrenten: des Italieners Amerigo Vespucci.

Félix Lope de Vega y Carpio (1562–1635)

Dramatiker

Lope de Vega gilt als der Schöpfer der spanischen »Comedia« und als größter Dramatiker des »Siglo de Oro«. Er wurde am 25. November 1562 in Madrid als Sohn eines Stickers geboren, studierte kurz in Salamanca und bewies bald in Gedichten und Dramen sein außerordentliches literarisches Talent. Er nahm an der unglücklichen Expedition der Armada gegen England im Jahr 1588 teil und ließ sich 1610 in Madrid nieder. Dort empfing er nach dem Tod seines Sohnes und seiner Frau Juana die Priesterweihe. Er starb am 27. August 1635. Lope de Vega, der zu Lebzeiten als »Ungeheuer der Natur« und »Phönix des Geistes« bezeichnet wurde, schrieb über 1500 Komödien, von denen etwa 500 erhalten sind. Er verfasste auch zahlreiche Kurzdramen, religiöse Stücke und unzählige Sonette, Romanzen und Lieder.

Philipp II. (1527–1598)

Spanischer König

Während der Regentschaft des am 21. Mai 1527 geborenen Sohnes Karls V., von 1556 bis 1598, war Spanien auf seinem Höhepunkt als Weltmacht und beherrschte weite Teile Italiens, die Niederlande, die Kolonien in Amerika, die Philippinen und Portugal. In der Seeschlacht von Lepanto schlug Juan de Austria, Philipps Halbbruder, die türkische Flotte und sicherte Spaniens Vormachtstellung im Mittelmeer. Doch auch das Ende Spaniens als Weltmacht kündigte sich während Philipps Regentschaft an: Seit 1567 erhoben sich die Niederlande gegen die spanische Herrschaft, und nach der Thronbesteigung Elisabeths I. in England brach die alte Rivalität wieder auf. Mit dem Untergang der Armada 1588 vor der englischen Küste begann der Abstieg Spaniens als Seemacht. In Spanien selbst konnte Philipp die Macht des Königshauses festigen; er verlegte die Haupstadt von Toledo nach Madrid; Protestanten und Mauren wurden von der Inquisition unbarmherzig verfolgt, die Juden vertrieben. Dadurch sowie durch die Kriege, die Philipp führte, wurde das Land wirtschaftlich so geschwächt, dass während seiner Regierungszeit dreimal der Staatsbankrott erklärt werden musste. Als er am 13. September 1598 starb, war Spaniens Wirtschaft ruiniert und seine Zeit als Weltmacht vorbei.

Pablo Picasso (1881–1973)

Künstler

Pablo Picasso, der am 25. Oktober 1881 in Málaga geborene spanische Maler, Bildhauer, Grafiker und Keramiker, gilt als der bedeu-

tendste Künstler der Moderne. Nach ersten Lehrjahren bei seinem Vater studiert er an den Akademien von Barcelona und Madrid. 1904 übersiedelt er nach Paris.
Zunächst bestimmen melancholisch-anmutige Bilder sein frühes Werk, welches entsprechend den von ihm hauptsächlich verwendeten Farben in Blaue und Rosa Periode eingeteilt wird. Mit seinem Epoche machenden Schlüsselwerk, den 1907 fertig gestellten **»Demoiselles d`Avignon«**, hat Picasso die Voraussetzungen geschaffen, die es ihm und Georges Braque, später auch Juan Gris und Fernand Léger ermöglichten, den Kubismus zu entwickeln.

Nach dem Ersten Weltkrieg kehrt Picasso zur figürlichen Darstellung zurück und nähert sich den Surrealisten. War seine Formensprache bislang geometrisch, wird sie nun organisch, Bewegungsmotive mit Figuren von praller Plastizität füllen seine Bilder. Illustrationszyklen nach antiken Texten, Werke, die sich mit dem Spanischen Bürgerkrieg, mit Kriegszerstörung und -verstümmelung auseinander setzen – z. B. **»Guernica«**, eines seiner berühmtesten Gemälde –, Stierkampfdarstellungen und Porträts sind nun die Hauptthemen. Nach dem Zweiten Weltkrieg beschäftigt sich Picasso mit der Keramik und erstellt ein umfangreiches grafisches Werk. Sein Gesamtwerk zeigt seine Souveränität im Umgang mit der Kunstgeschichte, mit der eigenen Geschichte und mit den verschiedensten künstlerischen Mitteln und Techniken; nicht zuletzt hierin liegt die Einzigartigkeit seines Werkes begründet. Er starb am 8. April 1973 im französischen Mougins.

Charlie Rivel (Josep Andreu Rivel; 1896–1983)

Clown Als »Akrobat schöön« hat der am 28. April 1896 in Cubellas bei Barcelona geborene Spross einer Artistenfamilie ein Leben lang die Zirkusbesucher begeistert. Er gehörte zu den »stillen« Clowns, deren Späße niemals derb sind und die im Zuschauer bei aller Heiterkeit ein leises Gefühl von Melancholie und Mit-Leiden wecken angesichts der zutiefst tragischen Tücke der Objekte, die dem Spaßmacher eine Fülle menschlich-allzumenschlicher Widrigkeiten bereitet. Charlie Rivel, dessen »Markenzeichen« eine nahezu kubische rote Nase und ein überlanger, den ganzen Körper umhüllender gestreifter Pullover war, verstand es vortrefflich, sich auch ohne verbale Äußerungen seinem Publikum verständlich zu machen: Die lautmalerischen Töne, mit denen er seine Auftritte begleitete, waren ein Ausdrucksmittel, das er virtuos beherrschte. Er starb am 26. Juli 1983.

Seneca (um 4 v. Chr. bis 65 n. Chr.)

Philosoph Der Philosoph und Dichter wurde im damaligen Corduba (Córdoba) als Sohn des Rhetorikers Seneca d. Ä. geboren. Nach einer Rhetorikausbildung und einem Aufenthalt in Ägypten wurde er Quästor unter Caligula. Kaiserin Messalina ließ ihn 41 n. Chr. nach Korsika verbannen, von wo er acht Jahre später von Kaiserin Agrippina als Erzieher ihres Sohnes Nero zurückgeholt wurde. In den Anfangsjahren von Neros Regierungszeit war Seneca dessen engster Vertrauter, wandte sich jedoch zunehmend von ihm ab, bis ihn der Kaiser schließlich der Teilnahme an einer Verschwörung verdächtigte und zum Selbstmord zwang. Für Seneca war allein die Richtigkeit des menschlichen Handelns entscheidend, der **stoische Weise** war für ihn die Idealform menschlicher Existenz. Seine philosophischen Hauptwerke sind die »Epistulae morales ad Lucilium« und die »Naturales quaestiones« mit naturwissenschaftlichen Erörterungen und moralischen Reflexionen. Als Tragödiendichter kam es ihm darauf an, die fatalen Folgen menschlicher Leidenschaften zu zeigen.

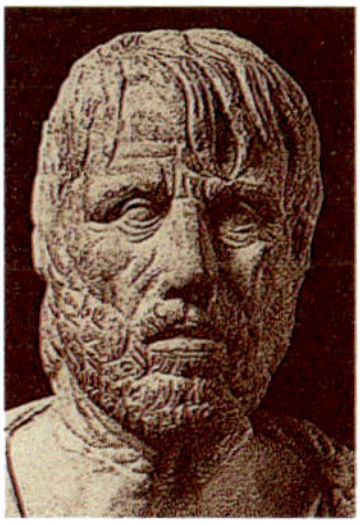

Trajan (Marcus Ulpius Traianus; 53–117)

Römischer Kaiser

Trajan, am 18. September 53 in Italica in der Provinz Baetica (beim heutigen Sevilla) geboren, war der erste römische Kaiser, der aus einer Provinz stammte. Im Jahr 98 übernahm er die Herrschaft über das römische Weltreich, das durch seine Feldzüge in Dakien (etwa das heutige Rumänien) und Arabien und im Krieg gegen die Parther (114–117) mit der Eroberung von Armenien, Assyrien und Mesopotamien seine größte Ausdehnung erreichte. Trajan starb am 8. August 117 in Selinus in der Provinz Anatolien.

Diego de Silva y Velázquez (1599–1660)

Maler

Velázquez, in Sevilla geborener Schüler von Pacheco del Río, war der bedeutendste spanische Maler des 17. Jahrhunderts. Seine künstlerische Entwicklung lässt sich in drei Perioden einteilen: In seiner sevillanischen Frühzeit malte er, beeinflusst von der Helldunkelmalerei Caravaggios, religiöse Themen und Typen des andalusischen Volkes, bevorzugt in Küchenszenen. 1623 wurde er nach Madrid berufen, wo er Philipp IV. porträtierte und bald zum Hofmaler aufstieg. Sein erster Italienaufenthalt 1629–1631 veränderte unter dem Eindruck der Kunst Tizians und Tintorettos seine Malerei, die nun in kräftigen Farben oft wenig schmeichelnde Porträts der königlichen Familie und eines seiner Hauptwerke, »Las Lanzas« (»Die Übergabe von Breda«; 1634/1635), hervorbrachte. Seine zweite Italienreise 1649–1651 veränderte wiederum seinen Stil. In dieser letzten Schaffensperiode – Velázquez starb am 7. August 1660 – entwickelte er sich zu einem Vorläufer des Impressionismus. Doch die Porträtmalerei gab er nicht auf: 1656 entstand eines seiner bekanntesten Werke, »Die Infantin Margarita mit Hofstaat in der Werkstatt des Künstlers« (»Las Meñinas«), auf dem er Mitglieder des Königshauses beim Modellsitzen und vor allem sich selbst, hinter der Leinwand hervorschauend, porträtierte.

Praktische Informationen

WO LIEGEN DIE SCHÖNSTEN STRÄNDE? WER HILFT BEI EINER AUTOPANNE? WAS SIND TAPAS UND WIE VIELE DAVON GIBT ES? NÜTZLICHES UND WICHTIGES AUS DEM LAND DER SONNE.

Anreise · Reiseplanung

Anreise

Mit dem Auto Für die Anfahrt mit dem Auto zu Zielen im Norden und Westen Spaniens empfiehlt sich die Route durch Westfrankreich entlang der Atlantikküste über Biarritz zum Grenzübergang Hendaye/Irún; für Ziele im Süden und Osten Spaniens bietet sich die Anfahrt durch das Rhône-Tal und über Perpignan zum Grenzübergang Le Perthus/La Jonquera (Autobahn A-9/A-7) oder Cerbère/Portbou (Küstenstraße) an. Außer diesen beiden Pässen gibt es seit 2003 einen **Pyrenäen-Tunnel** bei Somport. Bei der Planung sollte man berücksichtigen, dass die Autobahnen in Frankreich und Spanien gebührenpflichtig sind.

Mit dem Bus Europabusse der Eurolines/Deutschen Touring Gesellschaft verkehren von mehreren deutschen Städten auf einer östlichen Route über Barcelona an der spanischen Mittelmeerküste entlang bis zur Costa del Sol und nach Granada, auf einer zentralen Route über Donostia/San Sebastián, Madrid und Cáceres nach Sevilla und auf einer westlichen Route über Donostia/San Sebastián, Burgos, Valladolid und Ourense/Orense nach A Coruña/La Coruña.

Mit dem Flugzeug Direkte Flugverbindungen im Linienverkehr bestehen aus Deutschland, Österreich und der Schweiz u. a. nach Almería, Barcelona, Bilbo/Bilbao, Jerez, Madrid, Málaga, Santiago de Compostela, Sevilla und Valencia. Drehscheiben für Weiterflüge innerhalb Spaniens sind Barcelona und Madrid.

Billigflüge ▸ Die meisten Billigfluglinien haben Ziele in Spanien im Programm, allerdings nicht immer die großen Flughäfen. Man kommt aber von den abgelegeneren Flugplätzen per Bus oder Bahn in die nächste größere Stadt. Wer nicht selber die günstigste Verbindung am gewünschten Tag heraussuchen will, der kann spezielle Anbieter (z. B. **www.opodo.de** oder **www.expedia.de**) im Internet abfragen.

Mit der Bahn Je nach Reiseziel bieten sich Route via Paris nach Hendaye/Irún oder via Lyon bzw. Perpignan nach Cerbère/Portbou an. Wegen der unterschiedlichen Spurweite muss man an der französisch-spanischen Grenze umsteigen. Der **Talgo-Hotelzug »Pau Casals«** verkehrt über Nacht und ohne Umsteigen zwischen Zürich und Barcelona. **Autoreisezüge** fahren nur bis zur südfranzösischen Stadt Narbonne.

Reisedokumente

Personalpapiere Reisende aus Deutschland, Österreich und der Schweiz benötigen für die Einreise einen gültigen Personalausweis oder einen Reisepass. Kinder unter 16 Jahren benötigen einen Kinderausweis oder müssen im Reisepass der Eltern eingetragen sein.

WICHTIGE ADRESSEN ANREISE

FLUGGESELLSCHAFTEN LINIE, CHARTER

Iberia
Tel. (0 18 05) 44 29 00 (D)
Tel. (01) 79 56 77 22 (A)
Tel. (08 48) 00 00 15 (CH)
Tel. 902 400 500 (E)
www.iberia.com

Lufthansa
Tel. (0 18 05) 80 58 05 (D)
Tel. (08 10) 10 25 80 80 (A)
Tel. (09 00) 90 09 22 (CH)
Tel. 902 883 882 (E)
www.lufthansa.com

Austrian Airlines
Tel. (0 18 03) 00 05 20 (D)
Tel. (05) 17 66 10 00 (A)
Tel. (09 00) 90 09 33 (CH)
Tel. 902 257 000 (E)
www.aua.com

Swiss
Tel. (0 18 03) 00 03 37 (D)
Tel. (08 10) 81 08 40 (A)
Tel. (08 48) 70 07 00 (CH)
901 116 712 (E)
www.swiss.com

Condor Flugdienst
Tel. (0 18 05) 76 77 57 (D)
Tel. ((08 10) 96 90 22 (A)
Tel. (08 48) 10 10 22 (CH)
Tel. 902 517 300 (E)
www.condor.com

BILLIGFLÜGE

Air Berlin
Tel. (0 18 05) 73 78 00 (D)
Tel. (08 20) 73 78 00 (A)
Tel. (08 48) 73 78 00 (CH)
Tel. 902 320 737 (E)
www.airberlin.com

EasyJet
www.easyjet.com

Germanwings
Tel. (0 90 01) 91 91 00 (D)
Tel. (08 20) 90 01 44 (A)
Tel. (09 00) 00 04 07 (CH)
Tel. 902 888 076 (E)
www.germanwings.com

Ryanair
Tel. (0 90 01) 16 05 00 (D)
Tel. (09 00) 21 02 40 (A)
Tel. (09 00) 80 80 01 (CH)
www.ryanair.com

TUIfly
Tel. (0 18 05) 75 75 10 (D)
Tel. (08 20) 82 00 33 (A)
Tel. (08 48) 00 02 71 (CH)
Tel. 902 020 069 (E)
www.tuifly.com

Helvetic
Tel. (044) 2 70 85 00 (CH)
www.helvetic.com

FLUGHÄFEN

Alacant / Alicante
Aeropuerto El Altet
(9 km südwestlich; Bus ins Stadtzentrum)
Tel. 966 919 032

Almería
Aeropuerto de Almería
(9 km östlich; Bus ins Stadtzentrum)
Tel. 950 213 700

Barcelona
Aeropuerto de Barcelona
(15 km südwestlich; S-Bahn und Busse ins Stadtzentrum)
Tel. 932 983 838

▶ **Bilbo / Bilbao**
Aeropuerto Internacional de Bilbao
(15 km nördlich; Bus ins Zentrum)
Tel. 944 869 663

▶ **Jerez de la Frontera**
Aeropuerto de Jerez
(8 km nordöstlich; Bus ins Zentrum)
Tel. 956 150 083

▶ **Madrid**
Aeropuerto Internacional de Madrid-Barajas
(16 km östlich; U-Bahn und Flughafenbus Airport Express ins Zentrum)
Tel. 902 353 570

▶ **Málaga**
Aeropuerto de Málaga
(10 km westlich; S-Bahn ins Zentrum)
Tel. 952 204 840

▶ **Santiago de Compostela**
Aeropuerto de Santiago de Compostela
(11 km östlich; Bus ins Zentrum)
Tel. 981 547 506

▶ **Sevilla**
Aeropuerto de Sevilla
(12 km westlich; Bus ins Zentrum)
Tel. 954 449 000

▶ **Valencia**
Aeropuerto de Manises
(8 km westlich; Bus ins Zentrum)
Tel. 961 598 500

EISENBAHN

▶ **Renfe (Spanische Eisenbahnen)**
Fahrplanauskünfte
national: Tel. 902 24 02 02
international: Tel. 902 24 34 02
www.renfe.es

▶ **Deutsche Bahn**
Reiseservice:
Tel. (0 18 05) 99 66 33
Fahrplanauskunft:
Tel. (08 00) 1 50 70 90
www.bahn.de

BUS

▶ **Eurolines / Touring**
Tel. (069) 79 03-50 (D)
Tel. 934 90 40 00 (E)
www.eurolines.de
www.touring.de

Fahrzeugpapiere Nationaler Führerschein und Kraftfahrzeugschein werden bei Mitgliedern aus EU-Staaten anerkannt; bei Schadensfällen wird die **Internationale Grüne Versicherungskarte** verlangt. Kraftfahrzeuge müssen, sofern sie kein EU-Nummernschild haben, das ovale Nationalitätskennzeichen tragen.

Haustiere Wer seinen Hund oder seine Katze in den Urlaub mitnehmen will, benötigt einen gültigen **EU-Heimtierausweis**, ferner eine **Tollwut-Schutzimpfung**, die mindestens 30 Tage zurückliegen muss, aber nicht länger als 12 Monate vor der Einreise erfolgt sein darf. Auch ein **Mikrochip** zur Identifizierung des Tieres wird beim Grenzübertritt verlangt.

Krankenversicherung Auch im EU-Ausland müssen die gesetzlichen Krankenkassen die Kosten für ärztliche Leistungen erstatten. Voraussetzung ist, dass dem behandelnden Arzt die **Krankenversicherungskarte** vorgelegt wird (sie ersetzt seit 1.1.2005 den Auslandskrankenschein; ist man nicht im Besitz einer solchen Karte, muss eine Ersatzbescheinigung ausgestellt werden). Auch mit dieser Karte sind in vielen Fällen ein Teil der Behandlungskosten bzw. Ausgaben für spezielle Medikamente selbst zu zahlen. Gegen Vorlage der Quittungen übernimmt die Krankenkasse im Heimatland dann ggf. die Erstattung der Kosten.

◄ Private Reiseversicherung

Da die Krankenkassen die Kosten eines Rücktransports erkrankter Urlauber aus dem Ausland nicht übernehmen und eine ärztliche Behandlung in der Regel mit einer Kostenbeteiligung für den Patienten verbunden ist, empfiehlt sich für die Dauer des Urlaubs der Abschluss einer privaten Reisekrankenversicherung.

Zollbestimmungen

Ein- und Ausreise

Im gemeinsamen Wirtschaftsraum der Mitgliedsstaaten der Europäischen Union können Waren für den privaten Gebrauch weitgehend zollfrei ein- und ausgeführt werden. Es gelten lediglich gewisse Höchstmengen: 800 Zigaretten, 400 Zigarillos, 200 Zigarren, 1 kg Tabak, 10 l Spirituosen, 90 l Wein (davon max. 60 l Schaumwein). Andere Waren dürfen bis zu einem Wert von 300 Euro (Reisende auf dem Landweg) bzw. 430 Euro (Flug- und Seereisende) bzw. 175 Euro (Reisende unter 15 Jahren) eingeführt werden.

◄ Wiedereinreise in die Schweiz

Für Personen über 17 Jahren gelten folgende Freimengengrenzen: 250 g Kaffee, 100 g Tee, 200 Zigaretten oder 50 Zigarren oder 250 g Tabak, 2 l Wein oder andere Getränke bis 22% Alkoholgehalt sowie 1 l Spirituosen mit mehr als 22% Alkoholgehalt. Souvenirs dürfen bis zu einem Wert von 300 sfr zollfrei eingeführt werden.

Drogen

Spanien gilt als der Hauptkanal, durch den Drogen aus Nordafrika und Lateinamerika in die EU gelangen, weshalb der Drogenhandel vor allem in den Groß- und in den Hafenstädten, und hier insbesondere in Málaga, Cádiz und Algeciras, weit verbreitet ist. Vor Drogenbesitz sei ausdrücklich gewarnt, da dieser **hart bestraft** wird. Auch sollte man sich davor hüten, von neu gewonnenen Bekannten »Päckchen an Freunde« nach Deutschland oder aus den nordafrikanischen Exklaven Ceuta und Mellila nach Spanien mitzunehmen, da die Gefahr besteht, auf diese Weise ungewollt als Drogenkurier benutzt zu werden.

Auskunft

Die spanischen Fremdenverkehrsämter heißen in der Regel **»Oficina de Turismo«**. Adressen in einzelnen Orten sind unter ►Reiseziele im jeweiligen Kapitel zu finden.

WICHTIGE ADRESSEN

IN DEUTSCHLAND

▸ **Spanisches Fremdenverkehrsamt**
Kurfürstendamm 63
(5. Obergeschoss)
10707 Berlin
Tel. (030) 8 82 65 43
www.spain.info/de/tourspain
berlin@tourspain.es

Grafenberger Allee 100
40237 Düsseldorf
Tel. (02 11) 6 80 39 81
dusseldorf@tourspain.es

Myliusstraße 14
60323 Frankfurt am Main
Tel. (069) 72 50 38
frankfurt@tourspain.es

Schubertstraße 10
80336 München
Tel. (089) 530 74 60
munich@tourspain.es

Prospektversand:
Tel. (0 61 23) 9 91 34
Fax (0 61 23) 9 91 51 34

IN ÖSTERREICH

▸ **Spanisches Fremdenverkehrsamt**
Walfischgasse 8
1010 Wien
Tel. (01) 5 12 95 80
www.spain.info/at/tourspain
viena@tourspain.es

IN DER SCHWEIZ

▸ **Spanisches Fremdenverkehrsamt**
Seefeldstrasse 19
8008 Zürich
Tel. (0 44) 2 53 60 50
www.spain.info/ch/tourspain
zurich@tourspain.es

▸ **Office National Espagnol du Tourisme**
15, Rue Ami-Lévrier
1211 Genève
Tel. (0 22) 7 31 11 33
ginebra@tourspain.es

IN SPANIEN

Informationen über Hotels, Veranstaltungen, Museen, Nationalparks und vieles mehr erhält man im Sommer in deutscher Sprache von jedem Ort Spaniens unter:
Tel. 901 30 06 00
(Mo. – Fr. 14.00–20.00,
Sa., So. 10.00–20.00 Uhr)

EINZELNE REGIONEN

▸ **Andalusien**
Turismo Andaluz S.A.
C. Compañía, 40
29008 Málaga
Tel. 951 29 93 00
www.andalucia.org
info@andalucia.org

▸ **Aragonien**
Sociedad de promoción y gestión del turismo Aragonés (S.A.U.)
Avda. Cesar Augusto 25
50004 Zaragoza
Tel. 976 28 21 81
Tel. 902 47 70 00
www.turismodearagon.com
turismodearagon@aragon.es

Asturien
Centro de Información Turística
del Principado de Asturias
Cimadevilla 4
33003 Oviedo
Tel. 985 21 33 85, 902 30 02 02
info@infoasturias.com
www.infoasturias.com

Baskenland
Oficina de Turismo del
Gobierno Vasco
Reina Regente, 3
20003 San Sebastián (Guipúzcoa)
Tel. 943 48 11 66
www.sansebastianturismo.com

Extremadura
Dirección General de Turismo
de Extremadura
Calle Santa Eulalia 30
06800 Mérida
Tel. 924 00 83 43
www.turismoextremadura.com

Galicien
Turgalicia
Carretera Santiago–Noia, km 3
15896 Santiago de Compostela
Tel. 902 20 04 32
www.turgalicia.es

Kantabrien
Dirección General de Turismo
de Cantabria
Calle Miguel Artigas 2–4
39002 Santander
Tel. 901 11 11 12
www.turismodecantabria.com

Kastilien-La Mancha
Instituto de Promoción Turística
de Castilla - La Mancha
Calle Río Valdemarías s/n
45071 Toledo
Tel. 925 23 38 50
www.turismocastilla
lamancha.com

Kastilien-León
Sociedad de Promoción
del Turismo de Castilla y León
(SOTUR)
Paseo de Filipinos 1
47007 Valladolid
Tel. 902 20 30 30
www.turismocastillayleon.com

Katalonien
Turisme de Catalunya
Passeig de Gràcia, 105
(Palau Robert)
08008 Barcelona
Tel. 934 84 99 00
www.catalunyaturisme.com

Madrid
Dirección General de Turismo
Príncipe de Vergara, 132
28002 Madrid
Tel. 915 80 22 00
www.munimadrid.es
www.madrid.org

Murcia
Murcia Turística
Juana Jugán, 2
30006 Murcia
Tel. 902 10 10 70
www.murciaturistica.es

Navarra
Turismo Navarra
Calle Navarrería 39
31001 Pamplona
Tel. 848 42 04 20
www.turismonavarra.es

La Rioja
La Rioja Turismo
Calle San Millán, 25
Edidificio Riojaforum
26005 Logroño
Tel. 941 28 73 54
www.lariojaturismo.com

- **Valencia**
  Valencia Turismo
  Avenida Cortes Valencianas, 41
  46015 Valencia
  Tel. 963 60 63 53
  www.turisvalencia.es

BOTSCHAFTEN IN SPANIEN

- **Deutsche Botschaft**
  Calle de Fortuny, 8
  28010 Madrid
  Tel. 915 57 90 00
  www.madrid.diplo.de

- **Österreichische Botschaft**
  Paseo de la Castellana, 91
  28046 Madrid
  Tel. 915 56 53 15
  www.aussenministerium.at/madrid

- **Schweizerische Botschaft**
  Calle Núñez de Balboa, 35
  28001 Madrid
  Tel. 914 36 39 60
  www.eda.admin.ch/madrid

SPANISCHE BOTSCHAFTEN IN DEUTSCHLAND

- **Botschaft des Königreichs Spanien**
  Lichtensteinallee 1
  10787 Berlin
  Tel. (030) 254 00 70
  www.spanischebotschaft.de

IN ÖSTERREICH

- **Botschaft des Königreichs Spanien**
  Argentinierstraße 34
  1040 Wien
  Tel. (01) 505 57 88
  embespat@mail.mae.es

IN DER SCHWEIZ

- **Botschaft des Königreichs Spanien**
  Kalcheggweg 24
  3000 Bern 15
  Tel. (031) 350 52 52
  www.mae.es/embajadas/berna

INTERNET

- **www.spain.info**
  Website der spanischen Tourismusbehörde und ihrer Untergliederungen; Informationen über alle touristisch relevanten Einrichtungen inklusive Freizeitparks und Museen (mehrsprachig, auch auf Deutsch)

- **www.andalucia.com**
  Alles über Andalusien (Spanisch, Englisch).

- **www.gencat.cat**
  Alles über Katalonien (mehrsprachig, auch auf Deutsch)

- **www.spanien-reisemagazin.de**
  Umfassende Informationen über Spaniens Reiseziele und seine Kultur, mit vielen Reportagen und Fotos (Deutsch).

- **www.icom-ce.org**
  Sammlung von zahlreichen Internetadressen der wichtigsten Museen Spaniens, darunter auch der Prado in Madrid, das Guggenheim-Museum in Bilbao oder die drei Dalí-Museen in Spanien (Englisch, Spanisch).

- **www.spanien-abc.com**
  Ein aktuelles und umfassendes Nachschlagewerk für alle, die ihren Urlaub in Spanien verbringen wollen oder dort für längere Zeit dort leben möchten (Deutsch).

- **www.red2000.com/spain**
  Alles über Spanien, seine Regionen und seine großen Städte (Spanisch, Englisch, Deutsch)

Badestrände

Klassisches Strandurlaubsland

Mit über 2000 km Stränden ist Spanien ein klassisches Land für Badeurlaub. An vielen Stränden weht die **Blaue Flagge** der Stiftung Umwelterziehung in Europa, die auf sauberes Wasser und eine gute Infrastruktur hinweist; insbesondere die katalanische Regionalregierung führt regelmäßig Untersuchungen ihrer Strände durch. Da die Blaue Flagge nicht auf Grundlage unabhängiger Untersuchungen vergeben wird, sondern auf Bewerbung der jeweiligen Gemeinden, wird diese »Auszeichnung« von vielen Umweltverbänden kritisiert.

> **i Strandwarndienst**
>
> - Grüne Flagge am Strand: Baden uneingeschränkt erlaubt
> - Gelbe Flagge am Strand: Baden gefährlich
> - Rote Flagge am Strand: Baden verboten

Telefondienste

Während der Sommersaison hat die spanische Umweltbehörde ein Beschwerdetelefon eingerichtet, bei dem Mängel und Klagen über mit der Blauen Flagge ausgezeichnete Strände gemeldet werden können (Mo. bis Fr. 9.30–15.00 Uhr, Tel. 9 00 17 15 17).
Wöchentlich aktualisierte Informationen über alle Strände und deren Wasserqualität können telefonisch unter der Nummer 9 00 21 07 63 eingeholt werden. Der spanisch- und englischsprachige Telefondienst ist in den Sommermonaten werktags von 8.00–bis 15.00 Uhr besetzt.

Blaue Flagge

Im Folgenden wird eine Auswahl derjenigen Strände aufgelistet, die die Blaue Flagge erhalten haben:

Costa Brava

Die Costa Brava (»Wilde Küste«) ist der nördlichste spanische Küstenstreifen am Mittelmeer von Portbou an der französischen Grenze bis Blanes. Die Küste ist außerordentlich **stark zerklüftet** und häufig felsig. Dazwischen liegen kleine Buchten, z. T. auch längere Strände. Die steilen Vorgebirge sind oft nur zu Fuß, manchmal sogar nur mit dem Boot zu erreichen. An der Bahía de Rosas finden sich die ersten echten Sandstrände.
Blaue Flagge: Portbou (Platja Gran), Llançá (Grifeu), Castelló d'Empúries (D'Empúriabrava), Begur (Sa Riera), Palafrugell (Tamariu, Llafranc), Palamós (La Fosca), Sant Antoni de Calonge (Sant Antoni), Castell-Platja d'Aro (Playa d'Aro), Sant Feliu de Guixols (Sant Feliu), Tossa de Mar (Platja Gran), Lloret de Mar (Fenals), Blanes (Sabanell).

Einsam ist es woanders: Strand von Benidorm

Traumstrand an Asturiens Küste

Costa Daurada / Costa Dorada

Die Costa Daurada (»Goldene Küste«) umfasst nahezu die gesamte Küstenlandschaft der Provinzen Barcelona und Tarragona, von der Mündung des Río Tordera (Malgrat) bis zur Ebromündung (San Carlos de la Rápita), und umschließt die kleineren Küstengebiete Costa del Maresme im Norden der Provinz Barcelona und Costa de Garraf in deren Süden. Sie zeichnet sich durch überwiegend **sanft abfallende Strände** mit feinem, goldgelben Sand aus, die allerdings oft durch die in unmittelbarer Ufernähe verlaufende Straße und Eisenbahn vom Hinterland abgeschnitten sind.

Blaue Flagge: Calella (Garbí), Canet de Mar (Canet), Barcelona (Mar Bella, Bogatell), Sitges (Garraf, Sant Sebastián, La Ribera), Vilanova i la Geltrú (Platja Riba-Roges), Cubelles (Llarga), Calafell (Segur de Calafell), El Vendrell (Sant Salvador, Coma-ruga, Francás), Tarragona (La Mora), Salou (Capellans), Cambrils (Prat d'en Forés).

Costa del Azahar, Costa de Valencia

Die Costa del Azahar (»Küste der Orangenblüte«) erstreckt sich mit ihrer Fortsetzung Costa de Valencia südlich der Ebromündung von Vinaroz über das Küstengebiet der Provinz Castelló / Castellón und den weiten offenen Golf von Valencia bis nach Dénia.

Blaue Flagge: Vinarós (Forti), Alcalá de Xivert (El Carregador, El Moro), Torreblanca (Torrenostra), Oropesa (La Conxa, Morro de Gos), Benicàssim (L' Almadrava, Torre de Sant Vicent), Castelló de la Plana (Gurugú, El Pinar), Sagunt (L'Almardá), Valencia (El Saler), Cullera (El Dosser, El Far), Xeraco), Gandía (Nord), Oliva (Aigua Blanca).

Costa Blanca, Costa Cálida

Die Costa Blanca (»Weiße Küste«) reicht von Setla (Landspitze La Almadraba) bis zum Cabo de Gata und umfasst die Küstenzone der Provinz Alacant / Alicante und einen Teil derjenigen der Provinz Murcia. Die Costa Cálida schließt an die Costa Blanca an. Ihre Strände sind **vorwiegend flach** und bestehen aus feinem, weißen Sand.
Blaue Flagge: Dénia (Les Bovetes, Les Rotes), Xàbia (L' Arenal), Teulada (El Portet, L'Ampolla), Calp (La Fossa, Arenal-Bol), Altea (La Roda), Benidorm (Llevant, Mal Pas), Finestrat (La Cala), La Vila Joiosa (Ciutat), El Campello (Carrer de la Mar), Alacant / Alicante (Sant Joan, L'Albufereta, Tabarca), Elx / Elche (El Altet), Santa Pola (Varador, Llevant), Guardamar del Segura (Dels Vivers), Torrevieja (Los Locos), Orihuela (La Zenia, Cabo Roig), Pilar de la Horadada (Jesuítas-Cala Rincón), Cartagena (Mar de Cristal)

Costa de Almería

Als Costa de Almería wird der Küstenstreifen bezeichnet, der sich vom Cabo de Gata bis Motril erstreckt. Hier findet man abseits der Touristenströme noch einsame, in Felsbuchten versteckte Strände.
Blaue Flagge: Vera (Las Marinas-Bolagas), Carboneras (El Ancón), Amlería (Retamar, Zapillo), Adra (Poniente), Motril (Calahonda).

Costa del Sol

Die eigentliche Costa del Sol (»Sonnenküste«), ein dicht besiedeltes Touristengebiet, umfasst die andalusische Mittelmeerküste vom Cabo de Gata bis zur Südspitze Spaniens bei Tarifa.
Blaue Flagge: Nerja (Burriana), Fuengirola (Los Boliches), Mijas (La Cala), Marbella (Rio Verde), Estepona (La Rada), Algeciras (Getares).

Costa de la Luz

Die Costa de la Luz (»Küste des Lichts«) umfasst die südspanische Atlantikküste zwischen Tarifa und der Mündung des Río Guadiana an der portugiesischen Grenze. Sie besitzt vorzügliche, **ausgedehnte Sandstrände** und relativ unberührte Dünenlandschaften, in denen Massensiedlungen bislang weitgehend vermieden werden konnten.
Blaue Flagge: Algeciras (Getares), Conil (Los Bateles), Cádiz (La Victoria), Rota (La Costilla), Chipiona (Regla).

Rías Gallegas

Die Rías Gallegas umfassen die Atlantikküste im äußersten Nordwesten Spaniens in den Provinzen Vigo, A Coruña / La Coruña und Lugo. Sandstrände wechseln mit schroffen, felsigen Abschnitten ab, und der Wellengang ist hier beträchtlich höher als am Mittelmeer.
Blaue Flagge: Vigo (Rodas), Sanxenxo (Silgar), O Grove (A Lanzada), A Coruña (Riazor), Oleiros (Bastiagueiro), Minho (Minho Grande), Foz (A Rapadoira), Ribadeo (As Catedrais).

Costa Verde

Die Küste Asturiens trägt ihren Namen »Grüne Küste« zu Recht: Hinter den Stränden steigen die bewaldeten, sattgrünen Berge der Cordillera Cantábrica auf. Die im Gegensatz zu den Rías Gallegas weniger stark zerklüftete Küste bietet oftmals lange, weiße Sandstrände, die noch nicht allzu überlaufen sind.
Blaue Flagge: Tapia de Casariego, Llanes, Anguileiro (Cuevas del Mar).

Costa de Cantabria Die Küste Kantabriens besitzt, ähnlich derjenigen Asturiens, ebenfalls weite, fast unberührte Sandstrände.
Blaue Flagge: San Vicente de la Barquera (El Sable de Merón), Comillas, Santander (El Camello), Laredo (La Salvé).

Costa Vasca Neben schönen Strandabschnitten gibt es an der baskischen Küste auch ausgesprochene Problemzonen mit Wasserverschmutzung, insbesondere an der Mündung des Río Nervión bei Bilbo / Bilbao.
Blaue Flagge: Getxo (Azkorri), Getxo-Sopelana (Barinatxe), Plentzia, Bakio, Zumaia (Itzurun), Getaria (Malkorbe).

Elektrizität

220 Volt Alle elektrischen Geräte funktionieren mit 220 Volt Wechselstrom. In den großen Hotels sind meist Europanorm-Gerätestecker verwendbar; nur noch selten benötigt man einen Adapter.

Essen und Trinken

Mahlzeiten Das Frühstück ist in Spanien spartanisch und wird in der Regel zwischen 8.00 und 10.00 Uhr in einer Bar eingenommen. Es besteht lediglich aus einem Kaffee mit Toast, einem kleinen Kuchen oder »churros« (Schmalzgebäck). In den Touristenorten haben sich aber die Hotels auf die Bedürfnisse ihrer Gäste eingestellt und bieten ein umfangreicheres Frühstück oder ein Frühstücksbüfett an.

Hmm – Churros und heiße Schokolade

Im Gegensatz zum Frühstück fallen **Mittag- und Abendessen** umso reichlicher aus; bei beiden Mahlzeiten sind drei oder sogar vier Gänge üblich. Das in fast allen Restaurants erhältliche »menú del día« (Tagesmenü) ist meist preiswerter als eine selbst zusammengestellte Mahlzeit.
In den Restaurants wird das Mittagessen zwischen 13.00 und 15.30 serviert, das Abendessen zwischen 20.30 und 23.00 Uhr.

Charakteristisch für die spanische Küche ist die Verwendung von **Olivenöl und reichlich Knoblauch**. Aus maurischer Zeit stammen die typischen Gewürze der andalusischen Küche wie Pfeffer, Zimt, Muskatnuss, Kreuzkümmel und Safran.
Zu jeder Tageszeit werden in den Bars »tapas« angeboten, Appetithäppchen, die man zu Bier, Wein und Sherry genießt. Sie bestehen vielfach aus Sa-

laten, Tortillas, Meeresfrüchten, Fisch, Schinken, Käse oder Oliven. Zieht man von Bar zu Bar und probiert jedesmal eine andere Tapa-Köstlichkeit, lernt man nicht nur ihre Vielfalt kennen, sondern kann danach ohne weiteres auf eine Hauptmahlzeit verzichten. Für den etwas größeren Hunger gibt es »raciones«, eine doppelte Tapa-Portion. Manchmal werden Tapas noch nach alter Sitte unaufgefordert und kostenlos zum Getränk gereicht.

◄ Tapas

In Bars und Bodegas kann man vielerlei Tapas, Appetithäppchen, zum Wein genießen.

Speisen

Als **Vorspeisen** erhält man u. a. scharfe Paprikawurst (chorizo), Schinken (jamón serrano; die besten aus Jabugo und Trevélez), Meerestiere wie Krabben, Muscheln und Langusten sowie Oliven (besonders die Manzanilla- und Gordal-Oliven).
Unter den Suppen ist der kalte **Gazpacho** hervorzuheben, eine andalusische Spezialität aus Tomaten, Gurken, Zwiebeln, Knoblauch und Pfefferschoten mit Essig, Öl, Gewürzen und Brotkrumen, wobei die einzelnen gehackten Gemüseeinlagen oft gesondert auf den Tisch kommen. Andere Suppen sind die kastilische Knoblauchsuppe mit Eiern und die Sopa al cuarto de hora (Viertelstundensuppe), der Pote und der Caldo in Galicien und Asturien, die baskische Sopa Zarauztarra, in der Levante eine Suppe mit geröstetem Reis, ferner der Ajo blanco con uvas (Weißer Knoblauch mit Trauben).

Hauptgerichte

Als erstes Hauptgericht (plato fuerte) werden oft **Tortillas** serviert, Omelettes aus Eiern und Kartoffeln, die es in zahlreichen Varianten von scharf bis süß gibt. Sehr deftig sind bodenständige Eintopfgerichte wie der kastilische Cocido, ein in jeder Landschaft etwas anders zubereiteter Eintopf aus Kichererbsen, Kartoffeln, Gemüse, Fleisch, Speck, Wurst und Fleischbällchen oder die asturische Fabada aus weißen Bohnen. Eine Madrider Spezialität sind Kutteln (callos). Aus Valencia stammend und mittlerweile in ganz Spanien zu Hause ist die **Paella**, ein Reisgericht mit Fleisch, Fisch, Meeresfrüchten, Bohnen und Erbsen.
Fleisch wird meist gegrillt oder gebraten, wobei das Schweinefleisch der Favorit der Spanier ist. Fast überall gibt es Spanferkel, Lammbraten und Kaninchenbraten oder -ragout. Im Süden Navarras und in Aragón werden Geflügel, Lamm, Kaninchen und Kalb »à la chilindrón« in Öl, Zwiebeln und Tomaten mit scharfen Gewürzen geschmort; eine andalusische Spezialität ist der Rabo de buey (Ochsenschwanzragout).

Das kennt fast jeder von der spanischen Küche: die Paella aus Valencia.

Sehr zahlreich sind die **Fischgerichte**. Zarzuela de mariscos besteht aus verschiedenen gebratenen und scharf gewürzten Fischarten, Merluza a la Vasca ist Seehecht mit grüner Soße, der Bacalao (Trockenfisch) wird im Baskenland entweder mit roter Soße oder langsam gegart »al pil pil« bereitet, in Navarra werden die Forellen mit Schinkenscheiben gefüllt. Vorzüglich schmeckt auch jeder frische Fisch einfach in Öl frittiert.

Nachspeisen Spanien hat ausgezeichnete Käsesorten wie den Queso manchego aus La Mancha oder den Queso cabrales aus Asturien, aber auch zahlreiche leckere Süßspeisen: Turrón (aus Honig und Mandeln) und Marzipan stammen aus maurischer Zeit, daneben gibt es Blätterteiggebäck (ensaimadas), Gewürzkuchen, Eierstich und Flan (Pudding).

Getränke

Erfrischungsgetränke Besonders die zahlreichen, oft **frisch gepressten Fruchtsäfte** sind hier zu erwähnen. Auch Mineralwasser wird viel getrunken; dabei ist dasjenige aus Lanjarón in der Sierra Nevada am bekanntesten.

Sangría Die bekannte Sangría ist eine Mischung aus Rotwein, Brandy, Mineralwasser, Orangen- und Zitronensaft mit Fruchtstücken und Eiswürfeln.

Horchaterias Gute Erfrischungsgetränke bekommt man im Sommer in den Horchaterias, wo »horchata«, ein Getränk aus Erdmandeln (chufas) oder aus echten Mandeln, Limonade oder Eiswasser verkauft werden.

Bier Bier ist inzwischen fast beliebter als Wein geworden. Bevorzugt werden helle Biere der Pilsner Art, die in kleinen Gläsern (cañas) serviert werden.

Sidra In Asturien sollte man unbedingt eine Sidrería besuchen und einen echten Sidra probieren. Der Apfelwein wird dort auf traditionelle Art in hohem Bogen aus der Flasche in das Glas gegossen.

Spirituosen Nach dem Essen bevorzugt man einen Brandy, meist aus dem andalusischen Städten Jerez de la Frontera oder El Puerto de Santa María. Aus Madrid kommt der Anis-Likör Chinchón, aus Nordspanien der Orujo, ein klarer Brand. Berühmt sind die galicischen Kräuterliköre, navarrischer Pacharán (mit Blaubeeren) und levantinischer Anisschnaps.

Wein

Spanien besitzt mit rund 1,5 Mio. ha die **größte Weinanbaufläche der Welt**. Etwa ein Viertel der spanischen Weine sind Qualitätsweine aus kontrolliertem Anbau (D. O., »denominación de origen»); und von den insgesamt über hundert Weinsorten gehören einige zur internationalen Spitzenklasse. Mit dem andalusischen Sherry jedoch haben die Winzer der iberischen Halbinsel eine einzigartige Spezialität hervorgebracht (alles über Wein und Sherry erfährt man im Internet unter **www.vinos.de**).

Sprache des Weinetiketts

abocado	halbsüß
Añada	Zeitpunkt der Abfüllung nach der Lese
añejo	alt
blanco	weiß
bodega	Kellerei bzw. Weinkeller
cava	Schaumweinkellerei bzw. nach der Champagnermethode hergestellter Schaumwein
cepa	Reb- oder Traubensorte
clarete	leichter roter Tischwein
cosecha	Ernte, Lese; mit Jahreszahl: Jahrgang
criado / elaborado par ...	erzeugt von ...
con (sin) crianza	mit (ohne) Alterung
dulce	süß
embottelado par ...	abgefüllt von ...
espumoso	schäumend
generoso	Aperitif- oder Dessertwein

gran reserva	ausgebauter Qualitätswein (Rotweine: mind. zwei Jahre Reifung im Eichenfass und zusätzlich drei Jahre in der Flasche; Weißweine: mind. vier Jahre Reifung, davon ein halbes Jahr im Fass)
reserva	ausgebauter Qualitätswein (Rotweine: mind. drei Jahre Reifung, davon ein Jahr in Eichenfässern; Weißweine: mind. zwei Jahre, davon ein halbes Jahr im Fass)
rosado	rosé
seco / semi-seco	trocken / halbtrocken
tinto	rot
vendimia	Weinlese, Jahrgang
viña, viñedo	Weinberg
vino de cosecha propria	vom Weingut selbst bereitete Weine
vino de mesa	Tischwein

WEINANBAUREGIONEN

GALICIEN

► **Ribeiro**
Zentrum des galicischen Weinbaus am Río Miña um Ribadavia; leichte, säurebetonte Weißweine und temperamentvolle Rotweine.

► **Monterrey**
Am Río Támega im Süden der Provinz Ourense/Orense; schwere Rot- und Weißweine (14 % Alkohol).

► **Valdeorras**
Am Río Sil im östlichen Teil der Provinz Ourense/Orense; trockene Weißweine und fruchtige Rotweine, die jung getrunken werden.

ALT-KASTILIEN / LEÓN

► **Ribera del Duero**
Am Río Duero in den Provinzen Valladolid und Burgos; vor allem lagerfähige Rot- und Roséweine. Die Rotweine haben sich in den letzten Jahren auch international einen Spitzenplatz erobert.

► **Rueda**
Im Süden der Provinz Valladolid; fast ausschließlich weiße Tisch- oder Dessertweine.

LA RIOJA

Nach dem Sherry der bekannteste und beste Wein Spaniens, sowohl weiß, rot und rosé.

► **Rioja alavesa**
Es sind vor allem fruchtige und kraftvolle Rotweine, die nördlich des Ebro ausgebaut werden.

► **Rioja alta**
Um Haro; diese Weine werden von Kennern als noch etwas besser als diejenigen aus der Rioja alavesa eingestuft.

► **Rioja baja**
Diese Weine werden als qualitativ geringer als jene aus den beiden anderen Gebieten eingestuft, mit diesen jedoch nicht selten verschnitten.

Spanische D.O.-Weinbaugebiete

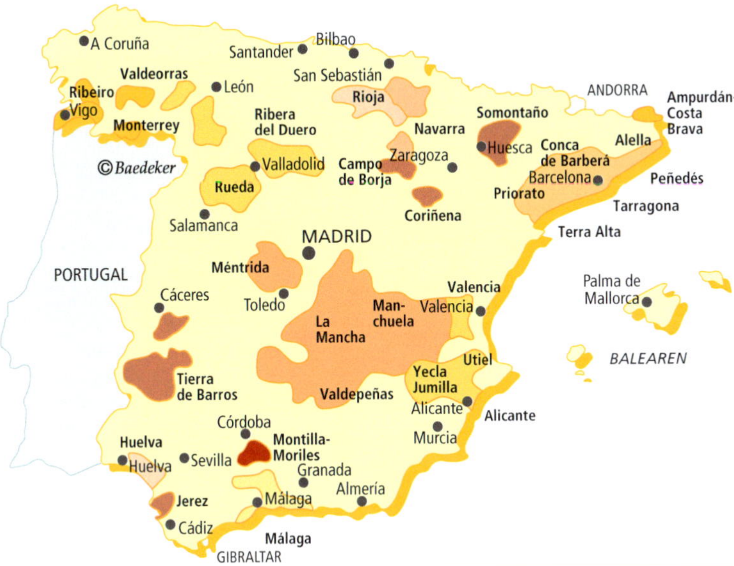

NAVARRA

▶ **Valdizarbe, Tierra Estella, Baja Montña, Ribera alta und Ribera baja**
Aus diesen Gebieten kommen meist gewöhnliche Rot- und Weißweine. Eine Spezialität ist der spritzige, junge Txacoliñ.

ARAGÓN

▶ **Campo de Borja**
Westlich von Zaragoza; starke Rot- und Roséweine

▶ **Cariñena**
Im Süden der Provinz Zaragoza; tiefdunkle, starke Rotweine, trockene Rosé- und Weißweine, Dessertweine.

▶ **Somontaño**
In der Provinz Huesca werden leichte Rotweine ausgebaut.

KATALONIEN

▶ **Alella**
Sehr kleines Tal nördlich von Barcelona; überwiegend Weißweine

▶ **Ampurdán-Costa Brava**
Am Fuße der Pyrenäen werden vorzügliche Roséweine und auch Qualitätsschaumweine erzeugt.

▶ **Conca de Barberá**
Aus dem Gebiet um Tarragona kommen gute Rotweine (u.a. Garnatxa).

▶ **Penedés**
Westlich von Barcelona werden über 90 % des Cava (span. Sekt; u.a. Freixenet) im Flaschengärverfahren hergestellt. Auch kräftige Rotweine gibt es hier.

Priorato
Westlich von Tarragona; tiefdunkle, sehr starke Rotweine, aufgespritete, sherryähnliche Weißweine

Tarragona
Rote und weiße Massenweine

Terra alta
Im Südwesten von Katalonien; durchschnittliche, kräftige Rot- und Weißweine

KASTILIEN-LA MANCHA

Größte spanische Weinregion, die ein Drittel der gesamten spanischen Produktion liefert.

Almansa
Im Südwesten der Provinz Albacete; dunkle, kräftige Rotweine

La Mancha
Größtes Einzelweinbaugebiet, vor allem in der Provinz Ciudad Real; eher neutrale Weißweine, die verschnitten oder destilliert werden

Manchuela
Massenweine ohne besonders ausgeprägten Charakter

Méntrida
Im Südwesten von Madrid; halbtrockene Rot- und Roséweine mit hohem Alkoholgehalt

Valdepeñas
Im Süden der Provinz Ciudad Real; überwiegend Weißweine, die jung getrunken werden

EXTREMADURA

Tierra de Barros
Um Almendralejo in der Provinz Badajoz; trockene, starke Weißweine, aromatischer Rotwein aus Salvatierra de los Barros

HUELVA

Dessert- und Aperitifweine nach Art des Sherry, ohne dessen Qualität zu erreichen; Schankweine

ANDALUSIEN

Jerez
Im Dreieck Jerez de la Frontera, Sanlúcar de Barrameda und El Puerto de Santa María wird der berühmte *Sherry* nach dem Solera-Verfahren erzeugt. Der Fino ist ein hellgelber, sehr trockener, leicht säuerlicher und lebendiger Wein mit einem Alkoholgehalt von 15–17%; er ist der typischste aller Sherries und wird am häufigsten getrunken. Ein Amontillado, dessen Name vom Wein aus Montilla stammt, ist ein etwas älterer, weicher, bernsteinfarbener Fino, besitzt aber das charakteristische Aroma und hat einem Alkoholanteil von 16–18%. Manzanilla nennt man den aus den Bodegas von Sanlúcar de Barrameda kommenden hervorragenden, sehr hellen und knochentrockenen Fino.

Málaga
An der Costa del Sol um Málaga und Estepona; klassische Dessertweine. Ebenfalls im Solera-Verfahren erzeugt, werden sie, um süßer zu werden, mit konzentriertem Traubensaft versetzt.

Montilla-Moriles
Im Süden der Provinz Córdoba; hervorragende, dem Sherry kaum nachstehende Aperitif- und Dessertweine, die jedoch nicht in Eichenfässern, sondern in großen Tonkrügen, den »tijanas«, nach der Solera-Methode verschnitten werden. Die Winzer von Montilla-Moriles erzeugen dieselben Sorten wie ihre Kollegen aus Jerez.

Feiertage, Feste und Events

Feiertage

Der Feiertagskalender wird von den einzelnen Regionen Spaniens Jahr für Jahr neu festgelegt, er kann daher geringfügige Abweichungen aufweisen (fällt ein Feiertag beispielsweise auf einen Sonntag, so wird in manchen Fällen der vorangehende Freitag bzw. der darauf folgende Montag zum Feiertag erklärt).

Feste

»In Spanien gibt es mehr als hundert erstaunliche Feste und so viele mehr, dass allein ihre Aufzählung uns alle überquellen ließe«, sagte der Literaturnobelpreisträger Camilo José Cela. Tatsächlich könnte man ein Jahr lang täglich von Ort zu Ort ziehen und dabei doch nur einen Teil des spanischen Festkalenders miterleben. Auskunft erhält man beim Spanischen Fremdenverkehrsamt (► Auskunft) oder bei den diversen Tourismusbüros.

Fallas

Zu Ehren von San José finden vor allem in **Valencia** alljährlich im März Feste statt, für die in den Straßen monumentale Aufbauten (»fallas«) mit riesigen, satirisch-komischen Stoff- und Pappmaschéfiguren (»ninots«) errichtet und am Ende der Festwoche verbrannt werden. Dieser Brauch stammt noch aus dem Mittelalter, als Zimmerleute, Schreiner und andere Handwerker jedes Jahr am Josephstag (19. März) ihre Holzabfälle verbrannten.

Aufmarsch der Mauren zum »Moros y Cristianos«-Fest in Alcoi

Fiestas Gemeinden, die für ein Produkt bekannt sind, haben entsprechende Feste organisiert. Vor allem in Touristengebieten geht es dann bei den Winzer-, Mandelblüten- oder Salzfesten recht kommerziell zu.

Moros y Cristianos Eine Besonderheit ist das in den Provinzen Valencia, Murcia und Andalusien gefeierte »Moros y Cristianos«-Fest, das Mauren- und Christenfest, das auf die Reconquista zurückgeht und die Zuschauer in die **Zeit des Mittelalters** versetzt. Mit Böllerschüssen und Schwertergeklirr inszenieren Hunderte von Laienschauspielern in prachtvollen Kostümen den Kampf der Christen gegen die Mauren.

Romerías In fast jedem Ort Andalusiens wird mindestens einmal im Jahr eine »romería» begangen. Diese nach der Stadt Rom benannten feierlich-fröhlichen Wallfahrten führen zu meist außerhalb der Dörfer und Städte gelegenen »santuarios«, kleinen Kapellen oder Kirchen, die nach – oft schon vor Jahrhunderten geschehenen – Marienerscheinungen oder anderen Wundern an Ort und Stelle errichtet wurden.

Semana Santa Das bedeutendste Fest in Spanien findet zu Ostern statt: Während der Semana Santa, der »heiligen Woche«, wird dem Leiden und der Kreuzigung Jesu Christi gedacht. Die berühmte Semana-Santa-Prozession von Valencia zieht Tausende von Menschen an, die in eine kollektive Büßerrolle fallen.

FEIERTAGE UND FESTE

FEIERTAGE

► **Gesetzliche Feiertage**

1. Januar: Año Nuevo (Neujahr)
6. Januar: Los Reyes (Dreikönig)
19. März: San José (Josefstag)
1. Mai: Día del Trabajo (Tag der Arbeit)
24. Juni: San Juan (Namenstag des Königs)
29. Juni: San Pedro y San Pablo (Peter und Paul)
25. Juli: Día de Santiago (Apostel Jakobus, Schutzheiliger Spaniens)
15. August: Asunción (Mariä Himmelfahrt)
12. Oktober: Día de la Hispanidad (Entdeckung Amerikas)
1. November: Todeos los Santos (Allerheiligen)
6. Dezember: Día de la Constitución (Verfassungstag)
8. Dezember: Inmaculada Concepción (Mariä Empfängnis)
25. Dezember: Navidad (Weihnachten)

► **Bewegliche Feiertage**

Viernes Santo (Karfreitag)
Corpus Christi (Fronleichnam)

JANUAR

► **Granada**

Mit dem »Día de la Toma« erinnert Granada an die endgültige Vertreibung der Mauren im Jahr 1492.

► **Madrid**

Am Vorabend des Dreikönigsfestes rumpeln bunt geschmückte Wagen von der Calle Alcalá zur Plaza Mayor.

FEBRUAR

▸ Cádiz

Mit Straßenumzügen, Festwagen und Stiertreiben wird ausgelassen Karneval gefeiert.

OSTERN

▸ Alacant/Alicante

Die Feierlichkeiten in der Karwoche mit über 20 Prozessionen, Umzügen, Konzerten und Passionsspielen ist einzigartig in Spanien, gefolgt von »La Pelegrina«, der Wallfahrt zum Schweißtuch der heiligen Veronika, das sich im Karissinnenkloster des nahe gelegenen Ortes Santa Faz befindet (am zweiten Donnerstag nach Ostersonntag).

▸ Cartagena

Die Prozessionen der Bruderschaften »Los Marrajos«, »Californios« und »Encuentro« sind über die Grenzen der Region hinaus populär (Karwoche).

▸ Murcia

Während der Semana Santa finden eindrucksvolle nächtliche Prozessionen mit »pasos« (Kreuze, Statuen) von Francisco Salzillo statt. Ergreifend ist die Prozession am Karfreitagmorgen. Eine Woche später ist das Frühlingsfest mit Blumengaben an die Virgen de la Fuensanta, die Schutzheilige Murcias. Den Abschluss der Festwoche bildet das »Begräbnis der Sardine«: Nach dem Festumzug mit Pappfiguren, Kapellen und geschmückten Pferdekarossen wird am Ufer des Segura eine Sardine verbrannt.

MAI

▸ Córdoba

Beim »Festival de los Patios Cordobeses« werden den ganzen Mai über auf Straßen und Plätzen blumengeschmückte Altäre mit Maikreuzen aufgebaut, vor denen abends Sevillanas getanzt und Sherry getrunken wird.

Die Bußfertigen auf der Osterprozession von Úbeda bleiben unter ihren Kapuzen anonym.

Madrid
In der ganzen Stadt finden Festlichkeiten zu Ehren des heiligen Isidro, des Stadtpatrons, statt, mit Wallfahrten, Konzerten, Theater- und Opernaufführungen, Tanz und Stierkämpfen (15. Mai).

JUNI

Gasteiz/Vitoria
Eine Woche lang klingen beim alljährlichen internationalen Jazzfestival melodischer Swing und andere Spielarten des Jazz durch die Gassen des Städtchens.

Granada
Gegen Ende des Monats finden die Internationalen Musik- und Tanzfestspiele statt, die bedeutendsten in Europa, mit Konzerten in den Palästen der Alhambra.

JULI

Iruñea/Pamplona:
San Fermines, die dank Hemingway berühmtesten aller »encierros» (Stierläufe). Eine Woche lang werden jeden Morgen sechs Kampfstiere durch die Stadt in die Arena getrieben; abends gibt es dann Stierkämpfe, Fiesta, Folklore und Feuerwerk (6.–14. Juli).

Santiago de Compostela
In der zweiten Julihälfte finden zu Ehren des Apostels Jakobus die »Fiestas del Apóstol« statt, mit Messen, Folklorefestivals, Konzerten, Theateraufführungen und vielem mehr (15.–31. Juli).

AUGUST

Bilbo/Bilbao
»Aste Nagusia«: Acht Tage lang gibt's Fiesta, Feuerwerk, Konzerte und andere Veranstaltungen bis zum Abwinken (21.–29. August).

Donostia/San Sebastián
»Semana Grande«: Mitte des Monats ist eine Woche lang Fiesta total mit täglichem Feuerwerk.

Elx/Elche
Die Basílica de Santa María ist Schauplatz des Misterio de Elche. Das Mysterienspiel aus dem 13. Jh. hat Tod, Himmelfahrt und Krönung Mariens zum Thema (11.–15. August).

SEPTEMBER

Cartagena
15 Tage lang wird bei den »Fiestas de Cartagineses y Romanos« der Kampf zwischen Karthagern und Römern nachgespielt, mit Zeltlagern, Schlachten, Umzügen und Verhandlungen (2. Monatshälfte).

Ronda
In der Stierkampfarena wird Mitte des Monats zu Ehren des Torreros Pedro Romero die »Corrida Goyesca» mit großer Fiesta, Flamenco und Reiterumzügen abgehalten.

NOVEMBER

Ourense/Orense:
Die »Fiesta de los Magostos« wird zu Ehren San Martiños gefeiert. Über Lagerfeuern werden Kastanien und »chorizo« (Wurst) gebraten und anschließend mit dem neuen Wein begossen.

DEZEMBER

Ibi
Am »Día de los Santos Inocentes« sind in dem Dorf in der Provinz Alacant »Els Enfarinats«, Einmehler, unterwegs. Sie übernehmen an diesem Tag, der unserem 1. April entspricht, die Macht, werfen mit Knallfröschen und Mehl und kassieren Wegzölle (28. Dezember).

Geld

Währung

Der **Euro** ist in Spanien ebenso wie in Deutschland und Österreich das offizielle Zahlungsmittel. Für den Schweizer Franken gilt derzeit folgender Umrechungskurs: 1 sfr = 0,76 Euro).

Geldautomaten sind mit mehrsprachigen Bedienungshinweisen ausgestattet. An ihnen kann man mit der Bankkarte und mit gängigen Kreditkarten in Verbindung mit der Geheimnummer abheben.

Banken, Hotels, Restaurants, Autovermieter und viele Einzelhandelsgeschäfte akzeptieren die gängigen **Kreditkarten**, vor allem Visa und Mastercard. Bei Verlust sollte man sofort die jeweilige Kartenorganisation benachrichtigen.

i Sperrnummer

- Unter der Telefonnummer **116 116** (aus Spanien mit der Vorwahl + 49) können elektronische Medien wie Bank- und Kreditkarten, Handys und Krankenversicherungskarten gesperrt werden.

Gesundheit

Apotheken

Apotheken (farmacias) sind durch ein grünes Kreuz auf weißem Grund gekennzeichnet. In der Regel sind sie Mo. bis Fr. 9.30–13.30 und 16.30–20.00 sowie Sa. 9.00–12.30 Uhr geöffnet. Dienst habende Apotheken außerhalb dieser Zeiten nennt der in jeder Apotheke aushängende Anschlag **»Farmacia de Guardia«**, der auch in den Zeitungen abgedruckt ist.

Medizinische Versorgung

Eine ausreichende medizinische Versorgung ist in Spanien in den Fremdenverkehrsgebieten sowie in allen größeren Städten gewährleistet; nur in sehr ländlich-abgeschiedenen Gegenden kann der Weg zu einem Arzt länger werden. In akuten Krankheitsfällen wende man sich an die Notfallstation (urgencia) des nächstgelegenen Krankenhauses.

Notdienste

►Notrufe

Versicherung

►Anreise

Mit Kindern unterwegs

Sehr kinderlieb

Die spanische Tourismusindustrie ist in den Zentren gut auf Familien mit Kindern vorbereitet, am besten freilich entlang der Küste beim klassischen Badeurlaub am Strand. Aber auch im Landesinneren bekommt man in den Restaurants und in den Unterkünften auf Anfrage alles, was man für den Nachwuchs braucht. Spezielle Einrichtungen wie Vergnügungs- oder Wasserparks, Tiergehege oder Kindermuseen ergänzen den Urlaub und bieten teilweise Freizeitgestaltung für Regentage.

TIPPS FÜR KINDER

FREIZEITPARKS

▶ **Terra Mítica**
Benidorm (Costa Blanca)
Tel. 902 02 02 20
www.terramiticapark.com
Öffnungszeiten:
Juni – Sept. 10.00–20.00, Mitte Juli – Ende Aug. bis 24.00 Uhr
Themenorientierte Shows und Fahrgeschäfte

▶ **Isla Mágica**
Sevilla
Tel. 902 16 17 16
www.islamagica.es
Öffnungszeiten:
Mai – Mitte Sept. tgl., April u. Okt. nur an Wochenenden;
April – Juni 11.00–19.00,
Juli – Okt. 11.00–21.00 Uhr
Hightech-Freizeitpark auf dem ehemaligen Expo-Gelände

▶ **Tibidabo-Vergnügungspark (Parc d'Atraccions)**
Barcelona
Tel. 932 11 79 42
www.tibidabo.es
Öffnungszeiten: Juni – Sept
Mi. – So. 12.00 – 21.00/22.00 Uhr, sonst nur an Wochenenden und Feiertagen ab 12.00 bis abends
»Tibibus« ab Plaça Catalunya (El Corte Ingles) zum Park.
Nostalgische Fahrgeschäfte, Geschicklichkeitsspiele, Computerspielhalle und ein Haus des Schreckens

▶ **Parque Warner Madrid**
Carretera M-301, km 15,5, San Martín de la Vega
Tel. 902 02 41 00
www.parquewarner.com
Öffnungszeiten:
Juli – Mitte Sept. tgl. 11.00 – 22.00, Sa. bis 2.00 Uhr früh, sonst nur an Wochenenden und Feiertagen ab 11.00 Uhr bis abends
Bugs Bunny und die Looney Tunes werden hier zum Leben erweckt.

▶ **Dinópolis Teruel**
Teruel, Aragón
Tel. 902 44 80 00
www.dinopolis.com
Öffnungszeiten:
Juli – Mitte Sept. tgl. 10.00–20.00/21.00 Uhr, sonst nur an Wochenenden und Feiertagen
Die Welt der Dinosaurier mit special effects und Kinobildern

▶ **PortAventura**
bei Salou bzw. Tarragona (südwestlich von Barcelona)
Tel. 902 20 22 20
www.portaventura.es
Öffnungszeiten: April – Okt. tgl., Nov., Dez. u. März nur an Wochenenden bzw. Ferientagen 10.00 – 20.00 bzw. 24.00 Uhr
Der größte und meistbesuchte Erlebnispark am Mittelmeer bietet jede Menge Attraktionen, darunter Achterbahnen, einen Freifallturm und den Caribe Aquatic Park.

TIERPARKS

▸ **Selwo Aventura**
bei Estepona (Costa del Sol)
Tel. 902 19 04 82
www.selwo.es
Öffnungszeiten: Mitte Feb. – Okt. tgl., Nov., Dez. nur an Wochenenden und Ferientagen 10.00 bis 18.00, im Sommer bis 20.00 Uhr
Gelungene Mischung aus Jahrmarkt und Zoo

▸ **Lobo Park**
bei Antequera (nördl. von Málaga)
Tel. 952 03 11 07,
www.lobopark.com
Öffnungszeiten: tgl. 10.00 – 18.00, Führungen 11.00, 13.00, 15.00, 16.30 Uhr
Mehrere Wolfsgehege (u.a. Iberische Wölfe), Streichelzoo, Ausritte mit Andalusienpferden.

▸ **Zoo Barcelona**
Barcelona
Tel. 902 45 75 45
www.zoobarcelona.com
Öffnungszeiten: tgl. 10.00 – 17.00, im Sommer bis 20.00 Uhr
Bester Tierpark Spaniens, der u.a. für sein Projekt »SOS Gorilla« bekannt ist. Bei Kindern sehr belibet ist das Ponyreiten.

▸ **Parque de la Naturaleza de Cabárceno**
bei Obregón (Santander)
Tel. 902 21 01 12
www.parquedecabarceno.com
Öffnungszeiten: tgl. 9.30 – 19.00, Winter 9.30 – 18.00 Uhr
Löwen, Bären, Giraffen etc. kann man in einem renaturierten und verkarsteten Bergwerksgelände beobachten.

MUSEEN FÜR KINDER

▸ **Parque de las Ciencias**
Avda. del Mediterráneo, s/n
Granada
Tel. 958 13 19 00
www.parqueciencias.com
Öffnungszeiten: Di. – Sa. 10.00 – 19.00, So. 10.00 – 15.00 Uhr
Technisches Mitmach-Museum: Naturwissenschaften zum Anfassen und Ausprobieren

▸ **Museu Maritím**
Av. de les Drassanes s/n
Barcelona
Tel. 933 42 99 20
www.museumiritimbarcelona.org
Öffnungszeiten: tgl. 10.00 – 20.00
Originalgetreu nachgebaute und begehbare Galeere aus der Seeschlacht von Lepanto

Knigge

Kleidung

In Spanien legt man viel Wert darauf, eine gute Figur zu machen. Deshalb verlässt der Spanier, egal ob weiblich oder männlich, das Haus grundsätzlich wie aus dem Ei gepellt, selbst an schwülen Tagen. Strandkleidung hat dabei nichts in der Stadt zu suchen. Körperbehaarung jeglicher Art, etwa unter den Achseln oder an den Beinen, ist für Frauen ein absolutes Tabu. In Kirchen und Klöstern gelten Shorts und freie Schultern bei beiden Geschlechtern als ungehörig.

Im Restaurant Im Restaurant sucht man sich nicht einfach einen freien Tisch, sondern wartet, bis der Kellner einen Tisch vorschlägt. Verpönt ist es, sich zu anderen Gästen an den Tisch zu setzen. Rechnungen werden immer für den gesamten Tisch ausgestellt und dann unter den Gästen geteilt. Bei nächtlichen Streifzügen durch Bars und Kneipen gibt jeder einmal eine Runde aus, auch hier wird nicht einzeln bezahlt.

Trinkgeld ► Im Allgemeinen ist in den Rechnungen ein Bedienungsgeld inbegriffen (Inklusivpreise), dennoch erwarten Hotelangestellte, Kellner, Taxifahrer, Fremdenführer und Platzanweiser in Kinos, Theatern und Stierkampfarenen ein Trinkgeld von etwa 5–10% des Rechnungsbetrages. In Bars und Restaurants lässt man das Trinkgeld nach dem Kassieren auf einem Tellerchen liegen.

Höflichkeit Höflichkeit wird in Spanien groß geschrieben, manchmal versteht man allerdings etwas anderes unter Höflichkeit als wir. Es klingt z. B. für Spanier unhöflich, wenn eine Frage strikt verneint wird, auch wenn das die durchaus korrekte Antwort wäre. Fragt man z. B. in einem kleinen Ort nach eine Autovermietung, wird man selten hören: hier gibt es keine, sondern eher so was wie: »das wird schwierig«, auch wenn der Befragte mit Sicherheit weiß, dass weit und breit keine Autovermietung existiert.

Rauchen Auch in Spanien werden Raucher mit Rückendeckung der EU immer mehr in die Schranken verwiesen. So ist Rauchen in Zügen und allen öffentlich zugänglichen Gebäuden mit Publikumsverkehr verboten. Seit Anfang 2011 ist das Rauchen auch in Kneipen und Restaurants generell untersagt.

Literatur und Film

Bildbände **DuMont Bildatlas**, DuMont Reiseverlag, Ostfildern 2010/2011
Die reich bebilderten und informativen Bände führen zu den Highlights der Regionen **Andalusien** (Nr. 93), **Barcelona - Costa Brava** (Nr. 54), **Costa Brava - Barcelona** (Nr. 108) und **Spanien Norden - Jakobsweg** (Nr. 7).

Peter-Matthias **Gaede**: Weltmacht Spanien. Geo Epoche, Heft 31. MairDumont/Gruner & Jahr, 2008. Aufstieg und Niedergang der Großmacht auf der Iberischen Halbinsel.

Günther **Haensch** und Gisela **Haberkamp de Antón**: Kleines Spanien-Lexikon. C. H. Beck, 1996
Kurz und prägnant alles Wissenswerte über Land und Leute.

Franz **Borkenau**: Kampfplatz Spanien. Politische und soziale Konflikte im Spanischen Bürgerkrieg. Ein Augenzeugenbericht. Klett-Cotta, 2000

Tagebuch und politische Analyse zugleich, sind die Aufzeichnungen des Wiener Historikers das beste Buch, das über dieses Thema geschrieben wurde, wie George Orwell versicherte.

Antonio **Beltrán** u. a.: Altamira. Thorbecke, 1998
Die umfassende, faszinierende Bilddokumentation der altsteinzeitlichen mehrfarbigen Tierdarstellungen führt durch eine der berühmtesten Höhlen der Welt.

Romane und Erzählungen

Der **Cid**. Das altspanische Heldenlied. Reclam Verlag, Ditzingen.
Der Cid hieß eigentlich Rodrigo Díaz de Viviar, lebte von 1043 bis 1099 und ist der spanische Nationalheld schlechthin. Symbol für die nationale Einheit, eroberte er im Jahr 1094 das maurische Reich Valencia. Das um 1150 anonym verfasste Heldenlied »El Cantar del Mio Cid« schildert dessen Leben und gilt als das erste literarische Werk in spanischer Sprache.

Miguel de **Cervantes**: Don Quijote. dtv, München 2011
Vielleicht erlaubt es einmal ein Strandurlaub, die Anfang des 17. Jhs. erstmals veröffentlichten Abenteuer des »Ritters von der traurigen Gestalt« und dessen Knappen Sancho Pansa, zugleich das berühmteste Buch der spanischen Literatur, zu lesen

i Im Internet

- Das Fenster zur spanischen Sprache, Literatur und Kultur (in Spanisch) ist www.cervantes.es.

Lion **Feuchtwanger**: Die Jüdin von Toledo. Aufbau-Verlag, Berlin 2008
Feuchtwangers Roman über die Liebe des kastilischen Königs Alfons VIII. zu der Jüdin Rahel beruht z. T. auf historischen Tatsachen.

Ernest **Hemingway**: Fiesta. Rowohlt, Reinbek 1999
Der 1926 erschienene Roman machte die Fiesta de San Fermín in Pamplona mit ihrem allmorgendlichen Stiertreiben weltberühmt.

Jan Graf **Potocki**: Die Handschrift von Saragossa. Fischer, Frankfurt am Main, 2011
Der hinreißende, spannende Abenteuerroman schildert die Reise des flandrischen Offiziers Alfonso van Worden von Andújar über die Sierra Morena nach Madrid, ein Panoptikum von ineinander verschachtelten Geschichten und Anekdoten.

Kurt **Tucholsky**: Ein Pyrenäenbuch. Insel, Frankfurt am Main, 2007
Tucholsky verspürte Sehnsucht nach den Pyrenäen und machte sich im Herbst 1925 auf die Reise durch eine der grandiosesten Gebirgslandschaften Europas.

Sachbücher

Walther L. **Bernecker**: Spanische Geschichte. C. H. Beck, 2010
Vom 15. Jahrhundert bis zur Gegenwart.

Filme

»Tierra sin pan« (»Land ohne Brot«), 1932
Luis Buñuel porträtierte in seinem Film das Valle des la Batuecas in der Provinz Salamanca.

»Alles über meine Mutter«. Von Pedro Almodóvar, 1999
Oscar-prämiertes, virtuos erzähltes Hohelied auf den Zusammenhalt des »schwachen« Geschlechts, mit dem das einstige Enfant-terrible Pedro Almodóvar ein breites Publikum für sich begeistern konnte.

»Das Meer in mir« von Alejandro Amenábar, 2004
Der Film über einen querschnittsgelähmten Mann, der sterben will, beruht auf einer wahren Geschichte, die einst die spanischen Gerichte beschäftigte.

»El Perro Negro«: Stories from the Spanish Civil War. Von Péter Forgács, 2005
Anhand von nie gezeigten Amateur-Filmaufnahmen, unveröffentlichten Tagebuchaufzeichnungen und Briefen hat der ungarische Filmemacher Péter Forgács die erschütternde Collage eines Bürgerkrieges geschaffen.

»Me too, yo también«. Von A. Pastor und A. Naharro, 2009
Der hochgelobte Film nach einer wahren Geschichte – der Liebe zwischen einer Frau und einem Mann mit Down-Syndrom – spielt in Sevilla.

Medien

Zeitungen

Deutschsprachige Zeitungen sind vor allem in den Touristenhochburgen an der Mittelmeerküste erhältlich, es gibt sie meist einen Tag nach Erscheinen, manchmal sogar noch am selben Tag.
In Spanien erscheint monatlich die deutschsprachige Zeitschrift »aktuelle«. Für Urlauber interessant ist die in den großen Feriengebieten erscheinende **deutschsprachige Touristenpresse**, z. B. die Wochenzeitung »Costa Blanca Nachrichten«, in der man aktuelle Veranstaltungsprogramme, Ausflugstipps, Adressen deutschsprachiger Ärzte, Apothekennotdienste und die neuesten Nachrichten findet.

Rundfunk

Auf Wunsch erhält man von der Deutschen Welle kostenlos das jeweils aktuelle Programm der Sendungen mit genauen Sendezeiten und gültigen Frequenzangaben, die in Spanien empfangen werden können (Kurt-Schumacher-Straße 3, 53113 Bonn, Tel. 02 28/42 90, www.dw-world.de).
In den Touristenhochburgen strahlen – meist nur im Sommer – auch deutschsprachige Radiosender ihr Programm aus, z. B. Radio Benidorm International.

Fernsehen

Das staatliche spanische Fernsehen (Radio Televisión Española, RTVE) bietet zwei Programme (La primera, La 2); Privatsender sind Antena 3, das Fernsehunternehmen der katalanischen Tageszeitung »La Vanguardia«, Telecino und der Abo-Sender Canal Plus, in deren Genuss man unweigerlich in vielen Bars kommt, denn dort läuft der Apparat oft ununterbrochen.
Via Satellit ist eine Reihe von Programmen aus Deutschland, Österreich und der Schweiz zu empfangen.
Von Anfang Juli bis Mitte September sendet La 2 täglich ein halbstündiges Fernsehprogramm (»Tele-Europa«) für Touristen mit internationalen Nachrichten und Informationen in deutscher, englischer und französischer Sprache.

Notrufe

ZENTRALRUF

▶ **Tel. 112**
Unter dieser Nummer erreicht man Arzt, Feuerwehr und Polizei. Anrufe werden rund um die Uhr in Spanisch, Deutsch, Englisch und Französisch entgegengenommen und weitergeleitet.

RETTUNGSDIENSTE

▶ **ADAC-Notrufzentrale München**
Tel. 00 49 89 22 22 22

▶ **ACE-Notrufzentrale Stuttgart**
Tel. 00 49 18 02 34 35 36

▶ **Deutsche Rettungsflugwacht Stuttgart**
Tel. 00 49 711 70 10 70

▶ **DRK-Flugdienst Bonn**
Tel. 00 49 228 23 00 23

▶ **Christophorus Flugrettungsverein Wien**
Tel. 00 43 1 7 11 99 - 15 10

▶ **Schweizerische Rettungsflugwacht Zürich**
Tel. 00 41 1 3 33 33 33 33

Post · Telekommunikation

Post

Der weitaus größte Teil der Briefe und Karten ins Ausland wird per Luftpost befördert; nach Mitteleuropa können Ansichtskarten oder Briefe dennoch bis zu einer Woche unterwegs sein.

◀ Postgebühren

Das Porto für Postkarten und Standardbriefe bis 20 g innerhalb Europas (auch Nicht-EU-Länder) beträgt 0,64 Euro. Auslandspost gehört in die Briefkästen mit der Aufschrift »extranjero« (Ausland).

Briefmarken ▶ Briefmarken bekommt man sowohl in Postämtern als auch in den bis spät in die Abendstunden geöffneten Tabakgeschäften, die man an einem Schild mit einem stilisierten gelben Tabaksblatt und einem »T« erkennt. Im Übrigen verkaufen diese Geschäfte auch **Busfahrkarten und Telefonkarten**. Souvenir- und Postkartenläden verkaufen keine Briefmarken.

Öffnungszeiten ▶ Die Postämter (Correos) sind Mo. bis Fr. 9.00–14.00 Uhr und Sa. 9.00–13.00 Uhr geöffnet.

VORWAHLNUMMERN

▶ **Nach Spanien**
Tel. 0034

▶ **Von Spanien**
nach Deutschland: Tel. 0049
nach Österreich: Tel. 0043
in die Schweiz: Tel. 0041

Bei Anrufen von Spanien in diese Länder entfällt die 0 der jeweiligen Ortskennzahl.

TELEFONAUSKUNFT

▶ **national und international**
Tel. 003

Telefonieren Viele öffentliche Telefonzellen funktionieren sowohl mit Münzen als auch mit Telefonkarten. Die Bedienungsanweisungen sind in mehreren Sprachen angeschlagen.

Die staatliche Gesellschaft **Telefónica** unterhält in größeren Städten und in den Urlaubszentren spezielle Telefonzentralen, gekennzeichnet mit einem stilisierten grünen »T«, wo man bequemer als von den öffentlichen Münzfernsprechern aus telefonieren kann.

In privaten so genannten »locutorios« zu telefonieren oder von Münzfernsprechern in Bars, ist meist teurer. Um das Dreifache teuerer als von öffentlichen Fernsprechern können Telefonate aus dem Hotel oder dem Ferienapartment sein.

Telefonkarten ▶ Telefonkarten (Tarjetas Telefónicas) kann man in den Geschäftsstellen der Telefongesellschaft »Telefónica« oder in Tabakgeschäften erwerben. Zunehmend verbreitet sind Kreditkartentelefone.

Handy ▶ Wird ein Handy benutzt, das nicht in Spanien registriert ist, muss vor der Rufnummer die Ländervorwahl 00 34 eingegeben werden.

Preise · Vergünstigungen

Museen Studenten und Senioren erhalten gegen Vorlage entsprechender Ausweise in vielen staatlichen Museen freien Eintritt oder zumindest eine Ermäßigung der Eintrittsgebühr.

Bahnreisen Kinder unter 4 Jahren haben freie Fahrt in spanischen Zügen. Vier- bis Zwölfjährige zahlen nur 60% des normalen Fahrpreises.

WAS KOSTET WIE VIEL?

Einfache Mahlzeit
ab 8 €

3-Gänge-Menü
ab 15 €

Doppelzimmer
ab 50 €

100 km Busfahrt
ab 8 €

Tasse Kaffee
ab 1,00 €

0,2 l Bier
ab 1,20 €

1 l Benzin
ca. 1,37 €

Reisezeit

Sommer

Der Sommer ist die beste Reisezeit für das nahe dem Atlantik gelegene nördliche und nordwestliche Spanien. In der übrigen Zeit kann es hier zu reichlichen Niederschlägen kommen. Auch die Badeorte an der Südostküste Spaniens und die Gebirgssommerfrischen der Pyrenäen, der Sierra de Guadarrama und der Sierra Nevada werden im Sommer, dessen Hitze am Meer durch Seewinde gemildert wird, stark besucht und sind während der Schulferien (Juli/August) meist voll besetzt. Im Binnenland wird es in den Monaten Juli und August fast unerträglich heiß.

Herbst

Im Innern der Iberischen Halbinsel ist der Herbst in der Regel wetterbeständig, doch erscheinen weite Landstriche nach der glühenden Sommerhitze wie ausgedörrt.

Winter

Dezember, Januar und Februar kommen vor allem für den Wintersport sowie für einen Kuraufenthalt an der Süd- und der Südostküste Spaniens in Betracht. An den Mittelmeerküsten hat sich im Laufe der letzten Jahre der winterliche Langzeiturlaub etabliert.

Einzelne Regionen

Mittelmeer- und südwestliche Atlantikküste

Mit bis zu 3000 Sonnenstunden im Jahr (Cádiz) gehören der Golf von Cádiz und die spanische Ostküste zum Besten, was das Mittelmeer zu bieten hat. Von Juni bis September klettert das Thermometer regelmäßig auf 27–32 °C, manchmal über 40 °C. An der Küste wird die Tageshitze ab dem späten Vormittag durch den einsetzenden Seewind gelindert.

Meseta und Ebro-Becken Auf der nördlichen, dem Atlantik zugewandten Seite der zentralspanischen Hochebene, der Meseta, sind die Sommertage mit 23–27 °C mäßig warm, im Süden und im Ebro-Becken mit mittleren Höchst-

Spanien *Regionaltypische Klimastationen*

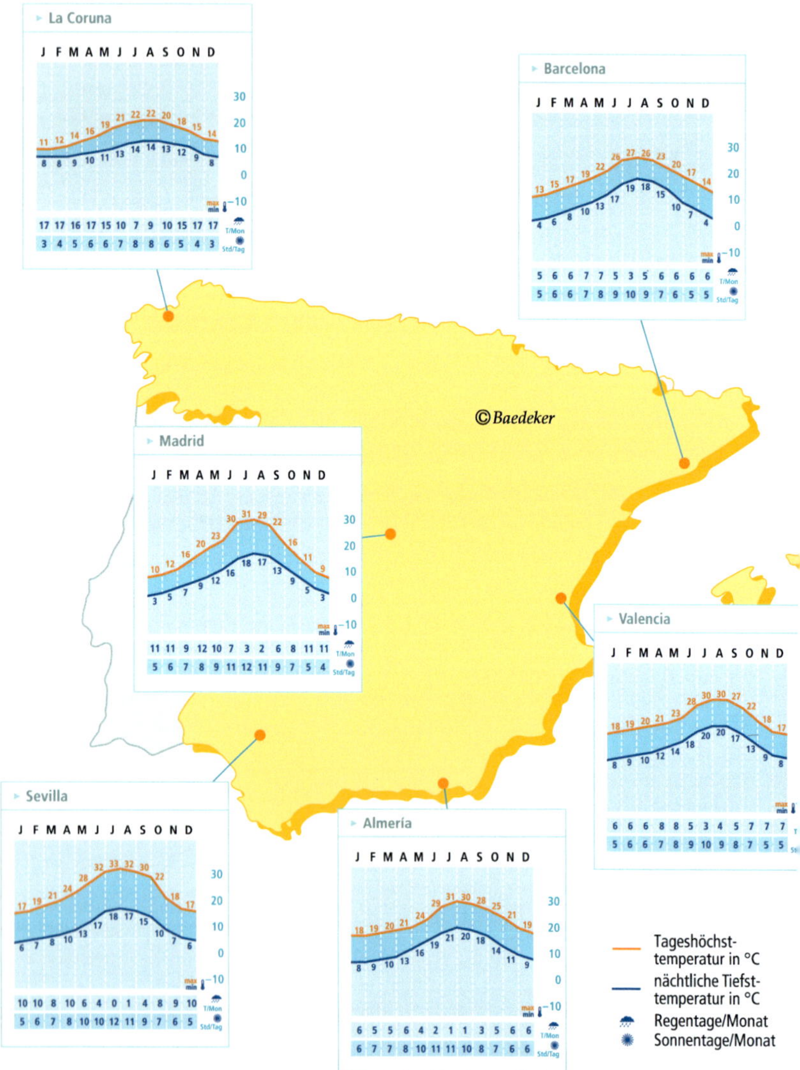

werten von 28–35 °C (Sevilla) dagegen sehr warm bis heiß. Während einzelner Hitzewellen kann das Thermometer überall auf 40 °C klettern. **Spaniens »Hotspot«** ist das Tal des Guadalquivir mit Extremwerten bis nahe 50 °C im Juli/August (absolute Maxima für Córdoba 46 °C, für Sevilla 49 °C). Hitze und hohe Luftfeuchtigkeit treiben die Wärmebelastung auf Werte, die sonst nirgendwo in Europa erreicht werden. Im Winter wird es auf der Meseta und im Ebro-Becken empfindlich kalt mit leichten bis mäßigen Nachtfrösten.

! *Baedeker* TIPP

Beste Reisezeit

Die besten Reisezeiten für Spanien sind Frühjahr und Herbst, etwa von Mitte März bis Anfang Juni sowie von Anfang September bis Anfang November (in Nordspanien evtl. bis Anfang Oktober).

Nördliche Atlantikküste

Der mäßigende Einfluss des Atlantiks bringt den nördlichen Küsten äußerst milde Winter und mäßig warme Sommer, in denen es auch immer wieder mal regnet. Charakteristisch für die Nordküsten ist der sehr beständige West- bis Nordwestwind, der besonders im Winter Sturmstärke erreichen kann. Die frische Atlantikluft sorgt für gemäßigte Sommertemperaturen von durchschnittlich 20–24 °C am Tag und 13–16 °C in der Nacht.

Shopping

Souvenirs

Außer den üblichen Souvenirs bietet das spanische Kunsthandwerk, das eine lange Tradition hat, manch schönes Mitbringsel.

Antiquitäten- und Flohmärkte

Unbedingt lohnend ist ein Gang über die malerischen Antiquitäten- und Flohmärkte (Rastros bzw. Rastrillos) sowie durch die **Markthallen** (Mercados) in nahezu jedem größeren Ort .

Kleine Holzwerkstatt in Salamanca

In Murcia werden wunderschöne Artikel aus **Espartogras** hergestellt.

Insbesondere in den kunstgewerblichen Werkstätten von Valencia entstehen die traditionellen spanischen **Holzmöbel**; Kastilien und León haben einen eigenen Stil entwickelt. Dazu gibt es allerlei Gebrauchsgegenstände aus Holz.

Keramik (Geschirr, Wandteller, Vasen u.v.a.) gibt es nahezu im gan-

Kräuterladen im Barri Gòtic von Barcelona

zen Lande zu kaufen. Beinahe jede spanische Region hat ihre eigene Schule: Aus Talavera de la Reina in der Provinz Toledo kommen eher traditionelle Formen (u. a. Kacheln), während die **Keramikschule von Sargadelos** in Galicien zu den wichtigsten Keramikzentren Spaniens zählt, welches um Werke im avantgardistischen Stil bemüht ist. Berühmt für ihren Metallglanz sind die glasierten Keramikgefäße aus der Schule von Manises in Valencia.

Kunstschmiedearbeiten

Kunstschmiedearbeiten findet man in Kastilien, ferner in Sevilla und Logroño, Damaszenerarbeiten in Toledo (Blankwaffen) und Eibar; in Albacete floriert die Kleineisenindustrie (Messer und Dolche).

Kupferarbeiten

Sehr schön gearbeitete Kupferkrüge kommen vor allem aus Guadalupe und Granada.

Lederwaren

Gute moderne Lederarbeiten (Schuhe, Kleidung, Accessoires) gibt es in Andalusien und Katalonien, solche traditioneller Art in Córdoba (»Korduanleder«).

CDs, Bildbände Poster

Schöne Souvenirs sind CDs mit spanischer Volksmusik und Bildbände über Spanien. Eine wahre Fundgrube für antiquarische Bücher, Poster und Postkarten ist der **Mercado San Antonio in Barcelona**.

Schmuck

Schmuck aus der »Escola Massana« in Barcelona genießt internationalen Ruhm. Als Materialien des anspruchsvollen und nicht ganz billigen Modeschmucks dienen u. a. Kunststoff, Kupfer, Stahl, mattiertes Silber und Gold. Berühmt sind auch Goldeinlegearbeiten aus Toledo.

Spitzen Stickereien

Die Herstellung feiner Klöppelspitzen hat in Camariñas (Galicien) eine lange Tradition. Beliebt sind die Mantillas genannten großen Kopftücher aus Granada sowie die reich bestickten seidenen Schultertücher (Mantones de Manila) aus Sevilla.

Süßigkeiten

Mitbringsel mit einer sicherlich sehr kurzen Halbwertszeit sind leckere Süßigkeiten, zum Beispiel das Schmalzgebäck »ensaimadas«, kandierte Früchte, »turrón« aus Alacant / Alicante, Karamellen aus Iruñea / Pamplona und Logroño oder Schokoladentrüffel aus Gasteiz / Vitoria.

Teppiche

Handgewobene Teppiche in schönen Farben kommen insbesondere aus Cáceres, Granada und Murcia.

Weine, Spirituosen

Von guter Qualität sind Weine und Spirituosen, von denen sowohl die spanischen Sorten als auch die im Lande hergestellten Produkte internationaler Marken recht preiswert sind.

Sprache

Die spanische Sprache ist die Muttersprache von über 220 Mio. Menschen und damit die wichtigste lebende romanische Sprache und nach Englisch die bedeutendste Handelssprache der Erde.
Englisch wird längst nicht von allen Spaniern gesprochen. Auch Deutsch wird nicht überall in Spanien gesprochen, nur in den großen Touristenzentren.

Aussprache

c vor »e«, »i« stimmloser Lispellaut, stärker als engl. »th«, Bsp.: gracias
ch stimmloses deutsches »tsch« wie in »tschüs«
g vor »e«, »i« wie deutsches »ch« in »Bach«
gue, gui/que, qui das »u« ist immer stumm, wie deutsches »g«/»k«
j immer wie deutsches »ch« in »Bach«
ll, y wie deutsches »j« zw. Vokalen, Bsp.: Mallorca
ñ wie »gn« in »Champagner«

Kurzgrammatik

Es gibt zwei Artikel im Spanischen: Der männliche Artikel lautet el (pl. los), der weibliche la (pl. las). Das Neutrum »lo« wird nur in bestimmten Verbindungen gebraucht, z. B. lo bueno, lo malo, lo mejor = das Gute, das Schlechte, das Beste.
Die Deklination geschieht mit Benutzung der Präposition »de« für den Genitiv und »a« für den Dativ, die im Singular des Maskulinums mit den Artikeln zu »del« und »al« zusammengezogen werden.
Der Akkusativ wird bei Personen durch die Präposition »a« eingeleitet, z. B. Veo a Juan. = Ich sehe Juan.

EN CATALÀ

An Silvester 1997 lehnten sich viele Katalanen entspannt zurück. Speziell für Ältere war dieser Tag etwas ganz Besonderes: Das Parlament in Barcelona verabschiedete ein Gesetz zum Gebrauch der katalanischen Sprache.

Viele ältere Katalanen erinnern sich noch gut daran, dass der 1975 verstorbene Diktator Franco Català verboten hatte – kein Schulunterricht, keine Medien, keine Bücher auf katalanisch. In der Schule wurde nur Spanisch gelernt, die traurige Konsequenz: Nicht wenige haben noch heute Probleme, korrekt katalanisch zu schreiben.

Erwachendes Selbstbewusstsein

Das katalanische Selbstbewusstsein entwickelte sich nach Francos Tod zunächst recht zögerlich. Die alten **Straßenschilder** wurden erst nach und nach abmontiert, die ursprünglichen Namen wieder vergeben, zunächst auf spanisch, später auch auf Catalanà. Heute gibt es in ganz Katalonien nur noch katalanische Schilder, sehr selten zweisprachig (katalanisch/spanisch).
Am 31.12.1997 ging man mit der Verabschiedung des Sprachgesetzes noch einen Schritt weiter. Das regionale Fernsehen und die privaten Radiostationen müssen nun 50 Prozent ihres Programmes in katalanisch senden. **Behördenangestellter** kann nur noch werden, wer Català beherrscht, denn jeder Bürger hat das Recht, auf einer Behörde in katalanisch bedient zu werden. Erstmals können auch Strafen verhängt werden, wenn die katalanische Sprache in bestimmten Bereichen nicht angewendet wird.

Ausgrenzung?

All das klingt zwar nach regionaler Muskelspielerei, hat aber auch einen gewichtigen Nachteil. Katalonien gilt als eine der vier wirtschaftlich stärksten Regionen Europas, sehr viele südspanische **Zuwanderer** fanden hier Arbeit. Sie fühlen sich nun ausgegrenzt, sofern sie nicht katalanisch lernen. Ob dieses Gesetz die Bereitschaft dazu erhöht, darf bezweifelt werden. Prompt wurden Fälle bekannt, dass jemand einen Job wegen fehlender Sprachkenntnisse nicht bekam. Die Katalanen ficht das aber nicht an, dazu grenzen sie sich zu gerne vom fernen Madrid ab. Im dortigen Senat stellten sie Anfang 2011 – allerdings vergeblich – sogar den Antrag, dass Debatten u.a. ins Katalanische übersetzt werden.

SPRACHFÜHRER SPANISCH

Auf einen Blick

Ja/Nein	Sí/No
Vielleicht	Quizás/Tal vez
In Ordnung! Einverstanden!	¡De acuerdo! ¡Está bien!
Bitte/Danke	Por favor/Gracias
Vielen Dank!	Muchas gracias.
Gern geschehen.	No hay de qué./De nada.
Entschuldigung!	¡Perdón!
Wie bitte?	¿Cómo dice/dices?
Ich verstehe Sie/dich nicht.	No le/la/te entiendo.
Ich spreche nur wenig …	Hablo sólo un poco de …
Können Sie mir bitte helfen?	¿Puede usted ayudarme, por favor?
Ich möchte …	Quiero …/Quisiera …
Das gefällt mir (nicht).	(No) me gusta.
Haben Sie …?	¿Tiene usted …?
Wie viel kostet es?	¿Cuánto cuesta?
Wie viel Uhr ist es?	¿Qué hora es?

Kennenlernen

Guten Morgen!	¡Buenos días!
Guten Tag!	¡Buenos días!/¡Buenos tardes!
Guten Abend!	¡Buenos tardes!/¡Buenos noches!
Hallo! Grüß dich!	¡Hola! ¿Qué tal?
Ich heiße …	Me llamo …
Wie ist Ihr Name, bitte?	¿Cómo se llama usted, por favor?
Wie geht es Ihnen/dir?	¿Qué tal está usted?/¿Qué tal?
Gut, danke. Und Ihnen/dir?	Bien, gracias. ¿Y usted/tú?
Auf Wiedersehen!	¡Hasta la vista!/¡Adiós!
Tschüss!	¡Adiós!/¡Hasta luego!
Bis bald!	¡Hasta pronto!
Bis morgen!	¡Hasta mañana!

Unterwegs

links/rechts	a la izquierda/a la derecha
geradeaus	todo seguido/derecho
nah/weit	cerca/lejos
Wie weit ist das?	¿A qué distancia está?
Ich möchte … mieten	Quisiera alquilar …
… ein Auto.	… un coche.
… ein Boot.	… una barca/un bote/un barco.
Bitte, wo ist …?	Perdón, ¿dónde está …

... der Bahnhof	... la estación (de trenes)?
... der Busbahnhof	... la estación de autobuses/la terminal?
... die U-Bahn	... el metro?
... der Flughafen	... el aeropuerto?

Panne/Unfall

Ich habe eine Panne.	Tengo una avería.
Würden Sie mir bitte einen Abschleppwagen schicken?	¿Pueden ustedes enviarme un cochegrúa, por favor?
Gibt es hier in der Nähe eine Werkstatt?	¿Hay algún taller por aquí cerca?
Hilfe!	¡Ayuda!, ¡Socorro!
Achtung!	¡Atención!
Vorsicht!	¡Cuidado!
Rufen Sie bitte schnell ...	Llame enseguida ...
... einen Krankenwagen.	... una ambulancia.
... die Polizei.	... a la policía.
... die Feuerwehr.	... a los bomberos.
Haben Sie Verbandszeug?	¿Tiene usted botiquín de urgencia?
Es war meine (Ihre) Schuld.	Ha sido por mi (su) culpa.
Geben Sie mir bitte Ihren Namen und Ihre Anschrift.	¿Puede usted darme su nombre y dirección?

Tankstelle

Wo ist bitte die nächste Tankstelle?	¿Dónde está la estación de servicio/ la gasolinera más cercana, por favor?
Ich möchte 20 Liter ...	Quisiera veinte litros de ...
... Normalbenzin.	... gasolina normal.
... Super./ ...Diesel.	... súper./ ... diesel.
... bleifrei./ ...verbleit.	... sin plomo./ ... con plomo.
Voll tanken, bitte.	Lleno, por favor.

Essen

Wo gibt es hier in der Nähe ...	¿Dónde hay por aquí cerca ...
... ein gutes Restaurant?	... un buen restaurante?
... ein nicht zu teures/nettes Restaurant?	... un restaurante no demasiado caro/acogedora?
Reservieren Sie uns bitte für heute Abend einen Tisch für 4 Personen	¿Puede reservarnos para esta noche una mesa para cuatro personas?
Auf Ihr Wohl!	¡Salud!
Bezahlen, bitte!	¡La cuenta, por favor!
Hat es geschmeckt?	¿Le/Les ha gustado la comida?
Das Essen war ausgezeichnet.	La comida estaba écelente.

Einkaufen

Wo finde ich …	Por favor, ¿dónde hay …
… einen Markt?	…un mercado?
… eine Apotheke?	… una farmacia?
… ein Einkaufszentrum?	… un centro comercial?
… eine Bäckerei?	… una panadería?
… eine Metzgerei?	… una carnicería?

Übernachtung

Können Sie mir bitte ein Hotel empfehlen?	¿Podría usted recomendarme un hotel?
… eine Pension?	… una pensión?
Ich habe ein Zimmer reserviert.	He reservado una habitación.
Haben Sie …	¿Tienen ustedes …?
… ein Einzelzimmer?	… una habitación individual?
… ein Zweibettzimmer?	… una habitación doble?
… mit Dusche/Bad?	… con ducha/baño?
… für eine Nacht?	… para una noche?
… für eine Woche?	… para una semana?
Was kostet das Zimmer	¿Cuánto cuesta la habitación con
… mit Frühstück?	… desayuno?
… Halbpension?	… media pensión?

Arzt

Können Sie mir einen guten Arzt empfehlen?	¿Puede usted indicarme un buen médico?
Ich habe …	Tengo …
… Durchfall.	… diarrea.
… Fieber.	… fiebre.
… Kopfschmerzen.	… dolor de cabeza.
… Zahnschmerzen.	… dolor de muelas.
… Halsschmerzen.	… dolor de garganta.

Bank

Wo ist hier bitte …	Por favor, ¿dónde hay por aquí …?
… eine Bank?	… un banco?
… eine Wechselstube?	… una oficina/casa de cambio?
Ich möchte Schweizer Franken in Euro wechseln.	Quisiera cambiar francos suizos en euros.

Post

Was kostet …	¿Cuánto cuesta …
… ein Brief/… eine Postkarte	… una carta/… una postal
… nach Deutschland?	… para Alemania?
Briefmarken	sellos
Telefonkarten	tarjetas para el teléfono

Restaurante/Restaurant

desayuno	Frühstück
almuerzo	Mittagessen
cena	Abendessen
camarero	Kellner
cubierto	Gedeck, Besteck
cucharita	Teelöffel
cuchillo/tenedor/cuchara	Messer/Gabel/Löffel
lista de comida	Speisekarte
plato	Teller
sacacorchos	Korkenzieher
taza/vaso	Tasse/Glas

Tapas

albóndigas	Fleischbällchen
boquerones en vinagre	Sardellen in Essig-Knoblauchmarinade
calamar	Kalamar
caracoles	Schnecken
chipirones	kleine Tintenfische
chorizo	Paprikawurst
ensaladilla russa	russischer Salat
jamón serrano	getrockneter Schinken
morcilla	Blutwurst
pulpo	Tintenfisch
tortilla	Kartoffelomelette

Entremeses/Vorspeisen

aceitunas	Oliven
anchoas	Sardellen
ensalada	Salat
jamón	Schinken
mantequilla	Butter
pan	Brot
panecillo	Brötchen
sardinas	Sardinen

Sopas/Suppen

caldo	Fleischbrühe
gazpacho	kalte Gemüsesuppe
puchero canario	Eintopf
sopa de pescado	Fischsuppe
sopa de verduras	Gemüsesuppe

Platos de huevos/Eierspeisen

huevo	Ei
duro	hartgekocht
pasado por agua	weichgekocht
huevos a la flamenca	Eier mit Bohnen
huevos fritos	Spiegeleier
huevos revueltos	Rühreier
tortilla	Omelette

Pescado/Fisch

ahumado	geräuchert
a la plancha	auf heißer Eisenplatte gebraten
asado	gebraten
cocido	gekocht
frito	gebacken
anguila	Aal
atún	Tunfisch
bacalao	Stockfisch
besugo	Brasse
lenguado	Seezunge
merluza	Seehecht
salmón	Lachs
trucha	Forelle
almeja	Flussmuschel
bogavante	Hummer
calamar	Kalamar
camarón	Garnele
cangrejo	Krebs
gamba	Garnele
langosta	Languste
ostras	Austern

Carne/Fleisch

buey	Rind, Ochse
carnero	Hammel

cerdo/cochinillo, lechón	Schwein/Spanferkel
chuleta	Kotelett
conejo	Kaninchen
cordero	Lamm
ternera/vaca	Kalb/Rind
asado	Braten
bistec	Beefsteak
carne ahumada	Rauchfleisch
carne estofada	Schmorbraten
carne salada	Pökelfleisch
fiambre	Aufschnitt
jamón/tocino	Schinken/Speck
lomo	Lenden- oder Rückenstück
salchichón	Hartwurst
pato/pollo	Ente/Huhn

Verduras/Gemüse

aceitunas	Oliven
cebollas	Zwiebeln
col de Bruselas	Rosenkohl
coliflor	Blumenkohl
espárragos	Spargel
espinacas	Spinat
garbanzos	Kichererbsen
guisantes	Erbsen
habas, judías	Bohnen
lechuga	Kopfsalat
patatas	Kartoffeln
patatas fritas	Pommes frites
pepinos	Gurken
tomates	Tomaten
zanahorias	Karotten

Condimentos/Gewürze

vinagre/aceite	Essig/Öl
ajo/mostaza	Knoblauch/Senf
azafrán	Safran
pimienta/sal/salado	Pfeffer/Salz/gesalzen

Postres/Nachspeisen

bollo	süßes Brötchen
dulces	Süßigkeiten

flan	Pudding
helado	Eis
miel/mermelada	Honig/Marmelade
pastel/tarta	Kuchen/Torte
queso	Käse

Frutas/Obst

cerezas	Kirschen
chumbos	Kaktusfeigen
dátiles	Datteln
fresas	Erdbeeren
higos	Feigen
limón	Zitrone
mandarinas/naranjas	Mandarinen/Orangen
manzana/pera	Apfel/Birne
melocotón	Pfirsich
melones/sandías	Honigmelonen/Wassermelonen
membrillo	Quitte
nueces	Nüsse
piña	Ananas
plátano	Banane
uvas	Weintrauben

Spezielles

bocadillo	belegtes Brötchen
chorizo	rote Paprikawurst
churros	Brandteiggebäck
migas	geröstete Brotwürfel

Bebidas/Getränke

agua mineral con/sin gas	Mineralwasser mit/ohne Kohlensäure
aguardiente	Schnaps
amontillado	halbtrockener Sherry
anís	Anisschnaps
brandy	Weinbrand
caña	kleines Glas Bier
cerveza	Bier (Flaschenbier)
café con leche	Milchkaffee
café solo	Espresso
café cortado	mit wenig Milch
fino	trockener Sherry

leche	Milch
limonada	Limonade
la Manzanilla	Kamillentee
oloroso	süßer Sherry
té	Tee
vino	Wein
blanco/tinto	weiß/rot
rosado	rosé
trocken/süß	seco/dulce
zumo	Fruchtsaft

Zahlen

0	cero	19	diecinueve
1	un, uno, una	20	veinte
2	dos	21	veintiuno, -a
3	tres	22	veintidós
4	cuatro	30	treinta
5	cinco	40	cuarenta
6	seis	50	cincuenta
7	siete	60	sesenta
8	ocho	70	setenta
9	nueve	80	ochenta
10	diez	90	noventa
11	once	100	cien, ciento
12	doce	200	doscientos, -as
13	trece	1000	mil
14	catorce	2000	dos mil
15	quince	10 000	diez mil
16	dieciséis		
17	diecisiete	1/2	medio
18	dieciocho	1/4	un cuatro

Übernachten

Hotels und Paradores

Hoteles, Hostales, Pensiones

Neben Hotels (H) mit eigenem Restaurant unterscheidet man in Spanien folgende Beherbergungsbetriebe: Hoteles-Apartamentos (HA) verfügen über eine Kochgelegenheit auf den Zimmern, haben aber auch ein Restaurant oder ein Café; Hostales (HS) sind einfachere Hotels, oft ohne Restaurant; die meist kleineren Pensiones (P) bieten

Unterkunft und Verpflegung komplett; Paradores de Turismo (PT) sind Hotels der staatlichen Paradorkette; »Casas rurales« ähneln Pensionen oder Apartmenthotels, werden aber meist nur für mehrere Tage vermietet. An den Ladstraßen gewähren Moteles Unterkunft. Bezeichnungen wie Albergue, Fonda, Cortijo, Finca, Hospedería, Palacio oder Posada weisen auf bestimmte architektonische oder historische Eigenarten des Betriebs hin. Reklamationsbücher (Libros oder Hojas de Reclamación) müssen in jedem Hotel ausliegen.

Paradores

Paradestücke der spanischen Hotellerie sind die an touristisch wichtigen Punkten eingerichteten Paradores de Turismo, vorwiegend in historischen Gebäuden wie maurischen Palästen, mittelalterlichen Schlössern oder alten Klöstern (► Baedeker Special Guide). Diese Hotels sind geschmackvoll und komfortabel ausgestattet, haben hervorragend geschultes Personal und oft vorzügliche Restaurants, die Gerichte der entsprechenden Region servieren. Sie sind preislich meist etwas günstiger als »normale« Hotels der gleichen Kategorie und bieten oft mehr als diese. Wer einen Aufenthalt in einem Parador plant, sollte unbedingt rechtzeitig reservieren.

Kategorien

Die Beherbergungsbetriebe sind entsprechend ihrer Ausstattung mit Sternen gekennzeichnet: 1 Stern steht für Unterkünfte mit zumindest einem Waschbecken auf dem Zimmer, 2 Sterne für Zimmer mit Bad und Frühstück, 3 Sterne für Zimmer mit Telefon und Fernseher, 4 Sterne für Komfort und 5 Sterne für Luxus. Die höchste Kategorie trägt 5 Sterne mit dem Zusatz GL (Gran Lujo).

»Turismo Rural«

Der »Turismo Rural« genannte ländliche oder **Agrotourismus** ist eine oft preiswerte Urlaubsalternative für diejenigen, die abseits von den meist am Meer gelegenen Touristenhochburgen Ruhe und Erholung suchen und dabei Land und Leute kennen lernen wollen. Im Küstenhinterland und in Zentralspanien, Regionen, die bislang weniger vom Tourismus profitierten, wurden mit staatlicher Hilfe unbewohnte Häuser und Fincas renoviert und ausgebaut. Die so entstandenen **hochwertigen Unterkünfte**, darunter Herrenhäuser in Galicien, Cortijos (Reiterhöfe) oder Höhlenwohnungen in Andalusien, werden als »Casas Rurales« vermietet. Ein breites Angebot an Möglichkeiten, sich sportlich zu betätigen, vor allem organisierte oder individuelle (Berg-)Wanderungen, steht im Vordergrund des »Turismo Rural«.

Camping und Caravaning

Etwa 1200 Campinggelände mit einer Gesamtkapazität von über 650 000 Stellplätzen stehen in Spanien zur Verfügung. Mehr als zwei Drittel der Plätze befinden sich an den Küsten. Für einen Aufenthalt während der Hauptsaison ist eine Voranmeldung ratsam.

◄ Campingführer

Die Federación Española gibt den viersprachigen Campingführer »Guía de Campings y Bungalows de España« heraus, den man an Tankstellen und in Buchhandlungen bekommt oder bei der unten genannten Adresse bestellen kann.

Wildes Campen ► Wildes Campen ist generell verboten, doch ist meist ein einmaliges Übernachten auf Park- oder Rastplätzen erlaubt; es ist aber ratsam, sich vorher zu erkundigen, ob nicht dennoch ein örtliches oder regionales Verbot besteht. Mitgebrachte **Gasflaschen** zu füllen, ist in Spanien nicht erlaubt. Campingurlauber sollten daher ihre Ausrüstung auf spanische Anschlüsse umrüsten lassen. Die geeigneten Anschlussventile (regulador) sind im Handel, bei Installateuren und in manchen Tankstellen erhältlich.

i Preiskategorien

- Luxus: ab 150 €
- Komfortabel: 80–150 €
- Günstig: bis 80 €

Doppelzimmer pro Nacht ohne Frühstück

Hotels und Pensionen ►Reiseziele von A bis Z

Jugendherbergen gibt es in den meisten mittleren und größeren Orten Spaniens. Sie stehen grundsätzlich allen Reisenden offen, bevorzugt aufgenommen werden aber Personen unter 26 Jahren und Mitglieder einer nationalen Jugendherbergsorganisation, die dem Internationalen Jugendherbergsverband angeschlossen ist.
Die spanischen Jugendherbergen sind im Allgemeinen von 7.00 bis 22.30 Uhr (Winter) bzw. 23.30 Uhr (Sommer) geöffnet.

WICHTIGE ADRESSEN ÜBERNACHTEN

PARADORES

► **Ibero Tours**
Immermannstraße 23
D-40210 Düsseldorf
Tel. (0211) 8 64 15 20
www.paradores.de
ihr@ibero.com

► **Sierramar**
Travelhouse MTCH AG
Am Central
Neumühlequai 6
CH-8001 Zürich
Tel. (044) 224 20 20
www.sierramar.ch/paradores

► **Paradores de Turismo**
Calle Requena, 3
E-28013 Madrid
Tel. 902 54 79 79
Fax 902 52 54 32
info@parador.es
www.parador.es

AGROTOURISMUS

► **Asociación Española de Turismo Rural – Asetur**
C. Angustias, 4–2º
47003 Valladolid
Tel. 902 19 79 72
www.ecoturismorural.com

► **Andalusien**
Red Andaluza de Alojamientos Rurales (RAAR)
Apartado de Correos 2035
04080 Almería
Tel. 902 44 22 33
www.raar.es

► **Aragonien**
Aragón Turismo Rural (Faratur)
Plaza Cristo Rey, s/n
44140 Cantavieja – Teruel
Tel. 964 18 52 50
www.ecoturismoaragon.com

▶ **Asturien**
Servicio de Información Turistica de Asturias (Infoasturias)
Plaza España, 5, 33007 Oviedo
Tel. 902 30 02 02
www.infoasturias.com

▶ **Baskenland**
Nekazalturismoa Elkartea – Agroturismo y Casas Rurales de Euskadi
Edificio Kursaal
Avda. Zurriola 1, local 5
20002 Donostia/San Sebastián
Tel. 902 13 00 31
www.nekatur.net

▶ **Extremadura**
FEXTUR (Federación Extremena de Turismo Rural)
Plaza Mayor, 8,
10163 Aldea del Cano
Tel 666 43 14 20
www.fextur.org

▶ **Galicien**
Central de Reservas de Alojamientos de Turismo Rural Turgalicia
A. Barcia, s/n
15896 Santiago de Compostela
Tel. 902 20 04 32
www.turgalicia.es

▶ **Kantabrien**
Asociación de Turismo Rural de Cantabria
Calle San Celedonio, 49
39080 Santander
Tel. 942 21 70 00
www.turismoruralcantabria.com

▶ **Kastilien-Léon**
ACALTUR Federación Asociaciones Castellano Leonesas
Calle Angustias, 4
47003 Valladolid
Tel: 983 39 20 82
www.ecoturismocastillayleon.com

▶ **Kastilien-La Mancha**
FECAMTUR
Calle Dionisio Guardiola, 16
02003 Albacete
Tel. 967 51 0566
www.fecamtur.es

▶ **Katalonien**
Rurismo – Turisverd en Barcelona – Cataluña
Plaça Sant Josep Oriol, 4
08002 Barcelona
Tel. 934 12 69 84
www.rurismo.com

! *Baedeker* TIPP

Rusticae
In ganz Spanien gehören über 100 Häuser einer Hotelkette mit dem Namen »Rusticae« an. Diese charmanten Unterkünfte abseits vom Massentourismus finden sich eher in ländlichen Regionen und haben einen besonders familiären Charakter. Weitere Informationen: Rusticae, Tel. 918 59 56 65, www.rusticae.es

▶ **Madrid**
TurMedia Turismo
San Romualdo, 26
28037 Madrid
Tel. 917 54 26 47
www.sierranorte.com

▶ **Navarra**
Federación de Asociaciones y Organizaciones Turísticas de Navarra
Calle Juan de Labrit, 27 bajo
31001 Pamplona
Tel 902 19 64 62
www.turismoruralnavarra.com

▶ **Valencia**
Asociación de Empresarios Turísticos del Macizo del Caroig

TURCAROIG
Casa de la Cultura
Plaza Manuel Tolsá, s/n
46810 Enguera (Valencia)
Tel. 962 22 48 16
www.turcaroig.com

CAMPING

- **Federación Española de Empresarios de Camping y Parques de Vacaciones (FEEC)**
  Calle Valderribas, 48, Esc 3
  28007 Madrid
  Tel. 914 48 12 34
  www.fedcamping.com

JUGENDHERBERGEN

- **Red Española de Albergues Juveniles**
  Calle José Ortega y Gasset, 71
  28006 Madrid
  Tel. 915 22 70 07
  www.reaj.com

- **Deutsches Jugendherbergswerk**
  Bismarckstr. 8
  32756 Detmold
  Tel. (0 52 31) 74 01 - 0
  www.djh.de

Urlaub aktiv

Zuschauersport

Fußball Der mit Abstand beliebteste Zuschauersport ist der Fußball, erst recht, seit die spanische Nationalmannschaft 2008 Europameister und 2010 auch Weltmeister geworden ist. Der **F.C. Barcelona** und die »Königlichen« von **Real Madrid** gehören schon seit Jahrzehnten zu den erfolgreichsten Teams des europäischen Fußballs – allein ihre Stadien Nou Camp bzw. Santiago Bernabéu sind einen Besuch wert. Hautnah erlebt man Fußball im engen Stadion von Atlético Bilbao, ein Club, in dem nur Basken spielen dürfen. Gesellt man zu diesen drei noch Deportivo La Coruña, F. C. Sevilla, Atlético Madrid und F. C. Valencia, hat man die spanischen Spitzenteams beisammen.

Formel 1 Autorennen Silberpfeile, Ferraris etc. drehen alljährlich ihre Runden auf dem Circuit de Catalunya bei **Barcelona** (GP von Spanien) sowie auf dem Rundkurs um den Hafen von **Valencia** (GP von Europa).

Aktivsport

Angeln und Fischen Um in Spanien dem Angelsport bzw. der Sportfischerei nachgehen zu können, muss man einen Angelschein besitzen. Gegen Vorlage des Personalausweises oder Reisepasses und eine Gebühr von 7,50 Euro erhält man die **»Licencia de Pesca en Ríos, Lagos y Pantenos«**, mit der ein Jahr lang in Flüssen, Seen und Stauseen geangelt werden darf. Die »Licencia de Embarcasión« und die »Licencia de Buceo«, die Genehmigung zum Hochseeangeln (Mindestalter 14 Jahre) bzw. zum Harpunieren (Mindestalter 16 Jahre) wird ebenfalls gegen Vorlage des Personalausweises und eine Gebühr von etwa 10 Euro für die Dauer von zwei Jahren erteilt.

Golf

Rund 200 Golfplätze sind über das ganze Land verteilt, und es kommen immer mehr Greens hinzu. Insbesondere die Umgebung von Madrid und die Regionen Valencia und Andalusien haben sich zu einem wahren Golfparadies entwickelt. Fast alle Golfclubs gehören dem spanischen Golfverband an. Wer auf deren Plätzen spielen möchte, braucht eine **Genehmigung des Verbandes**, die in der Regel jedem interessierten Golfspieler erteilt wird.

◄ Golfhotels

Von den Fremdenverkehrsbüros kann die Broschüre **»Guía de Hoteles con oferta de Golf«** angefordert werden, in der so genannte Golfhotels in den Regionen Andalusien, Asturien, Katalonien, Murcia und Valencia vorgestellt werden.

Reiterferien

Möglichkeiten zum Reiten finden sich in Spanien – gegen eine geringe Besuchergebühr oder einen ebenfalls geringen Monatsbeitrag – in den Reiterclubs; dabei spielt es keine Rolle, ob man Anfänger ist oder mühelos im gestreckten Galopp am Strand entlangreiten kann. Überall in Spanien gibt es den eigenen Fähigkeiten entsprechende geeignete, gut ausgebildete, trittsichere Pferde. Von Vorteil ist allerdings der Besitz einer **Lizenz des spanischen Sportreiterverbandes**, die speziell für Touristen ausgegeben wird.
Viele Reiseveranstalter bieten spezielle Reiterferien in ihren Programmen an, und insbesondere in Andalusien und der Extremadura können Pferdenarren ihren Urlaub auf typischen herrschaftlichen »Cortijos» (Reiterhöfen) verbringen. Auskünfte erteilen die Reservierungszentralen der »Casas Rurales« (►Übernachten).

Der exklusive Golfplatz in Sotogrande ist einer der besten Europas.

Tennis ist eine der populärsten Sportarten in Spanien, die in allen Regionen des Landes ausgeübt wird. In nahezu allen größeren Fremdenverkehrsorten bzw. -zentren gibt es Clubs, deren Plätze jedem Tennisfan zur Verfügung stehen. Darüber hinaus bieten viele Hotels Tennisferien in großzügigen Anlagen mit zahlreichen Plätzen an.

Nach der Schweiz ist Spanien das gebirgigste Land Europas. Vornehmlich das Pyrenäengebiet und die Nationalparks, aber auch z. B. das Hinterland der Costa Blanca bieten Landschaften von großem Reiz, die auf ausgeschilderten Wegen erwandert werden wollen. Darüber hinaus bieten die Reservierungszentralen der »Casas Rurales« (► Übernachten) ausgearbeitete Wanderrouten sowie ein- und mehrtätige geführte Bergtouren an.

Wassersport Entlang der gesamten spanischen Küste gibt es rund 250 Hafenanlagen für Sportyachten, allerdings mit z. T. recht unterschiedlicher technischer Ausstattung. Außerdem gibt es eine ganze Anzahl von Charterunternehmen, die für kleine private Kreuzfahrten Yachten mit oder ohne Besatzung vermieten.

WICHTIGE ADRESSEN SPORT

ANGELN

► **Federación Española de Pesce**
Calle Navas de Tolosa, 3
28013 Madrid
Tel. 915 32 83 53
www.fepyc.es

BERGSTEIGEN

► **Federación Española de Deportes de Montana y Escalada**
Floridablance, 84
08015 Barcelona
Tel. 934 26 42 67
www.fedme.es

GOLF

► **Real Federación Española de Golf**
Calle Capitán Haya, 9
28020 Madrid
Tel. 915 55 26 82
www.golfspainfederacion.com

MOTORBOOTFAHREN

► **Federación Española de Motonautica**
Avda. de América, 33
28002 Madrid
Tel. 914 15 37 69
www.rfem.org

REITEN

► **Real Federación Hipica Española**
Calle Menosca, 3
28009 Madrid
Tel. 915 77 77 25
www.rfhe.com

SEGELN

► **Federación Española de Vela**
Calle Luis de Salazar, 12
28002 Madrid
Tel. 915 19 50 08
www.rfev.info

SKIFAHREN

► **Asociación Turística de Estaciones de Esquí y Montaña de España (ATUDEM)**
Calle Padre Damián, 43
28036 Madrid
Tel. 913 59 15 57
www.esquiespana.org

TAUCHEN

► **Federación de Actividades Subacuáticas**
Santaló, 15
08021 Barcelona
Tel. 932 00 67 69
www.fedas.es

TENNIS

► **Real Federación Española de Tenis**
Avda. Diagonal, 618,
08021 Barcelona
Tel. 932 00 53 55
www.rfet.es

Gipfelstürmer: Bergwanderer in den Picos de Europa

Zu den besten Segelrevieren Spaniens zählen die Bucht von Cádiz und die Küste Kataloniens. Zum Führen eines Segel- oder Motorbootes muss man die erforderliche Lizenz besitzen. ◄ Segeln

Windsurfschulen und Geräteverleih findet man in zahlreichen Touristenregionen. Das Mekka aller Windsurfenthusiasten ist das Meer vor dem **andalusischen Tarifa**, dem südlichsten Ort Europas. Anfängern seien eher die Küstenstriche der Costa Brava, das Mar Menor in der Provinz Murcia oder die Bucht von Cádiz empfohlen. ◄ Surfen

Tauchen

Wer die Meeresfauna und -flora erforschen will, benötigt eine **Tauchgenehmigung**, die man bei der örtlichen Marinekommandantur beantragen muss. Zahlreiche Tauchschulen bieten Kurse für Anfänger und Fortgeschrittene an und kümmern sich auch um die Tauchgenehmigung für ihre Gäste. In vielen Tauchschulen besteht zudem die Möglichkeit, einen qualifizierten Tauchschein zu machen.

Wintersport

Im sonnigen Spanien gibt es sechs Wintersportgebiete, deren Saison in der Regel von November bis Mai dauert: katalonische und aragonische Pyrenäen, kantabrisches Gebirge, iberisches Randgebirge, kastilisches Scheidegebirge und die Sierra Nevada. In höchsten Lagen wie in der Sierra Nevada ist auch im Sommer Skilaufen möglich. Über die einzelnen Regionen und die Skigebiete dort kann man sich am besten bei www.esquiespana.org informieren. In den meisten Wintersportzentren gibt es **Skischulen**, die dem spanischen Wintersportverband angeschlossen sind.

Verkehr

Eisenbahn

Das Eisenbahnnetz in Spanien ist nicht so engmaschig wie in Mitteleuropa, doch sind alle größeren Städte per Bahn erreichbar.

RENFE ▸ Die meisten Strecken werden von dem staatlichen Unternehmen RENFE bedient. **AVE-Hochgeschwindigkeitszüge** verkehren auf den Strecken Barcelona – Madrid, Barcelona – Valencia, Madrid – Valladolid, Madrid – Huesca, Madrid – Sevilla, Madrid – Valencia und Madrid – Málaga. Für die Hochsaison sollte man rechtzeitig **Plätze reservieren** (Stehplätze gibt es nicht!). **Autoreisezüge** fahren von Madrid aus nach A Coruña/La Coruña, Bilbo/Bilbao, Donostia/San Sebastián, Barcelona, Valencia, Alacant/Alicante, Málaga, Algeciras und Cádiz.

! *Baedeker* TIPP

Touristenticket

Ausländischen Touristen bietet die spanische Eisenbahngesellschaft RENFE ein Touristenticket (tarjeta turística) an. Mit diesem kann das ganze RENFE-Netz befahren werden. Dieses Ticket gibt es für 8, 15 oder 22 Tage.

Sonderzüge für Touristen

Al-Andalus Expreso ▸ Wer Teile des Landes vom luxuriös ausgestatteten Zug kennen lernen will, hat zwei Möglichkeiten: Von Sevilla über Jerez de la Frontera, Málaga und Granada nach Córdoba fährt der Al-Andalus Expreso, ein **Luxuszug für Nostalgiker**. Von den mit kunstvollen Spiegeln, edlen Holzvertäfelungen und kostbaren Stoffen ausgestatteten Waggons kann man die Schönheit Andalusiens genießen. Im Fahrpreis enthalten sind Stadtbesichtigungen und Mahlzeiten in den erwähnten Städten sowie die Teilnahme an Folkloredarbietungen. Abendessen und Übernachtung erfolgen im Zug. Reisen mit diesem Luxuszug können in guten Reisebüros gebucht werden.

El Transcantábrico ▸ Das nördliche Pendant zum Al-Andalus trägt den Namen El Transcantábrico und fährt zwischen Juni und Oktober auf der Strecke El Ferrol–San Sebastián durch Nordspanien; dem Zug folgt ein Bus für Ausflüge bzw. ausgedehntere Rundfahrten. Der **luxuriöse Schmalspurhotelzug** befördert maximal 50 Fahrgäste.

Tren de Fresa ▸ Freunde nostalgischer Bahnfahrten werden auch an einer Fahrt mit dem Tren de Fresa Gefallen finden. Zwischen Mai und Oktober fährt der »Erdbeerzug« – Waggons von 1914, gezogen von einer Lokomotive aus dem Madrider Eisenbahnmuseum – von Madrid aus (Puerta de Atocha) dreimal täglich nach Aranjuez.

Busverkehr

Ein dichtes Netz von Buslinien verbindet alle großen und viele kleinere Städte Spaniens untereinander. In aller Regel gibt es in jeder Stadt einen Busbahnhof (Estación de Autobuses), wo man Fahrkarten erwerben und den Fahrplan studieren kann. Mit dem Bus zu reisen ist preisgünstiger als eine Fahrt mit der Bahn, allerdings sind v. a. an Wochenenden die Busse oft überfüllt. Einige Spanischkenntnisse erleichtern das Fortkommen auf jeden Fall.

INFORMATIONEN VERKEHR

INLANDFLÜGE

▸ **Air Europe**
Tel. 902 40 15 01
www.air-europe-com

▸ **Clickair**
Tel. 807 11 71 17
wwwclickair.com

▸ **Iberia**
Tel. 902 40 05 00
www.iberia.com

▸ **Spanair**
Tel. 902 13 14 15
www.spanair.es

▸ **Vueling**
Tel. 902 33 39 33
www.vueling.com

BAHNVERKEHR

▸ **RENFE**
Tel. 902 24 02 02
www.renfe.es

▸ **FEVE**
Tel. 944 25 06 15
www.feve.es
Diese Schmalspureisenbahn verkehrt im Norden Spaniens. Die Hauptstrecke führt von Santiago de Compostela über Bilbao nach León.

AUTOVERMIETER

▸ **Reservierungen in Spanien**
Reservierungsbüros der internationalen Autovermieter findet man in allen größeren Orten, insbesondere in Flughäfen und Bahnhöfen.

▸ **Reservierungen in Deutschland**
Alamo
Tel. (0 18 05) 46 25 26
www.alamo.de

Avis
Tel. (0 18 05) 21 77 02
www.avis.de

Europcar
Tel. (0 18 05) 80 00
www.europcar.de

Hertz
Tel. (0 18 05) 33 35 35
www.hertz.de

Sixt
Tel. (0 18 05) 25 25 25
www.e-sixt.de

PANNENHILFE

▸ **Real Automóvil Club de España (R.A.C.E.)**
José Abascal, 10
28003 Madrid
Informationen: Tel. 902 40 45 45
Pannenhilfe: Tel. 902 30 05 05
www.race.es

▸ **ADAC**
Barcelona: Tel. 935 08 28 28
Madrid: Tel. 915 93 00 41

▸ **ÖAMTC**
Barcelona: Tel. 935 08 28 25
Madrid: Tel. 915 93 00 41

▸ **TCS**
Tel. 902 30 05 05

▸ **Zentralruf der deutschen Autoversicherer**
Tel. + 49 0 18 02 50 26

▸ **Ambulanz, Notarzt, Feuerwehr, Polizei**
Tel. 112

Straßenverkehr

Straßen Die Autobahnen (Autopistas) sind **gebührenpflichtig**; die autobahnähnlichen Schnellstraßen (Autovías) können jedoch kostenlos befahren werden.

Nationalstraßen ▶ Die nummerierten Nationalstraßen (Carreteras Nacionales; N-...), die etwa den deutschen Bundesstraßen entsprechen, sind vielfach vierspurig ausgebaut, ansonsten sind an Steigungen meist Kriechspuren für Lkw eingerichtet.

Landstraßen ▶ Die ebenfalls nummerierten Landstraßen (Carreteras autonomas; A... bzw. Kürzel der Provinz) sind, soweit es sich um wichtigere Verbindungen handelt, in der Regel in gutem Zustand. Auf nicht nummerierte Nebenstraßen können Autofahrer jedoch mitunter böse Überraschungen erleben.

Innenstadtverkehr Wenn nicht unbedingt nötig, sollte man Fahrten in die Innenstädte vermeiden, insbesondere in Altstadtkerne hinein, wo es oft so eng zugeht, dass auch mit Wagen der unteren Mittelklasse kaum ein Durchkommen ist. Die **Einbahnstraßenregelung** tut ein Übriges, um Fahrten in Innenstädte länger als gedacht werden zu lassen.

Parken ▶ In den meisten Städten ist das Parken auf blau gekennzeichneten Plätzen gebührenpflichtig, an gelb bezeichneten Stellen verboten. Die Bezahlung erfolgt bei Parkwächtern oder am Parkscheinautomaten. Der Parkschein muss im Auto sichtbar ausgelegt werden.

Fußgänger ▶ In den am Abend sehr belebten Städten teilen sich die Fußgänger meist die engen Straßen mit den Autos. Rote Ampeln und Zebrastreifen werden oft missachtet, deshalb ist beim Überqueren der Straße Vorsicht geboten.

Zweiradfahrer ▶ Höchste Aufmerksamkeit sollte man den zahlreichen Zweiradfahrern – ob Mofa, Moped oder Motorrad – widmen, die in wildem Fahrstil mit atemberaubender Geschwindigkeit und großer Lautstärke die Straßen, vor allem in den Städten, bevölkern.

Verkehrsregeln **Vorfahrt** hat grundsätzlich das von rechts kommende Fahrzeug, auch bei Nebenstraßen in Städten (Ausnahmen sind ausgeschildert); Kreisverkehr allerdings hat Vorfahrt vor dem sich eingliedernden Verkehr (Ausnahmen sind auch hier ausgeschildert).

Abbiegen ▶ Beim Linksabbiegen außerhalb der Ortschaften gibt es auf größeren Straßen eigene Fahrspuren, die zunächst nach rechts ausweichen und dann die Hauptstraße kreuzen.

Überholen ▶ Sowohl beim Aus- als auch beim Einscheren muss der Blinker gesetzt werden. Überholen vor Kuppen und auf Straßen, die nicht auf mindestens 200 m übersehbar sind, ist verboten.

Licht ▶ Auf gut beleuchteten Straßen (außer auf Schnellstraßen oder Autobahnen) darf nur mit Standlicht gefahren werden. Vorsicht vor unbeleuchteten Fahrzeugen! **Ersatzglühbirnen** müssen mitgeführt werden.

Reservekanister ▶ Einen Reservekanister mitzuführen, ist erlaubt. Es dürfen jedoch nur maximal 10 Liter Kraftstoff mitgeführt werden.

i Höchstgeschwindigkeiten

- innerhalb von Ortschaften: 50 km/h
- außerhalb: 90 km/h
- Schnellstraßen: 100 km/h
- Autobahnen: 110 km/h
- Pkw mit Wohnanhängern:
  außerhalb von Ortschaften: 70 km/h
  auf Autobahnen: 90 km/h

◂ Sicherheitsgurte

Das Anlegen der Sicherheitsgurte – sowohl auf den Vorder- als auch auf den Rücksitzen – ist Pflicht.

◂ Promillegrenze

Die Höchstgrenze für den Blutalkoholgehalt liegt bei **0,5 Promille**, für Fahranfänger (weniger als 2 Jahre Fahrpraxis) bei 0,3 Promille. Bei Verstößen drohen hohe Geldstrafen.

◂ Autotelefon

Nur bei Verwendung einer Freisprecheinrichtung erlaubt; andernfalls sind drakonische Bußgelder fällig.

Panne

Bei einer Panne oder einem Unfall muss das Fahrzeug mit zwei Warndreiecken nach vorn und hinten gesichert werden, außerdem muß man eine reflektierende Schutzweste anziehen. Wer nur mit einem Warndreieck angetroffen wird, muss mit einem Bußgeld von bis zu 100 Euro rechnen. Entlang der Autobahnen stehen in regelmäßigen Abständen Notrufsäulen. Abschleppen durch Privatfahrzeuge ist verboten!

◂ Abschleppverbot

Taxi

Die meisten Taxis sind mit Taxametern ausgestattet, allerdings gelten für längere Strecken festgesetzte Tarife. Um Unstimmigkeiten zu vermeiden, sollte man sich vorher nach dem Fahrpreis erkundigen. Die jeweils gültigen **offiziellen Preislisten** können auch in den Tourismusbüros eingesehen werden. Wartezeiten, Gepäck- und Haustierbeförderung werden extra berechnet.

Mietwagen

Für ein Fahrzeug in der unteren Klasse zahlt man bei internationalen Autovermietern je nach Länge der Mietdauer ab 30 Euro pro Tag. Die Mietverträge werden in der Regel mit unbegrenzter Kilometerzahl abgeschlossen. Diese Preise werden von zahlreichen kleineren Leihwagenfirmen vor Ort oft erheblich unterboten.

Zeit

Von Ende Oktober bis März gilt die Mitteleuropäische Zeit (MEZ), im Sommerhalbjahr (Ende März bis Ende Oktober) die Sommerzeit (MEZ + 1 Std.).

Touren

FAST ALLE WEGE FÜHREN ZWAR ÜBER MADRID, DIESE TOUREN BRINGEN SIE ABER IN GANZ UNTERSCHIEDLICHE ECKEN DES LANDES: EINE IN DEN NORDWESTEN INS »GRÜNE SPANIEN«, EINE ANDERE NACH OSTEN AM MEER ENTLANG, DIE DRITTE DURCH DIE KARGE EXTREMADURA ...

TOUREN DURCH SPANIEN

Ganz Spanien kann man kaum abfahren, es sei denn man hat viel Zeit. Umso wichtiger ist es, seine Route vorher zu planen, je nach Interessenlage: Burgen, Schlösser und Kirchen oder eher Badespaß und Wassersport.

TOUR 1 **Durch das Baskenland**
Durch mondäne Badeorte und das bekannteste Weinanbaugebiet Spaniens, die Rioja Alta, führt die erste Tour auch in die Stierkampfstadt Pamplona. Über Barcelona geht es weiter an die Costa Brava. ► **Seite 148**

TOUR 2 **Durch das »grüne Spanien«**
»Es grünt so grün ...« – auf dieser Tour bewahrheitet sich das berühmte Lied, denn Galizien und Asturien sind die fruchtbarsten Regionen Spaniens. ► **Seite 150**

Bummel an der Concha von San Sebastián, der Königin der Seebäder an der Biscaya

TOUR 3 **Der Osten**

Madrid, Zaragoza, Valencia – drei Städte mit langer kultureller Tradition und entsprechenden Festen, säumen die Tour durch den Osten des Landes. Dazwischen fährt man durch die fruchtbare Huerta und an der Costa del Azahar entlang. ▸ **Seite 152**

TOUR 4 **Rund um Madrid**

Als klein, aber fein könnte man die Tour rund um die Hauptstadt beschreiben, denn nicht weit von Madrid entfernt liegen einige der bedeutendsten Orte des Landes, z. B. Toledo, Ávila, Segovia und El Escorial. ▸ **Seite 154**

TOUR 5 **In die Extremadura**

Auf den Spuren der großen Entdecker wandelt man auf dieser Tour durch die karge Landschaft der Extremadura. Nicht von ungefähr kamen die meisten Eroberer Spaniens von hier, wo das Leben einst härter war als andernorts in Spanien. ▸ **Seite 155**

TOUR 6 **Andalusien**

Wem es der typisch andalusische Flair und die südländische Lebensart angetan haben, der sollte ganz in den Süden des Landes, zumal Andalusien auch mit bedeutenden Baudenkmälern aufwarten kann. ▸ **Seite 156**

Unterwegs in Spanien

Baden! Wer von Urlaub in Spanien spricht, meint damit in aller Regel Badeferien. Und dafür ist das Königreich ja auch bestens geeignet: Die 3144 km Küste Festlandspaniens bieten ausreichend Gelegenheit, um sich im Waser zu tummeln. Den Löwenanteil daran hat das **Mittelmeer**, an dessen Gestade es auch die meisten zieht. Schon knapp hinter der französischen Grenze laden die ersten, noch etwas rauen und nicht ganz so leicht zugänglichen Strände der Costa Brava zum Bade und spätestens bei Tossa de Mar beginnt Spaniens Urlaubsmaschine, die bis zum andalusischen Estepona auf Hochtouren läuft. Wer hier Urlaub macht, muss wissen, worauf er sich einlässt: Hotelhochhaus reiht sich an Bungalowsiedlung an Apartmentanlage, »Spanien« findet hier kaum statt. Andererseits: Die Pauschalangebote sind sehr günstig, die Infrastruktur ist perfekt, Ausflüge ins Hinterland sind nicht verboten und zwischendurch gibt es durchaus noch ruhigere Ecken, etwa am Cabo de Gata östlich von Almería.

Grundsätzlich etwas ruhiger ist im Vergleich zum Mittelmeer Spaniens **Atlantikküste** von Gibraltar bis zur portugiesischen Grenze. Hier sind die Strände ewig lang, aber Achtung: Hier weht, besonders im Abschnitt südlich der Guadalquivirmündung, oft ein rauer Wind, zum Unmut der Badenden und immer zur Freude der Surfer, die in Tarifa ihre europäische Hochburg haben.

Zum Schluss die **Biscaya**. Auch hier gibt es Strände, vor allem in Kantabrien und Asturien, und weil das Wasser hier etwas kühler bleibt, bleiben die Spanier auch überwiegend unter sich. Sie wissen zu schätzen, dass das »grüne« Spanien so ganz anders ist als der Rest des Landes.

Natur Womit schon das Thema Natur angesprochen ist. Immer zahlreicher werden die Angebote für **Wander- und Kletterferien** in Spanien, immer besser die Infrastruktur, z. B. Markierungen betreffend. Das gilt vor allem auch für den Norden, eben jenes »grüne« Spanien, und hier insbesondere für die sehr gut erschlossenen Picos de Europa und Teile der Pyrenäen. Und natürlich ist da noch der Jakobsweg. Ihn abzuwandern ist für viele die Erfüllung eines Traums, weshalb jährlich Zehntausende ihn auch in Angriff nehmen – wer es ebenfalls vorhat, sollte die Übernachtungen gut planen, weil die Herbergen oft voll sind, und sich auf nicht wenige Wanderkameraden unterwegs einstellen. Im Süden des Landes bietet u. a. der Nationalpark Sierra de Cazorla wunderbare Naturerlebnisse.

Kultur Kulturreisen nach Spanien – wo soll man beginnen? Zunächst hilft ein Blick in die Flugpläne: Von Deutschland aus werden u. a. Madrid, Barcelona, Bilbao und Sevilla direkt angeflogen, ideale Ziele für **Städtereisen** – Madrid mit dem Prado ein Hort der Künste und mit tollem Nachtleben, Barcelona eine der europäischen Trendstädte

schlechthin, Bilbao mit dem großartigen Guggenheim-Museum und Sevilla als die Seele Andalusiens. Wer mehr Zeit hat: Von Barcelona aus kann man auf den Spuren Salvador Dalís nach Figueres wandeln und die romanischen Kirchen der Pyrenäentäler erkunden; rund um Madrid liegen herrliche Städte wie Àvila, Segovia und Toledo. Überhaupt ist Zentralspanien fast ein Geheimtipp: eine Landschaft voller Melancholie, mit wunderbaren Städten (außer den erwähnten z. B. noch Salamanca, Valladolid, Ciudad Real oder Cuenca) und Dörfern, wo man nur darauf zu warten scheint, dass Don Quijote und Sancho Pansa um die Ecke reiten.
Nahezu obligatorisch ist eine Andalusienrundreise, wo das maurische Erbe etwa in Córdoba und Granada so lebendig ist wie nirgends sonst im Land und wo für viele Spanien schlechthin liegt, denn hier sind Flamenco und Sherry zu Hause. Schließlich noch einmal der Jakobsweg: Die älteste Pilgerstrecke Europas ist im wahrsten Sinne des Wortes auch Kulturmeile, reihen sich doch an ihr großartige Kathedralenstädte wie Burgos und León auf, dazu Kleinodien wie Astorga und Lugo und schließlich der großartige Höhepunkt: Santiago de Compostela.

Festliches Spanien

Ein weiterer Grund, Spanien zu besuchen, sind seine Feste. Es vergeht kaum ein Tag, an dem nicht irgendwo im Land gefeiert wird. Manche der Feste kann man fast nur noch als »Mega-Events« bezeichnen, denn sie ziehen nicht nur Einheimische in Massen an, sondern auch genügend ausländische Besucher. Dazu zählen die Fiesta von Pamplona mit der berühmt-berüchtigten Stierhatz, die Romería del Rocío in Andalusien und die Feria de Abril in Sevilla. Im ganzen Land begeht man mit großer, für Außenstehende schwer fassbarer, aber sehr nahe gehender Inbrunst die Osterwoche (Semana Santa).

Malerisch: Tossa de Mar an der Costa Brava

Fortbewegung Aus dem Vorgeschlagenen ergibt sich die Antwort auf die Frage nach dem Fortbewgungsmittel fast von selbst: Wer pauschalen Badeurlaub macht, bucht das feste Hotel selbstverständlich mit und braucht für Ausflüge ab und an einen Mietwagen. Wer das Land erkunden will, kommt schwerlich um das Auto herum, denn Bus fahren ist Zeit raubend und ohne einigermaßen gute Spanischkenntnisse auch nicht zu empfehlen; das Bahnnetz ist nicht sehr eng und manche Bahnhöfe, besonders kleinere, können durchaus einige Kilometer außerhalb des angepeilten Zielorts liegen. Zwei Ausnahmen allerdings gibt es: Wer Bahnfahren liebt, dazu Kultur und etwas Luxus, sollte eine Fahrt mit den Touristenzügen »Transcantábrico« oder »Al Andalus« ins Auge fassen (►S. 138).

Tour 1 Durch das Baskenland

Länge: ca. 900 km **Dauer:** mind. 1 Woche

Zwei Meere und ein Gebirge dazwischen versprechen bei einer Fahrt durch das Baskenland, die Pyrenäen bis zur Costa Brava Abwechslung und Spannung. Eben noch im mondänen Badeort schwelgend, wird man beim Stierkampf in Pamplona auf den harten Boden der Realität zurückgeholt, um sich dann erneut in verträumten Fischerdörfern an der Costa Brava bezaubern zu lassen.

Logroño, Hauptstadt der Provinz Rioja, ist als Weinanbaugebiet weltbekannt. Einst war das Städtchen am Ebro eine Station auf dem Weg der Jakobspilger.

Fiesta! Am 6. Juli beginnt Punkt 12.00 Uhr vor dem Rathaus der wilde Auftakt zu den umstrittenen Stierkämpfen.

Man reist von der französischen Atlantikküste über Hendaye/Irún nach Spanien ein. Schon kurz nach der Grenze erreicht man auf der Autobahn A-8 ❶ ✶✶ **Donostia** (San Sebastián), das mondäne Seebad an der baskischen Küste. Autobahn oder – beschwerlicher, aber deutlich schöner – Küstenstraße führen dann nach ❷ ✶ **Bilbo** (Bilbao), das seit der Eröffnung des Museo Guggenheim zu einem Muss auf jedem Reiseplan geworden ist. Von Bilbo geht es auf der N-240 nach Süden in die Hauptstadt der Provinz Álava, ❸ **Gasteiz** (Vitoria), und von dort auf N-102 und N-124 nach Haro, dem Hauptort des berühmten Weinbaugebiets der Rioja Alta, das die besten Roten hervorbringt. Dem Ebro folgend, erreicht man ❹ **Logroño**.

Man wendet sich nun auf der N-111 über ❺ ✶ **Lizarra** (Estella) nach ❻ ✶ **Iruñea** (Pamplona), die von Hemingway in der Weltliteratur verewigte Stadt, berühmt für ihre Fiesta de San Fermín, bei der Kampfstiere durch die Straßen getrieben werden. Am Südfuß der Pyrenäen entlang geht es nun auf der N-240 in die Sierra de la Peña nach ❼ **Jaca**, das sich sehr gut als Ausgangspunkt für Fahrten hinauf in die Pyrenäen eignet. Nach Jaca geht die Fahrt auf der N-330 über ❽ **Huesca** und von dort wieder auf der N-240 nach ❾ **Lleida**, von wo sich wiederum schöne Ausflüge ins Gebirge, etwa nach ❿ **La Seu d'Urgell** (Seo de Urgel) und weiter nach ⓫ **Andorra** (160 km) unternehmen lassen. So kann man seine Spanienreise auch schon beenden, indem man über Andorra nach Frankreich ausreist.

Unter den mächtigen roten Felsblöcken der Mallos de Riglos duckt sich das Dorf Riglos bei Huesca.

Figueres ist die Heimat des Surrealisten Salvador Dalí. Hier befindet sich auch das Teatre-Museo Dalí, in dem viele skurrile Werke des Künstlers zu sehen sind.

Wer in Spanien bleibt, kann von Lleida auf der N-II Richtung Costa Brava weiterfahren; dabei kommt man am Kloster ⑫ ** **Montserrat** vorbei, dem heiligen Berg der Katalanen, und schließlich in die katalanische Metropole ⑬ ** **Barcelona**. Von hier lernt man auf der Küstenstraße nach Norden die Schönheiten der Costa Brava und ihre Verrücktheiten wie das Dalí-Museum in ⑭ * **Figueres** kennen; bei Port Bou verlässt man dann Spanien wieder.

Tour 2 Durch das »grüne Spanien«

Länge: ca. 2500 km **Dauer:** 3 Wochen

Bei der längsten der vorgeschlagenen Touren schnuppert man viel gesunde Meeresluft, sieht aber auch die schönsten Städte Kastiliens. Die fruchtbaren Landschaften, die man dabei durchmisst, machen die Fahrt zu einem Genuss.

Das Ziel der Pilgerfahrt: die Statue des hl. Jakobus in der Kathedrale von Santiago de Compostela

Ausgangspunkt dieser großen Rundfahrt durch den Nordwesten Spaniens ist die Hauptstadt ① ** **Madrid**. Man verlässt diese auf der Autobahn N-VI, die nahe an einer der größten Sehenswürdigkeiten des Landes vorbeiführt, dem Klosterpalast ② ** **El Escorial**. Vom Escorial durchquert man auf der C-505 die Sierra de Guadarrama nach ③ ** **Ávila**, einer der ältesten Städte Spaniens und noch vollständig von einer mittelalterlichen Mauer umgeben. Weiter westlich liegt an der N-501 die herrliche Universitätsstadt ④ ** **Salamanca**. Hier wendet man sich auf der N-630 nach Norden, um über ⑤ * **Zamora** nach ⑥ ** **León** zu kommen, das eine der vollendetsten gotischen Kathedralen des Landes besitzt. Ab León bewegt man sich nun auf den Spuren des uralten Jakobswegs (N-120, dann N-VI) nach Westen. Über ⑦ * **Astorga** erreicht man das Bergwerksgebiet um ⑧ **Ponferrada**, hinter dem es hinauf in die Berge zum Puerta de Piedrafita geht, wo Galicien beginnt. Die Nationalstraße führt weiter ins alte, ebenfalls vollständig von einer noch römischen Mauer umgürtete ⑨ * **Lugo**, das man nach Süden wieder verlässt, um alsbald auf der N-547 nach Westen endgültig ins grüne Galicien einzutauchen. Auf dem letzten Stück des Jakobswegs kommt man schließlich in ⑩ ** **Santiago de Compostela** an, dem Begräbnisort des Apostels Jakob und berühmtes Pilgerziel mit seiner überwältigenden Kathedrale.

Von Santiago de Compostela kann man eine Rundfahrt (ca. 290 km) nach Süden in die unteren Rías Gallegas (Rías Bajas/Untere Rías) machen. Man kommt dabei über Pontevedra nach 11 **Vigo**, von wo man ins Landesinnere nach 12 **Ourense** (Orense) und von dort wieder zurück nach Santiago de Compostela fährt.

Die Rundfahrt setzt sich von Saniago Richtung Norden fort. Wer Zeit hat, tut dies auf den Küstenstraßen an den herrlichen Oberen Rías (Rías Altas) entlang, wer nicht, fährt von Santiago de Compostela auf der N-550 in die Hafenstadt 13 ✶ **A Coruña** (La Coruña) an der äußersten Nordwestspitze

Oviedo war bis ins 10. Jh. Hauptstadt des Königreichs Asturien. Aus dieser Zeit stammt die Kapelle San Miguel, deren gedrungene Bauglieder kunstvolle Reliefs schmücken.

Die Kathedrale von Segovia vor den Bergen der Sierra de Guadarrama

Typisch A Coruña: verglaste Häuserfronten am Hafen

der Iberischen Halbinsel. Von dort geht es wieder nach Osten auf der A-6 nach Betanzos und dann weiter auf N-651 / C-642 / N-642 an die galicische Nordküste bis Foz. Dort trifft man auf die N-634, auf der man die Costa Verde begleitet. Nicht auslassen sollte man 14 * **Oviedo** wegen der westgotischen Kirchen Santa María del Naranco und San Miguel de Lillo. Auch nach Oviedo bleibt man auf der N-634, die nördlich der Picos de Europa durch eine herrliche Landschaft an die malerische Küste Asturiens mit dem liebenswürdigen 16 * **Santillana del Mar** führt, wo ganz in der Nähe die Höhlen von 15 ** **Altamira** liegen. Noch vor Santander, der Hauptstadt Asturiens, zweigt die N-623 nach Süden ab und überquert das Kantabrische Gebirge nach 17 ** **Burgos** mit seiner einzigartigen Kathedrale. Dort wählt man die N-620 nach Südwesten und gelangt über 18 **Palencia** nach 19 * **Valladolid**, wo das Nationale Museum für Skulpturen unbedingt einen Halt wert ist. Schließlich fährt man auf der N-601 zurück nach Madrid, wobei man vorher noch einen Abstecher nach 20 ** **Segovia** machen kann.

Tour 3 Der Osten

Länge: ca. 1200 km **Dauer:** 10 – 14 Tage

Weite Strecken wird man bei dieser Tour begleitet vom feinen Duft der Orangenblüten entlang der Costa del Azahar. Mit Madrid, Zaragoza und Valencia hat aber auch diese Fahrt drei große Zentren von kulturpolitischer Bedeutung anzubieten.

Die N-II verlässt ❶ ✶✶ **Madrid** in nordöstlicher Richtung und berührt Alcalá de Henares, Guadalajara, ❷ ✶ **Sigüenza**, Medinaceli und ❸ **Calatayud**, um schließlich Aragońs Hauptstadt zu erreichen, das stolze ❹ ✶ **Zaragoza**. Von dort folgt man der N-232 Richtung Mittelmeer. Dabei kommt man über ❺ **Alcañiz** und Morella mit seiner mächtigen Burg. Hier wendet sich die Straße endgültig zum Meer, das man an der Costa del Azahar erreicht. Die N-340 führt an ihr entlang nach Süden zu deren Hauptort Castelló de la Plana. Danach geht es weiter über die karthagische Gründung ❻ ✶ **Sagunt** nach ❼ ✶ **Valencia** Spaniens drittgrößter Stadt. Danach geht es auf der N-340 zunächst nach Xátiva und von dort in die Mancha. Über ❽ **Albacete** und das wildromantische ❾ ✶ **Cuenca** kehrt man zurück nach Madrid.

Fischer bei der Arbeit im Hafen von Castellón an der Costa del Azahar

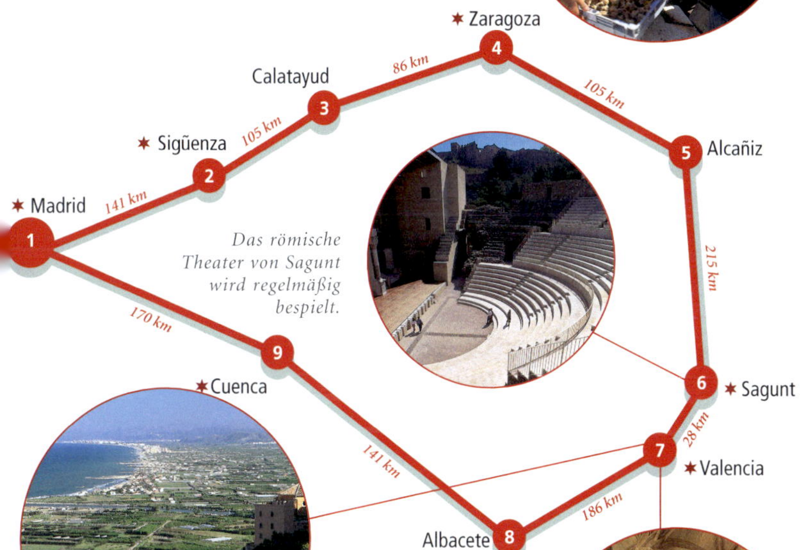

Das römische Theater von Sagunt wird regelmäßig bespielt.

Die Fruchtbarkeit der Landschaft in der Provinz Valencia ist dem Bewässerungssystem der Mauren zu verdanken.

Handelstempel mit Sternengewölbe: In Valencias Lonja de la Seda schlossen einst Seidenhändler Geschäfte ab.

Tour 4 Rund um Madrid

Länge: ca. 370 km **Dauer:** 1 Woche

Auf der iberischen Halbinsel Urlaub zu machen ohne das Meer zu sehen, mag bizarr klingen, ist aber durchaus vorstellbar. Beispielsweise bei einer Rundfahrt um die Hauptstadt herum, bei der man Kulturkenkmäler ersten Ranges (Toledo, Ávila, Segovia, El Escorial) kennen lernt.

In der engeren Umgebung von 1 ★★ **Madrid** lassen sich einige der bedeutendsten und schönsten Städte des Landes besuchen. Man verlässt die Hauptstadt auf der N-IV und fährt in das für seine Gärten berühmte 2 ★ **Aranjuez**. Dort wendet man sich am Río Tajo entlang zum einzigartig schönen 3 ★★ **Toledo**, der alten Hauptstadt Spaniens. Von Toledo überquert die N-403 die Sierra de Gredos nach 4 ★★ **Ávila**, von wo man einen Abstecher (hin und zurück 198 km) nach 5 ★★ **Salamanca** machen kann. Nur wenig mehr als 60 km nordöstlich von Ávila liegt das herrliche 6 ★★ **Segovia**, das man wieder nach Süden verlässt, um über 7 ★★ **El Escorial** nach Madrid zurückzukehren.

In Alba de Tormes nahe Salamanca wurde die hl. Teresa beigesetzt.

San Lorenzo de El Escorial war ein verschlafenes Nest – bis Philipp II. dort das gewaltige Klosterschloss errichten ließ.

Das römische Aquädukt in Segovia überspannt die Plaza del Azoguejo.

Tour 5 In die Extremadura

Länge: ca. 820 km **Dauer:** 10 – 14 Tage

Auf dieser Fahrt lernt man u. a. die typische karge Landschaft der Extremadura kennen, der die Menschen bis heute alles abringen müssen und der sie deshalb oft den Rücken kehren. Die meisten namhaften Konquistadoren stammen aus dieser Region.

Monumentale Erscheinung: der Südturm der Kathedrale von Plasencia

San Salvador, die Kathedrale von Ávila, wurde 1091 begonnen. Sie birgt u. a. ein Porträt des Malers El Greco.

Trujillo ist Heimat zahlreicher Konquistadoren, allen voran Francisco Pizarro, dessen Reiterstandbild die Plaza Mayor ziert.

Zunächst führt die Reise von ❶ ★★ **Madrid** auf der N-401 nach ❷ ★★ **Toledo**, berühmt durch seine atemberaubende Lage auf einer Granithöhe und durch seine Kathedrale. Dort wendet man sich auf der N-403 zunächst nach Nordwesten, um dann aber an der Kreuzung mit der N-V diese Route nach Südwesten zu wählen, auf der man nach Talavera de la Reina gelangt. Im weiteren Verlauf kommt man, vorbei an Béjar, nach ❸ ✶ **Trujillo**, der Geburtsstadt des Eroberers von Peru, Francisco Pizarro, und weiter nach ❹ ✶ **Mérida**, das die bedeutendsten römischen Ausgrabungen Spaniens besitzt. In ❺ **Badajoz** an der Grenze zu Portugal ist der äußerste Punkt der Route erreicht; hier schlägt man auf der EX-100 wieder die nördliche Richtung ein, um das mittelalterliche ❻ ✶✶ **Cáceres** anzusehen. Ab Cáceres wählt man die N-630 und später die N-110, auf der man über ❼ **Plasencia**, ❽ ✶✶ **Ávila** und ❾ ✶✶ **El Escorial** nach Madrid zurückkehrt.

Tour 6 Andalusien

Länge: ca. 850 km **Dauer:** 2 Wochen

Auf dieser Rundfahrt lernt man die ganze Pracht und das kulturelle Erbe Andalusiens kennen. Nebenbei kostet man südländische Lebensart und kann allen nur denkbaren Wassersportarten frönen.

Ausgangspunkt ist die touristische Drehscheibe des spanischen Südens, ❶ **Málaga**. Von hier geht es auf der N-340 über Nerja an der östlichen Costa del Sol entlang bis zur Abzweigung der N-323. Die Sierra Nevada zur Rechten folgt man ihr bis ❷ ✶✶ **Granada**, dank der Alhambra einer der Höhepunkte Andalusiens (rechtzeitig Karten für die Alhambra reservieren).
Nach diesem ersten Eintauchen in die Welt der Mauren fährt man auf der N-323 weiter nach Norden nach ❸ **Jaén**, das einen sehr guten Standort für Ausflüge in das Olivenland Ostandalusiens und in

Weniger bekannt als der Prado und doch hochkarätig: Sevillas Museo de Bellas Artes.

Entlang der Kaimauer von Cádiz erstreckt sich ein wundervoller Sandstrand – leider lässt die Wasserqualität zu wünschen übrig.

die Renaissancestädte ❹ ✶ **Baeza** und ❺ ✶ **Úbeda** abgibt. Die A-306 führt von Jaén nach ❻ ✶✶ **Córdoba**, wo mit der berühmten Mezquita das zweite großartige Zeugnis maurischer Kultur steht. Durch die heiße Ebene des Guadalquivir führt dann die N-IV über Écija und Carmona nach ❼ ✶✶ **Sevilla**, der Hauptstadt Andalusiens. Die Autobahn A-4 verlässt Sevilla nach Süden; auf ihr gelangt man in die Heimat des Sherry, nach ❽ ✶ **Jerez de la Frontera**. Nur wenig entfernt ist ❾ ✶ **Cádiz**, ab dem man am südlichen Teil der Costa de la Luz schließlich zum Felsen von ❿ ✶✶ **Gibraltar** kommt. Dahinter beginnt der westliche Teil der Costa del Sol mit ihren weltbekannten Badeorten. Von San Pedro de Alcántara ist es auf der A-376 nicht weit (hin und zurück 94 km) für einen Abstecher ins Landesinnere ins fantastisch gelegene ⓫ ✶✶ **Ronda**. Der Rückweg aber folgt der Küstenstraße über das mondäne ⓬ ✶ **Marbella** nach Málaga.

Alternativ zur Fahrt an der Küste kann man von Jerez auch landeinwärts auf der A-382 / A-372 nach Ronda fahren. Dabei lernt man einige der schönsten »Weißen Dörfer« Andalusiens wie Arcos de la Frontera und die wildromantische Sierra de Grazalema kennen. Von Ronda fährt man dann an die Costa del Sol.

Das steinerne Fohlen gab der Plaza del Potro seinen Namen.

Blick in die gute Stube von Baeza: Plaza del Pópulo

Man sollte rechtzeitig Karten reservieren, sonst könnte es mit einem Besuch der Alhambra problematisch werden.

Reiseziele von A bis Z

SO VIELFÄLTIG DIE NATUR DER EINZELNEN REGIONEN IST, SO UNTERSCHIEDLICH SIND DIE REISEZIELE. SHOPPEN IN DER GROSSSTADT, WANDERN ODER SKIFAHREN IN DEN BERGEN, AM STRAND FAULENZEN ODER KULTURDENKMÄLER BESICHTIGEN, IN SPANIEN IST ALLES MÖGLICH.

★ Alacant · Alicante

M 20

Provinz: Alicante (A)
Region: Valencia

Höhe: Meereshöhe
Einwohnerzahl: 334 500

Schon die Römer schätzten Alacant (kast. Alicante) und nannten es seiner Helligkeit wegen »Lucentum« (= Stadt des Lichts), was im maurischen »al-Lucant« weiterlebte. Zwar prägen Hotels und Hochhäuser das Stadtbild, doch das milde Klima, die gepflegten Grünanlagen, die breiten Avenidas und belebten Strandpromenaden machen den Aufenthalt zu einer sehr angenehmen Angelegenheit.

Touristischer Brennpunkt

Fast 3000 Sonnenstunden im Jahr, ein auch im Winter ausgesprochen angenehmes Klima, schöne Strände und eine interessante Umgebung haben Alacant schon früh zu einem touristischen Brennpunkt an der ►Costa Blanca werden lassen. Heute ist die Stadt – übrigens einer der am schnellsten wachsenden auf der Iberischen Halbinsel – auch wirtschaftlicher und administrativer Mittelpunkt dieses Küstenabschnitts.

Strände

Alacant liegt in einer malerischen Bucht der spanischen Südostküste am Fuß des vom Castillo de Santa Bárbara gekrönten Monte Benacantil. Ausgedehnte Strände in Stadtnähe, die Badevergnügen ver-

Vom Hafenkai hat man den besten Blick auf das vom Castillo de Santa Bárbara überragte Alacant.

Alacant Orientierung

Essen
① Darsena
② Biomenu

Übernachten
① Hotel Sidi San Juan
② Tryp Gran Sol

sprechen, sind die große Platja de Sant Joan im Nordosten und die Platja dels Arenals del Sol im Süden; zur **Isla de Tabarca** kann man in der Saison übersetzen.

Sehenswertes in Alacant

★ **Explanada de España**

Vom Mittelpunkt der Stadt, der Plaza de Calvo Sotelo, führt die Avenida del Dr. Gadea hinab zu dem durch große Molen geschützten geräumigen **Hafen**. Hier beginnt die fast 600 m lange, palmenbestandene und mosaikgeschmückte Explanada de España. Die beste Gelegenheit, das Licht Alacants und das Treiben auf der Promenade zu genießen, bietet natürlich ein Platz vor einer der Bars hier. Entlang der Mole, besonders aber vom Leuchtturm an ihrem östlichen Ende hat man immer wieder schöne Aussichten. Die bei der Plaza Puerta del Mar beginnende nordöstliche Fortsetzung der Explanada de España, die Avenida Juan Bautista Lafora, führt am gut besuchten Stadtstrand **Platja del Postiguet** vorbei.

Santa María

Im alten Viertel Santa Cruz wurde die Kirche Santa María von den Katholischen Königen errichtet. Heute ist sie reich im Barockstil ausgestattet.

★ ◄ Museo de la Asegurada

Neben der Kirche (Plaza Santa María 3) zeigt das Museum »La Asegurada« eine ausgezeichnete Sammlung von Kunstwerken des 20. Jh.s, darunter von Picasso, Miró, Chagall, Vasarely und Kandinsky.

Ayuntamiento Unweit südwestlich der Kirche liegt das zwischen 1696 und 1760 erbaute Rathaus, das zwei 35 m hohen Türme flankieren und das eine schöne churrigutereske Fassade besitzt. Im Gebäude sind der Salón Azul und eine Rokokokapelle sehenswert.

San Nicolás de Bari Nordwestlich des Rathauses erhebt sich die Kirche San Nicolás de Bari, im 17. Jh. erbaut und dem Schutzheiligen der Stadt geweiht. Sie besitzt einen eindrucksvollen Kreuzgang.

Mercado Central Es lohnt sich, den Weg zum Mercado Central an der Av. Alfonso X el Sabio einzuschlagen – alle Genüsse der spanischen Mittelmeerküste sind in der riesigen Art-Déco-Halle zu haben.

ALACANT ERLEBEN

AUSKUNFT

Tourist Info Alicante Centro
Calle Portugal, 17 bajo
03003 Alacant
Tel. 965 92 98 02
www.alicanteturismo.com

VERANSTALTUNGEN

Semana Santa
Karwoche mit zahlreichen Prozessionen, Passionsspielen, Konzerten etc.

La Pelegrina
Wallfahrt zum Schweißtuch der hl. Veronika, das sich im Klarissinnenkloster der nahen Ortschaft Santa Faz befindet (2. Do. nach Ostern)

Hogueras de San Juan
Johannisfeuer in den Nächten um die Sommersonnenwende, mit Umzügen, bei denen übermannsgroße Ninots durch die Straßen getragen und anschließend auf großen Scheiterhaufen verbrannt werden; spektakuläre Feuerwerk in der Johannisnacht.

ESSEN

► Fein & teuer

① ***Darsena***
Marina Deportiva
Muelle de Levante, 6
Tel. 965 20 75 89
Das derzeit beste Restaurant der Stadt bietet mediterrane Küche vom Feinsten.

► Erschwinglich

② ***Biomenu***
Calle Las Navas, 17
Tel. 965 21 31 44
Leckere vegetarische Gerichte und prima Salate in angenehmer Atmosphäre

ÜBERNACHTEN

► Luxus

① ***Hotel Sidi San Juan***
Calle La Doblada, 8
(Playa de San Juan)
Tel. 965 16 13 00
www.hotelessidi.es
Nobelhotel etwas abseits vom Zentrum am Strand; alle Zimmer mit Meerblick und Balkon; Restaurants, Beauty Farm, Pool, Golf, Tennis

► Komfortabel

② ***Tryp Gran Sol***
Rambla de Méndez Núñez, 3
Tel. 965 20 30 00
www.solmelia.com
Direkt am Hafen. Modern eingerichtete Zimmer und gutes Restaurant.

? WUSSTEN SIE SCHON ...?

- An der Treppe des Rathauses wird der »Nullpunkt« über Meereshöhe gemessen, auf den sich alle Höhenangaben Spaniens beziehen.

Für den Aufstieg zum Castillo de Santa Bárbara (209 m ü. d. M.) nimmt man am besten den vom Ostende der Av. Lafora abfahrenden Fahrstuhl (Ascensor). Von oben genießt man eine prächtige Aussicht auf die Stadt, die Küste, die Huerta und die Serra d'Aitana. Die Burg geht auf eine von Hamilkar Barkas angelegte karthagische Befestigung zurück. Im innersten Hof stellt das **Museo de Fogueres** Pappfiguren aus, die normalerweise in der Johannisnacht bei den ausgelassenen Fiestas del Foc verbrannt werden.

★ **Castillo de Santa Bárbara**

Das Museo Arqueológico de Alicante (MARQ) an der Plaza Dr. Gómez Ulla genießt aufgrund seiner umfassenden Sammlungen und wegen der vorbildlichen Aufbereitung der Exponate einen hervorragenden Ruf. Zu sehen sind griechische, römische und iberische Funde, Gemälde und Münzen

Museo Arqueológico

Umgebung von Alacant

Die N-330 führt nach Nordwesten über den Schuhindustrieort Elda zunächst nach Sax, in dessen Burg ein Museum für Festgewänder (»Vestido Festejo«) untergebracht ist. Ziel ist aber Villena (504 m ü. d. M.), hübsch in den Bergen gelegen und von der stattlichen **Burg La Atalaya** aus dem 15. Jh. mit mächtigem Bergfried und sechs kleinen Türmen überragt. Im Ort besichtigt man die spätgotische Kirche Santiago von 1492 wegen ihrer gedrehten Säulen und ihres reichen Retablos sowie das Museo Arqueológico im Nebengebäude des Rathauses mit seinem iberischen Gold- und Silberschatz.

Villena

Der Ausflug nach Alcoi geht auf der N-340 Richtung Norden über Xixona (460 m ü. d. M.), das für sein Nougat bekannt ist (»turrón«, Thema eines Museums im Ort), dann über den 1024 m hohen Port de la Carrasqueta, von dem man einen herrlichen Blick auf das Meer hat, und vorbei am Santuari de la Font Roja auf dem Carrascal (964 m ü. d. M.), das ebenfalls hübsche Ausblicke bietet.

Alcoi

Nach 57 km ist man in Alcoi, das malerisch am Fuß der Serra de Mariola zwischen terrassenförmig angelegten Olivenhainen und Weinfeldern liegt und weit bekannt geworden ist für das alljährlich Ende April stattfindende **dreitägige Fest** der Mauren und Christen (»Moros y Cristianos«) mit »Schlachtgetümmel« in den Straßen, Feuerwerk und Glockengeläute (► Abb. S. 105). Damit wird an die Errettung der Stadt vor den Mauren im Jahr 1276 erinnert. Im Museo de la Fiesta sind die prächtigen Festkostüme zu bewundern. Das Museo Arqueológico zeigt eine reichhaltige Sammlung iberischer Keramik sowie Bleiplatten mit griechisch-ionischen Inschriften, die in der iberischen Siedlung La Serreta 3 km östlich der Stadt entdeckt wurden.

★ ◄ »Moros y Cristianos«

◄ Museo Arqueológico

Albacete

L 17

Provinz: Albacete (AB)
Region: Castilla-La Mancha

Höhe: 686 m ü. d. M.
Einwohnerzahl: 170 500

Die Provinzhauptstadt Albacete liegt mitten in der Mancha in einer fruchtbaren und weinreichen Ebene, was schon im arabischen Namen »al-Basîta« (= Ebene) anklingt. Die Stadt gibt sich äußerlich wenig historisch, doch hat sie eine große Tradition als Messerschmiede – seit dem 15. Jh. wird die Kunst, Messer (navajas) und Dolche (puñales) herzustellen, gepflegt und perfektioniert.

Sehenswertes in Albacete und Umgebung

San Juan Bautista

Bedeutendstes Bauwerk in der Oberstadt (El Alto de la Villa) ist die gotische Kathedralkirche San Juan Bautista (16. Jh.) von Diego de Siloé. Sie besitzt einen churrigueresken Hochaltar von 1726 und fünf Grisaille-Malereien biblischer Szenen (1550) in der Sakristei.

✶ Museo Provincial

Das Museo Provincial in der jüngeren Unterstadt im Parque de Abelardo Sánchez gehört zu den **ausgezeichneten unter den Provinzmuseen** Spaniens: In der archäologischen Abteilung sind u. a. bronzezeitliche Funde, iberische Skulpturen vom Cerro de los Santos (ca. 75 km südöstlich), römische Gliederpuppen aus Elfenbein und Bernstein aus Ontur (ca. 80 km südöstlich), römische Mosaiken aus Balazote und gotische sakrale Objekte ausgestellt. Die Abteilung für moderne Kunst zeigt hauptsächlich Gemälde des Künstlers Benjamín Palencia.

Chinchilla de Monte Aragón

Nur etwa 13 km südöstlich von Albacete liegt auf einem steilen Felsen Chinchilla de Monte Aragón (896 m ü. d. M.). Es wird überragt vom Castillo, das im 15. Jh. von Don Juan de Villena errichtet wurde und zeitweise Cesare Borgia als Wohnung diente. Von hier führen enge, von gotischen Häusern und einigen Palästen im Mudéjarstil gesäumte Gassen hinab zur Plaza Mayor. Dort erhebt sich die **gotische Kirche Santa María del Salvador** (15./16. Jh.), an der vor allem die reich geschmückte platereske Apsis bemerkenswert ist.

Convento de Santo Domingo ►

Das Kloster Santo Domingo (14. Jh.) mit einem sehenswerten Kreuzgang weist noch einige mudéjare Elemente auf. Es liegt auf einem 200 m hohen Tuffberg, der mit heute aufgegebenen Höhlenwohnungen durchsetzt ist. In diesen sind teilweise noch Töpferwerkstätten eingerichtet, deren Erzeugnisse das Museo Nacional de Cerámica in der Calle de la Penuela zeigt.

Cuevas de la Vieja

Wer die steinzeitlichen Felsmalereien der Cuevas de la Vieja bewundern möchte, muss zunächst auf dem Bürgermeisteramt von Alpera (70 km östlich) die Erlaubnis holen.

★ Alcalá de Júcar

Das von einer Burgruine gekrönte Dorf Alcalá de Júcar 41 km nördlich von Alpera windet sich um einen steilen Felsen über dem Río Júcar, der hier einen Bogen schlägt. Viele Wohnungen sind tief in den Fels gehauen, aus manchen ist schon eine in der Hitze der Mancha angenehm kühle Bar geworden. Nach Albacete zurück fährt man am schönsten auf der CM-3218 am Río Júcar entlang.

Almansa

Weithin sichtbar auf einem Kalkfelsen thront über dem 74 km östlich von Albacete entfernten Almansa (712 m ü. d. M.) das einst arabische, im 15. Jh. umgebaute **Castillo**. Unterhalb der Burg fand am 25. April 1707 die letzte Schlacht des Spanischen Erbfolgekrieges zwischen den Truppen Philipps V. unter dem Kommando des Herzogs von Berwick und der Armee Erzherzog Karls von Österreich statt.
Die Kirche La Asunción am Fuße der Burg stammt aus dem 15. Jh. und besitzt ein schönes Portal, das Vandelvira zugeschrieben wird; innen sind Werke des kolumbianischen Malers Carlos Sosa zu sehen. Weitere sehenswerte Gebäude in Almansa sind der Palacio de los Condes de Cirat (Casa Grande) aus dem 15. Jh. und das 1564 erbaute Kloster Las Agustinas.

Hellín

An der N-301, 61 km südlich von Albacete, liegt in Sichtweite der Sierra de Alcaraz das Städtchen Hellín (566 m ü. d. M.), in dessen Umgebung schon die Römer Schwefelminen ausbeuteten. Sehens-

In der Dämmerung wirkt das Dorf Alcalá de Júcar mit seinen tief in den Fels gehauenen Wohnungen fast ein bisschen gespenstisch.

ALBACETE ERLEBEN

AUSKUNFT

Camara Oficial de Comercio e Industria de Albacete
Tesifonte Gallego, 22
02002 Albacete
Tel. 967 59 00 93
www.turismodealbacete.com

EINKAUFEN

Die berühmten Messer und Dolche aus Albacete und andere Souvenirs kauft man am besten in der aus der Jahrhundertwende stammenden, glasüberdachten ***Pasaje de Lodares.***

ESSEN

► Fein & teuer
Casa Marlo
Plaza Gabriel Lodares, 3
Tel. 967 50 64 75
Elegantes Restaurant in einem Herrenhaus mit bester spanischer und internationaler Küche.

► Erschwinglich
El Callejón de los Gatos
Calle Guzmán el Bueno, 18
Tel. 967 21 11 38
In einem Ambiente wie in einer Stierkampfarena isst man hier am besten Fleisch vom Grill.

ÜBERNACHTEN

► Komfortabel
Gran Hotel
Marqués de Molins, 1
02001 Albacete
Tel. 967 19 33 33
www.abgranhotel.com
Das im Stadtzentrum gelegene Hotel besitzt eine herrliche Fassade und gemütliche Zimmer.

wert ist der prächtige barocke Camarín in der Iglesia de los Conventos Franciscanos. 8 km östlich von Hellín finden sich Höhlen mit steinzeitlichen Tier- und Menschendarstellungen.

Cuevas de Minateda ►

Alcaraz

Über Balazote, wo 1898 die aus dem 5. Jh. v. Chr. stammende iberische Skulptur »La Bicha de Balazote« (bicha = Hirschkuh) gefunden wurde, gelangt man auf der N-322 in südwestlicher Richtung durch einsam-karge, von der Tonerde gerötete Landstriche zum 79 km von Albacete entfernten Alcaraz (798 m ü. d. M.). Auch dieses malerische **mittelalterliche Städtchen**, in dem 1509 der Architekt Andrés de Vandelvira geboren wurde, überragt eine maurische Burg.

✶ Plaza Mayor ►

Um den schönen, laubengesäumten Hauptplatz versammeln sich die wichtigsten Gebäude des Ortes: die Kirche La Trinidad (1486) mit ihrem beachtlichen Turm, einem schönen Portal und Holzstatuen von Salzillo und Roque López, daran anschließend die Lonja del Corregidor, die einstige Markthalle und Handelsbörse (1518 erbaut, 1718 instandgesetzt), überragt von einem großen Uhrturm aus dem Jahr 1568; dann El Posito, der Getreidespeicher aus dem 16. Jh., schließlich gegenüber das Rathaus mit Fassade von 1588.

Mundo-Quelle ►

Über Fábricas de Ríopar südlich von Alcaraz erreicht man in der Sierra de Alcaraz Siles, wo bei der Cueva de Chorro der Río Mundo aus einer Grotte entspringt und über Kaskaden hinabstürzt.

Alcalá de Henares

H 14

Provinz: Madrid (M)
Region: Madrid

Höhe: 600 m ü. d. M.
Einwohnerzahl: 204 000

Alcalá de Henares spielt eine große Rolle im spanischen Geistesleben, ist die Stadt doch Geburtsort von Miguel de Cervantes (alljährlich wird hier der Cervantes-Literaturpreis vergeben), zudem war sie Sitz der berühmten Universität, an der 1517 die erste mehrsprachige Bibel in Europa – in Latein, Griechisch, Hebräisch und Aramäisch – erschien. Die Universität und der historische Bezirk sind seit 1998 Weltkulturerbe.

Berühmte Personen

Alcalá de Henares, das »Complutum« der Römer und das »al-Kal'a« (= die Festung) der Mauren, liegt rund 30 km östlich von ►Madrid am linken Ufer des Río Henares. Außer Cervantes wurden mit Katharina von Aragón, einer der Ehefrauen Heinrichs VIII. von England, Kaiser Ferdinand I. und dem Baumeister Bustamante noch weitere Berühmtheiten hier geboren.

Sehenswertes in Alcalá de Henares

Colegio Mayor de San Ildefonso

✶ ◄ Hauptfassade

Vom Colegio Mayor de San Ildefonso an der Plaza de San Diego, erbaut als Sitz der Universität 1498–1508, hat nur die Aula den Bürgerkrieg überstanden. Die 1543 vollendete platereske Hauptfassade an der Plaza de San Diego gehört zu den **schönsten Spaniens**. Den ersten Innenhof, den von einer doppelten Galerie gesäumten Patio de Santo Tomás y Villanueva, zieren eine Statue des Universitätsgründers Cisneros und ein Brunnen mit Motiven seines Wappenvogels, des Schwans. Von hier gelangt man in die Ausstellung zur Geschichte der Universität. Durch den Patio de Filósofos (Philosophenhof) erreicht man den Patio Trilingüe – Hof der drei Sprachen nach den Gelehrtensprachen Griechisch, Hebräisch und Latein. Den Festsaal schmückt eine Mudéjar-Kassettendecke, einer der wenigen aus der Gründungszeit unverändert erhalten gebliebenen Gebäudeteile (Führungen: Mo. – Fr. stündlich 10.00 bis 13.00 und 16.00 – 19.00, Sa. und So. halbstündlich 11.00 – 14.30 und 16.30 – 19.00 Uhr).

? WUSSTEN SIE SCHON ...?

- ... dass Kolumbus 1486 zum ersten Mal mit Isabella von Kastilien im Palacio Arzobispal zusammentraf? Ihrer Fürsprache verdankte er die Unterstützung der Krone zu seinem Unternehmen, das die Entdeckung von Amerika 1492 zur Folge hatte.

✶ ◄ Grabmal des Kardinals Cisneros

In der der Universität benachbarten Capilla de San Ildefonso wurde Cisneros († 1517) begraben. Sein Grabmal ist ein Werk der Bildhauer Domenico Fancelli und Bartolomé Ordóñez.

Die platereske Hauptfassade am Colegio Mayor de San Ildefonso gehört zu den schönsten Spaniens.

Vom Colegio de San Ildefonso führt die Calle Mayor westlich Richtung Plaza del Palacio. An einer linker Hand gelegenen kleinen Parkanlage mit Musikpavillon warten die Reste des **Teatro Cervantes** aus dem 17. Jh. auf Renovierung.

Beim **Museo Casa Natal de Cervantes** an der Ecke C. Mayor/C. Imagen handelt es sich nicht um das tatsächliche Geburtshaus des Dichters, sondern um einen Nachbau eines Hauses im Stil des 16. Jahrhunderts an jener Stelle, an der es vermutet wird. Es ist im Stil der Zeit eingerichtet, ausgestellt sind Erinnerungsstücke an den Autor des »Don Quijote« (Öffnungszeiten: Di. – So. 10.00 bis 18.00 Uhr).

Plaza del Palacio

Palacio Arzobispal ►

Mit dem Bau des festungsähnlichen Palastes für die Erzbischöfe von Toledo an der Plaza del Palacio wurde im 13. Jh. begonnen, die wesentlichen Umbauten fanden jedoch im 14. und 16. Jh. statt. Der Palast litt sehr unter dem Bürgerkrieg, nur der wuchtige Torreón de Tenorio ist noch aus der Anfangszeit erhalten. Den angrenzenden Park umlaufen noch Reste der maurisch-mittelalterlichen Stadtbefestigung. An den Palast schließt das 1617 gegründete Monasterio de San Bernardo an, dessen Kirche oval angelegt und mit sechs Kapellen versehen ist. Die Anlage ist zu einem Museum religiöser Kunst und klösterlicher Lebensweise umgewidmet.

Monasterio de San Bernardo ►

Das Ensemble sakraler Gebäude um die Plaza wird vervollständigt durch den östlich liegenden Backsteinbau des Convento de la Madre de Dios und jenseits der Plaza durch das Oratorio de San Felipe Neri. Unweit südlich schließlich sieht man den hohen Turm der Hauptkirche Iglesia Magistral-Catedral (16. Jh.).

Umgebung von Alcalá de Henares

Nuevo Baztán

Juan de Goyeneche, der königliche Schatzmeister, ließ Nuevo Baztán (ungefähr 15 km südöstlich) nach Plänen von José de Churriguero 1709–1713 als Standort einer Manufaktur für Keramik und Glas mit Schloss, Exerzierplatz, Marktplatz und Kirche erbauen. Deren Altaraufsatz stammt von Churriguero selbst und kann sonntags bewundert werden.

Guadalajara

Der Name der Provinzhauptstadt Guadalajara, 25 km nordöstlich von Alcalá de Henares über dem linken Ufer des Río Henares gelegen, geht auf das maurische Quad al-Hadschara zurück, was so viel wie »Fluss der Steine« oder »Geröllbett« heißt. Das mächtige Geschlecht der Mendoza, seit dem 14. Jh. Besitzer der Stadt, beeinflusste seine Entwicklung nachhaltig. In der Umgebung, bei Brihuega, tobte im März 1937 die Schlacht von Guadalajara zwischen republikanischen und italienischen Truppen.

Die Familie Mendoza ließ sich 1461–1480 durch Juan Guas einen Palast errichten, der in seiner Verschmelzung spätgotischer und mudéjarer Stilelemente eines der **Meisterwerke** dieses aus Frankreich stammenden Architekten ist. Nach seiner Gefangennahme in der Schlacht von Pavia wurde der französische König Franz I. hier prunkvoll empfangen; Philipp II. heiratete hier Isabella von Valois. Im Bürgerkrieg wurde der Palast 1936 weitgehend zerstört, dann wieder aufgebaut. Seine Fassade ist mit Diamantquadern übersät, den Abschluss bildet eine Erkergalerie mit fein gearbeitetem Säulenschmuck. Das Gebäude umschließt einen herrlichen zweistöckigen Patio im isabellinischen Stil. In den prächtigen Innenräumen vertei-

✶ ◄ Palacio del Infantado

ALCALÁ DE HENARES ERLEBEN

AUSKUNFT

Alcala Turismo
Plaza de los Irlandeses, 1
28801 Alcalá de Henares
Tel. 918 82 13 54
www.alcalaturismo.com

ÜBERNACHTEN/ESSEN

► **Luxus**

Parador de Alcalá de Henares
Colegios, 8
Tel. 918 88 03 30
www.parador.es
Im ehemaligen Dominikanerkloster Santo Tomás ist heute eine feine Herberge mit 128 Gästezimmern eingerichtet. Das Restaurant des Hauses bietet exzellente kastilische Küche.

► **Komfortabel**

Green Cisneros
Paseo de Pastrana, 32
Tel. 918 88 25 11
www.hotel-cisneros.com
Das zentrumsnah gelegene Hotel bietet 42 modern eingerichtete Gästezimmer. Im Restaurant speist man gut.

► **Günstig**

Miguel de Cervantes
Imagen, 12
Tel. 918 83 12 77
www.hcervantes.es
Das Gebäude aus dem 17. Jh. mit seinem schönen Innenhof bietet 14 gemütliche Gästezimmer. Im Restaurant werden leckere Fleisch- und Fischgerichte serviert.

! Baedeker TIPP

Tren de Cervantes

Von Mitte April bis Ende Juni und von Ende September bis Anfang Dezember verkehrt der »Cervantes-Zug« samstags und sonntags zwischen Madrid (Bahnhof Atocha; Abfahrt: 11.00 Uhr) und Alcalá de Henares. Während der halbstündigen Fahrt erfahren die Reisenden viel Interessantes über die Cervantes-Stadt und bekommen auch Produkte der Region. In Alcalá stehen dann Führungen zu den interessantesten Plätzen der Stadt auf dem Programm. Bis zur Rückfahrt um 19.00 Uhr bleibt noch Zeit für eigene Erkundungen. Informationen: www.renfe.es

len sich die Abteilungen des **Museo Provincial de Guadalajara**: das Museo de Bellas Artes, das v.a. Gemälde aus dem 15.–17. Jh. zeigt, sowie ein volkskundliches Museum.

Convento de la Piedad ►

Doña Brianda de Mendoza gründete um 1530 das Nonnenkloster La Piedad, dessen Kreuzgang mit plateresken Portalen und Doppelarkaden der schönste Bauteil ist. Die Klostergründerin fand in einem Alabastergrabmal ihre letzte Ruhe.

★ **Mar de Castilla**

Von Guadalajara führt die N-320 zum Mar de Castilla (»Kastilisches Meer«), einem riesigen, aus den zwei großen Stauseen Embalse de Entrepeñas und Embalse de Buendía und einigen kleineren Gewässern gebildeten Seengebiet. Am Embalse de Zorita im Süden des Gebiets steht ein Atomkraftwerk. Die weiten Wasserflächen und die Landschaft sind ein beliebtes Naherholungsgebiet der Madrider, von denen einige mit ihrem Motorboot hier herumknattern – in der trockenen, ständig unter Wassermangel leidenden kastilischen Hochebene ein kurioser Widerspruch.

? WUSSTEN SIE SCHON ...?

- In der Kirche von Pastrana ist die Prinzessin von Eboli, die einäugige Geliebte Philipps II., bestattet. Ihrer überdrüssig, verbannte er sie in den Palacio Ducal an der Plaza de la Hora (»Platz der einen Stunde«) – so genannt, weil Philipp ihr erlaubt hatte, täglich wenigstens eine Stunde aus dem Fenster zu schauen.

Bedeutendste Sehenswürdigkeit von **Pastrana** (ca. 50 km südlich von Guadalajara) ist die gotische Stiftskirche aus dem 14. Jahrhundert. Der Retablo ist ein Werk von Juan de Vigarny (16. Jh.); größter Schatz der Kirche sind jedoch die im Kirchenmuseum ausgestellten vier Tournaier Wandteppiche aus dem 15. Jh. mit Szenen aus den Kriegszügen des portugiesischen Königs Alfons V. in Marokko.

★ Wandteppiche ►

Alcañiz

F 20

Provinz: Teruel (TE)
Region: Aragón
Höhe: 381 m ü. d. M.
Einwohnerzahl: 16 300

Besonders Naschkatzen fühlen sich in dem Städtchen Alcañiz wohl, ist es doch für Süßigkeiten – Tortesas de Alma, Roscones de Zurra, Tetas de Santa Águeda ... – bekannt. Der Ort schmiegt sich in eine Schleife des Río Guadalupe und erhebt sich auf einer steilen Anhöhe, umgeben von Bergen und Hügeln.

Sehenswertes in Alcañiz und Umgebung

★ **Castillo de los Calatravos**

Im 12. Jh. ließ Alfons I. auf dem Cerro de Pui-Pinos eine Burg errichten, die Hauptquartier des Calatrava-Ordens in Aragón wurde. Aus der Anfangszeit sind der Kreuzgang und die einschiffige Burgka-

ALCANIZ ERLEBEN

AUSKUNFT

Oficina de Turismo
Calle Mayor, 1
44600 Alcañiz
Tel. 978 83 12 13
www.alcaniz.es

VERANSTALTUNG

Semana Santa
Alcañiz ist berühmt für seine Semana Santa, denn sie wird recht laut mit Tamburinen, Trommeln, Rasseln und Trompeten begangen. Höhepunkt ist »La Tamborrada«, bei der an zwei aufeinander folgenden Tagen getrommelt wird. Dieser Brauch entstand 1678, als man erstmals – wie bei einer Hinrichtung – den Leidensweg Jesu mit zwei Trommeln und einer Trompete ankündigte.

ÜBERNACHTEN/ESSEN

► Komfortabel
Parador de Alcañiz
Castillo de Los Calatravos, s/n
44600 Alcañiz
Tel. 978 83 04 00
Fax 978 83 03 66
www.parador.es
In der mittelalterlichen Burg des Calatrava-Ritterordens auf dem Cerro Pui Pinos, der die Landschaft des Maestrazgo beherrscht, ist diese freundliche Herberge eingerichtet. Im Restaurant werden neben internationalen Gerichten vor allem auch deftige Spezialitäten der Küche Aragóns geboten. Als Dessert gibt es oft »almendrados«, Marzipankonfekt, das als Spezialität von Alcañiz gilt.

pelle erhalten, über der sich der Bergfried erhebt. In ihr ist in einem Grabmal von Damián Forment (1537) Juan de Lanuza, der Vizekönig von Aragón, beigesetzt. Das Erdgeschoss des Turms, gleichzeitig Eingang zur Kapelle, und der Hauptsaal sind mit detaillierten Wandmalereien aus dem 14. Jh., hauptsächlich ritterlichen Szenen, ausgeschmückt. Im 18. Jh. wurde die Burg umgebaut. Ihren Südteil nimmt seither der von zwei Türmen flankierte **Palacio de los Comendadores** mit der typischen aragonischen Galerie ein. Hier ist heute ein Parador eingerichtet.

Ayuntamiento und Lonja

An der Plaza de España bilden die reich verzierte, italienisch anmutende Lonja – die einstige Markthalle aus dem 15. Jh. – und das strenge Rathaus aus dem 16. Jh. ein schönes Ensemble.

Los Pasadizos

Alcañiz ist von unterirdischen Gängen (span. pasadizo = schmaler Gang) durchzogen, die u. a. die Burg mit wichtigen Gebäuden verbinden. So erreicht man vom Tourismusbüro einen unterirdischen Raum mit einer kleinen Ausstellung zur Stadtgeschichte.

Poblado Ibero-Romano de Azaila

Wenig außerhalb von Azaila (276 m ü. d. M.), einem Städtchen auf der Hochfläche der Meseta de Azaila 45 km nordwestlich von Alcañiz, kann man die Reste einer keltischen Nekropole und iberorömische Ruinen besichtigen.

Im Maestrat bei Morella wird Terrassenfeldbau betrieben.

Die alte Grenzfeste **Morella** liegt inmitten eines Bergkessels knapp über 1000 m hoch im Gebirge Maestrat (Maestrazgo) bereits in der Provinz Castellón, 52 km südlich von Alcañiz. Der Maestrat war einst im Besitz des Montesa-Ordens, der im Lauf der Zeit zahlreiche Befestigungen gegen die Mauren anlegte. Den alten Kern Morellas umgibt eine 2 km lange, gut erhaltene Mauer aus dem 14. Jh.; über den Häusern thront das beeindruckende **Castillo**. Die gotische Kirche Santa María la Mayor (13. Jh.) besitzt ein schönes Portal mit Darstellungen der Jungfrau und der Apostel, einen ungewöhnlichen Chor des 15. Jh.s mit prachtvoller Wendeltreppe, eine churriguereske Capilla Mayor und ein beachtenswertes Gemälde von Ribalta. Im Kirchenmuseum sieht man u. a. eine Madonna von Sassoferrato; außerdem gibt es ein Dinosauriermuseum und ein kleines Fotografiemuseum. In unmittelbarer Umgebung der Stadt haben sich die Reste eines Aquädukts aus dem 14./15. Jh. erhalten.

✶ Almería

P 16

Provinz: Almería (AL)
Region: Andalusien
Höhe: 0 – 23 m ü. .d. M.
Einwohnerzahl: 190 000

Subtropische Landschaft, weiß gekalkte Häuser und zwei malerische Burgen bestimmen das Antlitz Almerías, das die Araber »al-Mariyya« nannten, »Spiegel des Meeres«. Heute ist Almería der Hauptfremdenverkehrsort der östlichen Costa del Sol mit dem nach Málaga wichtigsten Flughafen der Südküste.

Bedeutender Hafenplatz

Almería liegt am Golf von Almería, der im Westen von der Sierra de Gádor, im Nordosten von der Sierra de Alhamilla und im Südosten von der nach dem weit vorspringenden Kap benannten Sierra del Cabo de Gata umschlossen wird. Die Stadt war schon zur Römerzeit als »Portus Magnus« ein bedeutender Hafenplatz am Mittelmeer. Daran hat sich bis heute nichts geändert, denn die Ausfuhr vor allem von Südfrüchten und Gemüse, die in großen Kulturen an der Küste und im Hinterland gezogen werden, ist ein Wirtschaftsfaktor erster Güte. Die Strände östlich der Stadt sind angenehmer und weniger überlaufen als die von Aguadulce und Roquetas de Mar im Westen.

Strände ►

ALMERÍA ERLEBEN

AUSKUNFT

Almería Turismo
Parque Nicolás Salmerón, s/n
04002 Almería
Tel. 950 27 43 55
www.almeria-turismo.org

VERANSTALTUNGEN

Carnaval
Ausgelassener Karneval mit farbenfrohen Umzügen (Feb./März)

Feria
Stierkämpfe und Musik (2. Augusthälfte)

EINKAUFEN

Haupteinkaufs- und Flaniermeilen der Stadt sind der *Paseo de Almería* und die *Calle de las Tiendas* mit vielen kleinen Gassen ringsum.

ESSEN

► Erschwinglich

Club de Mar
Playa de las Almadrabillas s/n
Tel. 950 23 50 48
Tolle Fischgerichte mit Hafenblick

► Preiswert

Casa Puga
Jovellanos, 7
Tel. 950 23 15 30
Das 1870 eröffnete Lokal im historischen Stadtkern ist ein Klassiker.

Baedeker-Empfehlung

Tapas in Almería
Eine gute Adresse für eine Tapas-Pause in der Altstadt von Almería ist die Bodeguilla de Ramón in der Calle Padre Alfonso Torres, einem stillen Gässchen nahe der Kirche San Pedro.

ÜBERNACHTEN

► Luxus

Gran Hotel Almería
Calle Reina Regente, 8
Tel. 950 23 80 11
www.almeriagranhotel.com
Das beste Haus der Stadt bietet zahlreiche Zimmer mit Meerblick.

► Komfortabel

Indálico
Dolores R. Sopeña, 4
Tel. 950 23 11 11
www.hotel-indalicoalmeria.com
Zentral gelegenes und gut geführtes Haus

Sehenswertes in Almería

★ La Alcazaba

Auf der Höhe westlich über der Stadt erhebt sich die arabische Festung La Alcazaba. Sie wurde unter Abd ar-Rahman III., Kalif von Córdoba, erbaut, von Almansur vergrößert und von Hairán beendet, schließlich unter Karl V. abermals erweitert. 20 000 Menschen konnten hier Zuflucht finden. Besonders beeindruckend ist der gewaltige **Torreón del Homenaje** (Huldigungsturm) des 15. Jh.s mit gotischem Tor und Wappenschild der Katholischen Könige; ein Museum zeigt Grabungsfunde. Innerhalb des ersten Mauerrings wurde ein schöner

Von der Alcazaba hat man einen weiten Blick auf die Stadt und den Hafen.

Park angelegt. Die Burg ist Schauplatz von Konzerten und Festspielen während der August-Fiestas (Öffnungszeiten: Mai – Sept. Di. bis Sa. 9.00 – 20.30, So. 9.00 – 15.00, Okt. – April Di. – Sa. 9.00 – 18.30, So. 9.00 – 15.00 Uhr). Eine Festungsmauer läuft zu den nördlich angrenzenden Ruinen des Castillo de San Cristóbal.

Castillo de San Cristóbal ▶

La Chanca Den Burgberg hinauf zieht sich das recht gefährliche Stadtviertel La Chanca, das noch maurische Züge trägt. So ist in der Kirche San Juan der Mihrâb der einst hier stehenden Moschee erhalten.

Santiago el Viejo Der Mittelpunkt der Altstadt ist die **Puerta de Purchena**. Von ihr zieht sich der Paseo de Almería Richtung Hafen. Von der Puerta führt die Calle de las Tiendas zu der aus dem 16. Jh. stammenden, im Bürgerkrieg zerstörten Kirche Santiago el Viejo mit ihrem 55 m hohen romanischen Turm.

Ayuntamiento Im Rathaus an der Plaza Vieja wird das Banner verwahrt, das der Stadt von den Katholischen Königen verliehen wurde.

Catedral Da man sich hier an der Küste vor Seeräubern schützen musste, verwundert die festungsartige Kathedrale südlich des Rathauses mit vier mächtigen Ecktürmen, turmartiger Apsis und Zinnenkranz kaum. Bemerkenswerteste Ausstattungsstücke sind ein aus Nussbaumholz geschnitztes Chorgestühl von Juan de Orea (1558) und eine Statue des San Indalecio, des Schutzheiligen der Stadt, ein Werk von Salzillo. Der Stifter der Kirche, Bischof Villalán, ist in der Capilla del Cristo de la Escucha beigesetzt.

Santuario de Santo Domingo

Zwischen der Kathedrale und dem Paseo de Almería steht an der Plaza de la Virgen das aus dem 17. Jh. stammende Santuario de Santo Domingo mit wertvollem barocken Altar und dem Bildnis der »Virgen del Mar«, der zweiten Schutzheiligen der Stadt, das 1502 angeblich am Strand von Torre García gefunden wurde.

Museo Arqueológico

Jenseits der Hauptachse Av. García Lorca, an der Cta. de Ronda in der Neustadt, zeigt das Museo Arqueológico in vier Sälen prähistorische Funde aus den Höhlen der Umgegend.

Umgebung von Almería

Westliche Costa de Almería

Der Küstenstreifen westlich der Stadt ist touristisch am stärksten erschlossen. Das größte Treiben herrscht in Aguadulce, Roquetas de Mar und Almerímar, das den zweitgrößten **Yachthafen** Andalusiens besitzt. In Adra an der Grenze zur Provinz Granada geht es etwas ruhiger zu.

Östliche Costa de Almería

Die Küste östlich der Stadt fällt oft steil ins Meer ab – am eindrucksvollsten am Cabo de Gata. Wo es Strände gibt, hat auch hier der Tourismus Einzug gehalten, besonders nordöstlich vom Kap: in San José, einer Mischung aus Fischerhafen und futuristischer Feriensiedlung mit den anschließenden wunderbaren Buchten Los Genoveses und Los Escullos, im einigermaßen stillen Agua Amarga, in Carboneras und im deutlich lauteren **Mojácar.** Hier, am Nordende der Costa de Almería, bietet die Küstensiedlung alles, was zum gelungenen Strandurlaub gehört; der landeinwärts gelegene alte Ort Mojácar will, romantisch herausgeputzt, den Strandurlaubern die Atmosphäre eines alten maurischen Dorfes schaffen. Überall anzutreffen ist »Indalo«, die einer prähistorischen Felszeichnung nachempfundene Symbolfigur des Ortes, deren Urbild in Höhlen im Hinterland gefunden wurde. Ein **Ausflugsvorschlag**: Über Garrucha und Vera kommt man zu den Höhlenwohnungen der Cuevas de Almanzora.

> **? WUSSTEN SIE SCHON ...?**
>
> - ... dass die wüstenhafte Sierra de Alhamilla nördlich von Almería schon mehrfach Filmkulisse war, u. a. für so bekannte Streifen wie »Lawrence von Arabien« und »Spiel mir das Lied vom Tod«?

★ Parque Natural Cabo de Gata-Nijar

Von der Ostküste steigt die Sierra del Cabo de Gata 500 m hoch auf. Hier leben noch seltene Vögel wie der Stelzenläufer oder der Habichtadler sowie Reptilien, hier wächst die neben der Kretischen Dattelpalme **einzige natürliche Palme Europas**, die Zwergpalme – Grund genug, diese Landschaft unter Naturschutz zu stellen und sie per Wanderung zu erkunden.

★ Sierra de Alhamilla

Ein Ausflug in die Sierra de Alhamilla führt auf der N-340 und der AL-102 zunächst nach Níjar, bekannt für Keramik aus der roten Erde der Umgebung und für seine alten Webereien, in denen der dicke

»jarapas«-Stoff hergestellt wird. Danach windet sich die Straße durch den Campo de Níjar zur Einmündung der A-370. Hier geht es rechts nach Sorbas, sehr malerisch, denn viele Häuser kleben 40 m über dem Tal am Fels. Von Sorbas kann man nach Mojácar weiterfahren.

★ Sorbas ►

Idyll mit Sonnenschirm an der Costa de Almería

Von der Einmündung nach links läuft die A-370 zwischen der Sierra Alhamilla (links) und der Sierra de los Filabres (rechts). Etwa 10 km vor Tabernas geht es rechts ab zum Sonnenkraftwerk (»Central Solar«) der Internationalen Energieagentur IEA. Hunderte von Spiegeln, die dem Lauf der Sonne folgen, bündeln das Licht und werfen es auf einen 80 m hohen Empfänger, wo es in Energie umgewandelt wird.

Wieder auf der Hauptstrecke, erreicht man über Tabernas die Kulissenstadt **Mini Hollywood**, wo mancher Spaghetti-Western gedreht wurde. Immer noch führen Stuntmen täglich **Westernshows** vor: Zwischen Saloon, Hotel, Gefängnis und Galgen wird im Sommer dreimal täglich eine Bank überfallen, im Saloon tanzen Damen Cancan. Auch bei Tabernas im kleineren »Texas Hollywood« und an der A-92 Richtung Guadix im »Western Leone« lebt der wilde Westen auf.

★ Andorra

C/D 23/24

Hauptstadt: Andorra la Vella
Höhe: 840 – 2946 m ü. d. M.
Fläche: 468 km²
Einwohnerzahl: 84 800

Mit dem kleinen Fürstentum Andorra verbinden die meisten ein Steuer- und Einkaufsparadies. Tausende Geschäfte bieten Schmuck, Elektronik, Alkohol, Tabak, Mode etc. zu attraktiven Preisen feil. In den Bergen der östlichen Pyrenäen lässt sich gut wandern und Ski laufen.

Vom Agrarland zum Wander- und Wintersportparadies

Das kleine Fürstentum Andorra liegt in den östlichen Pyrenäen zwischen Spanien und Frankreich. Die wichtigsten Ortschaften verteilen sich entlang der vom Valira-Fluss und dessen beiden Quellflüssen Valira d'Orient und Valira del Nord gebildeten Hochtäler. Nur etwa 13 000 der Einwohner sind »echte« katalanische Andorraner mit andorranischer Staatsbürgerschaft, der Rest kommt aus Spanien, Frankreich und auch aus Portugal. In Andorra wird katalanisch, spa-

Andorra *Orientierung*

Essen
1. Borda Estevet
2. Can Benet

Übernachten
1. Roc de Caldes
2. Andorra Park
3. Del Tarter
4. Piolets

nisch und französisch gesprochen. Der einstige Haupterwerb, die Viehzucht, ist daher längst vom Fremdenverkehr zurückgedrängt worden; Einnahmen bringen auch die Gebühren der beiden Rundfunkstationen, der Stromexport nach Frankreich und das Geschäft mit Sammlerbriefmarken. Einziges landwirtschaftliches Produkt ist der Tabak geblieben.

Andorra hat einen gewaltigen Wandel hinter sich: Viele Bauern haben auf ihren Äckern Supermärkte, Hotels und Restaurants hochgezogen, und so ist aus den einst idyllischen, weltabgeschiedenen Bergen und Tälern innerhalb der letzten dreißig Jahre vor allem entlang der Durchgangsstraße ein lärmendes Konglomerat aus Hochhäusern und einigen Altbauten geworden, durch das sich zur Hochsaison die Touristenbusse Stoßstange an Stoßstange quälen. **Winter-**

ANDORRA ERLEBEN

AUSKUNFT

Calle Doctor Vilanova, 13
Edifici Davi, esc. B 3er
AD500 Andorra la Vella
www.andorra.ad

TELEFONVORWAHL

Vorwahl von Deutschland, Österreich und der Schweiz: + 376

ANREISE

Andorra ist über eine Passstraße von La Seu in Spanien zu erreichen, von Frankreich aus über den Port d'Envalira (2408 m ü. d. M.).

SHOPPING

Andorra ist Europas größtes Duty-Free-Shoppping-Paradies, in dem man Mode, Feinkost, Unterhaltungselektronik, Lederwaren, Schmuck etc. relativ preisgünstig erwerben kann.

ESSEN

► Erschwinglich

① ***Borda Estevet***
Carretera de la Comella, 2
Andorra la Vella
Tel. 86 40 26
Gute Küche und stimmungsvolles Ambiente

► Preiswert

② ***Can Benet***
Antic Carrer Major, 9
Andorra la Vella
Tel. 82 89 22
Leckere Wildgerichte und Foie Gras

ÜBERNACHTEN

► Luxus

① ***Roc de Caldes***
Crta. d'Engolasters
AD700 Escaldes
Tel. 86 27 67
www.rocdecaldes.com
Eine der besten Adressen im Ländchen; wunderbare Aussicht auf das Gebirge.

► Komfortabel

② ***Andorra Park***
Les Canals, 24
AD500 Andorra la Vella
Tel. 87 77 77
www.andorraparkhotel.com
Die Nummer eins in Andorras Hauptstadt

③ ***Del Tarter***
AD100 Canillo
Tel. 80 20 80
www.hotel-eltarter.com
Gemütliches Landhotel im Nordosten Andorras; das Restaurant bietet französische Küche.

④ ***Piolets***
Carretera General
AD100 Soldeu
Tel. 87 27 87
www.ahotels.com
Das Haus steht direkt an den Skipisten von Soldeu.

sportorte wie Pas da la Casa-Grau Roig, Soldeu-El Tarter, Arinsal, Pal und Arcalis sind aus dem Boden gestampft worden, so dass man für den Genuss unbeschädigter Pyrenäennatur schon ziemlich hoch wandern muss.

Geschichte und Verfassung

Der Sage nach soll Andorra 784 von Karl dem Großen gegründet worden sein. Erstmals wird es in der Weiheurkunde der Kathedrale von La Seu d'Urgell aus dem Jahr 839 erwähnt. 1133 fiel das Gebiet an den Bischof von Urgell, der es der Familie Caboet als Lehen gab. Als durch Heirat Andorra in den Besitz der französischen Grafen von Foix kam, entbrannte zwischen diesen und dem Bischof von Urgell Streit über die Herrschaft, der schließlich mit der Unterzeichnung eines Abkommens (»pareatge«) am 8. September 1278 beigelegt wurde. Es stellte Andorra unter den gemeinsamen Schutz der Grafen von Foix und des Bischofs von Urgell und hat bis heute seine Gültigkeit behalten. Daher zeigt Andorras Wappen Mitra und Hirtenstab des Bischofs von Urgell und die vier katalanischen Pfähle sowie die drei Pfähle der Grafen von Foix und die zwei Rinder der Grafen von Béarn. 1419 erhielten die Andorraner das Recht, einen **Landesrat** (»Consell de la Terra«) einzurichten, der in Form des Generalrats (»Consell General«) bis in die heutige Zeit bestand. Erst 1970 wurde das allgemeine Wahlrecht eingeführt. Im März 1993 sprachen sich die Andorraner in einer Volksabstimmung für eine neue Verfassung aus, die den Kleinstaat vom mittelalterlichen Feudalwesen in einen modernen Rechtsstaat umwandelte: Die Souveränität ging von den beiden nur noch repräsentativen Staatsoberhäuptern – die der Tradition zuliebe belassen wurden: als Co-Fürsten (»Co-princeps«) der französische Staatspräsident als Nachfolger der Grafen von Foix und der Bischof von Urgell – auf das andorranische Volk über, das ein **Einkammerparlament** wählt. Seit dem 4. Mai 1993 ist Andorra ein souveräner Staat und seit dem 28. Juli 1993 Mitglied der Vereinten Nationen.

! *Baedeker* TIPP

Ohne Auto

Zwar muss sich auch der Bus durch den Verkehr nach Andorra kämpfen, aber er ist trotzdem eine echte Alternative zur Anfahrt mit dem eigenen Auto, zumindest für einen Tagesausflug. Denn Parkplätze sind im Zwergstaat Mangelware. Von La Seu d'Urgell fahren Busse morgens um 8.00 und 9.30 Uhr ab und benötigen – laut Fahrplan – 40 Min. bis Andorra la Vella.

Andorra la Vella

Einzige Einkaufsmeile

Die Hauptstadt Andorra la Vella (1029 m ü. d. M.), am Ostfuß des Pic d'Enclar (2317 m ü. d. M.) an der Gran Valira gelegen, ist heute zur einzigen, lärmigen Einkaufsmeile geworden – ein zollfreies Geschäft am anderen reiht sich an der Haupstraße entlang, nur unterbrochen von Restaurants.

★ ◄ Casa de la Vall

Einzige echte Sehenswürdigkeit ist die aus Natursteinen um 1580 für eine Adelsfamilie errichtete Casa de la Vall. Sie dient heute als Sitz der Regierung und der Justiz sowie als Tagungsort des Consell General. Der Empfangssaal im ersten Stock ist mit Wandmalereien aus dem 16. Jh. ausgestattet. Im Sitzungssaal der Casa de la Vall befindet sich der »Schrank der sieben Schlüssel«, für den jede der sieben Gemeinden Andorras einen Schlüssel hat. Er enthält das Archiv des Fürstentums, darunter angeblich Urkunden aus der Zeit Karls des Großen und Ludwigs des Frommen. Prächtig mit Holz getäfelt ist der Justizsaal. In der Capilla de Sant Ermengol halten die Räte vor jeder Sitzung eine Andacht. Die große Küche gibt einen Einblick in das Alltagsleben des 16. Jh.s (Führungen nach Anmeldung einen Monat im Voraus Tel. 07 376 82 91 29).

Andorra la Vella klemmt im Tal der Gran Valira.

Tal der Valira d'Orient

Immer mehr wächst Andorra la Vella mit dem nordöstlich gelegenen **Escaldes-Engordany** (1105 m ü. d. M.) zusammen, das dank seiner Thermalquellen ein beliebter **Kur- und Badeort** ist. Im 1994 eröffneten Thermalbad Caldea, allein schon wegen seiner bizarren Architektur sehenswert, kann man auf 25 000 m² Aktionsfläche alle Bade-Annehmlichkeiten genießen. Ansonsten bietet der Ort die Ruine der Capilla de Sant Romà, die alte Brücke Pont dels Escalls, das Museum für Modelle romanischer Kunst (v.a. andorranische Kirchen), ein Museum für russische Babuschka-Puppen und das Museum des katalanischen Bildhauers Josep Villadomat. Ein kurvenreiches Sträßchen führt hinauf zu der wohl aus dem 11. Jh. stammenden Kirche Sant Miquel d'Engolasters, typisches Beispiel für die romanisch-lombardischen Kirchen der Pyrenäen. Von hier kann man eine **Wanderung** zum Stausee Estany d'Engolasters unternehmen.

Encamp

Nach Encamp (1315 m ü. d. M.) müssen Autofreunde reisen – über 200 Oldtimer, Motor- und Fahrräder sind hier versammelt. Dicht bei Encamp liegt recht malerisch um eine Burgruine das Dorf Les Bons mit der 1163 geweihten Kapelle Sant Roma.

Les Bons ►

Wallfahrtskirche Meritxell

Nördlich von Encamp thront rechter Hand auf der Höhe das **Nationalheiligtum Andorras**, die Kapelle der Heiligen Jungfrau von Meritxell. Die alte, 1972 ausgebrannte Wallfahrtskapelle ersetzte der Architekt Ricard Bofill durch einen modernen Kirchenbau, der 1976 eingeweiht wurde und das Originalbildnis der Jungfrau von Meritxell bewahrt, die seit 1873 Schutzpatronin Andorras ist.

Unweit nördlich des noch einigermaßen ursprünglichen Dörfchens Canillo, das den **höchsten Kirchturm Andorras** besitzt, steht oberhalb der Straße eine der bedeutendsten romanischen Kapellen des Fürstentums, Sant Joan des Caselles, die auf das 12. Jh. zurückgeht. Besonders beachtenswert sind ein Retablo aus dem Jahr 1525 (»Apostel Johannes und die Apokalypse«), das prächtige Chorgitter und eine romanische Stuckfigur, Christus am Kreuz darstellend, umgeben von mehrfarbigen Malereien.

★ **Sant Joan des Caselles**

Die Strecke führt weiter über den **Port d'Envalira** (2408 m ü. d. M.), den höchsten Straßenpass der Pyrenäen, zur Grenzstation zu Frankreich, Pas de la Casa (2091 m ü. d. M.).

Tal der Valira del Nord

An der mittelalterlichen Brücke Pont de Sant Antoni vorbei gelangt man auf der Straße des Valira del Nord zunächst ins malerische Dorf **Anyòs** mit der Capilla de Sant Cristofor.

Ordino

Im nächsten Ort, dem Hauptort des Tals, **Ordino** (1305 m ü. d. M.), lohnt ein Besuch des Casa-Museu Plairal d'Areny i Plandolit. Das Haus, mit einem prächtigen schmiedeeisernen Balkon von 1849, dokumentiert die Lebensweise einer Adelsfamilie vom 17. bis zum 19. Jahrhundert. Weitere Museen in Ordino sind das Mikrominiaturenmuseum mit winzigsten Kunstwerken, ein Ikonenmuseum und das nationale Postmuseum Andorras.

La Cortinada

Im von Tabakfeldern umgebenen Dorf La Cortinada findet man die Kirche Sant Martí de La Cortinada mit romanischen Fresken, ein Beinhaus und ein schönes altes Taubenhaus.

El Serrat

Das fast am Ende der Route gelegene El Serrat (1540 m ü. d. M.) besticht durch seine prächtige Lage und lohnt deshalb den Ausflug, den man zum Skigebiet Ordino-Arcalis ausdehnen kann.

Tal der Gran Valira

Santa Coloma

Die romanische Kirche im Dorf Santa Coloma unterscheidet sich durch ihren runden, vierstöckigen Turm von den übrigen im Fürstentum. In ihr wird die Statue der Madonna von Santa Coloma aus dem 12. Jh. verehrt. Der Eingangsbogen ist mit mozarabischen Fresken bemalt; innen ist ein mittelalterlicher Taufstein beachtenswert. Über dem Dorf erhebt sich die von Roger Bernat, Graf von Foix, im 12. Jh. erbaute Burg Sant Vicenç.

◄ Sant Vicenç

Sant Julià de Lòria

Die Straße führt weiter an der romanischen Brücke Pont de La Margineda vorbei nach Sant Julià de Lòria (939 m ü. d. M.). Von hier windet sich ein Sträßchen hoch zur Kirche Sant Cerní de Nagol mit ihren schönen romanischen Fresken.

★ Aranjuez

H 13

Provinz: Madrid (M)
Region: Madrid

Höhe: 492 m ü. d. M.
Einwohnerzahl: 55 000

Die barocke Anlage der ehemaligen königlichen Sommerresidenz Aranjuez, 47 km südlich von Madrid, strahlt eine klassische Ruhe aus, und man ahnt, weshalb Joaquín Rodrigo sein wunderbar leichtes »Concierto de Aranjuez« eben so genannt hat. Die zauberhafte Kulturlandschaft am Río Tajo ist seit 2001 als UNESCO-Weltkulturerbe ausgewiesen.

Sehenswertes in Aranjuez und Umgebung

★★ Palacio Real

Öffnungszeiten: Sommer Di. bis So. 10.00–18.15, Winter bis 17.15

Der königliche Palast wurde 1560 auf Geheiß Philipps II. nach Plänen des Escorial-Erbauers Juan Bautista de Toledo begonnen. Juan de Herrera führte die Bauten fort und drückte ihnen sein unverwechselbares Siegel auf: die **klassische Strenge**. Zwei Brände, 1660 bzw. 1665, zerstörten das Schloss, doch ließ es Philipp V. wieder aufbauen. Unter dem Bourbonenkönig Karl III., der die Residenz nach den rationalistischen Prinzipien der Aufklärung erweiterte und ordnete, fügte Sabatini zwei Seitenflügel hinzu, die einen weiten Paradeplatz bilden. Die Hauptfassade des Palastes ist vom Renaissancestil Herreras bestimmt, doch ist der barocke Einfluss seiner Nachfolger deutlich zu spüren.

Die Innenräume sind mit wertvollen Teppichen, Möbeln, Porzellanen, Uhren, Gemälden und anderen Kunstgegenständen ausgestattet. Beachtenswert sind die großzügige, von Giacomo Bonavia angelegte Treppe, die königliche Kapelle von Sabatini, der mit Samt ausgeklei-

In den Gärten des Palacio Real ließ Schiller den Infanten Don Carlos wandeln.

Aranjuez Orientierung

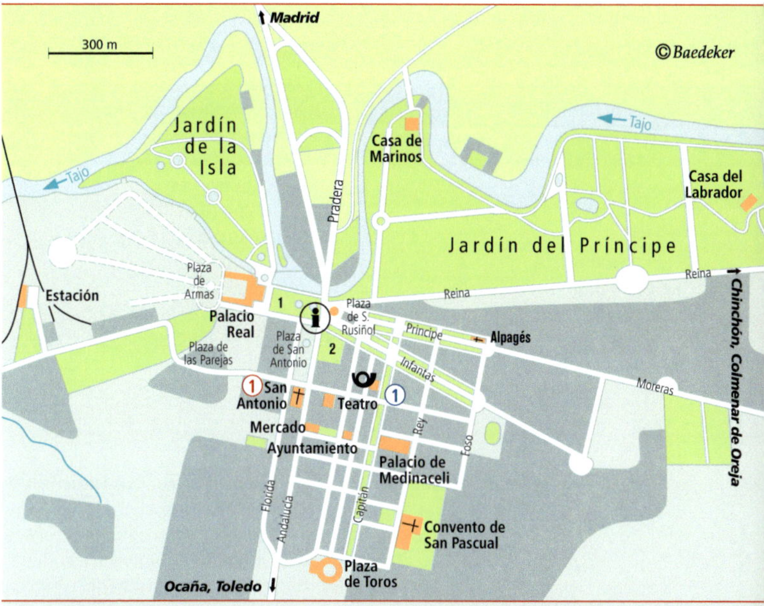

1 Parterre, Jardín de Las Estatuas
2 Jardín de Isabel II

Essen
① Casa Pablo

Übernachten
① NH Principe de la Paz

dete Thronsaal und als Höhepunkt der **Porzellansaal** (Sala de China), der üppig mit Porzellantafeln aus den Madrider Buen-Retiro-Werkstätten geschmückt ist, auf denen in feiner Malerei chinesische Szenen dargestellt sind. Weitere bemerkenswerte Räume sind der Arabische Salon, dem Saal der Zwei Schwestern in der Alhambra von ► Granada nachempfunden, und der mit fragilen Reispapiermalereien ausgestattete Salon der Infanten (Sala de Papeles Chinos). Die künstlerische Ausschmückung der Räume oblag den Malern Giordano, Mengs, Bayeu und Maella.

✶ **Gärten**

Die Gärten von Aranjuez sind zu Recht berühmt. Sie umgeben den Palast und säumen mit ihren uralten Bäumen das Tajo-Ufer.
Südlich der Plaza de San Rusiñol erstreckt sich der **Jardín de Isabel II**, die Lieblingspromenade der Bourbonenkönigin.
An der Ostseite des Schlosses ließ Philipp V. 1726 das so genannte **Parterre** im französischen Stil anlegen. In ihm befindet sich auch der Jardín de las Estatuas aus der Zeit Philipps II., in dem neben Büsten römischer Kaiser auch Götter- und Heldenfiguren aufgestellt sind.

ARANJUEZ ERLEBEN

AUSKUNFT

Oficina de Turismo
Plaza San Antonio, 9
28300 Aranjuez
Tel. 918 91 04 27
www.aranjuez.es

ESSEN

► Erschwinglich

① *Casa Pablo*
Calle Almíbar, 42
Tel. 918 91 14 51
Unverfälschte kastilische Küche

ÜBERNACHTEN

► Luxus

① *NH Principe de la Paz*
Calle San Antonio, 22
Tel. 918 09 92 22
www.nh-hoteles.es
Diese in einem geschichtsträchtigen Gebäude aus dem 18./19. Jh. eingerichtete Nobelherberge liegt im historischen Zentrum der Stadt. Von hier bietet sich ein schöner Blick auf die Südfassade des königlichen Schlosses.

Der Jardín de la Isla auf einer künstlichen Insel im Tajo ist der **älteste der Gärten** von Aranjuez. Isabella die Katholische ließ hier eine Huerta in eine Gartenanlage umwandeln, die unter Philipp II. erweitert wurde. Am Tajo führt eine herrlich dichte Platanenallee entlang.

Jardín del Príncipe ►

Der **größte und schönste der Gärten** ist der Jardín del Príncipe nordöstlich vom Palast. Er wurde 1763 auf Veranlassung Karls III. von dem französischen Gartenbaumeister Boutelou gestaltet, der auch schon das Parterre geschaffen hatte. Außer einigen Brunnen und den teilweise exotischen Pflanzen ist hier besonders die Casa del Labrador (»Haus des Landmanns«) im östlichen Zipfel des Gartens sehenswert. Dieses reizende Schlösschen wurde 1803 von Isidro González Velázquez für Karl IV. erbaut. Die Fassade ist mit Statuen antiker Helden geschmückt, die Innenräume sind prachtvoll im Louis-Seize- und im Empirestil ausgestattet (Besichtigung nur nach Voranmeldung Tel. 918 91 03 05).

✶ Casa del Labrador ►

In der **Casa de Marinos** (Haus der Seeleute) im Jardín del Príncipe sind sechs königliche Barken untergebracht, von denen die prächtigsten die von Karl IV. mit der Bemalung von Maella, das Mahagoniboot Alfons' XII. und die Feluke Philipps V. sind, letztere ist das Geschenk eines reichen venezianischen Adligen.

Am Wochenende zieht es viele Madrider in das 21 km nordöstlich von Aranjuez gelegene Chinchón

! Baedeker TIPP

Mit dem Erdbeerzug ...

... kann man vom Bahnhof Atocha in Madrid samstags und sonntags um 10.00 Uhr nach Aranjuez fahren. Der nostalgische Dampfzug verkehrt heute von April bis Juli und von Mitte September bis Oktober, früher nur zur Erdbeerzeit. Im Fahrpreis enthalten sind der Eintritt in den Königlichen Palast, eine Stadtrundfahrt und Erdbeeren mit Sahne (Tel. 902 22 88 22, Tickets am Bahnhof).

(753 m ü. d. M.). Was sie lockt, sind der hier in drei Destillen produzierte Anisschnaps und die ländlichen Gasthöfe wie das Mesón del Comendador an der außerordentlich schönen Plaza Mayor, die von Häusern mit bis zu dreistöckigen offenen Galeriegängen umschlossen ist. Hier finden nach wie vor Stierkämpfe statt.

★ Astorga

D 8

Provinz: León (LE)
Region: Castilia y León
Höhe: 869 m ü. d. M.
Einwohnerzahl: 12 000

Schon Plinius nannte das römische Asturica Augusta »urbs magnifica«, prächtige Stadt, denn hier trafen sich Handelswege und Heerstraßen der römischen Provinz. Noch heute umspannen spätrömische Mauern einen Teil der Bischofsstadt, die sich in schöner Lage auf einem Vorsprung der Manzanalkette präsentiert. Astorgas Bäcker fabrizieren im Übrigen leckeres Hefegebäck, die Mantecadas.

Station der Jakobspilger

Im Mittelalter machten zahlreiche Jakobspilger hier Halt, was der Stadt zu Macht und Glanz verhalf. Auch heute ist Astorga eine wichtige Station auf dem Jakobsweg, führt er doch von hier zum Cruz de Ferro, dem legendären »Dach des Pilgerweges«.

Maragatería

Nordwestlich von Astorga leben in etwa 30 Dörfern am Südosthang der Montes de León Nachfahren der einst in ganz Spanien als Fuhrleute tätigen Maragatos. Die Herkunft dieser Menschen wird in Nordafrika vermutet. Sie kamen im Gefolge der Mauren nach Spanien und vermischten sich mit den Goten. Ab und an legen sie noch an Festtagen ihre Tracht aus Pluderhose, Schärpe und Weste an. Eines der schönsten Dörfer in der Maragatería ist **Castrillo de los Polvazares** (6 km westlich von Astorga), das außerdem auch sehr bekannt ist für leckere Würste und Eintöpfe.

Sehenswertes in Astorga

Das bekannteste Bauwerk Astorgas ist der 1893 erbaute **Palacio Episcopal** (Bischöfl. Palast) an der Kathedrale, der gut erkennbar die Handschrift des berühmten katalanischen Architekten **Antoni Gaudí** trägt. Der Palast, der 1913 von ei-

Kathedrale und Bischofspalast in Astorga

ASTORGA ERLEBEN

AUSKUNFT

Oficina de Turismo
Glorieta Eduardo Castro, s/n
24700 Astorga
Tel. 987 61 82 22
www.ayuntamientodeastorga.com

ESSEN

► Erschwinglich

La Peseta
Plaza San Bartolomé, 3
Tel. 987 61 72 75
Das Lokal ist bekannt für seine regionaltypischen Gerichte aus erlesenen Zutaten.

ÜBERNACHTEN

► Komfortabel

Gaudí
Plaza Eduardo de Castro, 6
Tel. 987 61 56 54
www.hotelgaudiastorga.com
Das Hotel wurde nicht vom Modernisme-Architekten Antonio Gaudí erbaut, sondern ist ein modernes, sehr komfortabel ausgestattetes Haus am zentralen Platz der Stadt. Von vielen Zimmern hat man einen schönen Blick auf das bischöfliche Palais und die Kathedrale. Gutes Restaurant.

nem Gaudí-Nachfolger beendet wurde, beherbergt das außerordentlich gute **Museo de los Caminos** (Museum des Jakobsweges) zur Geschichte des Pilgerweges nach ►Santiago de Compostela (Öffnungszeiten: Mo. bis Fr. 11.00–14.00 und 15.30–18.00 Uhr; im Sommer länger und auch an Wochenenden geöffnet).

Kathedrale

Die zweitürmige Kathedrale aus dem 15./16. Jh. trägt an ihrer Hauptfassade drei platereske Portale mit Reliefs aus dem Leben Christi. Den Hochaltar schmückt ein Retablo von Gaspar de Hoyos und Gaspar de Palencia aus dem Jahr 1562 mit wertvollen Holzschnitzereien von Gaspar Becerra. Am überreich beschnitzten Chorgestühl von 1551 arbeitete u. a. Hans von Köln.

✶ Museo Diocesano ►

Im Diözesanmuseum wird ein wertvoller **Kirchenschatz** gezeigt, darunter ein von König Alfons III. (866–910) gestiftetes, mit vergoldetem Silber beschlagenes Kästchen, ein Reliquienschrein mit einem Splitter vom Kreuze Christi und ein Kelch des 11. Jh.s (Öffnungszeiten: 21. März – 19. Sept. Di. – So. 10.00 – 14.00, 16.00 – 20.00, 20. Sept. – 20. März Di. – So. 11.00 – 14.00, 16.00 – 18.00 Uhr).

Casa Consistorial

An der arkadenumgebenen Plaza Mayor steht die Casa Consistorial (Rathaus) aus dem 17. Jh.; sie ist bemerkenswert wegen ihrer Uhr, deren Glockenspiel zwei Maragatosfiguren schlagen.

Römische Überreste

Im Untergeschoss des links vom Rathaus stehenden Römermuseums wird ein Raum gezeigt, der vermutlich als Gefängnis für römische Sklaven diente; an der Plaza Romana stehen die Reste eines Herrenhauses aus dem 3. Jh. mit schönem Bodenmosaik.

Vom Kakaoanbau bis zur feinen Schokolade thematisiert dieses Museum in der C. José María Goy 5 ein Produkt, für das Astorga im 18. und 19. Jh. bekannt war.

Museo de Chocolate

★★ Ávila

G 11

Provinz: Ávila (AV)
Region: Castilia y León

Höhe: 1128 m ü. d. M.
Einwohnerzahl: 58 200

In Ávila gehen altkastilische Adelsherrlichkeit und innige Frömmigkeit eine glückliche Verbindung ein – architektonisch im Reichtum an romanischen Kirchen und gotischen Herrenhäusern, den eine uralte, noch völlig erhaltene Mauer mit mächtigen Türmen umschließt; atmosphärisch in der Stille und Beschaulichkeit, die die vielen Wallfahrer hereintragen.

Spaniens höchstgelegene Provinzhauptstadt

Das wunderbare Stadtbild wird verstärkt durch die Lage auf einem nach drei Seiten steil abfallenden Hügelrücken inmitten einer vom Río Adaja durchflossenen, baumlosen Hochebene. Die höchstgelegene Provinzhauptstadt Spaniens ist von hohen Gebirgen umgeben und nur nach Norden offen, was sich in dem außerordentlich rauen Klima bemerkbar macht. Und noch etwas kommt hinzu, was den Besuch lohnt: Ávila ist eine Hochburg spanischen **Kunsthandwerks**, vor allem Leder und Keramik.

Geschichte

Aus dem legendären römischen Avela hervorgegangen, war Ávila nach dem Einfall der Mauren (714) über drei Jahrhunderte hindurch abwechselnd unter arabischer und christlicher Herrschaft, bis es 1085 von Alfons VI. endgültig für die Christen erobert wurde. Die nun hierher ziehenden Adligen brachten der Stadt den Namen »Ávila de los Caballeros« (»Ritterliches Ávila«) ein. Ávila erlebte seine Blütezeit im 16. Jh., als es ganz im Zeichen des Lebens und Wirkens der hl. Teresa de Jesús stand. Als Geburtsort dieser spanischen Nationalheiligen ist Ávila bis heute ein beliebtes Wallfahrtsziel. Mit der Vertreibung der letzten Mauren (1607–1610) unter Philipp III. verarmte die Stadt.

Teresa von Ávila

Die heilige Teresa von Ávila gilt als die **größte christliche Mystikerin** und hat mit ihren theologischen Werken auch die spanische Sprache nachhaltig geprägt. Sie wurde als Teresa de Ahumada am 28. März 1515 in der Stadt geboren und trat 1535 dem Bettelorden der Karmeliter im Kloster der Menschwerdung in Ávila bei. Nach schwerer Krankheit, die sie mehrere Jahre lähmte, erlebte sie mystische Zustände und Visionen, die sie schließlich 1560 zu dem Gelübde veranlassten, nach dem Vollkommenen zu streben und die Ordensregeln vollständig zu beachten. Sie wurde damit zu einer der Hauptverfech-

STADTMAUER VON ÁVILA

★★ Wegen seiner gewaltigen Befestigungsanlage gehört Ávila heute zum Weltkulturerbe. Zählt die Wehranlage doch zu den besterhaltenen und vollständigsten mittelalterlichen Stadtbefestigungen des 11. Jahrhunderts auf der Welt.

Zugang:
Aufstiege befinden sich in der Puerta de la Catedral, in der Puerta del Carmen und in der Puerta del Alcazar.

① Puerta del Puente
Die Westseite des Mauerrings war wesentlich stärker befestigt als ihre Süd- und Nordflanke.

② Puerta de San Vicente
Dieses Tor gehört mit dem baugleichen Alcázar-Tor zu den wichtigsten Toren der Stadt. Beide Tore haben jeweils 20 m hohe Türme mit 13 m Vorsprung. Überspannt werden sie durch eine kleine Brücke mit Wehrgang, von wo aus das Tor zusätzlich verteidigt werden konnte.

③ Alcázar-Tor
siehe 2

Den besten Blick auf die Mauern Ávilas hat man vom Cruz des los Cuatros Postes.

④ Südmauer
Die gesamte Südmauer ist schwächer befestigt als die übrigen drei Seiten der Stadtbefestigung. Durch das steil abfallende Gelände war wohl eine aufwändige Befestigung im Süden nicht erforderlich. Sowohl die Mauern, als auch die Türme sind niedriger. Letztere springen auch nicht so wuchtig aus der Mauerflucht heraus.

⑤ Puerta del Rastro
Auf der Puerta del Rastro thront ein balkonartiger Bogen, der bei Wiederaufbaumaßnahmen im 16. Jh. errichtet wurde.

⑥ Puerta de la Malaventura
Durch das kleine Tor in der Südmauer, dessen spanischer Name übersetzt »Unglückstor« bedeutet, ritten einst sechzig Ritter aus, um sich als Geiseln während einer Belagerung auszuliefern. Auf königlichen Befehl wurden diese, so jedenfalls die Legende, ermordet und ihre Köpfe in Öl gesiedet.

An mehreren Stellen, z. B. bei der Casa de las Carnicerías oder bei der Puerta del Alcázar, kann man die durchschnittlich 12 m hohe Mauer ersteigen und den Wehrgang entlanggehen.

Die hl. Teresa de Ávila ist überall präsent in der Stadt, in der sie 1515 zur Welt kam – sie gilt als die größte christliche Mystikerin. Über ihrem Geburtshaus wurde später das Kloster errichtet.

terinnen der katholischen Reform, die sich gegen die Dekadenz der Kirche im 16. Jh. wandte. Unterstützt von Juan de la Cruz reformierte sie ihren Orden und gründete mehrere Klöster der »Unbeschuhten Karmeliterinnen« (ein Barfüßerorden). Vierzig Jahre nach ihrem Tod am 4. Oktober 1582 in Alba de Tormes wurde sie 1622 heilig gesprochen. Die mit ihr verbundenen Stätten in Ávila kann man auf dem »Itinerario Teresiano« (Rundgang der Teresa) erkunden (Auskunft und Plan im Tourismusbüro); am 15. Oktober wird ihr Festtag begangen.

Itinerario Teresiano ►

Stadtmauer und Kathedrale

✶✶ **Stadtmauer**

Nach der endgültigen Rückeroberung Ávilas wurde die Stadt zu einem wichtigen Teil einer Befestigungslinie gegen die Mauren ausgebaut. Im Auftrag seines Schwiegervaters Alfons VI. ließ Raimundo de Borgoña 1090–1099 von maurischen Gefangenen die gewaltige Stadtmauer bauen, die den Stadtkern heute noch vollständig umschließt. Das durchgehend mit Zinnen bestückte Bauwerk, u. a. aus römischen Resten errichtet, ist 2557 m lang, durchschnittlich 12 m hoch und 3 m dick. 88 halbrunde Türme im Abstand von 20 m verleihen der Anlage einen imposanten Anblick, besonders vom westlich an der Straße nach Salamanca liegenden Aussichtspunkt Cruz de los Cuatro Postes. Neun Tore gewähren Einlass. Die mächtigsten sind die **Puerta de San Vicente** und die noch römische Quader aufweisende **Puerta del Alcázar** an der Ostseite; zwischen beiden fällt besonders die »Ciborro« genannte Apsis der Kathedrale auf, die als größter Festungsturm Teil der Verteidigungsanlage ist (►3D-Darstellung).

✶ Cruz de los Cuatro Postes ►

✶ **Catedral de San Salvador**

In den östlichen Mauerring hineingebaut ist die mächtige Catedral de San Salvador, 1091 begonnen und im 14. Jh. vollendet. Von den beiden Türmen der Westfassade ist nur der aus dem 14. Jh. stammende nördliche ausgebaut. Das Portal gestaltete Juan Guas im 15. Jh., es wurde 1779 jedoch verändert. Der Figurenschmuck des »Apostelpforte« genannten Nordportals (um 1200) stammt aus dem 15. Jh. und befand sich ursprünglich am Westportal.

Innenraum ►

Das reiche Chorgestühl im Kirchenraum ist ein Werk von Cornelis de Holanda und Isidro Villoldo aus dem Jahr 1544, die das Gestühl der Kirche San Benito in ►Valladolid von Diego de Siloé zum Vorbild nahmen. Die Außenwände des Chors sind mit reichen Reliefs im plateresken Stil versehen. Der Retablo in der Capilla Mayor wurde 1499 begonnen und 1522 fertig gestellt. An der Rückseite des Hochaltars, dem Trassagrario, schuf Vasco de la Zarza das Alabastergrabmal des 1455 gestorbenen Bischofs Alfonso de Madrigal (1518), genannt »El Tostado« (»Der Verbrannte«), weil er sich beim Lesen bei Kerzenlicht die Haut versengte – folgerichtig ist er sitzend und ein Buch lesend dargestellt. Unter den neun Seitenkapellen ragen die **Capilla de San Antolín** im nördlichen Querschiff

Im dreischiffigen Kirchenraum der gotischen Kathedrale San Salvador markieren die weiß-rot gemusterten Granitsteine der Wände die ältere Bauphase. Namhafte Künstler wie Pedro Berruguete, Juan de Borgoña und Santa Cruz arbeiteten an den Bildtafeln und Skulpturen.

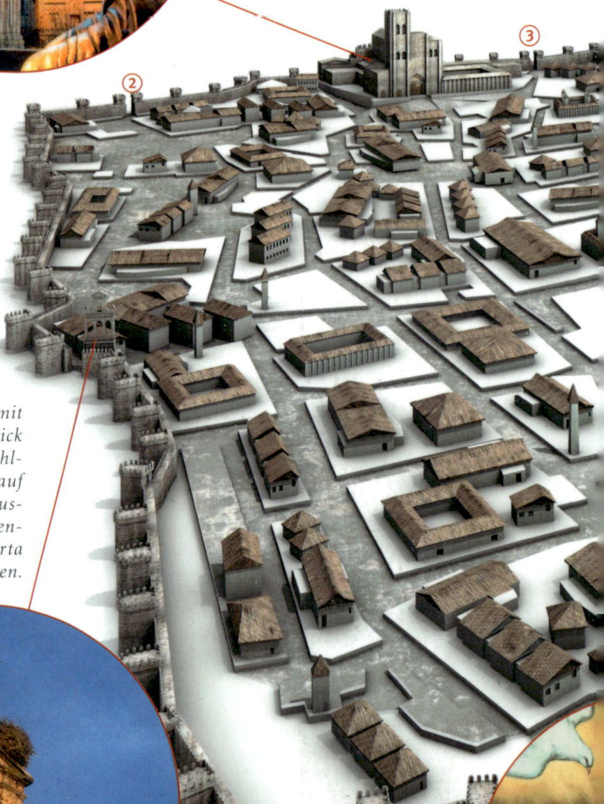

Den besten Platz mit herrlichem Überblick haben sich die zahlreichen Störche auf dem Mauerring ausgesucht: den Glockenturm neben der Puerta del Carmen.

Ávila Orientierung

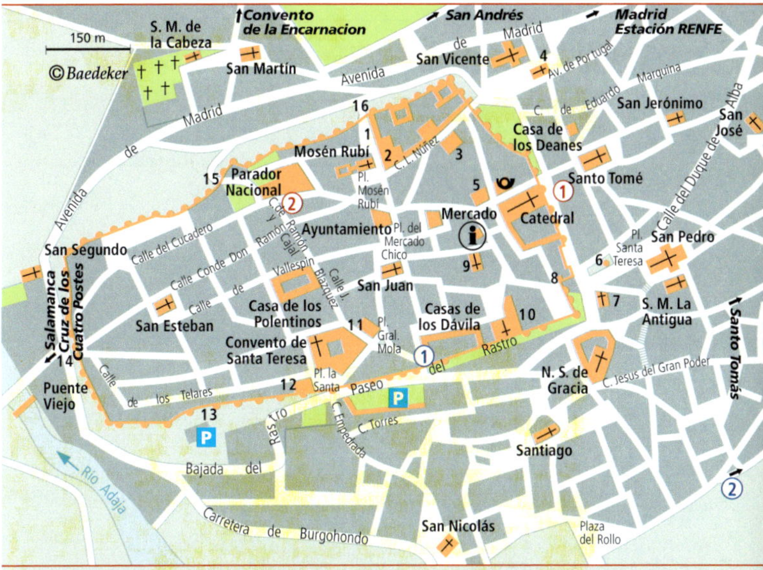

1 Fuente del Sol
2 Casa de Aguila
3 Casa de los Verdugos
4 Humilladero
5 Casa de Velada
6 Santa Teresa
7 La Magdalena
8 Puerta del Alcázar
9 Las Nieves
10 Palacio Episcopal
11 Torréon de los Guzmanes
12 Casa de Núñez Vela
13 Puerta de la Malaventura
14 Puerta del Puente
15 Puerta del Carmen
16 Puerta del Mariscal

Essen
① Mesón del Rastro
② Mesón El Sol

Übernachten
① Palacio Valderrábanos
② Parador de Ávila

mit ihrem herrlichen Retablo und die **Capilla de Nuestra Señora de Gracia** im Chorumgang hervor, wo der 1181 gestorbene Bischof Sancho als erster Bischof in der Kathedrale begraben wurde.

Vom rechten Querschiff gelangt man in das Kathedralmuseum, zu dem auch die Sakristei (Sacristía) gehört. Sie besticht durch ihr Kreuzrippengewölbe und eine Alabaster-Gruppe von Isidoro Villoldo und Pedro de Salamanca. Im anschließenden Raum fallen ein sehr schönes isabellinisches Gitter und rechts hinten ein Porträt von El Greco auf. In den weiteren Räumen finden sich Silbergeräte, Gewänder, Gemälde, große Chorbücher und Skulpturen, u. a. von Berruguete und Juan de Frías. Der letzte Raum ist einem einzigen Ausstellungsstück vorbehalten: einer 1,70 m hohen silbernen Custodia (Monstranz), ein Meisterwerk des Juan de Arfe von 1571 (Öffnungszeiten: tgl. 10.00–13.30 und 15.30–17.30 bzw. 16.00–19.00 Uhr im Sommer). Südlich stößt der **Kreuzgang** aus dem 14. Jh. an, den man durch eine romanische Pforte erreicht.

★ ◄ Museo de la Catedral, Sacristía

★ ◄ Custodia

ÁVILA ERLEBEN

AUSKUNFT

Ávila Turismo
Avenida de Madrid, 39
05001 Ávila
Tel. 920 22 59 69
www.avilaturismo.com

EINKAUFEN

Rund um die *Plaza Mayor* gibt es alles, was der Mensch so braucht. Die von Produkten der Region überquellende Markthalle liegt auf dem Weg zur Kathedrale.

ESSEN

► **Erschwinglich**

① ***Mesón el Rastro***
Plaza del Rastro, 1
Tel. 920 21 12 18
Wer's deftig liebt, sollte hier einkehren.

► **Preiswert**

② ***Mesón El Sol***
Calle de los Hornos Calleros, 25
Tel. 920 22 02 11
Gute kastilische Hausmannskost, günstiges Mittagsmenü.

ÜBERNACHTEN

► **Luxus**

① ***Palacio Valderrábanos***
Plaza de la Catedral, 9
Tel. 920 21 10 23
www.palaciovalderrabanoshotel.com
Diese noble Herberge mit Turmzimmer ist in einem Herrenhaus aus dem 14. Jh. bei der Kathedrale eingerichtet. Im hauseigenen Restaurant fühlt man sich wie in einem Museum.

② ***Parador de Ávila***
Calle Marqués de Canales y Chozas, 2
Tel. 920 21 13 40
www.parador.es
Der ruhig gelegene Parador mit 61 gut ausgestatteten Wohneinheiten ist auf den Resten eines Renaissance-Palastes aus dem 16. Jh. errichtet. Hier gibt es auch ein gutes Restaurant.

Plaza de la Catedral Drei Gebäude am Kathedralplatz sind einen Blick wert: in der Nordwestecke der große Palast der Familie Velada, nun Restaurant, gegenüber vom Nordportal der ehemalige Bischofspalast, nun das Postamt, und vor der Westfassade die Casa de Valderrábanos (15. Jh.), heute bestes Hotel der Stadt.

Innerhalb der Stadtmauer

Plaza Mayor Der **Mittelpunkt der Altstadt** von Ávila ist die Plaza de la Victoria oder Plaza Mayor, ein kleiner, abgeschlossener Platz mit Geschäften und Bars unter den Arkaden. An der Nordseite steht das hübsche Rathaus, an der Südseite die Kirche San Juan, in der die hl. Teresa getauft wurde. Von den Balkonen der Kirche konnten die Caballeros einst die Stierkämpfe auf der Plaza verfolgen.

Am südlichen Teil der Stadtmauer, gegenüber der heute so genannten Puerta de la Santa, stand das Geburtshaus der hl. Teresa. An dessen Stelle wurde 1638 die Kirche des sich dahinter anschließenden Klosters der Unbeschuhten Karmeliterinnen, der **Convento de Santa Teresa de Jesús**, erbaut. Die verhältnismäßig schlichte barocke Fassade zeigt über dem Portal eine Statue der Heiligen. Sehenswertester Raum ist das durch das linke Querschiff zu erreichende **Geburtszimmer Teresas**, das zu einer überschwänglich ausgestatteten Barockkapelle umgestaltet wurde. Im Zentrum des Altars steht eine reich verzierte, mit Schmuck und kostbaren Stoffen behängte Statue der Mystikerin, die der Künstler Gregorio Fernández im Moment der Kreuzesvision darzustellen versuchte.

Über dem Geburtsort Teresa de Ávilas steht die Kirche der Unbeschuhten Karmeliterinnen.

Erkennungszeichen des **Torreón de los Guzmanes**, des beim Konvent im 16. Jh. erbauten Palastes der Familien Guzmán und Oñate, ist der massive Turm.

Casa de los Dávila

Wenige Schritte östlich vom Konvent, jenseits der Plaza General Mola, findet man mit der Casa de los Dávila einen der **größten Adelspaläste** Ávilas. Er besteht aus mehreren Gebäuden und wurde vom 13. bis 15. Jh. an die Stadtmauer angebaut.

Casa de Núñez Vela

Schräg gegenüber der Klosterkirche wohnte in der 1540 erbauten **Casa de Núñez Vela** die Familie von Blasco Núñez Vela, dem ersten Vizekönig von Peru, den Gonzalo Pizarro, der Bruder von Francisco Pizarro, hinrichten ließ. Sie ist heute Sitz der Justizbehörde; der Innenhof ist zu Bürozeiten offen.

Capilla de Mosén Rubí de Bracamonte

Nördlich der Plaza Mayor ist die Altstadt etwas weniger eng bebaut. Hier ließ der Adlige Mosén Rubí, ein zum Christentum konvertierter Jude, im Jahr 1516 eine Grabkapelle für seine Tante María Herrera und deren Mann errichten. Das Alabaster-Grabmal schuf Vázquez Dávila. Des Weiteren bemerkenswert ist die im 17. Jh. gefertigte polychrome Christusfigur »Cristo de las Batallas«. Die Kapelle gehört heute zum Dominikanerinnenkloster.

Außerhalb der Stadtmauer

✶ San Vicente

Die Basilika San Vicente ist neben der Kathedrale der **bedeutendste Sakralbau** der Stadt. Er wurde zu Beginn des 12. Jh.s unmittelbar ge-

genüber der Puerta de San Vicente an jener Stelle errichtet, an der der hl. Vicente zusammen mit seinen Schwestern Sabina und Cristeta im Jahre 306 n. Chr. den Märtyrertod erlitten haben soll. An der südlichen Längsseite fällt der im 14. Jh. angefügte Säulengang auf, einst vermutlich Gerichtsstätte. Das Portal hier stammt aus der ersten Bauphase und zeigt im Gewände eine sehr schöne romanische Verkündigungsgruppe. Eine der feinsten romanischen Skulpturengruppen findet man an dem mit einer Vorhalle versehenen **Westportal.** Die Säulenstatuen stellen Jesus und die Apostel dar.
Unter der Vierungskuppel überdacht ein Baldachin aus dem 16. Jh. den Grabschrein der drei Heiligen, der vom Ende des 12. Jh.s datiert. Die beiden Seitenreliefs zeigen Christus als Pantokrator bzw. die Anbetung der Könige; auf der Frontseite wird in sieben Bildern die Geschichte des hl. Vicente und seiner Schwestern erzählt. Die Krypta umschließt einen Felsen, auf dem sie gestorben sein sollen. In ihr sieht man mehrere Darstellungen der Muttergottes, unter denen die **romanische Virgen de la Soterraña** herausragt.

? WUSSTEN SIE SCHON ...?

- ... dass die Südländer ein »entspanntes« Verhältnis zu ihren Heiligen pflegen? Wen wundert's da, dass man überall in der Stadt der hl. Teresa von Ávila begegnet, selbst in Souvenirläden und beim Bäcker in Gestalt des Eiergebäcks namens »Yemas de Santa Teresa«.

Casa de los Deanes, Museo Provincial

Die Kathedraldekane wohnten in der südlich von San Vicente an der Plaza Naivillos gelegenen Casa de los Deanes (16. Jh.). In diesem zweigeschossigen Gebäude ist heute das Museo Provincial eingerichtet. Es zeigt in drei Sälen sakrale Plastik von der Romanik bis zur Renaissance, Teppiche, ein Hans Memling zugeschriebenes Triptychon, Gemälde, Waffen und Keramik.

San José

Weiter östlich liegt das Kloster San José oder Las Madres, die erste Klostergründung der hl. Teresa (1562). Es besitzt einen Retablo von Alonso Cano.

✶ San Pedro

Die Ostseite der Plaza Santa Teresa gegenüber der Puerta del Alcázar dominiert die im 12. und 13. Jh. erbaute Kirche San Pedro mit ihrer großen Fensterrose und einfachem, aber umso eindrucksvollerem Westportal. Im linken Seitenschiff hängt ein Morán-Gemälde (»Petrus in Fesseln«, 1673); der Hochaltar stammt von Juan de Borgoña.

✶ Santo Tomás

Hinter der Kirche führt der Paseo de Santo Tomás zum gleichnamigen Dominikanerinnenkloster, das 1483 von María Dávila und Tomás de Torquemada nach dessen Ernennung zum ersten Großinquisitor Spaniens gegründet wurde. Die Katholischen Könige nutzten es auch als Sommerresidenz. Von außen wirkt die Klosterkirche fast abweisend, lediglich Kugelfriese und das Zeichen der Katholischen Könige, Joch und Pfeilbündel, schmücken die Fassade.

Im düsteren Inneren der Kirche fällt auf, dass sich Hauptaltar und Chorraum auf zwei Emporen gegenüberstehen, die von den Kreuzgängen, also nur für die Mönche, erreichbar waren. Im Chor tagten die Tribunale der Inquisition, und von hier aus verfolgten die Katholischen Könige die Messe. Das um 1499 entstandene **Retablo des Hauptaltars** stellt das Leben des Thomas von Aquin dar und ist das Hauptwerk von Pedro de Berruguete. Unter der Vierungskuppel erkennt man das prächtige Grabmal des Infanten Don Juan, des einzigen, 1497 mit 19 Jahren verstorbenen Sohnes des Königspaares Isabella und Ferdinand. Der Florentiner Künstler Domenico Fancelli schuf 1510–1513 die Grablege und die alabasterne Liegefigur. In Seitenkapellen ruhen der Schatzmeister der Könige, Núñez Arnalte, und seine Frau sowie der königliche Erzieher Juan Dávila mit Frau. ◄ Innenraum

Das Kloster besitzt drei Kreuzgänge. Der einfachste ist der Claustro del Noviciado (Kreuzgang der Novizen), durch den man in den Claustro del Silencio (Kreuzgang des Schweigens) gelangt, von wo eine Treppe zum Chorgestühl führt. Der erste Stock hat einen Zugang zum Hauptaltar. Im zweistöckigen Claustro de los Reyes (Kreuzgang der Könige) schließlich kann man in einigen Räumen das Museum für Orientalische Kunst besuchen. ◄ Kreuzgänge

San Segundo

Die kleine Kirche am Río Adaja unterhalb der Südmauer stammt aus dem 12. Jh. und birgt das von Juan de Juni 1573 geschaffene Grabmal des hl. Secundus, des ersten Bischofs von Ávila.

La Encarnación

Teresa de Ávila verbrachte 29 Jahre ihres Lebens im nordwestlich der Mauer gelegenen Kloster La Encarnación, dessen Priorin sie war. Über ihrer Zelle wurde 1630 eine Kapelle errichtet. Das **Museum** besitzt einige Reliquien der Heiligen.

Umgebung von Ávila

★ Toros de Guisando

Die N-403 führt nach Süden über den Puerto de Paramera (1416 m ü. d. M.) und El Tiemblo nach etwas mehr als 50 km zum Kloster Guisando (14. Jh.), wo Isabella die Katholische 1468 zur Königin proklamiert wurde. Unweit vom Kloster stehen auf einer Wiese die berühmten »Toros de Guisando«, vier **iberische Steinskulpturen** aus Granit aus dem 3. und 4. vorchristlichen Jahrhundert.

Arévalo

Wer die ursprüngliche ländlich-kastilische Atmosphäre schnuppern möchte, sollte einen Ausflug ins 38 km nördlich an der Mündung des Río Arevalillo in den Río Adaja gelegene Arévalo unternehmen und die Plaza de la Villa genießen: Weitläufig, hell gepflastert und gesäumt von alten Häusern, deren oberes Stockwerk von Holz- oder Steinsäulen gestützt weit hervorspringt und schattige Arkadengänge schafft, hinterlässt sie, besonders in der Morgenstille, einen bleibenden Eindruck von der **Lebensweise der Kastilier**. An der Ostseite ragen die beiden Mudéjar-Türme der Kirche San Martín empor. Sie ★ ◄ Plaza de la Villa

Beschaulich: die Plaza Mayor von Arévalo

stammt aus dem 13.–14. Jh. und besitzt in der Vorhalle Reste romanischer Malereien. An der Westseite steht die ebenfalls romanisch-mudéjare Kirche Santa María aus dem 12. Jh., in deren Apsis romanische Malereien der katalanischen Schule erhalten sind. In der über dem Río Adaja am Nordwestrand der Stadt errichteten **Burg** aus dem 14. Jh. verbrachte Isabella die Katholische ihre Kindheit.
2 km südlich außerhalb Arévalos sieht man auf einem Hügel die Überreste eines der einst schönsten kastilischen Mudéjar-Bauwerke, der Kirche **La Lugareja**. Nur Apsis und Querschiff sind von dem Bau erhalten, der auf ein westgotisches Kloster zurückgeht, das im 13. Jh. wieder aufgebaut wurde.

24 km westlich von Arévalo liegt das maueremgürtete **Madrigal de las Altas Torres**, der Geburtsort Isabellas der Katholischen. Sie wurde im heutigen Kloster Madres Agustinas de Nuestra Señora de Gracia geboren, dem ehemaligen Palast der kastilischen Herrscher, wo sie bis zu ihrem vierten Lebensjahr wohnte und wo ihr Heiratsvertrag mit Ferdinand von Aragón geschlossen wurde. In der Kirche San Nicolás aus dem 12. Jh. kann man noch ihren Taufstein besichtigen.

Sierra de Gredos ►Plasencia, Umgebung

✶ Badajoz

L 7

Provinz: Badajoz (BA)
Region: Extremadura
Höhe: 183 m ü. d. M.
Einwohnerzahl: 150 300

Nur 4 km von der portugiesischen Grenze entfernt verbreitet das am linken Ufer des Río Guadiana auf einem niedrigen Höhenrücken gelegene Badajoz andalusischen Charme. Die Stadt eignet sich gut als Standort für Ausflüge in die Extremadura.

Geschichte Badajoz, das römische Colonia Pacensis, verdankt seinen Namen den Mauren, die es Badaljóz nannten. Nach dem Untergang des Kalifats von Córdoba gründeten die muslimischen Aftassiden hier ein kleines Königreich, dem Alfons IX. von León 1229 ein Ende bereitete. Als **Tor nach Portugal** wurde Badajoz immer wieder mit Krieg überzogen und besetzt: In den Jahren 1385, 1396, 1542 waren die Portugiesen in der Stadt, 1580 schlug Philipp II. hier sein Hauptquartier bei der Eroberung Portugals auf, 1660 kehrten die Portugiesen wieder als

BADAJOZ ERLEBEN

AUSKUNFT

Pasaje de San Juan, s/n
06001 Badajoz
Tel. 924 22 49 81
http://turismo.badajoz.es

VERANSTALTUNG

Der *Carnaval de Badajoz* im Februar bzw. März ist einer der lebhaftesten in ganz Spanien.

ESSEN

► Fein & teuer

Aldebarán
Avenida de Elvas
Tel. 924 27 42 61
Sehr gutes Essen in edlem Ambiente.

► Preiswert

Los Canchales
Calle Adelardo Covarsí, 15
Tel. 924 24 44 43
Hier werden lecker zubreitete Gerichte der regionalen Küche zu annehmbaren Preisen serviert.

ÜBERNACHTEN

► Komfortabel

Husa Zurbarán
Gómez de Solís, 1
Tel. 924 00 14 00
www.hotelhusazurbaran.com
Gut geführtes Haus am Botanischen Garten mit 213 Zimmern und Suiten.

► Günstig

Lisboa
Avenida Augusto Vázquez, 2
Tel. 924 27 29 00
www.hotellisboabadajoz.es
Kastenförmige Unterkunft mit 176 gut ausgestatteten Zimmern

Herren zurück; 1701 zogen die Truppen der Alliierten im Spanischen Erbfolgekrieg durch, 1810 wurden die Franzosen von den Engländern vertrieben, auch im Bürgerkrieg war Badajoz 1936 sehr umkämpft.

Sehenswertes in Badajoz und Umgebung

✶ Alcazaba

Im Nordosten der Stadt erhebt sich die Alcazaba, einst Sitz der maurischen Herrscher, heute öffentlicher Park. Bemerkenswert ist die achteckige **Torre de Espantaperros** (Torre del Apéndiz), ein unter den Almohaden erbauter zinnenbekränzter Festungsturm, von dem man einen weiten Ausblick auf den Río Guadiana und die Extremadura hat. Zur Alcazaba gehört der Palast der Herzöge von Roca, in dem das Museo Arqueológico eingerichtet ist.

Catedral de San Juan

An der Plaza de España inmitten der Altstadt erhebt sich die Kathedrale San Juan, eine in den Jahren 1232–1284 errichtete, festungsartige dreischiffige Basilika. Die neue Fassade wurde in der Renaissance vollendet; das Portal stammt von 1619. Innen fällt ein großer Renaissancechor von Jerónimo de Valencia mit schönem Gestühl auf. Unter den zwölf Kapellen stechen die Capilla de Santa Ana und die Capilla de los Duques hervor, in denen Gemälde des in Badajoz geborenen Malers Luis de Morales (1509–1586) hängen. Sechs flämische Tapisserien schmücken die Sakristei. Auch im Diözesanmuseum im Kapitelsaal sind u. a. Bilder von Luis de Morales zu bewundern.

Museo Capitular ►

Museo Provincial de Bellas Artes

Durch die Calle Valdés gelangt man von der Plaza de España zum Palacio de la Diputación Provincial mit dem Museo Provincial de Bellas Artes, das über 1200 Gemälde besitzt, darunter Werke von Morales und Zurbarán.

Puente de Palmas

Vom Museum führt die Calle Santa Lucía zu der Ende des 16. Jh.s erbauten, zinnenbekrönten Puerta de Palmas. Hier beginnt die 1596 vollendete, auf römische Fundamente gesetzte granitene Brücke Puente de Palmas, die den Río Guadiana auf 582 m Länge mit 32 Bogen überspannt.

Museo Extremeño y Iberoamericano

Kunst der Extremadura seit den 1980er-Jahren stellt das 1995 in einem fast futuristisch modernisierten Festungs- und Gefängnisbau des 17. Jh.s eröffnete Museo Extremeño y Iberoamericano aus (Calle del Museo 2). Auch einen deutschen Bekannten trifft man hier: den Fluxus-Künstler **Wolf Vostell**, der lange in der Extremadura lebte (s. auch Umgebung von ►Cáceres).

Alburquerque

Das 44 km nördlich von Badajoz auf einer Anhöhe gelegene Städtchen Alburquerque wird von Resten einer Stadtmauer umgeben. Die Ruinen eines mächtigen Castillo, das im Jahre 1276 durch Alonso Sánchez, einem unehelichen Sohn des portugiesischen Königs, errichtet wurde, überragen den Ort. Auch die gotische Kirche Santa María del Mercado zeigt mit ihrem befestigten Glockenturm die Geschichte Alburquerques als umkämpfter Grenzstadt.

? WUSSTEN SIE SCHON ...?

- ... dass die meisten namhaften Konquistadoren aus der Extremadura stammten? Der kargen Extremadura-Landschaft müssen die Menschen bis heute alles abringen – im 16. Jh. für viele Grund genug, ihr Glück in der Neuen Welt zu suchen.

Durch die südliche Extremadura

Olivenza

Dass die 26 km südlich von Badajoz gelegene Stadt Olivenza auch **Stadt des Emanuel-Stils** genannt wird, liegt an ihrer portugiesischen Vergangenheit. Die von einer Mauer mit schönen Toren umgebene Siedlung gehörte bis 1801 zu Portugal. Deshalb herrscht der sonst in Spanien kaum zu findende, nach König Emanuel I. von Portugal (er regierte von 1495 bis 1521) benannte Baustil vor. Dabei werden maurisch-spätgotische Elemente mit Elementen der frühen Renaissance sowie von den Eroberungen in Amerika und Asien inspirierte Formen wie exotische Pflanzen, Korallen, Muscheln und Seemannssymbole wie Knoten und Taue vereint.

Die Plaza Chica von Zafra (s. S. 200) auf Kacheln an einer Hauswand verewigt

Schöne Beispiele dafür sind die Kirche Santa María Magdalena aus dem 16. Jh., deren Kreuzrippengewölbe schiffstauähnliche Säulen tragen, und das Portal des Rathauses, an dem zwei aus Stein gehauene Armillarsphären die Geltung Portugals als Seefahrernation und Weltmacht symbolisieren.

◄ Santa María Magdalena, Rathaus

Die Kirche **Santa María del Castillo** bewahrt in ihrer linken Seitenapsis einen gotischen Flügelaltar, den Stammbaum der Jungfrau Maria darstellend. Der rechte Seitenaltar ist emanuelinisch. Bei der Kirche erhebt sich als Rest der 1306 begonnenen Burg der wuchtige Bergfried. Auf dem Burgareal zeigt das **Museo etnográfico González Santana** u. a. handwerkliches Gerät und Hauseinrichtungen. Die **Santa Casa de Misericordia**, ein dicht außerhalb der Stadtmauer beim Stadttor Puerta de los Ángeles gelegenes ehemaliges Hospital, überrascht mit einer verschwenderisch mit portugiesischen Azulejos (Kacheln) ausgestatteten Kapelle.

Jerez de los Caballeros

Jerez de los Caballeros verdankt seinen Namen dem Orden der Tempelritter, die es 1229 den Mauren abrangen. Hier wurden **Vasco Núñez de Balboa**, der als erster Europäer die Landenge von Panama durchquerte und den Pazifischen Ozean erreichte, und **Hernán de Soto**, einer der Eroberer Floridas und des Mississippi-Deltas, geboren. Die Bedeutung der Stadt drückt sich auch in den vielen aus dem 16. Jh. stammenden Häusern rund um die Plaza Mayor aus.

◄ Castillo de los Templarios

Die Burg der Tempelritter erstreckt sich auf einem Hügel am südöstlichen Stadtrand. Als eine päpstliche Bulle die Auflösung des Ordens verkündete, leisteten die Ritter von Jerez den Truppen Ferdinands IV. erbitterten Widerstand. In der Torre Sangrienta (»Blutiger Turm«) wurden die überlebenden Templer nach der Eroberung ihrer Burg hingerichtet.

◄ Kirchen

Die Kirche Santa María unterhalb der Burg ist die älteste Kirchengründung in der Extremadura. Sie geht auf eine westgotische Kirche zurück, die am Heiligabend des Jahres 559 geweiht wurde. Weithin sichtbar ragt der Turm der Kirche San Miguel von 1749 aus dem Stadtzentrum hervor. Ein Ziegelsteinkörper ist die Basis für mehrere reich skulptierte Turmstockwerke. Als Pendant zum Turm von San Miguel erhebt sich jener von San Bartolomé über die Oberstadt. Diese im 16. Jh. begonnene Kirche ist jedoch mit blauem und gelbem Glas sowie blauen Azulejos spielerischer als San Miguel.

★ Zafra

Wer andalusische Atmosphäre erleben will, sollte unbedingt das Städtchen Zafra besuchen, das einstige iberische Segida, das römische Julia Restituta und das maurische Zafar. Die palmenbestandene, von Häusern aus dem 18. und 19. Jh. umgebene Plaza Grande und die verträumte, arkadengesäumte Plaza Chica (Bild s. S. 199) verbreiten **südspanisches Flair**.

Beeindruckendstes Bauwerk Zafras ist der im Zentrum liegende gotische **Alcázar** der Herzöge von Feria aus dem 15./16. Jh., ein gutes Beispiel eines altspanischen Adelsschlosses arabischen Ursprungs. Die Festung ist heute als Parador Nacional ein gepflegtes Hotel mit einem marmornen, Juan de Herrera zugeschriebenen Patio.

Die nördlich der Festung gelegene Kirche **La Candelaria**, 1546 begonnen, besitzt einen 1644 von Francisco de Zurbarán bemalten Retablo und ein kleines sakrales Museum. Der große Maler Francisco de Zurbarán wurde 1598 im 25 km südlich von Zafra gelegenen **Fuente de Cantos** geboren. Sein Geburtshaus ist heute Museum.

Baeza · Úbeda

M/N 14

Provinz: Jaén (J) **Region:** Andalusien

Ziemlich versteckt im Osten Andalusiens und nur wenige Kilometer auseinander gibt es zwei wahre städtebauliche Perlen zu entdecken: die Städte Baeza und Úbeda, deren einstiger Glanz sich bis heute fast unverändert in einmalig geschlossenen Stadtbildern der Renaissance erhalten hat. 2003 sind sie in die Liste des Weltkulturerbes der UNESCO aufgenommen worden.

★ Baeza

Höhe: 760 m ü. d. M. **Einwohnerzahl:** 16 400

Grenzstadt

Baeza, das »Vivatia« der Römer, liegt an den Ausläufern der Loma de Úbeda, umgeben von Oliven-, Getreide- und Weinfeldern. Schon zur Zeit der Westgoten war es Bischofssitz, wurde maurisch und im 13. Jh. wieder christlich. Als Grenz- und Handelsstadt zwischen der Mancha und Andalusien erreichte Baeza seine höchste Blüte im 16. Jh. und erhielt eine Universität.

BAEZA ERLEBEN

AUSKUNFT

Oficina de Turismo
Plaza del Pópulo, s/n
23440 Baeza
Tel. 953 77 99 82
www.andalucia.org

VERANSTALTUNGEN

Romería del Cristo de la Yedra
Farbenfrohe Umzüge mit Musik und Tanz am 7. September.

ESSEN

▶ Fein und teuer

① *Andrés de Vandelvira*
San Francisco, 14
Tel. 9 53 74 81 72
Regionales vom Feinsten in der Galerie rund um den Kreuzgang der Iglesia de San Francisco.

▶ Erschwinglich

② *Juanito*
Avda. Arca del Agua, s / n
Tel. 9 53 74 00 40
www.juanitobaeza.com
Das Restaurant ist bekannt für seine authentische Küche der Provinz Jaén.

▶ Preiswert

③ *La Góndola*
Portales de Carbonería, 13
Fleisch vom Grill unter den Arkaden des Paseo de la Constitución.

ÜBERNACHTEN

▶ Günstig

① *Confortel Baeza*
Concepción, 3
Tel. 9 53 74 81 30
Fax 9 53 74 25 19
Modernes Hotel mit einem Renaissance-Patio.

② *Hospedería Fuentenueva*
Avda. Puche Pardo, 11
Tel. 9 53 74 31 00
Fax 9 53 74 32 00
www.fuentenueva.com
Das liebevoll eingerichtete Hotel im ehemaligen Frauengefängnis (!) veranstaltet auch Kunst- und Kunsthandwerksausstellungen.

③ *Juanito*
Avda. Arca del Agua, s / n
Tel. 9 53 74 00 40
Fax 9 53 74 23 24
www.juanitobaeza.com
Familienbetrieb mit Gartenterrasse am Stadtrand; im Restaurant wird Authentisches der Provinz Jaén gekocht.

④ *Hostal El Patio*
Conde Romanones, 13
Tel. 9 53 74 02 00
Pension in der Altstadt mit einem Wohn-Patio.

Elegant: die isabellinische Fassade des Palacio Jabalquinto

Baeza Orientierung

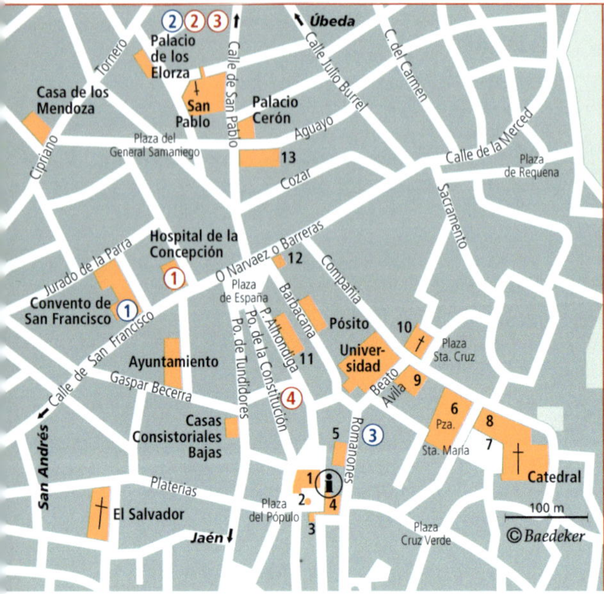

1 Antigua Carnicería
2 Fuente de los Leones
3 Puerta de Jaén und Arco de Villalar
4 Casa del Pópulo
5 Capillo del Cristo del Cambrón
6 Seminario de San Felipe
7 Fuente de Santa María
8 Casas Consistoriales Alta
9 Palacio de Jabalquinto
10 Santa Cruz
11 La Alhóndiga
12 Torre de los Aliatares
13 Palacio de Salcedo

Essen

① Andrés de Vandelvira
② Juanito
③ Restaurante La Góndola

Übernachten

① Confortel Baeza
② Hospedería Fuentenueva
③ Juanito
④ Hostal El Patio

Paseo de la Constitución

Am von Häusern des 17. Jh.s umgebenen Paseo de la Constitución sind der am Ostende stehende, nach einem Maurenstamm benannte **Uhrturm Los Aliatares** und die einstige **Getreidemarkthalle** mit ihrer dreifachen Bogengalerie besonders sehenswert. Letztere wurde vom Kornspeicher im Sträßchen dahinter beliefert.

**** Plaza del Pópulo**

Die kleine Plaza del Pópulo ist die gute Stube von Baeza. Für die **Fuente de los Leones** in ihrer Mitte verwendete man vier Löwenfiguren aus den römischen Ruinen von Cástulo und eine iberisch-römische Frauengestalt, die der Überlieferung nach Imilke, die Gemahlin Hannibals, darstellen soll. Rundum gruppieren sich mehrere schöne Bauten: die aus dem 16. Jh. stammende Antigua Carnicería (Fleischhalle), trotz ihres profanen Verwendungszwecks mit einer Galerie und einem prächtigen Wappen Karls V. versehen; die nicht minder schöne Casa del Pópulo mit einer außerordentlichen plateresken Fassade; schließlich die Puerta de Jaén und der Triumphbogen Arco de Villalar, der 1521 anlässlich der Niederschlagung des Aufstandes der Comuneros errichtet wurde.

Plaza de Santa María

Auf der südöstlich von der Plaza del Pópulo gelegenen Plaza de Santa María fällt zunächst der als Triumphbogen erbaute Brunnen mit dem Wappen Philipps II. auf. Die Nordseite nimmt das Konzilseminar San Felipe Neri ein.

Kathedrale

An der Südseite steigt man einige Stufen zur gotischen Kathedrale Santa María hinauf, die auf den Grundmauern der einstigen Moschee erbaut und 1567–1593 umgebaut wurde. Maurischen Stil zeigt die Puerta de la Luna; die eine Gasse überspannende Puerta del Perdón ist gotisch. Im von Andrés de Vandelvira gestalteten Innern sind erwähnenswert die **Capilla Mayor** mit ihrem Sterngewölbe und einem vollständig vergoldeten Retablo sowie die **Capilla del Sagrario**, die ein überaus reichhaltiges Chorgitter von Bartolomé de Jaén besitzt. Die sechseckige schmiedeeiserne Kanzel wurde 1580 gefertigt. Im Kreuzgang sind einige Bögen der einstigen Moschee erhalten.

★ **Palacio de Jabalquinto**

Um San Felipe Neri herum geht man zur kleinen Plaza de Santa Cruz mit der gleichnamigen Kirche. Gegenüber beeindruckt der Palacio de Jabalquinto, der Palast der Grafen von Benavente, dessen isabellinische Fassade mit Diamantspitzen und maurischen Strebepfeilern ein Werk Juan Guas' vom Ende des 15. Jh.s ist (Öffnungszeiten: Di. – So. 10.30 – 13.30, 16.00 – 18.00 Uhr).

Antigua Universidad

Eine Gasse trennt den Palacio vom Gebäude der Alten Universität, die 1542 gegründet und 1875 in eine Schule umgewandelt wurde. An dieser unterrichtete Anfang des 20. Jh.s der Dichter Antonio Machado Französisch, wie eine Gedenktafel im Hof weiß.

Ayuntamiento

Unter den übrigen Bauwerken der Stadt ist vor allem das Rathaus (Ayuntamiento) am Paseo del Cardinal Benavides zu nennen. Seine Fassade besticht durch außerordentlich schöne Balkons und prächtige Wappen, darunter dasjenige Philipps II. Das Haus diente früher auch als Gefängnis. In unmittelbarer Nähe liegen die Ruinen des Klosters San Francisco und das ehemalige Hospital La Concepción mit seinem schönen Südportal. Über den Paseo de la Constitución hinaus kommt man noch zu einigen weiteren Adelshäusern.

★ Úbeda

Höhe: 743 m ü. d. M. **Einwohnerzahl:** 36 000

»Andalusisches Salamanca«

Nur 9 km östlich von Baeza erreicht man Úbeda, das maurische Obdah. Es ist größer als seine Schwesterstadt und besitzt im Zentrum zahlreiche Baudenkmäler aus der Renaissance, die ein außergewöhnlich geschlossenes Stadtbild formen, weshalb es auch das »andalusische Salamanca« genannt wird. Nach der Rückeroberung durch christliche Heere 1234 war Úbeda einer ihrer Hauptstützpunkte im Kampf mit den Mauren um Andalusien.

★★ **Plaza de Vázquez Molina**

Die schönsten Bauten entdeckt man rings um die Plaza de Vázquez Molina, den **prächtigen Hauptplatz** am Rand der Altstadt, der hier jäh zum Becken des oberen Guadalquivir abfällt. An der Nordostseite ragt die einschiffige Kirche El Salvador empor, die in der ersten Hälf-

ÚBEDA ERLEBEN

AUSKUNFT

Oficina de Turismo
Palacio Marqués de Contadero
Calle Bajo del Marqués, 4
23400 Úbeda
Tel. 953 77 92 04
www.andalucia.org

EINKAUFEN

In ***San Millán*** findet man schöne Keramik und Gegenstände aus Espartogras. Bestes Olivenöl gibt es in der ***Casa del Aceite*** (C. Juan Montilla, 3).

VERANSTALTUNGEN

Semana Santa
Feiern und Prozessionen während der Karwoche (►Abb. S. 107).

Fiesta de San Miguel
Ende Sept.; Straßenfeste, Stierkämpfe und Feuerwerk

ESSEN

► Fein und teuer

② ***Parador de Úbeda***
Plaza de Vázquez de Molina, s/n
Tel. 953 75 03 45
In historischem Ambiente werden Spezialitäten der region serviert.

► Preiswert

① ***Barbacoa***
San Cristóbal, 17
Traditionelle Gerichte und selbstgebackenes Holzofenbrot.

ÜBERNACHTEN

► Luxus/Komfortabel

① ***Álvar Fáñez***
Calle Juan Pasquau, 5
Tel. 953 79 60 43
www.alvarfanez.com
Gepflegtes Altstadthotel mit Patio und Aussichtsterrasse.

④ ***Parador de Úbeda***
Plaza Vázquez de Molina, s / n
Tel. 953 75 03 45
www.parador.es
Der zum feinen Hotel umfunktionierte Renaissancepalast des Condestable Dávalos mit seinem herrlichen Patio steht mitten im historischen Zentrum.

► Komfortabel

② ***María de Molina***
Plaza del Ayuntamiento, s/n
Tel. 953 79 53 56
www.hotel-maria-de-molina.com
Diese Herberge ist in einem Stadtpalais des 16. Jh.s am Rathausplatz eingerichtet.

③ ***Palacio de la Rambla***
Plaza del Marqués, 1
Tel. 953 75 01 96
www.palaciodelarambla.com
Das Palais aus dem 16. Jh. ist um einen Renaissance-Patio angelegt. Die geräumigen Zimmer sind mit wunderschönem antikem Mobiliar und Keramik aus der Region ausgestattet.

te des 16. Jh.s von Andrés de Vandelvira nach Plänen von Diego de Siloé erbaut wurde. Die figurengeschmückte Fassade flankieren zwei Rundtürme. Die Capilla Mayor birgt unter ihrer hohen Kuppel hinter einem Chorgitter einen Retablo, dessen Schnitzfigur »Verklärung Christi« Alonso de Berruguete geschaffen hat. Nicht minder prachtvoll gestaltete Vandelvira die Sakristei.

Von El Salvador vorbei am rechts liegenden, in einem alten Adelspalast eingerichteten Parador Nacional »Condestable Dávalos« erreicht man ebenfalls an der rechten Platzseite den Palacio de las Cadenas, das heutige Rathaus. Auch dieses Gebäude wurde von Vandelvira errichtet; zwei einen Wappenschild haltende Löwen bewachen den Eingang. Schräg gegenüber vom Rathaus ließ sich der Marqués de Mancera, Vizekönig von Peru, im 16. Jh. einen Stadtpalast bauen. An der Stirnseite dieses Platzteils sieht man die zwei schmalen Glockentürme der Kirche Santa María de los Reales Alcázares. Sie enthält reiche gotische Kapellen und Renaissance-Chorgitter von Maestro Bartolomé aus Jaén. Links daneben steht das ehemalige bischöfliche Gefängnis Cárcel del Obispo.

◄ Palacio de las Cadenas

Nördlich der Plaza de Vázquez Molina kommt man – vorbei an der Casa de los Salvajes, wo zwei »Wilde« das bischöfliche Wappenschild halten – zur Plaza del Primero de Mayo mit einem Denkmal für den

Plaza del Primero de Mayo

Úbeda Orientierung

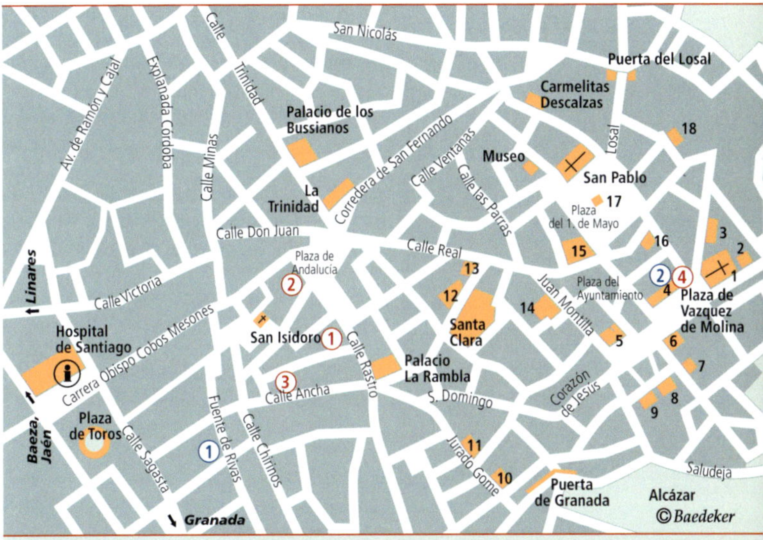

1 El Salvador
2 Hospital del Salvador
3 Palacio de los Cobos
4 Parador del Condestable Dávalos
5 Palacio de las Cadenas
6 Antiguo Pósito
7 Palacio de Mancera
8 Cárcel del Obispo
9 Santa María de los Reales Alcázares
10 Casa de las Torres
11 Palacio de Medinilla
12 San Pedro
13 Palacio de Guadina
14 Palacio de Vela de los Cobos
15 Ayuntamiento viejo
16 Casa de los Salvajes
17 Monumento a San Juan de la Cruz
18 Oratorio de San Juan de la Cruz

Essen

① Barbacoa
② Parador de Úbeda

Übernachten

① Alvas Fánez
② María de Molina
③ Palacio de la Rambla
④ Parador de Úbeda

Mystiker Juan de la Cruz in der Mitte. Er starb 1591 in Úbeda; über seinem Sterbehaus an der vom Platz wegführenden C. Juan de la Cruz ist eine Kapelle erbaut worden. Die Kirche San Pablo am Platz stammt aus der Zeit der Reconquista. Das Hauptportal zeigt romanische Anklänge, während das Südportal isabellinisch ist. In die Außenwand ist ein Brunnen von 1559 eingelassen. Innen verdient die platereske Capilla del Camarero Vago besondere Beachtung. Das Städtische Museum an der C. Cervantes präsentiert die Stadtgeschichte.

San Pablo ►

Museo ►

Umgebung von Baeza und Úbeda

★ **Parque Natural de las Sierras de Cazorla y Segura**

45 km sind es in südöstlicher Richtung von Úbeda nach Cazorla, dem Hauptort des Fremdenverkehrs in der Sierra de Cazorla. Dieser Gebirgsstock steigt aus dem hügeligen Getreide- und Olivenland Ostandalusiens über 2000 m hoch auf und bildet mit der Sierra de Segura das **größte Naturschutzgebiet Andalusiens**. Hier verläuft die Wasserscheide zwischen Mittelmeer und Atlantik, hier entspringt der Guadalquivir. Das Gebiet ist für seinen Pflanzenreichtum berühmt: das Cazorla-Veilchen, Orchideen, Narzissen, Zistrosen und vor allem die unberührten Wälder, denn dank der Abgeschiedenheit der Region wurde hier nur wenig Holz geschlagen. An seltenen Tieren kann man vor allem den iberischen Steinbock, Zwergadler und Bartgeier beobachten.

Hoch auf einem Felssporn der Sierra de Cazorla thront die Burg La Iruela.

Das Gebiet ist wahrlich geschützt, denn es sind nur drei recht kurze Wanderwege ausgeschildert. Fahrstraßen gehen u. a. zum Embalse del Tranco (unterwegs das Informationszentrum Torre del Vinagre mit Jagdmuseum; am See ein Freigehege) und zum Parador Nacional bzw. von dort weiter zur Quelle des Guadalquivir. Vor Aufbruch sollte man sich aber auf jeden Fall im **Informationszentrum** des Naturparks in Cazorla (Agencia de Medio Ambiente, C. Martínez Falero 11) kundig machen.

In Cazorla selbst geht es etwas trubeliger zu, bietet es doch als Hauptzugang zum Naturpark viele Unterkunftsmöglichkeiten, Bars und Restaurants. Abends trifft man sich an der Plaza de la Corredera und an der Plaza de Santa María. Als Ausflugsziele bieten sich **Toya** (20 km westlich) mit einem iberischen Gräberfeld aus dem 7.–5. Jh. v. Chr. und das typisch andalusische **Quesada** (12 km südöstlich) an, das mit dem Museo Zabaleta über die vollständigste Sammlung von Werken des Malers Rafael Zabaleta verfügt.

Cazorla ►

★ Barcelona

F 25

Provinz: Barcelona (B)
Region: Katalonien
Höhe: 0 – 532 m ü. d. M. (Tibidabo)
Einw.: 1,62 Mio. (Großraum ca. 4 Mio.)

Barcelona ist neben Madrid die bedeutendste Stadt Spaniens. Werden in Madrid die Weichen in Regierung, Verwaltung und Finanzen gestellt, so ist Barcelona erster Industrie- und Handelsplatz des Landes. Nichts illustriert die Rivalität zwischen den beiden Metropolen besser als ein Fußballspiel zwischen dem FC Barcelona und Real Madrid – hier geht es nicht mehr um Tore, sondern um Ehre, Schmach und Glaubensfragen.

Hauptstadt Kataloniens

Die Olympischen Sommerspiele von 1992 haben das Antlitz der Hauptstadt Kataloniens nachhaltig verändert, nicht allein durch den Neu- bzw. Umbau der olympischen Stätten – vor allem auf dem Montjuïc und am Olympiahafen –, sondern auch in der Innenstadt selbst, wo sich avantgardistische Architekten und Designer ausgetobt haben, etwa an den neuen Hafenpromenaden und selbst in vielen neuen Bars und Restaurants. Damit hat Barcelona ein weiteres Mal seinen Ruf als **urbane Trendsetterin** bestätigt – war es an der Wende vom 19. zum 20. Jh. der Baustil des Modernisme, so locken im neuen Jahrtausend waghalsige Architektur und eine lebendige Design- und Medienszene, dazu einige wunderbare Museen, in die katalanische Metropole.

Ausführlich beschrieben im Baedeker Allianz Reiseführer »Barcelona«

Geschichte

218 v. Chr.	Die örtliche Fama schreibt die Gründung der Stadt dem karthagischen Feldherrn Hamilkar Barkas zu.
414, 531	Westgoten erheben Barcelona zur Hauptstadt.
716	Barcelona wird maurisch.
801	Ludwig der Fromme macht Barcelona zur Hauptstadt der Spanischen Mark.
874	Grafen von Barcelona werden unabhängig.
1714	Große Teile werden im Spanischen Erbfolgekrieg zerstört.
1888, 1929	Weltausstellungen finden in Barcelona statt.
1932–1939	Barcelona ist Sitz der Regionsregierung des autonomen Katalonien.
1992	Olympische Sommerspiele und Feier zum fünfhundertsten Jahrestag von Kolumbus' erster Entdeckungsfahrt

Gesichert erschien Barcelona zuerst unter dem iberischen Namen Barcino, das unter Augustus römische Kolonie mit dem Beinamen Julia Faventia wurde. Vom 5. bis zum 9. Jh. bestimmten fremde Herren

Highlights Barcelona

Aquarium auf der Moll d'Espanya
Hier taucht man ab in eine riesige Unterwasserlandschaft und spaziet trockenen Fußes zwischen Haien und Muränen.
► Seite 209

Rambles
Auf diesen fünf Flaniermeilen dürfte für jeden Geschmack etwas dabei sein!
► Seite 216

Museu Picasso
Wer sich für die »Blaue Periode« des Künstlers interessiert, darf das Picasso-Museum auf keinen Fall versäumen.
► Seite 221

Montjuïc
Diverse Museen (u. a. katalanische Kunst), Olympiabauten und öffentliche Sportanlagen sind auf dem Montjuïc versammelt.
► Seite 221

Anella Olímpica
Auf dem Olympischen Ring weist ein Ensemble avangardistischer Architektur den Weg ins 21. Jahrhundert.
► Seite 224

Eixample
Die größte Zusammenballung modernistischer Bauten konzentriert sich im Stadtteil Eixample/Quadrat d'Or.
► Seite 225

Temple de la Sagrada Familia
Das Hauptwerk Antoni Gaudís wird auch »Kirche der Armen« genannt.
► Seite 226

Fernsehturm
Wagen Sie einen Blick über Barcelona, bei guter Sicht sogar bis zu den Balearen und den Pyrenäen.
► Seite 233

die Geschicke der Stadt. Seit 874 waren die Grafen von Barcelona unabhängig; während dieser Zeit und der Vereinigung Kataloniens mit Aragón war Barcelona neben Genua und Venedig die **führende Handelsstadt am Mittelmeer**. Die Vereinigung mit Kastilien im 15. Jh., mehr noch der Ausschluss Kataloniens vom Handel mit der Neuen Welt, der über die andalusischen Häfen lief, erschütterten diese Position. Mit der Regierung Karls III., der 1778 den Handel mit Amerika freigab, begann dann der glänzende Wiederaufstieg, der u. a. in den Weltausstellungen von 1888 und 1929 gipfelte. Von etwa 1880 an bis in die 30er-Jahre des 20. Jh.s war die Stadt eine **Hochburg der spanischen Anarchisten**. Während des Bürgerkriegs war Barcelona bis 1939 in der Hand der Republikaner. Im Oktober 1979 entschieden sich die Katalanen bei einer Volksabstimmung für die weitgehende Selbstregierung ihrer Region mit Barcelona als Hauptstadt.

Hafengebiet und Parc de la Ciutadella

★ **Hafen**
Metro: Drassanes (L 3), Barceloneta (L 4) ►

Der Hafen von Barcelona ist vor denen von Gijón und Bilbo (Bilbao) der bedeutendste und **modernste Spaniens**. Für den Besucher weitaus am interessantesten ist sein anlässlich der Olympischen Spiele – und auch danach – zu einem erheblichen Teil neu gestalteter nordöstlicher Teil. An der Plaça del Portal de la Pau erhebt sich das 1888 errichtete, insgesamt 60 m hohe **Kolumbusdenkmal**. Die eiserne Säule, über und über mit allegorischen Figuren bedeckt und unten am Sockel Stationen aus Kolumbus' Leben und Entdeckungsfahrten als Relief vorstellend, trägt eine 8 m hohe Bronzestatue des Entdeckers. Ein Aufzug im Säuleninneren fährt zur Aussichtsplattform.

Ehemalige Werft

Jenseits des Passeig de Colom erkennt man an den einstigen Docks (katal. Drassanes) die Bogenhallen, die früher als königliches Schiffszeughaus dienten. Die Werft ist schon in der Mitte des 13. Jh.s entstanden und wurde bis zum 18. Jh. auf zwölf Hallen erweitert. Hier wurden die Galeeren der Krone von Aragón gebaut und gewartet. Als jedoch nach der Entdeckung Amerikas das Hauptgebiet der Seefahrt der Atlantik wurde, sank die Bedeutung der Anlagen rasch.

✶ ◄ Museu Marítim

1936 wurde beschlossen, hier das Marinemuseum (Museu Marítim) einzurichten. An dessen Südseite ist noch ein Rest der alten Stadtmauer erhalten. Das Museum zeigt alle Aspekte der See und der Seefahrt. Highlight ist der multimedial aufgebaute Bereich **»Aventura del Mar«**. Die große Halle beherrscht ein exzellenter Nachbau der Galeere »Real« in Originalgröße. Sie war das Flaggschiff der Flotte, die am 7. Oktober 1571 unter dem Oberkommando von Don Juan de Austria bei Lepanto die Türken besiegte. Auch eine virtuelle U-Boot-Fahrt ist möglich (Öffnungszeiten: tgl. 10.00–20.00 Uhr).

✶ **Port Vell**

Vom Kolumbusdenkmal begleitet die zur Olympiade angelegte Promenade Moll de la Fusta das Becken des alten Hafens, das sie zusammen mit der Moll d'Espanya und der Brücke Rambla del Mar begrenzt. Diese führt hinüber zum **Maremàgnum**, einem mächtigen Gebäude aus Glas, Stahl und Beton, unter dessen Dach sich Restaurants, Geschäfte, Galerien und ein Kinozentrum zusammengefunden haben. Das Interieur des Restaurants »Dive« wurde vom US-Filmregisseur Steven Spielberg wie ein fantastisches U-Boot gestaltet. Hauptattraktion auf der Moll d'Espanya ist das **Aquarium**, angeblich das größte seiner Art in Europa. Seine Abteilung »Explora!« stellt drei Meeresökosysteme vor; Nonplusultra bleibt aber die riesige Unterwasserlandschaft mit Haien, Muränen und einem versunkenen Amphorenschiff, die man durch zwei verglaste Unterwassertunnel unterquert (Öffnungszeiten: tgl. 11.00–19.00, Juli, Aug. bis 23.00 Uhr).

Aug in Aug mit Haien und Muränen: Aquarium im Hafen

Barcelona Orientierung

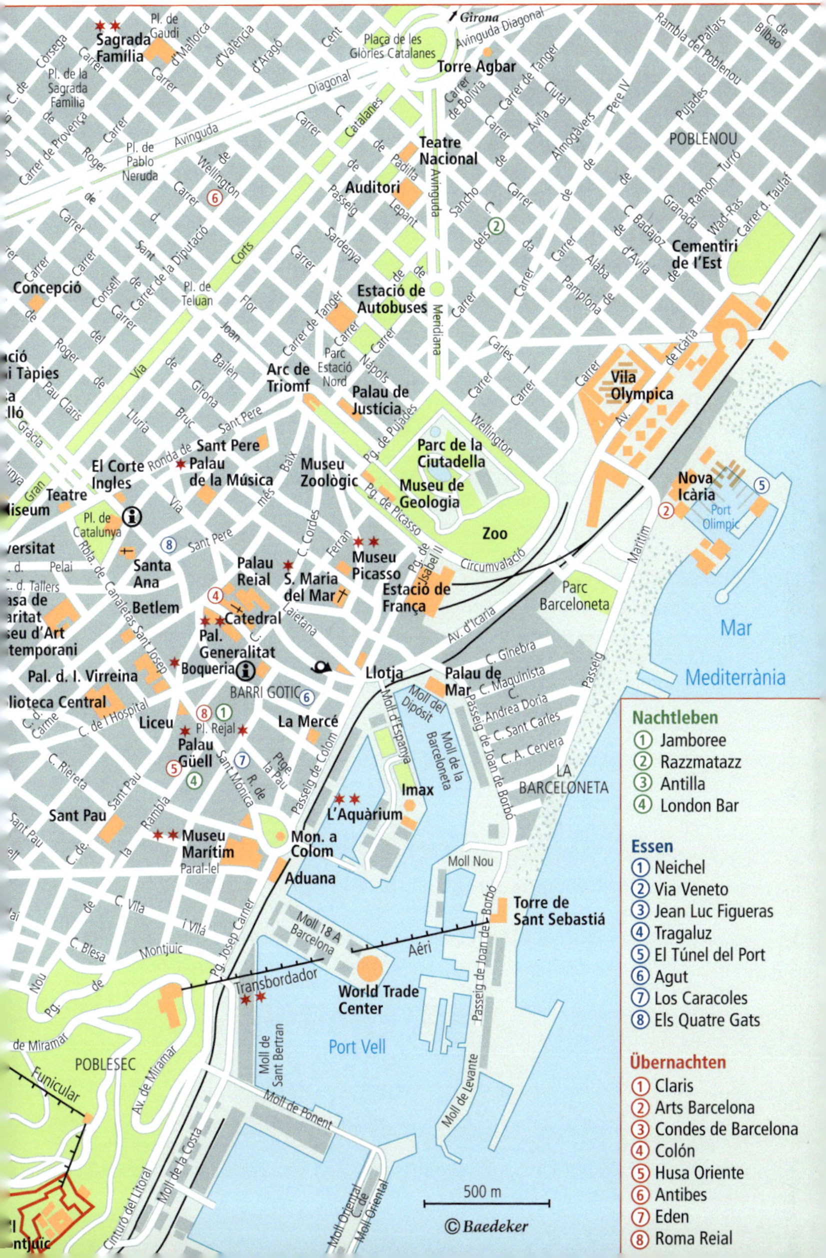
Sagrada Família
Pl. de Gaudí
Pl. de la Sagrada Família
Plaça de les Glòries Catalanes
Girona
Avinguda Diagonal
Torre Agbar
Pl. de Pablo Neruda
Teatre Nacional
Auditori
POBLENOU
Cementiri de l'Est
Concepció
Pl. de Tetuan
Estació de Autobuses
Arc de Triomf
Parc Estació Nord
Palau de Justícia
Vila Olympica
Sant Pere
Palau de la Música
El Corte Ingles
Teatre
Museu Zoològic
Parc de la Ciutadella
Museu de Geologia
Nova Icària
Port Olímpic
Pl. de Catalunya
Zoo
Santa Ana
Palau Reial
S. Maria del Mar
Museu Picasso
Estació de França
Parc Barceloneta
Betlem
Catedral
Pal. Generalitat
Boqueria
Llotja
Palau de Mar
Mar Mediterrània
Pal. d. l. Virreina
BARRI GOTIC
La Mercé
Liceu
Pl. Rejal
Palau Güell
Imax
L'Aquàrium
LA BARCELONETA
Sant Pau
Museu Marítim
Mon. a Colom
Aduana
Moll Nou
Torre de Sant Sebastiá
Moll 18 A Barcelona
Aéri
Transbordador
World Trade Center
Port Vell
POBLESEC
Funicular
Moll de Sant Bertran
Moll de Ponent
Moll de Levante
Moll Oriental
500 m
© Baedeker
Nachtleben
1 Jamboree
2 Razzmatazz
3 Antilla
4 London Bar
Essen
1 Neichel
2 Via Veneto
3 Jean Luc Figueras
4 Tragaluz
5 El Túnel del Port
6 Agut
7 Los Caracoles
8 Els Quatre Gats
Übernachten
1 Claris
2 Arts Barcelona
3 Condes de Barcelona
4 Colón
5 Husa Oriente
6 Antibes
7 Eden
8 Roma Reial

BARCELONA ERLEBEN

AUSKUNFT

Barcelona Turisme
Rambla de Catalunya 123, pral
08008 Barcelona
Tel. 933 689 700
www.barcelonaturisme.cat

VERKEHR

Flughafen
Auskunft: Tel. 902 404 704
www.barcelona-airport.com
Lage: 13 km südwestlich der Innenstadt; per Vorortzug oder Aerobus gelangt man rasch und preiswert in die Innenstadt (Plaça de Catalunya).

Öffentliche Verkehrsmittel
Das Stadtgebiet ist durch öffentliche Verkehrsmittel gut erschlossen. Einzelfahrscheine und Mehrfahrtenkarten (Targetes) gelten im Verbund für Metro, Züge und Busse.
Metro: Fünf Metrolinien verkehren Mo. bis Do. zwischen 5.00 und 22.30, Fr. und Sa. bis 2.00 und So. 6.00–24.00 Uhr. Auf einigen Strecken – etwa zum Tibidabo und nach Pedralbes – verkehren auch Züge der Ferrocarrils Generalitat de Catalunya (FGC).
Bus: Die 70 Tagesbuslinien (gelb für das Zentrum, rot für das größere Stadtgebiet, grün für die Außenbezirke) fahren von 5.00–24.00 Uhr; danach sind 15 Nachtlinien (blaue Busse) unterwegs. Der Bus Turístic steuert in 15-minütigem Abstand alle Sehenswürdigkeiten der Stadt an.
Taxi: Die Taxis in Barcelona sind schwarz-gelb lackiert. Der Preis setzt sich aus einer Grundgebühr und der Kilometergebühr zusammen.

VERANSTALTUNGEN

Cavalcada dels Reis Mags
Ankunft der Heiligen Drei Könige am Abend des 5. Januar im festlich erleuchteten Boot an der Moll de la Fusta, anschließend Reiterumzug, die »cavalcada«, durch die Innenstadt.

Setmana Santa
Am Palmsonntag wird ein Markt mit Palmzweigen, Fira dels Rams, abgehalten. Die anschließende Karwoche (Setmana Santa) wird mit Gottesdiensten und feierlichen Umzügen begangen.

Feria de Abril
Riesiges Volksfest der Andalusier mit Flamenco und kulinarischen Spezialitäten in der Nähe des Forum 2004. Wechselnde Termine zwischen Ende April/Anfang Mai

Festa Major de Gràcia
Beliebtes zehntägiges Straßenfest mit Musik, Tanz, Theater, Cava und Tapas im August.

Festes de la Mercè
Seit 1977 wichtigstes Fest der Stadt, mit viel Folklore, Musik und Theater, Umzügen, akrobatischen Darstellungen wie den »castellers« (Menschentürmen), Auftritten der Feuer speienden »gegants«. Woche um den 24. September.

EINKAUFEN

Rambles
Fünf Flaniermeilen mit Blumen- und Vogelmarkt, vielen Buch- und Zeitschriftenständen und unzähligen Cafés und Restaurants.

Barri Gòtic
In den engen Gassen des gotischen Viertels buhlen viele Schmuck-, Textil-, Leder- und Souvenirgeschäfte und natürlich eine erkleckliche Anzahl Bars und Lokale um Kundschaft.

Maremàgnum
Hypermodernes Einkaufszentrum im alten Hafenbecken.

Passeig de Colom
Segler und Nautik-Fans werden hier in einem der vielen Geschäfte für Schiffsausrüstung sicher fündig.

NACHTLEBEN

① ***Jamboree***
Plaça Reial, 17
Renommiertester Jazzkeller Barcelonas. Abends Jazz und Funk live, später Diskomusik bis zum Morgengrauen.

② ***Razzmatazz***
Carrer Almogávers, 122
Riesiges Loft mit Bereichen für Techno, Pop/Rock und Weltmusik. Hier treten nationale und internationale Rockbands auf.

③ ***Antilla BCN Latin Club***
Aragó, 141
Abtanzen zu Salsa, Rumba und Merengue ab 23.00 Uhr.

Typische Gasse im Barri Gòtic

④ ***London Bar***
Carrer Nou de la Rambla, 34
Traditionsreiche Jugendstilbar, eines von Picassos Lieblingslokalen.

ESSEN

► Fein & teuer

① ***Neichel***
Beltrán i Rózpide, 1–5
Tel. 932 03 84 08
Renommiertes Restaurant mit französisch-mediterraner Küche. Große Auswahl an Käsesorten und Desserts, ausgezeichneter Weinkeller.

② ***Vía Veneto***
Ganduxer, 10–12
Tel. 932 00 72 44
www.viavenetorestaurant.com
Klassisch katalanische, durch Anklänge an die Haute Cuisine subtil verfeinerte Küche, gute Weinkarte.

Baedeker-Empfehlung

③ ***Jean Luc Figueras***
Carrer de Santa Teresa, 10
Tel. 932 18 30 00
Restaurant in einem schönen Bürgerpalais. Leichte, fein abgestimmte französisch-katalanische Küche mit originellen Kreationen, köstliche Desserts, gute Weinkarte.

► Erschwinglich

④ ***Tragaluz***
Passatge de la Concepció, 5
Tel. 9 34 87 06 21
Das moderne Lokal wurde für sein ausgefallenes Interieur (entworfen vom Stardesigner Javier Mariscal) preisgekrönt. Im Restaurant in der oberen Etage werden internationale Gerichte serviert, im Erdgeschoss befindet sich eine Bar sowie eine ausgezeichnete Patisserie.

⑤ ***El Túnel del Port***
Moll de Gregal, 12
Tel. 932 21 03 21
Gepflegtes Restaurant mit großer, schattiger Terrasse am Jachthafen. Neben Fisch und Meeresfrüchten werden Paellas und Fleischplatten, Salate und Nudelgerichte serviert.

► Preiswert

⑥ ***Agut***
Carrer Gignàs, 16
Tel. 933 15 17 09
Fischspezialitäten und katalanische Gerichte, exquisite Vorspeisen und Desserts. Abends sind immer alle Tische besetzt, deshalb reservieren.

⑦ ***Los Caracoles***
Escudellers, 14
Tel. 933 01 20 41
Schnecken sind die Spezialität dieses rustikalen Lokals (das bereits Dalí schätzte). Außerdem ausgezeichnete katalanische Küche und besondere Auswahl an Grillgerichten.

⑧ ***Els Quatre Gats***
Carrer de Montsió, 3 bis
Tel. 933 02 41 40
Vor hundert Jahren war das legendäre »Vier Katzen« ein bekannter Künstler-Treffpunkt (1900 hatte Pablo Picasso hier seine erste Ausstellung). Heute werden hier traditionelle katalanische Gerichte serviert.

ÜBERNACHTEN

► Luxus

① ***Claris***
Pau Claris, 150
Tel. 934 87 62 62
www.derbyhotels.es
Eine der feinsten Adressen der Stadt: unweit von Altstadt und Rambles, erlesene Einrichtung aus Antiquitäten, japanischer Garten, sogar ein ägyptisches Museum.

② ***Arts Barcelona***
Carrer de la Marina, 19
Tel. 932 21 10 00
www.hotelartsbarcelona.com
Unmittelbar am ehemaligen Olympiahafen. Von den edel eingerichteten Zimmern und den Terrassen bietet sich ein atemberaubender Blick aufs Meer oder über die Stadt.

► Komfortabel

③ ***Condes de Barcelona***
Passeig de Grácia, 73–75
Tel. 934 45 00 00
www.condesdebarcelona.com
Jugendstilhotel hinter denkmalgeschützter Fassade, Dachterrasse mit Pool, Brasserie, Bar sowie Salons.

④ ***Colón***
Avinguda de la Catedral, 7
Tel. 933 01 14 04
www.hotelcolon.es
Klassisches Altstadthotel (Vier-Sterne) mit Tradition und Charme gegenüber der Kathedrale und den Stadtmauern.

Baedeker-Empfehlung

⑤ ***Husa Oriente***
La Rambla, 45
08002 Barcelona
Tel. 933 02 25 55; www.husa.es
Traditionsreiches, um ein Franziskanerkloster herum erbautes Drei-Sterne-Hotel, das Gäste wie Arturo Toscanini und Maria Callas beherbergt hat. Eindrucksvolles Foyer, Restaurant und Zimmer nüchtern-modern gestylt.

► Günstig

⑥ ***Antibes***
Diputació, 394
08013 Barcelona
Tel. 932 32 62 11
www.hotel-antibes.net

Ordentliches, im hübschen Jugendstilviertel Eixample gelegenes Zwei-Sterne-Hotel mit gemütlichen Zimmern und sehr freundlichem Service

⑦ ***Eden***
Balmes, 55
08002 Barcelona
Tel. 934 52 66 20
www.hostaleden.net
Angenehme Pension in nostalgischem Altbau; kein Lift.

⑧ ***Roma Reial***
Plaça Roma Reial, 11
08002 Barcelona
Tel. 933 02 03 66
www.hotel-romareial.com
Ein sympathisches Hotel vornehmlich für jüngere Gäste, die das quirlige Nachtleben auf der Plaça Reial nicht stört. Mit 52 einfach ausgestatteten Zimmern.

★ Transbordador Aéri

Die beste Aussicht auf das gesamte Becken des Haupthafens genießt man von der Seilbahn (Transbordador Aéri) aus. Die hafenseitige Endstation ist die auf der Moll Nou stehende Torre de Sant Sebastià, ein 96 m hoher Stahlgittermast; von dort überquert die Bahn die Moll de Barcelona mit dem neuen World Trade Center, um darauf an der 158 m hohen Torre de Jaume I Zwischenstation einzulegen. Sie endet an der Flanke des Montjuïc nahe den Jardins de Miramar (Betriebszeiten: tgl. 11.00–19.00, Hochsommer bis 20.00, Winter bis 18.00 Uhr).

Passeig de Colom

Vom Kolumbusdenkmal zieht der breite, palmengesäumte Passeig de Colom in nordöstlicher Richtung zur Hauptpost.

◄ La Mercé

An der Plaça de la Mercé steht die um die Mitte des 18. Jh.s errichtete Kuppelkirche La Mercé, in der die Schutzpatronin Barcelonas, die Marienstatue »Mare de Déu de la Mercé« (13. Jh.), verehrt wird.

◄ Lotja

Der Passeig de Colom endet bei der 1928 erbauten Hauptpost und der Lotja (Börse), einer Gründung von 1382. Aus dieser Zeit ist noch der elegante Börsensaal erhalten.

Parc de la Ciutadella

◄ Metro: Barceloneta, Ciutadella (L 4)

Hinter der Estació de França beginnt der Parc de la Ciutadella. Er wurde an Stelle der unter Philipp V. 1715 erbauten Zitadelle angelegt. Diese sollte die Barcelonesen einschüchtern, denn sie hatten im Spanischen Erbfolgekrieg die falsche Seite, also nicht die Bourbonen, unterstützt. 1869 wurde sie geschleift, und 1888 fand hier die **Weltausstellung** statt. Davon zeugt u. a. der große Brunnen, ein Werk von Josep Fontseré, dessen Assistent Antoni Gaudí hieß.

◄ Museu de Zoologia

Auch das Gebäude des Zoologischen Museums an der Westecke des Parks wurde zur Weltausstellung erbaut, und zwar als Restaurant. Das etwas eigenartige Gebäude in pseudomaurischem Mischstil von Lluís Domènech i Montaner heißt im Volksmund »Castell dels tres dragons« (»Drei-Drachen-Schloss«). Das Museum selbst ist in seiner Ausstattung völlig antiquiert, aber tadellos gepflegt und geordnet und deshalb von großem **nostalgischem Reiz**.

Museu de Geologia ►

Das Geologische Museum (nach seinem Begründer auch Museu Martorell genannt) präsentiert nach ihrem chemischen Aufbau geordnete Mineralien sowie Fossilien. Direkt an das Museum schließt das 1883–1887 erbaute Palmenhaus an.

Parc Zoològic ►

Der Zoo nimmt den östlichen Teil des Stadtparks ein. Gut gestaltet sind das Reptilienhaus, das Vogelhaus und vor allem das Delfinarium.

Palau de la Ciutadella ►

Der Palau de la Ciutadella im Osten des Parks, der im 18. Jahrhundert als Arsenal der Zitadelle errichtet wurde, beherbergt das Parlament de Catalunya.

Barceloneta

Südlich des Bahnhofs Estació de França beginnt der im 18. Jh. angelegte Stadtteil Barceloneta, dessen rechtwinkliges Straßennetz seine barocke Planung verrät. Neben vielen Fischrestaurants findet man hier auch das ehemalige Lagerhaus Palau de Mar, in dem nun das **Museum zur katalanischen Geschichte** zu Hause ist. Zum Meer hin liegen die Stadtstrände Barcelonas.

Port Olímpic, Vila Olímpica

Von Barceloneta sieht man die beiden Hochhaustürme am 1992 entstandenen Olympiahafen. Sie gehörten zum Olympischen Dorf und beherbergen heute ein Hotel bzw. Wohnungen und Büros. Dazwischen erstreckt sich Marina Village mit seinem weithin sichtbaren Fisch aus geflochtenen Bronzebändern als **Wahrzeichen**.

✶✶ Rambles

Fünf Flanierboulevards
Metro: Drassanes, Liceu Catalunya (L 3) ►

Vom Kolumbusdenkmal ziehen die Rambles, der mit Platanen bepflanzte Hauptstraßenzug der inneren Stadt, eigentlich eine Abfolge von fünf Flanierboulevards mit schmalen Fahrbahnen an den Seiten, nach Nordwesten. Östlich von ihnen liegt die Altstadt, westlich das Barrio Xines (= Chinesenviertel, auch wenn hier nie Chinesen lebten). Das heutige Treiben auf den Rambles lässt nicht ahnen, dass sich hier einst ein (im Sommer meist trockener) Bach seinen Weg zum Meer bahnte – daher auch der Name vom arabischen »ramla«. Die Rambles sind das **Schaufenster Barcelonas**, nicht nur der Geschäfte und der vielen Buch- und Zeitschriftenstände wegen. Hier gibt es auch einen Blumen- und einen Vogelmarkt, vor allem aber viele Restaurants und Cafés mit Tischen im Freien, von denen man den Pflastermalern, Stegreifakrobaten und Straßenmusikern bei ihrem Tagwerk zu-

Sehen und gesehen werden auf den Ramblas

schauen kann (legendärstes Café ist wohl das Café de la Opera, Rambla dels Caputxins 74). Allerdings – die Rambles sind in der Hauptsaison auch ein äußerst beliebtes Operationsfeld von Taschendieben.

Rambla de Santa Mònica

Beim Kolumbusdenkmal beginnt die Rambla de Santa Mònica. Gleich am Anfang steht links die Marinekommandantur und wenig weiter das Centre d'Art de Santa Mònica; auf der rechten Seite liegt das Museu de Cera, das Wachsfigurenkabinett.

Rambla dels Caputxins

★

◂ Palau Güell

Von der Rambla dels Caputxins, der Fortsetzung der Rambla de Santa Mònica, zweigt die Carrer Nou de la Rambla ab. An ihr baute Antoni Gaudí 1885–1889 für Eusebi Güell ein sehr eigenwillig gestaltetes großbürgerliches Wohnhaus. Als eines der wenigen Beispiele eines modernistischen Privathauses kann man es auch innen besichtigen, was man sich nicht entgehen lassen sollte (Führungen: Mo. bis Sa. 10.00–18.30, Winter bis 13.30 Uhr).

◂ Plaça Reial

Auf gleicher Höhe öffnet sich rechts an der Rambla der Durchgang zur Plaça Reial, im 19. Jh. an Stelle eines Kapuzinerklosters angelegt und heute eine ruhige, schöne und geschlossene Platzanlage mit klassizistischen Häusern, in deren Arkadengängen Cafés Gelegenheit zur Pause bieten.

◂ Gran Teatre del Liceu

Wiederum links an der Rambla sieht man die Fassade des 1844 erbauten und 1847 eröffneten Gran Teatre del Liceu, **größtes Opernhaus Spaniens** und zweitgrößtes traditionelles Theater nach der Mailänder Scala. Das Gebäude brannte im Januar 1994 ab und wurde im Herbst 1999 wieder eröffnet.

◂ Sant Pau del Camp

Die Carrer de Sant Pau führt von der Rambla etwas weiter weg zur romanischen Kirche Sant Pau del Camp, 1117 außerhalb der damaligen Stadt (daher »del Camp« = im Feld) erbaut. Sie besitzt ein schönes Hauptportal und einen aus dem 13. Jh. stammenden, reizvollen kleinen Kreuzgang.

> ! *Baedeker* TIPP
>
> **Pinotxo**
>
> Das weiß wirklich nicht jeder: Vorn an Barcelonas Markthalle, nahe beim Haupteingang, liegt die winzig-kultige Kneipe »Pinotxo«. Die sollte man nicht verpassen!

Nach dem Pla de la Borqueria – das Pflastermosaik auf ihm entwarf Joan Miró – schließt sich die **Rambla de Sant Josep** an. Hier findet vormittags der farbenprächtige Blumenmarkt statt, weshalb sie auch »Rambla dels Flors« genannt wird. Wiederum links folgt die in der ersten Hälfte des 19. Jh.s erbaute **Markthalle**, wo besonders der Fischmarkt im Zentrum ein Augenschmaus ist.

◂ Antic Hospital de la Santa Creu

Westlich der Markthalle liegt das alte Hospital de la Santa Creu, ein großer Komplex aus dem 15. Jh., in dem nun **Kultureinrichtungen** zu Hause sind. Besonders schön sind die mit Azulejos aus dem 17. Jh. geschmückte Vorhalle und der gotische Patio.

Palau de la Virreina

Nur wenige Schritte sind es von der Markthalle zum Palau de la Virreina, kenntlich an den beiden bronzenen Reiterstandbildern zu beiden Seiten des Portals. Das Gebäude wurde 1772–1777 für den ehemaligen Vizekönig von Peru erbaut und nach seiner Gattin benannt, die nach dem Tod ihres Mannes noch bis 1791 hier wohnte.

Rambla dels Estudis, Rambla Canaletes

Es folgt die Rambla dels Estudis, die vormittags Schauplatz des **Vogel- und Zierfischmarkts** ist. Zusammen mit der Rambla Canaletes stellt sie die Verbindung zur Plaça de Catalunya her.

Museu d'Art Contemporani ►

Von der Rambla Canaletes gelangt man auf der Carrer Bon Succès zur Casa de Caritat aus dem 18. Jh., nun Sitz des Centre de Cultura Contemporània de Barcelona. An das alte Gebäude angebaut ist das blendend weiße, hypermoderne Museu d'Art Contemporani (Museum der zeitgenössischen Kunst), entworfen vom US-Architekten Richard Meier. Es zeigt seine Bestände moderner Kunst überwiegend aus Spanien und Katalonien, aber auch Werke namhafter internationaler Künstler in wechselnden Ausstellungen.

Plaça de Catalunya

Den Abschluss der Ramblas und zugleich des alten Stadtkerns bildet die verkehrsreiche Plaça de Catalunya. An dem weiten, großzügig gestalteten Platz mit seinen Grünanlagen und Wasserbecken haben viele Großbanken ihren Sitz; dominierend an der Nordwestseite ist das Gebäude der Banco Español de Crédito. An der Ostseite steht das mächtige Gebäude der Telefónica, an der Nordseite das **Kaufhaus Corte Inglés**, empfehlenswert wegen seiner vielen regionaltypischen Artikel und wegen seiner Cafeteria im neunten Stock, die schöne Aussichten bietet.

! *Baedeker* TIPP

Sardana

Der katalanische Nationaltanz ist die Sardana. Wer ihn ohne folkloristischen Tand sehen will: Jeden Sonntag um 18.30 Uhr auf der Plaça de Sant Jaume oder – von Februar bis Juli und von September bis November – samstags um 18.30 Uhr und sonntags um 12.00 Uhr auf der Pla de la Seu gibt es Gelegenheit dazu.

✶ Ciutat Vella · Barri Gòtic

Metro: Liceu (L 3), Jaume I (L 4) ►

Östlich der Rambles und nördlich vom Hafen erstreckt sich die Altstadt, deren Kern und **bedeutendster mittelalterlicher Rest** das Barri Gòtic (Gotisches Viertel) ist.

Plaça de Sant Jaume

An der Plaça de Sant Jaume steht die ursprünglich aus dem 14. Jh. stammende Casa de la Ciutat (Rathaus) mit ihren z. T. noch gotischen Seitenfassaden (so der schöne alte Haupteingang, links an der Hauptfassade von 1847 vorbei); der große Ratssaal Saló de Cent aus dem 14. Jh. kann an Wochenenden 10.00–14.00 Uhr besichtigt werden. Gegenüber hat die Generalitat de Catalunya (Regierung der autonomen Gemeinschaft) ihre Diensträume in dem im 15. Jh. errichteten Sitz der Landstände, nun Palau de la Generalitat.

★ **Catedral (La Seu)**

Auf dem **Mont Tabor**, dem höchsten Punkt der Altstadt, erhebt sich die Kathedrale. Sie wurde 1298 an Stelle eines romanischen Baus, von dem am nordöstlichen Seitenportal noch einige Reliefs erhalten sind, begonnen und 1448 bis auf die Hauptfassade und den Kuppelturm vollendet, die erst 1898 bzw. 1913 angefügt worden sind.

Blick auf den reich verzierten Hauptaltar in der gotischen Kathedrale von Barcelona.

Kommt man von der Plaça de Sant Jaume, gelangt man zunächst zu dem sehr schönen, magnolien- und palmenbestandenen **Kreuzgang** (Claustre) aus den Jahren 1380 bis 1451. Die 13 in ihm lebenden Gänse symbolisieren das Lebensalter, in dem die hl. Eulalia ihr Martyrium erlitt. Seine Südwestecke nimmt die 1270 gestiftete Capella de Santa Lucia ein. Im Kapitelsaal nebenan zeigt das **Kathedralmuseum** Gemälde spanischer Meister aus dem 14. und 15. Jh.

Das hochgotische Innere der Kathedrale ist in drei Schiffe gegliedert. Die farbenprächtigen Glasgemälde entstammen teilweise dem 15. Jh.; Beachtung verdienen das mitten im Hauptschiff stehende und an drei Seiten ummauerte Chorgestühl (15. Jh.) sowie die schöne Kanzel von 1403. Von der Capella Major mit ihrem spätgotischen Retablo führt eine Treppe hinab zur Krypta; dort werden in einem Alabastersarkophag – eine um 1330 entstandene italienische Arbeit – die Reliquien der hl. Eulalia aufbewahrt. Die stattlichste unter den Seitenkapellen ist die **Capella del Santíssim Sagrament** links neben dem Hauptaltar. Sie birgt das aus dem 15./16. Jh. stammende alabasterne Grabmal des hl. Bischofs Olegarius († 1136) sowie den »Christus von Lepanto«, die angebliche Galionsfigur vom Flaggschiff, das Don Juan de Austria in der gegen die Türken gewonnenen Seeschlacht von 1571 kommandierte. In der letzten Seitenkapelle vor dem linken Querhausarm sieht man eine der berühmten Marienfigur vom ► Montserrat gleichende schwarze Madonna. In der Sakristei wird der Kirchenschatz ausgestellt.

Pla de la Seu

Vor der Hauptfassade der Kathedrale öffnet sich die Pla de la Seu. Zur Kathedrale gewendet, sieht man rechts die im 15. Jh. erbaute Casa de l'Ardiaca (Haus des Erzdiakons), dahinter schließt sich der Bischöfliche Palast (Palau Episcopal) an, der schon im Jahr 926 urkundlich erwähnt wird; linker Hand liegt das **Diözesanmuseum**.

Picassos Frühwerk hat im mittelalterlichen Palau Berenguer de Aquilar einen ehrenvollen Platz gefunden.

Museu Frederic Marès

Links an der Kathedrale vorbei kommt man in der Carrer dels Comtes zum Museu Frederic Marès, das die Privatsammlung des Bildhauers Frederic Marès Deulovo bewahrt. Es ist im einstigen Palau Reial eingerichtet, dem Palast der Grafen von Barcelona und der Könige von Katalonien und Aragón, dessen eigentlicher Eingang zur Plaça del Rei zeigt (s. u.). Die **reichhaltige Skulpturensammlung** umfasst überwiegend spanische Stücke aus romanischer, gotischer und barocker Zeit sowie aus dem 19. Jh.; hinzu kommt das Museu Sentimental, in dem Erinnerungsstücke – Alltagsgegenstände, Schmuck, auch Raucherutensilien und Fotos – versammelt sind, die Frederic Marès zusammengetragen hat (Öffnungszeiten: Di. bis Sa. 10.00–19.00, So. bis 15.00 Uhr).

Plaça del Rei

Nach dem Museum geht es an der Rückfront des Palau de Lloctinent entlang, des im 16. Jh. erbauten Sitzes der katalanischen Vizekönige (daher der Name: Palast des Stellvertreters), und dann links durch einen Durchgang auf die Plaça del Rei, den wohl **schönsten Platz** im Gotischen Viertel, weil weitgehend mittelalterlich gebliebenen. Ganz links erhebt sich der fünfstöckige Wachturm des Königspalastes, daran schließt der Treppenaufgang zum 1370 erbauten Salò de Tinell an. Auf diesen Stufen empfingen die Katholischen Könige Kolumbus nach der Rückkehr von seiner ersten Amerikafahrt. Geradeaus sieht man die profanierte Kirche Santa Agata, in der sich ein großer gotischer Bildaltar und zwei hoch gelegene gotische Grabmäler befinden; interessanter aber mag in der einstigen Sakristei das große eiserne

Räderwerk einer Turmuhr aus dem Jahr 1576 sein. Sowohl Kirche als auch der Salò de Tinell gehören zum Museu d'Història de la Ciutat, das seine Sammlung in der im 15. Jh. an anderer Stelle erbauten und 1931 hierher an die Plaça del Rei versetzten Casa Padellàs zeigt, einem typisches Stadtpalais des Spätmittelalters. Bei den Ausschachtungsarbeiten für die Fundamente am neuen Standort wurden bedeutende **Reste der einstigen Römerstadt** gefunden, die nun im Untergrund vorgeführt werden. Die eigentlichen Exponate beschreiben die vorrömische und arabische Zeit, das Mittelalter, die Zeit der katalanischen Seemacht sowie volkskundliche Themen (Öffnungszeiten: Di. – Sa. 10.00–14.00 u. 16.00–20.00, So. 10.00–15.00 Uhr).

✶ ◄ Museu d'Història de la Ciutat

Von der Plaça del Rei sind es wenige Schritte zur Avinguda Laietana, die das Barri Gòtic begrenzt. Über die Plaça de l'Angel folgt man der Carrer de la Princesa und dann der rechts abzweigenden Carrer Montcada zum Haus Nr. 15, dem spätgotischen Palau Berenguer de Aguilar, heute Museu Picasso. Der große Künstler lebte 1895–1904 in Barcelona. In diese Jahre fällt seine »Blaue Periode«, und das Museum hat es erreicht, gerade aus dieser Schaffensepoche einige sehr schöne Werke zu besitzen. Andererseits darf man eine vollständige Werkschau nicht erwarten, vielmehr präsentiert das Museum vor allem Gemälde, Zeichnungen und Druckgrafik überwiegend aus der Frühphase des Künstlers (Di. bis So. 10.00–20.00 Uhr).

✶✶ **Museu Picasso**

> ! *Baedeker* TIPP
>
> **Kaffee mit Picasso**
>
> Wenn es Picasso nach einer Pause war, ging er in die Carrer Montsío ins Lokal »Els Quatre Gats«, wo er stets Künstler-Freunde traf. Schon vor Picasso waren die 1896 eröffneten »Vier Katzen« für ihre gewagt modernistische Innengestaltung von Josep Puig i Cadafalch und als einer der wichtigsten Treffpunkte der Modernisten bekannt (Carrer Montsío, 3 bis).

Gegenüber (Haus Nr. 12) findet man in einem Palais aus dem 13. Jh. das Museu Textil i d'Indumentária mit Stoffen und Kleidern seit dem 4. Jh. n. Chr.; im Nachbargebäude zeigt das **Museu Barbier-Mueller** altindianische Stücke aus Mittel- und Südamerika.

Nur wenig südlich der Museen steht die Kirche **Santa María del Mar** (1329–1383), ein dreischiffiger gotischer Bau ohne Querhaus, das nach der Kathedrale bedeutendste Gotteshaus der Stadt. Errichtet wurde sie im alten Handwerkerviertel über einer spätrömischen Nekropole, wo – so die Legende – die hl. Eularia bestattet gewesen sein soll. Die farbigen Glasfenster stammen großenteils aus dem 15.–17. Jahrhundert.

✶ Montjuïc

Südlich über dem Hafen erhebt sich der 213 m hohe, zur Küste steil abfallende Berg Montjuïc. Der Name bedeutet »Berg der Juden«, da

Allabendlich im Sommer leuchtet der Brunnen auf der Plaça d'Espanya vor dem Palau Nacional.

sich hier einst ein großer jüdischer Friedhof befand. Heute ist der Montjuïc **Naherholungsgebiet**. Die Erinnerungen an die Weltausstellung von 1929, hervorragende Museen sowie die Olympiabauten von 1992 und öffentliche Sportanlagen sind hier versammelt.

Zugang ▶ Zu Fuß kann man von der Plaça d'Espanya die große Treppenanlage zum Palau Nacional hochgehen. Vom Hafen fährt die Schwebebahn (Transbordador Aéri, ▶ S. 215) zu den Jardins de Miramar an der Nordostflanke des Bergs. Von der Avinguda del Paral·lel (Metro Paral·lel, Linie 3) führt eine zunächst unterirdisch verlaufende Standseilbahn hinauf (Betriebszeiten: tgl. 10.45–20.00 Uhr), die von einer Gondelbahn zur Festung fortgesetzt wird (Betriebszeiten: nur Sa., So. 11.00–14.45 u. 16.00–20.00 Uhr).

Plaça d'Espanya

In der Mitte des Plaça d'Espanya, dem wichtigsten Verkehrsknotenpunkt im Westen der Stadt, erhebt sich das Brunnendenkmal »España Ofrecida a Dios« (»Das gottgeweihte Spanien«), das wie der übrige Platz und die Wasserspiele entlang der Avinguda de la Reina Maria Cristina jeden Sommer ab 22.00 Uhr mit Musikbegleitung farbig illuminiert wird.

Pavellò Mies van der Rohe

Von der Plaça d'Espanya durchquert man zunächst das weitläufige Messegelände (Fira de Barcelona). An der Brunnenanlage rechts kommt man zum Pavellò Mies van der Rohe. Der 1886 in Aachen geborene Ludwig Mies van der Rohe, letzter Direktor des berühmten Bauhauses in Dessau, hatte den deutschen Pavillon für die Weltausstellung in Barcelona (1929) entworfen, und zur hundertsten Wiederkehr seines Geburtstages wurde diese getreue Nachbildung des Originals eingeweiht. Er beeindruckt durch die klare Linienführung und durch den ästhetischen Effekt der verwendeten Materialien Glas, Stahl und polierter Naturstein.

✶ **Poble Espanyol**

Vom Pavillon kann man einen Abstecher zum Spanischen Dorf (Poble Espanyol) machen, einer für die Weltausstellung von 1929 angelegten Nachbildung charakteristischer Bauten der spanischen Provinzen, an der bekannte Künstler wie Maurice Utrillo mitwirkten. Auf den **malerischen Sträßchen und Gassen** im Poble Espanyol tummeln sich viele Handwerksbetriebe, die Volkskunst und Kunstgewerbe herstellen. Außerdem gibt es zahlreiche Restaurants, Shows und Ausgehmöglichkeiten. Auf dem Gelände sind auch zwei Museen untergekommen: das Volkskunst- und Kunstgewerbemuseum sowie das Museum für Buch und Druck (Öffnungszeiten: Mo. 9.00–20.00, Di. bis Do. bis 2.00, Fr. und Sa. bis 4.00, So. bis 24.00 Uhr).

✶✶ **Museu Nacional d'Art de Catalunya**

Die Freitreppe endet vor dem riesigen, architektonisch ziemlich überladenen Palau Nacional, Herzstück der Weltausstellung von 1929. In ihm ist das Nationalmuseum katalanischer Kunst untergebracht, das dank seiner hervorragenden Sammlungen aus allen Epochen der katalanischen Kunstgeschichte zu den bedeutendsten Sehenswürdigkeiten von Barcelona gehört. Seit 2005 beherbergt das Museum die Thyssen-Bornemisza-Sammlung, die Sammlung des Museums für Moderne Kunst, die Numismatische Sammlung von Katalonien und die Generalbibliothek für Kunstgeschichte (Öffnungszeiten: Di. bis Sa. 10.00–19.00, So. bis 14.30 Uhr).
Von Weltrang ist die **Abteilung romanischer Kunst** (11.–13. Jh.), darunter herrliche Fresken aus vielen Kirchen des katalanischen Pyrenäenraumes wie Boí und Taüll (►Lleida, Umgebung), deren Gewölbe und Apsiden im Museum originalgetreu nachgebaut wurden, um darauf die Wandgemälde anzubringen.

✶ **Museu d'Arqueologia**

In einem der einstigen Weltausstellungspavillons von 1929 am Osthang ist das Archäologische Museum untergebracht. Es legt seinen Schwerpunkt auf den katalanischen Raum. Themen sind Vorgeschichte, Balearenkultur, Funde aus der griechischen und römischen Stadt Empúries (►Costa Brava) und klassische Archäologie. Besondere Erwähnung verdienen ein **Modell von Empúries** sowie **attische und etruskische Gefäße aus Magna Graecia** (Öffnungszeiten: Di. bis Sa. 9.30–19.00, So. 10.00–14.30 Uhr).

◄ Teatre Grec

Gegenüber wurde für die Weltausstellung in einem aufgelassenen Steinbruch das Teatre Grec (»Griechisches Theater«) nach dem Vorbild von Epidauros in den Hang gebaut.

Jardí Botànic

Hinter dem Palau Nacional erstreckt sich der nach der Weltausstellung in ehemaligen Steinbrüchen angelegte Botanische Garten, der unterschiedliche Kleinklimazonen aufweist.

Anella Olímpica ✶✶

Die Sportanlagen auf dem Montjuïc (Anella Olímpica = Olympischer Ring) waren Hauptaustragungsstätte der XXV. Olympischen Sommerspiele 1992. Doch auch ohne Sportveranstaltungen sollte man sie unbedingt besuchen, sieht man hier doch ein **Ensemble avantgardistischer Architektur**, das das 21. Jh. vorwegnahm.

Estadi Olímpic ►

Das Olympiastadion war kein reiner Neubau, denn es bezog das zur Weltausstellung 1929 erbaute Stadion mit ein. Der italienische Architekt Vittorio Gregoti und vier katalanische Kollegen vergrößerten das alte Gebäude auf ein Fassungsvermögen von 70 000 Zuschauern, indem sie das Niveau des Spielfeldes 11 m absenkten. In der Galeria Olímpica kann man die Spiele von 1992 Revue passieren lassen. Den benachbarten Sportpalast, nach dem katalanischen Nationalheiligen Sant Jordi benannt, entwarf der Japaner Arata Isozaki. Unter der Kuppel haben 17 000 Zuschauer Platz.

Palau Sant Jordi ►

? WUSSTEN SIE SCHON …?

- Der Architekt des Sendemasts, Santiago Calatrava, erdachte einen Turm, der von allen bisherigen Turmbaukonzepten abweicht und an eine frei schwebende Grammofonnadel erinnert.

Auf der Freifläche zwischen Stadion und Sportpalast stellte die japanische Künstlerin Aiko Migawaki einen Wald steinerner Säulen auf, aus denen geschlungene Drähte gleichsam herauswachsen. Dahinter erhebt sich das spektakulärste und umstrittenste Bauwerk auf dem Montjuïc: der **Sendemast der Telefónica**, zumindest was die Statik anbetrifft ein Meisterwerk. Ricardo Bofill schuf das Gebäude der Sporthochschule INEF.

Fundació Joan Miró ✶

In die Nordflanke des Montjuïc eingebettet sind die schneeweißen kubischen Gebäude der Fundació Joan Miró, entworfen von Josep Lluís Sert. Die von dem in Barcelona geborenen Miró (1893 – 1983) ins Leben gerufene Stiftung zeigt zahlreiche seiner eigenen Werke sowie seiner Zeitgenossen (Öffnungszeiten: Di. – Sa. 10.00–19.00, Do. bis 21.30, So. 10.00–14.30 Uhr).

Castell de Montjuïc

Auf der Höhe des Berges erhebt sich die im 18. Jh. errichtete Festung. Sehr zu empfehlen ist ein **Rundgang auf dem Dach** der Zitadelle, von wo sich ein weiter Blick über Meer, Hafen, Stadt und Gebirge bietet. In den einstigen Kasematten, wo ein sehr umstrittenes Militärmuseum untergebracht war, soll bis 2014 ein »Internationales Friedenszentrum« entstehen.

Internationales Friedenszentrum ►

Mirador del Alcalde

Unterhalb der Festung liegt der Mirador del Alcalde, dessen Pflasterung aus Betonröhren, Flaschenhälsen und -böden, Transmissionsketten u. a. ornamental angeordnet ist. Westlich vom Mirador erstrecken sich hangabwärts die Jardins de Mossèn Verdaguer, deren Hauptteil Wasserterrassen bilden. Die meerwärtige Flanke des Montjuïc bedecken die **Jardins de Mossèn Costa i Llobera**, berühmt für ihre Sukkulenten, Kakteen und Euphorbien.

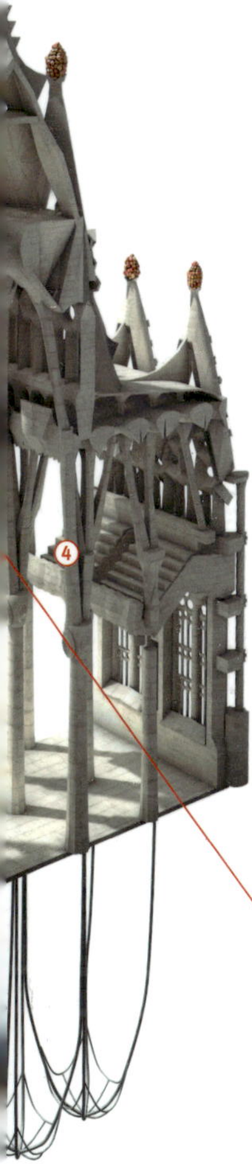

Die Figurengruppe der Heiligen Familie (Sagrada Família) an der Ostfassade mit der Geburt Christi.

Kannelierte Pfeiler im Kircheninnern. Durch bullaugenähnliche Öffnungen soll Tageslicht einfallen.

udís
‹ettenstatik«-Modell

1907) von **Antoni Gaudí**, sowohl was ihre ornamentale Struktur als auch das Baumaterial, u. a. Keramikfliesen und getriebenes Stahlblech, betrifft.

✶ Fundació Antoni Tàpies ► An der folgenden Straßenecke erkennt man das von Domènech i Montaner entworfene Haus der Fundació Antoni Tàpies an seiner Stahldrahtskulptur namens »Wolke und Stuhl« auf dem Dach. Sie ist ein Werk des aus Barcelona stammenden Künstlers Antoni Tàpies, dessen Stiftung hier eigene Grafiken, Plastiken und Gemälde zeigt.

✶✶ Casa Milá ► Den Passeig de Gràcia ein Stück weiter hinauf sieht man rechts (Nr. 92) die Casa Milá (im Volksmund »La Pedrera« = Steinbruch), Weltkulturerbe und ebenfalls von Antoni Gaudí (1910). Mehr noch als bei der Casa Batlló bricht der Architekt bei seinem spätesten profanen Bau mit allen Traditionen, so dass das Haus mehr einer Skulptur als einem Gebäude gleicht. Zeichnungen und Entwürfe von Gaudí zeigt hier die **Ausstellung Espai Gaudí**.

Museu de la Música

Vom Ende des Passeig de Gràcia gleich nach rechts auf die Avinguda Diagonal kommt man zum Palau Quadras von Puig i Cadafalch, heute Heimat des Musikmuseums, in dem vorwiegend Musikinstrumente gezeigt werden, darunter eine der **größten Gitarrensammlungen Europas**.

✶✶ Temple de la Sagrada Familia

Geht man die Avinguda Diagonal nach Osten entlang, sieht man schon von weitem den Temple de la Sagrada Familia (Kirche der Heiligen Familie), an dem bis heute gebaut wird. Er gilt als **Hauptwerk von Antoni Gaudí**, der das bereits 1882 begonnene Objekt 1883 übernommen und nach seinen eigenen Vorstellungen völlig umgestaltet hat. Die Baukosten für diese »Kirche der Armen«, wie Gaudí sie oft nannte, werden aus Almosen und Stiftungen zusammengetragen. Die Kirche ist auf eine Gesamtlänge von 110 m und eine Höhe von 45 m geplant, wobei die Hauptkuppel 170 m und die zwölf die Apostel symbolisierenden Türme bis 115 m Höhe erreichen sollen. Gegenwärtig gibt es acht mit Keramikmosaiken verkleidete Türme. Die beendeten Türme entsprechen der Weihnachtsfassade und der Passionsfassade. Die Westfassade mit der Leidensgeschichte und dem Tod Christi wurde vor kurzem fertig gestellt. Künstlerisch ist der Temple de la Sagrada Familia eine **höchst eigenwillige Mischung von Stilzitaten und Neuschöpfungen**. Der Grundriss, die Raumaufteilung und die große Linienführung sind der Gotik und der Neogotik verpflichtet, verbinden diese Elemente aber mit pflanzenhafter, fließender Ornamentik des Modernisme.

Innenraum ► Im Schnittpunkt von Querhaus und Apsis steht der von einem Baldachin geschützte Altar. Im Untergeschoss ist das **Museum der Kirche** eingerichtet, das u. a. Skizzen von Gaudí-Bauten, ein großes Modell der Kirche im Maßstab 1:25 und ein weiteres Modell zeigt, das 1910 in Paris ausgestellt war.

Aufstieg ► Die Türme des rechten Seitenpor-

Gaudí äußerte wiederholt, dass er wohl die Gunst und damit auch die finanzielle Unterstützung der Barceloneser verloren hätte, wenn er mit der hier abgebildeten Fassade der Leidensgeschichte Christi, also mit der Darstellung des Todes, begonnen hätte.

Ein Auszug aus dem Evangelium schmückt die Bronzetür am Westportal.

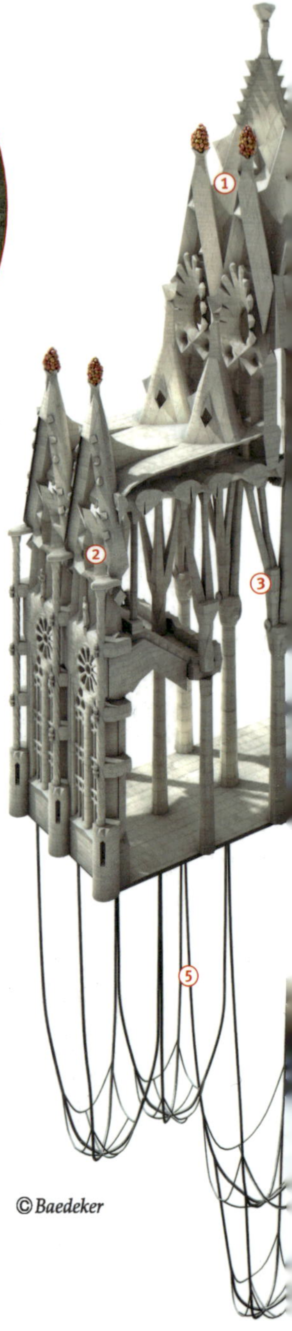

© Baedeker

Unübertroffen in seiner modernistischen Innendekoration: der Palau de la Música Catalana

Modernisme in Barcelona

Die katalanische Spielart des Jugendstils, der Modernisme, hat in Barcelona seinen Höhepunkt gefeiert (► Baedeker Special S. 64). Geradezu ein Paradebeispiel des Modernisme ist der von Lluís Domènech i Montaner entworfene und 1908 vollendete große Palau de la Música Catalana an der von der Avinguda Laietana abgehenden Carrer Sant Pere mès Alt. Die überreiche und hervorragend erhaltene Dekoration vor allem des 1700 Besucher fassenden Konzertsaales gehört zu den glänzendsten Beispielen jener Epoche. 1997 wurde sie zum Weltkulturerbe erklärt.

★ Palau de la Música Catalana

Die größte Zusammenballung modernistischer Bauten konzentriert sich im Stadtteil Eixample, deswegen auch Quadrat d'Or genannt. Er wurde ab 1859 zwischen Gran Via dels Corts Catalanes und Avinguda Diagonal planmäßig mit achteckigen Häuserblocks auf rechteckigem Grundriss angelegt. Seine Hauptachse ist der von herrlichen Kandelabern gesäumte **Passeig de Gràcia**.

★★ Eixample, Quadrat d'Or

Nur wenig nördlich von der Plaça de Catalunya kommt man zu einem aus drei spektakulären Häusern bestehenden Block. Er beginnt mit der Casa Lleó i Morera (Passeig de Gràcia Nr. 35), 1905 von Domènech i Montaner gebaut, gefolgt von der Casa Amatller (Nr. 41, 1900) von Puig i Cadafalch. Völlig gelöst von überkommenen Bauprinzipien zeigt sich die Fassade der Casa Batlló (Nr. 43, 1905 bis

◄ Manzana de la Discòrdia

★ ◄ Casa Batlló

SAGRADA FAMILIA

★★ **Der Architekt Antoni Gaudí soll mit einer Bauzeit von rund 200 Jahren für die Sagrada Família gerechnet haben. Das rechts abgebildete Modell zeigt einen Ausschnitt des im Bau befindlichen Längsschiffes, dessen Überdachung pünktlich zum Papstbesuch 2010 fertiggestellt wurde.**

Öffnungszeiten:
tgl. ab 9.00

Spitze eines Glockenturms

① Kuppel und Türme
Es wird noch viel Zeit verstreichen, bis die Zentralkuppel und die dazu gehörenden Türme vollendet sind. Das zentrale Kuppelgewölbe soll Christus symbolisieren, zwei Türme stehen für Maria und vier weitere Türme repräsentieren die Evangelisten.

② Wald aus Stein
Die Lasten tragenden Stützen der Sagrada Família befinden sich im Inneren und erinnern an Bäume, die sich an bestimmten Punkten in mehrere Äste gabeln.

③ Stein gewordene Manifestation
Nach Gaudís Wunsch soll der Innenraum der Sagrada Família nachts stets erleuchtet sein, so dass das Licht durch das durchbrochene Mauerwerk nach außen strahlt – als Stein gewordene Manifestation der Worte Christi.

④ Sängeremporen
Die einander gegenüberliegenden Emporen sollen den Chören vorbehalten sein.

⑤ Kettenmodell von Gaudí
Eine durchhängende Schnur oder Kette repräsentiert den optimalen Kräfteverlauf eines Bogens oder einer Kuppel, nur eben auf dem Kopf. Wenn man das Modell dann umdreht, bekommt man die Gewölbe, Bögen und Baumstruktur der

Die Westfassade mit der Leidensgeschichte Christi – eine Vorhalle mit sechs großen, geneigten Säulen, die im Gegensatz zur üppig verzierten Weihnachtsfassade als Zeichen des Todes »wie aus Knochen gemacht« ist.

tals können erstiegen werden (was allerdings für Schwindelanfällige nicht ganz angenehm ist, es gibt aber auch einen Aufzug). Von oben bietet sich ein guter Blick in das Innere der Kirche und über das Stadtgebiet, man sieht auch sehr gut den Mosaikschmuck der Turmhelme.

★ **Parc Güell**

◄ Metro: Plaça de Lesseps, Vallcarca (L 3)

Im Nordwesten der Stadt, im Stadtteil Vallcarca, breitet sich an einer Hügelflanke der zwischen 1900 und 1914 angelegte Parc Güell aus, eine Schöpfung von Antoni Gaudí. Direkt am Eingang, nach dem mit einem Turm gezierten und großenteils mit farbiger Majolika bedeckten Pförtnerhaus, beginnt die doppelläufige Freitreppe, die durch ein Wasserspiel mit einem salamanderähnlichen bunten Keramiktier geteilt wird. Sie endet auf dem Platz vor der Säulenhalle, dessen Umfassungsmauer als wellenförmig verlaufende lange Sitzbank gestaltet ist. Besonders hier kann man den **originellen Schmuck aus Keramikfragmenten** in allen Farben bewundern, welcher die Bank lückenlos bedeckt. Von dieser Terrasse genießt man einen weiten Blick über die Stadt und auf das Meer. Von 1906 bis 1926 lebte Antoni Gaudí hier im Park in einem von Francesc Berenguer entworfenen Haus, dem heutigen **Museu Gaudí**, das zu einem guten Teil mit Originalmobiliar des Künstlers eingerichtet ist.

Und noch ein Wallfahrtsort des Modernisme: Parc Güell

Weitere Sehenswürdigkeiten

★ **Camp Nou, Museu del FC Barcelona**

◄ Metro: Collblanc (L 5)

Nahe am Westende der Avinguda Diagonal liegt das Pilgerziel aller Barça-Fans: Im 1957 mit einem Fassungsvermögen von knapp 100 000 Zuschauern vollendeten Stadion Camp Nou bestreitet der F C Barcelona seine Heimspiele. Im Museum des F C Barcelona kann man Trophäen und Ahnengalerie eines der erfolgreichsten Fußballklubs der Welt bestaunen (Öffnungszeiten: Mo. – Sa. 10.00–18.30; So. 10.00 – 14.30 Uhr; ►Baedeker Special S. 230).

Pedralbes

★

◄ Museen im Palau de Pedralbes

Wer in Pedralbes ein Haus oder Apartement sein Eigen nennen kann, der kann sich glücklich schätzen, gilt der Stadtteil doch als eine der begehrtesten Wohngegenden Barcelonas. Von der Metrostation Palau Reial (Linie 3) ist man direkt am Palau de Pedralbes, 1924 für König Alfons XIII. erbaut. Er beherbergt das Museu de les Arts Decoratives, das Gebrauchsgegenstände und Möbel von der Gotik bis zur Gegenwart ausstellt, sowie das Museu de Ceràmica mit seiner hervorragen-

◄ weiter auf S.232

MÉS QUE UN CLUB

»Més que un club« lautet das Motto des FC Barcelona: Mehr als ein Verein. »Barça« ist eines der führenden Wirtschaftsunternehmen Spaniens, vor allem aber ist es»das Haus aller Katalanen, eine politische Institution«, wie César Luis Menotti, der argentinische Starcoach, der den FC Barcelona eine Zeitlang trainierte, richtig erkannte. Denn Barça symbolisiert auch den Kampf der Katalanen gegen die Zentralregierung in Madrid, weshalb den Spielen gegen Real Madrid immer besondere Aufmerksamkeit geschenkt wird.

Als am 29. November 1899 der Schweizer **Hans Gamper** eine Annonce in eine Barceloneser Zeitung setzte, weil er Fußballspieler suchte – als Ausländer durfte er nicht im damals existierenden Fußballclub Cataluña spielen –, konnte er nicht ahnen, dass aus seiner Elf eine der berühmtesten Mannschaften der Welt und der mitgliederstärkste Fußballverein unseres Planeten entstehen würde.

Größter Fußballclub der Welt

Rund 130 000 Mitglieder weltweit zählt der Verein, sogar **Papst Johannes Paul II.** gehörte ihm als Ehrenmitglied an (diese Ehre teilt der FC Barcelona allerdings mit einem deutschen Fußballverein – mit dem FC Schalke 04). Da jedes Mitglied im Durchschnitt 130 Euro jährlich zahlt, kann sich Barça seit jeher einige der besten und teuersten Kicker der Welt leisten, darunter den Niederländer Johan Cruyff, der hier in den 1970er-Jahren spielte und später die Mannschaft trainierte, und den Deutschen Bernd Schuster, der 1980 unter Vertrag genommen wurde. Mit dem 1957 eingeweihten **Estadi Camp Nou**, das knapp 100 000 Zuschauer fasst und trotz seiner Größe berühmt für die gute Sicht ist, die man von den Rängen auf das Spielfeld genießt, besitzt der Verein sogar das größte Fußballstadion in Europa.

Alle sozialen Schichten vereint

Früher ein Club der Arbeiter, vereint der FC Barcelona heute **alle gesellschaftlichen Schichten**. Für seine Anhänger, die ihren Spitznamen »culés« (Ärsche) mit Stolz tragen – der Name entstand in der Zeit, als im alten Stadion Les Corts die Hinterteile der Zuschauer durch die Sitzbänke schimmerten –, ist der Verein eine Ersatzreligion, ein **Symbol für die politische und kulturelle Identität Kataloniens**. Zu Francos Zeiten war das Anfeuern

Das Museum des FC Barcelona ist eines der meistbesuchten Museen Kataloniens.

Barças für die Katalanen die einzige Möglichkeit, ihren Unmut gegen die Diktatur zum Ausdruck zu bringen; Schmährufe gegen die weiß gekleideten Spieler von Real Madrid waren letztlich Protest gegen die Regierung General Francos. Erzfeinde blieben die »Königlichen« aus Madrid auch nach der Einführung der Demokratie in Spanien. Endet die Rasenschlacht mit einem Sieg über den Erzrivalen, fällt ganz Barcelona in einen Freudentaumel; dann ertönt in der ganzen Stadt aus Tausenden von Autos ein ohrenbetäubendes Hupkonzert und auf der Plaça Sant Jaume weht ein Fahnenmeer, in dem die katalanischen Nationalfarben Rot und Gelb mit den Farben Blau und Rot des Clubs bunt durcheinander flattern. Verliert Barça jedoch gegen die Madrileños, dann ist der Katzenjammer in der katalanischen Metropole groß. Und wer es wagt, vom FC Barcelona zu Real Madrid zu wechseln, wie 2000/2001 der portugiesische Starkicker Luís Figo, darf auf keine Sympathie mehr hoffen: Figo ist und bleibt für Barcelona ein Verräter.

Eine neue Ära

Dumm nur, dass die »Azulgranas«, die Blau-Roten von Barcelona – Hans Gamper soll dem Club diese Farben als Hommage an seinen früheren Verein FC Basel verpasst haben –, bisher weit weniger Titel nach Hause getragen haben als die Erzrivalen von Madrid. Nachdem ab 1999 Barça sogar keine Meisterschaft und keinen bedeutenden Pokal mehr gewinnen konnte, wurde im Jahr 2003 die Altherrenclique im Clubpräsidium vom FC Barcelona durch einen vergleichsweise jungen Vorstand ersetzt, der im selben Jahr den holländischen Trainer Frank Rijkaard einkaufte. Die Politik des als »Powerpoint-Generation« titulierten Vorstandes zeigte Folgen. Im Herbst 2004 verzückte die Mannschaft um den brasilianischen Superstar Ronaldinho die Fußballwelt mit einer Maßstäbe setzenden Spielkultur, mit ausgefeilter Technik eleganter Einzelspieler einerseits und Teamwork andererseits.

Barça, Barça, Barça! Veni, Barça vici! – Die nun von Josep Guardiola trainierten Mannen schrieben in der **Saison 2008/2009** spanische Fußball-Geschichte: Sie wurden Meister der Primera División, gewannen zum 25. Mal die Copa del Rey und zum dritten Mal die Champions League. Als Spanien **2010** Weltmeister wurde, gehörten acht Spieler des FC Barcelona zum Team, so viele wie aus keiner anderen spanischen Mannschaft. **2010/2011** reichte es dann »nur« zur Meisterschaft und zum Sieg in der Champions League mit dem neuen Superstar **Lionel Messi**.

Von der mächtigen Kirche Sagrat Cor auf dem Tibidabo wacht Christus über der Stadt.

den Sammlung historischer und zeitgenössischer Keramik, darunter maurische, katalanische, valencianische und toledanische Stücke (Öffnungszeiten: Di. – Sa. 10.00 – 18.00, So. bis 15.00 Uhr).

Finca Güell ▶ An den Palast schließt die Finca Güell an, 1884–1887 von Antoni Gaudí als Landsitz für Eusebi Güell erbaut. Gaudís Stil zeigt sich am besten am Pförtnerhaus mit dem »Drachentor«.

✶ Monestir de Pedralbes ▶ Weiter bergan kommt man zum 1326 gegründeten Klarissinnenkloster von Pedralbes. Apotheke, Küche, Dormitorium, Refektorium und Krankensaal, die einschiffige, eher karg und schmucklos wirkende Klosterkirche und der im Gegensatz dazu hübsche dreigeschossige Kreuzgang mit einem Renaissancebrunnen in der Mitte können besichtigt werden.

✶ **Cosmo Caixa Museum**

Manche rühmen es als bestes Wissenschaftsmuseum Europas, das Ende 2004 eröffnete Cosmo Caixa nordwestlich der Innenstadt (Teodor Roviralta, 47-51). In dem modernen Gebäude werden Naturphänomene, zum Beispiel der Amazonas oder die »geologische Wand«, sehr anschaulich erläutert. Ein Planetarium gehört auch zu dem neuen Museum.

✶ **Tibidabo**

Nordwestlich vom Stadtzentrum erhebt sich der 532 m hohe Berg Tibidabo. Von der Plaça de Catalunya fährt man mit der FGC bis zur Endstation Avinguda del Tibidabo und von dort mit der nostalgischen Straßenbahn Tramvia Blau bergan zur Standseilbahn (Funicular) für die letzte Etappe zum Gipfel des Tibidabo. Größte Attraktion auf dem Berg ist der in mehreren Ebenen an die steile Bergflanke rechts unterhalb von Sagrat Cor gebaute Vergnügungspark. Im dor-

✶ Parc d'Atraccions ▶

tigen Automatenmuseum im einstigen Theater werden mechanische Puppen, Spiel- und Fahrautomaten ausgestellt. Nahe der Talstation der Standseilbahn befindet sich in der Carrer Teodor Roviralta Nr. 55 das Wissenschaftsmuseum mit Ausstellungen zu Optik, Mechanik und Raumforschung; angegliedert sind eine meteorologische Station und ein Planetarium.

◄ Museu de la Ciència

Oberhalb der Bergstation krönt den Gipfel des Tibidabo die mächtige Kirche Sagrat Cor mit einer großen Christus-Statue auf dem Dach. Vom Fuß der Statue hat man einen sehr **guten Rundblick** auf das Stadtgebiet von Barcelona und das Umland.

◄ Sagrat Cor

Der Ausblick von Sagrat Cor wird noch übertroffen von den Aussichtsmöglichkeiten von der Plattform des anlässlich der Olympischen Spiele erbauten Funk- und Fernsehturms Torre Foster. Der spindelähnliche Turm, entworfen von Norman Foster, ist insgesamt 288 m hoch, die Plattform liegt 135 m über Grund bzw. 560 m über Meeresniveau. Man überblickt nicht nur Barcelona, sondern schaut bei guter Sicht auch bis zu den Balearen. Landeinwärts sieht man den Montserrat, den Montseny und im Norden die Pyrenäen. Von der Bergstation der Standseilbahn fährt eine Touristenbahn hinüber zum Turm.

★★ ◄ Torre Foster, Aussicht

? WUSSTEN SIE SCHON ...?

- ... woher der Tibidabo seinen Namen hat? Nach einer Legende soll sich hier die Versuchung Christi durch Satan ereignet haben (»Der Versucher spricht: Ich werde dir geben« = lat. »tibi dabo ...«).

Umgebung von Barcelona

Bei der westlich am Llobregat gelegenen Industrievorstadt Molins de Rei zweigt die N-340 zum Pass Cruz de Ordal (505 m ü. d. M.) ab, der seinen Namen von dem hier aufgestellten Kruzifix hat und eine schöne Aussicht bietet. Man erreicht Vilafranca del Penedés (224 m ü. d. M.), den Hauptort des Weinbaugebiets Penedés. Rundum in der Umgebung können natürlich die Wein- un Sektkellereien besichtigt werden. Katalonien ist übrigens nach Frankreich der bedeutendste Produzent und Exporteur von Sekt. In der Stadt selbst erhebt sich an der Plaça Jaume I der alte Palast der Könige von Aragón, in dem heute das Stadtmuseum untergebracht ist.

Vilafranca del Penedés

Auf der A-18/E 9 erreicht man via Sabadell nach 30 km die Industriestadt Terrassa (Tarrasa), bekannt für ihre Textilproduktion, insbesondere die Herstellung und Verarbeitung von **Seidenstoffen**. Die Bedeutung dieses Industriezweigs verdeutlichen das Museu de Textil und auch das Museu de Ciència. Terrassa war bis zur Eroberung durch die Mauren als Egara westgotischer Bischofssitz (gegr. 450) und hat sich drei frühchristliche Kirchen erhalten, die alle südöstlich vom heutigen Bahnhof liegen.

Terrassa

Die ehemals westgotische Basilika Santa Maria wurde im 12. Jh. romanisch erweitert. Reste eines Mosaiks aus dem 4. Jh. sieht man vor

★ ◄ Westgotische Kirchen

Erhöht am Rand der Altstadt von Vic steht die Kathedrale der alten Bischofsstadt.

der Kirche; innen erzählen Wandmalereien die Geschichte des 1170 ermordeten Thomas Becket, Erzbischof von Canterbury. Die prächtigen gotischen Retablos malten Jaume Huguet, Lluis Borrassà, Jaume Cirera und Guillerm Talarn. Die Kirche Sant Miquel wurde ursprünglich im 6. Jh. als Taufkapelle erbaut und zeigt byzantinischen und westgotischen Einfluss. Besonders sehenswert sind das achteckige, von Säulen umgebene Baptisterium und die Ausmalungen des 7. Jh.s in der Krypta. Sant Pere war ursprünglich Begräbniskapelle. In der byzantinischen Apsis sieht man noch Reste eines Mosaiks; das Hauptschiff ist romanisch.

Vic

Knapp 60 km nördlich von Barcelona liegt die alte Bischofsstadt Vic, in der man eine der bedeutendsten Sammlungen romanischer Kirchenmalerei im **Bischöflichen Museum** bewundern kann. Gegenüber dem Museu Episcopal steht die **Kathedrale La Seu**. Ihr wertvollstes Stück ist der farbig gefasste und reich vergoldete gotische Alabasteraltar von Pere Oller (15. Jh.), dessen zentrale Figuren die Muttergottes mit dem Kinde und der hl. Petrus sind.

Auf dem Weg nach Vic lohnen Abstecher in das Dorf L'Estany mit seiner 1133 geweihten Kirche des Augustinerklosters Santa María und in das waldbedeckte Massiv der Serra de Montseny, in der man herrliche Wanderungen unternehmen kann.

! *Baedeker* TIPP

Butifarra

Wer Hunger verspürt, sollte einmal eine Butifarra probieren. Vic ist berühmt für diese pikant gewürzte katalanische Blutwurst, die samstags auf dem Markt auf der Plaça Major angeboten wird.

✶ L'Estany, Serra de Montseny ►

Umgebung

►Costa Brava, ►Montserrat

★ Bilbo · Bilbao

B 15

Provinz: Vizcaya (BI)
Region: Pais Vasco

Höhe: 19 m ü. d. M.
Einwohnerzahl: 353 200 (Großraum: 850 000)

Bilbao hat sich vom Industriestandort zum Verwaltungs- und Bankenzentrum im Baskenland gemausert. Am linken Ufer des Río Nervión verwandeln sich stillgelegte Werften und Molen zu einer Flussmeile für Messen, Wohnen, Einkaufen und Kultur – mit dem spektakulären Guggenheim-Museum sind hier internationale Maßstäbe gesetzt worden.

Vom Wirtschaftszentrum zur Kulturstadt

Bilbo bzw. Bilbao, die Hauptstadt der baskischen Provinz Vizcaya (bask. Bizkaia), liegt 14 km landeinwärts von der Mündung des Río Nervión (bask. Nerbioi) in die Biskaya. Sie ist das Zentrum eines riesigen industriellen Ballungsgebietes, das sich auf einer Länge von 18 km von Galdakao östlich der Stadt zu beiden Seiten des Río Nervión bis zur Flussmündung erstreckt. Das linke Flussufer ist traditioneller **Industriestandort**, doch haben sich die Fabriken immer mehr aus dem unmittelbaren Stadtgebiet hinausverlagert. Das rechte Ufer ist weniger stark industrialisiert; hier finden sich die Universität Deusto und auch noch kleinere Seebäder und Wohngebiete. Keimzelle der industriellen Entwicklung Bilbaos war der Hafen, den heute Seeschiffe bis zu 4000 BRT auf dem tief ins Land reichenden Río Nervión anlaufen können. Bei Punta Lucero und Punta la Galea weit draußen in der Mündung sind riesige Hafenanlagen für Schiffe bis zu 500 000 BRT geschaffen worden. Seit ihrer Gründung im Jahr 1300 durch den Feudalherrn von Vizcaya, Don Diego López de Haro, nahm Bilbao eine wichtige Stellung im **Seehandel** an der Nordküste ein. Der Aufstieg zu einem der bedeutendsten Industrieplätze Spaniens begann Mitte des 19. Jh.s mit der industriellen Verhüttung des Eisenerzes aus den Gruben des Hinterlandes. Besonders in den 1960er- und 1970er-Jahren wanderten viele Menschen aus den ländlichen Regionen Spaniens in den Großraum Bilbao, der zum Inbegriff der Schwerindustrie und auch der damit verbundenen Umweltverschmutzung wurde. Die 1980er-Jahre bescherten Bilbao mit der Krise der Stahlindustrie erhebliche Probleme. In den 1990er-Jahren starteten die Stadtväter Bilbaos Initiativen, um von der Schwerindustrie loszukommen, und gaben der Stadt ein neues Gesicht als Banken- und Verwaltungszentrum.

! *Baedeker* TIPP

Cafés in Bilbao

Das alte Bilbao lebt auch noch in den nostalgischen Cafés der Stadt weiter, so beispielsweise im »Iruña« (Calle de Colón Larreátegui), seit 1903 am Platz und mit maurisch inspiriertem Dekor, sowie im »La Granja« von 1926 an der Plaza Circular.

BILBAO ERLEBEN

AUSKUNFT

Plaza Ensanche, 11
48009 Bilbao
Tel. 944 79 57 60
www.bilbao.net

VERKEHR

Die nach Londoner Vorbild konzipierte *Metro Bilbao*, inzwischen weltberühmt durch ihre vom Stararchitekten Norman Foster konzipierten Stationen, ermöglicht den Zugang zu allen bedeutenden Gebäuden am Ufer des Flusses Nervion.

EINKAUFEN

Die *Gran Vía de Don Diego López de Haro* ist die Haupteinkaufsmeile in der Neustadt. Baskische Köstlichkeiten und vieles mehr findet man in der Altstadt im *Mercado de la Ribera* auf drei Stockwerken.

VERANSTALTUNG

»Aste Nagusia«
Acht Tage lang gibt es Fiesta, Feuerwerk, Konzerte und andere Veranstaltungen bis zum Abwinken (Ende August).

ESSEN

► Fein & teuer

① *Zortziko*
Alamada de Mazarredo, 17
Tel. 944 23 97 43
www.zortziko.es
Das eleganteste und beste Restaurant der Stadt.

► Erschwinglich

② *Retolaza*
Tendería, 1
Tel. 944 15 06 43
Hier gibt es die echte baskische Spezialität »bacalao« (Stockfisch) in vielerlei Variationen.

► Preiswert

③ *Rio-Oja*
El Perro, 4
Tel. 944 15 08 71
Stilvolle Tapas-Bar im alten Teil der Stadt.

ÜBERNACHTEN

► Luxus

① *López de Haro*
Orueta Apezpikuaren Kalea, 2
Tel. 944 23 55 00
www.hotellopezdeharo.com
Bilbaos Spitzenhotel, einige Schritte vom Guggenheim-Museum gelegen, bietet neben Café und Bar zwei hervorragende Restaurants.

► Komfortabel

③ *Hesperia Zubialde*
Camino de la ventosa, 34
Tel. 944 00 81 00
www.hesperia-zubialde.com
Modernes, geschmackvoll eingerichtetes Hotel.

► Günstig

② *Hostal Arana*
Calle de Bidebarrieta, 2
Tel. 9 44 15 64 11
Eines der günstigsten von den guten Hotels der Stadt.

Bilbao *Orientierung*

Essen
① Zortziko
② Retolaza
③ Rio-Oja

Übernachten
① López de Haro
② Hostal Arana
③ Hesperia Zubialde

Altstadt

Siete Calles

Am rechten Ufer des Río Nervión erstreckt sich zwischen dem Puente de San Antón und der Kirche San Nicolás die Altstadt, die durch fünf Brücken mit der Neustadt Ensanche verbunden ist. Ihren Kern bilden die »Siete Calles« (»Sieben Gassen«) Somera, Artecalle, Tendería, Belosticalle, Carnicería Vieja, Barrencalle und Barrencalle Barena, in denen sich Geschäfte und viel besuchte Lokale aneinander reihen. Über die Puente del Arenal kommt man auf den Paseo del Arenal. Rechts erblickt man an der Plaza de Arriaga das 1890 erbaute **Teatro Arriaga**, den kulturellen Mittelpunkt der Stadt.

San Nicolás de Bari

Links führt der Paseo zur oktogonal angelegten Kirche San Nicolás de Bari, die ursprünglich aus dem 14. Jahrhundert stammt und im

Jahr 1756 vollständig erneuert wurde. Juan de Mena schnitzte den meisterlichen Altar; einige weitere Gemälde in der Kirche stammen ebenfalls von ihm.

Basílica de Nuestra Señora de Begoña

Der hoch gelegene Stadtteil Begoña gehört nicht mehr zur Altstadt, doch erreicht man ihn am besten mit einem **Aufzug**, der hinter San Nicolás abfährt. Es führt auch ein Fußweg, für den man allerdings etwa 20 Min. braucht, hinauf zur Höhe, von der man die Stadt gut überblicken kann. In der aus dem 16. Jh. stammenden Wallfahrtskirche wird ein Bildnis der Virgen de Begoña, der Schutzheiligen der Stadt, verehrt.

In den Siete Calles von Bilbao

Auf der **Plaza Nueva**, einem von dreistöckigen Häusern mit Arkadengängen gesäumten Platz, werden Feste und bunte Märkte mit Landesprodukten abgehalten.

Im früheren Jesuitenkollegs Santos Juanes dokumentiert das **Museo Vasco** (bask. Euskal Museoa) Geschichte und Lebensweise der Basken. Die archäologische Abteilung im Erdgeschoss zeigt vorgeschichtliche Funde; im Kreuzgang sind Grabmäler, Gedenksteine und Skulpturen aufgestellt wie das mysteriöse Götzenbild von Mikeldi. Die ethnografische Abteilung unterrichtet über Fischerei, Landwirtschaft und Volkskunst. Die historische Abteilung zeigt u. a. die Geschichte des »Konsulats von Bilbao«, das von 1511 bis 1829 Seefahrt und Handel in Bilbao reglementierte (www.euskal-museoa.org; Öffnungszeiten: Di. – Sa. 11.00 – 17.00, So. 11.00 – 14.00 Uhr).

Catedral de Santiago

Im Zentrum der Altstadt erhebt sich die Kathedrale, zu Beginn des 14. Jh.s am Jakobsweg errichtet. Der ursprüngliche Bau erlitt bei einem Brand im Jahr 1571 große Schäden; danach wurde die Kirche mit Renaissancepfeilerhalle an der Rückseite und gotischem Kreuzgang wieder aufgebaut. Fassade und Glockenturm sind neugotisch.

Mercado de la Ribera, San Antón

Über jede der »Sieben Straßen« gelangt man zum Flussufer mit dem Mercado de la Ribera – drei Stockwerke voller baskischer Köstlichkeiten – und der Kirche San Antón. Guillot de Beaugrant erbaute sie im 15. Jh. an der Stelle des einstigen Schlosses; er schuf auch den prächtigen Retablo in der Schmerzenskapelle.

✶ Zubizuri

Elegant schwingt sich die »Weiße Brücke« (bask. »Zubizuri«) über die Ría del Nervión. Diese Konstruktion ist 1994 bis 1997 nach den Vorstellungen des Stararchitekten Santiago Calatrava entstanden.

Neustadt

Gran Vía

Die Neustadt Ensanche (= Erweiterung) nimmt das linke Ufer des Río Nervión ein. Ihre Hauptachse ist die 1,5 km km lange **Gran Vía de Don Diego López de Haro**, dessen Denkmal am Beginn des Boulevards auf der Plaza de España unweit des Flusses steht. Die Haupteinkaufsmeile endet bei dem hoch ragenden Denkmal Sagrado Corazón de Jesús aus dem Jahr 1927 nahe dem Campo de San Mames, genannt »die Kathedrale«, Heimstadion des Fußballklubs Athletic de Bilbo, in dessen Mannschaft nur Basken stehen dürfen.

★ Museo de Bellas Artes

Am Parque de Doña Casilda Iturriza befindet sich das Museo de Bellas Artes (Museum der schönen Künste), das eine **hervorragende Gemäldesammlung** mit Werken u. a. von Quentin Massys sowie van Dyck und Cornelis de Vos besitzt. Die spanische Malerei ist u. a. vertreten mit El Greco, Zurbarán und Velázquez. Von Goya stammen drei außergewöhnliche Porträts. Weitere Säle sind der italienischen Malerei des 16. und 17. Jh.s, der französischen Malerei des 19. Jh.s und der Plastik von Romanik und Gotik vorbehalten. Werke baskischer Künstler sind in den Sälen des ersten Stockwerks zu sehen. Zeitgenössische Kunst im zweiten Gebäude repräsentieren u. a. Kokoschka, Tàpies und Francis Bacon (Öffnungszeiten: Di. – So. 10.00 bis 20.00 Uhr).

Museo Marítimo Ría de Bilbao

Direkt am Río Nervión läßt das neue Museo Marítimo Ría de Bilbao die Herzen aller Schiffsfreunde höher schlagen. Die Geschichte der Seefahrt und des Handels in Bilbao wird dokumentiert.

★★ Museo Guggenheim

Seit Oktober 1997 hat Bilbao ein **neues Wahrzeichen**, das die Stadt weltberühmt gemacht und ihr einen mächtigen touristischen Schub gegeben hat. Der amerikanische Stararchitekt Frank O. Gehry pflanzte mit dem Museo Guggenheim einen spektakulären Neubau ans linke Nervión-Ufer, der mindestens so attraktiv ist wie die in ihm ausgestellte Kunst. Er türmte aus Titanblech, Aluminium, Beton und Glas ein Gebäude auf, an dem nicht Geraden, sondern Kurven vorherrschen (►3D-Darstellung).

Flughafen-Terminal »La Paloma«

Das architektonisch bemerkenswerte neue Flughafen-Terminal ist 2005 nach Plänen von Santiago Calatrava vollendet worden.

Entlang der Mündung des Río Nervión

Rechtes Ufer

An den Stränden der Villenvororte Areeta, Neguri und Algorta finden die Bewohner des Raumes Bilbao Erholung.

◄ Getxo

Von Getxo (kast. Guecho), in dem sich noch einige großbürgerliche Villen aus dem 19. Jh. finden, hat man einen guten Überblick über die Ría von Bilbao. Nördlich liegt **Punta Galea**, wo neue Hafenanlagen für gigantische Hochseeschiffe entstanden sind.

GUGGENHEIM-MUSEUM BILBAO

★★ Das Gebäude bzw. die verwendeten Materialien des Museo Guggenheim in Bilbao sind bereits Programm: Metall, Stein und Wasser wurden beim Bau verwendet, sie stehen für Stärke, die Unabhängigkeit und die industrielle Tradition des Baskenlandes. Auf einer Gesamtfläche von 24 000 m² sind in 19 Galerien für die Dauerausstellung die bedeutendsten Künstler des 20. Jh.s versammelt. Zehn weitere Galerien bieten Platz für Wechselausstellungen.

Öffnungszeiten:
Di. – So. 10.00 – 20.00,
Juli, Aug. auch Mo. 10.00 – 20.00
Führungen: 11.00, 12.30, 16.30, 18.30

① **Wechselausstellung**
In der größten Galerie, die über 130 m lang ist und bis unter den Puente de la Salve reicht, werden Wechselausstellungen gezeigt.

② **Dauerausstellung**
Um die Rotunde herum gruppieren sich 19 Galerien mit der Dauerausstellung. Gezeigt werden ca. 250 Werke aus der New Yorker Guggenheim Foundation, u. a. von Dalí, Chagall, Kandinsky, Picasso, Miró, Serra, Warhol und Kiefer.

③ **Restaurant**
Auch im Museumsrestaurant ist mit dem Starkoch Martín Berasetegui ein Meister am Werk.

④ **Auditorium**
Das Auditorium des Museums, das Platz für 300 Personen bietet, wird für pädagogische Aktivitäten und für Kulturevents genutzt.

Von der anderen Seite des Flusses hat man einen prächtigen Blick auf das gesamte Ensemble des Museums.

Baedeker TIPP

Über die Puente Colgante

Wer schwindelfrei ist, kann die Hängebrücke in Portugalete auch zu Fuß auf dem Gitterwerk überqueren. Zwei Aufzüge an den Masten bringen Mutige zu dem atemberaubenden Übergang.

Plentzia ► Über Sopela führt die BI-634 nach Plentzia (Plencia), das wie das benachbarte Gorlitz (Gorliz) schöne Strände besitzt.

Linkes Ufer Die Küstenstraße links der Flussmündung führt am alten Stahlwerk »Altos Hornos de Vizcaya« in Barakaldo vorbei.

✶ Puente Colgante in Portugalete ► Ein von der UNESCO 2006 als Weltkulturerbe ausgewiesenes technisches Wunderwerk des Ingenieurs Alberto de Palacio ist die Hängebrücke (»puente colgante«), die Portugalete mit Areeta verbindet. Diese Stahlgitterkonstruktion von 1893 besteht aus zwei je 63 m hohen Masten mit Lift, die einen Gittersteg (»pasarela«) halten, an dem eine Seilschwebefähre (»transbordador«) hängt (Fährbetrieb rund um die Uhr, Lift und Steg tgl. 10.00 – 20.00 Uhr).

Am Ende des Hafenkais erstreckt sich eine 1 km lange Mole mit einem Leuchtturm, von dem man eine gute Aussicht auf die Flussmündung hat.

Santurtzi ► Kulinarische Spezialität des folgenden Santurtzi (Santurce) sind gebratene Sardinen, die hier fangfrisch serviert werden.

El Burgo de Osma

E 14

Provinz: Soria (SO) **Höhe:** 950 m ü. d. 7M.
Region: Castilia y León **Einwohnerzahl:** 5300

Das alte Bischofsstädtchen, eine Gründung der Westgoten, ist klein und abgeschieden, und so kann man in seinen Mauern noch altkastilische Atmosphäre spüren. Vom alten Osma, dem »Uxama Argalae« der Römer, zeugen einige Ruinen südlich von El Burgo.

Sehenswertes in El Burgo de Osma

✶ **Catedral** Das schönste und bedeutendste Bauwerk der Stadt ist die gotische Kathedrale. Das dreischiffige Kirchenbauwerk wurde im 12. Jh. im romanischen Stil begonnen und ab 1232 gotisch fortgeführt; der 72 m hohe barocke Glockenturm, **Wahrzeichen der Stadt** und weit sichtbare Landmarke, ist im 18. Jh. vollendet worden. Zur Plaza

Wer sich traut, kann die sieben riesigen Skulpturen von Richard Serra auch betreten. Innen ist man jeweils von rund 40 t schweren, gut 4 m hohen Stahlplatten umstellt.

Blumenhund »Puppy« von Jeff Koons vor dem Museum

Der amerikanische Stararchitekt Frank O. Gehry wurde durch den Bau des »Vitra Design Museums« 1989 in Deutschland bekannt. Seine Bauten stellen nicht nur die architektonischen Ausdrucksformen in Frage, sondern auch die traditionelle Materialwahl.

Im lichtdurchfluteten Innenraum treffen die verschiedenen Baumaterialen Blech, Aluminium, Beton und Glas direkt aufeinander.

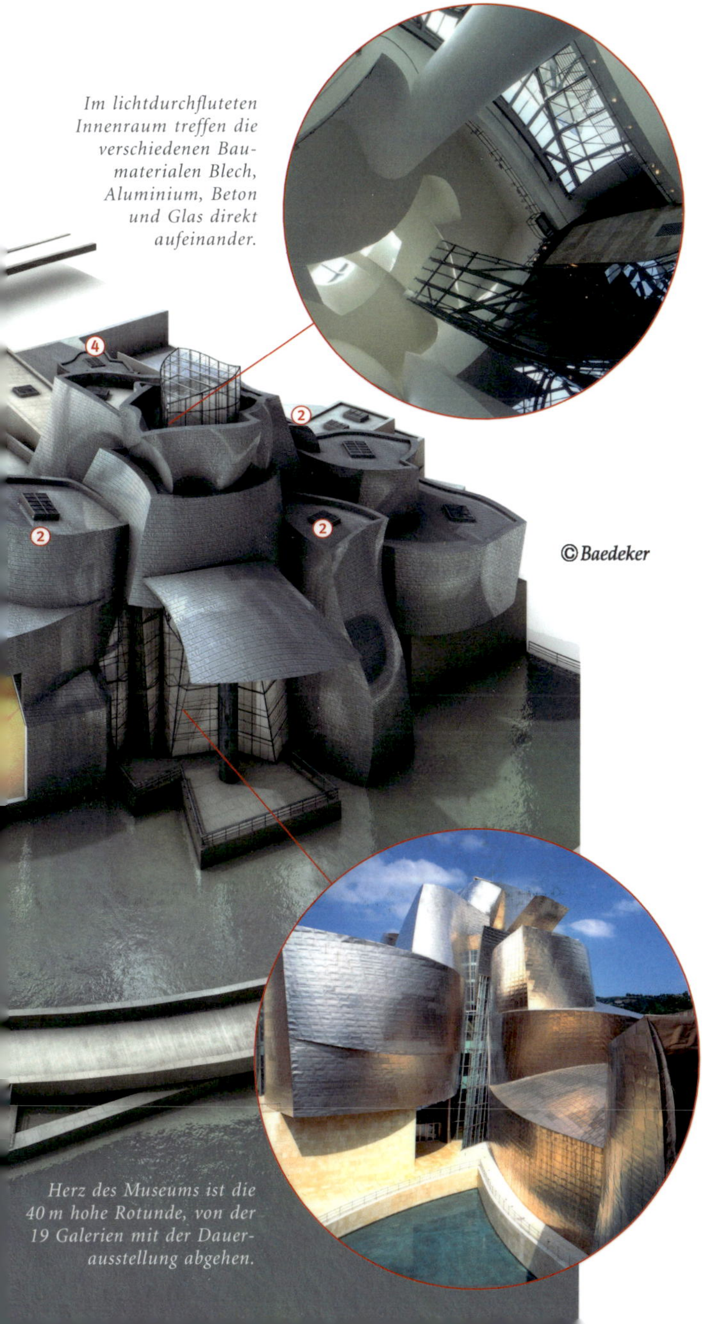

Herz des Museums ist die 40 m hohe Rotunde, von der 19 Galerien mit der Dauerausstellung abgehen.

hin wendet sich das Südportal, das reichen Figurenschmuck aus dem 13. Jh. trägt. Der Kreuzgang stammt aus dem Jahr 1512.
Mittelpunkt der Capilla Mayor ist ein schöner Retablo (1552–1556) von Juan de Juni und dessen Schüler Picardo; die schmiedeeisernen Chorgitter (16. Jh.) stammen von Juan Francés. Im linken Querschiff befindet sich das bemalte Grabmal für Pedro de Osma (13. Jh.), der den Bau leitete. Von den Kapellen verdient die von Juan de Villanueva geschaffene barocke Capilla de Palafox Erwähnung. Er zeichnete auch für die Pläne der im 18. Jh. ausgeführten Neuen Sakristei verantwortlich; in der Alten Sakristei sind noch Reste romanischer Bemalung zu entdecken.

◄ Kathedralmuseum

Das Kathedralmuseum verfügt über eine ansehnliche Sammlung von Gewändern und liturgischem Gerät; übertroffen werden diese jedoch von den **Miniaturhandschriften** in der Bibliothek, deren Glanzstück eine 1086 angefertigte Abschrift des Apokalypsekommentars des Mönches Beatus ist.

Plaza Mayor

Die Plaza Mayor umgeben einige sehenswerte stattliche Bauten, darunter das Bischöfliche Palais (Palacio Episcopal) aus dem 17. Jh. mit einem eigenwilligen Portal, das Hospital San Agustín (17. Jh.), dessen Erkennungszeichen zwei wappengeschmückte Barocktürme sind, und das Rathaus. Die Reihe der alten Gebäude setzt sich in der Calle Mayor fort.

Universidad de Santa Catalina

Das Gebäude der von Bischof Acosta 1551 gegründeten Universität Santa Catalina trägt eine Fassade im plateresken Stil.

Umgebung von El Burgo de Osma

Ucero

Im 16 km nördlich gelegenen Ort Ucero kann man die gut erhaltene Tempelritterburg San Juan de Otero besichtigen.

EL BURGO DE OSMA ERLEBEN

AUSKUNFT

Oficina de turismo
Plaza Mayor, 7
42300 Burgo de Osma
Tel. 975 36 01 16
www.burgosma.es

ESSEN

► Erschwinglich

Casa Agapito
Calle Universidad, 1
Tel. 975 34 02 12
Spezialität dieses sehr gediegenen Restaurants sind traditionelle kastilische Gerichte.

ÜBERNACHTEN

► Komfortabel

Il Virrey
Plaza Mayor, 2
Tel. 975 34 13 11
www.virreypalafox.com
Das »Erste Haus am Platz« ist kürzlich renoviert worden. Es bietet 52 rustikal ausgestattete Gästezimmer und ein gemütliches Restaurant.

✶ Parque Natural Cañón del Río Lobos ►

Ucero liegt am Südzipfel des Parque Natural Cañón del Río Lobos. Die SO-920 umfährt den Park bis zum Parkplatz bei San Leonardo de Yagüe, in dessen Nähe die Templerkirche San Bartolomé (13. Jh.) steht. Von hier kann man durch eine überwältigende Landschaft am Río Lobos **entlangwandern**, der einen bis zu 200 m tiefen Abgrund gegraben hat. Der Weg endet außerhalb von Ucero nach der Brücke über den Río Ucero.

✶ **Gormaz**

Auf der SO-160 erreicht man 15 km südlich Gormaz, wo sich die nach wie vor eindrucksvollen Reste einer einst gewaltigen arabischen Burg aus dem 10. Jh. erheben – mit 28 Türmen gehört sie zu den **größten in Europa**.

✶ **Berlanga de Duero**

Von Gormaz fährt man weiter nach Berlanga de Duero, das ebenfalls eine großartige Burg (15. Jh.) mit mächtigem Bergfried und zwei Mauerringen besitzt. Auch der Ort selbst ist noch von Mauern umschlossen. In der schönen Kirche La Colegiata (1530) beeindruckt der prächtige Retablo. Der Palacio de los Marqueses de Berlanga ist im plateresken Stil gebaut.

Ermita de San Baudelio ►

9 km südlich stößt man bei Casillas auf die mozarabische Einsiedelei San Baudelio mit ihrem eigenartigen, von einer einzigen Säule ausgehenden Gewölbe.

✶✶ Burgos

D 13

Provinz: Burgos (BU)
Region: Castilia y León
Höhe: 860 m ü. d. M.
Einwohnerzahl: 178 500

Das durch seine Kathedrale berühmte Burgos erstreckt sich zu beiden Seiten des Río Arlanzón, und obwohl es lebhaft und industriereich ist, fühlt man sich gerade am Flussufer, wo im dichten Schilf die Frösche quaken, als wäre man auf dem flachen Land und nicht im Zentrum einer Großstadt. Die Flanierpromenaden zu beiden Seiten des Flusses und die Cafés geben Gelegenheit zum Atemholen für den Besucher der an Kunstschätzen reichen Stadt.

Klima

»Neun Monate Winter, drei Monate Hölle«, heißt es über Burgos, denn die Winter sind hier, inmitten der nordkastilischen Hochebene, sehr lang und die Sommer meist recht heiß.

Geschichte

Die Stadt geht auf eine im Jahr 884 erbaute Burg des Grafen Diego Porcelos zurück. Schon 951 wurde Burgos Hauptstadt der Grafschaft Kastilien und 1037 Hauptstadt der vereinigten Königreiche Kastilien und León, die es bis zum Abschluss der Reconquista im Jahr 1492 blieb. Auch danach spielte Burgos als **Zentrum des kastilischen Woll-**

handels eine wichtige Rolle, die erst Ende des 16. Jh.s zu Ende ging. 1808 besetzten napoleonische Truppen Burgos, die 1813 durch die Armee des Herzogs von Wellington wieder vertrieben wurden. Während des Bürgerkriegs war die Stadt von 1936 bis 1939 Sitz der nationalistischen Regierung Francos, der während seiner Diktatur eine große Militärgarnison einrichtete und in den 1950er- und 60er-Jahren Industrien ansiedeln ließ.

Der Name von Burgos ist eng verbunden mit Rodrigo Díaz de Vivar, genannt **»El Cid«**, der um 1043 im 9 km nördlich gelegenen Vivar geboren wurde und dessen Gebeine seit 1921 in der Kathedrale ruhen. El Cid (arab. sayyid = Herr) ist der **spanische Nationalheld** und die Leitfigur des Kampfes der Christen gegen die maurische Herrschaft. Er kämpfte zunächst unter König Sancho II. von Kastilien gegen dessen Bruder Alfons VI. von León und erwarb sich durch seine Tapferkeit seinen ersten Beinamen »El Campeador« (der Kämpfer). Nach der Ermordung Sanchos 1072 schloss er sich Alfons VI. an, der nun Herrscher beider Königreiche war und ihm seine Cousine Doña Jimena zur Frau gab. 1081 kam es zum Bruch, da Rodrigo Alfons des Mordes an Sancho verdächtigte, worauf er verbannt wurde. Er wurde Gefolgsmann des Emirs von Zaragoza, für den er zahlreiche Schlachten gegen Christen und Moslems schlug, durch die er seinen Ehrennamen »El Cid« gewann. Nach der Aussöhnung mit Alfons VI. eroberte er 1095 Valencia von den Almoraviden; er fiel am 10. Juli 1099 bei der Verteidigung dieser Stadt. Seine Taten sind festgehalten in dem großen spanischen Nationalepos »El cantar de mío Cid«, das ein unbekannter Dichter wahrscheinlich Mitte des 12. Jh.s aufgezeichnet hat. Durch die Dramatisierung von **Pierre Corneille** 1637 (»Le Cid«) hielt der Stoff schließlich Einzug in die Weltliteratur.

Monumento El Cid

✶ Catedral de Santa María

Unübersehbar erhebt sich auf einer Terrasse am Fuß des Burghügels die Kathedrale, in ihrer Gesamtanlage und durch die Fülle plastischer Kunstwerke eine der eindrucksvollsten gotischen Kirchen. Ferdinand III. legte 1221 den Grundstein für den aus marmorartigem weißem Kalkstein errichteten Bau; die drei Schiffe und die Portale waren bis zur Mitte des 13. Jh.s fertig gestellt. Die Türme entstanden im 15. Jh., im 16. Jh. war die Kathedrale vollendet. Zunächst leiteten spanische Baumeister die Arbeiten, doch im 15. Jh. kamen mit Felipe Vigarny (Felipe de Borgoña) aus Burgund, Gil de Siloé aus Flandern und Hans von Köln (Juan de Colonia) nordeuropäische Baumeister nach Burgos.

Hauptfassade und Portale ✶ Die nach Westen gerichtete Hauptfassade wird dominiert von den prachtvollen durchbrochenen Helmen der zwei 84 m hohen Haupttürme, die 1458 von Hans von Köln ausgeführt wurden. Über der Puerta Principal leuchtet die prächtige Fensterrose (»estrellón«) mit acht Königsstatuen darüber.

Die reich verzierte Puerta de la Coronería am nördlichen Querschiff, um 1250 entstanden, wird wegen der prächtigen Apostelstatuen auch Puerta de los Apóstoles genannt; ebenfalls an der Nordseite, doch mit der Front nach Osten, befindet sich die Puerta de la Pellejería, 1516 von Franz von Köln, einem Enkel des Hans von Köln, in lebhaftem plateresken Stil erbaut; am südlichen Querschiff die ebenfalls reich mit Bildwerken geschmückte Puerta del Sarmental (um 1230), die Christus als Lehrer der Evangelisten zeigt.

Innenraum Das Innere der Kathedrale ist ohne Condestable-Kapelle 84 m lang. Im Mittelschiff erhebt sich auf vier gewaltigen Pfeilern das 59 m hohe, reich mit Skulpturen und Wappen geschmückte Kuppelgewölbe

✶ Cimborrio ► (Cimborrio), ein **Meisterwerk plateresker Dekorationskunst**, das Juan de Vallejo 1568 schuf, nachdem die vorausgegangene Konstruktion von Simon von Köln, Sohn des Hans von Köln, eingestürzt war. Darunter ruhen seit 1921 unter einer sehr einfachen Kupferplatte die Gebeine des Cid und seiner Gattin Jimena. An der Nordseite führt die doppelläufige »Escalera Dorada« zur 8 m höher gelegenen Puerta de la Coronería; die mit vergoldeten Geländern und einzigartigen Reliefs versehene Treppe ist ein plateteskes Meisterwerk von Diego de Siloé, Sohn von Gil de Siloé.

Chor ► Chor und Capilla Mayor sind durch hohe Schmiedegitter abgetrennt. Das doppelreihige, reich geschnitzte Gestühl aus Nussbaum im 1521

Catedral de Burgos Orientierung

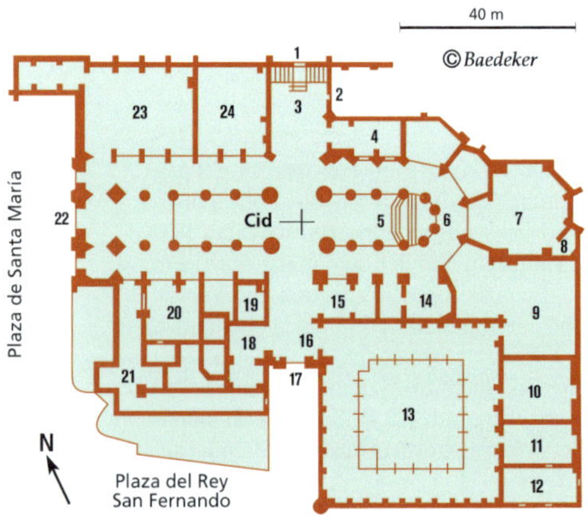

1 Puerta de la Coronería
2 Puerta de la Pellejería
3 Escalera Dorada
4 Capilla de la Natividad
5 Capilla Mayor
6 Trassagrario
7 Capilla del Condestable
8 Sacristía
9 Capilla de Santiago
10 Capilla de Santa Catalina
11 Capilla del Corpus Christi
12 Sala Capitular
13 Claustro
14 Sacristía Nueva
15 Capilla de San Enrique
16 Puerta del Claustro
17 Puerta del Sarmental
18 Capilla de la Visitación
19 Relicario
20 Capilla de la Presentación
21 Capilla del Santísimo Crist
22 Puerta Principal
23 Capilla de Santa Tecla
24 Capilla de Santa Ana

Das Grabmal des Condestable Hernández de Velasco

geschaffenen Chor ist überwiegend ein Werk von Felipe Vigarny. In der Mitte ist die mit emailliertem Kupferblech überzogene Liegefigur des 1240 gestorbenen Bischofs Mauricio zu sehen.

Im Zentrum der **Capilla Mayor** steht ein reich vergoldeter Hochaltar von 1580, ein Werk von Rodrigo und Martín de la Haya. Davor sind mehrere Angehörige des Königshauses von Kastilien und León begraben. Die Reliefs der Chorwand sind in ihrer Mehrzahl ebenfalls von Felipe Vigarny geschaffen worden. Die Capilla del Condestable hinter dem Chorumgang wurde ab 1482 für den Obersten Heerführer Kastiliens und Stellvertreter des Königs, den Condestable Pedro Hernández de Velasco, von Simon von Köln nach Entwürfen seines Vaters Hans in reichstem plateresken Stil erbaut und 1494 vollendet. In ihrer Mitte ruhen der Condestable und seine Gemahlin Doña Mencía de Mendoza, beide als lebensnahe Plastiken aus Carraramarmor auf den Sarkophagen verewigt. An den Reliefs, Skulpturen und Wappenschilden der übrigen Ausstattung der Grabkapelle war neben Simon von Köln auch Gil de Siloé beteiligt. In der ersten Kapelle im rechten Seitenschiff, der Capilla del Santísimo Cristo, wird die mit Büffelhaut überzogene Christusfigur »El Cristo de Burgos« verehrt.

✶✶ ◄ Capilla del Condestable

✶ Kreuzgang

Vom Vorraum der barocken Sacristía Nueva gelangt man durch ein sehr schönes Portal in den zweigeschossigen Kreuzgang (Claustro) aus dem 13. Jh., der bedeutende Grabmäler enthält, darunter eine Gruppe mit Ferdinand III. und seiner Gemahlin Beatrix von Schwaben. In der Capilla del Corpus Cristi wird die eisenbeschlagene »Truhe des Cid« aufbewahrt, die der Campeador jüdischen Kaufleuten als Pfand für ein Darlehen von 600 Silbermark zurückließ. Allerdings soll sie nur mit Sand und Steinen gefüllt gewesen sein. Von seiner ehrlichen Seite zeigte sich der Held bei der Unterschrift unter seinen Ehevertrag, der zusammen mit anderen alten Dokumenten in der Capilla de Santa Catalina eingesehen werden kann. Die Capilla de Santiago bewahrt den Kirchenschatz. Im **Diözesanmuseum** (Museo Diocesano) werden wertvolle Wandteppiche des 16. und 17. Jh.s, Gold- und Silberschmiedearbeiten gezeigt.

In der übrigen Altstadt

Santa Águeda

Über die kleine Plaza de Santa María vor der Westfassade kommt man zur C. Santa Águeda und auf ihr zur Kirche gleichen Namens. In ihr schwor Alfons VI. dem Cid, seinen Bruder Sancho nicht ermordet zu haben.

San Nicolás Die gegenüber der Westecke der Kathedrale liegende Kirche San Nicolás aus dem 15. Jh. besitzt einen 1505 vollendeten Altar, auf dem Franz von Köln mit 465 Figuren aus mehrfarbigem Alabaster Szenen des Alten und des Neuen Testaments darstellte.

San Esteban, Museo del Retablo Unweit nordöstlich von San Nicolás wurde 1280–1350 die gotische Kirche San Esteban erbaut, heute Museo del Retablo, in dem schöne Altaraufsätze aus dem 16.–18. Jh. ausgestellt sind.

★ Paseo del Espolón Längs des Río Arlanzón zieht sich der Paseo del Espolón hin, die Flaniermeile der Stadt. Etwas ruhiger geht es in der parallel laufenden, parkähnlichen Anlage direkt an der Uferböschung zu.

★ Arco de Santa María ► Den Beginn des Paseo markiert der aus dem 14. Jh. stammende und 1552 umgebaute Arco de Santa María, ein von zwei halbrunden Türmen flankiertes, mächtiges Stadttor. Seine Schönheit erschließt sich durch einen Blick von der den Río Arlanzón überspannenden Brücke. Statuen kastilischer Helden und Könige bewachen den Eingang

Burgos Orientierung

1 San Esteban
2 San Nicolás
3 Arco de Santa Maria
4 Ayuntamiento
5 Monumento del Cid
6 Arco de San Juan
7 Museo Marceliano Santa María
8 Estación de Autobuses
9 San Cosme y San Damián
10 Palacio Arzobispal
11 Arco de San Martín
12 Arco de San Gil

Essen
① Casa Ojeda
② Rincón de España

Übernachten
① Landa Palace
② Méson del Cid
② España

BURGOS ERLEBEN

AUSKUNFT

Oficina de Turismo
Plaza Alonso Martínez, 7
09003 Burgos
Tel. 947 20 31 25
www.turismoburgos.org
Infostellen auch an der Plaza de San Fernando und am Paseo del Espolón

VERANSTALTUNG

Das ausgelassenste der Feste von Burgos ist die *Fiesta de San Pedro* (Ende Juni/Anfang Juli) mit Umzügen (u. a. die »gigantillos«), Straßenfesten und Stierkämpfen.

SHOPPING

Hauptflaniermeile der Stadt ist der *Paseo del Espolón* mit zahlreichen Cafés und Geschäften. Ein wahres Einkaufsparadies ist die Fußgängerzone in der Altstadt um die *Plaza Mayor* und die *Calle La Paloma*.

ESSEN

► Erschwinglich

② *Rincón de España*
Calle Nuño Rasura, 11
Tel. 947 20 59 55
Klassisch-elegantes Restaurant mit Cafeteria, im Sommer kann man schön auf einer der Terrassen sitzen.

► Preiswert

① *Casa Ojeda*
Calle Vitoria, 5
Tel. 947 20 90 52
So. abend geschl.
Hier gibt es bodenständige Küche der Region, u. a. ausgezeichnetes Holzofenlamm (cordero).

ÜBERNACHTEN

► Luxus

① *Landa Palace*
Ctra. N-I, km 235
Tel. 947 25 77 77
www.landa.as
Señora Landa ließ sich einen Palast ganz nach ihrer Fantasie erbauen, die heute die Gäste teilen können: Gotik, Palmen, Wasserspiele, Antiquitäten. Sogar eine Kutschensammlung gibt es.

► Komfortabel

② *Mesón del Cid*
Plaza Santa María, 8
Tel. 947 20 30 49
www.mesondelcid.es
Recht junges und dennoch sehr stilvolles Haus in der Nähe der Kathedrale. Alle 55 Zimmer sind nach Gestalten aus dem Cid-Epos benannt.

► Günstig

③ *España*
Paseo del Espolón, 32
Tel. 947 20 63 40
www.hotelespana.net
Günstige Unterkunft in der Fußgängerzone (leider keine Parkplätze).

Lustwandeln unter den Platanen des Paseo del Espolón

zur Stadt: unten in der Mitte der Stadtgründer Diego Porcelos, flankiert von Nuño Rasura und Laín Calvo, den beiden ersten Richtern Kastiliens; darüber von rechts nach links El Cid, Karl V. und Graf Fernán González.

Puente de San Pablo ► Die Promenade endet beim Puente de San Pablo, der mit Denkmälern kastilischer Helden geschmückt ist. Nördlich schließt sich die Plaza de Primo de Rivera an, die von einem heroischen Denkmal des Cid dominiert wird.

Plaza Mayor Vom Paseo del Espolón führen Passagen auf die arkadengesäumte Plaza Mayor. An ihrer Südseite ist im 1791 erbauten Rathaus (Ayuntamiento) u. a. das Archiv der Stadt untergebracht.

Casa del Cordón Die Casa del Cordón an der Plaza de Calvo Sotelo verdankt ihren Namen dem »cordón«, dem Strick um die Kutte der Franziskaner, der aus Stein gehauen das Portal des zwischen 1482 und 1492 für den Obersten Heerführer von Kastilien errichteten Hauses schmückt.

San Gil Nördlich des Hauptplatzes erreicht man durch Nebengassen die unscheinbare Kirche San Gil aus dem 14. Jh.; innen offenbart sie unter einem prächtigen Sterngewölbe die Capilla de la Natividad und einen plateresken Retablo von Felipe Vigarny.

Am Arco de Santa María bewachen kastilische Helden und Könige den Eingang zur Stadt.

Werke des aus Burgos stammenden impressionistischen Malers **Marceliano Santa María** (1866–1952) werden im einstigen Benediktinerkloster an der Plaza de San Juan bei der Markthalle gezeigt.

? WUSSTEN SIE SCHON ...?

- ... an welch geschichtsträchtigem Ort Sie an der Casa del Cordón stehen? Hier empfingen die Katholischen Könige 1497 Kolumbus nach seiner zweiten Reise in die Neue Welt, hier starb 1506 Philipp der Schöne; hier machte auch der französische König Franz I. Station auf dem Rückweg in seine Heimat, nachdem man ihn aus der Gefangenschaft entlassen hatte, in die er in der Schlacht bei Pavia (1525) geraten war.

Gegenüber der zuvor erwähnten Kirche San Esteban liegt der Aufgang zum 1736 durch Feuer zerstörten und wieder renovierten **Castillo**. Am Südfuß der Burgruine bezeichnen drei Steindenkmäler den **»Solar del Cid«**, den Sitz des Stammhauses des Geschlechts derer von Vívar. Der daneben stehende Arco de San Martin (14. Jh.) ist ein Teil der von der Burg ausgehenden, 1276 begonnenen Stadtmauer. Sie führt abwärts am Paseo de los Cubos entlang, benannt nach den halbrunden Mauertürmen (»cubos«).

Museo de Burgos

Das Museo de Burgos zur Geschichte und Kultur der Provinz Burgos befindet sich in den beiden Adelshäusern Casa de Miranda (Vorgeschichte und Archäologie) und Casa de Ángulo (Kunst, darunter die Grabfigur des Juan de Padilla von Diego de Siloé) auf dem jenseitigen Ufer des Arlanzón.

Außerhalb der Altstadt

✶ **Monasterio de las Huelgas**

Ca. 1,5 km westlich des Stadtzentrums liegt die Klosteranlage Monasterio de las Huelgas, ursprünglich Lustschloss der kastilischen Könige (huelga = Erholung), das 1187 auf Wunsch von Eleonore von England, Schwester Heinrichs II. und Gemahlin Alfons' VIII., in ein **Zisterzienserinnenstift** umgewandelt wurde, in das nur Novizinnen aus vornehmsten Häusern aufgenommen wurden. Gleichzeitig bestimmte man es als Grablege für die kastilischen Könige.

◄ Kirche

Alfons und Eleonore sind im Mittelschiff der 1248 im schlichten Zisterzienserstil erbauten Kirche in einem Doppelgrab begraben, auf dem die Verstorbenen als kniende Statuen dargestellt sind. Im rechten Querschiff, das die Gräber der Infanten aufnahm, ist u. a. Fernando de la Cerda, erstgeborener Sohn von Alfons X., beigesetzt. Die vergoldete Kanzel war drehbar, damit je nach Anlass gewöhnliche Gläubige oder die Nonnen, die durch den Lettner getrennt waren, die Messe hören konnten. Im Querschiff sind Tapisserien aus Beauvais aus dem 17. Jh. beachtenswert.

◄ Sala Capitular

Im Kapitelsaal werden neben Teppichen und sakralen Gegenständen auch ein in der Schlacht von Navas de Tolosa im Jahr 1212 von den Mauren erbeutetes Banner (El Pendón) und vier türkische Standarten aus der Schlacht von Lepanto (1571) aufbewahrt.

Capilla de Santiago ► Eine romanischer Kreuzgang führt in den ehemaligen Palast von Alfons VIII. Die Figur des Apostels Jakobus in der Capilla de Santiago besitzt bewegliche Arme – mit ihr sollen die kastilischen Prinzen zu Rittern geschlagen worden sein.

✶ Museo de Telas Medievales ► Prächtige Gewänder und Stoffe des kastilischen Hofes, die in den Sarkophagen der Klosterkirche gefunden wurden, sind im einstigen Kornspeicher des Klosters zu sehen.

✶ **Cartuja de Miraflores**

Auf einer bewaldeten Kuppe 4 km östlich der Stadt gründete König Johann II. ein Kartäuserkloster und bestimmte es zu seiner und seiner Gemahlin Isabella von Portugal Grabstätte. Dieses Kloster, die Cartuja de Miraflores, brannte 1452 aus und wurde von Hans von Köln und dessen Sohn Simon neu aufgebaut. In der äußerlich schlichten gotischen Kirche überrascht die **Pracht der Innenausstattung**, namentlich der große Hochaltar von Gil de Siloé und Diego de la Cruz – mit dem ersten aus der Neuen Welt gebrachten Gold belegt – und das ebenfalls von Siloé stammende Alabastergrabmal des Königspaares, eines der reichsten in Spanien. An der Nordwand der Kirche befindet sich in einer Nische das von Gil de Siloé in Alabaster ausgeführte, mit üppigem Rankenwerk verzierte Grabmal des 1468 gestorbenen Sohnes Alfons, an dessen Stelle dann seine Schwester Isabella den kastilischen Thron bestieg.

Fabelwesen und reiches Rankenwerk im Kreuzgang von Santo Domingo de Silos

Südliche Provinz Burgos

Via N-I, N-234 und C-110 erreicht man das 40 km südöstlich von Burgos liegende **Covarrubias**, einst Mittelpunkt der Grafschaft Kastilien, das unter Fernán González zum Königreich aufstieg. In der Stiftskirche (12. Jh.) findet man zahlreiche Grabmäler der Infanten und Äbte, darunter diejenigen von Fernán González und seiner Gemahlin sowie das Grab der Prinzessin Christine von Norwegen, der Tochter Haakons IV., die 1258 den Infanten Philipp heiratete. Glanzstück des **Pfarrmuseums** ist ein Triptychon der Heiligen Drei Könige, wahrscheinlich von Gil de Siloé. Von den Überresten der alten Befestigung beeindruckt besonders der Torreón de Doña Urraca aus dem 10. Jh., die Plaza de Doña mit ihren Fachwerkbauten ist typisches Altkastilien.

Monasterio de Santo Domingo de Silos

Durch eine schöne Landschaft geht es auf der BU-902 und BU-900 zum Benediktinerkloster Santo Domingo de Silos, dank seines fantastischen Kreuzgangs eines der **beeindruckendsten Spaniens**.

Das Kloster wurde vermutlich schon 593 vom Westgotenkönig Reccared gegründet, dann von den Mauren zerstört und später wieder mit Leben erfüllt. Der zweigeschossige Kreuzgang wurde von drei unbekannten Steinmetzen mit herrlichen Kapitellen ausgestattet, die Fabelwesen, Löwen, Hirsche, Adler, andere wiederum Vögel und reiches Rankenwerk zeigen; in den vier Ecken findet man je zwei Reliefs mit Motiven aus dem Neuen Testament – allesamt **einmalige Zeugnisse romanischer Bildhauerkunst**. Besonders sehenswert ist das Emmausrelief, bei dem zwei Jünger und Christus als Pilger mitsamt muschelbesetzter Umhängetasche abgebildet sind. Die mudéjare Decke des unteren Kreuzgangs ist mit Szenen mittelalterlichen Lebens bemalt; besonders auffallend ist eine Vielzahl von Musikinstrumenten. In einer Seitenkapelle der Kirche befindet sich das Grab des hl. Dominikus.

! Baedeker TIPP

Canto Gregoriano

Außer Baugeschichte gibt es noch einen Grund, nach Santo Domingo de Silos zu kommen: Die Mönche sind Meister des gregorianischen Gesangs, den sie auch regelmäßig zum Besten geben. Mit ihrer CD »Canto gregoriano« landeten sie 1994 einen Hit, der sogar in Diskos lief.

✶✶
◄ Kreuzgang

Im **Museum** sind u. a. eine romanische Skulpturengruppe und Filigran- und Elfenbeinarbeiten ausgestellt. Die Apotheke wurde im 18. Jh. eingerichtet und zeigt heute eine Sammlung von Apothekengefäßen aus Talavera-Fayence und die 387 Bände umfassende Apothekenbibliothek.

Reinster isabellinischer Stil schmückt das Portal von Santa María la Real in Aranda de Duero (s. S. 254).

Die BU-901 führt von Santo Domingo de Silos zur **Garganta de la Yecla**, einer engen Schlucht, durch die ein **Plankenweg** führt.

Schon von weitem erblickt man die auf einem Hügel thronende Altstadt von **Lerma** (35 km südlich von Burgos). Das Städtchen verdankte seinen Wohlstand dem Günstling Philipps III., dem Herzog von Lerma, der es im 17. Jh. planmäßig verschönerte. Besonders eindrucksvoll zeigt sich das am zentralen Platz, dessen Stirnseite der ehemalige **Palast des Herzogs** von Lerma, heute Parador, einnimmt, 1614 von Fray Alberto de la Madre de Dios errichtet. Links gelangt man am Rathaus vorbei auf den Wehrgang, von wo man einen wei-

! Baedeker TIPP

Produkte des Landes

Jeden Samstag wird auf der Plaza Mayor von Aranda de Duero Markt abgehalten. Es gibt landwirtschaftliche Produkte und Töpferwaren – garantiert kein Touristenkitsch! Außerdem: Der größere Teil des berühmten D.O.-Weinbaugebiets Ribera del Duero liegt in der Provinz Burgos, und Aranda de Duero gehört dazu. Also auf zur Weinprobe: bei Peñablo López in Aranda, bei Ismael Arroyo in Sontillo de la Ribera, bei Condado de Haza in Roa und bei Hermanos Pérez Pascuas in Pedrosa de Duero.

ten Blick hat. An der Westspitze der Altstadt erhebt sich die 1616 erbaute Stiftskirche mit dem Bronzegrabmal des Erzbischofs Cristóbal de Rojas von Sevilla.

Weitere 45 km sind es bis **Aranda de Duero**, einem wichtigen Verkehrsknotenpunkt mit hübschen Ausflugszielen in der Umgebung. Sehenswert in der 31 000-Seelen-Stadt ist die spätgotische, um 1500 von Simon von Köln begonnene **Kirche Santa María la Real** dank ihrer herrlichen Fassade mit isabellinischem Portal.

Sinovas Die Kirche San Nicolás de Bari in Sinovas, 3 km nordöstlich, wurde wegen ihrer kunstvollen polychromen Deckentäfelung im Mudéjarstil des 13./14. Jh.s zum **Nationalmonument** erklärt.

Peñaranda de Duero Die Plaza Mayor des von einer Burg aus dem 15. Jh. überragten Peñaranda de Duero, 20 km östlich, ist besonders klein und deshalb besonders heimelig. Hier steht die Casa Miranda, deren Portal farbige Marmorskulpturen einfassen.

Östliche Provinz Burgos

Atapuerca, San Juan de Ortega Nach Osten folgt die N-120 dem Río Arlanzón. Ab Ibeas de Juarros ist der Weg zur prähistorischen Stätte Atapuerca ausgeschildert. Hier fand man 1994 rund 800 000 Jahre alte **menschliche Knochen**, die ältesten je in Europa entdeckten. Bei geführten Rundgängen werden die Funde des heutigen Weltkulturerbes erläutert. In Ibeas gibt es ein Museum. Weiter östlich zweigt von der N-120 eine Nebenstraße nach San Juan de Ortega ab, Station am Jakobsweg. Die Pfarrkirche auf romanischen Fundamenten bewahrt unter einem isabellinischen Alabasterbaldachin das gotische Grabmal des hl. Juan de Ortega.

Nördlich von Burgos

Aguilar de Campóo Von Burgos führt die N-627 nach Nordwesten durch eine äußerst schöne, von Kalksteinbergen und -cañons beherrschte Landschaft ins 80 km entfernte, in der Provinz Palencia liegende Aguilar de Campóo. Dort sind neben einigen Adels- und Patrizierhäusern noch sechs Tore der Stadtmauer erhalten, darunter die **Puerta de Reinosa** aus dem 14. Jh. mit einer hebräischen Inschrift. Die frühgotische Kirche San Miguel an der Plaza de España besitzt zahlreiche Grabmäler aus dem 12.–16. Jh., darunter die eines Grafen von Aguilar und seiner Frau sowie des Erzpriesters García González. Westlich abseits von Aguilar de Campóo (2 km Richtung Cervera de Pisuerga) liegt das um 820 gegründete und im 11. Jh. und 13. Jh. ausgebaute ehemalige **Prämonstratenserkloster** Santa María la Real. Nach der Restaurierung zeigt es heute dank seiner wertvollen Kapitelle, seines romanischen Kreuzgangs und seines Kapitelsaals, weshalb es zum Nationalmonument erklärt worden ist.

★ ◄ Santa María la Real

Briviesca

Man verlässt Burgos auf der N-I Richtung Nordosten und erreicht über die Passhöhe Puerto de la Brújula, wo eine Brunnenanlage von 1845 an die Königin Isabella erinnert, das Städtchen Briviesca, das römische »Virovesca«. Hier erklärte 1388 Johann I. seinen Sohn Heinrich zum Prinzen von Asturien und schuf damit diesen Titel für die spanischen Thronfolger. Die Capilla de Sopraga der Stiftskirche sowie die ehemalige Klosterkirche Santa Clara bewahren **vorzügliche Schnitzaltäre** aus dem 16. Jh., beide von Pedro López de Gámiz unter Mitwirkung von Juan de Anchieta geschaffen.

◄ Pancorbo

Durch das hügelige Getreideland von Altkastilien geht es weiter zu dem malerisch in einem felsigen Engtal gelegenen Pancorbo (635 m ü. d. M.), das von den Ruinen der Burgen Santa Marta und Santa Engracia überragt wird; nach dem Dorf beginnt der Felsenengpass (»Desfiladero«) Garganta de Pancorbo, in dem der Río Oroncillo die Montes Obarenes durchbricht.

★ ◄ Garganta de Pancorbo

★ Cáceres

K 8

Provinz: Cáceres (CC)
Region: Extremadura
Höhe: 439 m ü. d. M.
Einwohnerzahl: 94 000

Ein Gang durch die herrliche Altstadt von Cáceres, die von der UNESCO zum Weltkulturerbe erklärt wurde, versetzt ins Mittelalter und in die Renaissance. Die zahlreichen Adelspaläste zeigten einst stolz hohe Türme, die jedoch 1477 auf Geheiß von Isabella der Katholischen abgetragen wurden. Trotzdem finden die vielen Störche von Cáceres noch genügend Dächer, auf denen sie nisten können.

Geschichte

Rund um Cáceres, der Hauptstadt der gleichnamigen Provinz in der Extremadura unweit der Grenze zu Portugal, wird Landwirtschaft betrieben. Darauf basierte der Wohlstand der Adelsgeschlechter der Stadt, den sie als Konquistadoren der Neuen Welt mehrten und nicht zuletzt in ihren Stadtpalästen verbauten.

Vermutlich am Ort einer iberischen Siedlung gründete der römische Konsul Caecilius Metellus im 1. Jh. n. Chr. mit Norba Caesarina (auch Castra Caecilii) eine der fünf wichtigsten Kolonien der Provinz Lusitanien. Unter den Westgoten verlassen, bauten die Mauren den Ort dann als Quazri neu auf. 1227 fiel Cáceres an León.

★★ Altstadt (Barrio Monumental)

Stadtmauer Die Altstadt (Ciudad oder Barrio Monumental) trennt eine mittelalterliche, aus maurischer Zeit stammende Ringmauer mit zwölf Türmen und fünf Toren vom modernen Stadtteil.

Plaza Mayor Ausgangspunkt des Stadtrundgangs ist die außerhalb der Mauern liegende Plaza Mayor. Hier fällt besonders die nahe der Nordostecke stehende, mit einer Statue der Ceres geschmückte **Torre del Bujaco** (Torre del Reloj = Uhrturm) auf, ein Überrest der römischen Stadtmauer. Rechts daneben geht es durch den Arco de la Estrella – 1723 nach Plänen von Churriguera errichtet – in die Altstadt und auf der Av. de Estrella zur Plaza de Santa María.

★ **Plaza de Santa María** Um die Plaza de Santa María gruppieren sich mehrere Adelshäuser, darunter gegenüber der Kirche der Palacio Episcopal von 1567, über dessen Portal ein die Alte und die Neue Welt darstellendes Medaillon angebracht ist. Daneben steht der Palacio de Mayoralgo mit einer Fassade in gotischem Stil (16. Jh.).

Santa María la Mayor ► An der Ostseite der Plaza erhebt sich die dreischiffige spätgotische Kathedralkirche Santa María la Mayor (16. Jh.), deren Sakristeitür im Renaissancestil ein Werk von Alonso Torralba (1527) ist.

Schon die Katholischen Könige stiegen im Palacio de los Golfines de Abajo ab. 1936 proklamierte sich Franco hier zum Generalissimus.

Cáceres · Barrio Monumental Orientierung

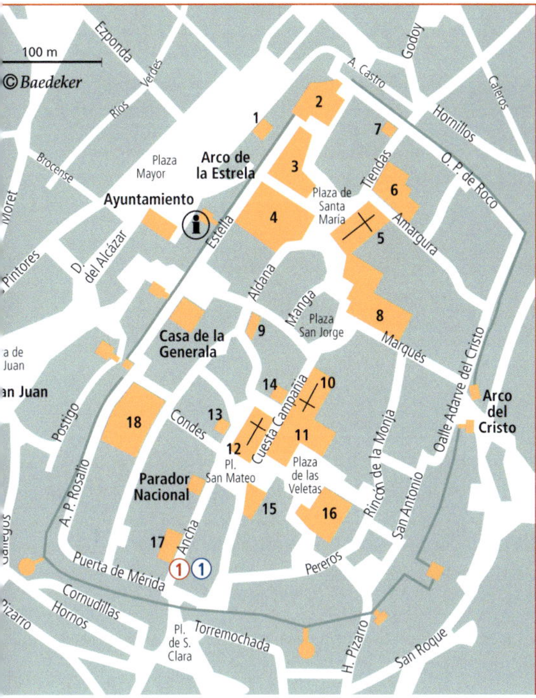

1 Torre de Bujaco
2 Casa de los Toledo Moctezuma
3 Palacio de Mayoralgo
4 Palacio Episcopal
5 Santa María la Mayor
6 Casa de Carvajal
7 Torre de los Espaderos
8 Palacio de los Golfines de Abajo
9 Casa del Mono
10 San Francisco Javier
11 Casa de las Cigüeñas
12 San Mateo
13 Torre de los Plata
14 Casa del Sol
15 San Pablo
16 Casa de las Veletas
17 Casa del Comendador de Alcuéscar
18 Casa de los Golfines de Arriba

Essen

① Parador de Cáceres
② La Tahona

Übernachten

① Parador de Cáceres
② Alcántara

◄ Casa de Carvajal

Die Casa de Carvajal gegenüber der Kirchenapsis kann besichtigt werden; zu sehen sind Patio sowie Mobiliar und Gemälde des 16.–19. Jh.s. Wenig entfernt in der Calle de las Tiendas erkennt man die Torre de los Espaderos an ihrer großen Pechnase.

Casa de los Toledo Moctezuma

An diesem Turm links kommt man an der Nordostecke der Stadtmauer zur Casa de los Toledo Moctezuma. Hier wohnte **Juan de Cano Moctezuma**, Enkel des Aztekenkönigs Moctezuma II.

★ Palacio de los Golfines de Abajo

Nun geht man wieder zurück auf die Plaza, überquert sie und erreicht den Palacio de los Golfines de Abajo an der Plaza de San Jorge. In diesem im späten 15. Jh. erbauten Palast waren die Katholischen Könige öfters zu Gast; einer ihrer Nachfolger war **Franco**, der sich hier 1936 zum Generalissimus proklamierte. Die Fassade vereinigt gotische, mudéjare und platereske Stilelemente; herausragend sind das Familienwappen und ein Greifenfries als Abschluss.

Plaza de San Mateo

Die Cuesta Campaña führt an der Kirche San Francisco Javier (18. Jh.) vorbei auf den höchsten Punkt der Stadt, die Plaza de San

CÁCERES ERLEBEN

AUSKUNFT

Oficina de turismo
Plaza Mayor, 3
10003 Cáceres
Tel. 927 01 08 34
www.turismoextremadura.com

ESSEN

► Fein & teuer

① ***Parador de Cáceres***
Calle Ancha, 6
Tel. 927 21 17 59
Beste Küche der Extremadura in stimmiger Umgebung.

► Erschwinglich

② ***La Tahona***
Felipe Uribarri 4
Tel. 927 22 44 55
Hier kann man auf ganz verschiedene Weisen speisen: Urig im Weinkeller, edel unter Kristalllüstern oder gemütlich im Speiseraum, dessen Mittelpunkt ein Holzofen bildet, in dem auch viele Gerichte zubereitet werden.

ÜBERNACHTEN

► Luxus

① ***Parador de Cáceres***
Calle Ancha, 6
Tel. 927 21 17 59
www.parador.es
Mitten im historischen Zentrum wohnt man im Palacio de Torreorgaz und labt sich an der Küche der Extremadura.

► Komfortabel

② ***Alcántara***
Av. Virgen de Guadalupe, 14
Tel. 927 22 39 00
www.hotelhusaalcantara.com
Komfortables, freundliches Hotel, klassisch eingerichtet.

Mateo mit der an Stelle einer Moschee im 15. Jh. erbauten Kirche gleichen Namens. Deren Hauptportal ist im plateresken Stil (16. Jh.) gestaltet; außerdem besitzt sie im Inneren einen eindrucksvollen barocken Retablo.
Ecke Calle Ancha liegt der Parador Nacional, etwas weiter die Casa del Comendador de Alcuéscar mit gut erhaltenem Festungsturm; von der Kirche geradeaus durch die Calle Condes gelangt man zum Palacio de los Golfines de Arriba an der Stadtmauer.

Casa de las Cigüeñas

Auf die Plaza de San Mateo folgt die Plaza de las Veletas. Ein schlanker, zinnenbewehrter Turm im Stil der Florentiner Renaissance bezeichnet hier die Casa de las Cigüeñas, das **»Haus der Störche«**. Nur dieser Turm fiel der Anordnung Isabellas der Katholischen zum Abriss der Geschlechtertürme nicht zum Opfer.

✶ Casa de las Veletas, Museo Provincial

In der Casa de las Veletas (»Haus der Wetterfahnen«) gegenüber ist das Museo Provincial zu Hause. Das Gebäude wurde auf den Grundmauern des maurischen Alcázars errichtet, von dem noch der Aljibe, eine nach wie vor funktionsfähige Zisterne aus dem 11. Jh., erhalten ist. Das Museum zeigt Funde aus prähistorischer und römischer

Zeit, Kunsthandwerk, Trachten und Gemälde. In der Abteilung über die Höhle von Maltravieso (1,5 km außerhalb, nicht zu besichtigen) sind 71 Handabdrücke zu sehen, die ein Steinzeitkünstler vor ca. 20 000 Jahren hinterließ (Öffnungszeiten: Di. bis Sa. 9.00–14.30, So. 10.15–14.00 Uhr).

Außerhalb der Stadtmauern

Kirchen

Außerhalb der Mauern sind zwei Kirchen beachtenswert: San Juan (13. Jh.), südlich der Plaza Mayor liegend, und die von Rodrigo Gil de Hontañón erbaute Santiago (16. Jh.) nördlich der Plaza, die einen Retablo besitzt, den Alonso Berruguete 1558 geschaffen hat. Gegenüber der Kirche zeichnet sich der Palacio de Godoy durch einen schönen Eckbalkon aus.

San Francisco

Südlich der Stadt besitzt das Kloster San Francisco aus dem 15. Jh. einen schönen Kreuzgang. Der dreischiffigen, in gotischem Stil erbauten Klosterkirche ist eine Barockfassade vorgeblendet; im Inneren findet man kunstvoll gestaltete Kapellen und gotische Grabmäler.

Umgebung von Cáceres

Ermita de Nuestra Señora de la Montaña

Nicht nur im Mai bei der jährlichen Wallfahrt zum Ermita de Nuestra Señora de la Montaña aus dem 17. Jh. lohnt die Pilgertour zu der Kapelle mit einer Kopie der Schwarzen Madonna von ► Montserrat. Denn von der Anhöhe, ca. zwei Kilometer südöstlich von Cáceres, genießt man eine **weite Aussicht** über die Altstadt von Cáceres und die Extremadura.

Cáceres el Viejo

3 km nördlich von Cáceres schlugen 79 v. Chr. die Legionen des Konsuls Caecilius Metellus im Krieg gegen Sertorius ihr Lager auf. Freigelegt sind das Prätorium, das prätorianische Tor und ein Tempel.

Coria

Der Bischofssitz Coria, das keltische Caura, liegt 70 km nördlich von Cáceres inmitten eines Tabakanbaugebietes. Die die Stadt umziehenden, 8 m dicken Wehrmauern stammen teilweise noch aus römischer Zeit. Sehenswert sind die **Burg** aus dem 15. Jh. sowie die im 12. Jh. gegründete und im 16. Jh. vollendete **Kathedrale** mit ihrem churrigueresken Hochaltar und dem prächtigen Chorgestühl.

Alcántara

Das Grenzstädtchen Alcántara liegt 65 km nordwestlich von Cáceres hoch über dem Südufer des hier aufgestauten Río Tajo. Bedeutendstes Monument des Orts an der Grenze zu Portugal ist der außerhalb liegende Puente Romano, die 105 n. Chr. vollendete römische Brücke (arab. al-kántara) über den Tajo, die ganz aus Granit und ohne Mörtel erbaut ist; 194 m lang und 8 m breit schwingt sie sich in sechs bis zu 58 m hohen Bogen über den Fluss. Mitten auf der Brücke steht ein Triumphbogen zu Ehren Trajans, an dem später die Wappen der

* ◄ Puente Romano

Habsburger und der Bourbonen angebracht wurden. Am linken Ufer sieht man einen kleinen römischen Tempel, den Gaius Iulius Lacer, der Erbauer der Brücke, errichten ließ.

Convento de San Benito ►

Das 1550 fertig gestellte Kloster San Benito am Ortsrand von Alcántara war Sitz des Alcántara-Ordens, der aus dem 1170 gegründeten portugiesischen Orden San Julián de Pereiro hervorging, als dieser 1218 die Feste Alcántara übernahm. Vom Kloster sind der gotische Turm und der zweistöckige Kreuzgang noch gut erhalten. Hier werden alljährlich im August im Rahmen des **Festivals von Mérida** klassische spanische Dramen aufgeführt. Die platereske Klosterkirche birgt wertvoll ausgestattete Kapellen für den Ordensgroßmeister Antonio Bravo de Jerez und für Nicolás de Ovando, Gouverneur der westindischen Kolonien.

★ **Museo Vostell-Malpartida**

Der deutsche Fluxus-Künstler **Wolf Vostell** (1932–1998) lebte jahrzehntelang in der Extremadura. In Malpartida de Cáceres, 11 km westlich der Stadt, konnte er 1976 in einer alten Wollwaschanlage sein Museum eröffnen. Hier sind nicht nur etliche seiner Werke zu sehen, darunter eines seiner einbetonierten Autos, sondern auch Werke anderer bekannter **Fluxus-Künstler** (Öffnungszeiten: Winter Di.–Sa. 10.00–13.00 u. 16.00–18.30, Frühjahr 10.00–13.30 u. 17.00–19.30, Sommer 10.00–13.30 u. 18.00–21.00 Uhr).

★ Cádiz

P 8

Provinz: Cádiz (CA)
Region: Andalusien
Höhe: 5 m ü. d. M.
Einwohner: 125 800

Wie eine Tasse mit Henkel schiebt sich Cádiz ins Meer vor, silberhell strahlt das Licht auf die palmenbestandenen Plazas, weshalb die andalusische Hafenstadt auf einem aus dem Meer emporragenden Muschelkalkfelsen auch »tacita de plata« (»Silbertässchen«) genannt wird. Für Lord Byron war sie gar die »Sirene des Ozeans«.

Wichtige Hafenstadt

Auf den ersten Blick wird Cádiz Lobgesängen kaum gerecht, doch hat man die kilometerlange Anfahrt durch die Betonschluchten und Industrieareale der Neustadt hinter sich und die Puerta de Tierra passiert, offenbart sich eine hübsche Innenstadt mit lauschigen Plätzen und heimeligen Gassen voll andalusischer Gelassenheit.

Cádiz ist einer der wichtigsten Marine- und Zivilhäfen Spaniens mit Werftindustrie und Raffinerien; auch die Fischerei und die Fischfabriken sind ein bedeutender Wirtschaftsfaktor.

Geschichte

Cádiz ist wohl die **älteste Stadt** der Iberischen Halbinsel und auch Europas. Unter dem Namen Gadir (»die Festung«) um 1100 v. Chr. von den Phöniziern als Stapelplatz für Zinn und Silber gegründet,

Cádiz *Orientierung*

1 Museo de Cádiz
2 Diputación Provincial (Provinzverwaltung)
3 El Rosario und Santa Cueva
4 Nuestra Señora del Carmen
5 Casa Mora
6 San Felipe Neri
7 Museo de las Cortes
8 Torre Tavira
9 Santa Catalina
10 Catedral Nueva
11 El Sagrario
12 Teatro Romano
13 Ayuntamiento
14 Cárcel Real

Essen

① Achuri
② Balandro
③ El Aljibe
④ El Faro
⑤ El Sardinero

Übernachten

① Francia y Paris
② Hostal Bahía
③ Pasador Hotel Atlántico
④ Playa Victoria
⑤ Regio

wurde sie um 500 v. Chr. von den Karthagern besetzt. Im Zweiten Punischen Krieg fiel die nun Gades genannte Stadt an die Römer, die sie unter dem Namen Julia Augusta Gaditana als Silber-, Kupfer- und Salzhafen zu hoher Blüte führten. Griechische Gelehrte studierten hier die Meeresgezeiten, und auch die heimische Küche war zu dieser Zeit weltberühmt. Im Mittelalter sank das nun arabische Dschezîrat Kádis zur Bedeutungslosigkeit herab, bis nach der Eroberung durch Alfons den Weisen 1262 die Wiederbesiedlung begann und mit der Entdeckung Amerikas hier die **Silberflotte** ankerte. Die späteren Kriege, Piratenüberfälle – u. a. durch Sir Francis Drake –

CÁDIZ ERLEBEN

AUSKUNFT

Centro de Receptión de Turistas
Paseo de Canalejas, s/n
11005 Cádiz
Tel. 956 24 10 01
www.cadiz.es

ANREISE

Zwei Wege führen nach Cádiz: Der attraktivere führt via ***Puerto Real*** und über die ***Brücke der N-IV***, die die Bucht von Cádiz überspannt. Von hier hat man einen schönen Blick auf die Stadt. Die andere Route umfährt die Bucht ***via San Fernando***. Beide Strecken münden in die Zufahrt zur Plaza de la Constitución, die vor der 1755 erbauten Puerta de Tierra endet.

Parken

Parkplätze gibt es am Zugang zur Altstadt, am Bahnhof, in der Cuesta de las Calesas und entlang der Promenade. Die Altstadt erkundet man am besten zu Fuß.

EINKAUFEN

Die Einkaufszone erstreckt sich zwischen der Plaza de las Flores und der C. San Francisco und auf der C. Columela mit ihren Seitenstraßen; außerdem gibt es eine Markthalle mit breitem Angebot.
Hecho en Cádiz (Plaza Candelaria): Kulinarisches und Kunsthandwerk, hergestellt in der Provinz Cádiz. ***Mercado Central*** (C. Libertad): Köstlichkeiten en masse.

VERANSTALTUNGEN

Karneval
Nirgends in Spanien ist der Karneval so ausgelassen wie in Cádiz. Zehn Tage lang – vom Donnerstag vor Rosenmontag bis zum Sonntag nach Aschermittwoch – herrscht Ausnahmezustand, wenn die »murgas« durch die Straßen ziehen, kostümierte Gruppen, die satirische Lieder und Sketche zum Besten geben. Am Sonntag vor Rosenmontag gibt es einen riesigen Umzug (www.carnavalcadiz.com).

Ciudad de Cádiz
Folkfestival im Parque Genovés, Anfang Juli.

Feria de los Angeles
Musik und Tanz im Juli/August.

ESSEN

► Fein und teuer

④ ***El Faro***
San Félix, 15
Tel. 956 21 10 68
www.elfarodecadiz.com
Eines der besten Restaurants Andalusiens, besonders wenn es um Fisch und Meeresfrüchte geht.

Bunt und lebenslustig: Zehn Tage lang feiert man in Cádiz den Karneval.

► Erschwinglich

① *Achuri*
Plocia, 15
Tel. 956 25 36 13
Im traditionsreichen Achuri wird baskische mit andalusischer Küche bestens kombiniert, z. B. als Stockfischgericht »Bacalao al andaluz«.

② *Balandro*
Alameda de Apodaca, 22
Tel. 956 22 09 92
Die ganze Vielfalt an Fisch und Krustentieren wird geboten.

③ *El Aljibe*
Plocia, 25
Tel. 956 26 66 56
Von einfachen Tapas bis zur raffinierten Fischküche.

► Preiswert

⑤ *El Sardinero*
Calle San Juan de Dios, 4
Tel. 956 26 59 26
Andalusische und baskische Küche gegenüber dem Rathaus auf dem Hauptplatz der Altstadt.

ÜBERNACHTEN

► Komfortabel

④ *Playa Victoria*
Glorieta Ingeniero La Cierva, 4
Tel. 956 20 51 00
www.palafoxhoteles.com
Modern und komfortabel in der Altstadt gelegen, mit Pool.

Baedeker-Empfehlung

③ *Parador Hotel Atlántico*
Avda. Duque de Nájera, 9
Tel. 956 22 39 08
www.parador.es
Moderner Parador am Altstadtrand mit traumhaftem Blick aufs Meer sowie Parkplätzen, Garagen und Swimmingpool.

► Günstig

① *Francia y París*
Plaza San Francisco, 2
Tel. 956 21 23 19
www.hotelfrancia.com
Ruhiges und charmantes Altstadthotel.

② *Hostal Bahía*
C. Plocia, 5
Tel. 956 25 90 61
www.hostalbahiacadiz.com
Die gemütliche und gut geführte kleine Herberge liegt im Zentrum der Stadt.

⑤ *Regio*
Avda. Ana de Viya, 11
Tel. 956 27 93 31
www.hotelregiocadiz.com
Das moderne Hotel liegt an der großen Zufahrtsstraße und nur wenige Gehminuten vom Strand und vom Geschäftszentrum entfernt.

und besonders der Abfall der Kolonien brachten einen erneuten Rückgang. Während des spanischen Unabhängigkeitskriegs konnte Cádiz von den Franzosen nicht eingenommen werden. Im Jahr 1810 traten die Cortes hier zusammen und verkündeten 1812 eine Verfassung, die zwei Jahre später unter Ferdinand VII. schon wieder abgeschafft wurde. Ferdinand wurde 1822 von Patrioten in Cádiz gefangen gesetzt und konnte erst durch intervenierende französische Truppen in der »Schlacht von Trocadero« befreit werden.

Sehenswertes in Cádiz und Umgebung

Hafengebiet

Durch die Puerta de Tierra (1755) kommt man von der Neustadt in das alte Cádiz und geht über die Plaza de Santa Élena und durch die Cuesta de las Calesas am Bahnhof vorbei zum Hafen. Gleich links öffnet sich die Plaza de San Juan de Dios mit dem 1799 stattlichen Rathaus. Am Hafen entlang führt die Avenida Ramón zum 1773 errichteten Gebäude der Provinzialverwaltung. Dahinter erhebt sich inmitten der Plaza de España ein Denkmal zur Erinnerung an die 1810–1812 in Cádiz tagende allgemeine **Volksvertretung der Cortes**, die hier die Verfassung von 1812 beschlossen.

Plaza de España ►

Uferpromenaden

Nördlich der Plaza de España beginnen mit der Alameda de Apodaca und der sich anschließenden Alameda del Marqués de Comillas die Uferpromenaden. Von beiden Straßen hat man eine prächtige Aussicht auf die Nordseite der Bucht. Am Ende der Alameda steht links die zweitürmige Barockkirche Nuestra Señora del Carmen (1737 bis 1764), die einen schönen Innenhof und ein Altarbild von El Greco besitzt. An der Nordwestseite erstreckt sich dicht am Meer der Parque Genovés mit einem hübschem Palmengarten; von der Plattform einer Grotte genießt man eine umfassende Aussicht. Jenseits der vorgelagerten Balustrade des Castillo de Santa Catalina schlägt die Bucht La Caleta mit der Playa de la Palma ihren Bogen bis zu einer weit in den Ozean vorspringenden Mole mit dem Castillo de San Sebastián und einem Leuchtturm darauf.

Nuestra Señora del Carmen ►

Parque Genovés ►

Südliches Ufer

Auf der südlichen Kaimauer zieht sich die lange Straße Campo del Sur hin. Kurz nach ihrem Beginn liegt links ein ehemaliges Kapuzi-

Strahlend gelb leuchtet die Kuppel der Neuen Kathedrale über dem Südkai von Cádiz.

nerkloster, jetzt psychiatrische Anstalt. Für den Hauptaltar der 1639 begonnenen Klosterkirche Santa Catalina (Eingang durch den Hof) schuf Bartolomé Esteban Murillo mit dem Gemälde »Verlobung der hl. Katharina« sein letztes Werk, denn bei der Ausführung stürzte er vom Gerüst und starb am 3. April 1682 in Sevilla. Die Kirche besitzt weitere Werke von ihm.

◄ Santa Catalina

Mit Blick auf die hochragende Silhouette der Stadt gelangt man zur Catedral Nueva, deren Hauptfassade zur Plaza de Pío XII zeigt. Das Gotteshaus wurde 1722 von Vicente de Acero begonnen, aber erst 1838 vollendet. Im Inneren der dreischiffigen Kirche (85 m lang, 60 m breit) beeindrucken gewaltige Pfeiler und die prächtige Vierungskuppel (52 m hoch). Die Krypta enthält Bischofsgräber und das Grabmal des aus Cádiz stammenden Komponisten Manuel de Falla (1876–1946). Das Museum zeigt den **Kirchenschatz** sowie Gemälde, u. a. von Alonso Cano und Murillo (Öffnungszeiten: Di. – Fr. 10.00 bis 14.00 u. 16.30 – 19.30 Uhr).

◄ Catedral Nueva

? WUSSTEN SIE SCHON ...?

- ... dass die »custodia del millón«, eine annähernd 4 m hohe Silbermonstranz aus dem Kirchenschatz der Catedral Nueva, angeblich mit einer Million Edelsteinen besetzt ist?

Vorgängerin der Neuen Kathedrale war die Kirche Santa Cruz, die »Alte Kathedrale«, die ursprünglich aus dem 13. Jh. stammte und nach ihrer Zerstörung 1596 dann bis 1602 im Renaissancestil erneuert wurde; sie ist mit Malereien und einem figurenreichen Hochaltar von Saavedra (um 1650) ausgestattet.

◄ Santa Cruz

Innenstadt

Die Calle del Sacramento durchzieht diagonal die Altstadt. An ihr markiert die 45 m hohe Torre Tavira die höchste Erhebung von Cádiz. Ganz oben bietet eine **»cámara obscura«** eine interessante Vorführung: Im abgedunkelten Raum zaubern eine Linse und ein Spiegel »Livebilder« der Stadt auf eine Leinwand.

◄ Torre Tavira

Etwas weiter liegt in der Calle Santa Inés die Kapelle San Felipe Neri, ein 1671 errichteter Ovalbau, in dem 1812 die Cortes tagten. Murillo schuf das Gemälde »Unbefleckte Empfängnis« auf dem Hochaltar.

◄ San Felipe Neri

Das benachbarte Museo Histórico Municipal erzählt die Geschichte der Stadt und zeigt neben Dokumenten des Unabhängigkeitskriegs auch Stadtmodelle von Cádiz, darunter eines aus Elfenbein und Mahagoni.

◄ Museo Histórico

★ Museo de Cádiz

Auf der Calle San José kommt man zur Plaza de Mina. Deren Ostseite nimmt das Museo de Cádiz ein. Im Erdgeschoss zeigt die archäologische Abteilung Grabfunde aus der phönizischen Nekropole von Cádiz, darunter zwei einzigartige **anthropomorphe Marmorsarkophage** aus dem 5. Jh. v. Chr. Die Gemäldeabteilung darüber besitzt 21 Werke von Zurbarán, darunter »Verzückung des hl. Bruno« und »Pfingstfest«; weitere bedeutende Künstler hier sind Murillo (»Verzückung des hl. Franziskus«), Ribera, Rubens (»Heilige Familie«), Alonso Cano, van Eyck und Rogier van der Weyden. Im obers-

! *Baedeker* TIPP

Fish & Chips

Tatsächlich – nicht die Engländer haben den Bratfisch erfunden, sondern die Fischer von Cádiz. Probieren kann man ihn in allerlei »freidurías« und in gar nicht so teuren Fischrestaurants, etwa an der Plaza de las Flores, an der Plaza de San Juan de Dios oder an der Plaza Tía de Tiza.

ten Geschoss schließlich wird das in Cádiz besonders gepflegte andalusische Puppentheater gewürdigt (Öffnungszeiten: Di. 14.30–20.30, Mi. bis Sa. 9.00–20.30, So. 9.00 bis 14.30 Uhr).

Von der Südostecke der Plaza de Mina gelangt man zur oval angelegten Kirche **Santa Cueva** (1783), deren Innenraum Francisco de Goya 1795 mit Wandgemälden ausgestaltete.

Strände Baden im Stadtgebiet kann man in der Bucht La Caleta und südöstlich davon an den Stränden Playa de Santa María, Playa la Victoria und Playa de Cortadura, die jedoch durch Industrie- und andere Bauten immer weniger attraktiv werden.

Medina Sidonia Auf N-IV, N-340 und A-390 führt ein Ausflug ins 40 km im Hinterland liegende Medina Sidonia (300 m ü. d. M.), eine phönizische Gründung und noch heute **Sitz der Herzöge** von Medina Sidonia, die sich u. a. der Zucht von Kampfstieren verschrieben haben. Sehenswert sind die gotische Kirche Santa María la Coronada mit einem plateresken Retablo, das Rathaus mit seiner fliesengeschmückten Treppe, die Torre de Doña Blanca in den Ruinen der Burg und Reste der römischen Kanalisation (C. Espíritu Santo).

Umgebungsziele ►Costa de la Luz

Calatayud

F 17

Provinz: Zaragoza (Z)
Region: Aragón
Höhe: 536 m ü. d. M.
Einwohner: 21 700

Das im Talgrund des Río Jalón knapp 90 km südwestlich von ►Zaragoza gelegene Calatayud ist eine alte aragonische Grenzstadt. Unweit der Ruinen des römischen Bilbilis errichteten die Mauren im 8. Jh. die »Burg des Ayub« (»Kalat-Ayub«), von der die Stadt ihren Namen hat. Der Infant Ferdinand, der spätere Katholische König, wurde hier 1461 zum Thronfolger erklärt.

Sehenswertes in Calatayud

Maurisches Viertel Das winklige und enge maurische Viertel hat noch etwas von seinem alten Charakter bewahrt. Es wird überragt von den Ruinen der großen Burg, die Ayub, der Gründer der Stadt, errichten ließ.

Weithin sichtbar erhebt sich der achteckige Mudéjarturm der Kirche **Santa María la Mayor** über die Dächer der Altstadt. Er war das Minarett einer Moschee, die Alfons I. 1120 nach der Eroberung der Stadt in eine Kirche umwandeln ließ. Das plattereske Alabasterportal schufen 1526 Juan de Talavera und Esteban de Obray. Die ältesten Teile der Anlage sind der Kapitelsaal und der noch aus maurischer Zeit stammende Klostergang. Der gotische Kreuzgang ist mit Malereien verziert, die im 15. Jh. entstanden sind.

Albasterportal von Santa María la Mayor

Die Tempelritter errichteten im 12. Jh. Santo Sepulcro, die »Kirche vom Heiligen Grab«, einst spanische Hauptkirche des Ordens. Aus dieser Zeit ist noch der gotische Kreuzgang geblieben. Deckenmalereien von Goya kann man in der etwas außerhalb Richtung Zaragoza liegenden Kirche San Juan el Real aus dem 17. Jh. bewundern.

Umgebung von Calatayud

Bilbilis

3 km nordöstlich der Stadt, am linken Ufer des Rio Jalón, liegen die Ruinen von Bilbilis, einer keltiberischen Gründung, die von den Römern übernommen wurde. Hier wurde der **Satiriker und Epigrammatiker Martial** (40–100 n. Chr.) geboren.

Monasterio de Piedra

Auf der A-202 erreicht man 27 km südlich von Calatayud bei Nuévalos das im 12. Jh. gegründete Zisterzienserkloster Monasterio de Piedra, das im Wesentlichen im 13. Jh. erbaut wurde. Davon zeugen noch Bergfried, Kapitelsaal, Refektorium und die Apsis der alten Kirche.

CALATAYUD ERLEBEN

AUSKUNFT

Oficina de Turismo
Plaza del Fuerte
50300 Calatayud
Tel. 976 88 63 22
www.calatayud.es

ESSEN

► Erschwinglich

La Brasa
Paseo Cortes de Aragón, 6
Tel. 976 88 24 70
Das Restaurant im Stadtzentrum serviert in gediegenem Ambiente aragonesische Gerichte.

ÜBERNACHTEN

► Komfortabel

Monasterio de Piedra
Monasterio de Piedra, s/n
Nuévalos (15 km südwestlich oberhalb von Calatayud)
Tel. 902 19 60 52
www.monasteriapiedra.com
Wohnen in der Zurückgezogenheit eines Zisterzienserklosters.

★ Park ► Als echte Überraschung in der sonst kargen Landschaft bietet sich der umgebende Park dar – üppiges Grün, durchsetzt mit Grotten, Seen und Wasserfällen, die der Río Pedra speist. Der Park wurde im 19. Jh. von Juan Federico Muntadas **als erster dieser Art in Spanien** angelegt. Besonders malerisch gibt sich der über 50 m hohe »Pferdeschwanzfall« (»Cola de Caballo«), hinter dessen Wasserschleier sich die Iris-Grotte verbirgt. Ein audiovisuelles Informationszentrum stellt die Tierwelt in den Bächen der Region vor.

Molina de Aragón Vom Kloster Piedra sind es noch einmal 49 km bis Molina de Aragón in der Provinz Guadalajara. Der **malerische Ort** besitzt eine eindrucksvolle Festungsanlage und einen türmebestückten Mauerring oberhalb des Ortskerns, aus dem die Torre de Aragón (11. Jh.) herausragt. Sehenswert sind auch das ehemalige Judenviertel und die alte Kirche San Gil (12. Jh.), in der das Grabmal der 1283 gestorbenen Herzogin Doña Blanca steht.

★ **Daroca** Das aus einer iberischen Siedlung hervorgegangene Städtchen liegt 40 km südöstlich von Calatyud in einer tiefen Schlucht des Río Jiloca am Abhang des 1421 m hohen Pico de Almenara. Es geht auf das maurische Felsenkastell »Kalat Daruka« zurück, das im 13. und 14. Jh. zur **gewaltigen Festung** mit einer 4 km langen, mit 114 Türmen befestigten Mauer ausgebaut wurde. Deren zerfallene Reste, die Stadttore Puerta alta und Puerta baja, die verwinkelten Gässchen und Stadthäuser wie die Casa de las Lunas mit ihrem schönen Patio lohnen den Ausflug allemal.

Die Wände der Capilla de los Sagrados Corporales in der romanischen Stiftskirche **Santa María** illustrieren das »Wunder der Messtücher« (s. »Wussten Sie schon?«). Die Kirche besitzt außerdem noch rechts vom Hauptportal einen fein gearbeiteten alabasternen Altaraufsatz aus dem 15. Jh. Neben der Kirche zeigt das Pfarrmuseum u. a. eine Silbermonstranz von Pedro Moragues aus dem Jahr 1384 und ein Reliquiar, in dem man die Messgewänder verwahrte, sowie eine Sammlung von Malereien auf Holz, von denen einige Bartolomé Bermejo zugeschrieben werden.

Museo Parroquial ►

? WUSSTEN SIE SCHON ...?

- ... dass sich in Daroca das »Wunder der Messtücher« ereignet hat? Der Überlieferung nach sollen 1239 während einer Messe unweit der Stadt sechs Hostien blutige Spuren auf den Messtüchern hinterlassen haben. Da auch Teruel und Calatayud Anspruch auf die Reliquien erhoben, lud man die Tücher auf einen Esel und ließ ihn laufen – er rannte stracks nach Daroca.

★ **Santa María de Huerta** 30 km weiter gelangt man zum ausgedehnten, 1167 gegründeten Zisterzienserkloster Santa María de Huerta. In der barocken Kirche sind das Chorgestühl aus Nussbaumholz (16. Jh.), das Grabmal des Rodrigo Jiménez de Rada, Erzbischof von Toledo, der am Bau des Klosters maßgeblich beteiligt war, sowie ein Fresko der Schlacht von Navas de Tolosa zu erwähnen. Der zweistöckige Ritterkreuzgang (Claustro de los Caballeros), unten gotisch, oben plateresk, verdankt seinen Namen dem Umstand, dass in ihm zahlreiche Ritter begraben wurden, die im Kampf gegen die Mauren gefallen waren. Herausragend ist der große **gotische Refektoriumssaal** aus dem Jahr 1215, nicht zuletzt dank seiner herrlichen Fensterrose, der als schönster Raum des Klosters gilt. Hier nahmen die Mönche ihre Mahlzeiten ein, während ihnen von einem Pult herab vorgelesen wurde. An das Refektorium schließt die sehenswerte Küche an.

Cartagena

N 19

Provinz: Murcia (MU)
Region: Murcia
Höhe: 0 – 70 m ü. d. M.
Einwohner: 214 000

Cartagena, einer der bedeutendsten Seehäfen und wichtigster Marinestützpunkt Spaniens am Mittelmeer, wird von den zwei auf schroffen Felshöhen gelegenen Festungen Las Galeras und San Julián bewacht. Besonders reizvoll ist ein Besuch im September, wenn Cartagena seine antike Vergangenheit wieder aufleben läßt. Beinahe das ganze Jahr über wird im warmen Salzschlamm im Mar Menor nordöstlich von Cartagena gebadet.

Schon in punischer Zeit wurde im Hinterland von Cartagena nach Eisen, Zinn und Blei geraben; La Unión, 12 km östlich, ist das Zentrum des größten spanischen Bergbaureviers. Bei Escombreras südlich von Cartagena gibt es eine große Raffinerie.

Der Schlamm des Mar Menor hilft gegen allerlei Gebrechen. Das wussten schon die Mauren zu schätzen.

223 v. Chr. gründete der karthagische Feldherr Hasdrubal bei der iberischen Siedlung Mastia die Stadt Kart Hadast. Als **Carthago Nova** war sie dann lange Zeit die bedeutendste römische Niederlassung auf der Iberischen Halbinsel. Während der maurischen Herrschaft bildete sie das selbständige Emirat Cartadjanah, bis sie 1242 von Ferdinand III. von Kastilien erobert wurde. Die Araber begründeten Cartagenas Ruf als **Werft für Kriegsschiffe**. 1588 flohen die der Vernichtung entgangenen Schiffe der spanischen Armada nach Cartagena, wohin sie von Sir Francis Drake verfolgt wurden, der die Stadt plündern ließ. Die spanische

Kriegsflotte, die sich 1936 auf die Seite der Volksfrontregierung stellte, konnte die Landung von aus Afrika kommenden Truppen Francos in Cartagena nicht verhindern.

Sehenswertes in Cartagena

Hafen Am westlichen Ende des von Promenaden gesäumten Hafens beginnt der Marinehafen. Hier erinnert das **Monumento de los Héroes de Cavite** an die Toten des Spanisch-Amerikanischen Krieges von 1898. Südlich davon sieht man eines der ersten Unterseeboote, das 1888 von Isaac Peral aus Cartagena konstruiert wurde.

*** Museo Teatro Romano** Nördlich des Denkmals weitet sich die Plaza del Ayuntamiento mit den Ruinen der im Spanischen Bürgerkrieg zerstörten Kathedrale Santa María la Vieja und dem in den 1990er-Jahren freigelegten rö-

CARTAGENA ERLEBEN

AUSKUNFT

Oficina de Turismo
Plaza Bastarreche, s/n
30203 Cartagena
Tel. 968 50 64 83
www.cartagenaturismo.es

VERANSTALTUNGEN

Semana Santa
Die Prozessionen der Bruderschaften »Los Marrajos«, »Californios« und »Encuentro« sind über die Grenzen der Region hinaus populär.

Antike live
Zehn Tage lang feiert Cartagena in der zweiten Septemberhälfte seine karthagisch-römische Vergangenheit. Die Stadt verwandelt sich in ein Heerlager, in dem die Hochzeit von Hannibal mit der iberischen Königstochter Himilke gefeiert wird.

ESSEN

► **Erschwinglich**
José Maria Los Churrascos
Avda. de Filipinas, 13
Tel. 968 13 60 28
Das Restaurant bietet exzellente regionale Küche und einen anerkannt guten Weinkeller.

Mare Nostrum
Paseo de Alfonso XII, s/n
Tel. 968 52 21 31
In diesem Lokal am Hafen kann man die wundervolle Aussicht aus dem Panorama-Speisesaal oder von einer Terrasse über dem Meer genießen.

ÜBERNACHTEN

► **Luxus**
Best Western Alfonso XIII
Paseo Alfonso XIII, 40
Tel. 968 52 00 00
www.bestwesternhotel alfonsoxiii.com
Elegantes, stilvolles Hotel im Herzen von Cartagena.

► **Komfortabel**
Cartagonova
Calle Marcos Redondo, 3
Tel. 968 50 42 00
www.hotelcartagonova.com
Gute Adresse in einer ruhigen Seitenstraße der Calle Real.

mischen Amphitheater aus der Zeit des Kaisers Augustus, das seinerzeit 6000 Zuschauern Platz bot. Das Areal ist in den letzten Jahren vom spanischen Stararchitekten **Rafael Moneo** saniert worden. Dabei entstand auch das 2009 eröffnete Museum, in dem interessante archäologische Fundstücke zu sehen sind (Öffnungszeiten: Di. – Sa. 10.00 – 18.00, im Sommer bis 20.00, So. 10.00 – 14.00 Uhr).

Casa Cervantes

Vom Nordende der Plaza del Ayuntamiento kommt man auf der Calle Mayor zur Casa Cervantes, einem Modernisme-Bau von 1900, entworfen vom Gaudí-Schüler Victor Beltrí (1865 – 1935). Im Café im Erdgeschoss komponierte Antonio Álvarez den Pasodoble-Klassiker »Suspiros de España« (»Spanische Seufzer«).

Castillo de la Concepción

Von der Kathedrale führt ein Treppenweg zum 70 m hoch gelegenen Castillo de la Concepción (11. Jh.; heute Parque Torres). Von hier bietet sich ein guter Ausblick über den Hafen.

Weitere Museen

Das **Museo Naval** (Marinemuseum) befindet sich am Nordende des Marinehafens. Jenseits des Marinehafens, beim Faro de Navidad, bewahrt das **Museo Nacional de Arqueología Submarina** aus dem Meer geborgene antike Funde auf. Das **Museo Arqueológico Municipal** (Calle Ramón y Cajal 45) im Nordosten der Stadt zeigt karthagische, römische, westgotische und arabische Stücke.

★ Costa Cálida

Heiße Küste

Die ca. 250 km lange Costa Cálida (dt. = heiße Küste), die Küste südwestlich und nordöstlich von Cartagena, bietet ruhige und weite Strände, unterbrochen von felsigen Abschnitten. Entlang des Küstenstreifens reihen sich Ferienanlagen und Hotels mit allerlei **Wassersportmöglichkeiten** aneinander.

Mar Menor

Zentrum des Badetourismus ist das sich nordöstlich von Cartagena erstreckende Mar Menor (»Kleines Meer«). Dieser salz- und jodhaltige Binnensee bedeckt eine Fläche von 180 km² und wird durch einen 22 km langen und 50–150 m breiten, »La Manga« genannten Landstreifen vom Meer getrennt. Das durchschnittlich 7 m tiefe Wasser ist so warm, dass beinahe das ganze Jahr über gebadet und der **heilkräftige Salzschlamm** angewendet werden kann. Die Manga und der ihr gegenüber liegende Festlandstreifen säumen Strandbäder, Hotelhochhäuser und Touristenzentren, von denen auf dem Festland die wichtigsten das eher ruhigere San Pedro de Pinatar, San Javier (Militärflughafen!), Los Alcázares, Los Urrutias und Los Belones sind; bei Letzterem liegt mit dem Campo de Golf la Manga einer der **schönsten und größten Golfplätze** Spaniens. Wichtigster Touristenort auf der Manga ist La Manga del Mar Menor mit seinen auf Pfählen ins Wasser gestellten Pavillons. Am Südufer der Manga fällt das Cabo de Palos steil ins Meer ab.

✶ Golfo de Mazarrón Die Küste des westlich von Cartagena gelegenen Golfo de Mazarrón ist geruhsamer. Von der N-332 stoßen Stichstraßen in die kleinen Küstenorte vor. Über den Badeort Puerto de Mazarrón erreicht die Straße nach 37 km die Kleinstadt Mazarrón, ein altes Bergarbeiterdorf mit Ruinen der Burg der Vélez, und strebt dann entlang der Sierra de Almenara nach Águilas, südlichster Ort der Costa Cálida, überragt vom Castillo de San Juan de las Águilas. Zum Meer hin schließt eine mittelalterliche Wehrmauer den Ort ab. Águilas bietet **sehr schöne, kaum überlaufene Strände** wie die Playa Amarillo, die Playa de Calabardina oder die völlig unberührte Playa de la Carolina.

Ciudad Real

L 13

Provinz: Ciudad Real (CR)
Region: Castilia-La Mancha
Höhe: 632 m ü. d. M.
Einwohner: 74 300

Ciudad Real, die »Königliche Stadt«, liegt zwischen Río Guadiana und Río Jabalón inmitten einer fruchtbaren Landschaft, in der die Weine von Valdepeñas angebaut werden. Die Provinzhauptstadt ist eine gute Basis für Ausflüge in die Mancha, in der Don Quijote, der »Ritter von der traurigen Gestalt«, zu Hause war.

Sehenswertes in Ciudad Real

Puerta de Toledo Die mudéjare Puerta de Toledo aus dem 14. Jh. ist das einzige Überbleibsel der einst mächtigen Festung.

Kirchen Die große gotische Kathedrale Santa María del Prado, 1531 erbaut, ist der »Virgen del Prado« geweiht, deren Bildnis auf einem Silberthron steht. Beachtenswert sind das alte Westportal (12. Jh.) und der Retablo von Giraldo de Merlo (1616); in der Sakristei das Gemälde »Die Enthauptung Johannes' des Täufers« von Eugenio Caxés. Von besonderem künstlerischen Wert ist die **Kirche San Pedro** (14./15. Jh.) mit ihren Portalen in gotischem und mudéjarem Stil. Die Capilla del Sagrario im rechten Seitenschiff enthält das bemerkenswerte Alabastergrabmal der Familie Coca. Die Iglesia de Santiago ist kunstgeschichtlich zwar nicht bedeutend, hat aber ihren wichtigen Platz im Stadtbild, denn ihr Turm bildet zusammen mit denen der anderen beiden Kirchen ein gedachtes Dreieck – eine Idee Alfons' X.

Museo del Quijote Im 2002 eröffneten Don-Quijote-Museum in der Ronda de Alarcos erfährt man alles über den verrückten Ritter aus der Feder Miguel de Cervantes', der in der Mancha gegen Windmühlen kämpft.

Cerro de los Alarcos 8 km westlich der Stadt schlugen maurische Reiter am 18. Juli 1195 das Heer Alfons' VIII. Daran erinnert eine gotische Kapelle.

Die Mancha des Don Quijote

Von Ciudad Real aus kann man zu einer interessanten **Rundfahrt** aufbrechen, die zu einigen Orten führt, in denen Don Quijote seine Spuren hinterlassen hat (►Baedeker Special S. 274).

Daimiel

Nahe Daimiel, 31 km nordöstlich auf der N-430/N-420, begegnete Don Quijote den Leuten von Yanguesa. Nördlich von Daimiel beginnt der Nationalpark von Tablas de Daimiel (►S. 279).

★ Consuegra

Auf der N-420, dann N-IV (vorbei am Puerto Lápice) und CM-400 erreicht man Consuegra mit seiner Burg und seinen oft fotografierten elf Windmühlen. Hier soll Don Quijote seinen vergeblichen **Kampf gegen die Windmühlen** gefochten haben.

Alcázar de San Juan

Von Consuegra führt die CM-400 östlich nach Alcázar de San Juan (643 m ü. d. M.), einem kleinen Ort mit einer bedeutenden Sammlung römischer Mosaiken im Museo Arqueológico Fray Juan Cobo, der Kirche Santa María aus dem 13. Jh., einem Eisenbahnmuseum und den für die Mancha typischen Windmühlen.

CIUDAD REAL ERLEBEN

AUSKUNFT

Oficina Municipal de Turismo
Plaza Mayor, 1
13001 Ciudad Real
Tel. 926 21 64 86
www.ciudad-real.es/turismo

VERANSTALTUNG

Internationales Theaterfestival
Im Corral de Comedias von Almagro im Valdepeñas wird jedes Jahr im Juli das Goldene Zeitalter des spanischen Theaters wiedererweckt.
Kartenreservierung:
Oficina del Festival
Calle Colmenares, 7, 1 D
28004 Madrid
Tel. 915 21 07 20
www.festivaldealmagro.com

ESSEN

► Erschwinglich

La Mancha
Calle Guadalmez, 15
Tel. 926 21 13 41
Der Name ist hier Programm: Das stilecht eingerichtete Restaurant bietet kastilische Küche.

► Preiswert

San Huberto
General Rey, 8
Tel. 926 25 22 54
Kleines Restaurant, in dem die Speisen vor den Augen der Gäste zubereitet werden.

ÜBERNACHTEN

► Komfortabel

Santa Cecilia
Calle Tinte, 3
Tel. 926 22 85 45
www.santacecilia.com
Im historischenzentrum steht dieses Hotel mit seinen modern ausgestatteten Zimmern, Restaurant, Bar und Cafeteria. Der Service ist sehr zuvorkommend.

AUF DON QUIJOTES SPUREN

»En un lugar de la Mancha, de cuyo nombre no quiero acordarme … (In einem Ort in der Mancha, an dessen Namen ich mich nicht erinnern möchte …)« – so geheimnisvoll beginnt einer der größten Romane der Weltliteratur: die Abenteuer des »stinkreichen Junkers Don Quijote de la Mancha« von Miguel de Cervantes. Er handelt von einem leicht närrischen Alten, der sich für einen Ritter hält und in die weite Welt aufbricht, um Abenteuer zu suchen.

All sein Wissen bezieht Don Quijote aus der Lektüre von Ritterromanen; dergestalt gewappnet bricht er in die ferne Welt auf, um Ruhm und Ehre anzuhäufen, kommt aber aus seiner Heimat La Mancha (arab.: trockenes Land) nie heraus. Etliche Orte, in denen Don Quijote seine skurrilen Abenteuer erlebte, lassen sich noch heute besuchen, wenn es auch die eine oder andere Unstimmigkeit zu ignorieren gilt.

Die Dörfer verlieren sich als weiße Kleckse im staubgrauen, flachen Land. Der Blick endet unweigerlich im Nichts. In dieser Ödnis wuchert Don Quijotes Fantasie, gespeist aus den angelesenen Heldentaten seiner Bibliothek, um so reichhaltiger. Kein Wunder, dass wohlmeinende Mitmenschen diese Bücher verbrennen, um den Junker zu kurieren. Vergeblich, wie wir wissen. Seine »locura« (Narrheit) stammt aus seiner »lectura« (Lektüre), wie es der mexikanische Schriftsteller Carlos Fuentes so treffend feststellt.

Sein größtes Abenteuer

Und so hält er denn auch bei seinen irrwitzigen Abenteuern einige **Windmühlen** für gefährliche Riesen mit schauderhaft langen Armen. Als er seinem Knappen den Kampf gegen diese ankündigt, äußert dieser seine Bedenken, wie Cervantes im 8. Kapitel schildert:

»Was für Riesen?«, versetzte Sancho Pansa. »Jene, die du dort siehst«, antwortete sein Herr, »die mit den langen

Armen, die bei manchen wohl zwei Meilen lang sind.«
»Bedenkt doch, Herr Ritter«, entgegnete Sancho, »die dort sich zeigen, sind keine Riesen, sondern Windmühlen, und was Euch bei ihnen wie Arme vorkommt, das sind die Flügel, die, vom Wind umgetrieben, den Mühlstein in Bewegung setzen.«
»Wohl ist's ersichtlich«, versetzte Don Quijote, »dass du in Sachen der Abenteuer nicht kundig bist; es sind Riesen, und wenn du Furcht hast, mach dich fort von hier und verrichte dein Gebet, während ich zu einen grimmen und ungleichen Kampf mit ihnen schreite.«
Und dies sagend, gab er seinen Gaul Rosinante die Sporen, ohne auf die Worte zu achten, die ihm sein Knappe Sancho warnend zuschrie, es seien ohne allen Zweifel Windmühlen und nicht Riesen, die er angreifen wolle. Aber er war so fest davon überzeugt, es seien Riesen, dass er weder den Zuruf seines Knappen Sancho hörte, noch selbst erkannte, was sie seien – obwohl er schon sehr nahe war –, vielmehr rief er mit lauter Stimme: »Fliehet nicht, feige niederträchtige Geschöpfe; denn ein Ritter allein ist es, der euch angreift.« Indem erhub sich ein leiser Wind, und die langen Flügel fingen an, sich zu bewegen. Sobald Don Quijote dies sah, sprach er: »Wohl, ob ihr auch mehr Arme als die der Riesen Briareus bewegt, ihr sollt mir's doch bezahlen.«
Und dies ausrufend und sich von ganzem Herzen seiner Herrin Dulcinea befehlend und sie bittend, ihm in so entscheidendem Augenblicke beizustehen, wohl gedeckt mit seinem Schilde, sprengte er an im vollsten Galopp Rosinantes und griff die erste Mühle vor ihm an; aber als er ihr einen Lanzenstoß auf den Flügel gab, drehte der Wind diesen mit solcher Gewalt herum, dass er den Speer in Stücke brach und Ross und Reiter mit sich fortriss, dass sie gar übel zugerichtet übers Feld hinkugelten.

Der Schauplatz des Kampfes

Das Schlachtfeld dieses vielleicht berühmtesten Kampfes der Literaturgeschichte beanspruchen gleich **mehrere Orte in der Mancha**. Etliche schöne Windmühlen finden sich in Campo de Criptana, in Mota del Cuervo und

vor allem in Consuegra. Dort stehen sie schön fotogen auf einer Anhöhe, tragen Namen wie El Blanco, La Turca oder eben El Sancho Pansa. Kann man da kleinliche Zweifel hegen? Ebenso bei der Frage nach der **Herkunft unseres Helden**.

Warum bloß wollte er sich nicht an seine Heimat erinnern? War es tatsächlich so, weil Autor Cervantes dort im Gefängnis saß? Das behaupten jedenfalls etliche Historiker und tippen auf Argamasilla de Alba als Geburtsort von Quijote, denn am Ende des 1. Bandes gießt Cervantes Hohn und Spott über die höchst geistvollen Akademiker zu Argamasilla.

Das Wirtshaus

Eine andere schrullige Romanszene bestärkt diese Version. Nur einen »Rosinante-Tagesritt« von Argamasilla entfernt, in Puerto Lápice, ließ sich Don Quijote von einem Kneipenwirt, den er für einen Schlossherrn hielt, **zum Ritter schlagen**. Doch auch um diese Begebenheit buhlt ein anderer Ort, ein winziges Dörflein, das sich denn auch gleich den passenden Namen zulegte: Venta de Don Quijote (Kneipe des Don Quijote), wo eine entsprechend eingerichtete Lokalität diese Behauptung bekräftigt.

Die Angebetete

Gar nur eine halbe »Rosinante-Tagestour« entfernt liegt ein anderer Roman-Ort: El Toboso, wo die verehrungswürdige Dame Dulcinea geboren worden sein soll. Ein Ritter vollbringt schließlich all seine Heldentaten nur für seine Herzensdame. Die Angebetete erfuhr freilich nicht von ihrem Glück, doch in El Tobose spielt das keine Rolle, denn noch heute kann man eine **Casa de Dulcinea** (Haus der Dulcinea) besichtigen. Dort lebte im 16. Jh. immerhin eine Doña Zarco de Morales – war sie vielleicht die berühmte Dulcinea? Eine weitere offene Frage. Die Einwohner von El Toboso zumindest sind sich sicher und haben denn auch gleich ein Museo Cervantino am Hauptplatz eingerichtet. Dort können verschiedene Ausgaben des Romans bestaunt werden, in allen möglichen Sprachen. Und sagen sie nicht alle dasselbe? Dass Dulcinea aus El Toboso stamme. Na bitte!

Campo de Criptana

Nach weiteren 8 km ist Campo de Criptana erreicht, ein freundliches Dorf, wo ebenfalls Don Quijotes Kampf mit den Windmühlen stattgefunden haben könnte, denn auf den Hügeln der Umgebung, der **Sierra de Molinos**, stehen noch zehn von einst 32 Windmühlen. Einige sind noch in Betrieb, so El Quimera und El Pilón.

El Toboso

Kurz hinter Campo de Criptana führt ein Abstecher zum 19 km nordöstlich liegenden, zauberhaften Dorf El Toboso, wo Don Quijote seine Herzensdame Dulcinea fand.

Mota del Cuervo

Von El Toboso fährt man zur N-301 – an der Einmündung Venta de Don Quijote – und auf dieser nach Mota del Cuervo, einem typischen Dorf der Mancha, in dem Sancho Pansas Kumpan Ricote el Monisco lebte.

Argamasilla de Alba

In Mota del Cuervo wählt man die N-420 in südlicher Richtung und fährt ab Pedro Muñoz auf der CM-3103 nach Tomelloso, einem wichtigen **Weinbauzentrum** der Mancha. Von dort sind es noch wenige Kilometer bis Argamasilla de Alba, wo Cervantes in der Cueva de Medrano im Gefängnis saß und seinen berühmten Roman begann; sehenswert sind die Windmühle Molino Dulcinea und das Castillo de Peñarroya, ein maurisches Schloss 12 km südöstlich des Ortes, das 1198 von Alonso Pérez de Sanabria erobert wurde.

Manzanares

Über Manzanares (645 m ü. d. M.), einem freundlichen Städtchen am Río Azuer, das um die nach der Schlacht bei Navas de Tolosa im Jahre 1212 errichtete Burg Peñas Borras erbaut wurde, gelangt man wieder zurück nach Ciudad Real.

Ins Valdepeñas

★★ Almagro

Almagro, Hauptsitz des Calatrava-Ordens, liegt 24 km östlich von Ciudad Real inmitten des Campo de Calatrava. Das Städtchen ist unbedingt einen Ausflug wert, denn es besitzt eine Reihe stattlicher Renaissance-Herrenhäuser und eine wunderschöne, lang gestreckte **Plaza Mayor**, die ringsum Arkadengänge und Balkone säumen, von denen aus man einst die Stierkämpfe auf der Plaza verfolgte. Das schönste und interessanteste Gebäude am Platz ist der **Corral de Comedias** aus dem 16. Jh. (Plaza Mayor Nr. 17), der besterhaltene Theaterhof des Landes, wo zwischen rot-weißen Holzgalerien unter freiem Himmel die ersten Komödien Spaniens aufgeführt wurden. Davon berichtet auch das **Museo del Teatro** auf der gegen-

? WUSSTEN SIE SCHON ...?

- ... warum Almagro so nördlich-mitteleuropäisch wirkt? Die Augsburger Fugger, die Geldgeber Kaiser Karls V., hatten von diesem 1525 die in der Nähe gelegene größte Quecksilbermine der Welt überschrieben bekommen. Sie bauten die Stadt zu einem wichtigen Handelszentrum aus und ließen Kirchen, Paläste und einen von Fachwerkarchitektur geprägten Marktplatz bauen.

Ein Hauch Norden im Süden: die grünen Fensterläden an der Plaza Mayor von Almagro

über liegenden Seite der Plaza (Öffnungszeiten: Juli Di. – Fr. 10.00 bis 14.00, 18.00 – 20.00, Sa. 11.00 – 14.00, 18.00 – 20.00, So. 11.00 bis 14.00, sonst Di. – Fr. 10.00 – 14.00, 16.00 – 19.00, Sa. 11.00 bis 14.00, 16.00 – 18.00, So 11.00 – 14.00 Uhr). Weitere Sehenswürdigkeiten Almagros sind die einstige Universität Santo Domingo und das Dominikanerkloster La Asunción.

Valdepeñas

Von Almagro erreicht man nach 34 km auf der CM-412 Valdepeñas, Zentrum des gleichnamigen Weinanbaugebiets, dessen Produkte – vor allem eher leichte Rotweine – man in vielen Bodegas kosten kann. Schön ist die Plaza Mayor. Das Museo Gregorio Prieto, in der angeblich **größten Windmühle Spaniens**, zeigt Werke des in Valdepeñas geborenen Malers Gregorio Prieto.

Abstecher in die Sierra Morena ▶

Südlich von Valdepeñas geht die N-IV bald mäßig bergan in die wildromantische Sierra Morena – links abseits liegt Las Virtudes mit der **ältesten Stierkampfarena Spaniens** (1641) – und beim Puerto de Despeñaperros (1009 m ü. d. M.), dem »Hundefelsabsturz«, über die Grenze nach Andalusien. Dieses noch heute abgeschiedene Gebirge war einst gefürchtet, wie auch der polnische Romantiker Jan Graf Potocki (1761 – 1815) in seinem Roman »Die Handschrift von Saragossa / Die Abenteuer in der Sierra Morena« berichtet:

Jan Graf Potocki: »Die Abenteuer in der Sierra Morena« ▶

... dieser hohe Gebirgszug, der Andalusien von der Mancha trennt, war damals nur von Schmugglern, Räubern und einigen Zigeunern bewohnt, denen man nachsagte, dass sie die Leiber der von ihnen ermordeten Reisenden aufäßen, und daher rührt das spanische Sprichwort: »Las gitanas de Sierra Morena quieren carne de hombres.« (»Die Zigeunerinnen der Sierra Morena lieben Menschen-/Männerfleisch.«)

La Mancha Húmeda

Ungewöhnlich in der kargen und trockenen Mancha sind die vom Río Guadiana gebildeten Feuchtgebiete, »La Mancha Húmeda«.

★ **Parque Nacional de las Tablas de Daimiel**

Von Spaniens kleinstem Nationalpark, 11 km nördlich von Daimiel, werden **Vogelbeobachter** begeistert sein. Er hat seinen Namen von den »Tablas«, seenartigen Verbreiterungen von Flussläufen, zwischen denen sich ein Gewirr von Kanälen gebildet hat. Am Grund der Gewässer wächst ein dichter, »ovas« genannter Teppich aus Wasserpflanzen. Das Besondere an diesem Gebiet ist, dass der Río Cigüela aus den salzigen Parameras de Cabrejas Brackwasser, der Río Guadiana dagegen Süßwasser heranführt. Im Süßwasser gedeihen hauptsächlich Binsen, im Brackwasser die Sumpfschneide (größter Bestand in Westeuropa). Die einzigen Baumsträucher sind Tamarisken. Über 200 geschützte Vogelarten nisten hier. Unter den eingesessenen Arten finden sich u. a. der Eisvogel, unter den Zugvögeln Purpurreiher, Seidenreiher und Nachtreiher. An den marschigen Uferstreifen tummeln sich Säbelschnäbler und Kampfläufer, im Schilf nisten Zistensänger, Rohrschwirl und Bartmeise. Am Besucherzentrum beginnen zwei Erkundungspfade.

Parque Natural de las Lagunas de Ruidera

Dieses Naturschutzgebiet erreicht man am besten via Manzanares auf der N-430. Es ist etwas touristischer als die Tablas, kann man hier doch auch schwimmen und Boot fahren. Die terrassenartigen Seen sind sehr **fischreich**. Im Gebiet sind Wanderwege ausgewiesen; bei Ruidera kann man in den Cuevas de Montesinos in die Unterwelt hinabsteigen.

Parque Nacional de Cabañeros

Der 1995 geschaffene Parque Nacional de Cabañeros beginnt knapp 80 km nordwestlich von Ciudad Real und bietet Gelegenheiten zum Wandern in mediterraner Mittelgebirgslandschaft.

★ Ciudad Rodrigo

G 7

Provinz: Salamanca (SA)
Region: Castilia y León
Höhe: 653 m ü. d. M.
Einwohner: 13 800

In hübscher Lage hoch über dem Río Agueda, der von einer auf römischen Fundamenten liegenden Brücke überspannt wird, thront Ciudad Rodrigo. Viele spätmittelalterliche Bauten sind erhalten geblieben, die Stadt steht unter Denkmalschutz. In der Umgebung werden heute Schweine und Kampfstiere gezüchtet.

Viel umkämpfte Stadt

Die im 12. Jh. von dem Grafen Rodrigo González Girón am Ort der römischen Siedlung Mirobriga Vettorum wiedergegründete Stadt war eine Grenzfestung gegen Portugal und oftmals umkämpft. 1812 rang der Herzog von Wellington nach kurzer Belagerung die Stadt den Franzosen ab, wofür er den Titel eines Herzogs von Ciudad Rodrigo erhielt.

Sehenswertes in Ciudad Rodrigo

Stadtmauer Über 2 km lang und bis zu 13 m hoch umspannt die im 12. Jh. angelegte und bis ins 18. Jh. erweiterte Stadtmauer die Altstadt.

Plaza Mayor An der lang gestreckten Plaza Mayor stehen das von wappengeschmückten Rundtürmen flankierte Rathaus aus dem 16. Jh. mit Arkadengang sowie schöne Häuser, darunter an der Nordseite der **Palacio de los Cueto** mit einem Relieffries.

Catedral Die romanische Kathedrale Santa María wurde in der Mitte des 12. Jh.s begonnen und im 16. Jh. mit der Capilla Mayor von Gil de Hontañón vollendet. Man betritt sie durch zwei reich geschmückte Portale und erblickt im Innenraum das prachtvoll geschnitzte Chorgestühl von Rodrigo Alemán (1498). Der Hauptaltar trägt ein Gemälde von Fernando Gallego; der Altar des linken Querschiffs ist mit einer alabasternen Kreuzabnahmegruppe ausgestattet. Im Kreuzgang aus dem 13./14. Jh. befinden sich interessante Grabmäler; die romanischen Säulenkapitelle illustrieren den Sündenfall.

Plaza de Herrasti Links der Kathedrale erinnert ein Denkmal an General Herrasti, der die Stadt 1810 gegen die Franzosen verteidigte. Diese Seite der Kathedrale zeigt noch immer die Schäden, die die britischen Kanonenkugeln verursachten; an der Stadtmauer gibt eine Plakette die Stelle an, an der die Briten eine Bresche schlugen.

CIUDAD RODRIGO ERLEBEN

AUSKUNFT

Oficina Municipal de Turismo
Plaza Mayor, 27
37500 Ciudad Rodrigo
Tel. 923 49 84 00
www.turismociudadrodrigo.com

ESSEN

► **Preiswert**
Estoril
Calle General Pando, 11
Tel. 923 46 05 50
Hier werden ausgezeichnete Tapas und kleinere Mahlzeiten serviert. Unbedingt probieren sollte man das »revuelto de setas y gambas« (Rührei mit Pilzen und Krabben).

ÜBERNACHTEN

► **Komfortabel**
Parador de Ciudad Rodrigo
Plaza del Castillo, 1
Tel. 923 46 01 50
www.parador.es
In dieser Festung aus dem 14. Jh. wurde einer der ersten Nobelunterkünfte in historischem Gemäuer eingerichtet.

Auf der Plaza Mayor im denkmalgeschützten La Alberca scheint die Zeit stillzustehen.

Palacio de los Castro

Östlich der Kathedrale kommt man zum Palacio de los Castro mit seiner plateresken Fassade; schräg gegenüber der Palacio de Moctezuma, heute Kulturzentrum.

Castillo

Im Süden des Mauerrings erhebt sich über dem Fluss das Castillo de Enrique II de Trastamara aus dem 14./15. Jh., heute als Parador Nacional eingerichtet. Von der Burg blickt man hinunter auf die römische Brücke über den Río Agueda.

Sierra de la Peña de Francia

Peña de Francia

Östlich von Ciudad Rodrigo bietet die Bergwelt der Sierra de la Peña de Francia weitgehend **unberührte Natur**. Die Sierra verdankt ihren Namen wohl den hier im 11. Jh. heimisch gewordenen Franzosen. Wegen ihrer abgeschiedenen Lage haben sich in den Dörfern noch einige Traditionen erhalten, die in Kleidung und Festen zum Ausdruck kommen. Vom 1723 m hohen Peña de Francia (ca. 50 km auf der C-515, dann Bergsträßchen von El Maillo) genießt man eine überwältigende Aussicht. Die Wallfahrtskapelle Nuestra Señora de la Peña de Francia bezeichnet den Ort, an dem ein französischer Pilger eine Statue der Hl. Jungfrau gefunden haben soll.

★ La Alberca

Danach geht es hinab nach La Alberca (1050 m ü. d. M.). Das gesamte Dorf steht unter Denkmalschutz und zählt zu den **reizvollsten Spaniens**. Hier scheint die Zeit stehen geblieben zu sein – jeden Abend macht noch die »Moza de ánimas«, die Magd der armen Seelen, ihre Runde und betet für die im Fegefeuer Schmorenden. Die

! Baedeker TIPP

Zwei Fiestas

Die Fiestas in der Sierra de la Peña de Francia zeichnen sich durch ihre unverfälschte Ursprünglichkeit aus. In Miranda del Castañar begeht man im Februar die Fiesta de las Aguedas mit typischen Tänzen. La Alberca feiert am 15. und 16. August El Diagosto. Dann legen die Bewohner ihre Tracht an und führen im Vorhof der Kirche »La Loa« auf, eine dramatische Teufelsaustreibung.

engen Gassen, die Fachwerkhäuser mit vorspringenden Stockwerken und Inschriften – es handelt sich dabei um verschlüsselte Glaubensbekenntnisse zum Schutz vor der Inquisition, die hier gewütet hat – und die von hölzernen Arkaden gesäumte Plaza Mayor atmen noch den Geist der ersten aus Frankreich gekommenen Bewohner und der arabischen Herren.

Valle de las Batuecas

Fast **völlig abgeschieden** gibt sich das Valle des la Batuecas südlich von La Alberca jenseits des Passes El Portillo. Luis Buñuel porträtierte diese Gegend 1932 in seinem Film »Tierra sin pan« (»Land ohne Brot«) und wohnte während der Dreharbeiten im einsamen Karmeliterkloster an der heutigen SA-201.

Miranda del Castañar

Mehr von dieser außerordentlich reizvollen Landschaft erlebt man auf der weiteren Fahrt via SA-201 und C-512 nach Miranda del Castañar, dessen Wehrmauern wappengeschmückte Häuser, eine Burg und eine der ältesten Stierkampfarenen Spaniens verbergen. Das in der Nähe liegende San Martín de Castañar besitzt ebenfalls eine schöne Burg aus dem 15. Jh.

★★ Córdoba

N 11

Provinz: Córdoba (CO)
Region: Andalusien
Höhe: 124 m ü. d. M.
Einwohner: 328 500

Enge gewundene Gassen, kleine Plätze, niedrige, weiß getünchte Häuser, zumeist mit hübschen Patios – in Córdoba ist der maurische Charakter noch lebendig. Vor allem die berühmte ehemalige Moschee, die heutige Mezquita-Catedral, die trotz ihrer Umbauten neben der Alhambra von ► Granada das großartigste Denkmal islamischer Baukunst in Westeuropa darstellt, macht die einstige Hauptstadt des Kalifats zu einem »abendländischen Mekka«.

Silber und Leder

Zusammen mit ► Sevilla und ► Granada bildet Córdoba das große Dreigestirn der bedeutendsten Städte Andalusiens. Die Provinzmetropole ist berühmt für ihr Silber- und Lederhandwerk, das nach wie vor in vielen Werkstätten in der Altstadt betrieben wird; um diese herum ist ein moderner Teil gewachsen, der Metall verarbeitende Betriebe, Elektro- und Lebensmittelindustrie aufgenommen hat.

152 v. Chr.	Hauptstadt der römischen Provinz Hispania Ulterior
711 n. Chr.	Mauren erobern die Region.
929–1031	Kalifat von Córdoba
1236	Christen erobern die Stadt.
16. Jh.	Karl V. lässt eine Kathedrale mitten in die Moschee von Córdoba bauen.
16. Jh.	Lederproduktion belebt den Handel in Córdoba.
1984	Die Altstadt von Córdoba wird als UNESCO-Weltkulturerbe ausgewiesen.

Schon in altiberischer Zeit war Corduba eine bedeutende Stadt. Auch unter den Mauren hatte die Stadt eine Glanzzeit, besonders seit 756 mit dem aus Damaskus vertriebenen Emir Abd ar-Rahman I., einziger überlebender Omaijade. Als **Hauptstadt des spanischen Kalifats** entwickelte sich Córdoba unter den Kalifen Abd ar-Rahman II., Abd ar-Rahman III., Al Hakam II. sowie unter Almansur, Wesir Hishams II., »Geißel der Christenheit« genannt, zu einer der glanzvollsten Städte Europas – im 10. Jh. lebten 300 000 Menschen hier, es gab 500 Moscheen und 600 Badehäuser, gepflasterte Straßen und Straßenbeleuchtung. 17 Universitäten zogen Studierende aus dem ganzen Abendland an, um am regen Austausch zwischen christlichen, moslemischen und jüdischen Gelehrten teilzuhaben. Mit dem Ende des Kalifats im Jahr 1031 begann der Niedergang der Stadt. Seit der Eroberung durch die Christen geriet Córdoba in Vergessenheit. Die großartigen Bauten, namentlich die Bewässerungsanlagen, verfielen, die einst so gepriesene fruchtbare Campiña wurde zu einer fast öden Steppe. Erst drei Jahrhunderte nach der Rückkehr der Christen belebte sich mit der Wiederaufnahme der **Produktion von Ledertapeten** der Handel wieder.

Córdoba ist der Geburtsort zahlreicher berühmter Männer: des Rhetorikers Marcus Annaeus Seneca (54 v. Chr. bis 39 n. Chr.), dessen

Highlights Córdoba

Mezquita-Catedral
Sie ist neben der Alhambra das mächtigste maurische Bauwerk in Europa und birgt den weltberühmten Gebetsraum mit Säulenwald.
► Seite 284/286

Gärten des Alcázar
Hier kann man sich nach anstrengendem Kulturprogramm ausruhen.
► Seite 292

Judería
Córdobas Herzstück mit verwinkelten Gassen und Andenken-, Kunsthandwerks-, und Antiquitätenhändlern.
► Seite 292

Medina Azahara
Die Ruinen der im 10. Jh. erbauten Palaststadt lassen den Geist der einstigen islamischen Pracht erahnen.
► Seite 294

Sohnes, des Stoikers Lucius Annaeus Seneca (4 v. Chr. bis 65 n. Chr.) und seines Neffen, des Dichters Marcus Annaeus Lucanus (39 n. Chr. bis 65 n. Chr.); ferner erblickten in Córdoba der arabische Philosoph Averroes (Ibn-Rushd, 1126–1198), der jüdische Gelehrte Moses Maimónides (1135–1204), der Maler Bartolomé Bermejo (um 1430 bis nach 1496) und der Dichter Luis de Góngora (1561–1627) das Licht der Welt.

✶ ✶ La Mezquita-Catedral

Die Mezquita, einst Hauptmoschee des westlichen Islams und heutige Kathedrale, kann, was Schönheit und Größe betrifft, durchaus mit den großen Moscheen von Mekka und Damaskus, mit der El-Ashar-Moschee in Kairo und der Blauen Moschee in Istanbul konkurrieren.

Mezquita - Catedral de Córdoba Orientierung

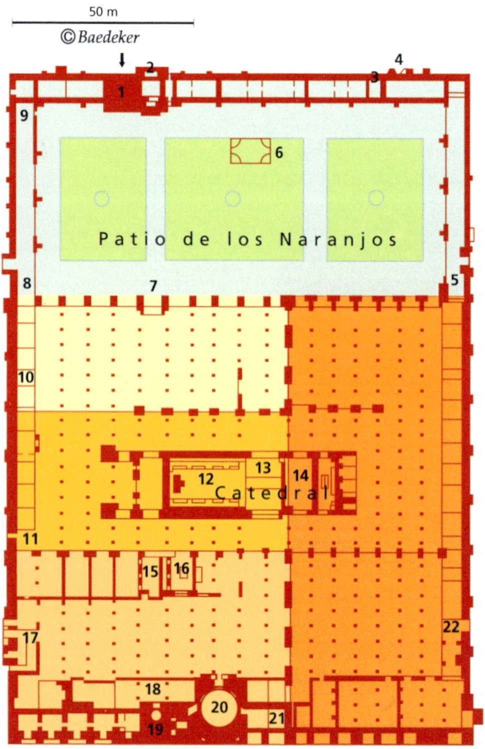

- Erste Moschee unter Abd ar-Rahman I. (785)
- Erster Anbau unter Abd ar-Rahman II. (um 850)
- Zweiter Anbau unter Al Hakam II. (um 960)
- Dritter Anbau unter Almansur (um 990)

1 Campanario (Torre de Alminar)
2 Puerta del Perdón
3 Puerta del Caño Gordo
4 Virgen de los Faroles
5 Puerta de Santa Catalina
6 Almansur-Becken
7 Puerta de las Palmas
8 Puerta de los Deanes
9 Postigo de la Leche
10 Puerta de San Esteban
11 Puerta de San Miguel
12 Coro
13 Crucero
14 Capilla Mayor
15 Capilla Villaviciosa
16 Capilla Real
17 Postigo del Palacio
18 Maksûra
19 Mihrâb Nuevo
20 Capilla del Cardenal
21 Capilla del Santo Cristo del Punto
22 Postigo del Sagrario

An Stelle der heutigen Moschee stand eine westgotische Kirche, die die Mauren zunächst für sich nutzten, einen Teil jedoch weiterhin den Christen ließen. Diesen erwarb Abd ar-Rahman I., und 785 begann unter Verwendung römischer und westgotischer Reste der Bau einer Moschee mit elf zum heutigen Orangenhof hin offenen Schiffen und der nach Mekka gerichteten Gebetsnische (arab. »mihrâb«) am Ende des Mittelschiffs. Unter Abd ar-Rahman II. wurden zwischen 830 und 850 die Schiffe verlängert, Abd ar-Rahman III. ließ 951 das – heute veränderte – Minarett erbauen, und Al Hakam II. vergrößerte die Moschee noch einmal auf ihre heutige Länge von 179 m. Dabei entstanden auch der einzigartige »Neue Mihrâb« und die Maksûra. Schließlich ließ Almansur die Moschee auf ihre jetzigen Dimensionen ausbauen, indem acht weitere Schiffe auf der gesamten Länge des Baus angefügt wurden, so dass sich der Gebetsraum heute mit 19 Schiffen präsentiert.

✓ NICHT VERSÄUMEN

- Gebetsraum: Säulenwald im Halbdunkel
- Mihrâb: Mit Millionen bunter Mosaiksteinchen geschmückte Gebetsnische
- Capilla Villaviciosa: Gewagte Kuppelkonstruktion

Nach der Rückkehr der Christen blieb die Moschee lange unangetastet; lediglich Alfons X. ließ am Ort des Mihrâb des zweiten Bauabschnitts die Capilla Villaviciosa als christliche Hauptkapelle erbauen. Unter Karl V. erfolgte eine der einschneidendsten Veränderungen: 1523 wurde die Errichtung einer Kathedrale inmitten des islamischen Gebetsraums beschlossen. Der Stadtrat von Córdoba erkannte die Gefahr und bedrohte jeden mit dem Tod, der die maurischen Bauten zerstören wollte, doch Karl V. ordnete den Neubau unter dem Architekten Hernán Ruiz an. Der Kathedralbau wurde im Wesentlichen 1599 abgeschlossen.

Durch die Puerta del Perdón tritt man in den mit Orangenbäumen – die auch im Winter Früchte tragen – und Palmen bestandenen malerischen **Patio de los Naranjos** (»Orangenhof«), wo die vom Islam vorgeschriebenen Waschungen vorgenommen wurden. Er ist der **älteste arabische Garten in Europa**; als alle elf Schiffe der Moschee noch nach dieser Seite offen waren, setzten die Orangenbäume die Säulenreihen im Freien fort. Einstiger Haupteingang zum Gebetsraum war die 1531 im Mudéjarstil ausgeschmückte Puerta de las Palmas.

Der Puente Romano ruht auf römischen Fundamenten.

MEZQUITA

★★ **Die ehemalige Hauptmoschee des westlichen Islams ist eine der größten Moscheen der Erde (175 Meter lang, 130 Meter breit) – die heutige Kathedrale (Mezquita-Catedral) gilt als bedeutendste Schöpfung maurisch-religiöser Baukunst in Spanien.**

Öffnungszeiten:
März – Okt. Mo. – Sa. 10.00 – 19.00,
So. 8.30 – 10.15, 14.00 – 19.00,
Nov. – Feb. Mo. – Sa. 10.00 – 18.00,
So. 8.30 – 10.15, 14.00 – 18.00 Uhr

① Maksûra
Ursprünglicher Gebetsraum des Kalifen.

② Kathedrale
Bischof Alonso Manrique beschloss 1523 die Errichtung einer großen Kathedrale inmitten des islamischen Gebetsraums. Sie wirkt in ihrer Stilmischung aus Gotik und Renaissance als architektonischer Fremdkörper.

③ Campanario (Glockenturm)
Als der Bau der Kathedrale um 1599 abgeschlossen war, begann man mit dem Umbau des Minaretts zum Glockenturm. Den Turm krönt ein Standbild des Erzengels Raphael, des Schutzheiligen der Stadt.

④ Zinnengekrönte Mauer
Das gesamte Bauwerk umgibt eine 9 – 20 m hohe Mauer, aus der zahllose Strebepfeiler turmartig heraustreten und an der sich die klassischen Schmuckelemente des Islam – rot-weiße Hufeisenbögen, florale und geometrische Ziermuster und kufische Schriftbänder in unzähligen Varianten wiederholen.

⑤ Wasserbecken
An großen Wasserbecken, die nicht alle erhalten sind, wurden die rituellen Waschungen vorgenommen, bevor man die einst zum Hof hin offene Gebetshalle betrat.

⑥ Moslemischer Gebetsraum
Insgesamt 793 Säulen tragen die Bögen mit den abwechselnd rot-weißen Keilsteinen aus Kalkstein und Ziegeln. In der Mezquita waren weder Wege noch Richtung vorgegeben, jede beliebige Stelle war ihr Mittelpunkt. Für den Moslem ist jeder Platz, an dem er seine Gebete verrichtet, Allah gleich nah. Damals drang Tageslicht durch die heute zugemauerten Pforten und tausende brennende Öllämpchen erhellten den Raum zusätzlich.

⑦ Mihrâb Nuevo (Neuer Mihrâb)
Unvergleichbar und unübertroffen ist die Gebetsnische des Vorbeters, die die Richtung nach Mekka anzeigt, – sie ist das Allerheiligste der Moschee, wo der Koran auflag. Die aus einem einzigen Marmorblock gehauene, die Weltmuschel symbolisierende Kuppel, strömt über von floralen und geometrischen Mustern, Koranversen und Mosaiken, die byzantinischen Künstlern zu verdanken sind.

⑧ Capilla del Cardenal
Hier wird der Kirchenschatz aufbewahrt: Größte Kostbarkeiten sind eine silberne Monstranz (1510 – 1516) und ein Prozessionskreuz von Enrique de Arfe, neun Heiligenstatuen und ein Elfenbeinkruzifix von Alonso Cano sowie arabische Handschriften aus dem 9. und 10. Jahrhundert.

⑨ Arkaden
Unter den Arkaden an der Nordseite des Hofes trafen sich zu maurischer Zeit Studenten und Lehrer, um zu disputieren. Westlich des Glockenturms gaben die Ärzte Auskunft, östlich sprachen die qadí Recht.

Die heutigen Arkadengänge des Patio de los Naranjos (Orangenhof) stammen aus dem 16. Jh. Auch die Orangenbäume wurden erst von den Christen gepflanzt.

© Baede

Säul
Cap

Ca
ma

★★ Muslimischer Gebetsraum

Der Eindruck, den der endlos scheinende Säulenwald des Gebetsraums hinterlässt, ist nicht zu beschreiben – man muss selbst gesehen und erlebt haben, wie sich im Halbdunkel des nur 11,5 m hohen Raums die Perspektive bei jedem Schritt verschiebt. Ein Teil der insgesamt 856 frei stehenden Säulen, die in der Längsrichtung durch weiß-rote Doppelhufeisenbogen verbunden sind, stammt aus antiken Gebäuden und christlichen Kirchen. Das Material ist Marmor, Jaspis und Porphyr. Bei der Puerta de las Palmas und zwischen den nach Mekka gerichteten Mihrâbs hat man das farbenschöne, reich geschnitzte Balkenwerk der alten Moschee wieder frei gelegt.

Christlicher Teil

Links neben dem Mihrâb Nuevo wird in der Sala Capitular der christliche Kirchenschatz aufbewahrt.

Capilla Villaviciosa ►

Die Capilla Villaviciosa gegenüber dem Mihrâb ist als erste christliche Kapelle in die maurische Moschee eingebaut worden. Sie besticht durch ihren maurischen Säulenschmuck und die gewagte Kuppelkonstruktion.

Daneben liegt die in meisterhaftem mudéjaren Stil gearbeitete **Capilla Real**, die einstige Grabkapelle der kastilischen Könige Ferdinand IV. und Alfons XI.

Im Herzen der Moschee befindet sich das als Chor dienende gotische Kreuzschiff mit der **Capilla Mayor**, eine Kirche für sich bildend, 1563–1599 nach dem Abbruch von 63 Säulen erbaut. Das reich geschnitzte barocke Gestühl (18. Jh.) ist ein Werk von Pedro Cornejo; am Hochaltar aus rotem Marmor (1618) sieht man ein Gemälde von Palomino. Beachtung verdienen die beiden Kanzeln aus Mahagoni und Marmor.

? WUSSTEN SIE SCHON ...?

- Kaiser Karl V. befahl gegen den Willen der Stadtväter Córdobas den Bau einer Kathedrale mitten im islamischen Gebetsraum der Moschee. Als er später die Bauarbeiten besichtigte, soll er zu den Domherren gesagt haben: »Wenn ich gewusst hätte, meine Herren, was Sie vorhatten, hätte ich es nicht gestattet, denn was Sie hier gebaut haben, findet man überall, aber was Sie zerstört haben, gibt es nirgends auf der Welt.«

Rund um die Mezquita

Palacio Episcopal

Gegenüber der Südwestecke der Mezquita steht der Palacio Episcopal, der im 15. Jh. auf den Ruinen des Kalifenpalastes errichtet und 1745 erneuert wurde. Er beherbergt heute das Museo Diocesano.

★ Puente Romano

Südlich vom Bischofspalast geht man am Triunfo de San Rafael, einer 1765 errichteten Säule mit dem Standbild des Erzengels, vorbei zur Puerta del Puente. Dieser im 16. Jh. erbaute dorische Triumphbogen markiert den Beginn des sechzehnbogigen Puente Romano über den Guadalquivir. Die Brücke wurde nach dem Sieg Caesars über Pompeius bei Munda 45 v. Chr. erbaut; auf den Fundamenten entstand die heutige, 223 m lange maurische Brücke.

Córdoba *Orientierung*

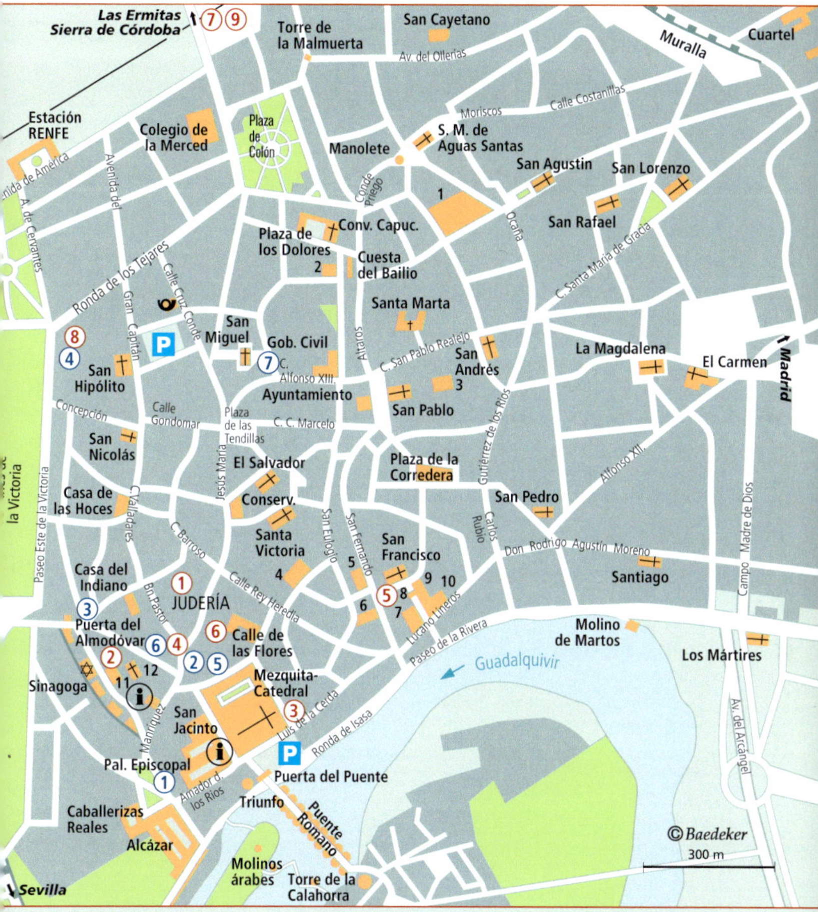

1 Palacio de los Marqueses de Viana
2 Casa de Fernández de Córdoba
3 Casa de los Villalones
4 Museo Provincial Arqueológico
5 Arco del Portillo
6 Casa de los Marqueses del Carpio
7 Posada del Potro
8 Fuente del Potro
9 Museo Provincial de Bellas Artes
10 Museo Julio Romero de Torres
11 Museo Taurino
12 San Bartolomé

Essen

① Almudaina
② Casa Pepe »De la Judería«
③ Taberna Salinas
④ El Blasón
⑤ El Caballo Rojo
⑥ El Churrasco
⑦ Taberna de San Miguel »El Pisto«

Übernachten

① Albucasis
② Amistad Córdoba
③ Conquistador
④ Lola
⑤ Maestre
⑥ Mezquita Hotel
⑦ Parador de Córdoba
⑧ Riviera
⑨ Abetos del Maestre Escuela

CÓRDOBA ERLEBEN

AUSKUNFT

Turismo de Córdoba
Calle Rey Heredia, 22
14003 Córdoba
Tel. 957 20 17 74
www.turismocordoba.org

EINKAUFEN

Modisches gibt es im Viertel zwischen der Plaza de las Tendillas und der Avenida del Gran Capitán. *Rafael Varo* stellt in seiner kleinen Werkstatt Ledertapeten und -bilder nach traditioneller Córdobeser Technik her (Corregidor Luis de la Cerda, 52; östlich der Mezquita). Einige Schritte weiter kann man bei *Del Olivo* unter feinsten regionalen Olivenölen auswählen (San Fernando, 124 b). Typische Süßigkeiten wie Pasteles Cordobéses, Manoletes oder Suspiros hält *Turronarte* bereit (Medina y Corella, 2; östlich der Mezquita). Silber und Leder gibt es in großer Auswahl im Kunsthandwerkermarkt *El Zoco* in der Judíos beim Stierkampfmuseum.

VERANSTALTUNGEN

Cruces de Mayo
Fest der Maikreuze am ersten Maiwochenende.

Festival de los Patios
In der Woche nach Cruces de Mayo wird der schönste blumengeschmückte Innenhof prämiert.

Feria de Mayo
Am letzten Maiwochenende steigt das Hauptfest der Stadt am gegenüberliegenden Ufer des Guadalquivir.

Gitarrenfestival
Im Juni mit Flamenco, Jazz und Rock; Gitarrengrößen spielen nachts im Garten des Alcázar (www.guitarracordoba.com) – ein unvergessliches Erlebnis!

ESSEN

▸ Fein & teuer

① ***Almudaina***
Campo Santo de los Mártires, 1
Tel. 957 47 43 42
www.restaurantealmudaina.com
Eine der besten Adressen in Córdoba, in historischem Gebäude mit herrlichem Patio gegenüber vom Alcázar.

④ ***El Blasón***
José Zorilla, 11
Tel. 957 48 06 25
Hier bleibt man schon im Patio bei den Tapas hängen, bevor man das feine Restaurant erreicht hat.

⑤ ***El Caballo Rojo***
Cardenal Herrero, 28
Tel. 957 47 53 75
www.elcaballorojo.com
Auch hier ist es schwer, an den Tapas vorbei ins Restaurant zu gelangen – probieren Sie mal die Lammnieren! Im Restaurant wird mit leicht mozarabischem Touch gekocht.

▸ Erschwinglich

② ***Casa Pepe »De la Judería«***
Calle Romero, 1
Tel. 957 20 07 44
www.casapepedelajuderia.com
In der Bar Tapas der etwas edleren Sorte; im Restaurant entsprechend gehobene cordobesische Küche.

▸ Preiswert

③ ***Taberna Casas Salinas***
Puerto de Almodóvar, s/n
Tel. 957 29 08 46
Solide Kost zu Flamenco-Klängen

⑥ ***El Churrasco***
Calle Romero, 16
(im August geschlossen)
Tel. 957 29 08 19
In dem hübschen Patio serviert man herzhafte Steaks.

⑦ ***Taberna de San Miguel »El Pisto«***
Plaza San Miguel, 1
Tel. 957 47 83 28
Urgemütliche, alteingesessene Tapas-Bar. Besonders gut: Manos de Cerdo und Rabo de Toro.

ÜBERNACHTEN

► Komfortabel

③ ***Conquistador***
Mag. González Francés, 15 – 17
Tel. 957 48 11 02
www.hotelconquistadorcordoba.com
Luxuriös und zentral bei der Mezquita, die man aus vielen Zimmern sieht.

② ***Amistad Córdoba***
Plaza de Maimónides, 3
Tel. 957 42 03 35
www.nh-hotels.com
Luxuriöses Haus an der Stadtmauer in der Judería.

⑦ ***Parador de Córdoba***
Avda. de la Arruzafa, s / n
Tel. 957 27 59 00
www.parador.es
Nüchtern und modern, aber ziemlich ruhig am Stadtrand gelegen, mit wunderschönem Garten und Pool.

⑨ ***Abetos del Maestre Escuela***
Carretera Santo Domingo km 2,8
Tel. 957 76 70 63
www.hotelabetos.com
Das Haus im Kolonialstil mit schönem Garten liegt oberhalb der Stadt und bietet herrliche Ausblicke.

► Günstig

① ***Albucasis***
Calle Buen Pastor, 11
Tel. 957 47 86 25
www.hotelabucasis.com
Ganz typisches Haus im winkeligen Judenviertel, mit vielen überraschender Ansichten.

④ ***Lola***
Romero, 3
Tel. 957 20 03 05
www.hotellola.es
Kleines und charmantes Hotel in der Judería.

⑤ ***Maestre***
Calle Romero Barros, 4
Tel. 957 47 24 10
www.hotelmaestre.com
Das Maestre, nicht weit von der Plaza del Potro, ist richtig für alle, die für günstiges Geld überdurchschnittlich gut wohnen wollen.

Baedeker-Empfehlung

⑥ ***Mezquita Hotel***
Plaza Santa Catalina, 1
Tel. 957 47 55 85
www.hotelmezquita.com
Das gegenüber der Mezquita gelegene Haus aus dem 16. Jh. hat Flair, einen hübschen Patio und gut ausgestattete Zimmer.

⑧ ***Riviera***
Plaza de Aladreros, 5
Tel. 957 47 30 00
www.hotelrivieracordoba.com
Kleine Herberge, zentral, aber dennoch ruhig gelegen.

Die Gärten des Alcázar erfrischen die Sinne mit üppiger Blumenpracht und Wasserspielen.

★ Torre de la Calahorra ► Am Südende der Brücke steht der mächtige Brückenkopf Torre de la Calahorra aus dem Jahr 1369. Hier erzählt das multimediale Museo vivo de Al-Andalus die Geschichte des maurischen Andalusiens mit der damaligen Koexistenz zwischen Orient und Okzident (Öffnungszeiten: Mai bis Sept. tgl. 10.00–19.30, Okt. bis April bis 18.00 Uhr). Von dieser Seite der Brücke bietet sich ein prächtiger Blick flussaufwärts auf die Stadt, flussabwärts auf verfallene maurische Wassermühlen.

Alcázar Über die Brücke zurück wendet man sich nach links zum Alcázar de los Reyes Cristianos. Dessen mächtige Mauern und Türme stammen teilweise noch vom Kalifenpalast, den größten Teil ließ jedoch Alfons XI. der Gerechte ausbauen. Im Inneren findet man u. a. sehr schöne römische Mosaiken. Hinter dem Hauptgebäude schließen sich prächtige Gärten mit Wasserspielen an, davor erstreckt sich der Camposanto de los Mártires, angeblich die Hinrichtungsstätte für christliche Märtyrer.

★ Gärten ►

★ **Judería** Nördlich der Mezquita beginnt die Judería, das einstige jüdische Viertel, dessen enge Gassen nahezu unverändert geblieben sind.

★ Museo Taurino ► An der Plaza Maimonides widmet sich in der Casa Zoco (16. Jh.) das Museo Municipal Taurino der Kunst des Lederhandwerks, des Silberschmiedens und dem Stierkampf, wobei im Mittelpunkt der Stierkampfabteilung **berühmte Toreros aus Córdoba** wie Lagartijo, Machaco, Guerrita, Manolete und El Cordobés stehen (Öffnungszeiten: Di. bis So. 9.30–13.30, 16.00–19.00 Uhr).

★ Sinagoga ► Unweit nördlich steht die Synagoge von 1315 (5075 nach dem jüdischen Kalender), eine von drei in Spanien, die den jüdischen Exodus von 1492 überstanden haben (die beiden anderen in ►Toledo). Die

Innenräume zeigen mudéjare Schmuckelemente (Öffnungszeiten: Di. bis Sa. 9.30–14.00 und 15.30–17.30, So. 9.30–13.30 Uhr). Vor der Synagoge ehrt ein Denkmal Moses Maimónides (►Abb. S. 71). Ganz in der Nähe bietet der überdachte Zoco-Markt Kunsthandwerk an.

Weiter nördlich kennzeichnet die Puerta de Almodóvar, ein gut erhaltenes Maurentor, den Eingang zum einstigen Getto.

◄ Puerta de Almodóvar

Calleja de las Flores

Von der Nordostecke der Mezquita geht ein Sträßchen ab, durch das man wiederum nach rechts in die malerische Calleja de las Flores kommt, das bei allen Fototouristen beliebte »Blumengässchen«.

Museo Arqueológico

Etwas weiter nordwestlich vom Blumengässchen befindet sich an der Plaza Don Jerónimo Paez das Museo Arqueológico. Es zeigt iberische Gegenstände, römische und frühchristliche Funde sowie eine umfassende Sammlung maurischer Kunstobjekte (Öffnungszeiten: Di. 14.30 – 20.30, Mi. – Sa. 9.00 – 20.30, So. 9.00 – 14.30 Uhr).

Weitere Sehenswürdigkeiten

Plaza de las Tendillas

Mittelpunkt der Stadt ist die Plaza de las Tendillas, auf der ein Reiterdenkmal für den in Montilla bei Córdoba geborenen »Gran Capitán« Gonzalo Fernández de Córdoba (1453–1515) steht, der für die Könige von Aragón das Königreich Neapel eroberte. Von hier führt die Calle Conde de Gondómar zur Avenida del Gran Capitán, eine besonders an Sommerabenden belebte Promenade mit dem Gran Teatro aus dem 19. Jh. und zahlreichen Cafés.

Nordöstlich der Mezquita bietet sich nahe am Flussufer die **Plaza del Potro** als hübscher Ort für einen abendlichen Sherry im Freien an. Sie hat ihren Namen von einer kleinen Brunnenskulptur in Gestalt eines Fohlens. In der alten Herberge »Mesón del Potro«, heute als Kulturamt Ort von Ausstellungen und Konzerten, ist schon Cervantes abgestiegen.

Der Herberge gegenüber befindet sich das **Museo Provincial de Bellas Artes** (Museum der schönen Künste) im alten Hospital de la Caridad. Es besitzt Gemälde spanischer Meister, darunter von Ribera, Murillo und Goya, sowie zahlreiche Werke des in Córdoba geborenen Antonio del Castillo y Saavedra (1616–1668).

> **!** *Baedeker* TIPP
>
> **Festival des los Patios**
>
> Viele der mit Blumen geschmückten Patios bekommt man normalerweise nicht zu sehen. Nicht so beim Festival de los Patios Cordobéses, wenn es darum geht, den schönsten Blumenhof zu küren. Das Festival findet in der Woche nach dem 3. Mai statt, an dem das Maikreuzfest (»Cruces de Mayo«) begangen wird. Den genauen Termin erfährt man im Tourismusamt von Córdoba.

Dem Kunstmuseum angeschlossen ist das Museo Julio Romero de Torres. Der in Córdoba geborene Künstler (1874–1930) hatte ein Faible für Frauenakte.

★ ◄ Museo Julio Romero de Torres

Plaza de la Corredera

Auf dem Weg von der Plaza del Potro in den Nordosten Córdobas kommt man an der Plaza de la Corredera vorbei, einem von Arkadenhäusern gesäumten Platz, auf dem früher Stierkämpfe stattfanden. Hier wird nun täglich ein farbenprächtiger **Markt mit allen Früchten Andalusiens** abgehalten.

Templo Romano

Nördlich davon legte man links vom Rathaus die Reste eines sehr großen römischen Tempels aus dem ersten nachchristlichen Jahrhundert frei.

Palacio de los Marqueses de Viana

Auf der Calle San Pablo kommt man am schönen Renaissancepalast Casa de los Villalones vorbei zur Plaza San Andrés, von der man in nördlicher Richtung zum Palacio de los Marqueses de Viana geht, einem königlichen Besitz mit **vierzehn herrlichen Höfen**, in dem heute eine Sammlung von Lederarbeiten, Möbel und eine Ausstellung über die Falknerei zu sehen sind (Öffnungszeiten: Mo. – Sa 10.00 – 13.00, 16.00 bis 18.00 Uhr, Mai – Sept. nur am Vormittag geöffnet).

Der Saal der Botschafter in Medina Azahara

Umgebung von Córdoba

Auf der A-472 und nach ca. 8 km nach rechts auf einer Nebenstraße gelangt man zum knapp 13 km entfernten Medina Azahara (Madinat az-Zahrá). Diese im Jahr 936 von Abd ar-Rahman III. erbaute und nach seiner Favoritin benannte Palaststadt bewohnten angeblich 25 000 Menschen.

★ Medina Azahara

Öffnungszeiten: Mai bis Mitte Sept. Di. bis Sa. 10.00–20.30, So. 10.00–14.00, Mitte Sept. bis April Di. bis Sa. 10.00–18.30, So. 10.00–14.00

Medina Azahara wurde 1010 beim Zerfall des Kalifats von Córdoba von den Almoraviden zerstört und danach als Steinbruch benutzt, sodass man heute weitgehend Ruinen vorfindet. Der auf einem Hügel liegende Palast war umgeben von Terrassengärten; einen Eindruck von der Pracht vermitteln der teilweise wieder aufgebaute **Saal der Botschafter** mit seinen Bogensäulen und Reliefwänden sowie das Córdoba zugewandte Stadttor. Fundstücke aus Medina Azahara werden im neuen Museum in der Ruinenstätte und im Archäologischen Museum von Córdoba gezeigt.

Wenig entfernt liegen oberhalb der maurischen Palaststadt die Ruinen des 1408 erbauten **Klosters San Jerónimo**. Isabella die Katholische, die oft zu Gast war, ließ hier die bei der Vertreibung der Mauren aus Granada 1492 erbeuteten Banner aufbewahren.

Wie aus dem Bilderbuch: die Burg von Almodóvar del Río

Las Ermitas

Auf den Höhen der Sierra de Córdoba fanden frühe Christen in Einsiedeleien Zuflucht vor den Römern; heute gibt es hier eine 1732 gegründete Kapelle und einige Eremitenhäuschen jüngeren Datums. Der Besuch lohnt sich wegen der **schönen Zypressenallee** und der Aussicht auf die Ebene und Córdoba. Man erreicht sie auf der aussichtsreichen CP-119/CP-45 von Medina Azahara aus.

Almodóvar del Río

Almodóvar del Río (35 km westlich) wird von einer eindrucksvollen Burg überragt, die besichtigt werden kann. In der Anlage wird die Funktion der Räume durch szenische Darstellung oder Ausstellung authentischer Gegenstände verdeutlicht. Der Aufstieg auf den höchsten Turm wird mit einer spektakulären Sicht über das Tal des Guadalquivir belohnt.

★ Écija

Écija erreicht man auf der N-IV 52 km südwestlich von Córdoba. Es ist die **»Bratpfanne Andalusiens«**, denn hier in der Ebene wird es im Sommer so heiß wie nirgends sonst. Das einstige Astigi der Römer ist aber auch bekannt für seine vielen mit Azulejos gekachelten Kirchtürme.

◄ Kirchen

Die Plaza de España ist mit Dattelpalmen, Blumen und einem Brunnen aufgelockert. Ihre Westseite nimmt das Rathaus ein, in dem ein römisches Mosaik aus dem 3. Jh. n. Chr. zu sehen ist. Die im 18. Jh. erbaute Kirche Santa María links daneben beherbergt eine Skulpturensammlung von der römischen Zeit bis ins Mittelalter. In der nördlich der Plaza liegenden Kirche Santa Cruz (17. Jh.) verdienen das Bildnis der Nuestra Señora del Valle (14. Jh.) und ein als Altar benutzter westgotischer, mit Reliefs verzierter Steinsarkophag aus dem 5./6. Jh. Beachtung. Der Turm von San Juan (19. Jh.), unweit östlich des Hauptplatzes, ist der wohl schönste in Écija; die Kirche bewahrt eine Christusfigur von Montañés. An der Plaza de Santiago südlich des Hauptplatzes erhebt sich die im 15. Jh. begonnene und im 17./18. Jh. nach einem Erdbeben wesentlich veränderte Kirche Santiago el Mayor. Sie besitzt einen gotischen Retablo und Gemälde u. a. von Alejo Fernández und Pedro de Campaña.

Palacio de Peñaflor ►

Unter den Adelspalästen Écijas ragt – neben dem **Palacio de Benameji** mit seiner Kutschensammlung westlich von Santa María – der Palacio de Peñaflor heraus, der östlich vom Hauptplatz liegt, denn er besitzt eine prächtige, freskengeschmückte Fassade aus rotem Marmor und ein herrliches Portal mit geraden und gedrehten Säulen aus rosa Marmor. Entlang des Obergeschosses zieht sich ein sehr schöner schmiedeeiserner Balkon. Der barocke Glanz des Hauses setzt sich innen im Treppenhaus fort.

Ruta del Vino

Reizvolle Dörfer und Städte

Die »Ruta del Vino« (»Weinroute«) führt durch überaus reizvolle Dörfer und Städte, wo Bodegas zur Kostprobe des sherry-ähnlichen Montilla-Moriles einladen. Über den Puente San Rafael folgt man zunächst der nach Sevilla strebenden N-IV durch das hügelige Getreideland der Campiña bis zur Anhöhe Cuesta del Espino, wo die N-331 nach Montemayor abzweigt. Dessen Castillo ist ein interessantes Beispiel der Festungsbaukunst des 14. Jahrhunderts; in der Kirche Nuestra Señora de la Asunción ist ein kleines archäologisches Museum eingerichtet.

Montemayor ►

Montilla

Weiter südlich, etwas abseits der N-331, liegt Montilla (379 m ü. d. M.), das antike Munda Baetica. Es ist Heimat des als »Gran Capitán« bekannten Gonzalo Fernández de Córdoba und besitzt einige hübsche Kirchen. Vor allem aber ist es Weinort: Alljährlich im September zur Weinlese wird die **Fiesta de la Vendímia** gefeiert.

Lucena

Über Aguilar de la Frontera und Monturque, das antike Hispalis mit den Resten der alten Stadtmauer, erreicht man Lucena (485 m ü. d. M.), traditioneller Weinhandelsort. Hier werden immer noch »tinajas« hergestellt, bis zu 5000 l fassende Tonkrüge für Wein. Außerdem ist es bekannt für seine besonders beeindruckende **Karfreitagsprozession**. Sehenswert sind die Torre del Moral, wo 1483 Boabdil, der letzte König von Granada, gefangen gesetzt wurde, und die Kirche San Mateo, ein Kleinod des andalusischen Rokoko.

Puente Genil ►

Von Lucena kann man auf der A-340 einen Abstecher zum westlich liegenden Puente Genil (171 m ü. d. M.) machen, das für seine ausgezeichneten Weine und **Ölmühlen** bekannt ist.

Cabra

Interessanter ist die Fahrt auf der nach Nordosten führenden A-340 nach Cabra (350 m ü. d. M.), dem antiken Egabro; sehenswert sind die Ruinen des Castillo de los Condes und die **Kirche San Juan Bautista** (7. Jh.), eine der ältesten Kirchen Andalusiens. Auf dem 1232 m hohen Picacho de la Virgen im Naturschutzpark Fuente del Río befindet sich eine Einsiedelei.

Baena

Auf einer landschaftlich schönen Strecke geht es nach Baena (407 m ü. d. M.), malerisch am Hang eines Hügels gelegen. Einziger nennenswerter Rest der Stadtbefestigung ist die Torre del Sol; beachtenswert sind auch die dreischiffige gotische Kirche Santa María, die einen interessanten Kirchenschatz besitzt, und das Kloster Madre de Dios im Mudéjarstil mit einem geschnitzten Retablo.

★ A Coruña · La Coruña

B 4

Provinz: La Coruña (C)
Region: Galizien
Höhe: Meereshöhe
Einwohner: 246 000

Auf einer Landzunge im äußersten Nordwesten Spaniens liegt A Coruña, die größte Stadt Galiciens mit ihrem großen Übersee- und Fischereihafen. Die verglasten »Galerías« an den Häuserfronten, die Schutz gegen Regen und stürmische Winde bieten, verhalfen der Stadt zu ihrem Beinamen »Ciudad de Cristal« (Kristallstadt).

Geschichte

A Coruña geht auf eine Siedlung der Iberer zurück und wurde schon von den Römern als Hafen Ardobirum Coronium genutzt, für den sie mit der Torre de Hércules einen imposanten Leuchtturm errich-

Gemächlich dümpeln die Fischerboote vor der Fensterfront von A Coruñas Avenida de la Marina in der Neustadt.

teten. Die Mauren verloren die Stadt an die Portugiesen, die wiederum den Spaniern wichen. Im Jahr 1588 brach die berühmte **Armada** mit 130 Schiffen und 29 000 Mann von A Coruña zur Invasion Englands auf, wo sie durch schwere Stürme und die Gegenangriffe der Engländer die Hälfte der Schiffe und der Seeleute verlor und schließlich geschlagen zurückkehrte. 1589 tauchte eine englische Flotte unter Sir Francis Drake in der Bucht auf und griff die Stadt an. María

A Coruña *Orientierung*

A CORUÑA ERLEBEN

AUSKUNFT

Oficina de Turismo
Plaza de María Pita, s/n
15001 A Coruña
Tel. 981 18 43 44
www.turismocoruna.com

ESSEN

► Erschwinglich

① *Manolito*
Ramón y Cajal, 6
Tel. 981 28 20 62
www.restaurantesmanolito.com
Galicische Spezialitäten, vor allem Fisch und Krustentiere, zu vernünftigen Preisen.

► Preiswert

② *Prada a Tope*
Rua Payo Gómez, 9
Tel. 981 22 61 08
Familiär geführte Tapas-Bar. Die Einrichtung aus Holz und Stein hat viel Charme.

ÜBERNACHTEN

► Komfortabel

① *NH Atlántico*
Jardines Méndez Núñez, 2
Tel. 981 22 65 00
www.nh-hoteles.es
Recht ansprechendes Haus in zentraler Lage

► Günstig

② *Avenida*
Calle Álvaro Cunqueiro, 1
Tel. 981 24 94 66
www.hotelavenida.com
Freundliche Herberge mit modern eingerichteten Zimmern und gutem Restaurant im Süden der Stadt

Pitas mutiger Einsatz bewahrte sie vor der Eroberung. Im Krieg gegen napoleonische Truppen unterlagen 1809 die Spanier und Engländer unter dem Kommando von John Moore in der Schlacht bei Elviña vor den Toren der Stadt. Während der Auseinandersetzungen um eine freiheitliche Verfassung zu Beginn des 19. Jh.s war A Coruña immer bei den liberalen Kräften zu finden.

Neustadt (La Pescadería)

Avenida de la Marina

Die ins Zentrum führende mehrspurige Straße mündet in den Paseo de los Cantones bzw. in die Avenida de la Marina, die belebtesten Straßen der Neustadt, die aus einer Fischersiedlung (La Pescadería) auf dem schmalen Isthmus entstanden ist. Die **Galerías der Häuser** an der Avenida de la Marina sind mit die schönsten der Stadt. Vor ihnen ziehen sich die denkmalgeschmückten Grünanlagen der Jardínes de Mendez Núñez hin. An der Westseite des Isthmus kann man an den Stränden Praia de Orzan und Praia de Riazor baden.

Palacio Municipal

Hinter der Häuserzeile öffnet sich die Praza de María Pita (Praza Maior) mit dem Palacio Municipal. Außer der Stadtverwaltung sind in ihm u. a. eine Galerie zeitgenössischer Kunst und ein Uhrenmuseum untergekommen.

Museo de Bellas Artes

In restaurierten Kapuzinerinnenkonvent (C. Zalaeta) präsentiert das Museo de Bellas Artes eine sehenswerte Gemäldesammlung mit Werken u. a. von Goya, Velázquez, Ribera, Murillo, Morales, Brueghel und Rubens.

✶ **Domus, Casa del Hombre**

Weit im Westen der Neustadt steht über der Ensenada del Orzan eines der **bemerkenswertesten Museen Spaniens**. Die interaktive Casa del Hombre widmet sich dem Menschen – Körper und Seele, Kultur und Entwicklungsgeschichte, Verstand und Herz, letzteres real nacherlebbar an einem überdimensionalen, funktionsfähigen Modell. So außergewöhnlich wie das Angebot zeigt sich auch das »Domus« genannte Gebäude aus rosa und grauem Granit des japanischen Architekten Arata Isozaki: Die mit Schieferplatten verkleidete Fassade hoch über der Bucht erinnert an ein vom Wind geblähtes Segel (Öffnungszeiten: Sommer tgl. 11.00–21.00, Winter 10.00–19.00 Uhr).

✶ **Aquárium Finisterrae**

Das Meeresmuseum ist eines der besten seiner Art in Nordspanien. Hier schwimmen Haie und tummeln sich die Fische des Atlantiks. Vor allem Kinder haben ihren Spaß, denn sie können Möwenstimmen per Mausklick hören, Schiffchen steuern und Entenmuscheln anzoomen (Öffnungszeiten: Juli u. Aug. tgl. 10.00 – 22.00, sonst bis 19.00 Uhr)

Altstadt (Ciudad Vieja)

Praza de Azcárraga

Santiago ►

Auf einem Felsen östlich der Praza de María Pita dehnt sich über dem Hafenbecken die verwinkelte Altstadt aus. Ihr Mittelpunkt ist die Praza de Azcárraga. An deren Westseite erblickt man schon die Apsiden der Kirche Santiago, des ältesten Gotteshauses der Stadt (12./13. Jh.), an der besonders das Westportal mit einer Figur des Apostels Jakobus als Maurentöter (14. Jh.) auffällt.

Santa María del Campo

Im am höchsten gelegenen Teil der Altstadt trifft man auf die im 13.–15. Jh. entstandene Kirche Santa María del Campo. Schönstes ihrer mit Skulpturen geschmückten Portale ist das **Hauptportal** mit seiner großen Rosette und der Darstellung der Anbetung der Hl. Drei Könige; liturgisches Gerät stellt das Museo de Arte Sacro im Seitenschiff aus. Auf dem Platz vor der Kirche steht eine gotische Betsäule.

✶ **Plazuela de Santa Bárbara**

Romantisch-beschaulich gibt sich die Plazuela de Santa Bárbara mit dem gleichnamigen Konvent und der barocken Kirche Santo Domingo. In der Calle de Herrerías weist eine Gedenktafel auf das Haus der Stadtheldin María Pita hin.

Jardín de San Carlos

Leicht bergab führt der Weg zum kleinen, 1843 angelegten Jardín de San Carlos, einst Festungsanlage, von wo man einen sehr guten Überblick über den Hafen hat. In der Mitte des Parks steht der stei-

! **Baedeker TIPP**

Herkulesturm

Wer die 242 Stufen des Leuchtturms (seit 2009 UNESCO-Weltkulturerbe) schaffft, wird mit einer tollen Aussicht belohnt. Im Sommer finden hier diverse Abendveranstaltungen statt. Lohnend sind auch Führungen, bei denen man einiges über Herkules erfährt, der hier oben den Riesen Geryon getötet haben soll (tgl. zugänglich).

nerne Sarkophag des englischen Generals John Moore. Nahebei zeigt das Museo militar die Geschichte der Stadt als Garnison.

◄ Castillo San Antón

Auf der äußersten Spitze der Mole ragt das Castillo San Antón ins Hafenbecken vor, eine mächtige Hafenfestung aus dem 16. Jh., in dem heute das Museo Arqueológico untergebracht ist.

Torre de Hercules

Eine gut ausgeschilderte Straße (auch Bus Nr. 3/3 a) führt zu einem Felsen 2 km nördlich der Stadt, auf dem sich die Torre de Hercules erhebt, der heute **älteste noch in Betrieb befindlichen Leuchtturm**. Er wurde im 2. Jh. n. Chr. von den Römern erbaut. Auf seine Spitze führte eine einst außen angebrachte Wendeltreppe, die im 18. Jh., unter Karl III., umbaut wurde.

★ Costa del Azahar · Costa dels Tarrongers

H/J 20/21

Provinzen: Castellón (CS), Valencia (V) **Region:** Valencia

Der Name Costa del Azahar (»Orangenblütenküste«) ist Programm: unzählige Zitronen- und Orangenbäume begleiten Reisende auf ihrer Fahrt die Küste entlang. Die zarten Orangenblüten erfüllen das ganze Land mit ihrem Duft, und das milde Klima macht aus diesem Küstenstrich einen idealen Platz für Sommer- und Winterurlaub.

Castelló de la Plana und Umgebung

Zentrum des Orangenhandels

Der Hauptort der Küste, die Provinzhauptstadt Castelló de la Plana (Castellón de la Plana; 181 000 Einw.) liegt inmitten der fruchtbaren Ebene der Huerta de la Plana und ist Mittelpunkt des Handels mit Orangen. Als eine der letzten Bastionen der republikanischen Truppen wurde Castelló am Ende des Bürgerkriegs weitgehend zerstört, so dass nur wenige historische Bauwerke erhalten blieben.

CASTELLÓ DE LA PLANA ERLEBEN

AUSKUNFT

Oficina de Turismo
Plaza María Agustina, 5
12003 Castelló de la Plana
Tel. 964 35 86 88
www.castellon-costaazahar.com

ESSEN

► Fein & teuer

La Tasca del Puerto
Avenida del Puerto, 13
Tel. 964 28 44 81
Das Nobelrestaurant direkt am Hafen bietet köstlich zubereitete mediterrane Gerichte (bes. Fisch und Meeresfrüchte). Der Weinkeller sucht seinesgleichen in weitem Umkreis.

ÜBERNACHTEN

► Komfortabel

Intur Castellón
Calle Herrero, 20
Tel. 964 22 50 00
www.hotelinturcastellon.com
Das zentral gelegene Vier-Sterne-Hotel bietet modern eingerichtete Zimmer, Restaurant, Bar, Saune und Fitnessraum.

NH Mindoro
Moyano, 4
Tel. 964 22 23 00
www.nh-hoteles.es
Hochhaus in zentraler Lage mit rund 100 geschmackvoll eingerichteten Gästezimmern und Suiten.

Plaza Mayor

So wurde die ursprünglich gotische Concatedral de Santa María an der Plaza Mayor wiederaufgebaut, womit die Stadt ihr **Wahrzeichen**, den frei stehenden, achteckigen und 46 m hohen Glockenturm »El Fadri« von 1604 zurückerhielt. Interessant sind einige Gemälde des in Castelló geborenen Malers Francisco Ribalta (1551–1628). Auch im gegenüberliegenden Rathaus, um 1700 erbaut, kann man ein Werk des Malers sehen. Ebenfalls einen Blick wert: der Zentralmarkt.

Museu de Bellas Artes

Im Gebäude der Provinzverwaltung (Diputación Provincial) in der Calle Caballeros zeigt dieses Museum archäologische Funde, Keramik, Alltagsgegenstände sowie Gemälde, darunter von Ribalta, de Ribera und de Osona. Ganzer Stolz der Abteilung sind zehn Heiligendarstellungen aus der Werkstatt von Francisco de Zurbarán.

L'Alcora

Die Ortschaft L'Alcora, 24 km nordwestlich von Castelló an der CV-16, ist bekannt für seine überwiegend **mit Rokokomustern bemalten Fayencen**. Die Manufaktur war bei ihrer Gründung im Jahr 1727 die erste ihrer Art in Spanien; seit 1750 werden auch Büsten und Figuren aus Porzellan gefertigt. Beispiele zeigt das Museo de Cerámica.

Vilafamés

Man verlässt Castelló auf der CV-10 und biegt bei La Pobla Tornesa links nach Vilafamés ab, das ein für einen solch kleinen Ort beachtenswertes Kunstmuseum beherbergt: das Museo Popular de Arte Contemporáneo mit Werken u. a. von Miró, Genovés und Serrano.

Zurück auf der CV-10 erreicht man nach 25 km von Castelló Cabanes. Hier verlief in römischer Zeit die Via Augusta; zu sehen ist vor allem noch der Arco del Pla aus dem 2. nachchristlichen Jh. Von Cabanes führt die CV-10 und später die N-232 durch die wenig berührte Bergwelt des Maestrat weiter nach Morella (s. Umgebung von ►Alcañiz).

◄ Cabanes

Die Küste nördlich von Castelló

Benicàssim

Durch Orangengärten und Olivenhaine gelangt man ins 12 km von Castelló entfernte Benicàssim (Benicasim). Der zwischen Palmenpflanzungen gelegene, mit allen Annehmlichkeiten ausgestattete Badeort ist immer noch bekannt für seinen **Muskateller**, auch wenn er nur noch von wenigen Winzern erzeugt wird. Vom 1694 gegründeten Karmeliterkloster in der oberhalb gelegenen Desert de les Palms kann man weit über die Küste blicken.

Orpesa

8 km weiter in Orpesa (Oropesa) gefällt die malerisch an einem Felsen sich hinziehende verwinkelte Altstadt, die von einer auf die Mauren zurückgehenden Burgruine gekrönt wird. El Cid eroberte sie 1090, musste jedoch bald darauf die Festung wieder räumen. Der noch einigermaßen ruhige Ort lebt von der Landwirtschaft und vom Fremdenverkehr, bietet er doch **schöne Strände**. Hier steht auf einem Felsen am Meer die Torre del Rei, ein aus dem 15. Jh. stammender Wachturm mit einem kleinen Meeresmuseum.

Alcalá de Xivert (Alcalá de Chivert) hat sich dank seines Badeorts Alcossebre (Alcocebre) zu einem bevorzugten Ziel an der Küste mit etwas teureren Hotels und einer **Vielzahl von Freizeiteinrichtungen** gemausert. Vor dem Ort sieht man rechts auf der Serra d'Irta die Ruinen des Castell de Xivert.

Gegenpapst Benedikt XIII.

Das folgende Peníscola (Peñíscola) wird beherrscht von der ins Meer hinausragenden, 54 m hohen Felsenhalbinsel mit einer **Festung** obenauf. Schon Phönizier, Griechen und Karthager nutzten den Felsvorsprung als Festung, ebenso die Mauren, die sie 1223 an König Jaime I. verloren. Er übergab die Burg den Tempelrittern, die sie im Wesentlichen in der heutigen Form ausbauten.

Die Geschichte der Burg ist eng mit dem Schicksal des aragonesischen Kardinals Pedro de Luna verbunden, der als **Gegenpapst Benedikt XIII.** den römischen Päpsten Urban VI. und Bonifatius VII. den Heiligen Stuhl streitig machte. Als er von

Mehr als »eine« Burg: Nicht allein die Festung, auch die Stadt Peníscola wird von Schanzen, Türmen, Bollwerken und Toren durchzogen.

niemandem mehr unterstützt wurde, zog er sich 1415 von Avignon nach Peníscola zurück, wo er starrsinnig daran festhielt, der rechtmäßige Papst zu sein, und einen bescheidenen Hof einrichtete. Aus dieser Zeit kann man noch die Kapelle, die Bibliothek und weitere Gemächer des Papstes und das Versammlungskabinett des Konklaves besichtigen (Öffnungszeiten: Sommer 9.00 – 14.30 u. 16.00 – 21.30, Mitte Juni – Mitte Sept. erst ab 10.00; Winter 9.30 – 13.00 u. 15.15 – 18.00 Uhr). Benedikt XIII. starb 1424 in der Burg. Erinnerungsstücke an ihn besitzt auch die Schatzkammer der barocken Pfarrkirche in der Altstadt. In der Virgen de la Ermitana, im September Schauplatz einer Aufführung der »Moros y Cristianos«, wird ein angeblich vom Apostel Jakobus stammendes Bild aufbewahrt.

? WUSSTEN SIE SCHON ...?

- ... dass die imposante Festung Peníscola Kulisse war für einige Szenen des 1961 gedrehten Historienfilms »El Cid« mit Charlton Heston in der Hauptrolle?

Siedlung Peníscola ▶ Unter der Burg duckt sich die von einer starken Wehrmauer eingeschlossene enge, im Sommer recht überlaufene Altstadt. Den neueren Teil Peníscolas prägen Hotelbauten und Appartementhäuser entlang der Strände. Sehenswert ist auch das Museo del Mar.

Vinaros In dem Fischerhafen und Badeort Vinaros (75 km von Castelló) sollte man **Garnelenliebhaber** sein! Die Meeresfrüchte werden hier gefangen und lecker zubereitet. Der Fang wird am frühen Abend am Kai versteigert.

Die Küste südlich von Castelló

Onda

Von Vila-real südlich von Castelló führt ein 14 km langer Abstecher auf der CV-20 nach Onda, eines der **Zentren spanischer Keramikproduktion**. Im Pfarrmuseum sind zahlreiche Stücke ausgestellt. Etwas außerhalb befindet sich das Naturkundemuseum El Carmen.

* Grutes de Sant Josep

Nach Vila-real erreicht die N-340 Nules, wo es rechts Richtung Vall d'Uixó geht. Kurz vor dem Ort weisen Schilder auf die Grutes de Sant Josep hin. Diese prächtigen **Tropfsteinhöhlen** zählen zu den größten Spaniens und können per Kahn befahren werden – ein grandioses Erlebnis.

Costa Blanca

L-N 18-21

Provinzen: Valencia (V), Alicante (A), Murcia (MU)

Regionen: Valencia, Murcia

Vom Beginn der Costa Blanca (»Weiße Küste«) südlich von ►Valencia bis zu ihrem Ende beim Mar Menor spannt sich – nur unterbrochen von der Steilküste um das Cap de la Nau – mehr oder weniger ein einziger Sandstrand. Die Küste ist vorwiegend flach und sandig, das Wetter fast immer ausgezeichnet.

Ausführlich beschrieben im Baedeker Allianz Reiseführer »Costa Blanca«

Die idealen Urlaubsbedingungen an der Costa Blanca haben sich rumgesprochen: Der Küstenstreifen ist der am meisten vom Massentourismus heimgesuchte Abschnitt der ostspanischen Küste. Am Strand entlang reiht sich ein Hotelklotz an den anderen, im Sommer ist kaum noch ein Bett zu kriegen.

Fahrt entlang der Costa Blanca

L'Albufera

Ein **einzigartiges Feuchtgebiet**, leider von der ausufernden Industrie bedroht, ist die Lagune von Albufera südlich von El Saler, der ersten Badestation südlich von Valencia. Seit alters her wird hier Reis angebaut; hier leben noch zahlreiche Enten- und Watvögel und die als Delikatesse geschätzten Aale. Hauptort ist El Palmar.

Gandia

Über Cullera, einem alten Städtchen am Hang des Monte del Oro, erreicht man Gandia (Gandía), den ersten wirklich großen Badeort mit seinem kilometerlangen Sandstrand. Die alte Stadt 4 km landeinwärts war Sitz des Geschlechts der Borja (Borgia), aus dem der Bischof von Valencia, Rodrigo, hervorging, der als Papst Alexander VI. einen berüchtigten Platz in der Weltgeschichte hält. Sein Urenkel Francisco, 1510 in Gandia geboren, wurde der dritte General des Jesuitenordens und später heilig gesprochen.

Palau Sant Duc ► Am höchsten Punkt der Altstadt steht der Herzogspalast (Palau Sant Duc), der seine heutige Gestalt im 16. und 18. Jh. erhielt; sehenswert sind der Patio de las Armas mit seiner prächtigen Treppe (16. Jh.) und mehrere barocke Prunkräume, insbesondere die 38 m lange »Goldene Galerie« mit ihrem sehr schönen Mosaikfußboden. Ein Museum erinnert an den hl. Francisco de Borja. Er gründete auch die Alte Universität von Gandia. Der im 16. Jh. errichtete Bau, heute mit einer Barockfassade versehen, wurde nach dem Verbot des Jesuitenordens dem Orden der Barmherzigen Brüder und Schwestern übergeben.

Antica Universitat ►

Dénia Dénia liegt, umgeben von Orangenplantagen, etwas abseits der Durchgangsstraße am Fuß der Serra de Montgó und besitzt mit der flachen **Platja dels Marins** und der felsigen **Platja dels Rotas** (Tauchrevier) zwei der schönsten Strände der Küste. Es wurde von den Griechen im 8. Jh. v. Chr. Hemeroskopeion, von den Römern dann Dianium genannt. Besonders in der Maurenzeit zwischen 715 und 1253 war Dénia eine blühende Hafenstadt, die zeitweilig sogar Mallorca beherrschte. Dorthin und nach Ibiza besteht eine Fährverbindung. Im über der Stadt thronenden Castillo ist ein Archäologisches Museum eingerichtet.

! *Baedeker* TIPP

Parque Natural de El Montgó

Schöne Wanderungen kann man im Naturpark um den 753 m hohen Montgó machen. Vom Gipfel mit den Ruinen der Casa de Biot, einer iberischen Siedlung aus dem 8. Jh. v. Chr. (Gehzeit: ca. 4 Std.) hat man eine großartige Aussicht auf Küste und Meer. Das Informationsbüro des Parks befindet sich in der Finca Torrequemada (Tel. 966 42 32 05) unweit von Dénia.

Die nächsten 10 Straßenkilometer folgen der Steilküste bis zum recht angenehmen **Xàbia** (Jávea) mit einer befestigten gotischen Kirche (14. Jh.) und einer Burg in der Altstadt. Gebadet wird im neuen Teil südlich davon an der Platja de l'Arenal. Etwas nordöstlich hat man vom Leuchtturm auf dem Cap de Sant Antoni (174 m ü. d. M.) eine großartige Aussicht.

★ **Cap de la Nau** Von dort sieht man auch das 4 km südlich von Xàbia ins Meer vorspringende Cap de la Nau (Cabo de la Nao), den östlichsten Punkt der Betischen Kordilleren. Rund um dieses Kap laden schöne Strände zum Baden und Unterwassergrotten zum Tauchen ein. Von der Landspitze erkennt man südlich den aus dem Meer aufragenden Felsklotz Penyal d'Ifac (Peñón de Ifach) bei Benidorm.

Calp Der Blick auf den Penyal d'Ifac begleitet die Fahrt auf der über der felsigen Steilküste entlangführenden Straße. Durch zwei Tunnel und danach rechts ab erreicht man das schon in phönizischen Zeiten besiedelte Calp (Calpe). Hier wird in einigen Salzgärten noch Meersalz gewonnen, und unterhalb des Felsens ankert eine kleine Fischer-

COSTA BLANCA ERLEBEN

AUSKUNFT

Oficina de Turismo
Avenida Europa, s/n
03502 Benidorm
Tel 965 86 00 95
www.benidorm.org

Oficina de Turismo
Plaza Oculista Buigues, 9
03700 Dénia
Tel. 966 42 23 67
www.denia.net

ESSEN

► Fein & teuer

El Poblet
Carretera Les Marines, km 2,5
03700 Dénia
Tel. 965 78 41 79
Kreative mediterrane Küche, exzellente Weine.

► Erschwinglich

El Molino
Carretera Alixabta – Valencia, km 133
03503 Benidorm
Tel. 965 85 71 81
Rustikales Ambiente, gute Lammgerichte und ein gepflegter Weinkeller.

Tiffanys
Avenida del Mediterráneo, 51
03503 Benidorm
Tel. 965 85 44 68
Elegantes Abendlokal mit internationaler Küche (Spezialität: Gambas).

ÜBERNACHTEN

► Komfortabel

Gran Hotel Delfin
Playa de Poniente la Cala
03502 Benidorm
Tel. 965 85 34 00
www.granhoteldelfin.com
Schön gelegenes Strandhotel mit Café und Bar, Gartenterrasse, Pool und Tennisplätzen.

Cimbel
Avda. Europa, 1
03503 Benidorm
Tel. 965 85 21 00
www.hotelcimbel.com
Zentral gelegenes und familienfreundliches Haus mit Pool und Diskothek.

Port Dénia
Carretera Dénia – Javea, 47
03700 Dénia
Tel. 965 78 12 12
www.onasol.es
Beim Yachthafen gelegenes Hotel mit Pool und großzügiger Lobby. Alle Zimmer haben einen Balkon.

► Günstig

La Racona
Cami Ample, 19 – Las Rotas
03700 Dénia
Tel. 965 78 79 60
www.hotel-laracona.com
Freundliche Herberge an der wildromantischen Küste von Las Rotas.

flotte, ansonsten aber dominiert der **Badetourismus**. Wahrzeichen der Stadt und der Costa Blanca ist der 383 m aus dem Meer emporragende und an den Felsen von ► Gibraltar erinnernde Felsklotz Penyal d'Ifac. Von seiner Spitze genießt man herrliche Aussichten auf die Küste bis zum Cap de la Nau, das Küstengebirge und manchmal gar bis Ibiza.

★ ◄ Penyal d'Ifac

Benidorm: Inbegriff des Massentourismus

Altea Es geht weiter nach Altea – links der Straße der Strand, rechts am Berghang der alte Ort mit seinen unter Philipp II. erbauten Befestigungsanlagen und seiner hübschen Kirche mit blauer Kuppel, rosa Dachziegeln und weißem Mauerwerk.

Benidorm Schon bald steigt die Skyline von Benidorm auf – Manhattan am Mittelmeer. Was vor nicht ganz vierzig Jahren noch ein kleiner Fischerort war, ist heute das 71 000 Einwohner zählende **Vergnügungs- und Badezentrum** der Costa Blanca geworden. Das sicher zu Recht, denn lange feinsandige Strände an der nach Süden offenen Bucht und 345 Sonnentage im Jahr bereiten ideale Bedingungen. Jährlich drei Mio. Urlauber (die allermeisten davon Briten und Niederländer) wollen untergebracht sein – in 350 000 Betten, zu finden in den Hotelburgen entlang der Uferpromenade. Ein ins Meer vorspringender Kastellfelsen teilt den Strand in einen östlichen (Platja de Levant) und einen westlichen Teil (Platja de Ponient); von der Höhe blickt das **alte Fischerdorf** auf den Trubel darunter. Dort oben gibt es noch idyllische Gassen; vom Parque Castillo hat man eine schöne Aussicht auf die Bucht. Das Museo de Cera (Av. del Mediterráneo 8) präsentiert wächserne Abbilder berühmter Zeitgenossen. Für Unterhaltung sorgen eine Unzahl von Diskotheken und Bars sowie der gut besuchte Themenpark »Terra Mítica«, der sich selbst als den größten seiner Art in Europa bezeichnet, im Grunde aber dasselbe bietet wie alle anderen auch: elektronisch animierte Pappmachéwelten der Antike, kombiniert mit waghalsigen Fahrattraktionen; nördlich der Stadt

Terra Mítica ▶

lockt mit »Aqualand« einer der größten Wasserparks Europas. Die CV-70 schlängelt sich durch ein Zitrus- und Mispelanbaugebiet nach Callosa d'En Sarra, wo die CV-755 in die Bergwelt der **Serra d'Aitana** abzweigt. Nach 18 km ist man im faszinierenden Guadalest. Das in den Fels gebaute Dorf ist nur durch einen Tunnel zu erreichen. Der Ort war 1609 die letzte Zuflucht der moslemischen Morisken, bevor sie endgültig vertrieben wurden. Von der Felsenfestung aus der Maurenzeit ließ ein Erdbeben 1744 zwar nur wenig übrig, dennoch wird der Aufstieg durch die einmalige Lage und die **herrlichen Ausblicke** belohnt.

! *Baedeker* TIPP

Moros y Cristianos zur See

Auch in Vila Joiosa stellen die Einwohner die Kämpfe zwischen Mauren und Christen nach. Hier aber ist es etwas anders: Gefeiert wird Ende Juli der Sieg über osmanische Piraten, die 1538 am Strand landeten.

10 km nach Benidorm folgt **Vila Joiosa** (Villajoyosa). Es besitzt noch ein **intaktes Fischerviertel**, dessen Bewohner ihre Häuser kunterbunt angestrichen haben. Von der Festung sind stattliche Mauerreste und Türme sowie die burgartige, in die Stadtmauer integrierte gotische Kirche mit einem Renaissanceportal erhalten. In der Casa de Cultura ist das Museo Etnográfico untergebracht. Im Hafen wird täglich die Fischerbörse abgehalten, auf der die Tagesfänge verkauft werden.

Santa Pola

Die N-332 führt südwärts durch ►Alacant nach Santa Pola, Heimathafen der größten Fischereiflotte an der spanischen Mittelmeerküste und Badeort. Hier gibt es ein archäologisches und ein Meeresmuseum, ein Aquarium und einen Vergnügungspark. Boote legen zur vorgelagerten Leuchtturminsel Tabarca ab.

★ Costa Brava

D/E 26/27

Provinz: Girona (GI) **Region:** Katalonien

Großartige Landschaften, herausragende Kunstschätze und gute Bademöglichkeiten zeichnen die Costa Brava aus. Die »wilde Küste« ist größtenteils felsig und oft nur mit dem Boot zugänglich – daher ihr Name. Dazwischen liegen malerische Fischerorte und kleine Städte.

Ausführlich beschrieben im Baedeker Allianz Reiseführer »Costa Brava«

Der nördlichste spanische Küstenstreifen am Mittelmeer, die Costa Brava, reicht von der französisch-spanischen Grenze bis zur Mündung des Ríu Tordera bei Blanes, wo sie in die Costa de Maresme (► Costa Daurada) übergeht.Wer diese Region erkunden will, sollte sich die lange und kurvige Fahrt auf den Küstenstraßen nicht entgehen lassen.

Highlights Costa Brava

Sant Pere de Rodes
Hoch über der wildromantischen Steilküste liegt dieses mächtige Benediktinerkloster.
► Seite 310

Portlligat
Für Liebhaber surrealistischer Kunst fast ein Mekka: das Domizil Salvador Dalís in Portlligat.
► Seite 311

Ruinenstätte von Empuriés
Hier wird griechische und römische Geschichte an der iberischen Küste eindrucksvoll demonstriert.
► Seite 313

Tossa de Mar
Ein Bilderbuch-Urlaubsstädtchen: schöne Strände, hübsche Uferpromenade und attraktive Altstadt.
► Seite 315

Fahrt entlang der Costa Brava

Portbou Portbou ist der spanische Grenz- und Fischereihafen. Am Friedhof ehrt eine Gedenkstätte, entworfen vom israelischen Künstler Dani Karavan, den Philosophen Walter Benjamin (1892–1940), der sich hier auf seiner Flucht vor den Nationalsozialisten das Leben nahm, weil ihm die spanischen Behörden die Einreise verweigerten.

Colera Die Weiterfahrt führt hoch über der klippen- und inselreichen Küste hin und offeriert prachtvolle Ausblicke nach Colera links unterhalb der Straße. Der Strand ist hier zwar recht steinig, das Wasser dafür umso klarer.

Llançà Das folgende Llançà (Llansá) hat sich – besonders dem Hafen zu –, schon stärker dem Tourismus verschrieben. In der ummauerten Altstadt stehen die Barockkirche Sant Vincenç und ein mittelalterlicher Wehrturm.

✶ Monestir de Sant Pere de Rodes Immer hoch über der Steilküste erreicht man El Port de la Selva, das reizvoll am Fuß der Serra de Rodes liegt. Auf dieser steht das einst reiche und mächtige Benediktinerkloster Sant Pere de Rodes (San Pedro de Roda), dessen Kirche auf das 8. Jh. zurückgeht und als Vorläufer der katalanischen Romanik gilt. Ihr **Tonnengewölbe** wird als das früheste dieser Art angesehen; beachtenswerte Tierköpfe und Bandornamente zieren die Säulenkapitelle. Über dem Kloster erhebt sich das Castell Sant Salvador, von dem man eine prächtige Aussicht genießt.

✶ Cadaqués Der nächste Halt, Cadaqués, zog zu Beginn des 20. Jh.s Künstler wie Max Ernst, Paul Eluard, André Breton und vor allem Salvador Dalí an, der hier ein Aelier hatte. Ihnen gefiel das auch heute noch **ein-**

Ein Ei als Turmspitze bekrönt Salvador Dalís Atelier in seinem Haus in Portlligat.

malig schöne Ortsbild aus weißen Häuschen, die sich an der muschelförmigen, steilen Bucht den Hang hinaufziehen. Kunst wird hier auch heute noch großgeschrieben, u.a. im örtlichen Kunstmuseum und im Museu Perrot-Moore.

Portlligat

Um Kunst dreht sich auch alles im nahe gelegenen Portlligat. Denn hier hat **Salvador Dalí** in den 1960er-Jahren einige Fischerhäuser für sich und seine Gala umgebaut. Das Domizil wurde zur Ikone surrealistischer Kunst. Es bietet einen intimen Einblick in das Leben des Künstlers und seiner Frau und ist weitgehend in dem Zustand, wie es Dalí bei seinem Auszug nach Galas Tod 1982 verließ (Öffnungszeiten: Mitte März bis Mitte Juni und Mitte Sept. bis Anfang Januar Di. bis So. 10.30–18.00, Mitte Juni bis Mitte Sept. tgl. 9.30–21.00 Uhr).

◄ Cap de Creus

Nördlich des Vorgebirges Portlligat reicht das 80 m hohe Cap de Creus (Cabo de Creus), das Kap Aphrodision der Griechen, ins Meer hinaus. Es ist der östlichste Punkt der Pyrenäenhalbinsel (das Ende ist nur zu Fuß erreichbar).

Castelló d'Empúries

Über Roses führt die C-260 um den Golf nach Castelló d'Empúries (Castellón de Ampurias), alte Hauptstadt der Grafschaft Empordà mit der aus dem 13.–15. Jh. stammenden Kirche Santa María, die ein sehenswertes Portal und ein gotisches Altarbild aus Alabaster besitzt. Weiter landeinwärts kommt man nach ►Figueres.

◄ Empúria Brava

Am zu Castelló d'Empuriés gehörenden Küstenabschnitt liegt die Retortensiedlung Empúria Brava (Ampuriabravas), eine architektonisch durchaus gelungene Anhäufung von Ferienhäusern mit künstlichem Kanalnetz.

COSTA BRAVA ERLEBEN

AUSKUNFT

Oficina de Turismo
Plaça Catalunya, 21
17300 Blanes
Tel. 972 33 03 48
www.blanes.cat

Oficina de Turismo
Calle Des Cotxe, 1
17488 Cadaqués
Tel. 9 72 25 83 15
www.cadaques.cat

ESSEN

► Fein & teuer

El Bulli
Cala Montjoi, App. 30
17480 Rosas
Tel. 972 15 04 57
www.elbulli.com
Das Lokal des Molekular-Spitzenkochs Ferran Adrià wurde mehrmals zum besten Restaurant der Welt gekürt.

► Erschwinglich

María de Cadaqués
Tauler y Servià, 6
17230 Palamós
Tel. 972 31 40 09
Wegen seiner erstklassigen Fischgerichte wird das Lokal auch von Einheimischen gern besucht.

Es Molí
Carrer Tarull, 5
17320 Tossa de Mar
Tel. 972 34 14 14
Katalanische Fisch- und Fleischgerichte in einer alten Mühle. Bei schönem Wetter sitzt man im Hof.

► Preiswert

La Galiota
Carrer Narcis Monturiol, 9
17488 Cadaqués
Tel. 9 72 25 81 87
Hier gibt es gute regionale Küche.

ÜBERNACHTEN

► Luxus

Almadraba Park
Platja Almadraba
17480 Roses
Tel. 972 25 65 50
www.almadrabapark.com
Nobelherberge mit Meerblick und wunderschönem Garten.

► Komfortabel

Playa Sol
Riba es Pianc, 3
17488 Cadaqués
Tel. 9 72 25 81 00
www.playasol.com
Schön gelegenes Haus mit Bar/Cafeteria, Gartenterrasse und Pool.

Rocamar
Verge del Carme, s/n
17488 Cadaqués
Tel. 9 72 25 81 50
www.rocamar.com
Freundliches Haus mit Restaurant, Pool und Tennisplätzen.

Nieves Mar
Passeig Maritim, 8
17130 L'Escala
Tel. 9 72 87 03 00
www.nievesmar.com
Gut geführtes Hotel mit beliebtem Fischrestaurant.

► Günstig/Komfortabel

Best Western Excelsior
Passeig M. Jacint Verdaguer, 16
17310 Lloret de Mar
Tel. 972 36 41 37
www.bestwesternhotelexcelsior.com
Modernes kleines Strandhotel mit Cafeteria und Terrasse.

★ **Empúries**

Auf einer Nebenstraße erreicht man über Sant Pere Pescador die Ruinenstätte von Empuriés (Ampurias), das antike Emporion.
Im 6. Jh. v. Chr. gründeten die Griechen auf einer Insel bei der damaligen Mündung des Riu Fluvia die Siedlung Kypsela, unter Archäologen Palaiopolis genannt. Die ständige Zuwanderung neuer Kolonisatoren machte die Gründung einer neuen Siedlung auf dem Festland weiter südlich notwendig. Diese wurde Emporion (griech. Markt) bzw. Neapolis (neue Stadt) genannt. Zwischen beiden Siedlungen lag der inzwischen verlandete Hafen. 218 v. Chr., zu Beginn des Zweiten Punischen Krieges, betraten hier – von Scipio Africanus geführt – römische Truppen erstmals die Iberische Halbinsel; 195 v. Chr. war die Stadt Stützpunkt des älteren Cato bei der Unterwerfung der Iberer. Schließlich ließ Caesar eine Veteranensiedlung anlegen, die im 1. und 2. Jh. n. Chr. ihre Blüte erreichte. Das Eindringen fränkisch-alemannischer Heere leitete den Niedergang der Stadt ein, die in frühchristlicher Zeit aber immerhin noch Bischofssitz war.
Die **Ruinenstätte** besteht aus der alten griechischen Stadt, der neuen griechischen Stadt (Unterstadt) und der römischen Stadt (Oberstadt). Man betritt die Unterstadt durch ein einst mächtiges Stadttor, gelangt auf einen kleinen Platz und links davon zu den Resten eines dem Heilgott Asklepios (Äskulap) geweihten Tempels mit der Nachbildung einer hier gefundenen Statue; daneben sieht man Fundamente eines wohl Hygieia, der Tochter Asklepios', gewidmeten Tempels. Jenseits des Platzes stand ein großer Tempel für Zeus Serapis (Wesenseinheit von Zeus und Asklepios). Von hier führt die breite Hauptstraße zur Agora (Marktplatz) – nahebei eine frühchristliche Basilika – und weiter zu Resten einiger Mosaikfußböden. Der Weg endet beim **Museum**, das das Leben in einer antiken griechischen und römischen Stadt durch Modelle und Fundstücke zeigt. Hinter dem Museum geht es hinauf zur römischen Stadt mit dem großen Haus Nr. 1, von dem nur Reste von Fußbodenmosaiken erhalten sind, das aber als Modell im Museum zu se-

Empúries Orientierung

hen war. Vom kleineren Haus Nr. 2 gelangt man zum Forum, auf das von Süden die Hauptstraße, der Cardo Maximus, zuläuft. Dieser führt zum Stadttor, auf dessen steinerner Schwelle deutliche Wagenspuren zu erkennen sind (Öffnungszeiten: Okt. – Mai tgl. außer Mo. 10.00 – 18.00, Juni – Sept. 10.00 – 19.15 Uhr).

L'Escala Als im 17. Jh. das nahe L'Escala (La Escala) gegründet wurde, lieferten die Ruinen von Emporion willkommenes Baumaterial. Die Stadt mit Sand- und Geröllstrand liegt hübsch über dem Golf de Roses und zieht viele spanische Familien an; bekannt ist sie auch für ihre **gesalzenen Sardellen**, die in jeder Tapas-Bar zu haben sind.

Toroella de Montgrí Von L'Escala führt die GI-632 nach Süden via Ullá nach Torroella de Montgrí (30 m ü. d. M.) am Riu Ter. Hier, 5 km landeinwärts, ist es noch beschaulich. Sehenswert in den mittelalterlichen Gassen sind die gotische Kirche aus dem 15. Jh. und der Renaissance-Palast Palau Solterra. Nordöstlich erhebt sich auf dem Montgrí das Castell de Torroella (14. Jh.). Der Badetourismus spielt sich im zur Gemeinde gehörenden L'Estartit ab; von hier legen Boote zu den Illes Medes ab, beliebtes Tauchrevier und wegen ihrer Heringsmöwen-Kolonie unter Naturschutz gestellt.

L'Estartit ►

Begur Von Torroella geht es durch Reisfelder über Pals, einen kleinen malerisch-mittelalterlichen, wenn auch schon etwas kommerzialisierten Ort, nach Begur (Bagur; 220 m ü. d. M.). Das Städtchen gruppiert sich an dieser herrlichen Küste um die frei auf einem kegelförmigen Felsen stehende Burg, von der man einen weiten Panoramablick hat. 2 km südöstlich von Begur liegen die Strände Platja de Fornells und Aiguablava an hübschen Buchten mit klarem Wasser.

Palafrugell Palafrugell, südwestlich von Begur, bildet mit den umliegenden Feienorten Llafranch, Tamariu und Calella de Palafrugell ein Zentrum des **gehobeneren Tourismus**. Dabei ist es im landeinwärts gelegenen Palafrugell eigentlich ruhig geblieben; sehenswert sind die gotische Kirche Sant Martí und Reste der alten Stadtmauer. Südöstlich führen Straßen einerseits (3 km) zu den Stränden von Llafranch bzw. Calella mit dem prächtigen botanischen Garten am Cap Roig; andererseits (4 bzw. 5 km) zum malerischen Cap Sant Sebastià mit dem 1857 erbauten Leuchtturm und einer Ermita und weiter zum Strand von Tamariu, von wo aus man mit dem Boot in die **Meeresgrotten** Cova del Bisbe und Cova d'en Gisbert fahren kann. Landeinwärts liegen Besalú und Ullastret, die in der Umgebung von ► Girona beschrieben werden.

Palamós Nur 7 km sind es bis Palamós, geteilt in den alten, immer noch aktiven Fischerhafen (Fischauktionen am Nachmittag) sowie in den neueren Teil mit etlichen Hochhausgiganten und Yachthafen. Recht kurios: das kleine, verstaubte Fischereimuseum an der Plaça del Forn.

S'Agaró

Die Siedlung S'Agaró wurde 1923 an einem felsigen, durch kleine Buchten gegliederten Küstenabschnitt für betuchtere Zeitgenossen angelegt. Hier findet man, aber nur, wenn man zu Fuß unterwegs ist, **zauberhafte Strände** wie die Cala de Sa Conca oder die Cala d'el Pi.

Sant Feliu de Guíxols

Sant Feliu de Guíxols (San Feliú de Guixols), zieht sich schön an seiner Hafenbucht hinauf und besitzt eine angenehme Altstadt. Manches der Gebäude entstand, als Sant Feliu Hauptausfuhrplatz der in dieser Gegend ansässigen Korkindustrie war; heute kommt man zum Baden und zum Flanieren am Passeig de Mar hierher. Zu sehen gibt es noch die Reste eines im 13. Jh. errichteten Klosters mit der eisernen Eingangspforte Porta Ferrada aus dem 10. Jh. und einem daneben stehenden Wehrturm. Am nicht allzu langen Strand entlang kommt man zum **Aussichtspunkt Mirador de Sant Elm**, auf dem sich auch eine Einsiedelei befindet.

★ **Tossa de Mar**

Auf der herrlichen Küstenstraße am Hang des Puig de Cadiretes (519 m ü. d. M.) kurvt man nach Tossa de Mar, **einem der schönsten Orte an der Costa Brava**. Reizvoll die Lage, gute Strände (vor allem Mar Menuda), eine hübsche Uferpromenade und eine attraktive Altstadt. Die Oberstadt Vila Vela umzieht eine mittelalterliche Mauer mit Wehrtürmen aus dem 12. Jh.; in einem mittelalterlichen Haus

Nur wenige Kilometer vom Massenbetrieb in Platja d'Aro locken solch zauberhafte Buchten wie die Cala d'el Pi bei S'Agaró.

zeigt das Stadtmuseum moderne Kunst (u.a. Marc Chagall), römische Mosaiken und Steinzeitfunde. Am Westrand der engen Unterstadt entdeckte man die Reste einer römischen Siedlung.

Lloret de Mar

Was El Arenal für Mallorca, ist Lloret de Mar für die Costa Brava: Diskos, Lärm, Bars, Alkohol, englische Pubs und deutsches Schnitzel für massenhaft junges Publikum – vor allem Briten, Deutsche und Holländer –, das die Hotelbetten nur vormittags für eine kurze Erholungspause vor der nächsten Fete aufsucht. Spanien findet man in den Betonschluchten Llorets nicht, aber das sucht hier auch keiner.

? WUSSTEN SIE SCHON ...?

- ... dass Goethe in seinem Lied »Kennst du das Land, wo die Zitronen blühn?«, das im Botanischen Garten Marimurtra in Blanes auf Keramiktafeln zu lesen ist, Italien meinte?

Blanes

Blanes ist der letzte Ferienort der Costa Brava. Hier ist noch eine große Fischereiflotte zu Hause, außerdem ist es bekannt für seine **Spitzenmanufaktur**. Die Strandpromenade Passeig Maritim trennt den Hafen von der Altstadt. Beim Hafenbecken befinden sich die Fischbörse und das Aquarium. Erhöht über dem Häusergewirr steht die überwiegend gotische Pfarrkirche Santa María l'Antigua.
Auf der Landspitze nordöstlich jenseits des Hafenbeckens legte der deutsche Biologe Karl Faust (1874–1952) den **Jardí Botànic Marimurtra** an, in dem mehr als 4000 Pflanzenarten aus aller Welt gedeihen. Am Seerosenbecken ist auf Keramiktafeln Johann Wolfgang von Goethes berühmtes »Lied der Mignon« (»Kennst du das Land, wo die Zitronen blühn?«) auf deutsch, katalanisch und spanisch zu lesen (Öffnungszeiten: April – Okt. tgl. 9.00 – 18.00, Nov. – März Mo. bis Fr. 10.00 – 17.00, Sa., So. bis 14.00 Uhr).
Nördlich vom Botanischen Garten sieht man die spärlichen Reste des **Castell Sant Joan** aus dem 11. Jahrhundert.

★ Costa de Cantabria

A 11-14

Provinz: Santander (S) **Region:** Kantabrien

Auf die baskische Küste (► Costa Vasca) folgt von Castro-Urdiales im Osten bis San Vicente de la Barquera im Westen die grüne Küste Kantabriens, die manch langen Badestrand, prähistorische Höhlen und hübsche Städtchen zu bieten hat.

Sehenswertes an der Costa de Cantabria

★ Castro-Urdiales

Das malerisch gelegene Hafenstädtchen Castro-Urdiales, auch Badeort, ist wohl die **älteste Siedlung** an diesem Küstenstrich. Über dem Hafen thronen das Castillo de Santa Ana, einst im Besitz der Templer

Über den Hafen von Castro-Urdiales wachen die Kathedrale und die Burg.

und nun Leuchtturm, und daneben die Kirche Nuestra Señora de la Asunción (14./15. Jh.); die nette Altstadt breitet sich unterhalb aus.

Laredo

Weiter auf prächtiger Strecke entlang der felsigen Küste sieht man bald auf die Punta de Sonabia und Laredo an der Bucht von Santoña. Dieser Ort hat sich wegen seines kilometerlangen Strandes zu einem der wichtigsten Seebäder an der Kantabrischen Küste entwickelt; neben der engen und verwinkelten Altstadt liegt der moderne Stadtteil mit dem üblichen Angebot an Diskos und Bars.

Limpias

Bei Colindres zweigt eine Nebenstraße (7 km) ins Asón-Tal zum **Wallfahrtsort** Limpias ab; in der Pfarrkirche wird das vermutlich von Juan de Mena geschaffene Christusbild Santo Cristo de la Agonia (16. Jh.) verehrt, das 1919 blutige Tränen geweint haben soll.

Santoña

Um die Bucht von Santoña herum – oder mit der Fähre von Laredo aus – erreicht man Santoña. Napoleon wollte diesen auf einer kleinen Halbinsel angesiedelten Fischerhafen zu einem »Gibraltar des Nordens« machen, wovon noch mehrere Festungsreste zeugen. Im Kloster San Sebastián de Anó werden die Gebeine der 1597 in Colindres gestorbenen Regensburger Bürgerstochter Barbara Blomberg aufbewahrt, der Mätresse Karls V. und Mutter von Don Juan de Austria, einem der Söhne des Kaisers und Sieger in der Seeschlacht von Lepanto im Jahr 1571.

Solares

Kurz vor Santander liegt Solares, ein Thermalbad in freundlicher Lage am Río Miera, das auch bekannt ist für sein **Tafelwasser**.

Santander

►dort

COSTA DE CANTABRIA ERLEBEN

AUSKUNFT

Turismo de Cantabria
Calle Hernán Cortés, 4
39003 Santander
Tel. 942 31 07 08
www.turismodecantabria.com

VERANSTALTUNGEN

Castro-Urdiales
Coso Blanco (1. Freitag im Juli), Feuerwerk und Blumenschlacht.

Laredo
In der »Nacht von San Juan« (24. 6.) verkleiden sich die jungen Männer des Ortes als feine Damen und waschen ihre Füße im Meer.

ESSEN

► Erschwinglich
La Marisma 2
Manzanedo, 19
39740 Santoña
Tel. 942 66 06 06
Das Lokal ist bekannt für seine leckeren Fischgerichte.

ÜBERNACHTEN

► Komfortabel
Las Rocas
Avenida de la Playa, s/n
39700 Castro Urdiales
Tel. 942 86 04 00
www.lasrocashotel.com
Das Strandhotel besticht mit seinen 60 großzügig ausgestatteten Zimmern und seinem guten Restaurant.

► Günstig
Don Pablo
39594 Pechón
Tel. 942 71 95 00
www.donpablohotel.com
Freundliche und gut geführte Herberge am Meer mit hübsch eingerichteten Gästezimmern.

✶ Comillas

Zu Zeiten Alfons' XII. war Comillas (ca. 50 km westlich von Santander) viel besuchtes Seebad der besseren Gesellschaft. Mittelpunkt des malerischen Städtchens ist die gepflasterte Plaza Mayor mit der **Parroquialkirche**. Westlich davon liegt der Palast der Marqueses de Comillas, in dessen Park Antoni Gaudí den Pavillon El Capricho baute, heute ein gutes Restaurant. Jenseits der Durchgangsstraße erhebt sich auf einer Anhöhe, die die Stadt vom Meer trennt, das mächtige Backsteingebäude der ehemaligen Universidad Pontífica. Von ihrem Vorplatz hat man einen prächtigen Blick auf die Stadt und den Park; von der Rückfront überschaut man das Meer, an dem schöne Strände zum Baden einladen.

✶ San Vicente de la Barquera

In dem ursprünglichsten und malerischsten Ort an der kantabrischen Küste, San Vicente de la Barquera, sieht man noch eine z. T. erhaltene Zinnenmauer, überragt von einer Burgruine, und die festungsartige Kirche Santa Maria de los Ángeles (13./16. Jh.) mit romanischen Portalen und gotischen Grabmälern. Nicht zu vergessen: die vielen **guten Fischrestaurants** und der prächtige lange Sandstrand außerhalb des Ortes.

Costa Daurada · Costa Dorada

F/G 22-25

Provinz: Barcelona (B), Tarragona (T) **Region:** Katalonien

Die Costa Daurada (»Goldene Küste«) zeigt sich völlig anders als die zerklüftete Costa Brava – das Gelände ist wesentlich flacher und gelegentlich sumpfig, die Küstenlinie beinahe schnurgerade. Man findet kilometerlange, breite und überwiegend feinsandige Strände, dazwischen liegen einige der bekanntesten Badeorte der spanischen Mittelmeerküste.

Auswirkungen des Baubooms

Der sich südlich hinter Blanes an die ►Costa Brava anschließende Küstenstreifen am Mittelmeer umfasst praktisch die gesamte Küste der Provinzen Barcelona und Tarragona bis zum Mündungsbereich des Ebro. Die weiträumige Küstenlandschaft setzte der raschen Ausdehnung der Siedlungen keine natürlichen Barrieren entgegen, und so zeigen sich heute die Folgen eines lange ungebremsten Baubooms: Vielerorts verunzieren einfallslose, anonyme Hotelblocks und Villensiedlungen die Gegend.

Sehenswertes an der Costa Daurada

Costa de Maresme

Der nördliche Abschnitt der Costa Daurada zwischen Blanes und Barcelona wird auch Costa de Maresme, »Marschland-Küste«, genannt. An Sommerwochenenden ist hier kein Strandplatz mehr frei, wenn aus dem nahen Barcelona die Ausflügler strömen.

◄ Malgrat de Mar

Von Norden kommend, erreicht man als ersten Badeort Malgrat de Mar, dessen größte Attraktion das außerhalb des Ortes Richtung Palafolls gelegene **Marineland** mit seinen Delfin- und Seehundvorführungen ist. Es folgt an der Küste Calella, eine ausgesprochene Urlaubersiedlung mit sehr viel Betrieb, wo vor allem deutsche Sonnenhungrige ihren Urlaub verbringen, weshalb böse Zungen den Ort »Calella de los Alemanes« nennen.

◄ Calella

◄ Arenys de Mar

Abwechslung verspricht die steilere Küste zwischen Sant Pol de Mar und Canet de Mar, bis man Arenys de Mar erreicht, den angenehmsten Badeort an der Costa de Maresme. Hier lohnt ein Besuch des **Museu Marés de la Punta** (Spitzenmuseum), das zahlreiche Stücke des Klöppelhandwerks zeigt; in der Pfarrkirche steht einer der wohl bedeutendsten Barockaltäre Kataloniens. Bei Mataró beginnt bereits der weitläufige, wenig ansprechende Industriegürtel des Großraums Barcelona. Von hier fuhr im Jahr 1848 die erste Eisenbahn Spaniens nach ►Barcelona.

◄ Mataró

Castelldefels

Der erste lohnende Halt südlich von Barcelona bietet sich in Castelldefels (»Burg der Gläubigen«) wegen seines hinter Pinien liegenden langen Strandes. Mehrere Wachtürme und die auf das 10. Jh. zurückgehende Burg rechtfertigen den Ortsnamen.

COSTA DAURADA ERLEBEN

AUSKUNFT

Oficina de Turisme
Sínia Morera, 1
08870 Sitges
Tel. 938 94 50 04
www.sitgestur.com

VERANSTALTUNGEN

Sitges
An Fronleichnam werden hier wunderbare Blumenteppiche ausglegt. Im Oktober lockt das internationale katalanische Filmfestival. Im März findet die Rallye Internacional de Coches de Época statt. An dieser Wettfahrt von Sitges nach Barcelona dürfen nur vor 1921 gebaute Automobile teilnehmen.

ESSEN

► Fein & Teuer
Can Bosch
Rambla Jaume I, 19, Cambrils
Tel. 977 36 00 19
www.canbosch.com
Eines der besten Restaurants an der Costa Daurada

► Erschwinglich
Vivero
Paseo Balmins, s/n
08870 Sitges
Tel. 938 94 21 49
www.elviverositges.com
Fische und Meeresfrüchte kommen hier fangfrisch auf den Tisch.

ÜBERNACHTEN

Baedeker-Empfehlung

► Komfortabel
Romantic
Sant Isidre, 33
08870 Sitges
Tel. 938 94 83 75
www.hotelromantic.com
Drei noble Stadtpaläste von Plantagenbesitzern, die im 19. Jh. auf Kuba reich geworden sind, hat man zu einem überaus romantischen Hotel umfunktioniert, zu dem auch eine herrliche Gartenanlage gehört.

★ Sitges

Am hübschen Fischer- und Badeort Garraf vorbei, windet sich die Küstenstraße nun am **schönsten Teil der Costa Daurada** entlang, der felsigen Steilküste der Costas de Garraf nach Sitges, einem der ältesten Badeorte an der spanischen Mittelmeerküste. Er hält wirklich gelungen die Waage zwischen einem atmosphärisch netten Ort und touristischem Anspruch, ohne dass Massen das Ortsbild bevölkern. Hier versammelt sich jeden Sommer ein eher distinguiertes, betuchtes Publikum, nicht zuletzt auch aus der homosexuellen Szene. Viele wohlhabende Barceloneser besitzen eine Zweitwohnung in Sitges. Verhältnisse wie in Barcelona herrschen allerdings auch bei den Preisen der Bars und Restaurants, von denen sich viele am schönen Passeig de la Ribera und Passeig Marítim aufreihen. Dieser begleitet fast 4 km lang die gepflegten Strände.

Villa Vella ►
Museu Cau Ferrat ►

Die Altstadt von Sitges sollte man sich nicht entgehen lassen, denn sie bietet eine Mischung von Bauten aus dem Mittelalter bis hin zu manch beeindruckender Jugendstil-Villa. Direkt am Meer, unweit der barocken Kirche Santa Maria, liegt das Wohnhaus des Malers und Kunstsammlers **Santiago Rusiñol** (1861–1931), das dieser sich 1891 aus zwei alten Fischerhäusern umbaute und »Cau Ferrat« nannte. Alsbald scharte sich ein Volk von Künstlern und Verehrern um ihn, die den Ruf von Sitges als Kultur- und Badeort begründeten. Heute wird hier eine umfangreiche Sammlung katalanischen Jugendstils, Gemälde (darunter aus der Hand Picassos und El Grecos) sowie Zeichnungen und Skulpturen aus dem Besitz des Künstlers gezeigt. Mit dem Museu Cau Ferrat verbunden ist das ehemalige mittelalterliche Spital. Hier wird als Museu Maricel de Mar die Sammlung von Jesús Pérez Rosales ausgestellt, der überwiegend katalanische Keramik, Glas, Porzellan und andere Gegenstände vom Mittelalter bis zur Gegenwart sammelte; herausragend dabei sind **Wandgemälde von Josep Maria Sert**. Das Museu Romàntic im Patrizierhaus Casa Llopis (18. Jh.) schließlich dokumentiert die Wohnkultur Ende des 18./Anfang des 19. Jh.s: Möbel, Musikautomaten und, als Besonderheit im oberen Stockwerk, die Puppensammlung von Lola Anglada mit Puppen vom 17.–19. Jh. aus allen erdenklichen Materialien.

◀ Museu Maricel de Mar

◀ Museu Romàntic

Vilanova i La Geltrú

Herrscht in Sitges Müßiggang, so gibt sich das 8 km südlich gelegene Vilanova i La Geltrú (Villanueva y Geltrú) sehr geschäftig: Hauptindustrie ist die **Baumwollverarbeitung**, auch Wein und Gin werden produziert, im Hafen wird eifrig be- und entladen. Trotzdem ist die Stadt ein gut besuchter Badeort vor allem für Naherholungsuchende aus Barcelona. Ausländische Touristen sieht man seltener. Dabei hat die Stadt einige interessante **Museen** zu bieten. Das Ende des 18. Jh.s errichtete Haus Can Papiol führt mit seiner gesamten Möblierung als Museu Romàntic – einschließlich Ställen, Küche und Wirtschaftsräumen – anschaulich den Lebensstil des wohlhabenden katalanischen Bürgertums zu jener Zeit vor. In Bahnhofsnähe liegt das Museu Balaguer, dessen Kern die 40 000 Bände umfassende Bibliothek des katalanischen Dichters und Ministers Victor Balaguer (1824–1901) ist; hinzu kommen Gemälde vom 17.–20. Jh. (u. a. »Verkündigung« von El Greco), ägyptische und präkolumbische Altertümer. In Hafennähe in der Carrer Almirall Cervera findet man das originelle Museu Curiositats Marinères, wo man allerlei Merkwürdiges aus dem und um das Meer sieht. Schließlich noch etwas für Technikfreunde: Im Museu del Ferrocarril stehen einige impo-

Sitges setzt auf gehobeneren Tourismus.

? WUSSTEN SIE SCHON ...?

- ... dass der britische Krimi-Autor G. K. Chesterton seinen berühmten »Pater Brown« in Sitges ersonnen hat?

sante alte Lokomotiven. Mehrere historische Flugzeuge zeigt das Centre Aeri.

Salou-Cambrils

Die Küste südlich von ►Tarragona ist der uninteressanteste Teil der Costa Daurada – es sei denn, man findet Gefallen an langen und flachen, aber fast schon langweiligen Stränden mit dahinter liegenden Endlos-Campingplätzen und Hotelsiedlungen. Beispielhaft dafür steht, 12 km hinter Tarragona, Salou, das mit Cambrils zu einer einzigen Badekolonie verwachsen ist. Von Salou aus segelte 1229 König Jaime I. zur Eroberung Mallorcas los.

✶ **PortAventura**

Was den Franzosen EuroDisney, ist den Spaniern seit 1995 dieser riesige Themenpark bei Salou. Geboten werden u. a. »Dragon Khan«, eine der größten Achterbahnen Europas, abenteuerliche Wildwasserfahrten, einen Nachbau des Maya-Tempels von Chichén-Itzá sowie einen Caribe Aquatic Park (Öffnungszeiten s. S. 110).

✶ **Ebro-Delta**

Tortosa ►

Begleitet von Küsten- und Bahnlinie links, von Campingplätzen rechts, nähert man sich dem Ebro-Delta. Bei Aldea zweigt vorher die C-237 zum 14 km westlich liegenden Tortosa ab. Das alte Bischofsstädtchen am Río Ebro wird von der Suda, der heute zum Parador umgewandelten arabischen Festung, überragt. In der Umgebung der Stadt tobte von Juli bis November 1938 die Ebro-Schlacht, eine der blutigsten Auseinandersetzungen des Bürgerkriegs, bei der 70 000 Menschen ihr Leben verloren und die letztlich die Wende zugunsten Francos brachte. Daran erinnert ein Mahnmal im Ebro. Wer sich mehr für das Thema interessiert, sollte das **Dokumentationszentrum der Ebro-Schlacht** im 34 km nördlich gelegenen Gandesa besuchen.

✶ Kathedrale von Tortosa ►

Schönstes Bauwerk in Tortosa ist die gotische Kathedrale, allerdings mit maurischem Turm und klassizistischer Fassade. Das Chorgestühl wurde 1588 gefertigt; der Retablo am Hauptaltar ist ein Werk von Jaume Huguet. Weiterhin fallen zwei Steinkanzeln mit Reliefs der Evangelisten bzw. Kirchenväter sowie ein Taufbecken auf, das das Wappen des Gegenpapstes Benedikt XIII. trägt und dessen Relief das Kirchenschisma symbolisch darstellt. Links des Taufsteins bewahrt die mit Marmor und Jaspis ausgestattete Capilla de Mare Déu de la Cinta aus dem 18. Jh. als Reliquie den angeblichen Gürtel Marias. Durch eine barocke Seitentür kommt man in den aus dem 13. Jh. stammenden Kreuzgang.

✶ Ebro-Mündung ►

Von Tortosa Richtung Meer kommt man in das Mündungsgebiet des Ebro, eines der **größten Feuchtgebiete Europas**. Hier wird Reis angebaut, und so prägen Reisfelder die Landschaft. Zugleich ist das Delta einer der reichsten Fischgründe Kataloniens – glücklicher Umstand für die regionale Küche, die mit »arròz a banda« eine eigene Paella-Version hervorgebracht hat. Große Teile des von Kanälen und Teichen durchzogenen Ebro-Deltas stehen unter Naturschutz. Der

Ebro erreicht das Meer in zwei Mündungen, der Gola del Nord und der Gola de Migjorn, zwischen denen die Illa Buda liegt. In Deltebre befindet sich das Informationszentrum des Naturparks mit einem Museum. Von hier starten Wanderungen, die besonders für **Vogelbeobachter** interessant sind, leben im Delta doch u a. viele Reiherarten, Blässhühner und Flamingos. Jenseits des Deltas begnnt die ► Costa del Azahar.

★ Costa de la Luz

O-Q 6-9

Provinz: Huelva (H), Cádiz (CA) **Region:** Andalusien

Die südspanische Atlantikküste, die sich zwischen der portugiesischen Grenze und der Landzunge von Tarifa an der Meerenge von Gibraltar erstreckt, trägt den Namen Costa de la Luz (»Küste des Lichts«). Sie ist fast immer in klares Sonnenlicht getaucht; die ausgedehnten Sandflächen der zahlreichen Badestrände, die noch abseits der Hauptreiserouten liegen, lösen einander ab.

Kluge Tourismuspolitik

Die Mündung des Guadalquivir, über die keine Brücke führt, teilt die Costa de la Luz in eine nördliche (Provinz Huelva) und eine südliche Hälfte (Provinz Cádiz); will man von der einen zur anderen, muss man den ►Parque Nacional de Doñana umfahren. In fast allen der ruhigen Küstendörfer lebt man noch vom Fischfang, doch der Badetourismus, gepaart mit einem attraktiven Hinterland – die »weißen Dörfer« Andalusiens sind nicht weit – wird zunehmend zu einer wichtigen Erwerbsquelle. Eine kluge Tourismuspolitik, die u. a. strenge Bauvorschriften für Hotels vorsieht, konnte Auswüchse verhindern. Hier findet man noch **Strände von wirklich guter Qualität**, besonders östlich von Huelva, zwischen Sanlúcar de Barrameda und Rota, bei Chiclana de la Frontera, Barbate und Tarifa. Allerdings – hier weht auch beständig eine steife Brise, doch was die Sonnenanbeter ärgert, freut die Windsurfer.

Nördliche Costa de la Luz

In der Provinz Huelva zeigt sich die Costa de la Luz vom Tourismus noch weitgehend unberührt. Lediglich bei Matalascañas ist eine große Feriensiedlung entstanden; ein Teil der Küste gehört zum einzigartigen Naturschutzgebiet des Parque Nacional de Doñana.

Strände westlich von Huelva

Entlang der Küstenstraße von ► Huelva Richtung Portugal reihen sich die Strände El Rompido, La Antilla und Isla Cristina auf. Der Hausstrand von Huleva liegt auf der Halbinsel Punta Umbria.

◄ Ayamonte

Nach 60 km erreicht man das Grenzstädtchen Ayamonte, einen Fischerhafen phönizischen Ursprungs an der Mündung des Río Guadiana. Neben einigen Herrenhäusern besitzt er sehenswerte Kirchen, darunter Nuestra Señora de las Angustias mit einer schönen Fassade und einer Capilla Mayor mit Mudéjardecke. Über die breite Mündung des Río Guadiana hinweg führt seit 1991 eine Brücke zum portugiesischen Vila Real de Santo António.

Strände südöstlich von Huelva

★

Playa de Mazagón ►

Die N-442/A-494 folgt der Küste südöstlich von Huelva – **30 km feinster Endlosstrand** bis zum Beginn des Nationalparks. Nicht weit von Huelva hat der Tourismus in Gestalt des Paradors von Mazagón zwar schon Fuß gefasst, aber der wunderbare Pinienstrand gibt auch Grund dazu. Bei Matalascañas knickt die Straße scharf nach Norden ab – hier beginnt der ►Parque Nacional de Doñana. Die Bettenburgen von Matalascañas zeigen, was der restlichen Küste bislang erspart geblieben ist. Trotzdem: auch hier tolle Strände.

★★

Romería del Rocío

Die Straße führt 16 km landeinwärts zum eigentlich unscheinbaren Dorf El Rocío am Nordrand des Nationalparks. Zu Pfingsten jedoch findet hier die **berühmteste Wallfahrt Andalusiens** statt, die Romería del Rocío (►S. 326).

Südliche Costa de la Luz

★

Sanlúcar de Barrameda

Der erste Ort jenseits der Mündung des Guadalquivir, Sanlúcar de Barrameda, ist berühmt für seinen knochentrockenen **Manzanilla-Wein** von Bodegas wie Barbadillo oder Hidalgo in der Oberstadt (Barrio alto). In der Unterstadt (Barrio bajo) landen die Fischer ihre Fänge an und liefern sie in die Restaurants am Strand – frischer geht es nicht. Von hier trat Christoph Kolumbus 1498 seine dritte Fahrt in die Neue Welt an, Magalhães legte 1519 hier zu seiner ersten Weltumsegelung ab, und auch Francisco Pizarro brach von Sanlúcar zur Eroberung des Inkareichs auf. Die aus dem 16. Jh. stammende Pfarrkirche Nuestra Señora de la O besitzt ein reich verziertes mudéjares Portal und eine prächtige Deckentäfelung im Stil der Renaissance. Von den **Adelspalästen** der Stadt ist vor allem derjenige der Herzöge von Medina Sidonia zu nennen, in dem das Archiv des Geschlechts untergebracht ist und der Gemälde von El Greco, Dürer, Murillo und Goya birgt. In der Casa de la Cilla ist ein **Weinmuseum** eingerichtet. Auf dem höchstgelegenen Teil der Stadt bietet das Castillo Santiago eine umfassende Rundsicht.

Alljährlich strömen Pilgerscharen zur Wallfahrtskirche von Rocío.

Von Sanlúcar kann man mit dem Boot zu einem Ausflug in den ► Parque Nacional de Doñana übersetzen (Buchung im Informationszentrum Fábrica de Hielo, Av. de Bajo de Guía).

◄ Ausflug in den Parque Nacional de Doñana

Badeorte

Zwischen Sanlúcar und El Puerto de Santa María liegen mehrere Badeorte mit schönen, oft von Pinienwäldern gesäumten Stränden. Chipiona an der Punta Camerón wird hauptsächlich an Wochenenden von Einheimischen besucht. Am Ende des Hauptstrands Playa de la Regla verehren die Seeleute in der Kapelle Virgen de la Regla ein Marienbild; hübsch gibt sich die kleine Plaza mit der Kirche Nuestra Señora de la O, abends bummelt man an der kleinen Strandpromenade von Bar zu Bar. Auch das von einer Stadtmauer umgebene **Rota** (großer Marinehafen) und **Fuentebravia** sind beliebte Badeorte.

✶ ◄ Chipiona

El Puerto de Santa María

El Puerto de Santa María, eine griechische Gründung und als Portus Menesthei römische Hafenstadt, liegt an der Mündung des Río Guadalete in die Bucht von Cádiz gegenüber von Cádiz. Im 15. und 16. Jh. lebten in ihren Mauern Christoph Kolumbus, Juan de la Costa, einer der Steuermänner Kolumbus', und Amerigo Vespucci. Heute lebt die Stadt vom Fischfang, der Wein- und Brandyproduktion – von hier kommt der »Osborne« mit dem Stier – und zunehmend auch vom gehobeneren Tourismus, der seinen Ausdruck in den Villen an der Playa Puntillo und im supermodernen Sporthafen »Puerto Sherry« findet, mit 1800 Liegeplätzen der zweitgrößte Spaniens.

◄ Rafael-Alberti-Stiftung

Berühmtester Sohn der Stadt ist Rafael Alberti, ein spanischer Dichter der sogenannten Generation von 1927. Die Rafael-Alberti-Stiftung zeigt eine 2002 erweiterte Dauerausstellung über sein Leben und Werk in ihren Räumen in der C. Santo Domingo.

Sehenswert in El Puerto de Santa María ist außerdem die **Kirche Nuestra Señora de los Milagros** mit ihrem außerordentlich schönen plateresken Portal. Ihren Namen erhielt sie von der im 13. Jh. entstandenen Marienfigur, der Schutzpatronin der Stadt. Auf der mit Palmen bestandenen Avenida de Micaela Aramburu de Mora kann man zum Castillo de San Marcos spazieren, das im 13. Jh. von den Mauren errichtet wurde und dann in den Besitz der Herzöge von Medinaceli überging. Die größte Attraktion aber sind die **Sherry- und Brandybodegas**. Deren Besichtigungen organisiert das Tourismusbüro in der Calle Guadalete.

> ! *Baedeker* TIPP
>
> **Tapas andaluces**
>
> An der Hafenpromenade von El Puerto de Santa María reiht sich buchstäblich eine Tapa-Bar an die andere – die Leckereien sind an einem Abend kaum zu schaffen.

Chiclana de la Frontera

Der Puente Zuazo, römischen Ursprungs, überquert die Salinen des Caño de la Carraca, aus denen schon die Römer Meersalz gewannen, und verbindet San Fernando mit Chiclana de la Frontera (17 m ü. d. M.) mit seiner moscheeartigen Kirche San Juan Bautista. Der Ort ist bekannt für **Sherry** und **Puppenmanufakturen**.

Sancti Petri, Novo Sancti Petri ► Auf der vorgelagerten Insel Sancti Petri stand im Altertum ein berühmter griechischer Herkulestempel, der auf einen phönizischen Melkarttempel zurückgehen soll. Was aber ins Auge sticht, ist die im Zeichen des »Qualitätstourismus« erbaute **Retortensiedlung** Novo Sancti Petri: 5 km entlang der Playa de la Barrosa reihen sich Luxushotels und 1700 Ferienhäuser im pseudo-andalusischen Stil aneinander. Das alte Dorf Sancti Petri ist so gut wie verlassen und verfällt.

COSTA DE LA LUZ ERLEBEN

AUSKUNFT

Oficina de Turismo de Sanlúcar de Barrameda
Calle Calzada del Ejército, s/n
11540 Sanlúcar de Barrameda
Tel. 956 36 61 10
www.aytosanlucar.org/turismo

Tarifa
Paseo de la Alameda, s/n
11380 Tarifa
Tel. 956 68 09 93
www.aytotarifa.com

VERANSTALTUNGEN

Romería del Rocío
Zu Pfingsten findet in El Rocío die berühmteste Wallfahrt Andalusiens statt. Zu Hunderttausenden strömen die Pilger zur schwarzen Madonnenfigur »La Rocina«. Die andalusischen Bruderschaften reiten über mehrere Tage aus allen Landesteilen heran – Caballeros im Feiertagsanzug mit den herausgeputzten Señoras hinter sich auf der Kruppe des Pferdes. Drei Tage wird dann in El Rocío ein rauschendes Fest gefeiert.

ESSEN

► **Erschwinglich**

Mirador Doñana
Bajo de Guía
11540 Sanlúcar de Barrameda
Tel. 956 36 42 05
Klassisch mediterrane Küche.

► **Preiswert**

La Codorniz
Ctra. Málaga – Cádiz, km 79
11380 Tarifa
Tel. 956 68 47 44
Besonders zu empfehlen sind die frischen Fischplatten.

ÜBERNACHTEN

► **Komfortabel**

Guadalquivir
Calzada del Ejército, 20
11540 Sanlúcar de Barrameda
Tel. 956 36 07 42
www.hotelguadalquivir.com
Das gediegene Hotel bietet neben Restaurant, Cafeteria und Salons auch eine Diskothek und einen Pub.

Traumwinde blasen vor Tarifa, der südlichsten Stadt Spaniens an der Meerenge von Gibraltar.

Hoch über dem Río Barbates liegt malerisch der alte Festungsort Vejer de la Frontera (218 m ü. d. M.), eines der **schönsten »weißen Dörfer«** Andalusiens. Sechs Jahrhunderte arabischer Herrschaft haben das Stadtbild aus engen Gassen und blendend weißen Häusern geprägt, dessen besonderer Reiz durch die zahlreichen hier nistenden Störche noch gemehrt wird.

✶ **Vejer de la Frontera**

? WUSSTEN SIE SCHON ...?

- Als die Mauren Ende des 13. Jh.s die Festung in Tarifa belagerten, nahmen sie den neunjährigen Sohn des Kommandanten, Alonso Pérez de Guzmán, als Geisel und drohten, ihn zu ermorden. Der Legende nach soll Guzmán den Mauren seinen Dolch mit der Aufforderung zugeworfen haben, sie sollten diesen nehmen, falls sie keine eigene Waffe hätten. Die Mauernische, an der sich dies alles abgespielt haben soll, existiert noch.

Von Vejer de la Frontera führt ein Abstecher zum 14 km entfernten **Cabo de Trafalgar**, dem Promontorium Iunosis der Römer und Tarafal-ghâr (= Höhlenkap) der Mauren, wo am 21. Oktober 1805 in der **berühmten Seeschlacht** die französisch-spanische Flotte unter den Admiralen Villeneuve und Gravina von den Engländern unter Nelson geschlagen wurde. Nelson fand in der Schlacht den Tod, auch Gravina wurde tödlich verwundet, und Villeneuve wurde gefangen genommen. Etwa 2 km östlich vom Leuchtturm bietet Los Caños einen sehr schönen langen Sandstrand.

Am endlosen Strand entlang führt vom Kap eine schmale Straße nach Zahara de los Atunes. Hier wird in der Saison – von Mai bis Juni – auf archaische Weise Tunfisch gefangen: Die Tiere werden in einem Netzkarree zusammengetrieben und einzeln mit Speeren abgestochen.

◂ Zahara de los Atunes

Bolonia

Von der N-340 führt eine Abzweigung nach Bolonia, das 171 v. Chr. gegründete römische Baelio Claudia. Die 700 Jahre lang bewohnte, von einer 4 m hohen Mauer umgebene Stadt lebte vom Fischfang. Freigelegt wurden das Forum mit einem halbkreisförmigen Brunnen und drei Tempeln aus dem 1. Jh. n. Chr. sowie Reste der Thermen und des Theaters aus derselben Zeit. Dazu kommt ein Traumstrand mit einigen Strandrestaurants, wo es leckeren Fisch gibt.

✶ ◂ Strand

Tarifa

Tarifa, die südlichste Stadt Spaniens, war ihrer strategischen Lage an der Meerenge von Gibraltar wegen immer wieder umkämpft. Schon von Iberern und Phöniziern besiedelt, nannten es die Römer Iulia Traducta. Die Westgoten schifften sich 429 n. Chr. hier ein, um die römische Provinz Africa zu erobern. Für die Araber war Tarifa besonders wichtig, so dass sie es unter Tarif Ben Malik befestigten. Heute ist Tarifa ein aufstrebender Fremdenverkehrsort, denn der beständig wehende Wind macht das Meer vor Tarifa zu einem der besten Windsurfreviere Europas. So wundert es auch nicht, dass hier bereist seit 1993 einer der **größten Windenergieparks Europas** besteht mit 250 Rotoren und 30 Megawatt Leistung).

✶ ◂ Surfparadies

Castillo de Guzmán el Bueno ► Jenseits des Surfens gibt es die Burg zu besichtigen. Sie geht auf die arabische Besetzung im 10. Jh. zurück und wurde im 13. Jh. umgebaut. Ihr Name erinnert an Alonso Pérez de Guzmán, Kommandant der Festung nach ihrer Eroberung durch die Christen im Jahr 1292. Von der Burg hat man einen schönen Blick auf die Meerenge. Vor der Stadt erreicht man den südlichsten Punkt des europäischen Festlandes, die Punta Marroquí oder Punta de Tarifa. Hier, an der schmalsten Stelle der Meerenge, erkennt man bei klarem Wetter die 13,4 km entfernte afrikanische Küste. Auch vom 340 m hohen Pass Puerto del Cabrito östlich von Tarifa bietet sich ein großartiger Blick auf die Meerenge von Gibraltar.

★ Punta Marroquí ►

★ Costa del Sol

P/Q 9-16

Provinz: Granada (GR), Cádiz (CA), Málaga (MA)

Region: Andalusien

Wer an der Costa del Sol Ruhe sucht, wird nicht unbedingt glücklich werden, denn das Nachtleben steht gleichberechtigt neben dem Strandleben, und an Diskotheken und Bars herrscht kein Mangel. Beschaulich geht es im Hinterland zu: Mit seinen weiß getünchten Häusern, den Agaven und Kakteen, Pinien und Olivenbäumen, den Bauerngütern und heiteren Dörfern ist es ein echtes Spiegelbild Andalusiens.

Spaniens Sonnenküste

Als Costa del Sol (»Sonnenküste«) definiert man im allgemeinen fast die gesamte andalusische Mittelmeerküste vom Cabo de Gata im Osten, wo die ►Costa Blanca endet, bis zur Südspitze Spaniens bei Tarifa, wo die ►Costa de la Luz beginnt. Im engeren Sinn bezeichnet man heute damit die Küste der Provinz Málaga von Nerja im Osten bis Sotogrande im Südwesten, dem letzten großen Ferienort, der wiederum bereits in der Provinz Cádiz liegt. Kern des Gebiets ist die dichtest besiedelte Küste von Málaga bis Estepona, die als **größtes zusammenhängendes Feriengebiet Europas** gilt.

Massentourismus ► Bis in die 1950er-Jahre hinein verirrte sich kaum ein Reisender hierher, doch dann entdeckte der Massentourismus die Küste, an der an 320 Tagen im Jahr die Sonne scheint. Verschlafene Fischerdörfer wurden binnen kurzem zu Hotelstädten für Zigtausende hinaufkatapultiert, und als sich die Ansprüche änderten, kamen ganze Ferienanlagen und Apartmentsiedlungen für Dauerresidenten hinzu – ca. 300 000 Nichtspanier haben sich mittlerweile hier niedergelassen. Der Preis für diese Entwicklung war die **Verschandelung der Küstenlandschaft** mit Betonburgen und einer vierspurigen Straße mitten durch die Orte, was allerdings durch den Bau der gebührenpflichtigen Autopista del Sol inzwischen entschärft wurde. Sie ist Teil eines

Programms, die Auswüchse des Massentourismus zu korrigieren; dazu gehört auch der Bau von Kläranlagen und die Neugestaltung ganzer Strandabschnitte, was die Costa del Sol unbestritten attraktiver gemacht hat. Zudem gibt es an keinem anderen Ort so viele hochklassige Golfplätze wie hier.

Die Küste östlich von Málaga

Nerja

Die N-340 führt von Málaga durch die Badeorte Rincón de la Victoria, Torre del Mar und Torrox Costa nach 49 km nach Nerja. Diskotheken und Neubauviertel zeigen, dass der Tourismus auch hier Fuß gefasst hat, doch verglichen mit dem Rummel westlich von Málaga geht es noch ruhig zu. Die Aussichts- und Promenierterrasse Balcón de Europa bietet einen herrlichen Blick auf die abwechslungsreiche Küste. Wenige Kilometer nordöstlich außerhalb kann man in die unterirdische Welt der **Cuevas de Nerja** eintauchen und Tropfsteine und prähistorische Felsmalereien bewundern (Öffnungszeiten: tgl. 10.30–14.00 und 15.30–18.00 Uhr).
Ein Abstecher lohnt sich ins hübsche **Frigiliana** 5 km nördlich, um in einer der Bodegas dort Málaga-Wein zu kosten.

Costa Tropical

Bald hinter Nerja erreicht man die Provinz Granada. Für den Küstenabschnitt von hier bis zur Provinzgrenze nach Almería hat sich in den letzten Jahren der Name Costa Tropical eingebürgert. Hier sind Bausünden noch weitgehend vermieden worden, der Tourismus gibt sich noch eher familiär; in der steilen Küstenlandschaft gedeihen Zuckerrohr, Mangos und Avocados.

Ob am Strand oder in »Downtown«: In Torremolinos ist man selten allein.

Almuñecar ► Hauptort der Küste ist Almuñecar, das phönizische Sexi, wo im Jahr 755 der Omaijade Abd ar-Rahman I., Gründer des Emirats und späteren Kalifats von Córdoba, nach seiner Flucht aus Damaskus landete. Arabisch ist auch die Alcazaba über der Stadt; im Vogelpark Loro Sexi kann man exotische Vögel bewundern.

★ Salobreña ► Zum Badeaufenthalt schöner als Almuñecar ist das 10 km weiter östlich am Küstenhang gelegene Salobreña. Es ist der **schönste Ort** weit und breit mit steilen Gassen hinauf zur Burg, von der man einen sagenhaften Blick über die Küste hat. Über Motril, in dessen Burg die Mutter von Boabdil lebte, des letzten maurischen Königs von Granada, erreicht man Castell de Ferro. Halb Fischerdorf, halb Badeort und überragt von einer maurischen Burg, bietet es schöne lange Strände. 15 km weiter östlich beginnt die Costa de Almería (►Almería, Umgebung).

Castell de Ferro ►

Die Küste westlich von Málaga

Torremolinos Mehr oder weniger unmittelbar beim Flughafen von Málaga, der 11 km westlich der Stadt liegt, beginnt der vom Massentourismus heftigst heimgesuchte Abschnitt der Costa del Sol. Von Torremolinos bis Fuengirola nimmt man keine Ortsgrenzen mehr wahr, denn alles ist zu einer einzigen **Ferienmaschine** verschmolzen.

Gleich zu Beginn, vom Flughafen auch mit einer halbstündlich verkehrenden Straßenbahn zu erreichen, ragen die Türme von Torremolinos auf – keine Windmühlentürme, wie der Ortsname vermuten

Almuñecar ist Hauptort der östlichen Costa del Sol.

COSTA DEL SOL ERLEBEN

AUSKUNFT

Oficina de Turismo
Glorieta de la Fontanilla, s/n
29602 Marbella
Tel. 952 77 14 42
www.marbella.es

Oficina Municipal de Turismo
Calle Delfines, s/n
29620 Torremolinos (La Carihuela)
Tel. 952 37 29 56
www.ayto-torremolinos.org

ESSEN

► Fein & teuer

La Meridiana
Camino de la Cruz, s/n
29600 Marbella
Tel. 9 52 77 61 90
www.meridiana-notte.com
Eines der besten Restaurants an der Costa del Sol.

► Erschwinglich

El Roqueo
Calle Carmen, 35
29620 Torremolinos
Tel. 952 38 49 46
Gute Fischküche, angenehme Atmosphäre und eine schöne Terrasse.

ÜBERNACHTEN

► Luxus

Puente Romano
Ctra. de Cádiz, km 177
29602 Marbella
Tel. 9 52 82 09 00
www.puenteromano.com
Die aus vielen kleinen Bungalows bestehende Luxusherberge verfügt über eine wunderschöne Gartenanlage mit drei Swimming Pools und einen eigenen Standabschnitt. Es gibt auch mehrere Restaurants.

► Komfortabel

Riu Costa Lago
Calle Obisop Juan Alonso, 6
29620 Torremolinos
Tel. 952 37 56 25
www.hotasa.es
Die im maurischen Stil gebaute Hotelanlage bietet neben einem riesigen subtropischen Park ein Restaurant, Cafeteria, eine Pianobar mit Livemusik und einen Swimmingpool.

Meliá Costa del Sol
Paseo Marítimo, 11
29620 Torremolinos
Tel. 952 38 66 67
www.hotelmeliacostadelsol.com
Moderne und behindertengerecht ausgestattete Hotelanlage mit breitem Sport- und Freizeitangebot.

► Günstig

Pyr Marbella
Puerto Banús
29660 Marbella
Tel. 952 81 16 13
www.hotelpyr.com
Nur wenige Schritte vom Strand entfernt und ganz in der Nähe des berühmten Casinos bietet das am Yachthafen gelegene Hotel außer zwei Pools auch Squash- und Tennisplätze.

lassen könnte, sondern Hotels mit über 50 000 Betten. Das Kapital des Orts ist der davor verlaufende, 9 km lange und in der Hochsaison bis auf den letzten Fleck von Briten, Deutschen und Skandinaviern

Da staunt der Laie: maritime Flaggenparade in Puerto Banús.

bevölkerte Sandstrand; für sonstige Zerstreuung sorgen über 50 Diskotheken, mehrere hundert Bars, der Atlantis Aquapark oder auch der Vergnügungspark Tivoli und Europas größtes Spielcasino Torrequebrada im anschließenden Benalmádena Costa.

Fuengirola

Nahtlos ist der Übergang nach Fuengirola, wo die Straßenbahn endet und das sich von Torremolinos im Grunde nur durch seinen Namen unterscheidet, auch wenn hier eher auf Familientourismus gesetzt wird. Beliebtes Ausflugsziel ins Hinterland ist Mijas, gemeinhin als »Weißes Dorf« apostrophiert, doch bei näherem Hinsehen sehr durchkommerzialisiert.

★ Marbella

Hinter Fuengirola wird es zwar keineswegs einsam, aber angenehmer, denn die Hotelburgen weichen Villensiedlungen und gehobeneren Ferienanlagen. Der immer noch glänzende Mittelpunkt der mondäneren Costa del Sol ist Marbella, wo das Meer zwar schwerlich als schön zu bezeichnen ist, wie es 1485 Isabella die Katholische tat (»Que mar bella!«), doch hat die 136 000-Einwohner-Stadt durchaus hübsche Ecken. Was Marbella natürlich bekannt gemacht hat, ist das von Alfonso von Hohenlohe in den Fünfzigern begründete, **rauschende Partyleben**, das den Jetset aus aller Welt noch heute anzieht und auch auf steinreiche arabische Potentaten, dubiose Waffenhändler und neureiche Russen seine Wirkung nicht verfehlt. Standesgemäß fährt man Rolls Royce und Ferrari und speist in Spitzenrestaurants, von denen es hier mehr gibt als am gesamten Rest der Küste. Die neu gestaltete Strandpromenade lädt zum Bummeln ein.
Außer dieser können sich auch die Gassen um die hübsche Plaza de Naranjos sehen lassen, wo sich Bars und Luxusboutiquen abwech-

seln. Mitten in der Altstadt findet man auch das Museo del Grabado mit Werken von Miró, Picasso und Tapiés; Liebhaber von Minipflanzen erfreuen sich am Museo del Bonsai im Parque del Arroyo. Am westlichen Ortsrand leuchtet die weiß gekalkte Moschee, die Prinz Salman, Gouverneur von Riad, errichten und standesgemäß mit Hubschrauberlandeplatz ausstatten ließ. Eigene, auch arabisch beschriftete Schilder weisen von der Schnellstraße den Weg zu ihr.

◄ Puerto Banús

Rolls Royces zur See kann man im westlich benachbarten Luxus-Yachthafen Puerto Banús bestaunen; recht exklusiv auch die nördlich gelegene Villensiedlung Nueva Andalucía.

◄ San Pedro de Alcántara

San Pedro de Alcántara, zur Gemeinde Marbella gehörend, wurde erst 1858 vom Marqués del Duero als Wohnsiedlung für seine Arbeiter gegründet und nach dem hl. Petrus von Alcantára (1499–1562) benannt. Im Ort findet man Reste einer römischen Siedlung mit einem fünfbogigen Rundbau; etwas außerhalb beim Strand eine frühchristliche Basilika mit fischförmigem Taufbecken. Etwas im Hinterland versteckt: das Dorf Benahavis, wo sich ein Freiluftrestaurant ans andere reiht.

★ Estepona

Estepona ist ein wohltuend angenehmer Ferienort ohne Hotelhochhäuser. Er besitzt eine nette Altstadt mit gemütlichen Bars und am Ortsrand eine architektonisch interessante **Stierkampfarena** mit Stierkampfmuseum nebst einem Museum für Regionalkultur. In Estepona ankert die größte Fischfangflotte westlich von Málaga; Auktion ist jeden Morgen um 6.00 Uhr. Eine Attraktion, nicht zuletzt für Kinder, ist der im Sommer 2000 eröffnete **Natur- und Safaripark Selwo**, nach eigenem Bekunden Europas größter dieser Art, wo sich auf 100 ha Tiere aller Erdteile tummeln; ein weiterer Renner bei den Jüngsten sind die Wasserrutschbahnen im Aquapark Prado World.

◄ Sierra Bermeja

Von Estepona lohnen sich Ausflüge in die malerische Bergwelt der Sierra Bermeja, wo das weiße Dorf Casares ein hübsches Ziel ist. Auf dem Weg dorthin kommt man durch Manilva, wo schon die Römer in den schwefelhaltigen Quellen badeten. Noch weiter in den Bergen liegt Genalguacil, ein sehr hübsches Dörfchen, von Künstlern aus ganz Spanien mit ihren Skulpturen herausgeputzt.

Sotogrande

Bereits in der Provinz Cádiz liegt Sotogrande, eine seit 1970 gewachsene Feriensiedlung mit Yacht-Ankerplätzen direkt vor den Türen der Apartments und schönen langen Stränden.

Algeciras

Die 116 500 Einwohner zählende Hafenstadt Algeciras liegt am südlichsten Zipfel der Iberischen Halbinsel nahe Gibraltar und nur einen Steinwurd von der nordafrikanischen Küste entfernt. Hier herrscht ein **reger Fährverkehr nach Ceuta und Tanger**. Algeciras geht zurück auf das römische Portus Albo, das die Mauren 713 als »al-Gezídra al-Khadrâ« (= grünes Eiland) wiedergründeten. Sehenswertes wird man wenig finden, es sei denn, man ist geschichtsinteressiert und möchte den Ort der Konferenz von Algeciras sehen, bei der 1906 die erste

Marokkokrise beigelegt wurde: die Casa Consistorial in der C. Regio Martínez. Auch die Plaza Alta ist einigermaßen ansehnlich. Ansonsten muss man, sofern man nicht eine Fähre besteigen will, sich nicht allzu lang hier aufhalten: hässliche Wohnblocks im Schatten von Petrochemieanlagen, eine hohe Kriminalitätsrate und jede Menge Kleindealer, die zum Kauf von »chocolate« (= Haschisch) drängen – davor sei ausdrücklich gewarnt!

Castellar de la Frontera Über Castellar Nuevo erreicht man nördlich von Algeciras das hübsche einstige Aussteigerdorf Castellar de la Frontera.

✶ Costa Vasca

A 15-17

Provinz: Vizcaya (BI), Guipúzcoa (SS) **Region:** Baskenland

Sattes Grün auf oft unmittelbar hinter dem Küstenstreifen aufsteigenden Hügeln, schroffe Klippen, zahllose kleine Flussmündungen und noch mehr winzige Fischernester, dazwischen eingestreut immer wieder kleinere Sandstrände – das ist die Costa Vasca, die Küste des spanischen Baskenlands zwischen ►Donostia (San Sebastián) und dem Cabo Matxitxako.

Sehenswertes an der Costa Vasca

Zarautz Das hügelumkränzte Städtchen Zarautz an der hier flachen Sandküste war im 19. Jh. Sommeraufenthalt von Königin Isabella II. und wird auch heute noch wegen seines **schönen großen Strandes** und seiner guten Surfmöglichkeiten gerne aufgesucht. Sehenswert sind die Casa Consistorial (18. Jh.), der Palacio del Marqués de Narros (15. Jh.) mit schönem Park, die wuchtige Torre Luzea (15. Jh.) und die breite Promenade. In Zarautz beginnt die prächtige Küstenstraße, auf der man nun hart an der felsigen Küste entlangfährt, links begleitet von Weinbergen, auf denen der »txakoli« gezogen wird, ein trockener Weißwein.

Juan Sebastián Elcano

Sehr malerisch auf einer Landzunge liegt der Fischerhafen **Getaria** (Guetaria). Die mit dem Ort durch einen Damm verbundene befestigte Insel San Antonio schützt den Hafen; vom Leuchtturm auf der Spitze hat man eine prächtige Aussicht. An der Hauptstraße steht ein 1922 errichtetes, hoch ragendes Denkmal für den hier geborenen Juan Sebastián Elcano (1487–1526), der als einziger aus Magellans Flotte mit seinem Schiff »Victoria«, die auf der Werft von Zarautz gebaut worden war, zurückkehrte und hier die 1519 begonnene **Weltumsegelung** am 6. August 1522 beendete. Unterhalb der gotischen Kirche San Salvador (13. Jh.) gelangt man zum Hafen, wo der Besuch eines der Fischrestaurants lohnt.

Tief unten in der Bucht kauert der Fischerhafen Elantxobe.

Zumaia

Am Ortseingang von Zumaia (Zumaya) liegt die **Villa Zuloaga**, vom Maler Ignacio Zuloaga (1870–1945) bei den Ruinen des ehemaligen Klosters Santiago Echea (12. Jh.) erbaut. Das Haus zeigt heute – allerdings mit unregelmäßigen Öffnungszeiten – die Sammlung des Künstlers, darunter Werke von El Greco, Zurbarán, Goya und natürlich von ihm selbst. Die gotische Kirche San Pedro besitzt einen Retablo des Basken Juan de Anchieta. Zumaias schönster, weil von herrlichen Klippen gesäumter Strand liegt jenseits des Monte Santa Clara und ist ideal zum **Surfen**.

Ondarroa

Über Muriku mit seinem herrlichen und deswegen oft vollen Strand fährt man auf der GI-638 zu dem in einer Bucht gelegenen, malerischen Fischerhafen Ondarroa an der Grenze zur Provinz Guipúzcoa. Die festungsartige Kirche Santa María wurde 1492 im gotischen Stil erbaut; außerdem ist eine Brücke römischen Ursprungs sehenswert.

Lekeitio

Im nächsten Ort, Lekeitio (Lequeitio), spielt der **Tunfischfang** nach wie vor eine große Rolle, aber er besitzt auch gute Strände. Am Hafen fallen die verglasten Hausfronten und die Basilika (14. / 15. Jh.) Santa María de la Asunción mit ihren filigranen gotischen Strebepfeilern auf; innen beeindrucken der Hauptaltar und der gotische Retablo in der dritten Kapelle rechts. Die aus dem 12. Jh. stammende schlichte Holzfigur der Nuestra Señora de la Antigua, Schutzpatronin der Stadt, wird in einer barocken Seitenkapelle verehrt.

*** Elantxobe**

Wer einen Fischerhafen wie aus dem baskischen Bilderbuch sehen will, nimmt nun die kleine Küstenstraße zum Fischerdorf Elantxobe, zu dessen Hafenbucht man nur über eine schmale Pflasterstraße hinabkommt.

Cuevas de Santimamiñe Das Küstensträßchen erreicht die Ría de Gernika und schwenkt nach Süden. Bei Kortezubi zweigt die Zufahrt zu den Höhlen von Santimamiñe ab. Hier entdeckte man 1917 Malereien aus der Magdalénien-Zeit (15 000–10 000 v. Chr.), auf denen Bisons, Hirsche, Pferde und Bären zu erkennen sind (Nur 15 Personen dürfen täglich, von Montag bis Freitag, in die Höhle und nur mit Führung).

COSTA VASCA ERLEBEN

AUSKUNFT

Oficina de Turismo
Artekalea, 8
48300 Gernika
Tel. 9 46 25 58 92
www.gernika-lumo.net

VERANSTALTUNGEN

Getaria
Alle vier Jahre am 6. August wird am Strand die Ankunft des Weltumseglers Juan Sebastián Elcano nachgespielt (nächster Termin: 2015).

Exotische Sportwettbewerbe
Die Basken frönen besonderen Sportarten. Vor allem in Gernika auf einem Frontón zu verfolgen ist der Nationalsport Pelota, bei dem ein kleiner harter Ball gegen eine Wand geschlagen wird. B örtlichen Festen, z. B. in Zumaia (Juli) und Ondarroa (Aug.), sieht man die exotischeren Spiele: Aizkolaritza (Wett-Holzhacken), Trontzalariak (Wett-Holzsägen), Soka-tira (Tauziehen), Segalaritza (Wett-Grasmähen), Zakua (Sprint mit einem 80-kg-Sack), Idi-proba (Steineziehen mit Ochsen) und Harrijasotzea (Steineheben). An der Küste treten Fischerboote mit je zwölf Ruderern und einem Steuermann auf offener See zum Rennen über drei Seemeilen an; Wett-Eintopfkochen gibt es auch. Damit keine Missverständnisse aufkommen: Der Weltrekord im Harrijasotzea liegt bei 320 kg!

ESSEN

► Erschwinglich

Asador Zallo Barri
Juan Kaltzada Kalea, 79
48300 Gernika-Lumo
Tel. 946 25 18 00
Freundliches Lokal mit innovativer baskischer Küche.

ÜBERNACHTEN

► Komfortabel

Gernika
Carlos Gangoiti, 17
48300 Gernika-Lumo
Tel. 946 25 03 50
www.hotel-gernika.com
Angenehmes Haus mit Bar, Cafeteria und Gartenterrasse.

► Günstig

Iribar
Aldamar, 23
20808 Getaria
Tel 943 14 04 51
Nette, kleine Unterkunft (4 Z.) in malerischer Umgebung.

Bosque de Oma

Von den Höhlen ist es nicht weit zum Bosque de Oma, wo ganz andere Kunst zu besichtigen ist: ein von Agustín Ibarrola **künstlerisch bearbeiteter Wald**. Allerdings war er immer wieder Ziel von Vandalen, die ihn mit ETA-Parolen und Hakenkreuzen beschmierten.

★ Gernika

An der Ría de Mundaka, südlich von dessen Mündung in die Ría de Gernika, liegt die Stadt Gernika (Guernica), die **»heilige Stadt der Basken«**. Der spanische Name Guernica ist Synonym für den ersten massiven Luftangriff der Geschichte auf eine bewohnte Stadt. Am 16. April 1937 legten Bombenflugzeuge der deutschen »Legion Condor«, die die Franco-Truppen im Bürgerkrieg unterstützte, die Stadt innerhalb von zwei Stunden in Schutt und Asche. 1645 Menschen starben. Guernica wurde bewusst als Experimentierfeld für großflächige Bombenangriffe ausgewählt. Unter dem Eindruck dieses Gemetzels schuf **Pablo Picasso** sein berühmtes Monumentalgemälde »Guernica«, das während der Franco-Zeit im New Yorker Museum of Modern Art war und heute im Centro de Arte Reina Sofía in ►Madrid ausgestellt ist.

? WUSSTEN SIE SCHON ...?

- In Gernika versammelte sich unter einer Eiche an einem »Gernikazarra« genannten Platz seit dem frühen Mittelalter alle zwei Jahre der Rat der Ältesten (»batzarra«), eine Art Landtag. Vor ihn mussten auch die jeweiligen Landesherren treten, um den Basken ihre Sonderrechte (»fueros«) zu garantieren. Um das alte »Gernikazarra« wuchs die Stadt Gernika.

Casa de Juntas

In der Casa de Juntas, 1824–1833 um die Eiche erbaut, tritt heute der Landtag der Provinz Vizcaia zusammen. Seitlich vom Haupteingang steht unter einem Tempelchen der Stumpf der Eiche, unter der sich schon seit dem frühen Mittelalter der Rat der Ältesten versammelten. Aus einem ihrer Sämlinge wurde 1860 hinter dem Gebäude ein neuer, nun zu großer Höhe herangewachsener Baum gezogen. Eine Skulptur von Eduardo Chillida erinnert an den Angriff von 1937.

Bermeo

Die BI-635 folgt der Westseite der Ría de Gernika über Mundaka – tolle Surfmöglichkeiten – bis Bermeo, einem wirklich reizvoll amphitheatralisch ansteigenden Städtchen mit bunten Fischerbooten im Hafen. Der von den Römern gegründete Ort ist der **bedeutendste Fischereihafen** an der baskischen Küste, was das Fischermuseum (Museo del Pescador) in der Torre Ercilla belegt. In diesem Wehrturm wohnte einst der Dichter und Konquistador Alonso de Ercilla (1533–1594), der in seinem Epos »La Araucaña« den Krieg der Spanier gegen die chilenischen Ureinwohner schilderte.

Cabo Matxitxako

Von Bermeo führt eine schmale Straße zur Landspitze Cabo Matxitxako (Cabo Machichaco); westlich davon die romantische Felsenhalbinsel Sanibane de Gaztelugatxe und der Badestrand von Bakino. Eine kleine Straße windet sich dann an der Küste weiter nach Gorlitz und Plentzia.

★★ Costa Verde

A 6-10

Provinz: Asturias (O) **Region:** Asturien

Die asturische Atlantikküste zwischen San Vicente de la Barquera und Ría de Ribadeo hat ihren Namen Costa Verde (Grüne Küste) wahrlich verdient, denn sattes Grün herrscht vor. Ein nur wenige Kilometer breiter Küstenstreifen erstreckt sich zwischen dem grün schimmernden Meer und den grünen Hängen der hoch aufsteigenden Cordillera Cantábrica.

Grüne Küste Die Costa Verde (»Grüne Küste«) ist eine der schönsten Küstenlandschaften Spaniens: Malerische Buchten und kleinere Sandstrände an der ansonsten eher felsigen Küste laden zum Baden ein, in jedem Küstenort gibt es anständige bis sehr gute Fischrestaurants; das nahe Gebirge, insbesondere die ► Picos de Europa, eignet sich hervorragend für ausgedehnte **Wanderungen**, auf denen man mit etwas Glück auch die Tierwelt der Berge zu Gesicht bekommt. Auf der Fahrt sieht man am Straßenrand immer wieder asturische »hórreos«, im Gegensatz zu ihren galicischen Pendants hölzern und breiter. Im Küstengebiet wird Fischfang, Viehzucht und Getreideanbau betrieben, dazwischen liegen geschäftige Erzhäfen wie Gijón und Avilés.

Sehenswertes an der Costa Verde

Colombres In Colombres dokumentiert das Archivo de Indianos die Auswanderung aus Spanien nach Amerika und die Beziehungen zwischen den Emigranten und den Indianern; es versteht sich als Ergänzung zum Museo de América in ► Madrid und zum Archivo de Indias in ► Sevilla. Interessant sind vor allem die anschaulich illustrierten Themenausstellungen im ersten Stock.

Ein schmales Sträßchen führt zur oberhalb am Meer liegenden **Cueva del Pindal**, wo steinzeitliche Ritzzeichnungen und Malereien entdeckt wurden. Eine Besonderheit sind die Darstellung eines Mammuts, bei dem das Herz eingezeichnet wurde, und mehrere Bilder, die wahrscheinlich verletzte Tiere zeigen. Man sollte früh kommen, denn täglich werden nur 300 Personen eingelassen.

? WUSSTEN SIE SCHON ...?

- Villaviciosa bekam im September 1517 unverhofft prominenten Besuch, denn hier legte aus Versehen das Schiff mit Kaiser Karl V. an, als es auf dem Weg von Flandern zu dessen erstem Besuch in Spanien eigentlich Santander ansteuerte.

★ **Llanes** Llanes, etwas abseits der Hauptstraße, ist ein außerordentlich schönes Städtchen, besonders dank seines mitten im Stadtkern liegenden alten Hafens, der über einen Kanal mit dem Meer verbunden ist. Nördlich vom Hafen kommt man auf die hübsche Plaza del Cristo

Rey mit der aus dem 13. Jh. stammenden Kirche Santa María, die ein schönes Portal mit Kreuzbogenvorbau und ein flämisches Altarbild aus dem 16. Jh. besitzt. Hinter der Kirche dehnen sich die Ruinen der Stadtbefestigung aus. Von dort erreicht man eine der wunderbaren, klippengesäumten Badebuchten.

Westlich von Llanes reihen sich nun hübsche kleine Badeorte und Strände aneinander. Einer der schönsten von ihnen ist die Playa de la Huelga (von der Bahnstation Villahormes zu erreichen), wo es auch einen Meerwasserpool für Kinder gibt. Einige Kilometer später liegen rechts der Straße die Reste des aus dem 11. Jh. stammenden Benediktinerklosters San Antolín de Bendón. Bald danach zweigt ein Weg zu den Cuevas del Mar ab, die so heißen, weil sie bei Flut unter Wasser stehen. Natürlich kann man auch hier am Strand baden.

✶ Playa de la Huelga, Cuevas del Mar

Ribadesella, ein schöner Fischer- und Badeort, liegt an der Mündung des Río Sella. Der Fluss, von einer breiten Brücke überspannt, teilt die Stadt in zwei Hälften: links der neuere Stadtteil mit Hotels, Ferienvillen und einem sehr schönen Strand, rechts der Hafen und der alte Ortskern aus dem 17. und 18. Jh. mit der Plaza Vieja und gemütlichen Sidrerías.

✶ Ribadesella

Am Strand von Ribadesella kann man herrlich baden.

Über die Brücke zum neueren Stadtteil und gleich links erreicht man die **Cuevas de Tito Bustillo**, ein weitverzweigtes Höhlensystem mit 15 000–20 000 Jahre alten **Tiermalereien**. Die Höhlen wurden erst 1968 entdeckt. Auf einer Führung (auf spanisch) durch die Gänge durchwandelt man zunächst großartige Hallen mit bizarren Tropfsteinformationen, bis man den Saal mit den Malereien und Gravuren erreicht, wo man dunkel umrandete, farbig ausgeführte Pferde und Hirsche erkennt (Öffnungszeiten: April – Mitte Sept. Mi. – So. 9.30–12.30 u. 15.00 – 17.00 Uhr, strikte Zugangsbeschränkungen).

Beim Badeort La Isla zweigt eine Nebenstraße nach links zum 12 km entfernten Aussichtspunkt Mirador del Fito ab, der einen herrlichen Blick auf die ▸Picos de Europa bietet.

✶ Mirador del Fito

Danach geht es nun auf der N-632 über Colunga – von hier ein Abstecher ins an einer Klippe klebenden Muschelfischerdorf Lastres – und über den Alto de Buenos Aires – Abstecher zum Kirchlein San Salvador aus dem 10. Jh. in Priesca – hinab nach Villaviciosa, einem

Villaviciosa

COSTA VERDE ERLEBEN

AUSKUNFT

Turismo Avilés
Calle Ruíz Gómez, 21
33400 Avilés
Tel. 985 54 43 25
www.ayto-aviles.es

VERANSTALTUNG

Ribadesella
Auf dem Río Sella findet alljährlich Anfang August ein großes Kajak-Rennen statt, zu dem Sportler von weit her anreisen.

ESSEN

► Erschwinglich

San Félix
Avenida Los Telares, 48
33400 Avilés
Tel. 985 56 51 46
Hier gibt es leckere asturische Gerichte (u.a. vom Milchlamm).

ÜBERNACHTEN

► Luxus

Gran Hotel del Sella
Am Strand von Ribadesella
33560 Ribadesella
Tel. 985 86 01 50
www.granhoteldelsella.com
Der elegante Sommerpalast der Markgrafen von Argüelles liegt direkt am Strand und beherbergte bereits illustre Gäste wie König Alfonso XIII.

► Komfortabel

Las Rocas
Marqués de Canillejas, 3
33500 Llanes
Tel. 985 40 24 31
www.hotelasrocas.com
Hotel am Hafen, der sich mitten im Stadtkern befindet. Von hier aus gelangt man rasch in die schöne Altstadt oder zur nahen Badebucht.

an der gleichnamigen Ría gelegenen altertümlichen Hafen- und Fischerstädtchen und Zentrum der Sidra-Produktion (►Baedeker-Tipp S. 516). Sehenswert sind an der hübschen Plaza Mayor die gotische Kirche Santa María de la Oliva aus dem 13. Jh. mit ihrem figurengeschmückten Portal; unweit davon ein lauschiger Platz.

Valdediós ► Von Villaviciosa empfiehlt sich ein Abstecher zu dem 10 km südwestlich gelegenen alten Zisterzienserkloster Santa María de Valdediós. Dessen 893 geweihte Kirche ist ein schönes Beispiel der präromanischen asturischen Kirchenbauweise mit Kordelmotiv, mozarabischen Einflüssen und Resten von Wandmalereien. Zum Kloster gehört ein Kreuzgang aus dem 15. bis 17. Jahrhundert.

✶ **Cabo de Peñas**

Die Landspitze Cabo de Peñas nordwestlich von ► Gijón teilt die Costa Verde deutlich in eine östliche und eine westliche Hälfte. Von Gijón folgt man der N-632 und zweigt nach etwa 6 km auf die AS-239 ab. Entlang der Küste erreicht man das Fischerdorf Candás, in dessen Kirche ein berühmtes, aus Irland stammendes Christusbild von den Seeleuten verehrt wird. Über Luanco mit seinem kleinen Schifffahrtsmuseum und Bañagues geht es schließlich zum aussichtsreichen Cabo de Peñas, dem nördlichsten Punkt Asturiens.

✶ Mirador ►

Avilés

Kleine Straßen führen um das Kap in die Hafen- und Stahlindustriestadt Avilés. Mittelpunkt der Stadt ist die Plaza de España mit dem Rathaus aus dem 17. Jh., dem Palacio de Llano Ponte aus dem 18. Jh. und dem lang gestreckten Palacio del Marqués de Ferrera. An ihm vorbei gelangt man zur Kirche San Nicolás de Bari aus dem 14. Jh., wo der Konquistador Pedro Menéndez de Avilés begraben ist. Von der Plaza de España führt die Calle de la Ferrería zur Kirche San Francisco, deren Capilla de Jesús einen Fries des 9. Jh.s besitzt.

Mangels richtiger Badestrände ist Cudillero ein echter Fischerort geblieben: Malerisch ziehen sich seine Häuser an den Küstenhängen entlang; besonders hübsch sind die kleine Plaza und der Hafen, in dem die bunten Fischerboote dümpeln.

★ ◄ Cabo Vidio

Vom 9 km weiter liegenden Cabo Vidio hat man eine herrliche Aussicht auf das Meer und das Cabo de Peñas.

★ **Luarca**

Durch Luarca fließt der von mehreren Brücken überspannte Río Negro – ein bezauberndes Bild, allerdings getrübt durch den Schwerverkehr, der mitten durch die Stadt donnert. Das Stadtzentrum mit Häusern aus dem 18. und 19. Jh. trennt eine Bergflanke vom Meer. Dem Río Negro folgt man zum großen **Fischerhafen**. Eine lange Mole führt um ihn herum zur Hafeneinfahrt, von wo man den schönsten Blick auf die Boote und die Häuser hat. Oberhalb erhebt sich ein Felsvorsprung, auf dem sich heute an Stelle der alten Festung eine Kirche und der Friedhof befinden.

Navia

Auch Navia, 20 km westlich von Luarca gelegen, ist ein reizvoller kleiner Fischerort an der Mündung des Río Navia.

Ganz früh morgens brechen die Fischerboote vom Hafen in Luarca zum großen Fang auf.

★ Valle del Navia ► Ein etwas längerer Abstecher folgt von hier aus dem herrlichen Tal des Navia. Bald erreicht man Castro de Coaña. Hier kann man ein hervorragend erhaltenes keltisches Dorf mit Rundhäusern, Befestigungen und Zisternen besichtigen; von Castro de Coaña sind es anstrengende, aber landschaftlich wunderbare 75 km bis Grandas de Salime, wo es ein Museum über Landwirtschaft und Handwerk in Asturien gibt.

★ Cuenca

H 16

Provinz: Cuenca (CU)
Region: Castilia-La Mancha
Höhe: 920 m ü. d. M.
Einwohner: 56 200

Höchst malerisch thront die seit 1996 als Weltkulturerbe ausgewiesene Altstadt von Cuenca auf einem schmalen Felssporn zwischen den Schluchttälern der beiden Flüsse Río Júcar und Río Huécar. Das bestens erhaltene mittelalterliche Stadtbild und vor allem die förmlich an den Fels geklebten Casas Colgadas, die »hängenden Häuser«, haben Cuenca weltberühmt gemacht.

Sehenswertes in Cuenca

Museo de las Ciencias

Den Eingang zur steilen, engen und treppendurchzogenen Altstadt bewacht die **Torre Mangana**, einst Teil der arabischen Festung. Gleich darauf präsentiert das Museum der Wissenschaften interaktiv Themen wie Astronomie, Geologie, Paläontologie und Biologie.

Plaza Mayor

Dann betritt man unter dem Torbogen des Rathauses hindurch die von Bogengängen gesäumte Plaza Mayor, den Kern der Altstadt.

★ Catedral ► Rechts steht die gotisch-normannische Kathedrale (12./13. Jh.), deren Fassade nach einem Einsturz 1902 neu aufgebaut wurde. Sie birgt einen Hochaltar (18. Jh.) von Ventura Rodríguez, der durch herrliche Gitter aus dem Jahr 1557 vom Kirchenraum getrennt ist; außerdem sehenswert in der Sakristei eine Mater Dolorosa von Juan de Mena (16. Jh.), in der Capilla de los Caballeros eine Kreuzigungsszene von Yañéz de la Almedina und im linken Seitenschiff der überaus schöne Renaissancebogen Arco de Jamete. Das Triforium im Chorumgang ist das einzige seiner Art in Spanien. Durch zwei von Alonso de Berruguete beschnitzte Nussbaumholztüren gelangt man in den Kapitelsaal mit dem Kirchenschatz.

Museo Diocesano ► Einige seiner herausragendsten Exponate zeigt das Museo Diocesano im Palacio Episcopal, der an die Kathedrale angebaut ist. Darunter befinden sich zwei Gemälde von El Greco (»Christus am Kreuz«; »Gebet im Olivengarten«), eines von Gerard David, ein byzantinisches Diptychon vom Berg Athos (13. Jh). und großartige sakrale Goldschmiedearbeiten.

Museo de Cuenca

Im benachbarten Museo de Cuenca sind Funde aus der geschichtsträchtigen Umgebung zu sehen, so der Marmorkopf des Lucius Caesar aus dem 1. Jh. n. Chr., eine rekonstruierte römische Küche, iberische Püppchen und westgotische Stücke.

★★ **Casas Colgadas**

Wenige Schritte weiter erreicht man die Eingangsfronten der Casas Colgadas. Einstmals war der gesamte Steilabfall zum Río Huécar mit solch kunstvollen, seit dem 14. Jh. konstruierten Bauten besetzt. Heute gibt es nur noch drei Exemplare, deren hölzerne Balkone über dem Abgrund schweben. Den besten Blick auf diese hat man von der Talsohle des Río Huécar oder vom Puente de San Pablo.

★ ◄ Museo de Arte Abstracto Español

In einem dieser Häuser ist das von Fernando Zóbel gegründete Museo de Arte Abstracto Español (Museum der abstrakten spanischen Kunst) eingerichtet. Es zeigt herausragende Werke der bekanntesten spanischen Künstler seit den 1960er-Jahren. Darunter befinden sich auch Arbeiten u. a. von **Saura, Tàpies, Chillida** und **Guerrero**. Es ist nach dem Museo de Arte Contemporáneo und dem Centro de Arte Reina Sofía in ►Madrid die umfassendste Sammlung moderner spa-

Cuenca Orientierung

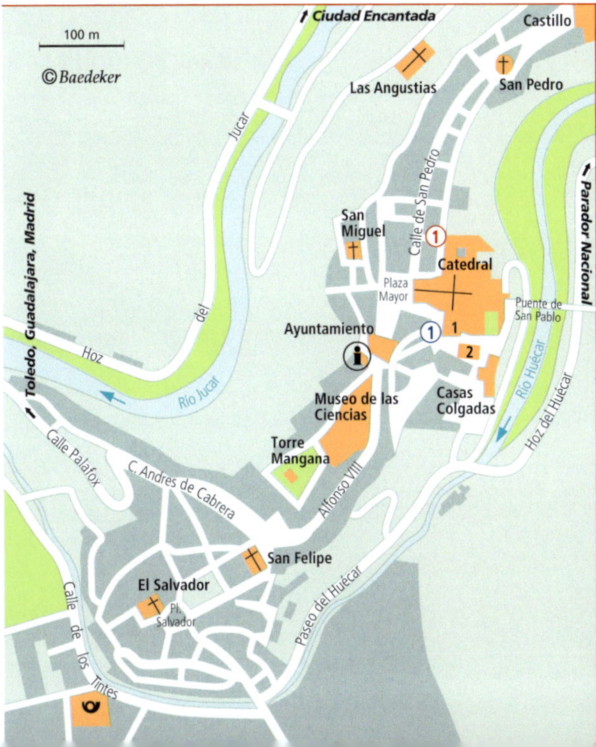

1 Palacio Episcopal, Museo Diocesano
2 Museo Arqueológico

Essen

① Méson Casa Colgadas

Übernachten

① Posada de San José

nischer Kunst m Land (Öffnungszeiten: Di. – Sa. 11.00 – 14.00 u. 16.00 – 18.00, Sa. bis 20.00, So. 11.00 – 14.30 Uhr).

Nördliche Altstadt

Nordwestlich der Plaza Mayor erhebt sich die Kirche San Miguel (heute Konzertsaal) über der Schlucht des Río Júcar. Weiter aufwärts folgen die Reste der Burg und die Universität von Castilla-La Mancha mit dem Museo de Electrografía und, benachbart, die Fundación Antonio Pérez, die moderne Kunst ausstellt.

✶ Serranía de Cuenca

✶✶ Ciudad Encantada

Folgt man von Cuenca aus dem Tal des Río Júcar aufwärts, so gelangt man in dieses wildromantische, **von den Kräften der Erosion geschaffene Bergland**, das als Naturpark ausgewiesen ist. Nach 36 km erreicht man die Ciudad Encantada, die »Verzauberte Stadt«. Doch dies ist keine Geisterstadt, sondern ein faszinierendes Labyrinth aus Felsüberhängen, Pilzfelsen, Felstürmen, Felsbögen und Hohlräumen, das ein Ergebnis jahrtausendelanger Verkarstungs- bzw. Erosionsvorgänge ist. Hier glaubt man, Häuser, Plätze und Straßen einer Ruinenstadt zu erkennen. Diese imposante Landschaft war schon Kulisse für vielerei Filmprduktionen, u. a. »Conan, der Barbar« (1982) mit Arnold Schwarzenegger in der Hauptrolle. Vom nahen Mirador de Uña bieten sich schöne Ausblicke über das Tal des Río Júcar und den Stausee La Toba.

✶ ◄ Nacimiento del Cuervo

Ein etwas mühevoller Ausflug führt von hier auf der CM-2105 weiter zum 35 km entfernten Ort Tragacete, von wo es noch einmal 12 km bis zum **Ursprung des Río Cuervo** sind. Hier tritt Wasser aus moosbewachsenen Höhlen aus und sammelt sich in einem Quellteich.

Las Torcas

Verlässt man Cuenca in südöstlicher Richtung auf der N-420, so erreicht man nach 11 km die nach links abzweigende Nebenstraße nach Las Torcas (22 km). Hier gibt es über ein Dutzend durch Verkarstung entstandene **Einsturzdolinen** bzw. Schlucklöcher, von denen etliche mit Wasser gefüllt sind.

Um den Embalse de Alarcón

Valeria

Auf der nach Südosten strebenden N-320 verlässt man Cuenca; bald geht es kurvenreich über den Puerto de Tordiga (1200 m ü. d. M.) zu einer 36 km von Cuenca entfernten Abzweigung, auf der man nach 12 km rechtsab bei Valera de Arriba die Ruinen der Römerstadt Valeria erreicht, die nach Abzug der Römer bis ins 7. Jh. westgotischer Bischofssitz war. Von dort sind es noch 12 km bis zum Stausee Embalse de Alarcón. Der 25 km lange See entstand durch Aufstauung des Río Júcar.

◄ Embalse de Alarcón

← *Die Bewohner der Casas Colgadas von Cuenca leben wahrlich am Abgrund.*

CUENCA ERLEBEN

AUSKUNFT

Oficina Municipal de Turismo
Calle Alfonso VIII, 2
16001 Cuenca
Tel. 969 24 10 51
http://turismo.cuenca.es

ESSEN

► Erschwinglich

① ***Mesón Casas Colgadas***
Calle Canónigos, s/n
Tel. 969 22 35 09
Außer lecker zubereiten Köstlichkeiten der kastilischen Küche gibt es hier noch eine herrliche Aussicht.

ÜBERNACHTEN

► Erschwinglich

① ***Posada de San José***
Julián Romero, 4
Tel. 969 21 13 00
www.posadasanjose.com
Im 18. Jh. als Klosterschule für die Chorknaben der benachbarte Kathedrale erbaut, wurde das Anwesen in den 1980er-Jahren in ein »Gasthaus« (span. »posada«) umgebaut. Die Gästezimmer sind sehr geschmackvoll und individuell im kastilischen Ambiente eingerichtet; sehr freundlicher Service.

★ **Alarcón**

Am Seeufer entlang führt die CM-2100, von der die CM-9255 nach Alarcón abzweigt. Der Ort liegt malerisch über einer Júcar-Schleife und begeistert durch sein **typisch kastilisches, geschlossenes Gesamtbild** mit Mauern und Wehrtürmen.

San Juan Bautista ►

Die Kirche St. Johann Baptist in Alarcón hat der Künstler Jesus Mateo abstrakt ausgemalt, im Juni 2005 wurden die bemalten Mauern als Ausstellung eröffnet. Seit 1997 steht die Kirche unter dem Schutz der UNESCO.

Belmonte

Über Honrubia und das ursprünglich maurische Castillo de Garcimuñoz erreicht man die Kreuzung der N-III mit der A 3. Man fährt hier entweder nach Cuenca zurück oder biegt bei La Almarcha auf die N-420 nach Südwesten in das 35 km entfernte Belmonte ab, den Geburtsort des Dichters Fray Luis de León (1527–1591). Dabei kommt man zunächst durch Villaescusa de Haro mit der Kapelle Nuestra Señora de la Asunción (16. Jh.), die prächtiges gotisches Zierwerk und einen wertvollen Retablo besitzt.

Villaescusa de Haro ►

★ Castillo de Belmonte ►

Inmitten der kargen Ebene der Mancha erhebt sich auf einem sanft ansteigenden Hügel über Belmonte die aus der Mitte des 15. Jh.s stammende Burg. Die sternförmige Festungsanlage besitzt sechs Rundtürme und einen zinnengekrönten doppelten Mauerring. Ins Innere öffnen sich drei Tore, darunter das Pilgertor mit Kreuz und Jakobsmuschel, den Symbolen der Jakobspilger. Den dreieckigen Burghof säumt eine doppelte Galerie mit schönen Reliefs. Die Innenräume stehen weitgehend leer; sehenswert sind die wertvollen Kassettendecken, die Kamine und die Fenster. Von den Wehrgängen hat man einen weiten Blick in die Mancha (Öffnungszeiten: Sommer tgl. 10.00–13.30, 16.00–20.00, Winter 10.00–13.00, 15.30–18.00 Uhr).

Stiftskirche

Die Stiftskirche im Ort bewahrt das herrliche Chorgestühl aus dem Dom von Cuenca, gotische Retablos und das Taufbecken, an dem Luis de León getauft wurde.

Sierra de los Molinos

An die berühmte Windmühlenszene aus »Don Quijote« erinnert die Sierra de los Molinos, ein mit typischen Windmühlen bedeckter Hügel in der Mancha bei dem 16 km südwestlich liegenden Städtchen Mota del Cuervo (►Ciudad Real, Umgebung).

Über den Puerto de Cabrejas

Carrascosa del Campo

Die nach Westen führende N-400 klettert in vielen Windungen hinauf zum Puerto de Cabrejas (1150 m ü. d. M.) und erreicht durch menschenleeres Gebiet mit Kirchen- und Burgruinen Carrascosa del Campo (898 m ü. d. M.) mit den Resten einer Burg und einer sehenswerten gotischen Kirche mit Barockportal.

★ Castillo-Monasterio de Uclés

Hier zweigt ein Sträßchen nach Uclés ab, einst Sitz des Santiago-Ordens. Die Ritter bauten sich zwischen dem 16. und 18. Jh. eine Klosterburg, die sich durch einen schönen Patio auszeichnet und »der kleine Escorial« genannt wird. Herausragend ist das **Täfelwerk der Refektoriumsdecke** mit Potrträtmedaillons der Großmeister des Ordens und Kaiser Karls V. In der Kirche (1529) ist in der Krypta der Dichter Jorge Manrique (1440–1479) begraben.

Segóbriga

Von Uclès fährt man nach Saelices und überquert dort die N-III zu der 3 km südwestlich gelegenen, im 2. Jh. v. Chr. gegründeten römischen Stadt Segóbriga. Die Ausgrabungen förderten Reste eines Amphitheaters zutage; ein Teil der Funde ist im kleinen Museum ausgestellt. Segóbriga war vom 5.–8. Jh. westgotischer Bischofssitz; Reste einer Basilika sind noch zu sehen.

Einsam wacht die Burg von Belmonte in der Mancha.

★★ Donostia · San Sebastián

B 16

Provinz: Guipúzcoa (SS)
Region: Baskenland

Höhe: Meereshöhe
Einwohnerzahl: 185 500

Wenn ein Ort in Spanien den doch etwas angestaubten Titel »Seebad« noch verdient, dann ist es das baskische Donostia (San Sebastián) am Beginn der ►Costa Vasca. Die ehemalige Sommerresidenz der Königin María Cristina schmiegt sich in die muschelförmige Bucht La Concha, die sich vom Monte Urgull bis zum Monte Igueldo zieht. Vorgelagert ist ihr die Insel Santa Clara.

Klassisches »Seebad«

Vom einstigen Aufstieg zum mondänen Seebad spürt man auch heute noch etwas auf den Boulevards, in den Restaurants und Cafés und im Casino. Immer noch entfliehen im Juli und August viele Spanier und vor allem Madrider der Hitze Kastiliens an die kühleren Strände von Donostia. Unter ihnen sind nicht wenige Schwerreiche, die sich hochherrschaftliche Villen unter den Monte Igueldo gesetzt haben. Entsprechend auch das hohe Preisniveau in allen Bereichen. Von den alten Gebäuden ist allerdings nur wenig geblieben, da die abziehenden Franzosen 1813 die Stadt in Brand steckten.

> ! *Baedeker* TIPP
>
> **Tapas auf baskisch**
>
> Die Altstadt von Donostia hat eine der höchsten Kneipendichten Spaniens – an sich noch kein Verdienst. Aber: Hier gibt es der Meinung von Kennern zufolge die besten und variantenreichsten Tapas des Landes. Also: Eine Tapa-Tour verspricht Hochgenuss!

Sehenswertes in Donostia

★ Altstadt

Mittelpunkt der Altstadt ist die von Arkaden umgebene **Plaza de la Constitución**, früher Schauplatz für Stierkämpfe. Östlich vom Platz liegt der **Fischmarkt** (Pescadería), nordöstlich die 1507 erbaute gotische Kirche **San Vicente**. Dieses älteste Gotteshaus der Stadt besitzt einen reich mit Figuren bestückten Schnitzretablo von 1584.

★ Museo de San Telmo

Hinter San Vicente ist im **ehemaligen Kloster San Telmo**, einem Renaissancebau des 16. Jh.s und ausgemalt mit Motiven aus der baskischen Geschichte von José María Sert, das Museo Municipal eingerichtet. Im Kreuzgang sind baskische Grabsteine und -stelen ausgestellt; hinzu kommen eine ethnografische Sammlung mit Handwerksgeräten, Keramik und Porzellan sowie eine vorgeschichtliche Abteilung. Von einiger Bedeutung ist die Gemäldesammlung älterer und neuerer spanischer Meister wie El Greco, Morán, Ribera und Coello; an baskischen Künstlern sind vertreten Ugarte, Zubiaurre, Echagüe, Salaberría, Arteta, Amarica, Zuloaga u. a.

Donostia · San Sebastián Orientierung

Essen
① Arzak
② Akelarre
③ Urepel
④ Clery

Übernachten
① María Cristina
② La Galería

1 Basilica de Santa María del Coro
2 Museo de San Telmo
3 Plaza de la Constitución
4 Castillo de Santa Cruz de la Mota
5 Cementerio de los Ingeles
6 Museo Narval
7 Parque de Atracciones

Basílica de Santa María

Die 1764 vollendete Basílica Santa María del Coro, ein Barockbau mit reicher churrigueresker Fassade, besitzt einen Flügelaltar mit Gemälden von Robert Michel.

★ Monte Urgull

Zwei Möglichkeiten gibt es, den 135 m hohen Monte Urgull zu erklimmen, auf dessen Spitze eine 12 m hohe Christusstatue emporragt und das Castillo de la Mota thront. Man nimmt entweder den **Stufenweg**, der bei der Basilika beginnt, oder einen längeren Weg, der den Cementerio de los Ingleses passiert, auf dem englische Gefallene aus den Karlistenkriegen begraben sind. Über dem felsigen Ufer bis zur Mündung des Río Urumea umzieht auch der aussichtsreiche Paseo Nuevo den ganzen Berg.

★ ◄ Paseo Nuevo

Museo Naval, Aquarium

Das Museo Naval liegt am Südfuß des Berges beim Fischerhafen, von dem man zur Insel Santa Clara übersetzen kann. Es informiert über Schiffsbau und Seefahrt der Basken. Das Aquarium am Hafen besitzt u. a. ein großes Haibecken und ein unterseeisches 360°-Ozeanarium; im Obergeschoss ist das Museo Oceanográfico untergebracht.

Palacio Kursaal

An der Mündung des Rio Urumea steht das wohl auffälligste Gebäude des baskischen Kurbades: der vom spanischen Star-Architekten Rafael Moneo entworfene Kongress- und Kulturpalast. Wie riesige Kristalle liegen die beiden Baukörper an der Flussmündung. Doppel-

DONOSTIA · SAN SEBASTIAN ERLEBEN

AUSKUNFT

Oficina de Turismo
Reina Regente, 3
20003 Donostia
Tel. 943 48 11 66
www.donastia.org

VERANSTALTUNGEN

Mitte August wird eine Woche lang die *Semana Grande* mit täglichem Feuerwerk gefeiert. Internationales *Filmfestival* im September.

SHOPPING

Bestens einkaufen kann man in der Zone ziwschen der Plaza Gipuzkoa und der Plaza Buen Pastor, ferner im Mercado La Bretxa.

ESSEN

▸ Fein & teuer

① ***Arzak***
Avda. Alcalde José Elosegi, 273
Tel. 943 28 55 93
www.arzak.info
Eines der besten Restaurants Spaniens wurde von Spitzenkoch Juan Mari Arzak gegründet.

② ***Akelarre***
Paseo del Padre Orcolaga, 56
Barrio de Igueldo
Tel. 943 31 12 09
Hoch auf dem Igueldo gibt man sich der Neuen Baskischen Küche hin.

▸ Erschwinglich

③ ***Urepel***
Paseo de Salamanca, 3
Tel. 943 42 40 40
Uriges Feinschmeckerlokal mit rustikalem Ambiente, das gern von Einheimischen besucht wird.

④ ***Clery***
Plaza de la Trinidad, 1
Tel. 943 42 34 01
Unverfälschte Küche des Baskenlands in familiärer Atmosphäre.

ÜBERNACHTEN

▸ Luxus

① ***María Cristina***
Calle Oquendo, 1
Tel. 943 43 76 00
www.mariacristina.es
Das kürzlich mit großem Aufwand modernisierte exklusivste Hotel am Platz bietet alles für einen luxuriösen Urlaub, was auch viele Promis zu schätzen wissen.

▸ Komfortabel

② ***La Galería***
Avenida Infanta Cristina, 1
Tel. 943 31 75 59
www.hotellagaleria.com
Wer von Kunst umgeben nächtigen und auch einen direkten Zugang zum Strand haben möchte, sollte hier buchen.

te Glasfassaden aus gebogenen äußeren und ebenen inneren Glastafeln machen die Prismen zu geschlossenen, durchschimmernden Körpern bei Tag und zu faszinierenden Lichtquellen bei Nacht.

Neustadt Die Fassaden des Palacio de la Diputación von 1885 an der Plaza de Guipúzcoa zieren Büsten bedeutender Basken. Aus der südlichen Altstadt ragt der 75 m hohe Turm der 1880 von Manuel de Echave begonnenen und 1897 vollendeten Kathedrale Buen Pastor hervor.

★★ Bahía de la Concha

An der »Muschelbucht« treffen sich alle – Flaneure und Jogger ebenso wie Wassersportler und Sonnenanbeter. In Höhe der einstigen königlichen Sommerresidenz **Palacio de Miramar** treffen die Playa de la Concha und die Playa de Ondarreta aufeinander. Auf die Felsen am äußersten Ende der Bucht hat der baskische Metallbildhauer Eduardo Chillida sein Skulpturen-Ensemble **Peine del Viento** (dt. Windkamm) platziert. Der größere östliche Teil der Bucht wird umrahmt vom **Paseo de la Concha**, der schicksten Promenade der Stadt.

◄ Isla de Santa Clara

Mitten in der Bucht liegt diese kleine, bis zu 48 m hohe Felseninseln, die gern von Ausflugsbooten angesteuert wird.

★ Monte Igueldo

Vom königlichen Tennisklub am Ende der Playa de Ondarreta fährt eine **Standseilbahn** (Funicular) hinauf auf den 184 m hohen Monte Igueldo, von dem sich ein herrlicher Panorama-Rundblick auf die Stadt, das Meer und das baskische Bergland bietet. Auch ein Vergnügungspark ist hier oben angesiedelt.

Die Küste östlich von Donostia

★ Pasaia Donibane

Aus gerade mal einer einzigen Straße und einer Plaza besteht der alte Hafenteil von Pasaia Donibane (Pasajes de Don Juan; 10 km östlich), beide aber sind mit ihren bunt bemalten Fischerhäuschen malerisch. Von hier segelte 1777 Lafayette nach Amerika, um die Patrioten zu unterstützen; 1843 wohnte **Victor Hugo** im Haus Nr. 65.

Irún

Durch das baskische Hügelland erreicht man die Grenzstadt Irún, in der die Kirche Nuestra Señora del Juncal (16. Jh.) mit einer romanischen Marienstatue, das Rathaus (17. Jh.) und die Ermita de Santa Elena mit ihrem archäologischen Museum interessant sind.

★ Hondarribia

Wenig nördlich von Irún, an der Mündungsbucht des Río Bidasoa, war Hondarribia (Fuenterrabía) einst wichtige und oft umkämpfte Festung gegen Frankreich. Auf dem Spaziergang durch die malerischen Altstadtgassen, die man durch die Puerta de Santa María (15. Jh.) betritt, begegnen alte, wappengeschmückte Häuser. In der Kirche Nuestra Señora de la Asunción wurde die Ehe zwischen der Infantin María Teresa und Ludwig XIV. von Frankreich geschlossen – der sich allerdings durch einen spanischen Minister vertreten ließ. Von der Terrasse des Palacio del Rey Carlos V (12. Jh.) an der Plaza de Armas, heute Parador Nacional, hat man eine lohnende Aussicht auf das französische Hendaye, auf die Flussmündung und auf den Leuchtturm am Cabo Higuer, wahrscheinlich die Stelle eines antiken Venusheiligtums. Sandstrand, Sporthafen und schöne Promenaden vervollständigen Hondarribia als Badeort.

★ ◄ Straße zum Jaizkibel

Von Hondarribia führt eine landschaftlich sehr lohnende Straße auf den kahlen Sandsteinrücken des Jaizkibel (584 m ü. d. M.) mit der Wallfahrtskirche Nuestra Señora de Guadalupe. Hier wird eine schwarze Madonna verehrt.

DAS BASKENLAND UND SEINE FREIHEIT

Im Norden Spaniens, am Golf von Biskaya und in den westlichen Pyrenäen, zwischen Navarra und Kantabrien, lebt seit Tausenden von Jahren ein recht eigenwilliges Volk von etwa zwei Millionen Menschen: die Basken.

Über ihre Wurzeln ist wenig bekannt. Wahrscheinlich sind sie Nachfahren der Iberer, der spanischen Ureinwohner. Selbst bezeichnen sich die Basken als die »ältesten Europäer«. Für ihre Besonderheit gibt es »handfeste Beweise«: Die baskische Sprache, »Euskara«, heute von einem Viertel der baskischen Bevölkerung gesprochen und zusammen mit dem Spanischen offizielle Sprache »Euskadis« des Baskenlandes, ist die einzige noch lebende **vorindogermanische Sprache** in Europa und mit keiner anderen europäischen Sprache verwandt.

Eher skurril muten die baskischen Sportarten an: das Steineheben zum Beispiel, bei dem sich Könner Felsbrocken mit einem Gewicht von über 300 Kilo auf die Schultern wuchten, oder das Wettholzhacken, »Aizkolaritza« genannt, und natürlich der Nationalsport Jai-Alai, eine Art Squash. Vom Rest der Welt unterscheiden sich die Basken aber auch durch eine Blutgruppe, die nirgendwo sonst vorkommt und sie als das **älteste Volk Europas** ausweist.

Gegen Römer, Mauren und Falangisten

Der Drang der Basken nach Unabhängigkeit ist fast schon sprichwörtlich. Doch haben es die Basken dank ihrer Eigenwilligkeit geschafft, ihre Kultur, ihre Sitten und Bräuche, ihre Traditionen und ihre Sprache gegen alle Unterwerfungs- und Vereinnahmungsversuche fremder Völker und Herrscher zu verteidigen, sei es gegen die Römer, die Mauren oder die Franco-Diktatur.Zwar konnten sie letztlich nicht verhindern, dass ein Teil ihres Landes heute zu Frankreich gehört, ihr Streben nach Autonomie und Selbstständigkeit ist aber nach wie vor ungebrochen.

Franco-Diktatur

Während der Franco-Zeit wurde die Unterdrückung alles Baskischen noch verstärkt. Denn da sich die Basken im Bürgerkrieg auf die Seite der Republikaner schlugen, ließ nach dem Sieg der Falangisten Francos Rache nicht lange auf sich warten. Fast vier Jahrzehnte lang erlebte das Basken-

In Donostia unvermeidlich: die Baskenmütze

land die **schwersten Repressionen** seiner Geschichte: Das erste Autonomiestatut von 1936 wurde außer Kraft gesetzt, die Verwaltung und öffentliche Institutionen wurden »gesäubert« und baskische Beamte durch Funktionäre aus anderen Landesteilen ersetzt, Denkmäler wurden zerstört, Straßen-, Orts-, und Personennamen mussten ins Spanische übersetzt, Baskisch durfte nicht mehr gesprochen werden. Darüber hinaus wurde der wirtschaftliche Einfluss der vor allem durch ihre Schwerindustrie wohlhabend gewordenen baskischen Provinzen systematisch beschnitten. In der Folge konnte die Infrastruktur nicht weiter ausgebaut werden, so dass das Gesundheits- und Erziehungswesen bald in einen katastrophalen Zustand fielen. Das und manch anderes sollte sich erst nach dem Tod Francos 1975 und im Zuge der Demokratisierung Spaniens wieder ändern.

Euskadi Ta Askatasuna

Gegen Francos Versuch, ihre mehrtausendjährige Kultur zu zerstören, setzten sich die Basken zur Wehr. 1959 gründeten einige Studenten, denen die Politik der PNV, der Baskischen Nationalistischen Partei, nicht radikal genug war, die **ETA**: »Euzkadi Ta Azkatasuna« – »Das Baskenland und seine Freiheit«. Ihr Ziel war ein aus Spanien herausgelöster, unabhängiger Staat der Basken und die Angliederung des französischen Teils des Baskenlandes sowie der Nachbarregion Navarra. Das war für den Generalissimus und später auch für die demokratischen Regierungen in Madrid unannehmbar. Nachdem sie mit friedlichen Aktionen ihr Ziel nicht erreichen konnten, nahm die ETA 1968, ein knappes Jahrzehnt nach ihrer Gründung, mit der Ermordung eines Mitglieds der Guardia Civil den bewaffneten Kampf gegen das Franco-Regime auf. Fortan spielte die Untergrundorganisation eine wichtige Rolle beim Widerstand gegen die Diktatur und konnte sich dabei auch der Unterstützung durch breite Schichten der Bevölkerung sicher sein. Ihre Anschläge richteten sich in erster Linie gegen Repräsentanten des Staates sowie gegen Mitglieder der verschiedenen Polizeitruppen. Aber auch Unbeteiligte fielen dem Terror zum Opfer – bis heute über 800 Menschen.

Demokratie

Als nach dem Ende des Franco-Regimes die Demokratisierung Spaniens eingeleitet wurde, ging der ETA-Terror weiter, wurde sogar noch verstärkt: Die ETA organisierte sich neu und brachte mehr Menschen denn je um, Polizisten, Militärs, Richter und Politiker. Daran änderte auch das ver-

abschiedete Autonomiestatut mit **weitgehender Selbstständigkeit** in vielen Politikbereichen nichts. Aber die neu gewährte politische Autonomie des Baskenlandes und die Förderung der baskischen Sprache und Kultur waren der ETA nicht genug. Die Unabhängigkeitskämpfer, die über 150 000 Sympathisanten hinter sich wussten, verweigerten dem sog. »Gernika-Statut« die Anerkennung. Für sie bedeutete die Autonome Gemeinschaft Baskenland die Zementierung der politischen Verhältnisse, wodurch ihr Ziel, einen selbstständigen Staat der Basken proklamieren zu können, in immer weitere Ferne rückte, auch und vor allem unter den demokratischen Regierungen.

ETA militar

Aber auch unter den Etarras herrschte nicht immer Einigkeit. 1974, noch vor der Verabschiedung des Gernika-Statuts, war es zu Flügelkämpfen innerhalb der ETA gekommen, von der sich dann die ETA politico-militar abspaltete, die eine politisch-parlamentarische Lösung des Baskenkonflikts favorisierte. Die verbliebene Gruppierung ETA militar und ihr »politischer Arm«, das Parteibündnis Herri Batasuna (»Einheit des Volkes«), hingegen setzten verstärkt auf Gewalt.
Die Madrider Zentralregierung unter Felipe González und später unter José María Aznar antwortete mit immer rigideren Maßnahmen: Die Polizei ging massiv gegen Demonstranten vor, die für ein unabhängiges Baskenland eintraten. Spezialeinheiten entführten, folterten und ermordeten mutmaßliche ETA-Terroristen, was zu schweren innenpolitischen Konflikten führte und das Land von einer Lösung des sog. Baskenproblems immer weiter entfernte. Beide Seiten, Staat und ETA, standen sich immer unversöhnlicher gegenüber. Doch in den 1980er- und 1990er-Jahren wurden die Attentate der Etarras von vielen ihrer Landsleute nur noch als sinnloses Morden ohne jegliche politische Motivation betrachtet. Durch die Ermordung missliebiger Basken, die ein Ende der Gewalt und eine politische Lösung des Konflikts forderten, und die Erpressung einer »Revolutionssteuer« von baskischen Unternehmen zur Finanzierung ihrer Aktionen verlor die ETA den Rückhalt bei den Basken. Zu Hunderttausenden wandten sich die Menschen in Demonstrationen gegen den sinnlosen Terror der Etarras.

»Der Wein des Friedens«

Schließlich änderte die ETA ihre Strategie: Gemeinsam mit anderen nationalistischen Parteien, einschließlich der PNV, verabschiedete die aus dem Parteienbündnis Herri Batasuna

ETA-Parolen in Donostia

hervorgegangene »parlamentarische Vertretung« der ETA, Euskal Herritarok (EH), im September 1998 den sog **»Pakt von Lizarra«**, eine Verpflichtung, mit der Regierung des konservativen José María Aznar über die Zukunft des Baskenlandes zu verhandeln. Daraufhin verkündete die ETA einen unbefristeten Waffenstillstand. Schon sahen viele Spanier das Ende von Gewalt und Terror gekommen. »Nun stürzt der Wein des Friedens unaufhaltsam aus der Flasche«, glaubte der Schriftsteller und frühere ETA-Kämpfer Kepa Aulestia. Darum war die Entäuschung um so größer, als die ETA Ende 1999 ihren Waffenstillstand aufhob und – überzeugt, nur so ihr Ziel eines selbstbestimmten Euskadi erreichen zu können – wieder zu morden begann.

Madrider Anschläge 2004

Die schrecklichen Anschläge auf Vorortzüge in Madrid im März 2004 wurden zunächst der ETA zugeschrieben. Zwar stellte sich schnell heraus, dass islamistische Terroristen dafür verantwortlich waren, aber trotzdem litt das Ansehen der radikalen baskischen Separatistenbewegung erneut. Die mittlerweile verbotene baskische Partei Batasuna und auch die ETA selbst reagierten darauf, indem sie sich im Januar 2005 für die **Aufnahme von Friedensverhandlungen** mit der spanischen Zentralregierung einsetzten. Diese stellte allerdings die Vorbedingung, die Waffen endgültig niederzulegen. Als diese Forderung von der ETA von vorneherein ausgeschlossen wurde, scheiterte die Aufnahme von Friedensverhandlungen. Am 30. Dezember 2006 beendete die ETA die Waffenruhe mit einem spektakulären Anschlag auf dem Madrider Flughafen Barajas, bei dem zwei Menschen umkamen.

Neueste Entwicklungen

Die Festnahme der Parteispitze von Batasuna im Oktober 2007 quittierte die ETA mit einem Bombenanschlag in Bilbao und kurz nach der spanischen Parlamentswahl im März 2008 wurde ein sozialistischer Kommunalpolitiker in seinem baskischen Heimatort erschossen. Doch von Mai 2008 bis April 2009 wurde die ETA durch die Festnahme mehrerer Anführer in Südfrankreich empfindlich geschwächt. Am 5. Mai 2009 endeten drei Jahrzehnte baskisch-nationalistischer Regierungszeit: Der Sozialist Patxi López wurde zum Präsidenten des baskischen Parlaments gewählt.
Ende 2010 hat die ETA wie schon 1998 und bedingt 2005 einen Waffenstillstand angekündigt, doch Skepsis ist geboten, denn damals dauerte es jeweils nur einige Monate, bis es zu erneuten Anschlägen kam.

Südliche und westliche Provinz Gipuzkoa

★ **Museo Chillida-Leku**

Bei dem knapp 10 km südlich von San Sebastián gelegenen Ort Hernani kann man herausragende Arbeiten des baskischen Bildhauers **Eduardo Chillida** (1924–2002) bewundern. Die 9 m hohe Skulptur »Buscando la luz« (Auf der Suche nach dem Licht) ist besonders eindrucksvoll (Öffnungszeiten: Sommer Mo.–Sa. 10.30–20.00, So. 10.30–15.00, Winter Mi.–Mo. 10.30–15.00 Uhr).

★ **Auffahrt zum Puerto de Etxegarate**

Hinter Tolosa (24 km südlich von Donostia) fährt man aufwärts durch das Tal des Río Oria nach Ordizia, wo mittwochs ein überbordender Bauernmarkt abgehalten wird. Nach Besasain schlängelt sich die Straße – mit prächtigen Rückblicken auf das baskische Bergland – hinauf zum Puerto de Etxegarate (658 m ü. d. M.), einen der wichtigsten Übergänge über das östliche Kantabrische Gebirge. Hier macht man Pause im kleinen Restaurant und genießt den **überwältigenden Vorausblick** auf die Hochebene von Navarra im Süden.

Azpeitia

Von Tolosa nach Westen geht es auf der GI-2634 in das von bewaldeten Bergen umrahmte Urola-Tal nach Azpeitia (85 m ü. d. M.), in dessen gotischer Kirche San Sebastián Ignatius von Loyola getauft wurde; beachtenswert ist der Portikus von Ventura Rodríguez (1767).

★ **Monasterio de San Ignacio de Loyola**

Im Urola-Tal weiter aufwärts erreicht man das links abseits liegende Kloster San Ignacio de Loyola (115 m ü. d. M.). Das weitläufige Jesuitenkolleg wurde 1689–1888 nach Plänen des Berninischülers Carlo Fontana auf dem Stammsitz der Familie Loyola errichtet. Die **Basilika** mit ihrer 65 m hohen Kuppel von Joaquín de Churriguera ist eines der bedeutendsten Bauwerke dieser Art in Spanien und wurde erst um die Mitte des 18. Jh.s vollendet. Sie ist überreich mit Marmor und Schmucksteinen ausgestattet; am prächtigen Hauptaltar steht zwischen gedrehten Säulen eine Silberstatue des hl. Ignatius von Loyola. Der linke Flügel des Klosters umschließt die **Santa Casa**, das Geburtshaus des Ordensgründers. Im äußerlich mudéjaren Gebäude kann man das Geburtszimmer des Heiligen und sein Krankenzimmer besuchen, in dem er sich zur Abkehr vom Kriegshandwerk entschloss.

Im Kloster von Loyola

Oñati

Oñati (Oñate) ist dank vieler barocker Bauten einer der hübschesten Orte in Guipúzcoa. Herausragend sind das **Universitätsgebäude** aus dem 16. Jh. mit einer von zahlreichen Skulpturen geschmückten plateresken Fassade sowie das **Kloster Bidauerreta** mit seiner Renaissancefassade. Von der Kirche San Miguel (15. Jh.) ist besonders der über den Ubao-Bach gebaute Kreuzgang hervorzuheben; in der Krypta sind alle Grafen von Oñati seit dem 10. Jh. begraben.

★ **Arantzazu**

Von Oñati führt eine schmale Straße zum Wallfahrtsort Arantzazu in 800 m Höhe. Die hiesige Marienstatue, die Schutzheilige Gipuzkoas, soll 1469 ein Schäfer gefunden haben; das im 16. Jh. erbaute Heiligtum wurde 1950 von einem modernen Kirchenbau abgelöst, der u. a. von Chillida und Oteiza ausgeschmückt wurde. Von der Basilika hat man einen einzigartigen Blick über die grandiose Bergwelt.

★ Elx · Elche

M 19

Provinz: Alicante (A)
Region: Valencia
Höhe: 88 m ü. d. M.
Einwohnerzahl: 231 000

In einer besonders heißen Gegend, aber nur 20 km landeinwärts von der Costa Blanca, liegt Elx (Elche), bekannt durch den in Europa einzigartigen Palmenwald. Heute mutet der Stadtkern mit den am Rande der Palmenoase gelegenen, flach gedeckten weißen Häusern und den Kirchenkuppeln eher orientalisch an. Elx ist das Zentrum der spanischen Schuhindustrie.

Sehenswertes in Elx und Umgebung

★★ **El Palmeral de Europa**

Östlich vor der Stadt wiegen sich im Palmeral de Europa etwa 300 000 Palmen im Wind. Der **größte Palmenbestand in Europa** ist als UNESCO-Weltkulturerbe ausgewiesen, denn die Pflanzungen wurden wohl schon von den Phöniziern begonnen, in ihrer heutigen Ausdehnung jedoch von den Mauren angelegt. Im Palmeral wachsen Dattelpalmen (phoenix dactylifera), deren Früchte von November bis Frühjahr geerntet werden, wobei jeder Baum nur alle zwei Jahre etwa 35 kg Früchte trägt. Von April an wird ein Teil der männlichen Palmen zum Bleichen eingebunden. Die gebleichten Zweige (ramilletes) werden zum Palmsonntag in ganz Spanien verkauft und an den Balkonen befestigt. Die Palmen, meist 20–25 m hoch, stehen »den Fuß im Wasser, den Kopf im Feuer des Himmels«, wie ein arabisches Sprichwort sagt. Unter ihnen wachsen Granatbäume und in deren Schatten Futterkräuter und Gemüse. Außergewöhnlich sind in der Huerta del Cura (Pfarrgarten) die **Palmera Imperial**, eine angeblich über 200 Jahre alte männliche Palme, aus deren Hauptstamm sieben Seitenstämme herauswachsen, sowie die **Palmeras Romeo y Julieta**. Die Villa Carmen bietet von ihrem Belvedere eine hübsche Aussicht (Öffnungszeiten: Sommer tgl. 9.00–20.30, Winter bis 18.00 Uhr).

ELX ERLEBEN

AUSKUNFT

Tourist Info Elx
Parque Municipal, s/n
03203 Elx
Tel. 966 65 81 95
http://turismedelx.com

VERANSTALTUNG

Misteri d'Elx
Das Mysterienspiel aus dem 13. Jh. wird in der Kirche Santa María vom 10. bis 15. August von Männern vorgetragen. Im Museo de la Festa kann man sich über Hintergründe und Ablauf des als UNESCO-Weltkulturerbe ausgewiesenen Spiels informieren.

ESSEN

► Fein & teuer
La Masía de Chencho
Ctra. Alacant–Elx, km 62
Tel. 965 45 97 47
Altes Herrenhaus, umfunktioniert zu einem Restaurant mit Speisezimmern im valencianischen Stil. Serviert werden Reis- und Fischgerichte. Zu empfehlen: die gut sortierte Bodega und hausgemachte Nachtische.

ÜBERNACHTEN

► Komfortabel
Huerto del Cura
Porta de la Morera, 14
Tel. 966 61 20 50
www.huertodelcura.com
Man übernachtet sehr stimmungsvoll in Bungalows, die in einem schönen Palmengärten verstreut liegen.

Milenio
Prolongación de Curtidores, s/n
Tel. 966 61 20 33
www.hotelmilenio.com
Inmitten von Palmen gelegenes Hotel mit hellen, geräumigen Zimmern.

Santa María ✶ Misteri d'Elx ►

Die Kirche Santa María de la Asunción (17. Jh.) erkennt man an ihrer großen, blau gekachelten Kuppel und dem festungsartigen 37 m hohen Turm. Das reiche Hauptportal und die Barockfassade sind ein Werk von Nicolás de Bari. Die Kirche ist vom 10. bis zum 15. August eines jeden Jahres der Schauplatz des Misteri d'Elx (La Festa).

La Calahorra

Östlich der Kirche fand man arabische Badeanlagen; unweit darüber sieht man noch die Reste der maurischen Festung La Calahorra (14. Jh.). Hier gibt es ein Freimaurermuseum.

✶ **Museo Arqueológico e Histórico (MAHE)**

Nördlich zeigt im Palacio de Altamira (15. Jh.) das Museo Arqueológico eine stattliche Sammlung vorgeschichtlicher, iberischer, griechisch-römischer und islamischer Altertümer. Die hier ausgestellte »Dame von Elx« ist leider nur eine Kopie, das Original befindet sich im Museo Arqueológico in ►Madrid.

Museo de Arte Contemporáneo

Weiter südwärts stellt das Museo de Arte Contemporáneo Gemälde, Grafiken, Skulpturen und Keramik überwiegend katalanischer und valencianischer Künstler aus.

Dass Palme nicht gleich Palme ist, lernt man im Palmeral de Europa in Elx.

Nur 2,5 km südlich von Elx kommt man zur Ausgrabungsstätte La Alcudia, Kern der Besiedlung dieser Gegend im Altertum. Hier wurde die berühmte **Dame von Elx** (►Abb. S. 56) gefunden, eine Frauenbüste aus dem 4. oder 3. Jh. v. Chr., das bedeutendste jemals gefundene Zeugnis der iberischen Kultur. Im Museo Monográfico de La Alcudia werden iberische und römische Fundstücke gezeigt.

La Alcudia

Auch Orihuela, die stille Bischofsstadt am Fuß des Cerro de Oro 21 km südwestlich von Elx, besitzt einen Palmengarten – den zweitgrößten Spaniens.

Orihuela

Die bedeutendere Attraktion ist die Kathedrale El Salvador aus dem 14. und 15. Jh. mit einer Verkündigungsszene am Nordportal; im Inneren, dessen Gewölberippen teilweise Seildekor tragen, findet man einige beachtenswerte Retablos aus dem 16. Jh., darunter jenen der Santa Catalina. Das Museo Diocesano in der Sakristei zeigt Retablotafeln und Gemälde, unter denen die »Versuchung des hl. Thomas von Aquin« von Diego Velázquez und je ein Werk von Morales bzw. Ribera herausragen. Auch die bei den Osterprozessionen durch die Stadt getragenen Pasos – Heiligenfiguren – sind ausgestellt.

◄ El Salvador

◄ Museo Diocesano

Die spätgotisch-isabellinische Kirche Santiago (15. Jh.) wurde auf Veranlassung der Katholischen Könige für die Ritter des Santiago-Ordens erbaut, was an der eindrucksvollen Puerta de Santiago durch das Königswappen und die Statue des heiligen Jakobus am Mittelpfeiler zum Ausdruck kommt. Besonders beeindruckend ist die Skulptur der hl. Familie von Salzillo in der Capilla de San José.

◄ Santiago

Hinter der 110 m langen Fassade des Colegio de Santo Domingo (16. Jh.) verbergen sich ein Patio und zwei Kreuzgänge, wovon der herrerianische Claustro de la Universidad über zwei Etagen geht.

✶✶ El Escorial (San Lorenzo de El Escorial)

G 12

Provinz: Madrid (M)
Region: Madrid

Höhe: 1028 m ü. d. M.
Einwohnerzahl: 15 100

Der kleine Ort San Lorenzo de El Escorial, kurz El Escorial, am Südhang der Sierra Guadarrama 56 km nordwestlich von ►Madrid gelegen, war als königliche Sommerresidenz Mittelpunkt des spanischen Imperiums und ist heute durch das riesige Klosterschloss mit seinen unermesslichen Kunstschätzen einer der meistbesuchten Orte des Landes.

✶✶ Monasterio de San Lorenzo de El Escorial

Öffnungszeiten:
April – Sept.
Di. – So.
10.00 – 18.00,
Okt. – März
10.00 – 17.00

Mittwochs freier Eintritt für EU-Bürger (Personalausweis erforderlich)

Nachdem die Spanier in der Schlacht von Saint-Quentin am 10. August 1557, dem Tag des hl. Laurentius, die Truppen des französischen Königs Heinrich II. besiegt hatten, gelobte Philipp II., ein Kloster zu Ehren des Heiligen zu errichten. Nach sorgfältigen Vorbereitungen, auch unter Hinzuziehung von Astrologen, wurde der Standort des riesigen Komplexes ausgewählt, der Kloster, Kirche, Palast, Grabstätte, Bibliothek und Museum sein sollte und mit dem Philipp II. sich und seiner Herrschaft ein monumentales Denkmal setzte. Die Bauarbeiten begannen am 23. April 1563 und wurden am 13. September 1584 beendet. Die Pläne lieferten die Baumeister Juan de Bautista de Toledo, der 1567 starb, und Juan de Herrera; die Ausschmückung besorgten neben einheimischen Malern besonders italienische Meister wie Pellegrino Tibaldi und Luca Giordano sowie die Bildhauer Pompeo und Leone Leoni.

Im Escorial schlug einst das Herz des spanischen Weltreichs.

Von außen erinnert die Anlage eher an eine Kaserne denn an ein Kloster. Entstanden in Anlehnung an den italienischen Klassizismus des 16. Jh.s, ist sie zugleich Auftakt der spanischen Barockbaukunst. Der Grundriss des gewaltigen Baus aus weißgrauem Granit ist ein Rechteck von 161 x 204 m mit der hoch aufragenden, von einer 90 m hohen Kuppel abgeschlossenen Kirche als Kern. Daran schließen sich westlich der Patio de los Reyes, südlich der Kreuzgang mit der Sakristei und den Kapitelsälen, östlich und nördlich der Königliche Palast an: insgesamt 16 Höfe, 2673 Fenster, 1250 Türen, 86 Treppen, 88 Brunnen und 16 km Gänge.

San Lorenzo de El Escorial Orientierung

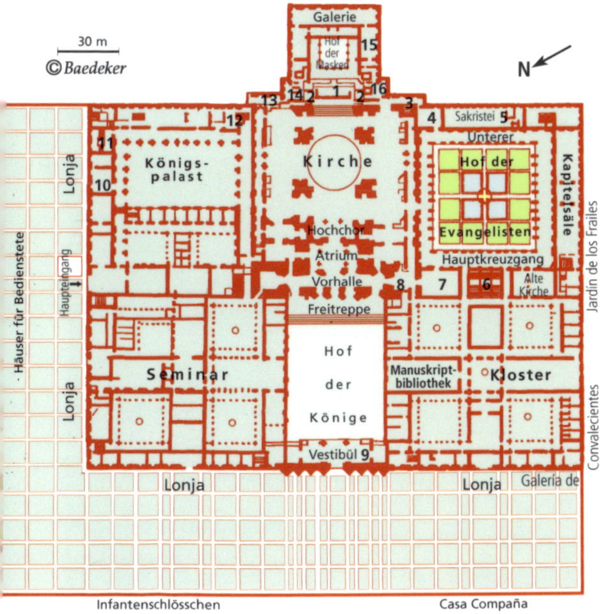

1 Hochaltar im Presbyterium
2 Königliche Oratorien
3 Treppe zum Chor, Zugang zum Pantheon
4 Antesacristía
5 Altar de la Sagrada Forma
6 Haupttreppe
7 Saal der Dreieinigkeit
8 Saal der Geheimnisse
9 Aufgang zur Bibliothek
10 Eingang zum Palast
11 Palastreppe (zum Bourbonentrakt)
12 Aufgang zu den Räumen des 16. Jh.s, Museumseingang
13 Saal der Schlachten
14 Gemächer der Infantin Isabel Clara Eugenia
15 Thronsaal
16 Gemach, Alkoven und Oratorium Philipps II.

Puerta Principal

Vom Hauptplatz an der Westseite, der Lonja, öffnet sich die Puerta Principal. Über dem Tor prangen das Motiv des Laurentius-Rostes, das Wappen der Habsburger und ein Standbild des hl. Laurentius.

Patio de los Reyes

Dann betritt man den Patio de los Reyes, den Hof der Könige. Er wird beherrscht von der Kirchenfassade mit ihren Standbildern biblischer Könige und den zwei massiven Glockentürmen.

✶ Kirche

Strenge und Monumentalität charakterisieren die von Luca Giordano mit Fresken ausgemalte Kirche. Kaltes Licht fällt durch die Vierungskuppel auf den von Herrera entworfenen, 30 m hohen und vierstöckigen Altaraufbau aus Jaspis und rotem Marmor, der geschmückt ist mit Gemälden der Italiener Zucarri und Tibaldi sowie Statuen von Kirchenvätern und Evangelisten von Pompeo und Leone Leoni. Diese beiden schufen auch die bronzenen Statuen der beiden bedeutendsten Herrscher Spaniens in den Nischen des Presbyteriums: Von der Evangelienseite blickt Karl V., hinter dem seine Gemahlin Isabella, seine Tochter María und seine Schwestern Eleonora und María knien, auf den Hochaltar; auf der Epistelseite kniet Philipp II. mit seinen drei Frauen – Anna von Österreich, Isabella von Valois und María von Portugal – und seinem Sohn Don Carlos.

★★ Panteón de los Reyes ► Unmittelbar unter dem Kirchenchor sind im Panteón de los Reyes die spanischen Könige bestattet. Der achteckige Kuppelbau von Herrera wurde von Juan Gomez de Mora erweitert und 1654 vollendet. Der barocke Geschmack der Zeit setzte sich in der Ausstattung mit schwarzem Marmor und vergoldeter Bronze durch, entworfen vom Italiener Giovanni Batista Crescenti. Auf der linken Seite ruhen fast alle spanischen Könige seit Karl V. bzw. Isabella II. in identischen Granitsarkophagen; auf der rechten Seite liegen die Königsmütter und der Gemahl Isabellas II., Francisco de Asís.

Panteón de los Infantes ► Unter der Sakristei und den Kapitelsälen erstreckt sich die Grablege der spanischen Prinzen und Prinzessinnen sowie der Königinnen, deren Kinder nicht Herrscher wurden.

Sakristei Vom rechten Kirchenschiff gelangt man durch die Antesacristía (mit einem Deckengemälde von Nicola Granelo) in die Sakristei, in der über 40 Gemälde zu bewundern sind, darunter Claudio Coellos »Fest der heiligen Hostie« (1684). Es bedeckt eine Altarnische, in der die »Sagrada Forma«, eine angeblich 1572 von holländischen Calvinisten geschändete Hostie, aufbewahrt wird.

Patio de los Evangelistas An das rechte Kirchenschiff stößt der Untere Kreuzgang (Fresken von Tibaldi) an, der den Patio de los Evangelistas (Hof der Evangelisten) umschließt. Er hat seinen Namen vom Brunnenhaus von Herrera, das vier Evangelisten zeigt.

Salas Capitulares Die Räume längs der Südseite des Unteren Kreuzgangs enthalten die mit Deckenfresken versehenen Salas Capitulares (Kapitelsäle), in denen Gemälde – u. a. von Navarrete, Ribera und Luca Giordano – sowie Messgewänder und liturgisches Gerät ausgestellt sind.

Iglesia Antigua Die Iglesia Antigua (Alte Kirche) im Anschluss an die Kapitelsäle wurde während der Bauzeit zum Gottesdienst benutzt. Hier verdient das Gemälde »Marter des hl. Laurentius« besondere Beachtung (Besichtigung nur mit Sondergenehmigung).

Escalera Principal Die imperiale Haupttreppe (Escalera Principal), ein Entwurf Herreras, steigt zweiläufig symmetrisch in das obere Stockwerk hinauf. Das Gewölbe trägt eine Darstellung der Schlacht von Saint-Quentin von Luca Giordano; an den Wänden Porträts, u. a. Juan Bautista de Toledo und Juan de Herrera darstellend.

★★ Bibliothek An der Südseite des Patio de los Reyes wurde im zweiten Stock die Bibliothek eingerichtet. Der mit herrlichen »Die Fundamente des Wissens« darstellenden Fresken von Tibaldi ausgeschmückte Saal enthält über 40 000 Bände. Hier werden wertvollste Inkunabeln und Handschriften ausgestellt, so eine Handschrift der Marienlieder Alfons' des Weisen, Handschriften der hl. Teresa de Ávila oder hebräische und arabische Schriften.

EL ESCORIAL ERLEBEN

AUSKUNFT

San Lorenzo Turismo
Calle Grimaldi, 4
28200 San Lorenzo de El Escorial
Tel. 918 90 53 13
www.sanlorenzoturismo.org

ANREISE

S-Bahn
Ab Madrid, Bahnhof Atocha. Die Bahn fährt durch den großenteils unzugänglichen Naturpark Monte de el Pardo. Vom Bahnhof gelangt man per Bus oder zu Fuß (ca. 20 Min.) hinauf zum Klosterschloss El Escorial.

Bus
Von der Metro-Station Madrid-Moncloa fahren Busse zum Klosterschloss.

ESSEN

▶ Erschwinglich

Fonda Genara
Plaza San Lorenzo, 2
Tel. 918 90 43 57
Nach der Besichtigung des riesigen Klosterpalasts kann man hier bei kastilischer Küche wieder zu Kräften kommen.

ÜBERNACHTEN

▶ Komfortabel

Florida
Floridablanca, 12
Tel. 918 90 15 20
www.hflorida.com
Zentral gelegenes Hotel mit 50 Zimmern, von denen einige zum Kloster hin zeigen. Freundlicher Service.

★★ Palacio Real

Der Palacio Real (Königspalast) erstreckt sich über zwei Flügel im Nordteil. Direkt an die Kirche schließt der Verwaltungstrakt an.

◀ Bourbonentrakt

Besonders beeindruckend ist der Bourbonentrakt. Über eine im 18. Jh. von Villanueva umgebaute Treppe gelangt man in die Repräsentationsräume von Karl IV. und María Luisa von Parma im dritten Stock, die mit kostbaren Möbeln und Porzellanen des 18. Jh.s bestückt sind. Überaus eindrucksvoll sind jedoch die 338 Wandteppiche, teils aus der Madrider Santa-Bárbara-Manufaktur, teils aus flämischen Teppichknüpfereien, auf denen volkstümliche Szenen, u. a. nach Kartons von Goya, und Allegorien und Jagdszenen, entworfen von Teniers, Wouwerman, Bayeu und Maella, zu sehen sind.

◀ Schlachtensaal

In der Nordostecke des Verwaltungstrakts ließ Philipp II. im 55 m langen und 7 m hohen Schlachtensaal die wichtigsten Schlachten der Reconquista und die unter ihm errungenen Siege verewigen.

◀ Privatgemächer Philipps II.

Der Schlachtensaal bildet den Übergang zu den einfach gehaltenen Privaträumen Philipps II., die an das Chorhaupt der Kirche anschließen und den Patio de los Mascarones (Hof der Masken) umgeben. Die interessantesten Räume sind das Schlafgemach Philipps II., von dem er direkten Zugang zur Kirche hatte und wo er am 13. September 1598 starb, die »Zelle Philipps II.« mit dem »Heuwagen« (möglicherweise Kopie) von Hieronymus Bosch und elf Albrecht Dürer zugeschriebenen Aquarellen sowie Thronsaal und Räume der Infantin Isabel Clara Eugenia.

Nuevos Museos ► In mehreren Räumen sind in den in ein Architekturmuseum und eine Pinakothek aufgeteilten Nuevos Museos Kunstgegenstände aus allen Teilen des Klosterpalasts zusammengetragen. Das Architekturmuseum in den östlichen Kellerräumen des Verwaltungstrakts zeigt anhand von Stichen, Modellen, Geräten und Originalplänen die Baugeschichte des Escorial. In der Pinakothek im Untergeschoss der Privatgemächer Philipps II., dem so genannten Sommerpalast, hängt eine Fülle von Gemälden bedeutender Künstler, darunter Hieronymus Bosch (»Dornenkrönung«), Gerard David, Quentin Metsys, Marinus van Reymerswaele (»Geldwechsler«), Albrecht Dürer, Tizian (»Abendmahl«, »Hl. Hieronymus im Gebet«), Reni, Tintoretto, Veronese, José de Riberas und Diego Velázquez (»Der Rock Josephs«). Wichtige Werke El Grecos sieht man in zwei Sälen des Verwaltungstrakts, u. a. »Das Martyrium des hl. Mauritius«, das Philipp II. wegen der Darstellung des Martyriums allerdings missfiel.

Umgebung von El Escorial

Jardines del Príncipe

Südöstlich der Klosteranlage erstrecken sich die mit Alleen und uralten Mammutbäumen gestalteten Jardines del Príncipe (Prinzengärten), in deren unterem Teil der Prinz von Asturien und spätere König Karl IV. 1773 ein Schloss, die **Casita del Príncipe**, errichten ließ. Die Innenräume können besichtigt werden.

Casita del Infante

Ein kleineres Pendant zur Casita del Príncipe ist die Casita del Infante südwestlich vom Escorial, in das sich der Bruder Karls IV., der Infant Gabriel, zurückziehen konnte.

✶ Silla de Felipe II

Auf einer Anhöhe 3 km südlich der Klosteranlage befinden sich mehrere sesselähnliche Felsblöcke, von denen Philipp II. die Bauarbeiten beobachtet haben soll und die daher Silla de Felipe II (Sessel Philipps II.) heißen. Ob nun Legende oder nicht, jedenfalls genießt man einen wahrhaft königlichen Blick auf den mächtigen Komplex des Escorial vor dem Panorama der Sierra de Guadarrama.

Valle de los Caídos

12 km nördlich von San Lorenzo de El Escorial ist das Valle de los Caídos erreicht, das »Tal der Gefallenen«, heute eine Gedenkstätte für die 1936–1939 im Spanischen Bürgerkrieg Gefallenen. Es entstand 1940–1958 im Auftrag General Francos, der dafür ca. 20 000 politischen Gefangenen als Zwangsarbeiter einsetzen ließ. Der Eingang zum Gelände liegt einige Kilometer unterhalb der Gedenkstätte, die man mit dem Auto über die M 600 (oder mit dem Bus, der tgl. außer Mo. 15.15 Uhr ab San Lorenzo fährt) erreicht. Schon auf halber Strecke erblickt man den von einem 150 m hohen und 56 m breiten Kreuz überragten Eingangsbereich der Basilika. Die gesamte Anlage ist in ihrer erdrückenden Monumentalität immer noch ein Paradebeispiel für die **architektonische Gigantomanie des Faschismus**. Vom Vorplatz hat man einen weiten Blick über die Berglandschaft.

Über dem Eingang zur in den Fels gesprengten Basilika sieht man eine riesige Pietà von Juan de Ávalos. Dann betritt man eine kleinere, aber immer noch beeindruckend große Halle, deren Tonnengewölbe selbst das geflüsterte Wort als Echo zurückwirft, was den Besucher zum Verstummen bringt. Es schließt sich das immense, 262 m lange Hauptschiff an, behängt mit Kopien Brüsseler Wandteppiche. Herz der Felsenkirche ist der Altar unter der 42 m hohen, mit Mosaiken geschmückten Vierungskuppel. Unter einer davor eingelassenen Grabplatte ruht Primo de Rivera, der Gründer der Falange, hinter dem Altar liegen unter einer gleichen Platte die sterblichen Überreste Francos. Rechts vom Altar sind in Gewölben unter der Capilla de los Caídos 40 000 Särge mit den Gefallenen des Bürgerkriegs aufgestellt (keine Besichtigung). Nach Verlassen der Basilika gelangt man rechts zu einer Standseilbahn, mit der man zum Fuß des Kreuzes hinauffahren kann.

✶ Figueres · Figueras

D 26

Provinz: Girona (GI)
Region: Katalonien
Höhe: 30 m ü. d. M.
Einwohnerzahl: 44 300

Figueres liegt etwa 35 km nördlich von Girona, und die jährlich 600 000 Besucher kommen meist nur aus einem Grund her: um die Welt des hier in der Carrer Narcís Monturiol geborenen Salvador Dalí (1904 – 1989) kennen zu lernen.

Sehenswertes in Figueres

✶✶ Teatre-Museu Salvador Dalí

Schon von weitem sieht man die Plexiglaskuppel und die Rieseneier auf dem in Ochsenblutrot gestrichenen einstigen Stadttheater von Figueres (1850), in dem heute das Museu Salvador Dalí eingerichtet ist. Hier hatte der junge Dalí 1918 seine erste Ausstellung.

FIGUERES ERLEBEN

AUSKUNFT

Oficina de Turisme
Plaça del Sol, s/n
17600 Figueres
Tel. 972 50 31 55
www.figueresciutat.com

ÜBERNACHTEN/ESSEN

▶ Komfortabel

Durán
Calle Lausaca, 5
Tel. 972 50 12 50
Gut geführtes Haus im Stadtzentrum mit empfehlenswertem Restaurant (katalanische Küche).

Mas Pau
Carretera Figueres – Besalú, km 5
Tel. 972 54 61 54
www.maspau.com
Freundliches Landhotel mit gediegener Einrichtung; gute Küche.

! *Baedeker* TIPP

Noch mehr Dalí

Auf den Spuren Dalís kann man weiterwandeln nach Cadaqués, wo er sein erstes Atelier hatte und das Museu Perrot-Moore Werke von ihm ausstellt, nach Portlligat zum Wohnhaus des Meisters (beide Costa Brava) und nach Púbol bei Girona zum Schloss seiner Muse Gala.

Das Dalí-Museum ist nicht nur die Hauptattraktion von Figueres, sondern auch eine der **bedeutendsten Sehenswürdigkeiten in ganz Katalonien**. Nirgends sonst tritt einem das Werk des großen Surrealisten in so konzentrierter Form entgegen wie hier. Wohl niemand wird sich der Faszination entziehen können, die von den Exponaten ausgeht. Man darf zwar keine großartige Gemäldesammlung erwarten, doch gibt es keine Kunstrichtung, die nicht verfremdet und parodiert, keine Technik, die nicht virtuos gehandhabt, kein Material, das nicht in unerwarteter Weise verwendet ist. So fasziniert ein großes, an barocken Mustern orientiertes Deckengemälde, das die perspektivische Wirkung seiner Vorbilder ins Groteske steigert: Von zwei schwebenden Gestalten, die von unten betrachtet werden, sieht man fast nur die übergroßen Fußsohlen, während sich die Körper in der Tiefe des Raumes verlieren. Im Hof steht ein »Regentaxi«: Man wirft eine Münze ein, und es beginnt im Auto zu regnen. Auch das Mae-West-Porträt in Plüsch sucht seinesgleichen. Der am 25. Januar 1989 verstorbene Künstler hat seine letzte Ruhe unter der Kuppel gefunden; sein Grab ist mit seinem Cadillac und einer »Esther«-Statue des Wiener Künstlers Ernst Fuchs dekoriert (Öffnungszeiten: Juli – Sept. tgl. 9.00 – 19.15, Okt. u. März tgl. 9.30 – 17.15, Nov. – Feb. tgl. 10.30 bis 17.15 Uhr).

Auch seinen ersten Cadillac verarbeitete Dalí zum Kunstwerk.

Im Haus Ramblas Nr. 10 ist im Hotel Paris das **Museu de Joguets** (Spielzeugmuseum) zu finden. Etwas weiter hinab kommt man zum **Museu de L' Empordà**, das sich mit der Geschichte der katalanischen Landschaft Empordà beschäftigt, die sich südlich der Stadt ausbreitet. Gezeigt werden Werke zeitgenössischer Maler der Region, antike Gläser, Bronzeschmuck und -gerät, Amphoren, Terrakotten, romanische und gotische Kunst, Barockgewänder, Schiffsmodelle.

Gasteiz · Vitoria

L 15

Provinz: Álava (VI)
Region: Baskenland

Höhe: 765 m ü. d. M.
Einwohnerzahl: 238 000

Das in der Ebene von Álava am Nordfuß der Montes de Vitoria gelegene Gasteiz (Vitoria) ist die Hauptstadt der baskischen Provinz Araba (Álava) und Sitz der Regierung der Autonomen Gemeinschaft Baskenland. Der einstige Reichtum des Ortes zeigt sich in vielen Bauten in der spinnennetzartig angelegten Altstadt.

Geschichte

Vermutlich geht die Stadt auf das westgotische Gasteiz zurück, daher auch der Doppelname. In Erinnerung an den Sieg der navarresischen Truppen im Jahr 1181 erhielt der Ort unter König Sancho dem Weisen im 12. Jh. den Namen Vitoria (»Sieg«), womit auch der Aufstieg zur wohlhabenden Stadt begann. Am 21. Juni 1813 schlugen die Truppen des Herzogs von Wellington wenig südlich der Stadt die Franzosen unter Marschall Jourdan und zwangen sie damit zum Rückzug aus Spanien. Immer noch bedeutend ist die **Textil-, Metall- und Holzindustrie**, mit ein Grund dafür, dass Gasteiz zu den Städten mit der höchsten Lebensqualität Spaniens zählt.

Sehenswertes in Gasteiz

*** Plaza de la Virgen Blanca**

Die Plaza de la Virgen Blanca, am Südrand der Altstadt, ist umgeben von Häusern mit Glasveranden. In ihrer Mitte erinnert ein Denkmal an die »Batalla de Vitoria« von 1813. Alljährlich im August sieht der Platz den Höhepunkt der Fiesta de la Virgen Blanca, wenn vom Turm der Kirche San Miguel ein Seil über den Platz gespannt wird und eine an Rollen aufgehängte, »Celedón« genannte Puppe mit Regenschirm über die Köpfe der Zuschauer saust. Sobald sie losfährt, zündet man sich traditionell eine Zigarre an.

◄ San Miguel

Die Kirche San Miguel (14. Jh.) trägt an ihrer Fassade die Figur der »Virgen Blanca«, der Schutzheiligen der Stadt; der Retablo am Hochaltar stammt von Juan de Velázquez und Gregorio Fernández. An der Apsis erkennt man außen eine Nische, in der die »Machete«, ein Säbel, aufbewahrt wurde, auf den der königliche Verwaltungsbeamte schwören musste, zum Wohle der Stadt zu arbeiten, andernfalls er damit geköpft würde. Die Apsis zeigt auf die Plaza del Machete, die Anfang des 19. Jh.s als architektonischer Ausgleich des Niveauunterschiedes zwischen Alt- und Neustadt entstandene Laubenhäuser namens Los Arquillos begrenzen.

Plaza de España

Die Plaza de la Virgen Blanca ist durch eine Passage mit der Plaza de España verbunden, die im Jahr 1791 nach dem Vorbild der Plaza Mayor in ► Salamanca angelegt wurde. In den Arkadencafés sollte man die **Schokotrüffel**, die Spezialität der Stadt, probieren.

Gasteiz · Vitoria Orientierung

Museo Fournier de Naipes ★ Zwischen der Kirche San Vicente und den Arquillos hindurch geht man anschließend die Calle Cuchillera hinauf. Vorbei an der Casa del Cordón aus dem 15. Jh. erreicht man den 1525 erbauten Palacio de Bendaña. Er beherbergt das Spielkartenmuseum der 1868 gegründeten Spielkartenfabrik Fournier. Die Sammlung umfasst eine beeindruckende Menge an Kartenspielen vom 14. Jh. bis zur Gegenwart (Öffnungszeiten: Mo. bis Fr. 11.00–14.00 und 16.00–18.30, Sa. 10.00–14.00, So. 11.00–14.00 Uhr).

Catedral Viejo de Santa María Man geht weiter zur Rückseite der alten Kathedrale (Catedral Viejo) Santa María (14./15. Jh.). Ihr hervorragendes dreibogiges **Statuenportal** in der Vorhalle zeigt in der Mitte Szenen aus dem Leben der Jungfrau Maria, rechts das Jüngste Gericht, links die Legende des hl. Ägidius. Von den Gemälden sind im linken Querschiff eine Pietà von Gaspar de Crayer und im rechten Seitenschiff Carreños »Unbefleckte Empfängnis« am sehenswertesten.

El Portalón Wenig links der Kathedrale kommt man zu einer Reihe sehr schöner alter Backsteinhäuser, darunter ein Handelshaus aus dem 15. Jh., »El Portalón« genannt. Das Restaurant darin, hervorragend, aber auch sehr teuer, serviert traditionell baskische Küche.

Gegenüber zeigt in der Casa Armera de los Gobeo aus dem 16. Jh. das archäologische Museum Keltiberisches und Römisches.

Museo de Arqueología

Von der Kathedrale geht man auf der Calle de Fray Zacharias zurück und am Palacio de Escoriaza-Esquivel (16. Jh.) vorbei, der ein plateskes Portal und einen schönen Innenhof besitzt.

Palacio de Escoriaza-Esquivel

Jenseits der Plaza de España beginnt die weitläufige Neustadt. Sich rechts haltend, kommt man bald zum klassizistischen Gebäude des baskischen Parlaments und, am Park La Florida, zur 1907 begonnenen Neuen Kathedrale (Catedral Nueva). Südwestlich von ihr findet man am Paseo de Fray Francisco de Vitoria interessante Museen: das **Museo Provincial de Bellas Artes** mit vor allem religiöser Kunst und das angeschlossene **Casa Museo de Arte Vasco** mit Werken zeitgenössischer baskischer Künstler sowie das **Museo de la Armería**, in dem Waffen und Rüstungen zu sehen sind.

Neustadt

◂ Museen

GASTEIZ · VITORIA ERLEBEN

AUSKUNFT

Oficina de Turismo
Plaza del General Loma, 1
01005 Gasteiz · Vitoria
Tel. 945 16 15 98
www.alavaturismo.com

VERANSTALTUNGEN

Höhepunkte im Festkalender sind der *Karneval* (Feb./März), das *Int. Spiele-Festival* (Juni), das *Int. Jazz-Festival* (Juli), das Patronatsfest *Fiesta de la Virgen Blanca* (Anf. Aug.) mit Prozession und sportlichen Wettbewerben sowie das *Azkena Rock Festival* (Ende Aug./Anf. Sept.).

ESSEN

▸ Fein & teuer

① *El Portalón*
Correría, 147
Tel. 945 14 27 55
www.restauranteelportalon.com
Das beste Restaurant der Stadt befindet sich in einem Adelspalast aus dem 15. Jh. und bietet hervorragende baskische Küche.

▸ Erschwinglich

② *Arkupe*
Mateo Moraza, 13
Tel. 945 23 00 80
Gut essen in einem wunderschönen Gebäude aus dem 19. Jahrhundert.

ÜBERNACHTEN

▸ Komfortabel

① *Parador de Argómaniz*
Ctra. N-1, km 363
Argómaniz
Tel. 945 29 32 00
www.parador.es
Im altehrwürdigen, aus Natursteinen errichteten Palais der Familie Larrea hat schon Napoleon vor der Schlacht von Vitoria übernachtet. Von hier hat man herrliche Ausblicke auf die Landschaft von Álava.

▸ Günstig

② *Dato 28*
Dato, 28
Tel. 945 14 72 30
www.hoteldato.com
Angenehme und gepflegte Unterkunft im Stadtzentrum.

Wenn bei der Fiesta de la Virgen Blanca in Gasteiz Steinklötze über die Plaza (auf baskisch: Idi-proba) gezogen werden, müssen auch baskische Ochsen ran.

★ Artium ▶ Seit 2002 befindet sich in der Calle de Francia ein neues Kunstmuseum mit dem Namen »Artium«. Es zeigt verschiedene Ausstellungen zeitgenössischer baskischer Kunst und bietet darüber hinaus ein breit gefächertes Kulturprogramm.

Umgebung von Gasteiz

Stauseen Viele Einwohner von Gasteiz bevölkern am Wochenende die Ufer der Stauseen von Urrunaga und Ullivarri nördlich bzw. nordwestlich der Stadt, wo sie in der grünen Landschaft allerlei **Wassersport** treiben können.

Mendoza Das hübsche Mendoza östlich von Gasteiz besitzt ein Museo de Heráldica, in dem man die Wappen und die Geschichte der bedeutendsten baskischen Familien studieren kann.

Basilika von Estibalitz Auf der landschaftlich sehr schönen A-132 erreicht man nach 9 km das Dorf Argandoña; von hier kann man in 20 Min. zur gut erhaltenen romanischen Basilika von Estibalitz (12. Jh.) aufsteigen, in der die Schutzpatronin von Álava verehrt wird. Die Südfront der Kirche ziert Flechtornamentik, innen ein beachtenswertes Taufbecken.

★ **Gaceo** Die N-I führt Richtung Osten nach Gaceo. In dessen kleiner Pfarrkirche bedecken außerordentliche Wandmalereien aus dem 13. und 14. Jh. den gesamten Kirchenraum. Allerdings kann man diese nur sonntags während der Messe betrachten.

Durch das fruchtbare Hochplateau von Álava kann man weiter nach Salvatierra (542 m ü. d. M.) fahren, einem malerischen alten Städtchen mit einer von stattlichen Herrenhäusern gesäumten Hauptstraße. Die beiden gotischen Kirchen San Juan und Santa María haben deutlich wehrhaften Charakter. In der Pfarrkirche San Miguel des 3 km südöstlich liegenden Dorfes Ocáriz werden römische Grabsteine aufbewahrt. Kurz vor dem nach Salvatierra folgenden Eguilaz liegen links der Straße die Dolmen von Eguilaz, frühgeschichtliche Steingräber mit mächtigen Felsplatten.

◄ Salvatierra

★ Gibraltar

Q 10

Britische Kronkolonie (Dominion)
Höhe: 0 – 425 m ü. d. M.
Fläche: 6,5 km²
Einwohnerzahl: 30 000

Der »Schlüssel des Mittelmeers«, die berühmte Felsenhalbinsel Gibraltar, ist seit 1704 britisches Hoheitsgebiet. Steil aus dem Meer steigt der Felsklotz an der Ostseite der Bucht von Algeciras auf. Gibraltar lockt mit dem Kuriosum einer echt britischen Kolonie im heißen Spanien – inklusive Pubs und behelmten Bobbies, zollbegünstigtem Einkauf und fantastischem Blick hinüber nach Afrika.

Multikulturelle Vielfalt

Die Gibraltarians sind ein Gemisch von Menschen aus allen Teilen der Britischen Inseln, aus Spanien, Portugal und Marokko, selbst Inder trifft man. Entsprechend bunt ist das Sprachgewirr: Neben Englisch in allen Variationen und Spanisch spricht man das englisch-spanische Mischmasch »Llanito«. Mit dem Abzug des größten Teils des britischen Militärs gingen viele Arbeitsplätze verloren. Inzwischen setzt Gibraltar verstärkt auf Fremdenverkehr, Briefmarkenverkauf und den Handelshafen.
Währung ist das **Gibraltar-Pfund**, das im Wechselkurs dem britischen entspricht. Auch Euros werden akzeptiert. Vom Flughafen, dessen Landebahn in die Bucht von Algeciras hineingebaut ist, bestehen Verbindungen u a. nach London und Manchester; Fährschiffe verkehren nach Tanger. Im Gegensatz zu Großbritannien herrscht in Gibraltar Rechtsverkehr!

Altertum	Gibraltar gilt als eine der »Säulen des Herkules«.
711–1462	Mauren beherrschen die Region.
1704	Engländer erobern im spanischen Erbfolgekrieg die Festung.
1713	Im Frieden von Utrecht wird Gibraltar den Engländern zugesprochen.
2002	Bei einem Referendum sprechen sich 99% der Abstimmenden für den Verbleib unter britischer Herrschaft aus.

Geschichte und Verfassung

Die Straße von Gibraltar, im Altertum »Fretum Gaditanum« oder »Fretum Herculeum« genannt, ist die verkehrsgeografisch wie strategisch außerordentlich wichtige Verbindung zwischen dem Atlantik und dem Mittelmeer. Für die antike Welt war der »Calpe« genannte Felsen zusammen mit dem auf der afrikanischen Seite liegenden Gebirge Abyla (Djebel Musa) bei Ceuta als die **»Säulen des Herkules«** das Tor zum großen Ozean, das der Legende nach von der urgewaltigen Kraft des Herkules geschaffen wurde. Nach langer (über 700 Jahre) Herrschaft der Mauren im Süden Spaniens wird Gibraltar im 15. Jh. wieder spanisch, allerdings nur bis zum Frieden von Utrecht, der den spanischen Erbfolgekrieg beendete. Denn seit 1713 ist Gibraltar britische Kronkolonie und als solche in inneren Angelegenheiten autonom. Außenpolitik, Verteidigung und innere Sicherheit unterstehen der britischen Krone. An der Spitze der Kolonie steht der Gouverneur, unterstützt vom neunköpfigen »Gibraltar Council«. Der »Council of Ministers« wird vom 15 Mitglieder zählenden Parlament gewählt.

Sämtliche Versuche der Spanier, die Gibraltar als **kolonialen Stachel** im Fleisch empfinden, es militärisch oder friedlich zurückzubekommen, sind erfolglos geblieben, was sie immer wieder zu Grenzschikanen provozierte; immerhin hat man sich im April 2000 darauf geeinigt, den Status Gibraltars innerhalb der EU nicht aufzuwerten.

? WUSSTEN SIE SCHON ...?

- ... dass die Start- und Landebahn des Flughafens von Gibraltar eine stark befahrene vierspurige Straße quert? Aber keine Sorge: die Autos werden rechtzeitig per Ampel angehalten.

Sehenswertes in Gibraltar

North Town

Die Altstadt Gibraltars (North Town) beginnt jenseits des Flugplatzes mit dem Casemates Square, östlich überragt von den Resten des Moorish Castle, das im 8. Jh. erbaut und im 14. Jh. von den maurischen Almohaden neu errichtet wurde. Nur wenig nordwestlich vom Kastell liegen der **Markt** und die bereits im Jahr 1309 angelegte Old Mole, die zusammen mit der North Mole das Nordende des Hafens markiert.

Moorish Castle ►

Hafen ►

Main Street ►

Vom Kasemattenplatz führt die Main Street, an der die meisten Hotels, Geschäfte, Pubs und öffentlichen Gebäude liegen, an Post und Börse mit dem rückwärts anschließenden Rathaus vorbei zur Roman Catholic Cathedral, einer ehemaligen Moschee, die 1502 gotisch erneuert wurde. Südwestlich davon liegen eine Synagoge und in der Bomb House Lane das **Gibraltar Museum**, wo es u. a. ein 30 m² großes Modell der Felsenhalbinsel zu betrachten gibt. Am Cathedral Square findet man die 1821 im maurischen Stil errichtete anglikanische Church of England. Am Südende der Main Street steht rechts der Gouverneurspalast (The Convent), hervorgegangen aus einem 1531 erbauten ehemaligen Franziskanerkloster.

GIBRALTAR ERLEBEN

AUSKUNFT

The Gibraltar Tourist Board
Duke of Kent House
Cathedral Square, Gibraltar
Tel. 00 350 20 07 49 50
www.gibraltar.gov.uk/holiday.php

ANREISE

Auf keinen Fall sollte man mit dem Auto nach Gibraltar! Die spanische Polizei kontrolliert oft am Grenzübergang, was sehr lange Staus provozieren kann. Viel einfacher ist es, das Auto in den Parkhäusern direkt vor der Grenze abstellen und mit dem Bus oder zu Fuß nach Gibraltar zu reisen. An der Grenze genügt der Personalausweis.

VERANSTALTUNG

Am 10. September feiert Gibraltar in Bikini und Shorts den *Nationalfeiertag.*

EINKAUFEN

Haupteinkaufsmeile ist die *Main Street.*

ESSEN

▸ Fein & teuer

① ***Bunters***
1, College Lane
Tel. 00 350 7 04 82
Feine Küche, exzellente Weine, guter Service.

ÜBERNACHTEN

▸ Komfortabel/Luxus

② ***Rock Hotel***
3, Europa Road
Tel. 00 350 20 07 30 00
www.rockhotelgibraltar.com
Das »Erste Haus am Platz« mit seinen rund 100 noblen Gästezimmern und Suiten wurde 1932 im Auftrag des Marquis of Bute direkt am weltberühmten Felsen errichtet.

▸ Günstig

① ***Continental Hotel***
1, Engineer Lane
Tel. 00 350 7 69 00
www.gibhotels.com
Freundliche Unterkunft in zentraler Lage nahe der Main Street.

◂ Cable Car

Am Ende der Main Street erreicht man durch die Southport Gates die Alameda Gardens mit dem dahinter liegenden Trafalgar Cemetery; am Beginn der Gärten fährt die Schwebebahn (Cable Car) hinauf zur Signal Station (395 m ü. d. M.). Von dort kommt man zu den Upper Galleries und zum Affenfelsen.

★★ **Europa Road, Europa Point**

Die Europa Road, eine 5 km lange aussichtsreiche Panoramastraße, führt von den Alameda Gardens am Westhang des Felsens zwischen Landhäusern und Gärten der **South Town** hindurch bergan und senkt sich nach den zerklüfteten Felsen des Europa Pass wieder hinab zum Europa Point an der Südspitze der Halbinsel. Von hier genießt man **prächtige Ausblicke** auf die Bucht von Algeciras, die afrikanische Küste und den Affenfelsen.

◂ Upper Galleries

Von der Main Street erreicht man durch Willis's Road am Kastell vorbei die Upper Galleries, die während der spanisch-französischen

Belagerung zwischen 1779 und 1783 in den Fels gegraben wurden. Noch heute kann man die Kanonen in den unterirdischen Anlagen (The Great Siege Tunnels) bestaunen und den fantastischen Blick aus

Gibraltar Orientierung

Essen

① Bunters

Übernachten

① Continental Hotel

② Rock Hotel

den Schießscharten genießen; einige historische Szenen sind mit Puppen nachgestellt (Alternative zum Fußweg: die Cable Car).
An der Queen's Road liegt der **Affenfelsen** (Apes' Rock bzw. Apes' Den), auf dem die in Europa einmaligen **Magot-Affen** leben. Für die Fütterung dieses lebendigen Wahrzeichens von Gibraltar ist ein Korporal der britischen Armee abkommandiert; man sollte sich in Acht nehmen – die Affen beißen. Am Weg zur St. Michael's Cave zweigt ein Treppenweg zum **Highest Point** ab, dem mit 425 m höchsten Punkt des Felsens.
Die **St. Michaels Cave**, die größte Höhle im Felsen von Gibraltar, bietet schöne Tropfsteinformationen (bei der Anfahrt mit der Cable Car ist der Eintritt kostenlos). Im Sommer werden auch Konzerte gegeben.

Spanische Fischer und britischer Felsen: Gibraltar ist immer noch ein Stachel im Fleische Spaniens.

Gijón

A 9

Provinz: Asturias (O)
Region: Asturias

Höhe: Meereshöhe
Einwohnerzahl: 277 000

Gijón, die aus dem römischen Gegio im 8. Jh. hervorgegangene alte Residenz der asturischen Könige, ist die größte Stadt Asturiens und dessen wirtschaftliches Zentrum. Immer noch überwiegt die Schwerindustrie mit Hüttenwerken, Werften und Maschinenbau. Die im Bürgerkrieg größtenteils zerstörte Stadt wurde neu aufgebaut, so dass wenig Altes erhalten ist.

Sehenswertes in Gijón

Altstadt (Cimadevilla)

Der alte Kern Gijóns ist das steile und verwinkelte Fischerviertel Cimadevilla auf der Landzunge zwischen dem alten Fischereihafen im Westen und dem Strand von San Lorenzo im Osten. Über den Häusern erhebt sich der Monte Santa Catalina, der eine weite Aussicht westlich bis zum Cabo de Peñas, östlich bis zum Cabo de San Lorenzo und südöstlich bis zu den Picos de Europa gewährt.

◄ Museo-Casa Natal de Jovellanos

An der heute nach ihm benannten Plaza wurde **Gaspar Melchor de Jovellanos** (1744–1811), Dichter, liberaler Reformer und einer der Führer des Widerstands gegen Napoleon in einem stattlichen Gebäude mit langem Eisengitterbalkon geboren. Hier gründete er 1794 das

Instituto Jovellanos, heute städtisches Kunstmuseum, das asturische Kunst ausstellt. Am zur Altstadt zeigenden Ende der Playa de San Lorenzo wurden im Keller des 1590 erbauten Palacio de los Valdés Reste römischer Thermen aus dem 1. nachchristlichen Jahrhundert gefunden. Südwestlich der Plaza Jovellanos erkennt man den mit zwei großen Türmen errichteten Palacio de Revillagigedo (15./16. Jh.).
Die Plaza Mayor, gesäumt von Cafés und Bars, trennt die Altstadt von den neu erbauten Vierteln.

Playa de San Lorenzo

Östlich der Landzunge von Santa Catalina zieht sich der von Hochhäusern eingerahmte, erstaunlich gute und saubere Badestrand Playa de San Lorenzo über 1 km südöstlich zum Río Piles hin.

Pueblo de Asturias

Auf der anderen Seite des Río Piles, dem Parque Isabel La Católica gegenüberliegend, kann man im ethnografischen Freilichtmuseum Pueblo de Asturias asturianische Hórreos (Getreidespeicher) und Bauernhäuser und vor allem das Museo de Gaita besichtigen, eine wahrlich einzigartige Sammlung **asturischer Dudelsäcke** einschließlich einer Werkstatt.

✶ Museo de Gaita ►

Umgebung

►Costa Verde

GIJÓN ERLEBEN

AUSKUNFT

Oficina de Turismo
Calle Rodriguez San Pedro, s/n
33207 Gijón
Tel. 985 34 17 71
www.gijon.info

ESSEN

► Erschwinglich

El Perro que Fuma
Poeta Ángel González, 18
Tel. 984 19 34 93
www.elperroquefuma.com
Eine ausgezeichnete Küche und ein modernes einladendes Ambiente.

► Preiswert

Parrilla El Sueve
Domingo García de la Fuente, 12
Tel. 985 97 66 91
Für verhältnismäßig wenig Geld bekommt man hier ausgezeichnete asturische Küche.

ÜBERNACHTEN

► Luxus

Parador de Gijón Molino Viejo
Parque de Isabel la Católica
Tel. 985 37 05 11
www.parador.es
Eine ruhig gelegene historische Mühle hat man in einen sehr stilvollen Parador mit 40 Gästezimmern und Suiten umgewandelt.

► Komfortabel

Tryp Rey Pelayo
Avenida Torcuato Fernández Miranda, 26
Tel. 985 19 98 00
www.solmelia.com
Moderne Herberge mit 130 sehr geschmackvoll eingerichteten Zimmern und Suiten gegenüber dem Parque de Isabel la Católica bzw. in Strandnähe.

★ Girona

E 26

Provinz: Girona (GI)
Region: Katalonien
Höhe: 68 m ü. d. M.
Einwohnerzahl: 96 200

Girona gilt als eine der »katalanischsten« Städte – dank ihrer herrlich verwinkelten, mittelalterlichen Altstadt, in der die arabische, die jüdische und die christliche Kultur ihre Spuren hinterlassen haben. Sie reiht sich als bunte Front alter Häuser am rechten Ufer des Riu Onyar auf, überragt von San Felix und der Kathedrale.

Geschichte

Girona wurde vermutlich zur Zeit der ersten griechischen Kolonisation noch von den Iberern gegründet. In römischer Zeit hieß die Stadt Gerunda und unter den Arabern, die 785 Karl dem Großen weichen mussten, Djerunda. Die strategische Lage an der wichtigsten die Pyrenäen überquerenden Straße brachte es mit sich, dass Girona oft umkämpft war und sich als **»Stadt der tausend Belagerungen«** bezeichnete. Seit dem späten 10. Jh. war es unabhängige Grafschaft, unterstand dann den Grafen von Barcelona. 1809 widerstand die Stadt sieben Monate lang einer französischen Übermacht, ehe sie kapitulieren musste. Die französische Besatzung dauerte bis 1814.

Sehenswertes in Girona

Sant Felix

Die einstige Kollegiatskirche Sant Felix (11.–18. Jh.) zeigt sich als dreischiffiger gotischer Bau mit sehr niedrig gehaltenen Seitenschiffen. An ihrer linken Langhauswand ist eine überwölbte barocke Kapelle angefügt, die dem hl. Narcissus geweiht ist, dem Bischof von Girona in der Zeit des Diokletian. Im 1318 abgeschlossenen Chor befindet sich ein gotischer Schnitzaltar, daneben acht Sarkophage aus dem 2.–6. nachchristlichen Jahrhundert.

★★ Catedral

An der rechten Langhauswand von Sant Felix entlang gelangt man zum Portal de Sobreportes, einem von zwei Türmen flankierten wuchtigen Stadttor. Dahinter liegt die kleine Plaza de la Catedral, die zum größten Teil von der mächtigen barocken Freitreppe (1690) eingenommen wird, die zur Kathedrale hinaufführt. Diese wurde 1312 begonnen und Ende des 16. Jh.s vollendet. Das Langhaus ist mit 50 m Länge, 23 m Breite und 34 m Höhe einer **der größten überwölbten Räume der Gotik**. Unter einem Baldachin steht in der Apsis der Hauptaltar, dessen vergoldeter Aufsatz eine bemerkenswerte Silberschmiedearbeit aus dem 14. Jh. darstellt; dahinter der mit Rankenfriesen gezierte steinerne Bischofssitz, gemeinhin als Thronsessel Karls des Großen angesehen.

◄ Museum

In der linken Langhauswand öffnet sich der Zugang zum Museum mit dem Kirchenschatz. Bemerkenswerte Stücke in den ersten drei Räumen sind u. a. eine romanische Madonna (11./12. Jh.), die sehr stark dem Gnadenbild vom ►Montserrat ähnelt, eine einmalige Beatus-Handschrift (975), ein spätgotisches Kreuz (1503–1507) mit Perlen und Emaileinlagen sowie ein zweites aus dem 14. Jh. mit Grubenschmelzarbeit, ein silberner Buchdeckel und eine bemerkenswerte Sammlung von Skulpturen aus dem 15. Jh.; ferner die Bibel Kaiser Karls V., eine italienische Arbeit (14. Jh.). Der vierte Raum ist dem weitaus schönsten Stück des Museums vorbehalten: dem großartigen farbigen Bildteppich, der die Schöpfungsgeschichte zeigt. Die Seidenstickerei wurde im 11. Jh. angefertigt und lehnt sich an frühchristliche Vorbilder an, was u. a. in der Darstellung des bartlosen Christus als Weltschöpfer in der Mitte, umgeben von den lateinischen Bibelworten »Und Gott sprach ›Es werde Licht‹, und es ward Licht«, deutlich wird (Öffnungszeiten: Sommer Di. bis Sa. 10.00–14.00 und 16.00–18.00, So. 10.00–14.00 Uhr; im Winter unregelmäßig). Der romanische **Kreuzgang** ist ein Werk aus dem 12. Jh.; über ihm ragt ein romanischer Turmstumpf auf, der so genannte **»Turm Karls des Großen«**. Obwohl beschädigt, beeindrucken die Figurenkapitelle der Säulenarkaden durch die Vielfalt der Darstellungen, die biblische Szenen ebenso umfassen wie Details aus dem Volksleben. Im Obergeschoss des Kreuzgangs findet man eine stattliche Sammlung reich bestickter Messgewänder.

★★ Schöpfungsteppich ►

Über den Fassaden Gironas am Riu Onyar lugt die Kathedrale hervor.

Museu d'Art

Rechts der Kathedrale ist im einstigen Bischofspalais das Kunstmuseum eingerichtet. Es enthält Exponate von der Vorromanik bis zum Beginn des 20. Jh.s, unter denen der romanische Altar von Sant Pere de Rodes und die gotischen Retablos aus Sant Miquel de Cruïlles von Borrassà bzw. aus Púbol von Martorell herausragen.

Call

An der Freitreppe beginnt die Carrer de la Força. Zu ihren beiden Seiten lag das ehemalige Judenviertel, genannt »Call«. Sechshundert Jahre lang besaß Girona eine bedeutende jüdische Gemeinde; deren letzte Mitglieder, schon lange zuvor drangsaliert (so durften sie keine Fenster zur Carrer de la Força öffnen), 1492 vertrieben wurden. An manchen Türrahmen bemerkt man einen Hohlraum: Hier lag die Mezuzah, ein Pergament mit Lobpreisungen Gottes, das beim Betreten kurz berührt wurde. An der Força dokumentiert im Gebäude eines einstigen Kapuzinerklosters das stadtgeschichtliche Museum die Vorgeschichte der Region und die Zeit der Industrialisierung.

Museu d'Història ►

Girona *Orientierung*

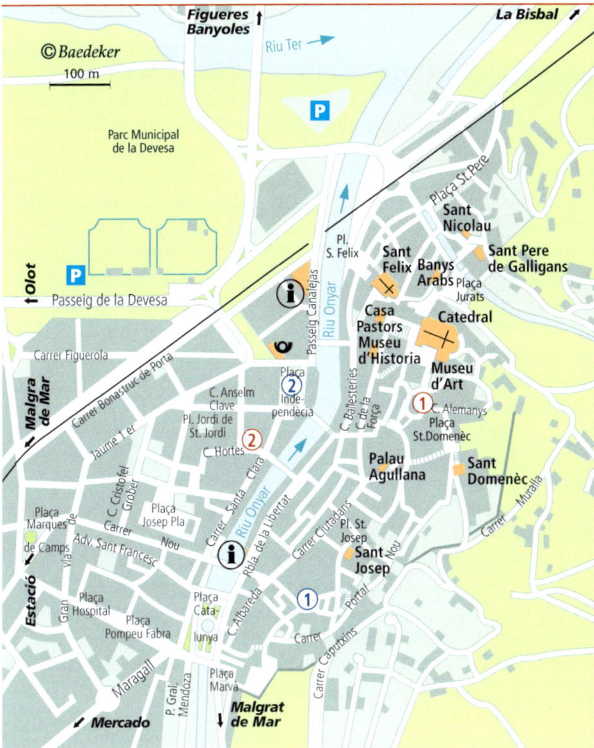

Essen

① La Penyora
② Mar Plaça

Übernachten

① Bellmiral
② Ciutat de Girona

Ebenfalls an der Força hat man auf den Fundamenten einer der Synagogen der Stadt das Jüdische Museum errichtet, das die Geschichte der Gironiner Juden dokumentiert. ◂ Jüdisches Museum

Els Banys Àrabs

Wenige Schritte vom Portal de Sobreportes gelangt man zu den aus fünf Räumen bestehenden sog. **Arabischen Bädern** (Banys àrabs). Sie wurden 1194, also lange nach der maurischen Herrschaft, wohl aus einer jüdischen Mikwe (rituelles Tauchbad) umgebaut und zeigen maurische und romanische Stilelemente.

Sant Pere de Galligants

Ein Brückchen führt über den kleinen Galligants zur romanischen Kirche Sant Pere de Galligants. Der wehrhafte Bau aus dem 12. Jh. war einst Teil eines Benediktinerklosters; bemerkenswert sind die Schmuckrosetten und das Bänderwerk im Rundbogenportal. Heute stellt hier das **Museu Arqueològic** die Geschichte der Stadt und der Region vor und zeigt dazu u. a. jüdische Grabsteine. Vom Museum führt der **Pasesig Arqueològic** hinauf zu den Stadtmauern.

Umgebung von Girona

Púbol Im knapp 20 km östlich an der C-255 gelegenen Weiler Púbol schenkte Salvador Dalí seiner Muse Gala das örtliche Schloss und gestaltete es aus, u. a. mit eigenhändig gemalten Gala-Initialen an den Türen und spinnenbeinigen Elefanten im Garten. Gala gestattete Dalí Besuche allerdings nur nach schriftlicher Anmeldung (Öffnungszeiten: Mitte März – Okt. tgl. 10.30 bis 18.00, Mitte Juni – Mitte Sept. 10.30 – 20.00 Uhr).

? WUSSTEN SIE SCHON ...?

- ... dass in der Remise des Casa-Museu Castell Gala Dalí der Cadillac steht, in dem Dalí seine tote Frau von Portlligat hier her chauffierte? Sie ist im Untergeschoss beigesetzt.

✶ Poblat Ibèric Einige Kilometer weiter, beim kleinen Ort Ullastret in der Mündungsebene des Riu Ter, trifft man auf das sog. Poblat Ibèric, eine ausgegrabene Iberersiedlung, die zu den **größten ihrer Art** im Nordosten Spaniens gehört. Sie wuchs vermutlich seit dem 7. Jh. v. Chr. heran; an der Wende vom 5. zum 4. vorchristlichen Jahrhundert stand die inzwischen wehrhaft ummauerte Stadt auf der Höhe ihrer Entwicklung. Doch die bereits übermächtig gewordene Konkurrenz der nahen griechischen Gründung Emporion (Empuriés, ► Costa Brava) läutete den Niedergang ein, so dass die Stadt im 2. Jh. v. Chr. aufgegeben wurde. Erhalten geblieben ist die durch sechs große Rundtürme verstärkte westliche Stadtmauer mit sechs Toren. Vom Tor 1 zieht die breite Straße 1 zur Oberstadt; links davon liegt der »Predis subirana« genannte Siedlungsbezirk. An einigen Stellen sind große Schächte senkrecht in den Boden getrieben, die wohl als Vorratskammern und Zisternen dienten. Im Bereich der Oberstadt wurden die Reste zweier Tempel freigelegt. Das **Museum** auf der höchsten Stelle der Oberstadt zeigt u. a. Ackergerät und Waffen aus iberischer Zeit sowie ein Modell des Grabungsgeländes, auch etliche menschliche Schädel, die teils von Exekutierten stammen, teils Trepanationsspuren aufweisen.

La Bisbal Zurück auf der C-255 kann man noch La Bisbal besuchen, ein **Zentrum der Keramikindustrie** mit einer Produktpalette von schlichter, ästhetischer Ware bis zum Kitsch. Die romanische Burg war einst Sitz der Bischöfe von La Bisbal.

Banyoles Die Kleinstadt **Banyoles** (Bañolas), 17 km nördlich von Girona, ist dank ihres Sees ein beliebtes Ausflugsziel. Im archäologischen Museum nahe der Plaça Major kann man den hier gefundenen Kiefer eines Menschen aus dem frühen Paläolithikum bewundern, allerdings nur die Kopie. Östlich außerhalb bewahrt die im 9. Jh. erbaute, durch französische Truppen 1655 zerstörte und danach klassizistisch wiederaufgebaute Kirche Sant Esteve ein sehr schönes gotisches Altarblatt, geschaffen zwischen 1437 und 1439 von Meister Joan Antigo. Westlich der Stadt breitet sich der Estany de Banyoles aus, der **größte natürliche Binnensee** Kataloniens. Hier wurden 1992 die olympischen Ruderwettkämpfe abgehalten. Man kann auf ihm aber auch weniger sportlich herumpaddeln oder ihn bis nach Porqueres umwandern, das ein romanisches Kirchlein aus dem 13. Jh. besitzt.

◄ Estany de Banyoles

Weiter auf der C-150 gelangt man nach 16 km von Banyoles nach Besalú am Riu Fluvià, einem sehr hübschen Städtchen mit mittelalterlichem Charakter. Er kommt am besten zum Ausdruck in der Plaça Llibertat und in der den Fluvià überspannenden, auf die Römer zurückgehenden Brücke. Sie wurde 1315 neu mit einem Wehrturm in der Mitte errichtet; zur Stadtseite sichert ein Tor mit Fallgitter den Zugang. Rechts der Brücke liegt das ehemalige jüdische Viertel mit der Mikwe, Relikt aus einer Zeit, als eine große jüdische Gemeinde hier lebte. Von den Kirchen Besalús sind die spätromanische Sant Vincenç mit den Reliquien des hl. Vinzenz von Besalú und vor allem die wuchtige, dreischiffige Sant Pere bemerkenswert. Die Säulen ihres Mittelfensters tragen figurenreiche Kapitelle und werden von zwei Löwenskulpturen flankiert. In der Casa Cornellà, einem romanischen Profanbau, sind Haus- und Ackergeräte ausgestellt.

★ **Besalú**

★ ◄ Mittelalterliche Brücke

Dem Himmel ein Stückchen näher: die Kirche von Castellfollit über dem Riu Fluviá

GIRONA ERLEBEN

AUSKUNFT

Oficina de Turismo
Joan Maragall, 2
17002 Girona
Tel. 972 97 59 75
www.girona.cat/turisme

STADTBESICHTIGUNG

Zu den wichtigsten Sehenswürdigkeiten führt der *Passeig Arqueològic.*

ESSEN

► Erschwinglich

② *Mar Plaça*
Plaza Independència, 3
Tel. 972 20 59 62
Restaurant mit erlesenen Fischgerichten und hervorragendem Service.

► Preiswert

① *La Penyora*
Calle Nou del Teatre, 3
Tel. 972 21 89 48
Hier wird schmackhafte regionale Küche zu vernünftigen Preisen serviert.

ÜBERNACHTEN

► Komfortabel

② *Ciutat de Girona*
Nord, 2
Tel. 972 48 30 38
www.hotel-ciutatdegirona.com
Das moderne Hotel liegt mitten im historischen Zentrum der Stadt. Im Restaurant werden internationale Gerichte serviert.

► Günstig

① *Bellmirall*
Calle Bellmirall, 3
Tel. 972 20 40 09
Die gemütliche kleine Pension mit sieben Gästezimmern findet man in der Nähe der Kathedrale.

La Garrotxa Östlich von Besalú beginnt die Landschaft Garrotxa, die der Riu Fluvià in eine nördliche und eine südliche Hälfte teilt. Letztere ist vulkanischen Ursprungs, was sich auch in der fantastischen Lage von Castellfollit (Castellfullit) 14 km westlich von Besalú zeigt: Der Ort klebt auf einem Basaltsporn fast 60 m über dem Riu Fluvià. Nahe der äußersten Felsspitze steht hoch über der Schlucht die alte Kirche. Wer Originelles sucht, sollte das **Wurstmuseum** der Metzgerfamilie Sala besuchen. Auch bei einer Wanderung zum 3 km entfernten Kloster Sant Joan les Fonts lernt man die eigentümliche Landschaft kennen.

✶ Castellfollit ►

Olot ► Die Industriestadt Olot, 6 km weiter, ist der Hauptort der Garrotxa. Was diese Landschaft hervorgebracht hat – Textilindustrie und die Landschaftsbilder der Malerschule von Olot, die auch fünfzehn Galerien im Ort anbieten –, ist das Thema im **Museu Comarcal de la Garrotxa**. Die Kirche Sant Esteve nennt ein Gemälde von El Greco ihr eigen; auch der Modernisme in Gestalt der Casa Sola-Morales von Lluis Domènech i Monataner ist vertreten.

Umgebung ►Costa Brava, ►Figueres, Vic (►Barcelona, Umgebung)

★ Granada

O 13

Provinz: Granada (GR)
Region: Andalusien

Höhe: 662 – 780 m ü. d. M.
Einwohnerzahl: 239 000

Allein der Name bezaubert: »Granada« klingt nach arabischen Nächten, duftet nach Mandel- und Orangenblüten und lässt von Märchen aus Tausendundeiner Nacht träumen. Auf der Alhambrahöhe thront, in der Abendsonne rot schimmernd, der wunderbare Alhambrapalast, einzigartiges Zeugnis und Höhepunkt maurisch-arabischer Baukunst in Europa.

Maurische Residenz

Die einstige maurische Königsresidenz, heute »nur« Provinzhauptstadt, liegt herrlich am Fuß der Sierra Nevada zwischen zwei Bergvorsprüngen, die zur fruchtbaren Vega des Río Genil steil abfallen. Der nördliche der beiden Hügelrücken ist der Albaicín, zugleich der ältere Teil von Granada; ihn trennt die tiefe Schlucht des Río Darro, der in der inneren Stadt unterirdisch verläuft und in den Río Genil mündet, von der Alhambrahöhe.

Geschichte

um 500 v. Chr.	Granada wird zum ersten Mal als iberische Siedlung erwähnt.
2. Jh. v. Chr.	Granada wird als Iliberis römische Siedlung.
711 n. Chr.	Granada fällt an die Mauren.
1031	Statthalter von Granada erklärt die Stadt und ihre Umgebung für unabhängig.
1238–1491	Hauptstadt des Sultanats der Nasriden
1491	Granada kommt im Frieden von Santa Fé an die Katholischen Könige.
20. Jh.	Erneuerung der Bewässerungsanlagen und Einführung neuer Kulturpflanzen

Granada ist vermutlich eine iberische Gründung. 711 n. Chr. fiel die Stadt in die Hände der Araber, die sie Gharnátha» nannten und auf dem Alhambrahügel ihre Burg erbauten. Nach dem Untergang des Kalifats von Córdoba war Granada unabhängig, dann regierte die Dynastie der Nasriden, die Granada zur reichsten Stadt der Iberischen Halbinsel machte. Sie erlebte eine 250 Jahre währende Blütezeit, bis die katholischen Könige sie einnahmen. Der Wiederaufstieg begann mit der Erneuerung der Bewässerungsanlagen in der Vega und der Einführung neuer Anbaugewächse zu Beginn des 20. Jh.s; heute ist der Tourismus die wichtigste Einnahmequelle der Stadt, in der sich mancher Bewohner auch wieder auf seine maurisch-islamischen Wurzeln besinnt.

✶✶ Alhambra und Generalife

Zugang Der Haupteingang mit Ticket-Schaltern und Großparkplatz liegt ganz im Osten des Burgberges. Man erreicht in mit Bussen der Linien 30 und 32 ab der Plaza Nueva oder mit dem Auto via Ronda del Sur. Etwas beschwerlicher ist der Weg zu Fu: Von der Plaza Nueva geht es bergan auf der Cuesta de Gomérez und dann auf dem Paseo Central unterhalb des Alhambra entlang. Wer schon ein Ticket hat, kan bereits den Eingang an der Puerta de la Justicia benutzen und spart sich den Weg zum Haupteingang.

Karten unbedingt im Vorverkauf besorgen! Wegen des starken Besucherandrangs sind die Eintrittskarten kontingentiert. Wer nicht schon morgens um 6.00 Uhr ansteht, hat so gut wie keine Chance, ein Ticket an der Tageskasse zu bekommen. Es empfiehlt sich also, den Vorverkauf (gegen Aufpreis) zu nutzen. Dazu gibt es mehrere Möglichkeiten: direkt an einem Geldautomaten von »La Caixa«, telefonisch per Kreditkarte bei »La Caixa« unter Tel. 902 88 80 01 (aus Spanien) bzw. 00 34/934 92 37 50 (aus dem Ausland) oder im Internet unter **www.alhambra-tickets.es** bzw. **www.alhambra.org**; auch die Rezeptionen von Hotels, Campingplätzen etc. sowie Reisebüros besorgen Tickets. Vorbestellte Karten können an einem Extraschalter (Taquilla de Reserva) gegen Vorlage der Registrierungsnummer und des Ausweises abgeholt werden. Auf den Karten ist ein halbstündiges Zeitfenster angegeben, innerhalb dessen der Zutritt in den Nasridenpalast erfolgen muss (die Besichtigungszeit ist nicht begrenzt); sie gelten für den Nasridenpalast, den Palast Karls V. (ohne Museen) und den Generalife. Für die übrigen Sehenswürdigkeiten gibt es keine Beschränkung.

Ein Traum aus Tausendundeiner Nacht: ...

★ **Alameda de la Alhambra**

Ob mit dem Bus oder zu Fuß, auf dem Weg zur Alhambra durchquert man zunächst die **Puerta de las Granadas**, den 1536 an Stelle eines maurischen Tors errichteten Haupteingang zum Alhambrapark (Alameda), der sich in einer Schlucht zwischen der Alhambrahöhe und dem Monte Mauror an den Abhängen hinaufzieht. Rechts oberhalb erblickt man das älteste Festungswerk Granadas, die Torres Bermejas aus dem 13. Jh., die auf einer noch älteren Festung erbaut sind. Beim Weitergehen sieht man links die mächtige Puerta de la Justicia, das einstige Eingangstor zur Alhambra, 1348 unter Jûsuf I. erbaut. Nun marschiert man weiter zum heutigen Eingang. Mit dem Auto fährt man die neue Zufahrt vom Río Genil aus hinauf.

NICHT VERSÄUMEN

- Sala de Embajadores, einer der reizvollsten Räume mit prächtiger Zedernholzkuppel
- Sala de los Abencerrajes mit beeindruckender Stalaktitenkuppel
- Patio de los Leones mit Löwenbrunnen

★★ **Palacio Nazaríes (Palast der Nasriden)**

Der Wohnsitz der maurischen Nasriden wurde unter Jûsuf I. (reg. 1333–1354) begonnen und unter Mohammed V. (reg. 1354–1391) größtenteils vollendet. Die Araber nannten die von turmreichen Mauern umschlossene Burg nach der Farbe des Baumaterials Medinat al-hambrá (rote Stadt). Wie alle maurischen Profanbauten sind auch die Palastanlagen äußerlich unscheinbar. Ihre künstlerische Bedeutung liegt vor allem in der überaus reichen Dekoration, ein Höhepunkt maurischer Kunst. Die Raumaufteilung, ein **treffliches Beispiel für den islamischen Palastbau**, gliedert sich in drei Abschnitte: den für öffentliche Rechtsprechung und Versammlungen bestimmten

... die Alhambra

Highlights Granada und Umgebung

Alhambra
Weltkulturerbe mit dem märchenhaft schönen Palast der Nasriden
► Seite 386

Generalife
Früher der bezaubernde Park der Könige, heute schattige Oase für alle
► Seite 392

Catedral
In der Capilla Real des bedeutendsten Renaissance-Gotteshauses Andalusiens sind die Katholischen Könige beigesetzt, in der Sakristeisind weltberühmte Gemälde und Skulpturen zu sehen.
► Seite 392

Albaicín
In diesem Altstadtquartier spürt man die maurische Vergangenheit noch sehr deutlich.
► Seite 398

Guadix
Einzigartig sind die in den Tuffstein gegrabenen Höhlenwohnungen.
► Seite 400

Mexuar, den eigentlichen Königspalast (Diwán oder El Serrallo) und schließlich die Frauengemächer (Harim oder Harem), in denen sich das private Leben der Monarchen abspielte. Alle Räume münden, wie schon im alten griechisch-römischen Haus üblich, auf einen Hof, der im Diwán mit einem größeren Wasserbecken (Myrtenhof), im Harim mit einem Springbrunnen (Löwenbrunnen) versehen ist.

✶ **Palacio de Carlos V**

Den Palast Karls V. ließ der Kaiser sich ab 1526 von Pedro Machuca erbauen. Er wurde aber nie fertig gestellt. Finanziert wurde er von einer den in Granada gebliebenen Mauren auferlegten Sondersteuer. Mit seiner nüchternen Fassade ist das Bauwerk das **bedeutendste Beispiel der spanischen Hochrenaissance**. Vollendet ist außer den Fassaden der innere Säulenhof, ein zweistöckiger Rundbau mit dorischen Säulen in der ersten und ionischen in der zweiten Galerie.

Museo de la Alhambra ►

Im Erdgeschoss stellt das Museo de la Alhambra zahlreiche maurisch-arabische Stücke aus, darunter vieles aus der Alhambra, u. a. Glas, Keramik, Schmuckfriese und als Glanzstück die mit Emailmalerei versehene, 1,30 m hohe Alhambra-Vase (»Jarro de la Alhambra«) aus dem Jahr 1320 (Öffnungszeiten: Di. – Sa. 9.00 – 14.00 Uhr).

Museo Provincial de Bellas Artes ►

Im oberen Stockwerk des Palastes ist das Museo Provincial de Bellas Artes eingerichtet, das sich vor allem Künstlern der Schule von Granada widmet. Es zeigt Skulpturen, darunter »Christi Begräbnis« von Jacobo Florentino, »San Juan de Dios« von Alonso Cano sowie Figuren von Pedro de Mena und Diego de Siloé. Auch als Maler ist Alonso Cano zahlreich vertreten, hinzu kommen Werke von Fray Juan Sanchez Cotán, der in der Cartuja lebte, Pedro de Raxis, Pedro Anastasio Bocanegra, Juan Ramírez, Juan de Sevilla u. a. (Öffnungszeiten: Di. 14.30 – 20.00, Mi. – Sa. 9.00 – 23.00, So. 9.00 – 14.30, im Winter Di. 14.30 – 20.00, Mi. – Sa. 9.00 – 20.30, So. 9.00 – 14.30 Uhr).

Alhambra und Generalife Orientierung

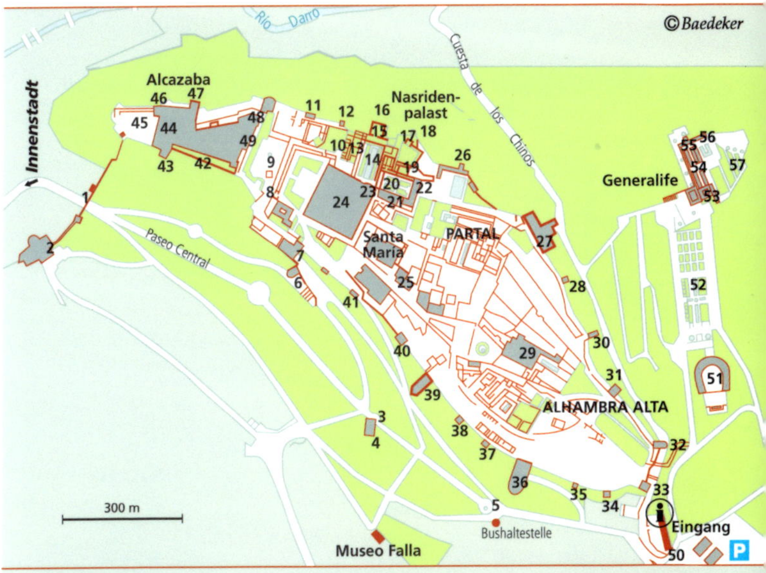

1 Puerta de las Granadas (Granatapfeltor)
2 Torres Bermejas (Rote Türme)
3 Fuente del Tomate (Tomatenbrunnen)
4 Monumento a Ganivet (Denkmal für den Granadiner Schriftsteller)
5 Fuente del Pimiento (Paprikabrunnen)
6 Pilar de Carlos V (Säule Karls V.)
7 Puerta de la Justicia (Tor der Gerechtigkeit)
8 Puerto del Vino (Weintor)
9 Plaza de los Aljibes (Platz der Zisternen)
10 Patio de Machuca
11 Torre de las Gallinas (Hühnerturm)
12 Torre de los Puñales (Turm der Dolche)
13 Mexuar (ehem. Audienzsaal)
14 Patio de los Arrayanes (Myrtenhof)
15 Salón de Embajadores (Saal der Botschafter)
16 Torre de Comares
17 Habitaciones de Carlos V (Gemächer Karls V.)
18 Tocador de la Reina (Ankleidezimmer)
19 Sala de las Dos Hermanas (Saal der beiden Schwestern)
20 Patio de los Leones (Löwenhof)
21 Sala de los Abencerrajes (Saal der Abencerrajen)
22 Sala de los Reyes (Saal der Könige)
23 Krypta
24 Palacio de Carlos V (Palast Karls V.)
25 Baños (Bäder)
26 Torre de las Damas
27 Torre de los Picos (Turm der Zinnen)
28 Torre del Cadí
29 Parador de San Francisco
30 Torre de la Cautiva (Turm der Gefangenen)
31 Torre de las Infantas (Turm der Infantinnen)
32 Torre del Cabo de la Carrera (Turm am Ende der Rennbahn)
33 Torre del Agua (Wasserturm)
34 Torre de Juan de Arce
35 Torre de Baltasar de la Cruz
36 Torre de Siete Suelos (Turm der sieben Stockwerke)
37 Torre del Capitán (Hauptmannsturm)
38 Torre de las Brujas (Hexenturm)
39 Torre de las Cabezas (Turm der Köpfe)
40 Torre de Abencerrajes (Turm der Abencerrajen)
41 Puerta de los Carros (Tor der Fuhrwerke)
42 Jardines de los Adarves (Wehrganggärten)
43 Torre de la Pólvora (Pulverturm)
44 Torre de la Vela (Wachturm)
45 Baluarte (Vorwerk)
46 Torre de los Hidalgos (Turm der Edelleute)
47 Torre de las Armas (Waffenturm)
48 Torre del Homenaje (Turm der Huldigung)
49 Torre Quebrada (Zerbrochener Turm)
50 Eingang zur Alhambra und zum Generalife
51 Theater
52 Jardines nuevos (Neue Gärten)
53 Pabellón Sur (Südpavillon)
54 Patio de la Acequia (Wasserbeckenhof)
55 Pabellón Norte (Nordpavillon)
56 Patio de la Sultana (Hof der Sultanin)
57 Jardines altos (Obere Gärten)

ALHAMBRA

★★ **Der Name Alhambra leitet sich ab vom arabischen Kala al-Hamra, was »Rote Burg« bedeutet, denn ihre Mauern und Türme erstrahlen im Licht der Abendsonne rot. Mit Alhambra ist nicht nur der Palast der Nasriden, die schönste arabische Palastanlage Europas, sondern die gesamte Anlage mit dem Palast Karls V., der Alcazaba und letztlich auch dem Gartenpalast Generalife gemeint.**

Öffnungszeiten:
März – Okt. tgl. 8.30 – 20.00, Nov. – Feb. tgl. 8.30 – 18.00; Nächtliche Besuche (nur Nasridenpalast): März – Okt. Di. – Sa. 22.00 – 23.30, Nov. – Feb. Fr., Sa. 20.00 – 21.30 Uhr

① Mexuar

Im Wohnsitz der Könige von Granada diente der Mexuar des Nasridenpalastes der öffentlichen Rechtsprechung und Versammlungen. Karl V. baute ihn zur Kapelle um.

② Diwan oder Serail

Das Serail bezeichnete den eigentlichen königlichen Palast: Hier befindet sich der Patio de los Arrayanes (Myrtenhof) mit einem größeren Wasserbecken, das von Myrten eingefasst ist.

③ Harem

In den Frauengemächern spielte sich das Privatleben ab. Im Zentrum: der Patio de los Leones (Löwenhof) mit dem Löwenbrunnen.

④ Patio de Mexuar

An den Mexuar schließt sich als Bindeglied zum Myrtenhof der Patio de Mexuar an, der sich durch seine Marmor- und Azulejoverkleidungen in warmen Tönen auszeichnet, was besonders im Cuarto Dorado (»Goldenes Zimmer«) und an der zum Myrtenhof liegenden Fassade zur Geltung kommt.

⑤ Torre de Comares und Sala de Embajadores

Mit 45 m ist die Torre de Comares der höchste Turm der Burg. Im Erdgeschoss fanden in der 11 m im Quadrat messenden und 18 m hohen Sala de los Embajadores (Saal der Gesandten) die Audienzen statt. Dank seiner prächtigen Zedernholzkuppel und der Ornamentik aus über 150 verschiedenen floralen und geometrischen Mustern sowie Koranversen gehört der Raum zu den schönsten der Alhambra. Der Thron des Herrschers stand dem Eingang gegenüber, sodass von drei Seiten Licht auf ihn fiel, während die Eintretenden ihn nur im Gegenlicht sahen, er sie jedoch genau erkennen konnte.

⑥ Sala de la Barca

Der Torre de Comares vorgebaut ist die Halle aus sieben Arkaden. Ihr Name ist entweder von der schiffsförmigen Artesonadodecke aus Zedernholz oder vom arabischen »baraka« (Segen) herzuleiten. Hier versammelten sich die Gesandten am Hof von Granada vor der Audienz.

⑦ Sala de los Reyes

Der Raum ist von fünf hohen Stalaktitenkuppeln überwölbt. Als große Seltenheit erweisen sich hier drei auf Leder gemalte und auf Holz aufgezogene höfische Szenen, verbietet der Islam normalerweise doch bildliche Darstellungen. Zu sehen sind eine Ratsbesprechung zehn prächtig gekleideter Männer (daher der Name »Saal der Könige«), eine Jagdszene sowie die Befreiung eines Mädchens aus der Gewalt eines Wilden.

⑧ Tocador de la Reina

Das »Ankleidezimmer der Königin« ist einer der anmutigsten Räume des Palasts: Er wurde als aussichtsreicher Mirador angelegt und von Isabella der Katholischen und den Gemahlinnen Karls V. und Phillips II. benutzt.

⑨ Torre de las Damas

Sie ist mehr Zierbau als Festung und einer der ältesten Bauten des Nasridenpalasts, errichtet unter Mohammed III. Anfang des 14. Jh.s.

⑩ Palast Karls V.

Insgesamt macht das mächtige Quadrat von 63 m Seitenlänge einen strengen Eindruck, der sich im Innenhof, einem 31 m durchmessenden zweistöckigen Rundbau mit dorischen Säulen in der ersten und ionischen in der zweiten Galerie, noch verstärkt. Im Erdgeschoss stellt das Museo de la Alhambra zahlreiche maurisch-arabische Stücke aus. Das Museo Provincial de Bellas Artes im oberen Stockwerk stellt vor allem Künstler der Schule von Granada vor.

Alcazaba Wie ein Schiffsbug ragt die Alcazaba von der Höhe zur Stadt hinaus, die unter Mohammed I. im 13. Jh. begonnene ältere Königsburg, von deren ursprünglichem Bau nur die Umfassungsmauern mit den gewaltigen Türmen übrig sind. Die Puerta de la Alcazaba führt in die Wehrgänge Jardín de los Adarves an der Südflanke der Burg; von dort hat man eine schöne Aussicht auf die Stadt. Einen noch umfassenderen Blick bietet die sich am Westende der Terrasse erhebende 26 m hohe Torre de la Vela.

✶ ✶ Blick vom Torre de la Vela ►

✶ **Türme** Bei einem Spaziergang durch die Alhambra alta, die oberen Gärten, kann man einen näheren Blick auf einige der Türme werfen. Östlich vom Alhambrapalast erhebt sich die Torre de las Damas, ein Festungsturm mit anschließender Bogenhalle, einem Wasserbecken und einer kleinen Moschee. An der Torre de los Picos (»Zinnenturm«) vorbei geht man zur Torre del Candil; rechts erblickt man den ehemaligen Convento de San Francisco, das 1495 aus einem arabischen Palast umgebaute älteste Kloster Granadas, heute Parador Nacional. Es folgt die Torre de la Cautiva (»Turm des Gefangenen«), die einen kleinen Patio und einen prächtig dekorierten Hauptraum besitzt. Weiter zur Torre de las Infantas mit einer reich ausgestatteten Halle; von der oberen Plattform genießt man eine weite Aussicht. Am Ostende des Alhambrahügels liegt die Torre del Agua mit dem Sammelbecken für die Wasserleitung der Alhambra. An der Südseite ist vor allem der Turm der Puerta de los Siete Suelos (Tor der sieben Stockwerke) interessant.

✶ **Generalife** Der Alhambra östlich gegenüber erstreckt sich am Abhang des Cerro del Sol der Palacio del Generalife (arab. »djennat al-Arif« = »Garten des Architekten«), der 1319 unter Ismail I. vollendete **Sommersitz der Könige**. Vom Außentor am Ostende der Alhambrabauten erreicht man auf einer schönen Zypressenallee, dem Paseo de los Cipreses, das im 16. Jh. entstandene Eingangsgebäude. Dahinter tritt man in den mit Myrten- und Lorbeerhecken sowie Orangenbäumen bepflanzten Hof, der von der Acequia del Generalife durchflossen wird. Von dort tritt man in die Sala de los Reyes, von deren Nebenraum ein Balkonfenster einen prachtvollem Blick auf die Alhambra und das Darrotal bietet; eine weitere Rundsicht bietet der Mirador über dem Saal. Östlich oberhalb des Hauptgebäudes erstreckt sich am Berghang der Park, der mit seinen Terrassen, Grotten, Blumenbeeten, Wasserspielen und Hecken an die Gärten italienischer Renaissancevillen erinnert.

Innenstadt und Albaicín

✶ **Catedral** Die Kathedrale Santa María de la Encarnación ist das Siegesdenkmal des christlichen Spaniens in Granada und der **schönste kirchliche Renaissancebau** des Landes. Sie wurde von Enrique Egas 1523 gotisch begonnen, 1525 von Diego de Siloé in platereskem Stil weitergeführt und 1561 unvollendet geweiht. Die gewaltige Westfassade (1667) stammt von Alonso Cano und seinem Nachfolger; über der Puerta Principal (Hauptportal) sieht man ein großes Relief von José Risueño (1717). An der Nordwestseite findet man die Portale Puerta de San Jerónimo mit Bildwerken von Siloé, Maeda u. a. sowie die reich dekorierte, 1537 vollendete Puerta del Perdón.

Man betritt die Kathedrale durch das Nebenportal an der Plaza de Pasiegas rechts vom Hauptportal. Der Innenraum aus fünf Langschiffen und einem Querschiff kam erst nach 1703 zum Abschluss und ist mit Skulpturen und Gemälden, zumeist von Alonso Cano und Juan de Sevilla, reich ausgestattet.

! *Baedeker* TIPP

Alhambra im Mondlicht

»Es fehlen dem größten Dichter die Worte, um eine Mondnacht unter solchem Himmel und in derart herrlicher Umgebung würdig und wahr schildern zu können«, schrieb Washington Irving zutreffend: Abends durch die Gemächer des erleuchteten Nasridenpalasts zu schlendern und dem sanften Gemurmel der Brunnen zu lauschen, ist in der Tat ein unvergessliches Erlebnis.

★ ◄ Capilla Mayor

Großartig die 47 m hohe, von einer Kuppel überwölbte Capilla Mayor mit ihren Glasgemälden aus dem 16. Jh. und sieben großen Gemälden von Alonso Cano darunter; an den Pfeilern des Eingangsbogens die Statuen der Katholischen Könige von Pedro de Mena und darüber von Alonso Cano die Köpfe von Adam und Eva. Die Bronzestatuen der Apostel stammen von 1614. Der kostbare Kirchenschatz, dessen Hauptstücke eine große silberne Custodia und flämische Wandteppiche sind, kann in der äußersten Nordwestecke der Kathedrale im ehemaligen Kapitelsaal besichtigt werden. Im rechten Seitenschiff befindet sich das heute geschlossene, prachtvolle gotische Portal zur Capilla Real.

◄ Sagrario

An die Südostseite der Kathedrale wurde an Stelle der ehemaligen Hauptmoschee 1705–1759 das Sagrario erbaut; die Lonja, die ehemalige Börse mit schöner Loggia (1518–1522), blieb unangetastet.

★★ **Capilla Real**

Über die Lonja gelangt man in die Capilla Real, die spätgotische Grablege der Katholischen Könige, zwischen 1506 und 1521 an die Südseite der Kathedrale angebaut. Ein überaus kunstfertiges Gitter von Bartolomé de Jaén trennt die Grabkapelle mit den reich verzierten Grabmälern ab: rechts Ferdinand († 1516) und Isabella († 1504) von dem Florentiner Künstler Domenico Fancelli 1522 in Carrara-Marmor gearbeitet, links Philipp der Schöne († 1506) und Johanna die Wahnsinnige († 1555) von Bartolomeo Ordóñez. Dahinter erhebt sich der große Flügelaltar von Felipe Vigarny mit den Statuen der Katholischen Könige von Diego de Siloé. In den beiden Querschiffen haben reich verzierte, geschnitzte Reliquienaltäre von Alonso de Mena (1623) ihren Platz gefunden; im linken Querschiff auch das berühmte **»Passionstriptychon«** von Dierik Bouts. Auf einigen Stufen geht man abwärts zur Krypta, wo in einfachen Bleisärgen die sterblichen Überreste der Herrscher und Prinzen ruhen.

GRANADA ERLEBEN

AUSKUNFT

Centro Municipal de Recepción Turística
Virgen Blanca, 9
(Parque Frederico García Lorca)
18071 Granada
Tel. 902 40 50 45
www.granadatur.com

TOURIST CARD

Mit dem Touristenpass »Bono turistico« für 30 Euro hat man fünf Tage lang freien Eintritt in die wichtigsten Sehenswürdigkeiten sowie freie Fahrt in den Stadtbussen und erhält Ermäßigungen bei teilnehmenden Hotels und Restaurants.

VERANSTALTUNGEN

Semana Santa
Ein festlicher Höhepunkt in der Karwoche ist die Prozession zum Sacromonte am Gründonnerstag.

Corpus Cristi (Fronleichnam)
Das größte Fest der Stadt mit Prozession, Flamenco und Corridas dauert mehrere Tage.

Internationales Musik- und Tanzfestival
Ende Juni/Anfang Juli: Bedeutendstes spanisches Festival für klassische und zeitgenössische Musik und Ballett; Aufführungen auch im Freilichttheater des Generalife.

Festival de Jazz de Granada
November: Eines der bedeutendsten Festivals seiner Art in Europa.

SHOPPING

Granada ist berühmt für seine Gitarrenbauer und Intarsienschnitzer. Haupteinkaufsstraßen sind die *Calle Reyes Católicos* und der Gran Vía de Colón, ein Bummel lohnt sich auch in der *Cuesta de Gómerez*, in der Cuesta de Chapiz und in der C. Real de la Alhambra. Die Straße der Antiquitätengeschäfte ist die *C. Elvira.*

ESSEN

► Erschwinglich

① ***Arrayanes***
Cuesta Marañas, 4
Tel. 958 22 84 01
Beste marokkanische Küche in orientalischem Ambiente.

④ ***Chikito***
Plaza del Campillo, 9
Tel. 958 22 33 64
Klassiker bei Touristen und Einheimischen; andalusische Küche.

⑦ ***Mesón El Trillo***
Callejón del Aljibe de Trillo, 3
Tel. 958 22 51 82
Hervorragende baskisch-andalusische Küche in einer wunderschönen Villa mit Garten auf dem Albaicín.

⑧ ***Mirador de Morayma***
Pianista García Carrillo, 2
Tel. 958 22 82 90
Restaurant mit Garantie für einen gelungenen Abend: in einem typischen Carmen (= Villa mit Garten) auf dem Albaicín mit herrlichem Blick auf die Alhambra genießt man vorzügliche granadinische Küche. Gelegentlich Flamenco-Darbietungen

► Preiswert

③ ***Castañeda***
C. Almíreceros, 1 (bei Plaza Nueva)
Tel. 958 22 32 22
Die beiden geschmackvoll eingerichteten Lokale – eine Bodega und eine Destilería – sind wahrlich eine Institution.

② ***Bodegas La Mancha***
Joaquín Costa, 10
Tel. 958 22 89 68
Tapas-Tempel nahe der Plaza Nueva, große Auswahl.

⑥ ***Horno de Santiago***
Plaza de los Campos, 8
Tel. 958 22 34 76
Andalusische Küche zu Füßen der Alhambra (im August geschlossen).

ÜBERNACHTEN

▸ Luxus

⑤ ***Parador Nacional San Francisco***
Real de la Alhambra, s / n
Tel. 958 22 14 40
www.parador.es
Einer der schönsten, wenn nicht gar der schönste Parador überhaupt: einmalige Lage im alten Franziskanerkloster in den Alhambra-Gärten. Unbedingt nach Zimmern mit Blick auf die Alhambra fragen.

▸ Komfortabel

① ***Alhambra Palace***
Plaza Arquitecto García de Paredes, 1
Tel. 958 22 14 68
www.h-alhambrapalace.es
Gepflegte Herberge in maurischem Stil direkt an der Alhambra; macht von außen nicht unbedingt viel her, dafür aber gibt es eine schöne Aussicht auf Stadt und Alhambra.

④ ***Palacio de Santa Inés***
Cuesta de Santa Inés, 9
Tel. 958 22 23 62
www.palaciosantaines.com
Stadtpalast aus dem 16. Jh. am Fuß des Albaicín mit schönem Blick hinauf zur Alhambra.

▸ Günstig

② ***Casa »Los Naranjos«***
Barranco de los Naranjos, 10
Tel. 958 22 51 27
www.guiaruralcom/casas
Mal was anderes: Zwei authentische Höhlenwohnungen für maximal sechs Personen auf dem Sacromonte.

③ ***Los Angeles***
Cuesta Escoriaza, 17
Tel. 958 22 14 23
www.hotellosangeles.net
Hotel in der Nähe der Alhambra, alle Zimmer mit Balkon, Pool im Garten.

⑥ ***Pensión Rodri***
Laurel de las Tablas, 9
Tel. 958 28 80 43
Gut geführte Pension in der Altstadt. Der Besitzer spricht Deutsch.

⑦ ***Reina Cristina***
Calle Tablas, 4
Tel. 958 25 32 11
www.hotelreinacristina.com
Freundliche Herberge in der Nähe der Kathedrale.

★ ★ ◂ Museum in der Capilla Real

Die Sakristei bewahrt hervorragende Kunstschätze, so Gemälde von Botticelli (»Christus am Ölberg«), Rogier van der Weyden (»Pietà«), Hans Memling (»Kreuzabnahme«) u. a., die polychromen Holzskulpturen der betenden Katholischen Könige von Felipe Vigarny und persönliche Gegenstände des Königspaars wie das Schwert Ferdinands, Krone und Szepter Isabellas sowie beider Messbuch (Öffnungszeiten: Mo. – Sa. 10.15 – 13.30 u. 16.00 – 19.30, So., Fei 11.00 bis 13.30 u. 15.30 – 19.30 Uhr; Heilige Messen: So., Fei. 10.00, Mo. bis Sa. 9.30 Uhr).

Granada Orientierung

Essen
1. Arrayanes
2. Bodegas La Mancha
3. Castañeda
4. Chikito
5. Galatino
6. Horno de Santiago
7. Mesón del Trillo
8. Mirador de Morayma

Übernachten
1. Alhambra Palace
2. Casa »Los Naranjos«
3. Los Angeles
4. Palacio de Santa Inés
5. Parador San Francisco
6. Pensión Rodri
7. Reina Cristina

Madraza Der Capilla Real gegenüber steht die Madraza, heute zwar barock, doch eigentlich das Gebäude der 1349 von Jusuf I. gegründeten arabischen Universität.

Das Grabmal der Katholischen Könige in Granada

Plaza de Bib-Rambla

Vorbei am Erzbischöflichen Palast gegenüber der Kathedrale kommt man zur Plaza de Bib-Rambla, vom Fuente de los Gigantones geschmückt und umgeben von Bars und Restaurants. Der Name stammt vom maurischen Stadttor Bâb ar-Ramia. Zwischen ihr und der Kathedrale verbreiten die Läden in der Alcaicería ein wenig von der Atmosphäre eines arabischen Souk.

*** Corral del Carbón**

Der Corral del Carbón (14. Jh.) östlich der Kathedrale ist die **einzige erhaltene Karawanserei** in Spanien. Nach der Vertreibung der Mauren 1531 diente er als Kohlenlager, später als Theaterbühne und Wohnhaus. Heute ist hier ein Geschäft für gehobenes Kunsthandwerk untergebracht.

Casa de los Tiros

In diesem Gebäude aus dem 16. Jh. zeigt das Museo de Historia y Artesanía Gegenstände aus der Geschichte Granadas.

*** Plaza Nueva**

Unweit nordöstlich der Kathedrale trifft man sich abends in einer der Bars auf der Plaza Nueva. Hier steht die 1531–1587 erbaute Audiencia (Gerichtshof) mit zweistöckigem Arkadenhof und prächtiger Treppe mit schöner Holzdecke.

Am Río Darro

Am Nordostende der Plaza Nueva markiert die Kirche Santa Ana, ein 1541–1548 errichteter Renaissancebau mit platereskem Portal und minarettartigem Turm von 1563, die Stelle, wo der Río Darro in den Untergrund fließt. Hier beginnt die **Carrera del Darro**, eine der ältesten Straßen Granadas, von der man wunderbare Ausblicke auf die Alhambra hat. Auch hier am Fluss entlang wechseln sich Bars und Restaurants ab – kaum ein schönerer Ort für einen andalusischen Sommerabend.

◄ Bañuelo

◄ Casa de Castril, Museo Arqueológico

Man kommt am Bañuelo (Nr. 31) vorbei, einem maurischen Bad aus dem 11. Jh., von dem noch der Umkleideraum und drei von maurischen Bögen getragene Badesäle geblieben sind. Der weitere Weg führt zur Casa de Castril, einem Renaissancebau, dessen platereskes Portal wohl Diego de Siloé entworfen hat. Hier zeigt das Museo Arqueológico außer prähistorischen, iberischen und maurischen Stücken auch einige hervorragende ägyptische Vasen.

Auch über 500 Jahre nach dem Ende der maurischen Herrschaft kann der Albaicín seinen maurischen Ursprung nicht verleugnen.

Sacromonte

Am Ende der Carrera del Darro zweigt bergauf die Cuesta del Chapiz ab. Die Casa del Chapiz, ein schönes Beispiel für ein Wohnhaus einer wohlhabenden Moriskenfamilie im 16. Jh., markiert die Abzweigung des Camino del Sacromonte. Dieser Weg führt – vorbei an zahllosen ehemaligen **Höhlenwohnungen**, in denen seit 1532 in Granada nachweisbar Gitanos wohnen – zum einstigen Benediktinerkloster Sacromonte aus dem 12. Jh.

★★ **Albaicín**

★★ Aussicht von San Nicolás ▶

Von der Cuesta del Chapiz oder einer früheren Abzweigung der Carrera del Darro steigt man hinauf in die malerischen Gassen des arabischen Viertels Albaicín, das noch am deutlichsten die Atmosphäre des maurischen Granada atmet. Vom Vorplatz der 1525 erbauten Kirche **San Nicolás**, dem Herz des Albaicín, genießt man die grandiose, oft gemalte und fotografierte Aussicht auf die Alhambra vor dem Hintergrund der Sierra Nevada (es fahren auch Busse von der Plaza Nueva und von der Alhambra direkt hierher).

Muralla árabe ▶

Von der nahen Puerta Nueva zieht sich ein gut erhaltener Teil der arabischen Stadtmauer (»Muralla árabe«) hin zur Puerta Monaitia. Den besten Blick auf sie hat man von der Cuesta de la Alhacaba, die zur Plaza de Triunfo führt. Hier steht das einstige **Haupttor Granadas**, die Puerta de Elvira, die auf das 9. Jh. zurückgeht.

Weitere Sehenswürdigkeiten

Hospital Real

Von der Plaza del Triunfo geht man nördlich zur Cartuja. Zunächst kommt man am Hospital Real vorbei, einem 1504–1522 nach Plänen von Enrique Egas errichteten Renaissancegebäude.

✶ **La Cartuja**

Nach ca. 1 km erreicht man das 1516 gegründete Kartäuserkloster La Cartuja. Dessen Kirche wurde im 17. Jh. überschwänglich barock gestaltet. Die Deckengemälde schuf Pedro Anastasio Bocanegra; Höhepunkt ist jedoch die **Sakristei** von Luis de Arévalo, der hier seiner Fantasie in überreichen Stuckornamenten freien Lauf ließ.

Hospital San Juan de Dios

Von der Plaza del Triunfo kommt man südwestlich zum Hospital San Juan de Dios. In der in reichem Barock ausgeschmückten Kirche ist hinter dem überdimensionalen Retablo der hl. Juan de Dios begraben, der 1552 das Hospital gründete.

Convento de San Jerónimo

Unweit südwestlich liegt der Convento de San Jerónimo, 1492 gegründet. Die ganz mit Wandmalereien des 18. Jh.s bedeckte Kirche birgt unter der Capilla Mayor das Grab des Gran Capitán Gonzalo Fernández de Córdoba († 1515); beiderseits des Hauptaltars (nach 1570) die knienden Statuen Gonzalos und seiner Gemahlin.

Universität

Durch die südöstliche Calle de la Duquesa gelangt man zum im 18. Jh. erbauten ehemaligen Jesuitenkollegium, das eine schöne Barockfassade besitzt. Seit 1759 hat die Universität hier ihren Sitz.

✶ **Huerta de San Vicente**

Die Familie des jungen **Frederico García Lorca** (► Berühmte Persönlichkeiten) verbrachte in diesem Landhaus im Südwesten der Stadt die Sommer. Die teils noch original eingerichtete Villa in einem schönen Rosengarten ist heute als Museum zugänglich.

✶ **Parque de las Ciencias**

An der Avenida Mediterranéo lädt Granadas neueste Attraktion zu einem Besuch ein: der als **interaktives Museum** konzipierte **Wissenschaftspark** mit Biosphären-Halle, Eureka-Halle, Schmetterlingshaus, Ölmühler, Planetarium, astronomischem Garten, Aussichtsturm und vielen weiteren Attraktionen (Öffnungszeiten: Di. – Sa. 10.00 – 19.00, So., Fei. 10.00 – 15.00 Uhr).

Umgebung von Granada

Las Alpujarras

Von der N-323 Richtung Süden zweigt die A-348 in den für sein Mineralwasser bekannten **Kurort Lanjarón** ab. Hier, im Schatten der ► Sierra Nevada, beginnen die wildromantischen Alpujarras. In diese Bergwelt zogen sich, bis zu ihrer endgültigen Vertreibung unter Philipp II., die aus Granada geflohenen Mauren zurück und legten heute noch benutzte Terrassen für Oliven, Zitrusfrüchte und Gemüse an. Einer der entlegensten, aber für seinen wunderbaren Schinken auch bekanntesten Orte hier ist **Trévelez**.

Vega de Granada

◄ Alhama de Granada

Im Vorort Armilla verlässt man die N-323 und folgt der A-338 zum 54 km entfernten Alhama de Granada (960 m ü. d. M.) Die hoch über dem Flüsschen Alhama in der Vega de Granada gelegene alte maurische Feste ist dank ihrer **Schwefelthermen** ein bedeutender Kurort.

Loja ► Diego de Siloé schuf den Turm der Stiftskirche. Via A-335 und A-92 erreicht man Loja. Vom Lôscha der Mauren ist noch die Burgruine erhalten; bemerkenswertestes Zeugnis aus der Zeit nach der Rückeroberung 1224 ist die Kirche San Gabriel aus dem 16. Jh. mit Portal und Kuppel von Diego de Siloé.

Santa Fe ► Die A-92 läuft östlich am Hang des Tales des Río Genil entlang zurück nach Granada. Wenige Kilometer vor Granada kommt man durch Santa Fe (580 m ü. d. M.), das auf Befehl von Königin Isabella 1491 zur Belagerung Granadas als Hauptquartier in Form eines römischen Lagers erbaut wurde; von den einst vier Toren in der Mauer sind drei noch erhalten. In Santa Fe wurde 1491 die Kapitulation von Granada unterzeichnet; hier schloss man am 17. April 1492 mit Kolumbus den Vertrag für seine Entdeckungsreisen. Wenig nordwestlich von Santa Fe wurde in Fuente Vaqueros der Dichter Federico García Lorca (► Berühmte Persönlichkeiten) geboren, dessen Geburtshaus heute Museum ist.

Fuente Vaqueros ►

★ **Guadix**

Richtung Nordosten führt die A-92 von Granada in eine beinahe unwirklich erscheinende, hügelige Tuffsteinlandschaft in das 55 km von Granada entfernte Guadix (949 m ü. d. M.), wo der Gründer von Buenos Aires, Pedro de Mendoza, geboren wurde. Einzigartig sind die in den Tuff gegrabenen, noch heute von ca. 6000 Menschen bewohnten **Höhlenwohnungen** im Stadtteil Barrio de Santiago (Barriada de las Cuevas); wie es darin aussieht, erfährt man in einer »Museumshöhle« oder, hautnah, in einer der zu mietenden Höhlenwohnungen (Auskunft, Preise und Buchung beim Oficina de Turismo Guadix, Tel. 958 66 26 65, www.guadix.es). Die Kathedrale von Guadix (16. – 18. Jh.), mit mächtigem Turm und eigenwilliger Barockfassade, ist auf einer Moschee errichtet; an ihrem Bau war auch Diego de Siloé beteiligt. Sie besitzt ein schönes Chorgestühl und ein Museum für religiöse Kunst. Über der Stadt thronen die Reste der Alcazaba.

Höhlenwohnungen von Guadix

La Calahorra Südlich von Guadix (17 km) erreicht man abseits der Hauptstraße N-324 nach ► Almería die am Fuß der Sierra Nevada gelegene Burg La Calahorra (16. Jh.). Im Gegensatz zu ihrem schroffen Äußeren mit vier gewaltigen Rundtürmen steht der elegante Renaissancepatio.

Sierra Nevada ► dort

★ Guadalupe

K 10

Provinz: Cáceres (CC)
Region: Extremadura
Höhe: 640 m ü. d. M.
Einwohnerzahl: 2100

Das Dorf Guadalupe kennen alle Spanier als Heimat ihrer Nationalheiligen, der Jungfrau von Guadalupe. Dieses angeblich vom hl. Lukas geschaffene schwarze Madonnenbild will im frühen 14. Jh. ein Hirte hier in der Einsamkeit der Sierra de Guadalupe gefunden haben. Das altertümliche Dorf mit seinen engen Sträßchen und der Plaza Mayor mit ihrem gotischen Brunnen ist noch heute eines der religiösen Zentren Spaniens.

Jungfrau von Guadalupe

Alfons XI. stiftete 1340 nach der Schlacht von Salado das Kloster für die Verehrung der Heiligen Jungfrau von Guadalupe, das zunächst von Hieronymiten bewohnt war und dann aufgelöst wurde. Hier arbeitete auch eine **berühmte medizinische Fakultät**. Seit 1908 leben Franziskanermönche im Kloster. Die Verehrung der Madonnenfigur erreichte im 15. und 16. Jh. ihren Höhepunkt, als die Konquistadoren vor ihrer Abfahrt das Kloster aufsuchten und die Madonna zur Patronin der »Hispanidad« aufstieg, der geistigen Gemeinschaft der von den Spaniern eroberten Gebiete. Kolumbus nannte eine von ihm entdeckte Insel Guadalupe, die Nationalheilige Mexikos ist ebenfalls die Jungfrau von Guadalupe, die 1531 einem zum Christentum bekehrten Azteken erschienen sein soll; über 100 Orte in Lateinamerika und auf den Philippinen führen den Zusatz Guadalupe im Namen.

GUADALUPE ERLEBEN

AUSKUNFT

Oficina de Turismo
Plaza de Santa María de Guadalupe
10140 Guadalupe
Tel. 927 15 41 28
www.puebladeguadalupe.net

VERANSTALTUNGEN

Feste mit Prozessionen zu Ehren der *hl. Jungfrau von Guadalupe* am 8. u. 30. September sowie am 12. Oktober

ESSEN

▶ **Erschwinglich**

Mesón el Cordero
Convento, 11
Tel. 927 36 71 31
Hier kann bei berauschender Aussicht Deftiges genossen werden.

ÜBERNACHTEN

▶ **Günstig**

Hospedería Real Monastério
Plaza Juan Carlos I, s/n
Tel. 927 36 70 00
www.monasterioguadalupe.com
Praktisch: In der bedeutendsten Sehenswürdigkeit der Stadt kann man auch gleich übernachten: Im Kloster von Guadalupe gruppieren sich die Zimmer um einen schönen Innenhof.

In der Basilika von Guadalupe wird die Nationalheilige Spaniens verehrt.

★ Monasterio de Guadalupe

Öffnungszeiten: tgl. 9.00–13.00 und 15.30–18.30

An den Klosteranlagen, seit 1993 **Weltkulturerbe**, wurde vom 14. bis 18. Jh. gebaut, so dass kein einheitlicher Stil zu erkennen ist. Die von den Türmen Torre de Santa Ana und Torre de la Portería flankierte, gelb strahlende Fassade stammt aus dem 15. Jh.; zwei Bronzetüren mit Szenen aus dem Leben Jesu und der Jungfrau öffnen sich in die Klosterkirche.

★ **Klosterkirche**

Die Klosterkirche wurde im 14. Jh. begonnen und im 17./18. Jh. umgebaut. Den Skulpturenschmuck des barocken Retablos führten Giraldo de Merló und El Grecos Sohn Jorge Theotocopuli aus, die Gemälde stammen von Vicente Carducho und Eugenio Cáxes. Prächtige Gitter trennen die Seitenschiffe ab; das reiche Chorgestühl (1744) und die beiden Orgeln von Churriguera sind barock. Unter den zahlreichen Grabmälern findet man u. a. diejenigen von Heinrich IV. von Kastilien und seiner Mutter María von Aragón.

★ ★ Camarín ▶

Hinter der Capilla Mayor befindet sich der Camarín, der der Madonna von Guadalupe vorbehalten ist. Eine rote Jaspistreppe führt in den Rokokoraum, den neun Gemälde von Luca Giordano und Statuen biblischer Frauengestalten schmücken. An der der Capilla Mayor zugewandten Wand steht der neuzeitliche, mit Emailbildern versehene Thron (1953) der schwarzen Jungfrau. Er ist drehbar, so dass das Marienbild auch in die Kirche hineingeschwenkt werden kann. Die Statue selbst besteht aus Eichenholz und trägt einen prächtigen

Brokatmantel. Zu Festtagen wird ihr eine über und über mit Edelsteinen besetzte Krone aufgesetzt, die zusammen mit anderen wertvollen Kleidungsstücken, liturgischen Gegenständen und Reliquien im sich rechts hinter den Camarín anschließenden, achteckigen Reliquienraum aufbewahrt wird. Weitere wertvolle Stücke sind in der **Schatzkammer** (»joyel«) ausgestellt.
Rechts an der Capilla Mayor vorbei gelangt man in die prächtig ausgestattete barocke **Sakristei**, die außer Deckengemälden acht zwischen 1638 und 1647 entstandene Gemälde von Francisco de Zurbarán enthält, die bedeutende Angehörige des Hieronymitenordens darstellen.
Der Altar der folgenden Capilla de San Jerónimo zeigt die **»Apotheose des hl. Hieronymus«**, eines der bedeutendsten Werke Zurbaráns; eine Trophäe besonderer Art hier stellt die 1571 in der Seeschlacht von Lepanto erbeutete Lampe des türkischen Flaggschiffs dar.

◄ Capilla de San Jerónimo

Claustro Mudéjar

An die Nordseite der Kirche schließt sich der zweistöckige Claustro Mudéjar (14. Jh.) mit schönen Hufeisenbögen an. In seiner Mitte steht ein 1405 von Juan de Sevilla errichteter Brunnentempel. An der Westseite des Kreuzgangs erstreckt sich das ehemalige Refektorium, in dem das Museo de Bordados (Stickereimuseum) prachtvolle bestickte Gewänder und Altartücher aus dem 14.–18. Jh. zeigt. Im Ostflügel werden Gemälde und Skulpturen aus dem 15.–19. Jh. ausgestellt, darunter Werke von Juan de Flandes, Zurbarán, Pedro de Mena, eine Michelangelo zugeschriebene Christusfigur und ein Triptychon des Flamen Adriaen Isenbrant.

Claustro Gótico

An den Claustro Mudéjar schließt sich der Claustro Gótico an, der vom 14. bis zum 16. Jh. mit drei Galerien erbaut wurde.

Museo de Libros Miniados

Im alten Kapitelsaal links von der Klosterfassade stellt das Museo de Libros Miniados (Museum für Miniaturen) 86 im Kloster mit Buchmalereien versehene Stunden- und Messbücher aus.

Huelva

07

Provinz: Huelva (H)
Region: Andalusien
Höhe: 56 m ü. d. M.
Einwohnerzahl: 149 000

Die Stadt ist in erster Linie ein wichtiger Hafen- und Industriestandort, in dem die Fischereiwirtschaft, die Verladung von Kupfererz aus dem Río-Tinto-Gebiet und die petrochemische Industrie eine Rolle spielen. Ferner ist sie Zentrum eines riesigen Obstanbaugebietes (bes. Erdbeeren). Doch kann man in der Umgebung auch gute Strände finden und auf Kolumbus' Spuren wandeln.

HUELVA ERLEBEN

AUSKUNFT

Turismo Huelva
Plaza Alcalde Mora, 2
21001 Huelva
Tel. 959 65 02 00
wwwturismohuelva.com

VERANSTALTUNG

Ende Juli/Anf. Aug.: *Fiestas Colombinas* mit Segelregatten und Stierkampf in Erinnerung an Kolumbus, der sich 1492 von Palos aus zu seiner Entdeckerfahrt aufgemacht hat.

Kolumbus-Denkmal

ESSEN

► Erschwinglich

Las Meigas
Avenida de Guatemala, 14
Tel. 959 28 48 58
Das Lokal ist bekannt für seine tollen baskischen, galicischen und andalusischen Fischgerichte.

ÜBERNACHTEN

► Komfortabel

Luz Huelva
Alameda Sundheim, 26
Tel. 959 25 00 11
www.nh-hotels.com
Zentral gelegene moderne Herberge mit Bar, Cafeteria, Tennisplätzen und Gartenterrasse.

Sehenswertes in Huelva

Kirchen Von den Bauten, die das Erdbeben von 1755 überstanden haben, sind erwähnenswert die Kirche San Pedro (16. Jh.), auf den Ruinen einer Moschee erbaut, La Concepción (16. Jh.) mit zwei kleinen Gemälden von Zurbarán und Nuestra Señora de la Cinta mit der Figur der Schutzpatronin der Stadt.

Kolumbusdenkmal Am Südende der Stadt bewacht ein martialisches, 34 m hohes Kolumbusdenkmal (1929) die Brücke über den Río Tinto, ein Geschenk der USA.

Auf Kolumbus' Spuren

Moguer Von der A-472 Richtung Sevilla zweigt die A-494 ins 21 km von Huelva entfernte Ort Moguer ab, im 16. Jh. Ausgangspunkt für viele Fahrten nach Amerika. Am Ortseingang ehrt ein Denkmal die Gebrüder Niño, die Kolumbus eines seiner drei Schiffe, die »Niña«, stellten. Aus Moguer stammt auch der Dichter und Nobelpreisträger **Juan Ramón Jiménez** (1881–1958), dessen Elternhaus besichtigt werden kann. In der Kirche des einst bedeutenden Klosters Santa Clara (1348 gegründet) sind in sehr schönen Alabastergrabmälern die Mitglieder der Stifterfamilie Portocarrero begraben.

Eisen und Kupfer färben den Río Tinto ein – die Ziegen lässt's kalt.

Palos de la Frontera

Auch die Seeleute aus dem jetzt versandeten Hafen Palos de la Frontera brachten im Zeitalter der Entdeckungen viele Schiffe in die Neue Welt. Von hier lief Kolumbus mit seiner kleinen Flotte – Kapitäne der »Pinta« bzw. »Niña« waren die aus Palos stammenden Brüder Pinzón – am 3. August 1492 aus. In der Kirche San Jorge hörten sie zuvor die Messe, dann wurde das königliche Dekret verlesen, das Kolumbus den Befehl über die Schiffe gab. Am 15. März 1493 kehrte er aus der Neuen Welt wieder hierher zurück. Auch Hernán Cortés landete nach der Eroberung Mexikos wieder in Palos. Heute baut man in Palos und Umgebung Erdbeeren an – ein Großteil der spanischen Ernte stammt von hier.

La Rábida

Weiter stromabwärts erreicht man das Franziskanerkloster La Rábida an der Mündung des Río Tinto in den Atlantik. Nachdem Kolumbus 1485 vergeblich versucht hatte, Juan II. von Portugal für seine Pläne zu gewinnen, fanden er und sein Sohn hier freundliche Aufnahme und in dem Prior Pérez de Marchena, dem Beichtvater der Königin Isabella, einen Fürsprecher. Schließlich kam ein Vertrag zustande, der Kolumbus zum Vizekönig der zu entdeckenden Länder machte. Fast in jeder Ecke des Klosters stößt man auf Erinnerungen an Kolumbus' Aufenthalt; ein kleines Museum widmet sich der Geschichte der Entdeckungsfahrten. Unterhalb kann man an der Muelle de las Carabelas Nachbauten der Kolumbusschiffe besichtigen und zwischen einem ebenfalls nachgebauten mittelalterlichen Markt und einem indianischen Dorf vergleichen.

* ◄ Muelle de las Carabelas

In die Sierra de Aracena

Kupferbergbau am Río Tinto

Auf der N-431 und ab San Juan del Puerto auf der N-435 geht es der Sierra de Aracena entgegen. Bei Valverde del Camino (270 m ü. d. M.) beginnt das Kupferbergbaugebiet am Río Tinto. Bereits in der Bron-

! *Baedeker* TIPP

Ausflugstipps

Von Aracena aus sollte man einen Ausflug in die wunderbare, geschützte Kork- und Steineichenlandschaft der Sierra de Aracena machen. Natürlich muss man dabei auch nach Jabugo, berühmt für seinen luftgetrockneten Schinken, und nach Almonaster la Real mit seiner Moschee mit Mihrâb aus dem 9. Jahrhundert.

zezeit wurde hier dieser wertvolle Rohstoff abgebaut. Hauptstandorte sind **Minas de Ríotinto** und **Nerva**. Von 1873 bis 1954 waren die Gruben in britischem Besitz, so dass die Orte etwas vom Charakter englischer Bergarbeitersiedlungen haben. Die Geschichte des Erzabbaus erzählt das **Museo Minero** in Minas de Ríotinto.

Aracena

Von Minas de Ríotinto fährt man nach Norden in den Luftkurort Aracena (682 m ü. d. M.), inmitten von Ölbaum-, Feigen- und Mandelgärten gelegen. Sehenswert sind das Kloster Santa Catalina, die Reste der maurischen Burg und die Schlosskirche. Die Hauptattraktion ist die 1200 m lange Gruta de las Maravillas im Burgberg mit prächtigen Tropfsteinen und unterirdischem See (Öffnungszeiten: tgl. 10.00–13.30 u. 15.00–18.00 Uhr).

★ Gruta de las Maravillas ►

Huesca

D 20

Provinz: Huesca (HU)
Region: Aragón
Höhe: 488 m ü. d. M.
Einwohnerzahl: 52 300

Huesca hat als zentraler Marktort des oberen Aragón große Bedeutung für die umliegende Landwirtschaft. Der Tourismus fährt an der vor dem Panorama der Pyrenäen am Río Isuela gelegenen Stadt eher vorbei; wer dennoch hierher reist, findet eine hübsche Altstadt und vor allem wunderbare Ausflugsziele.

Geschichte

Die Römer machten aus dem iberischen Osca ihr Urbs Victrix Osca, wo im ersten vorchristlichen Jahrhundert während des römischen Bürgerkriegs der Rebell Quintus Sertorius regierte. Der Anhänger des Marius konnte seinen abtrünnigen Kleinstaat fast zehn Jahre lang gegen die römische Oberherrschaft verteidigen. Nach der Vertreibung der Mauren durch Pedro I. war Huesca von 1096 bis 1118 **Hauptstadt von Aragón**. Zur Zeit Napoleons wurde sie von französischen Truppen besetzt; im Bürgerkrieg war sie heftig umkämpft.

Sehenswertes in Huesca

Catedral

Auf dem höchsten Punkt der Stadt erhebt sich am Ort einer Moschee die gotische Kathedrale (13./16. Jh.) mit ihrem figurenreichen Hauptportal (14. Jh.). Im dreischiffigen Inneren besticht die Kunstfertigkeit

Säulenkapitell im Kreuzgang von San Pedro el Vieja

des alabasternen **Hochaltars**, an dem Damián Forment 1520 – 1533 arbeitete. Die prächtigen mittleren Reliefs zeigen in drei Szenen die Leidensgeschichte Christi; in Medaillons an beiden Enden der untersten Figurenreihe hat der Künstler sich und seine Tochter verewigt. Ebenfalls sehenswert sind das Renaissance-Chorgestühl (um 1590), der Kirchenschatz in der Sakristei und von den Seitenkapellen vor allem die Capilla Santa Ana mit einem Alonso de Berruguete zugeschriebenen Retablo. Im Kapitelsaal zeigt das Museo Episcopal (Bischöfliches Museum) u. a. die »Anbetung der Hl. Drei Könige«, eine alabasterne Skulpturengruppe von Damián Forment.
Vom Kreuzgang gelangt man in die Pfarrkirche, in der der berühmte **Retablo de Monte Aragón** von Gil Morlanes (1495) bewundert werden kann, ein alabasternes Meisterwerk aus der Klosterfestung Monte Aragón.

Casa Consistorial

Gegenüber der Kathedrale steht das Rathaus (16. Jh.). Hier ist eine Darstellung der grausamen Legende von der **»Glocke von Huesca«** (12. Jh.) zu sehen. Der von einer Intrige bedrohte König Ramiro II. lud damals alle wichtigen Adligen des Landes nach Huesca ein, um eine geheimnisvolle Glocke zu enthüllen, die im ganzen Land zu hören sein sollte. Er empfing die Adligen und ließ sie sofort hinrichten. Dadurch wurde Aragons Einheit gerettet.

Museo Provincial

Nördlich von Kathedrale und Rathaus kommt man zum barocken Gebäude der ehemaligen Universität. Es wurde über dem alten aragonischen Königspalast aus dem 12. Jh. errichtet. Einer der erhaltenen Säle war Schauplatz jenes grausigen Ereignisses, das als »Glocke von Huesca« (s.oben) bekannt geworden ist. Heute ist hier das **Museo Provincial** eingerichtet mit prähistorischen und römischen Funde, gotischen Fresken (u. a. Passionsszenen dem 13. Jh. aus San Fructuoso de Bierge) und Gemälde aus dem 15. bis 19. Jahrhundert.

✶ **San Pedro el Viejo**

Die Kirche San Pedro el Viejo beim Mercado Nuevo südlich der Kathedrale ist eines der **ältesten romanischen Bauwerke** des Landes, im 12. Jh. auf den Resten einer Benediktinerabtei errichtet. Ihr Wahrzeichen ist der sechsseitige Glockenturm; das Tympanon am Hauptportal zeigt die Hl. Drei Könige. In der Capilla de San Bartolomé sind die aragonischen Könige Ramiro II. und Alfons I. begraben. Der romanische Kreuzgang ist wegen seiner schön gearbeiteten Säulenkapitelle sehenswert.

Umgebung von Huesca

★ Arguis Die bergige und kurvenreiche N-330 führt nördlich im Tal des Río Isuela den Pyrenäen entgegen. An den grünen Wassern des Embalse de Arguis vorbei erreicht man Arguis (1200 m ü. d. M.), einen viel besuchten Ausflugsort, von dem man eine prächtige Aussicht zurück in die Ebene hat.

Santuario de Nuestra Señora de Salas Im 12. Jh. gründete Doña Sancha, die Ehefrau Alfons' II., das Santuario de Nuestra Señora de Salas (2 km südöstlich von Huesca). Auf diese Zeit geht noch die romanische Kirche zurück.

Cartuja de Monegros Die A-131 führt über Albero Alto und durch das Tal des Río Guatizaiema abwärts nach Sariñena. 9 km westlich davon kommt man zur Cartuja de Monegros (1731) mit ihrer großen Barockkirche; in den Zellen sind noch Fresken von Francisco Bayeu zu sehen.

Monasterio de Sigena Das Monasterio de Sigena in Villanueva de Sigena war einst eines der reichsten Klöster des Königreichs Aragón. Die romanische Kirche wurde 1188 geweiht; im Inneren befinden sich ein plateresker Alabasteraltar (16. Jh.) und Grabmäler. Mehrere Räume, einer davon mit einer Mudéjar-Decke (13. Jh.) ausgestattet, wurden im 13. Jh. mit Fresken ausgemalt.

Richtung Lleida

Monte Aragón Man verlässt Huesca auf der nach Südosten strebenden N-240 und passiert die Ruinen des Klosters Monte Aragón, das im Jahr 1085 gegründet wurde und im 19. Jh. niederbrannte. In der Kirche des nahen Dorfs Loporzano wird der Tabernakel des Klosters aufbewahrt; weiter nördlich liegt Santa Eulalia la Mayor mit den Ruinen des Klosters San Martín de la Val de Onsera (12. Jh.).

HUESCA ERLEBEN

AUSKUNFT

Oficina de Turismo
Plaza López Allué, s/n
22002 Huesca
Tel. 974 29 21 70
www.huescaturismo.com

ESSEN

► Fein & teuer

Taberna de Lillas Pastia
Plaza de Navarra 4
Tel. 974 21 16 91
Weit über die Stadtgrenzen hinaus bekannte Erlebnisgastronomie mit internationaler Küche.

ÜBERNACHTEN

► Komfortabel

Pedro I de Aragón
Calle del Parque, 34
Tel. 974 22 03 00
www.hotelpedroidearagon.com
Das Drei-Sterne-Haus bietet einen wunderschönen Ausblick ins Grüne.

Die Häuser des malerischen Dorfes Alquézar schmiegen sich an den Hang der Vero-Schlucht.

Nur knapp 250 Einwohner, aber den Abstecher auf der A-1229 wert, ist das herrlich über der Vero-Schlucht thronende Dorf **Alquézar**, einer der malerischsten Orte Aragóns. Die Häuser ducken sich unter der Kollegiatskirche aus dem 12. Jh., deren Kreuzgang archaisch anmutende Säulenkapitelle besitzt; heimelig gibt sich die kleine Plaza Mayor. Die Schlucht des Vero kann man erwandern.

Barbastro

Durch die Vermählung Ramón Berenguers IV. mit Petronila, der Tochter des aragonischen Königs Ramírez II., wurde in der alten Bischofsstadt Barbastro die Vereinigung Aragóns mit Katalonien besiegelt. Sehenswert ist die **spätgotische Kathedrale** (16. Jh.), die einen Retablo von Damián Forment (1588), kunstvolle Chorgitter und ein schönes Sterngewölbe aufweisen kann. In Barbastro wurde José María Escriva geboren (1902–1975), Gründer des erzkonservativen, sehr einflussreichen katholischen Laienwerks Opus Dei. Dessen »Hauptquartier« kann man im 20 km nördlich gelegenen Torreciudad besichtigen.

Von Barbastro in die Pyrenäen

Ainsa

Das reizvolle Ainsa am Embalse de Mediano, wo die Kollegiatskirche (12. Jh.), die stattliche Burgruine und die Reste eines Klosters aus dem 9. Jh. einen Halt wert sind, war einst Hauptstadt eines kleinen Königreichs.

Boltaña

◄ Ins Benasque-Tal

In Ainsa wendet man sich auf der N-260 in westliche Richtung und kommt ins hübsche Boltaña im Tal des Río Ara. Darin geht es weiter aufwärts bis Brotó, wo die Zufahrt zum Parque Nacional de Ordesa (► S. 422) abzweigt. Östlich vom Embalse de Mediano gelangt man über Graus durch eine wunderschöne Landschaft nach 70 km in das Tal von Benasque, wo sich **Wander- und Bergtouren** anbieten oder im Winter im wenige Kilometer entfernten Cerler auf 24 Pisten Ski gefahren werden kann.

Richtung Iruñea

Die N-240 führt in nordwestlicher Richtung in Windungen bergauf zur Meseta und bietet dabei nach rechts hin einen schönen Blick auf die Pyrenäen. Sie erreicht das Städtchen Ayerbe (560 m ü. d. M.), wo der Palacio des Marqués von Ayerbe aus dem 15. Jahrhundert sehenswert ist. 8 km nordöstlich liegt Loarre, überragt von einer der

Castillo de Loarre ►

schönsten romanischen Burgen Spaniens: dem Castillo de Loarre. König Sancho I. Ramírez ließ sie, uneinnehmbar hoch, an Stelle des römischen Kastells Calagurris Fibularia im 11. Jh. erbauen; bis ins 12. Jh. war sie Residenz. Ein doppelter Mauerring mit Rundtürmen umgibt die Anlage, aus der der rechteckige Bergfried und die Kirche Santa María hervorragen. Diese gehörte zu einem in der Burg befindlichen Augustinerkloster und wurde über einer Krypta erbaut; Blumenornamente zieren die Kapitelle im Kirchenschiff. Vom Bergfried bietet sich auch ein fantastischer Panormablick über die weite Ebene des Ebro.

Mallos de Riglos

Die N-240 überquert den Río Gallego und führt durch ein schluchtartiges Tal; rechts erkennt man die von der Erosion zu Pyramiden geformten, rot schimmernden Felsen Mallos de Riglos und später den Stausee Embalse de la Peña. Die N-240 folgt danach dem Tal des Río Asabón an der Sierra de la Peña entlang. Über den aussichtsreichen **Puerto de Santa Bárbara** (864 m ü. d. M.) fährt man in das Tal des Río Aragón und kommt nach Puente de la Reina. Hier vereinigten sich einst nach der Überquerung der Pyrenäen die verschiedenen Strecken des Jakobswegs.

★ Iruñea · Pamplona

C 17

Provinz: Navarra (NA)
Region: Navarra

Höhe: 449 m ü. d. M.
Einwohnerzahl: 197 500

Ernest Hemingway ist nicht ganz unschuldig daran, dass jeden Sommer im baskischen Iruñea Zigtausende Touristen die Fiesta de San Fermín erleben wollen. Hat er die Stierkämpfe doch in seinem Roman »Fiesta« (»The Sun also Rises«) weltweit bekannt gemacht. Vom 6. bis zum 14. Juli bricht in der Hauptstadt der Provinz Navarra, dem wichtigsten Ort der spanischen Pyrenäen, der kollektive Ausnahmezustand aus.

Fiesta de San Fermín

Zwar marschieren am 7. Juli die »Gigantes« (Riesen) und »Cabezudos« (Großköpfe) zur Prozession des hl. Firmian durch die Stadt, doch was jeden wesentlich mehr interessiert, sind die Encierros, die mittlerweile sehr umstrittenen **Wettrennen mit den Kampfstieren**. Jeden Morgen um acht Uhr, durch einen Raketenschuss angekündigt, rasen sechs Kampfstiere, von sechs zahmen Ochsen angeführt, die knapp 850 m von ihren Stallungen an der Plaza de Santo Domingo zur Plaza de Toros. Ihnen voraus rennen die »Mozos«, Männer mit Zeitungen in der Hand, mit denen sie die Stiere zu berühren versuchen. Die Rennen werden im Fernsehen und auch auf eine Großleinwand an der Plaza del Castillo übertragen.

Die Fiesta bricht aus – da heißt es schnell sein in den Gassen von Iruñea.

◀ Bislang 15 Tote

Als Ernest Hemingway 1923 das erste Mal nach Pamplona kam, verirrten sich nur wenige Touristen hierher; heute sind es Tausende, vor allem junge Amerikaner, die die Teilnahme an den Encierros als eine Art Abschluss ihrer Studienzeit betrachten. Sie haben auch die meisten Verletzten zu beklagen, denn im Gegensatz zu den Einheimischen, die die Stiere kennen, überschätzen sie sich oft genug. Seit 1922, als man die Strecke genau festlegte, hat es »nur« 15 Tote gegeben, zuletzt ein junger Mann 2009. Die Polizei ist bemüht, betrunkene oder verrückt spielende Mozos auszusondern. Wer sich auf Hemingways Spuren begibt, kommt um sein Denkmal an der Plaza de Toros und vor allem um das legendäre Café Iruña an der Plaza del Castillo, wo er und seine Entourage kräftig feierten, nicht herum.

? WUSSTEN SIE SCHON …?

- … dass sich ganz eingefleischte Hemingway-Fans oft schon Jahre im Voraus um Zimmer 217 im Hotel La Perla bemühen, von wo aus der Meister die Encierros beobachtete? (Plaza del Castillo, 1, Tel. 948 22 30 00, www.granhotellaperla.com)

Angeblich gründete der römische Feldherr Gnaeus Pompeius Magnus im Winter 75 v. Chr. während seines Feldzuges gegen Sertorius die Siedlung Pompaelo. Die Goten, die im 5. Jh. die Stadt eroberten, wurden ihrerseits von den Mauren vertrieben. Hier sammelte sich das arabische Heer, das 732 bei Tours und Poitiers besiegt wurde.

IRUÑEA · PAMPLONA ERLEBEN

AUSKUNFT

Oficina de Turismo
Calle Hilarion Eslava, 1
Planta Baja
31001 Iruñea · Pamplona
Tel. 948 42 04 20
www.pamplona.net

VERANSTALTUNG

Fiesta de San Fermín
Bei den berühmtesten Stierläufen während der Fiesta wird eine Woche lang (vom 6. bis zum 14. Juli) ohne Pause und mit reichlich Alkohol gefeiert.

ESSEN

► Fein & teuer

① *Josetxo*
Plaza Príncipe de Viana, 1
Tel. 948 22 20 97
Eines der herausragenden Restaurants in Pamplona, entsprechend teuer ist es hier (So. und im August geschlossen).

► Erschwinglich

② *Casa Manolo*
García Castañón, 12
Tel. 948 22 51 02
Traditionelle regionale Küche auf moderne Art.

ÜBERNACHTEN

► Komfortabel

① *Mesón del Peregrino*
Ctra. Pamplona–Logroño, km 23
Calle de Irunbidea, s/n
Puente la Reina
Tel. 948 34 00 75
www.hotelelperegrino.com
Kleines, gemütliches Hotel mit ausgezeichnetem Restaurant, etwa 25 km südwestlich von Pamplona.

② *Europa*
Espoz y Mina, 11
Tel. 948 22 18 00
www.hreuropa.com
Hübsch eingerichtetes Hotel im Stadtzentrum.

Karl der Große ließ 778 die Festung schleifen. Erst die **Jakobspilger** belebten die Stadt wieder, und es entstanden drei Stadtkerne, die Navarrería der Alteingesessenen, das neue San Cernin, wo hauptsächlich französische Kaufleute und Handwerker wohnten, und das ebenfalls neue San Nicolás. Der Gegensatz zwischen ihnen entlud sich im 13.–15. Jh., als die Könige von Aragón bzw. Kastilien mit den französischen Königen von Navarra um die Herrschaft über Pamplona stritten. Erst mit dem 1423 verkündeten **»Privileg der Vereinigung«** kehrte allmählich Frieden ein, doch wehrten sich die Bewohner von Pamplona auch später vehement gegen Eroberer, was 1512 die Kastilier und die Franzosen 1808 zu spüren bekamen.

Sehenswertes in Iruñea

Plaza del Castillo

Den Mittelpunkt der teilweise noch von alten Festungsmauern umgebenen Stadt bildet die große Plaza del Castillo. In der Südwestecke tagt im 1847 erbauten Palacio de Navarra der Provinziallandtag. Südlich dahinter folgen das Archivo General und daran anschließend die Kirche San Ignacio, 1694 angeblich an der Stelle erbaut, an der Ignacio de Loyola, der Gründer des Jesuitenordens, als kastilischer Hauptmann 1521 bei einer Schlacht gegen die französischen Navarrenser verwundet wurde.

◄ San Ignacio

Paseo de Sarasate

Von der Plaza führt der Paseo de Sarasate als Hauptpromenade der Stadt nach Südwesten. Am Beginn steht das Monumento de los Fueros, eine Allegorie auf die Sonderrechte Iruñeas. Auf halber Höhe passiert man die festungsartige, romanische Kirche San Nicolás und erreicht schließlich nach rechts den Parque Taconera, in den das 1666 erbaute Stadttor Puerta de San Nicolás versetzt wurde.

◄ Parque Taconera

Ayuntamiento

Das im 17. Jh. erbaute und 1953 erneuerte Rathaus an der kleinen Plaza Consistorial, genau an der Stelle, an der die drei verfeindeten Stadtteile zusammenstießen, besitzt eine schöne Barockfassade, die von Wappen tragenden Löwen und einem Posaune blasenden Engel gekrönt wird. Über die Plaza verläuft der Jakobsweg.

Calle Campaña

◄ San Saturnino

Die mit zwei romanischen Türmen versehene gotische Kirche San Saturnino (13./14. Jh.) in der Calle Campaña, die von der Plaza Consistorial nach Westen abgeht, ist das **älteste Gotteshaus** der Stadt; beachtenswert sind das Nordportal und ein schönes Retablo in der

Iruñea · Pamplona *Orientierung*

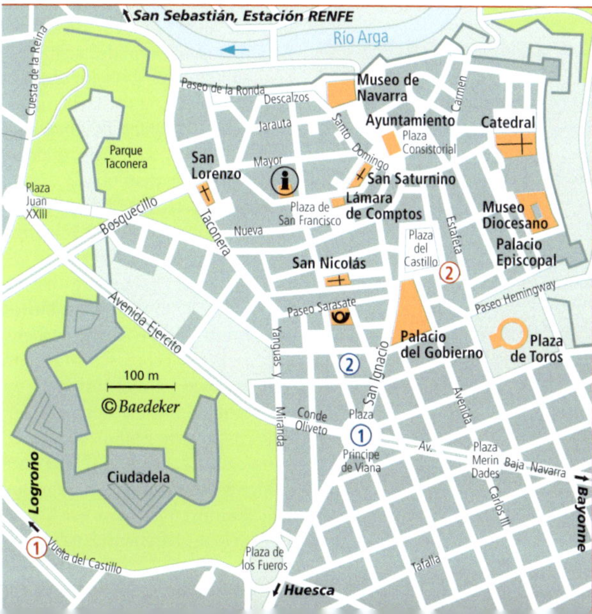

Essen
① Josetxo
② Casa Manolo

Übernachten
① Mesón del Peregrino
② Europa

Taufkapelle. Am Ende der Straße folgt die 1364 erbaute Cámara de Comptos (das ehemalige Gericht), das älteste profane Gebäude Iruñeas.

✶ **Museo de Navarra**

Vom Rathaus dem Río Arga zu kommt man zum Museo de Navarra. Es nimmt den Platz des Spitals Nuestra Señora de la Misericordia ein, von dem noch das platereske Portal von 1556 erhalten ist. Das Museum zeigt u. a. römische Skulpturen und Mosaiken, romanische Kapitelle aus dem alten Kathedralkreuzgang, gotische Wandmalereien, die Renaissancegrisaillen von der Schlacht von Mühlberg aus dem Palacio Oriz sowie Gemälde u. a. von Morales und Becerra und von Goya das hervorragende Porträt des Marqués de San Adrián. Ein besonderes Kleinod ist ein um 1004/1005 gefertigtes **maurisches Elfenbeinkästchen** aus Córdoba, das man im Kloster von Leyre fand (Öffnungszeiten: Di. – Sa. 9.30–14.00 und 17.00–19.00, So. 11.00 bis 14.00 Uhr).

✶ **Catedral**

Nordöstlich von der Plaza del Castillo erhebt sich an der Stadtmauer die mächtige, größtenteils aus dem 15. Jh. stammende Kathedrale mit klassizistischer Fassade von 1780. Vor dem Chor ist das navarresische Königspaar Carlos III. »El Noble« und Leonora de Trastámara, die Stifter der Kathedrale, in alabasternen Sarkophagen (um 1420) des flämischen Meisters Janin Lomme bestattet; im Chor selbst ein prächtiges Gestühl von Miguel de Ancheta (1530) und in der Capilla Mayor ein Retablo von 1507.

✶ Claustro ►

Aus dem rechten Seitenschiff führt ein vergoldetes Portal mit schönem Tympanon mit dem »Tod Mariens« in den **Kreuzgang** (Claustro) aus dem 14. Jh., mit seinen hohen Bögen einer der schönsten Spaniens. An der Ostseite birgt die Capilla Barbazana die Gebeine des Kardinals Arnaldo de Barbazán (1318 – 1355); an der Südseite führt die aus dem 14. Jh. stammende Puerta Preciosa zur Sala Preciosa, dem einstigen Sitzungssaal der Cortes von Navarra.

Unzählige Pilger hat die Brücke in Puente la Reina schon über den Río Arga getragen.

In den vom Kreuzgang zu erreichenden Räumen ist das **Museo Diocesano** eingerichtet. Höchst eindrucksvoll geben sich das reich geschmückte **Refektorium**, wo man auf dem Pult des Vorlesers eine geschnitzte Einhorn-Szene erkennt, und die sich anschließende riesige **Küche** mit einem 27 m hohen Kamin über der Kochstelle. Der reiche Kirchenschatz findet sich in den übrigen Gemächern, darunter ein Evangelienbuch aus dem 13. Jh., ein französischer Reliquienschrein vom Heiligen Grab und das »Lignum Crucis«, angeblich ein Stück des Kreuzes.

Umgebung von Iruñea

Puente la Reina

In Puente la Reina (25 km südwestlich von Pamplona) traf sich die von der Provence via Aragón kommende Route des Jakobswegs mit der über Südwestfrankreich herführenden. Die Pilger setzten hier ihren Weg auf einer fünfbogigen Brücke über den Río Arga fort. Die Calle Mayor säumen alte Häuser und die Kirche Santiago mit ihrem sehr schönen Portal. In der Iglesia del Crucifijo, einer ehemaligen Templerkirche aus dem 11. Jh., wird ein berühmtes, angeblich deutsches Kruzifix von 1400 aufbewahrt. 5 km östlich liegt die achteckige Templerkirche Santa María de Eunate.

Museo Jorge Oteiza

Östlich von Pamplona im Tal des Egüés werden in dem Ort Alzuza die Arbeiten des Bildhauers **Jorge Oteiza** (1908 – 2003) gezeigt. ausgestellt. Das moderne, vom Architekten Francisco Javier Sáenz de Oiza konzipierte Museumsgebäude bildet einen strengen Kontrast zur idyllischen navarresischen Landschaft.

Rundfahrt durch die navarresischen Pyrenäen

Puerto de Velate

Diese Rundfahrt ist ohne den Abstecher ins Valle de Bidasoa ca. 250 km lang. Eine Übernachtung sollte man auf jeden Fall einplanen. Die N-121.A verläuft im Tal des Río Ulzama nach Norden hinauf zum Puerto de Velate (847 m ü. d. M.), der eine schöne Aussicht bietet – wenn man die alte Straße und nicht den Tunnel nimmt.

Abstecher ins Valle de Bidasoa

◄ Cinco Villas

Von der Passhöhe fährt man hinab nach Mugairi (39 km von Iruñea) und folgt dann dem Valle de Bidasoa, einem **Paradies für Forellenangler** und auch gutes Wandergebiet; besonders Doneztebe am Beginn des Tales eignet sich gut als Standquartier. Beiderseits des Tales lohnen die fünf allesamt sehr hübschen, typisch baskischen Dörfer Arantza, Igantzi, Etxalar, Lesaka und Bera, die sich schon im Mittelalter zu den »Cinco Villas« zusammenschlossen. Etxalar liegt sehr reizvoll in einer Schlucht; in Lesaka kann man die Torre de Zabaleta bewundern, Hauptquartier Wellingtons bei der Zurückdrängung der Franzosen. In einem besonders schönen Abschnitt präsentiert sich Bera (56 m ü. d. M.), der Hauptort der »Cinco Villas«. Dahinter verengt sich das Tal zur wilden Schlucht von Endarlaza, in der die spanisch-französische Grenze verläuft.

★ Valle de Baztán

Nach diesem Abstecher geht es wieder 38 km zurück nach Mugairi und von dort via N-121.B nordöstlich in das malerische Valle de Baztán. Dieses abgeschlossene Pyrenäental besteht aus vierzehn Gemeinden, die sich seit dem Mittelalter selbst verwalteten und auch eine eigene Gerichtsbarkeit besaßen; in Sprache, Kleidung, Musik und Tanz haben sich noch einige der Traditionen erhalten. Auf den grünen Hängen von Baztán wird Viehzucht und auf Terrassenfeldern Maisanbau betrieben.

Elizondo ► Hauptort des Tales ist das altertümliche Städtchen Elizondo (196 m ü. d. M.), von dessen wappengeschmückten Häusern und Palästen an der Plaza de los Fueros der barocke **Palacio de Arizcunenea** und das **Ayuntamiento** aus dem 18. Jh. die schönsten sind.

Cuevas de Brujas ► Knappe 30 km nördlich von Elizondo liegt versteckt Zugarramurdi mit den **Höhlen von Brujas**.

✶ **Puerto de Roncesvalles**

Am 1057 m hohen Puerto de Roncesvalles, dem wichtigsten Pyrenäenpass des Mittelalters, fand im Jahr 778 eine Schlacht zwischen den Franken und einem baskisch-asturisch-navarresischen Heer statt, das Rache nahm für die Zerstörung Pamplonas beim Rückzug der Franken vor den Mauren. Deren Nachhut befehligte der Paladin Roland, der zusammen mit elf anderen Paladinen getötet wurde. Zwar hatten die Mauren nichts mit diesem Kampf zu tun, doch lieferte er den Stoff für das im 12. Jh. entstandene französische **Rolandslied**, das »Chanson de Roland«, in dem der Heldenmut Rolands hervorgehoben und Karl der Große zum Retter der Christenheit stilisiert wird. Die Spanier ihrerseits preisen im etwa zur selben Zeit entstandenen Lied des Bernardo del Carpio ihren Helden. Von der Passhöhe genießt man eine schöne Aussicht; eine Säule erinnert an Karl den Großen und seine Paladine.

? WUSSTEN SIE SCHON ...?

- ... dass die Höhlen von Brujas ein mythischer Ort der Basken sind? Der Sage nach sollen unter dem steinernen Bogen der Höhlen Hexensabbate stattgefunden haben.

✶ **Roncesvalles**

Unterhalb des Passes wurde im heutigen Orreaga bzw. Roncesvalles bereits 1130 eine Augustinerabtei gegründet, die sich bald zu einer weit gerühmten Erholungsstation für die Pilger auf dem Jakobsweg entwickelte. Der Pilgerweg verläuft heute an der Rückseite der An-

Klosterkirche ► lage. Die Klosterkirche ist mit prächtigen vergoldeten Retablos ausgestattet; den Hochaltar ziert die Virgen de Roncesvalles, reich mit Silber und Gold verkleidet. Im Kapitelsaal findet man das Grabmal von Sancho VII. »El Fuerte«, unter dem die Kirche 1219 geweiht

Museum ► wurde. Das Museum in den alten Stallungen besitzt u. a. das Evangeliar der Könige von Navarra, Reliquienkästchen, eine Sammlung übergroßer Waffen, die angeblich dem 2,25 m großen Sancho VII. gehörten, einen Edelstein vom Turban des arabischen Heerführers in der Schlacht von Navas de Tolosa, wo die Araber eine entscheidende Niederlage erlitten, sowie eine Kette, die Sancho in dieser Schlacht zerbrochen haben soll und die sich heute im navarresischen Wappen wiederfindet. Unter den Gemälden ragt ein **Hieronymus Bosch zuge-**

Capilla Sancti Spíritus ► **schriebenes Triptychon** heraus. Die gotische Wallfahrtskapelle Sancti Spíritus soll der Überlieferung nach von Karl dem Großen als Grab

Im Castillo de Javier wurde der heilige Francisco Javier, der Schutzpatron Navarras, geboren.

für Roland erbaut worden sein; auf jeden Fall sind hier seit dem Hochmittelalter Jakobspilger begraben worden.

★ **Sangüesa**

Durch das Valle de Arce und später am Río Irati entlang gelangt man nach Sangüesa. Alfonso el Batallador ließ das Städtchen am Jakobsweg im 12. Jh. befestigen. Im 15. und 16. Jh. bauten sich viele Adlige schöne Paläste; der auffälligste ist der **Palacio Vallesantoro** mit seinem kunstvollen Portal und Schnitzereien am Vordach. Im Castillo del Príncipe de Viana, heute Rathaus, residierten die navarresischen Könige.

◄ Santa María La Real

Am Südportal der romanischen Kirche Santa María La Real (11. und 13. Jh.) sind einzigartig schöne romanische Skulpturen zu bewundern: im Tympanon das Jüngste Gericht, in den Bogenläufen Tiere, Fabelwesen und menschliche Figuren; darüber erkennt man Jesus, die Apostel und Propheten, selbst die Zwischenräume sind mit Fabeltieren ausgefüllt.

Castillo de Javier

Zurück auf der N-240 wendet man sich nach Osten – links abseits die tiefe Schlucht Hoz de Lumbier – und erreicht bald Yesa. Südlich davon liegt der Ort Javier (476 m ü. d. M.), in dessen Schloss aus dem 14. Jh. der **hl. Franz Xaver** (San Francisco Javier, 1506–1552) geboren wurde, Schutzpatron Navarras und Missionar in Japan, Indien und China, wo er in der Nähe von Kanton starb. Das Schloss mit dem Zimmer des Heiligen kann besichtigt werden.

★★ **Monasterio de Leyre**

Von der N-240 zweigt kurz vor Yesa eine Zufahrt zum am Südfuß der Sierra de Leyre gelegenen, von Bergen umgebenen Monasterio de Leyre ab, dessen Kirche eines der **bedeutendsten Beispiele der spanischen Romanik** darstellt. Der Klosterbau stammt zwar größtenteils

! Baedeker TIPP

Wanderung

Vom Kloster Leyre aus kann man eine schöne Wanderung zur so genannten Virila-Quelle machen. Nach einer Legende soll hier Abt Virila beim Meditieren über die Dreifaltigkeit durch den Gesang eines Vogels in einen 300-jährigen Schlaf gefallen sein.

aus dem 17. und 18. Jh., geht jedoch auf eine im 11. Jh. gegründete Abtei zurück, die Sancho III. zur Grablege der navarresischen Könige erkor. Aus dieser Zeit ist die Apsis erhalten, während das Kirchenschiff gotisch ist; in einer Kapelle im linken Seitenschiff werden die sterblichen Überreste der Könige von Navarra aufbewahrt. Die einfache, mit ihren niedrigen Säulen fast rudimentär wirkende Krypta ist der älteste Teil der Kirche. Die Puerta Speciosa, das Westportal, trägt reichen romanischen Figurenschmuck. Unterhalb des Klosters erstreckt sich der lang gezogene Stausee von Yesa; an ihm entlang kann man auch Richtung ►Jaca weiterfahren.

✶ **Sos del Rey Católico**

Ein Abstecher führt von Sangüesa nach Aragón. Nur 13 km südöstlich liegt das Festungsstädtchen Sos del Rey Católico, das sich sein **mittelalterliches Stadtbild** weitgehend bewahrt hat. Hier wurde 1452 im Palacio de Sada (12. Jh.) der spätere König Ferdinand von Aragón, »el Rey Católico«, geboren. An der Plaza Mayor stehen das Renaissancerathaus und die Lonja; die romanische Pfarrkirche San Esteban (11./12. Jh.) lohnt sich wegen ihres Figurenportals und den sehr gut erhaltenen Wandmalereien aus dem 14. Jh.

✶ **Uncastillo**

Noch einmal 24 km von Sos sind es nach Uncastillo (»eine Burg«), das seinen Namen einer mächtigen Festung aus dem 12. Jh. verdankt, von der nur noch ein einsamer Turm auf dem Felsen blieb; von den Kirchen ist Santa María mit ihrem sehr schönen Südportal und dem plateresken Kreuzgang erwähnenswert.

Tafalla und Olite

Tafalla

Tafalla (35 km südlich von Iruñea) war einst Sitz der Könige von Navarra. Heute ist es wenig attraktiver Mittelpunkt eines Obst- und Getreideanbaugebiets, besitzt aber mit dem prächtigen **Retablo des Basken Juan de Anchieta** (1540–1588) in der Kirche Santa María ein außergewöhnliches Kunstwerk. Auch der Retablo in der Klosterkirche des Convento de Concepcionistas Recoletas ist sehenswert. Er wurde ursprünglich für das rund 40 km südöstlich gelegene Monasterio de la Oliva von den Flamen Roland de Mois und Paul Ezchepers in den Jahren 1571–1579 angefertigt.

Artajona

Artajona, 11 km nordwestlich von Tafalla, ist ein sehr gut erhaltenes Wehrdorf mit zwölftürmiger Mauer (14. Jh.). Am Westportal der Wehrkirche San Saturnino (13. Jh.) ist die Geschichte des Heiligen dargestellt; in San Pedro wird ein angeblicher Splitter vom Kreuz aufbewahrt. Die Einsiedelei Nuestra Señora de Jerusalem hat ihren

Namen von der hier bewahrten emaillierten Marienstatue, die Gottfried von Bouillon angeblich dem Kreuzritter Saturnino Lasterra für seinen Mut bei der Eroberung Jerusalems 1099 geschenkt haben soll. Die Figur ist jedoch wohl erst um 1200 entstanden.

Olite

Das Städtchen Olite (380 m ü.d.M) liegt am Río Cidacos 7 km südlich von Tafalla. Es war schon zu römischer Zeit besiedelt, erlebte seine Blüte aber im 15. Jh., als Karl III. von Navarra es zu seiner Residenz machte und die Burganlage beginnen ließ, ein Labyrinth aus Wehrgängen und Gebäudeteilen, heute z. T. Parador.

✶ ◄ Palacio de los Reyes de Navarra

Französische Baumeister begannen 1406 mit dem Um- und Ausbau der ursprünglichen Burganlage zu einer Mischung aus Festung und Palast. Obwohl im 19. Jh. teilweise zerstört, bietet sie heute noch einen überwältigenden Anblick mit ihren 15 schlanken Türmen und den zinnenbewehrten Mauern. Innerhalb der Burg waren große Gärten angelegt; hier ragt der Bergfried empor. Die Räume waren mit Azulejos und kunstvollen Holzdecken ausgestattet.

◄ Kirchen

Die unterhalb gelegene Kirche Santa María la Real aus dem 14. Jh. besitzt ein sehr schönes gotisches Portal, in dessen Zentrum die von den Aposteln umgebene Jungfrau Maria zu erkennen ist; innen ein Retablo aus dem 16. Jh. und eine gotische Christusfigur. San Pedro (12./13. Jh.) fällt durch ihre beiden ungleichen Türme auf. Das Portal mit Szenen aus dem Leben des hl. Petrus flankieren zwei Adler als Symbole von Kraft und Güte.

✶ **Ujue**

Abgelegen, einsam, aber überwältigend – das auf einer Höhe 19 km östlich von Olite thronende Ujue ist eines der **besterhaltenen mittelalterlichen Wehrdörfer Navarras**. Im Altar der romanischen Kirche Santa María wird das Herz Karls II. von Navarra aufbewahrt.

Die Kleinen und die »Großen« proben für die Fiesta in Olite.

✶ Jaca

C 19

Provinz: Huesca (HU)
Region: Aragón

Höhe: 820 m ü. d. M.
Einwohnerzahl: 13 400

Jaca war die erste Hauptstadt des 1035 gegründeten Königreiches Aragón und wichtige Pilgerstation am aragonesischen Zweig des Jakobswegs, wovon u. a. noch der Puente San Miguel am Ortsrand zeugt. Die Nähe zu den Bergen beschert Jaca heute große Touristenscharen, die ein überreichliches Angebot an Hotels und vor allem Bars vorfinden.

Sehenswertes in Jaca und Umgebung

✶ **Catedral**

Das bedeutendste Bauwerk Jacas ist die romanische Kathedrale (1040–1076), der **erste spanische Kathedralbau dieses Stils**. Aus der Anfangszeit stammen noch der Turm, das Haupt- und das Südportal sowie die Außenmauern. Große Schönheit zeigt der Figurenschmuck am Südportal und deren Vorhalle, hier insbesondere in den Säulenkapitellen, wo Abrahams Opfer und der Laute spielende David zu erkennen sind. Innen schmücken Fresken von Bayeu (1792) Chor und Kuppel der Zentralapsis; unter dem Hochaltar sind die Gebeine der Santa Orosia bestattet, der Schutzpatronin Jacas. Im Kreuzgang zeigt das Museo Diocesano neben religiösen Kunstgegenständen hervorragende Beispiele romanischer Kirchenmalerei aus den aragonischen Pyrenäen; nur im Museo de Arte de Catalunya in ► Barcelona findet man eine noch größere Sammlung dieser Art (Öffnungszeiten: Juli bis Sept. tgl. 10.00–14.00 und 16.00–20.00, Okt. bis Juni tgl. 11.00–13.30 und 16.00–18.30 Uhr).

✶ Museo Diocesano ►

Befestigungsanlagen

Von den Befestigungsanlagen sind noch Reste der Stadtmauer aus dem 10. Jh. und die 1571 begonnene, nach französischem Vorbild fünfstrahlige Zitadelle erhalten.

✶ **San Juan de la Peña**

Durch die waldige Bergwelt der Sierra de la Peña erreicht man das recht kleine Kloster San Juan de la Peña (1115 m ü. d. M.), völlig eingeklemmt unter gewaltigen Felsvorsprüngen. Die heute noch zu sehenden wesentlichen Bauteile stammen aus dem 10.–12. Jh. Zu ihnen zählen der Kapitelsaal aus dem 10. Jh., die mozarabische Krypta (ursprünglich Untere Kirche, teilweise 9. Jh.) und die 1094 geweihte Obere Kirche. In deren Sakristei befindet sich die Grablege der Könige von Aragón, die ihre heutige Gestalt im 18. Jh. erhielt. Hier sind u. a. Ramiro I. und Sancho Ramírez begraben. Vor der Kirche öffnet sich ein kleiner Hof mit Grabnischen für den aragonischen Adel auf der linken Seite. Vom Kreuzgang stehen nur noch zwei Flügel, doch zeigen diese die Meisterschaft des Steinmetzen bei der Ausführung der Säulenkapitelle.

✶✶ Kreuzgang ►

JACA ERLEBEN

AUSKUNFT

Oficina de Turismo
Plaza den San Pedro, 11
22700 Jaca
Tel. 974 36 00 98
www.jaca.es

VERANSTALTUNG

Bereits 760, also 44 Jahre nach der maurischen Invasion, wurden die Eroberer wieder aus Jaca vertrieben. Daran erinnert man sich jeden 1. Mai mit einem »*Moros y Cristianos*«-Fest.

ESSEN

► Fein & teuer

La Cocina Aragonesa
Paseo de la Constitución, 3
Tel. 974 36 10 50
Das Restaurant des Hotels Conde Aznar ist das beste Lokal der Stadt, wenn man Appetit auf aragonesische Küche hat.

ÜBERNACHTEN

► Komfortabel

Gran Hotel de Jaca
Paseo de la Constitución, 1
Tel. 974 36 09 00
www.granhoteljaca.com
Zentral gelegenes, solides Drei-Sterne-Hotel mit 165 Zimmern.

Relikte romanischer Wandmalereien im Museo Diocesano

Santa Cruz de la Serós

Vom Kloster führt das Bergsträßchen weiter nach Santa Cruz de la Serós, im 11. Jh. Sitz eines reichen Klosters. Von diesem ist nur noch die romanische Kirche übriggeblieben. Darin fällt ein eigenartiges Weihwasserbecken aus kleinen Säulen des Kreuzgangs auf.

Ausflüge in die aragonischen Pyrenäen

★ Pyrenäentäler westlich von Jaca

Die N-240 begleitet den Río Aragón nach Westen Richtung ►Iruñea (Pamplona). Vom Gebirge herab fließen ihm einige Flüsschen durch außerordentlich schöne, wenig besiedelte und fast zurückgebliebene Täler mit herrlichen Dörfern zu, die man auf kleinen Straßen entlang des jeweiligen Wasserlaufs erforschen kann. Überall bieten sich **Wandermöglichkeiten** an. Es beginnt mit dem Valle del Hecho, dessen Hauptort Hecho als Keimzelle des Königreichs Aragón betrachtet wird. Danach folgen das Valle del Ansó mit der engen Schlucht Hoz de Biniés und das Valle del Roncal. Man kann den Weg am Embalse de Yesa entlang zum Monasterio de Leyre fortsetzen (►S. 417).

Im Tal des Río Gallego

Auf der N-330 nach Osten erreicht man die Abzweigung der N-260, die im Tal des Río Gallego aufwärts nach **Biescas** führt, einem zu beiden Seiten des Flusses gelegenen Marktort mit schönen alten Häusern.

✶ Balneario de Panticosa ►

Nach Biescas fährt man auf der A-136 durch eine schöne Gebirgslandschaft weiter nach Norden, vorbei am rechts auf der Höhe liegenden Wallfahrtskloster Santa Elena. Hinter dem Embalse de Bubal zweigt ein herrliches Sträßchen zum Balneario de Panticosa (1659 m ü. d. M.) ab. Die Fahrt führt durch die enge Garganta del Escalar in den Ort, der prachtvoll an einem See in einem Felsenkessel liegt. Kurgäste kommen wegen des wunderschönen Thermalbades **»Tiberio-Therme«** hierher; Skiläufer finden im 8 km entfernten Panticosa mehrere alpine und Langlaufpisten.

Sallent del Gallego ►

Die A-136 folgt bei der Abzweigung weiter dem Río Gallego zum Berg- und Wintersportort Sallent del Gallego (1310 m ü. d. M.) inmitten eines Wintersportgebiets; vor allem das weiter bergauf gelegene El Formigal (1500 m ü. d. M.) bietet Pisten aller Schwierigkeitsgrade und mehrere Lifte. Am Puerto de Portalet (1792 m ü. d. M.) verläuft die spanisch-französische Grenze.

Canfranc

Direkt von Jaca strebt die N-330 Richtung Norden bis dicht vor die Grenze zu Frankreich nach Canfranc, einem der wichtigsten Wintersportorte Spaniens. Etwas weiter oberhalb des Internationalen Bahnhofs beginnt hier der 7875 m lange Somport-Eisenbahntunnel. Candanchú, wenige Kilometer nördlich von Canfranc, war einer der ersten Wintersportorte in den aragonischen Pyrenäen. Auch Astún bietet eine ganze Reihe Pisten.

Über den Puerto de Somport (1631 m ü. d. M.) unweit der spanisch-französischen Grenze überqueren die Jakobspilger – neben dem Pass von Roncevalles – heute noch die Pyrenäen.

✶ **Parque Nacional de Ordesa**

Von Biescas kurvt die N-260 nach Torla am Eingang zum einzigartig schönen Parque Nacional de Ordesa y Monte Perdido, der sich mit seiner reichen Pflanzenwelt, zahllosen Schluchten und Wasserfällen im Tal des Río de Ordesa am Fuß des Monte Perdido (3352 m ü. d. M.) hinzieht. Das maximal 3 km breite, U-förmige Tal von Ordesa streicht – untypisch nicht von Norden nach Süden, sondern ostwestlich – vom Felszirkus des Cotatuero (Soaso; ca. 1000 m ü. d. M.) bis zum Puente de los Navarros am Pico de Diazas (2237 m ü. d. M.). Der Parkbereich schließt ca. 15 km des Río Araza ein, dessen Quelle auf 1787 m ü. d. M. und dessen Mündung in den Río Ara auf

! *Baedeker* TIPP

Zünftiger Bergurlaub

Bei Villanúa an der N-330, km 658, liegt das Berghotel Lacasa Faus-Hutte – ein idealer, freundlicher Ort für einen Pyrenäen-Urlaub. Besitzer Agustín Faus Costa ist staatlich anerkannter Bergführer und bietet seinen Gästen Skikurse und Bergwanderungen unter fachkundiger Führung an (Tel. 974 37 81 36, www.hotellacasa-faus-hutte.com).

Gewaltige Naturkräfte schufen das Massiv des Monte Perdido.

1090 m ü. d. M. liegt. Hier gedeihen u. a. Lilien und Edelweiß, hier lebt die einzige Gruppe von **Pyrenäen-Bergziegen** überhaupt; seltene Vögel sind Bartgeier und Schneerebhuhn.

◄ Informationszentrum

Von Torla geht man zu Fuß zum Informationszentrum, das nur von Juli bis Oktober geöffnet hat. Wer ausgedehnte Wanderungen auf den zahlreichen markierten Wegen unternehmen will, findet hier alle nötigen Karten und Auskünfte. Wer nur einen Blick in die herrliche Landschaft werfen will, kann dies vom Aussichtspunkt an der Cascada del Abanico tun, zu dem es sechs unbeschwerliche Kilometer Fußweg vom Parkplatz sind. Für Fahrzeuge ist der Park nur beschränkt zugänglich, in der Sommersaison gibt es einen eigens eingerichteten Busservice.

★ Jaén

N 13

Provinz: Jaén (J)
Höhe: 574 m ü. d. M.
Region: Andalusien
Einwohnerzahl: 117 000

Die Provinzhauptstadt Jaén liegt am Fuße der von Olivenbäumen bedeckten Sierra Jabalcuz und Sierra de la Pandera. Deren Anblick und die vom Duft des Oliventresters geschwängerte Luft deuten darauf hin, dass die Provinz Jaén eines der größten Olivenanbaugebiete der Welt ist.

Geschichte

Das Interesse der Römer, die den von den Karthagern befestigten Ort eroberten und ihn Auringis nannten, galt hauptsächlich den Silberminen ringsum, weshalb die Stadt noch heute »silbernes Jaén« genannt wird. Während der Maurenzeit war sie Hauptstadt des Königreichs Dschaiján und bildete nach der Rückeroberung durch Ferdinand III. (1246) einen **Vorposten der Reconquista**.

Sehenswertes in Jaén

★ **Castillo de Santa Catalina**

Westlich vom Stadtzentrum erhebt sich der Bergrücken mit dem mächtigen, 1246 von Ferdinand III. dem Heiligen eroberten Castillo de Santa Catalina, das heute teilweise Parador Nacional ist. Es geht auf eine arabische Festung zurück. Von der wie ein Schiffsbug hinausragenden Höhe bietet sich – nur für Schwindelfreie – ein hervorragender Blick auf die Stadt und die umliegenden Olivenplantagen.

Inmitten der Altstadt ragt die mächtige **Kathedrale** empor, ein Werk der spanischen Renaissance, um 1500 unter Andrés de Vandelvira begonnen. Die Fassade trägt ein Marienbild von Pedro Roldán sowie Herrscher- und Heiligenfiguren. Im Innern der Kirche beeindruckt

Jaén Orientierung

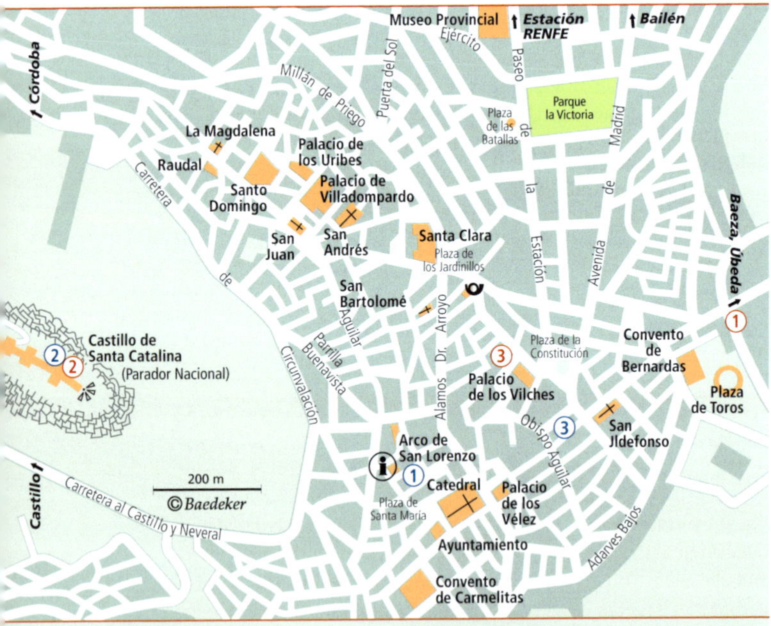

Essen
① Casa Vicente
② Restaurant im Parador Castillo de Santa Catalina
③ Río Chico

Übernachten
① Europa
② Parador Castillo de Santa Catalina
③ Xauen

Die Kathedrale von Jaén vor dem endlos scheinenden Ozean aus Olivenhainen

ein geschnitztes **Chorgestühl** (15. Jh.); in der Capilla del Santo Rostro wird das »Schweißtuch der hl. Veronika« aufbewahrt, mit dem die Heilige Christus auf dem Weg nach Golgatha das Gesicht abgewischt haben soll. Unter der Sakristei befindet sich das Kathedralmuseum.

La Magdalena

Von der Kathedrale geht man nordwestlich zu der am Fuß des Berges liegenden, einst maurischen Altstadt La Magdalena.

★ ◀ Capilla de San Andrés

Zunächst kommt man zur 1515 von Gutiérrez González Doncel, dem Schatzmeister der Päpste Leo X. und Clemens VII. gestifteten Capilla de San Andrés, vermutlich an Stelle einer Synagoge erbaut. Höchst beeindruckend hier ist das **prächtige Chorgitter** von dem aus Jaén stammenden Meister Bartolomé.

◀ Palacio Villardompardo

In nächster Nachbarschaft steht der Palacio Villardompardo, in dem ein Volkskunde- sowie ein Kunstmuseum untergebracht sind. Unter dem Palast wurden 1913 die **größten arabischen Badeanlagen** (Baños àrabes)Spaniens enteckt. Sie stammen aus dem 11. Jh. und bestehen aus mehreren Räumen: dem 14 m langen Umkleideraum, dem 16 m langen, von unten beheizten Dampfbad, einem Raum mit einem Ruhebecken und schließlich einer Art Duschraum, in der die Gäste mit kaltem Wasser aus Tonkrügen begossen wurden. In den Räumen soll König Ali von Jaén ermordet worden sein.

◀ Iglesia de la Magdalena

Die Kirche La Magdalena, über einer Moschee errichtet, ist das wohl älteste Gotteshaus der Stadt. Sie besitzt ein spätgotisches Portal und einen wertvollen Retablo, vor allem aber einen sehr stimmungsvollen Patio. Gegenüber erkennt man den Raudal de la Magdalena, einen schon von den Römern benutzten Brunnen.

JAÉN ERLEBEN

AUSKUNFT

Oficina de Turismo
Calle Ramón y Cajal, 1
23001 Jaén
Tel. 953 31 32 81
www.turjaen.org

VERANSTALTUNG

Mitte Oktober wird die *Feria de San Lucas* gefeiert – mit Saisonabschluss für Spaniens beste Stierkämpfer, die sich für Engagements in Mittel- und Südamerika empfehlen wollen.

ESSEN

► Fein & teuer

① ***Casa Vicente***
C. Francisco Martín Mora, 1
Tel. 953 23 22 22
Feine regionale Küche.

► Preiswert

③ ***Río Chico***
Nueva, 12
Tel. 953 24 08 02
Große Auswahl an Tapas und Raciones in der Bar, Restaurant im ersten Stock.

ÜBERNACHTEN

► Günstig

① ***Europa***
Pl. de Belén, 1
Tel. 953 22 27 00
www.hoteleuropajaen.es
Zentral, ruhig, freundlich.

③ ***Xauen***
Plaza de Deán Mazas, 3
Tel. 953 24 07 89
www.hotelxauenjaen.com
Zentral und schön gelegen

Baedeker-Empfehlung

► Komfortabel

② ***Parador Castillo de Santa Catalina***
Tel. 9 53 23 00 00
www.parador.es
Unter den Paradores ist dieser eine Ausnahmeerscheinung: Hoch über der Stadt kann man sich wie ein Ritter fühlen, die Zimmer befinden sich allerdings nicht in der Burg aus dem 14. Jh., sondern in einem ihr nachempfundenen Anbau. Von den Balkonen genießt man den Blick auf die umliegenden Olivenhaine.

② ***Restaurant im Parador Castillo de Santa Catalina***
Tel. 953 23 00 00
Im Rittersaal der alten Burg wird feine andalusische Küche serviert.

Museo Provincial In der Neustadt am Paseo de la Estación findet sich das Museo Provincial mit einer Gemäldesammlung im ersten Stock und der archäologischen Abteilung im Erdgeschoss. Ein römisches Mosaik und iberische Plastiken sind hier die interessantesten Stücke (Öffnungszeiten: Di. 14.30 – 20.30, Mi. – Sa. 9.00 – 20.30, So. 9.00 – 14.30 Uhr).

Umgebung von Jaén

Martos

Martos gruppiert sich um den Burgberg des Castillo de la Peña. Die Kirche Santa María aus dem 15. Jh. diente auch als Gefängnis; sie enthält das sehenswerte Grabmal der Gebrüder Carvajal.

Alcalá la Real

Über Alcaudete mit seiner arabischen Burg und dem Adelspalast Casa del Almirante geht es nach Alcalá la Real (900 m ü. d. M.). Von der Stärke des maurischen Al-Kalaat Be Zayde künden noch die Türme des Castillo de la Mota aus dem 13.–15. Jh.), interessant sind die Kirche Santa María mit ihrem stattlichen Turm, der Brunnen (16. Jh.) am Hauptplatz und einige Adelshäuser in der Altstadt.

Ruta Renacentista

Die Ruta Renacentista (»Route der Renaissance«) entspricht der Strecke nach ► Albacete und verbindet Orte mit bedeutenden Renaissancebauten. Die ersten und schönsten Ziele auf diesem Weg sind ► Baeza und Úbeda. In Úbeda nimmt man die N-322 nach Nordosten bis Villacarillo (810 m ü. d. M.). Die stattliche Kirche La Asunción (16. Jh.) von Vandelvira gehört zu den bedeutendsten Renaissancewerken der Provinz.

◄ Villacarillo

Auf der Weiterfahrt liegt links das Bergdorf Iznatoraf (1032 m ü. d. M.), dessen Pfarrkirche von 1602 ein schönes Beispiel für eine ländliche Renaissancekirche ist. Vom Ort hat man eine grandiose Aussicht auf zahlreiche Dörfer und Berge. Über das hübsche Städtchen Villanueva del Arzobispo, wo Juan de la Cruz lebte, erreicht man Beas de Segura rechts abseits der Hauptstraße. Hier gründete Teresa von Ávila ein Kloster der Unbeschuhten Karmeliterinnen.

◄ Iznatoraf

◄ Beas de Segura

Die N-322 läuft durch die Sierra de Alcaraz und über den Puerto de los Picicos (2058 m ü. d. M.) nach ►Albacete (267 km von Jaén).

Ruta de las Batallas

Die »Route der Schlachten« führt zu Orten, an denen in unterschiedlichen Epochen wichtige Schlachten geschlagen wurden.
Man verlässt Jaén nach Norden auf der N-323 und erreicht über Mengibar (323 m ü. d. M.), dem alten Ossigi, von dessen arabischer Feste nur noch der Turm steht, die Stadt **Bailén** (349 m ü. d. M.). Hier besiegte 208 v. Chr. der römische Konsul Scipio d. Ä. den karthagischen Feldherrn Hasdrubal; 1808 schlugen hier spanische Truppen unter General Castaños erstmals eine Armee Napoleons. Der General ist in der Kirche La Encarnación (16. Jh.) begraben, die auch eine Skulptur von Alonso Cano besitzt.
Das Museo Arqueológico in der Bergwerksstadt **Linares** stellt iberische, karthagische und römische Funde aus dem 5 km nördlich gelegenen alten Cástulo aus, der **bedeutendsten altiberischen Niederlassung** im Blei- und Silberminengebiet am oberen Río Guadalquivir.

? WUSSTEN SIE SCHON ...?

- ... dass Linares in ganz Spanien bekannt ist? Denn hier starb der berühmte Torero Manolete. Sein Schicksal ereilte ihn 1947 in der Arena in Gestalt des Stieres »Islero«.

La Carolina ► Auf der Route der Schlachten erreicht man von Bailén nordwärts auf der N-IV La Carolina (605 m ü. d. M.), wie andere Orte der Gegend von deutschen und französischen Kolonisten angelegt, die Karl III. zwischen 1767 und 1769 in die Sierra Morena geholt hatte. Die ehemals reichen Bleierzbergwerke der Umgebung sind heute zerfallen. In unmittelbarer Nachbarschaft liegt Navas de Tolosa (694 m ü. d. M.), ebenfalls ein freundliches ehemaliges Kolonistendorf, wo am 16. Juli 1212 das vereinigte Heer der Könige von Kastilien, Aragón und Navarra die Almohaden vernichtend schlug; ein Denkmal vor dem Ort erinnert daran.

Navas de Tolosa ►

★ **Virgen de la Cabeza**

Von Andújar, bekannt für seine **schönen Tonwaren**, die »alcarrazas» und »jarras», führt die kurvige Bergstraße J-5010 hinauf zum Santuario de la Virgen de la Cabeza, eine im 13. Jh. gegründete, im Bürgerkrieg völlig zerstörte und danach wieder aufgebaute Kapelle. Hier widersetzten sich 1936/1937 nationalistische Truppen über ein halbes Jahr lang den Angriffen der Republikaner. Die Kapelle, von der man großartige Ausblicke hat, liegt bereits in der abgeschiedenen Bergwelt des **Naturparks Sierra de Andújar**.

★ Jerez de la Frontera

P 8

Provinz: Cádiz (CA)
Region: Andalusien
Höhe: 55 m ü. d. M.
Einwohnerzahl: 209 000

Jerez de la Frontera ist weltberühmt als Herkunftsort des Jerez-Weines, besser bekannt als Sherry, der auch gebrannt als spanischer Brandy seine Liebhaber hat. Ebenso große Bedeutung hat die hier betriebene Zucht von Rassepferden, Inbegriff der feurigen andalusischen Pferde; schließlich ist Jerez de la Frontera ein Zentrum des Flamenco und des »cante jondo« (►Baedeker Special S. 432).

Stadt der Sherrybarone

Jerez ist eine durch und durch aristokratische Stadt, in der die Sherrybarone das Sagen haben. Augenfällig setzen sich ihre von weißen Mauern umgebenen Bodegas vom übrigen Stadtbild ab. Mit Stolz werden herrschaftliche Häuser, edle Pferde und auf riesigen Ländereien gezüchtete Kampfstiere vorgeführt, und kaum schlägt das soziale Gewissen angesichts der Tagelöhner, die in den Randgebieten der Stadt leben und von Weinlese zu Weinlese über die Runden kommen müssen.

Geschichte

Der Raum zwischen Jerez und dem Cabo de Trafalgar war 711 der Schauplatz des Entscheidungskampfes zwischen Westgoten und Mauren, in dem das christliche Spanien auf Jahrhunderte den Muslimen unterlag. Hier verhinderte 1340 eine weitere Schlacht mit einem

Genuss und Gottesfurcht liegen in Jerez eng beieinander: Hinter den Bodegas von Gonzáles Byass ragt die Kathedrale auf.

Sieg der christlichen Truppen die letzte Invasion aus Nordafrika. Den Beinamen »de la Frontera« (»an der Grenze«) führt Jerez wie viele andere Grenzstädte zu maurischen Gebieten seit 1379.

Sherry

Die Herstellung von Sherry ist ein langwieriges Verfahren. Hat der junge Wein seine Fermentation abgeschlossen, wird er in die Kategorien »fino«, »amontillado« und »oloroso« klassifiziert. Ein Fino ist ein hellgelber, sehr trockener, lebendiger und kaum verschnittener oder gesüßter Wein, mithin der typischste Sherry mit einem Alkoholgehalt von 15,5–17%. Der Amontillado ist amberfarben, trocken, aber weicher (Alkoholgehalt 16–18%), ein alter Fino gilt als der beste Amontillado. Ein Oloroso schließlich ist von dunkelgoldener Farbe und süßer (Alkoholgehalt 18–20%). Weitere Verschnittsorten sind der gesüßte Dulce, dunkel und schwer, und der noch schwerere, sahnige Cream. Aus dem benachbarten Sanlúcar de Barrameda an der ►Costa de la Luz stammt der Manzanilla, ein heller, sehr trockener und dank der Meeresluft leicht salzig anmutender Wein.

Sehenswertes in Jerez de la Frontera

Alcázar

In unmittelbarer Nachbarschaft der Bodegas González Byass erhebt sich der Alcázar, ein bis in das 11. Jh. zurückreichender mächtiger Bau der Almohaden. In seinen Mauern findet man eine gotische Kapelle, arabische Bäder und den im Stil der Renaissance umgebauten Palacio Villavicencio; eine Cámara Obscura in dessen Turm liefert ungewöhnliche Ausblicke auf die Stadt (Öffnungszeiten: Mo. – Sa. 10.00 – 18.00, So. 10.00 – 15.00 Uhr).

Jerez de la Frontera Orientierung

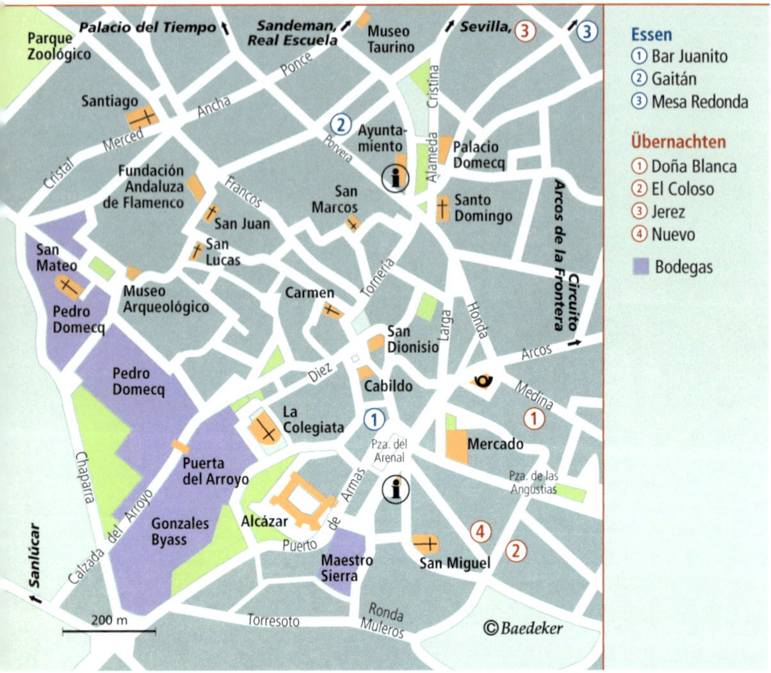

La Colegiata Vom Alcázar sieht man die Rückseite der 1695 im Barockstil auf den Grundmauern einer Moschee erbauten Kathedrale La Colegiata. Bemerkenswert sind die barocke Freitreppe, die zum Schutz vor Erdbeben ausladend konstruierten Strebepfeiler und das Zurbarán-Gemälde »La Virgen Niña«, eine Darstellung Mariens als schlafendes Kind.

San Miguel Östlich vom Alcázar erkennt man den blau gekachelten Turm der Kirche San Miguel (1430–1512), deren reich gearbeitete Westfassade von 1672 stammt; am Hochaltar ein 1625 geschaffenes Retablo mit Reliefs von Martínez Montañés und Juan de Arce.

Casa del Cabildo Nordöstlich von Kathedrale und Alcázar kommt man an der Plaza de la Asunción zum 1575 erbauten Casa del Cabildo, einst Rathaus. Dort erhebt sich die Kirche San Dionisio, 1430 im Mudéjarstil erbaut. Sie ist mit einem 20 m hohen barocken Retablo ausgestattet.

Museo Arqueológico An der Plaza del Mercado befindet sich das Archäologische Museum. Bedeutendster Schatz ist ein sehr alter **griechischer Helm**, Beleg für die frühe griechische Besiedlung der Gegend (Öffnungszeiten: Di. bis Fr. 10.00–14.00 und 16.00–19.00, Sa. und So. 10.00–14.30 Uhr).

JEREZ DE LA FRONTERA ERLEBEN

AUSKUNFT

Alameda Cristina, s/n
Claustros de Santo Domingo
11400 Jerez de la Frontera
Tel. 956 33 88 74
www.turismojerez.com

VERANSTALTUNGEN

Festival del Flamenco
Musik und Tanz im Februar/März

Fería del Caballo
Großes Fest mit Reiterturnier im Mai

BODEGAS (Auswahl)

Tio Pepe/González Byass
Manuel María González 12
Tel. 956 35 70 16
www.bodegastiopepe.com

Pedro Domecq
San Ildefonso 3
Tel. 956 15 15 00
www.bodegasfundadorpedro
domecq.com

Sandeman
Pizarro 10
Tel. 956 15 17 00
www.sandeman.eu

Emilio Lustau
Arcos, 53
Tel. 956 34 15 97
www.emilio-lustau.com

ESSEN

► Fein & teuer

② *Gaitán*
Gaitán, 3
Tel. 956 16 80 21
Beste regionale und baskische Küche.

③ *La Mesa Redonda*
Manuel de la Quintana, 3
Tel. 956 34 00 69
Die unbestritten beste traditionelle Küche zum Sherry in Jerez.

► Preiswert

① *Bar Juanito*
Pescadería Vieja, 8–10
Tel. 956 33 48 38
Leckere Tapas in riesiger Auswahl.

ÜBERNACHTEN

► Luxus

③ *Jerez & Spa*
Avda. Alcalde Alvaro
Domecq, 35
Tel. 956 30 06 00
www.hace.es
Schön gelegene Nobelherberge.

► Günstig

① *Doña Blanca*
Bodega, 11
Tel. 956 34 87 61
www.hoteldonablanca.com
Gut, in zentraler Lage.

② *El Coloso*
Pedro Alonso, 13
Tel. 956 34 90 08
www.elcolosohotel.com
Zentral und preisgünstig.

④ *Nuevo*
Caballeros, 23
Tel. 956 33 16 00
Freundlich und schlicht.

Bei den Gitanos, den Zigeunern, sind Kastagnetten verpönt. Eine »bailaora«, eine echte Tänzerin, akzeptiert sie niemals als Ersatz für das rhythmische Händeklatschen ihrer Mitspieler, den »toque de palmas«.

AUF DER SUCHE NACH EL DUENDE

In Jerez de la Frontera gibt es einen Lehrstuhl für »Flamencología«; Fachliteratur zum Thema füllt ganze Schränke, und fast jeder in Spanien hat zum Flamenco eine Meinung. Trotzdem erhält man auf die Frage, was Flamenco denn sei, was die »arte« eines Sängers oder einer Tänzerin ausmache, kaum eine konkrete Antwort – am ehesten noch erfährt man, was Flamenco garantiert nicht ist.

Flamenco ist nicht »nur« Musik, Tanz und Gesang, für die Kenner ist er Ausdruck einer Lebenshaltung. Die **historischen Wurzeln** des Flamenco sind vielfältig. Maurische Einflüsse und Anlehnungen an byzantinische liturgische Musik wurden in ihm ebenso entdeckt wie die Strukturen mittelalterlicher Romanzen. Gesichert ist lediglich, dass die Zigeuner Andalusiens, die **Gitanos**, den größten Einfluss auf ihn ausübten; noch heute entstammen die besten Flamencokünstler Zigeunersippen. Sie begründeten vor ca. 200 Jahren die Urform des heutigen Flamenco, doch wurde er damals nur im Familienkreis getanzt und vor allem gesungen. Erst an der Wende zum 20. Jh trat er aus diesem ethnischen Zusammenhang heraus, wurde auf Festen aufgeführt und ab den 1920er-Jahren durch die **Cafés cantantes** auch außerhalb Andalusiens verbreitet.

Flamenco ist keine Folklore

Flamenco als Volkstanz, als Folklore zu sehen, ist eine irrige Meinung, auch wenn die **Kommerzialisierung** immer mehr Musik und Tanzrhyth-

Im Flamencokleid »Sevillana« tanzend zieht man die Blicke auf sich.

men hervorbringt, die zwar dem Flamenco entlehnt sind, mit dessen ursprünglichem Charakter jedoch kaum etwas gemein haben. Er ist vielmehr eine Kunstform und es gelingt nur wenigen, in ihr zur Vollendung zu gelangen.

Themen sind dem Alltag entnommen: Liebe, Schmerz, der verlorene Sohn, die Missernte, das Glück – sie werden in einer metaphernreichen und gleichzeitig einfachen und eindringlichen Sprache besungen. Für den Tanz gilt dasselbe. So wie die Zuhörer

Das Stakkato der Stiefel drückt Wut oder Stolz aus, die schmeichelnden Bewegungen der Hände symbolisieren Zärtlichkeit oder Werbung.

El Cante jondo

Es gibt insgesamt dreißig **Liedformen**, von denen nicht alle tanzbar sind und die in den andalusischen Provinzen ihren Ursprung haben – so stammt die Bulería aus Jerez, die Alegría aus Cádiz und die Malagueña wird vor allem in Málaga gesungen. Allen diesen Formen gemein – mag der Inhalt von Freude oder Leid erzählen – ist **El Cante jondo**, die Gefühlstiefe der Musik und des Gesangs. Die

mit den Gefühlen des Sängers eins werden sollen und ein Schauer manchen erfasst, der in einem vielstimmigen, befreienden **»Olé!«** am Ende des Liedes wieder aufgelöst wird, so soll der Körper des Zuschauers die Bewegungen des Tänzers mitleben. Dann sind die Grenzen von Gesang und Tanz überschritten, und der Flamenco hat seinen **»duende«**, seinen Dämon gefunden, wie es der Schriftsteller Federico García Lorca ausdrückte.

✶ **Centro Andaluz de Flamenco**

Vorbei an der Kirche San Lucas (14. Jh.) erreicht man den Palacio Pemartín (18. Jh.) an der Plaza de San Juan. Hier sieht und erfährt man in Ausstellungen, Videofilmen, Vorführungen und in der Bibliothek alles Wissenswerte über den Flamenco. Auch Tanz- und Gitarrenkurse werden angeboten.

✶ **Real Escuela Andaluza del Arte Ecuestre**

Im Norden der Stadt, in der Av. Duque de Abrantes, lohnt sich ein Besuch der **Königlichen Andalusischen Schule der Reitkunst**. In den Ställen werden 60 der edelsten andalusischen Pferde gehalten, die von Araberpferden der Mauren abstammen und von Andalusien aus englische Vollblüter ebenso veredelt haben wie die Lipizzaner. Gezüchtet werden diese Pferde im nahe gelegenen Staatlichen Hengstdepot. Bei Führungen lernt man die Stallungen und den Ausstellungsraum kennen und kann beim Training zuschauen (Mo., Mi., Fr. 10.00–13.00 Uhr; im Aug. nur Mo., Mi.). Allwöchentlicher Höhepunkt ist der Donnerstag, wenn um 12.00 Uhr die Schau »Cómo bailan los Caballos Andaluzes« (»Wenn andalusische Pferde tanzen«) vorgeführt wird.

Museo Taurino

Dem Stierkampf, in Jerez ebenfalls wichtig, widmet sich das Museo Taurino wenig südlich der Reitschule (C. Pozo Olivar 6).

Museo de Relojes

In einer der schönsten Bodegas von Jerez im Nordwesten der Stadt präsentiert das Uhrenmuseum La Atalaya über 300 teilweise sehr wertvolle antike Uhren aus ganz Europa (C. Cervantes 3).

Parque Zoológico

Im Westen der Stadt liegt der zoologische Garten, der **größte Andalusiens**, zu dem auch ein schöner botanischer Garten gehört.

Umgebung von Jerez de la Frontera

✶ **La Cartuja**

Wenige Kilometer südöstlich von Jerez liegt das 1463 gegründete ehemalige Kartäuserkloster La Cartuja, in dem im 16. Jh. erstmals deutsche, italienische und andalusische Rassepferde zur **Kartäuserrasse** gekreuzt wurden. Karl III. schenkte Mitte des 18. Jh.s der österreichischen Kaiserin Maria Theresia mehrere Cartuja-Hengste, die den Stamm der berühmt gewordenen Lipizzaner der Wiener Hofreitschule bildeten. Das **Gestüt** kann samstags um 11.00 Uhr besichtigt werden. Das Kloster besitzt ein prächtiges, freistehendes Renaissancetor (1571) und eine gotische Kirche. In den Nischen ihrer Fassade von 1667 stehen Figuren von Kartäusermönchen, zuoberst der hl. Bruno. Die für den Altar von Zurbarán gemalten berühmten Bilder von Kartäusern sind heute im Besitz der kunsthistorischen Abteilung des Museums von ►Cadiz.

Lebrija ►

In Lebrija, 30 km nördlich von Jerez de la Frontera, wurde Juan Díaz de Solis geboren, der Entdecker des Río de la Plata im heutigen Argentinien. Die Stadt besitzt einige Kirchen, unter denen die hoch gelegene **Santa María de la Oliva** herausragt, 1249 in einer Moschee gegründet. Ihr Glockenturm erinnert an die Giralda von ► Sevilla. Auf der schönen Plaza Mayor ehrt ein Denkmal den Humanisten Antonio de Lebrija, Verfasser der ersten Grammatik des kastilischen Spanisch und Chronist der Katholischen Könige.

Arcos de la Frontera ist ein klassisches »Weißes Dorf«.

Auf der A-382 erreicht man – vorbei am Hochgeschwindigkeitskurs von Jerez, auf dem u. a. Läufe zur Motorradweltmeisterschaft ausgetragen werden – nach 24 km **Arcos de la Frontera** (187 m ü. d. M.), ein klassisches »Weißes Dorf«, dessen Altstadt halbkreisförmig hoch über dem Guadalete thront. Neben einigen Adelspalästen sind besonders die Kirchen **Santa María** und die über dem Abgrund stehende **San Pedro** beachtenswert, an der zwei arabische Banner an die Zeit als Grenzort zu den maurischen Gebieten erinnern.

★ León

C 9

Provinz: León (LE)
Region: Castilia y León
Höhe: 838 m ü. d. M.
Einwohnerzahl: 134 000

Für die Jakobspilger war (und ist) die Stadt eines der wichtigsten Etappenziele vor den Gebirgszügen auf dem Weg nach Santiago de Compostela. Kein Wunder also, dass León bedeutendes religiöses Zentrum ist, das mit der Kathedrale ein Glanzstück der spanischen Gotik und mit der Grablege der Könige von León ein Identität stiftendes nationales Symbol für ganz Spanien besitzt.

Geschichte

León, die alte Hauptstadt des Königreichs gleichen Namens am Südfuß des Kantabrischen Gebirges, verdankt ihren Namen der VII. römischen Legion, aus deren befestigtem Lager sie im 1. Jh. n. Chr. hervorging. Maurische Heere unter Almansur zerstörten diese Siedlung 996, doch wurde sie während der Regentschaft Alfons' V. (999–1027) wieder aufgebaut. Seine **Glanzzeit** erlebte León im 10.–12. Jh. als zeitweilige Hauptstadt des Königreichs, dessen Territorium vom Atlantischen Ozean bis zur Rhône reichte, bis dann 1230 die Königreiche León und Kastilien wieder vereinigt wurden und die Stadt an Bedeutung verlor – nicht allerdings für die Jakobspilger. Der moderne Stadtteil, gewachsen aus Leóns Rolle als **Zentrum eines Eisenerz- und Kohlereviers** und wichtiger Viehhandelsplatz, erstreckt sich am Westufer des Río Bernesga.

Sehenswertes in León

**** Catedral Santa María de Regla**

Unübersehbar erhebt sich an der Plaza de Regla die im 13. und 14. Jh. von mehreren Baumeistern erbaute Kathedrale. Das eindrucksvolle, 91 m lange Gotteshaus gilt als eines der hervorragendsten und **stilreinsten Werke der Frühgotik** auf spanischem Boden, eng verwandt mit den Kathedralen von Reims und Amiens.

Westfassade ►

Besonders beeindruckend ist die Westfassade (Hauptfassade) mit ihren beiden stattlichen Glockentürmen, der 65 m hohen Torre de las Campanas (links) und der 68 m hohen Torre del Reloj, die das Mittelschiff mit der mächtigen Fensterrose und den drei reich mit Skulpturen geschmückten Portalen flankieren. Unter diesen wiederum sticht das Mittelportal, die **Puerta de Nuestra Señora la Blanca**, hervor, deren Mittelsäule eine Skulptur der Santa María la Blanca trägt. Im Tympanon, im Fries und in den Archivolten erkennt man die Darstellung des Jüngsten Gerichts. Die Puerta de San Francisco rechts davon zeigt neben den Propheten die Krönung Marias; in der Puerta de Regla links des Mittelportals sind Geburt und Kindheit

LEÓN ERLEBEN

AUSKUNFT

Oficina de Turismo
Plaza de Regla, 4
24003 León
Tel. 997 23 70 82
www.leon.es

ESSEN

► **Erschwinglich**

① ***Vivaldi***
Platerías, 4; Tel. 987 26 07 60
Dieses Restaurant bietet ausgezeichnete regionale Küche und eine breit gefächerte Weinkarte.

► **Preiswert**

② ***Casa Pozo***
Plaza San Marcelo, 15
Tel. 987 22 30 39
Wohl das älteste Restaurant der Stadt.

ÜBERNACHTEN

► **Luxus**

① ***Parador Hostal San Marcos***
Plaza de San Marcos, 7
Tel. 987 23 73 00
www.parador.es
Im ehemaligen Kloster und Hospiz San Marcos (16. Jh.) mit seiner plateresken Fassade und seinen königlichen Sälen ist heute ein vornehmer Parador eingerichtet, den auch Pilger auf dem Jakobsweg schätzen.

► **Komfortabel**

② ***Quindós***
Gran Vía de San Marcos, 38
Tel. 987 23 62 00
www.hotelquindos.com
Mitten im Zentrum übernachtet man gut und günstig.

Die Kathedrale von León gilt als eines der stilreinsten Werke der spanischen Frühgotik.

Jesu dargestellt. Ähnlich gegliedert mit dreiteiligem Portal und großer Fensterrose ist die Südfassade.

◄ Innenraum

Die überraschende Lichtwirkung der bis zu 12 m hohen Maßwerkfenster verleiht dem harmonischen Innenraum eine unvergleichliche Schönheit. Die aus dem 13. bis 20. Jh. stammenden Glasgemälde, die eine Fläche von ca. 1800 m² einnehmen, suchen ihresgleichen in Spanien. Die ältesten finden sich in den mittleren Chorkapellen und in den Rosenfenstern der West- und Nordseite.

✶ ✶ ◄ Glasfenster

◄ Chor

Der alabasterne und reich vergoldete **Trascoro**, 1575 von Esteban Jordán ausgeführt, ist so konstruiert, dass man durch eine Öffnung in seiner Mitte zum Mittelschiff hinaufblicken kann. Das prachtvolle Chorgestühl wurde im 15. und 16. Jh. von flämischen Künstlern geschnitzt. In den neuzeitlichen Retablo in der Capilla Mayor sind die vom ursprünglichen Flügelaltar stammenden Gemälde von Nicolás Francés aus dem 15. Jh. integriert; unter diesen verdient die **Darstellung der Grablegung** links besondere Aufmerksamkeit. Reliquien des Schutzpatrons der Stadt, des hl. Froilán, 900–905 Bischof von León, werden in einem Silberschrein von Enrique de Arfe vor dem Hochaltar aufbewahrt. Weiterhin beachtenswert sind eine Pietà von Rogier van der Weyden (links) und der reich gearbeitete Bischofsstuhl.

Von den Grabmälern in den Kapellen des Chorumgangs sind an der Rückwand der **Capilla Mayor** das Grabmal des Königs Ordoño II. († 924) aus dem Anfang des 14. Jh.s und die **Capilla de Santiago** mit ihren wunderschönen Glasmalereien aus der Renaissance hervorzuheben.

Kleidermarkt vor prächtiger Kulisse auf der Plaza Mayor in León

Nördlich an die Kathedrale schließt der große platereske **Kreuzgang** an, der im 14. Jh. erbaut und im 16. Jh. umgebaut wurde. Die Fresken stammen von Nicolás Francés. In den angrenzenden Räumen ist heute das **Kathedral- und Diözesanmuseum** untergebracht. Es stellt eine Vielzahl teilweise äußerst wertvoller sakraler Gegenstände aus, an erster Stelle die »Lex Romana Wisigothorum« aus dem 11. Jh., ein Palimpsest aus dem 6. Jh., eine westgotische Bibel (10. Jh.), ein im Jahre 1576 gefertigtes Kruzifix von Juan de Juni, darüber hinaus Skulpturen und Gemälde.

Murallas

Nördlich der Kathedrale laufen an der Avenida de los Cubos noch Reste der z. T. aus dem 3. Jh. n. Chr. stammenden Stadtmauer entlang und über die mächtige Puerta del Castillo von 1759 zum Colegiata de San Isidoro (s. u.).

✶ **Plaza Mayor**

Von der Kathedrale schlendert man durch kleine Sträßchen zur rings von Arkaden eingefassten Plaza Mayor; an deren Westseite erhebt sich das zweitürmige Alte Rathaus (Consistorio Viejo; 1677). Der Platz hat, besonders wenn Markt abgehalten wird, einen einnehmenden Charme und eine Lebendigkeit, die sich in den zur Plaza San Martín (Kirche San Martín aus dem 13. Jh.) und zur Plazuela de San Marcelo führenden Gassen fortsetzt. Beim abendlichen Bummel wird schnell klar, warum dieses Viertel auch **»Barrio Húmedo«** heißt – in den vielen Bars geht es feuchtfröhlich zu.

Plazuela de San Marcelo

Die Plazuela de San Marcelo, Verkehrsmittelpunkt der Stadt, umgeben einige bedeutende Bauwerke. Seinen Namen hat der Platz von der Kirche San Marcelo (1588–1627); ihr gegenüber steht das aus der Renaissance stammende Rathaus. Auffälligstes Gebäude am Platz ist jedoch die an der Nordseite stehende Casa de Botines, die der katalanische Architekt Antoni Gaudí 1894 in dem ihm eigenen neogotischen Stil erbaute. Rechts daneben sieht man den an italienische Paläste erinnernden **Palacio de los Guzmanes** (1560) mit seinen schmiedeeisernen Balkonen, eindrucksvoller Rundbogenfassade und großen Ecktürmen.

✶ Casa de Botines ►

✶ **Colegiata de San Isidoro**

Auf der Plaza de San Isidoro dominiert die Colegiata de San Isidoro, die auf das 10. Jh. zurückgeht, in ihrer heutigen Form jedoch im Wesentlichen 1149 vollendet wurde. Sie ist als Grablege des Hl. Isidor, Bischof von Sevilla und wichtigster westgotischer Kirchenlehrer, dessen Gebeine Ferdinand I. 1063 aus Sevilla hierher überführen ließ, von großer Bedeutung für die spanischen Katholiken. Schönster Teil der Außenfassade sind die beiden **romanischen Südportale** an der Plaza: links die Puerta del Cordero, das Hauptportal, mit Skulpturen des hl. Isidor und des hl. Pelayo sowie dem Gotteslamm; rechts die Puerta del Perdón mit Kreuzigungsrelief. Im etwas düsteren Inneren gilt es vor allem, die im 16. Jh. angefügte **Capilla Mayor** zu beachten; im linken Querschiff folgt auf die Capilla de San Martín die Capilla de Quiñones, die mit romanischen Fresken ausgemalt ist.

Prunkstücke der Schatzkammer (Tesoro) sind der Reliquienschrein ◄ Tesoro des hl. Isidor (11. Jh.), der Achatkelch der Doña Urraca (11. Jh.), ein mit Emailarbeiten aus Limoges verziertes Kästchen und ein Prozessionskreuz von Juan de Arfe. Die Bibliothek besitzt u. a. eine Bibel von 960, ein von Nicolás Francés mit Miniaturen ausgemaltes Brevier aus dem 15. Jh. und das gestickte »Banner von Baeza«.

Höhepunkt der Besichtigung ist jedoch das **Panteón**, die Grablege der Könige, Prinzen und Edlen von León im westlichen Vorbau der Kirche, 1054 bis 1066 errichtet und damit eines der bedeutendsten Zeugnisse der spanischen Romanik. Zwei Marmorsäulen, deren Kapitelle wie die der Wandpfeiler mit Pflanzen- und Tiermotiven skulptiert sind, stützen ein Kreuzgratgewölbe. Dessen Decken sind übersät mit einzigartigen Fresken, die in der Regierungszeit Ferdinands II. (1157 – 1188) angebracht wurden. Die Farbenpracht der Malereien, die biblische Szenen, Jagdszenen und Darstellungen der Feldarbeit mit Tier- und Pflanzenornamenten verbinden, trugen dem Panteón den Beinamen **»Sixtinische Kapelle der Romanik«** ein.

Am Nordwestrand der Stadt liegt am Ufer des Río Bernesga das ehem. **Monasterio de San Marcos**, (heute z. T. Parador). Seine nach Süden zeigende, über 100 m lange Hauptfassade, deren Osthälfte 1533 bis 1541 und die Westhälfte mit

León *Orientierung*

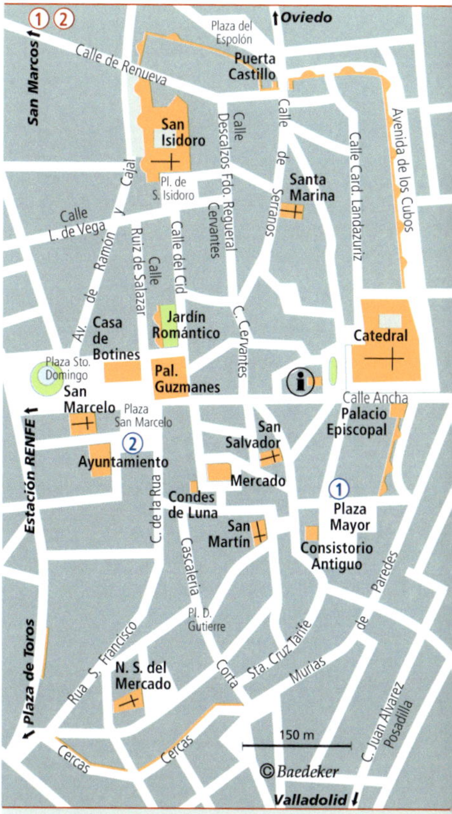

Essen

① Vivaldi
② Casa Pozo

Übernachten

① Parador Hotel San Marcos
② Quindós

Die herrlichen Wandmalereien trugen dem Panteón von San Isídoro den Beinamen »Sixtinische Kapelle der Romanik« ein.

★ **Monasterio de San Marcos**

Portal und Uhrturm 1708–1716 erbaut wurden, ist an Reichtum und Feinheit plateresker Dekoration unübertroffen. Das Hauptportal krönt ein barocker Apostel Jakobus in seiner legendären Gestalt als Maurentöter. An dieser Stelle stand seit dem 12. Jh. das Stammhaus des Ordens der Santiagoritter, der die Pilger auf dem Jakobsweg beschützte. Als Dank für ihre Taten veranlassten die Katholischen Könige den Bau eines neuen Klosters. Die 1541 geweihte Klosterkirche besitzt ein schönes Chorgestühl von 1543 und wertvolle Skulpturen.

★ **Museo de León**

Im Edificio Pallarés an der Plaza Santo Domingo sind großartige Schätze zu sehen, darunter ein **Elfenbein-Christus** aus dem 11. Jh., ferner ein antiker Diana-Altar, römische und keltische Ausgrabungsfunde, Skulpturen und Gemälde (Öffnungszeiten: Di.–Sa. 10.00 bis 14.00 u. 16.00–20.00, So., Fei. 10.00–14.00 Uhr).

Museo de Arte Contemporáneo (MUSAC)

Neueste Attraktion der Stadt ist das Museum für zeitgenössische Kunst mit einer Multi-Color-Glasfront als Blickfang (Avda. de los Reyes Leoneses, 24; Öffnungszeiten: Di.–So. 11.00–15.00 u. 16.00 bis 21.00 Uhr).

Umgebung von León

Richtung Oviedo

Die N-630 folgt dem Lauf des Río Bernesga nach Norden Richtung ► Oviedo und erreicht nach 59 km die Passhöhe Puerto de Pajares (1364 m ü. d. M.), wo sich **prächtige Ausblicke** bieten und man zugleich auf der Grenze zwischen León und Asturien steht.

Cuevas de Valporquero ►

Von der N-630 zweigt bei La Vid eine Straße nach Vegacervera ab, von wo man über Felmín zu den im Südhang des Kantabrischen Gebirges liegenden Cuevas de Valporquero gelangt, prächtigen Tropfsteinhöhlen, die von Mai bis November besucht werden können (direkte Anfahrt von León auf der LE-311).

Von Mellanzos sind es 4 km bis zum kunstgeschichtlich bedeutenden, einsamen gelegenen Kloster San Miguel de Escalada, das 913 von Mönchen aus Córdoba gegründet wurde und eines der **schönsten Beispiele für mozarabische Kirchenarchitektur** in Spanien ist. Dies kommt besonders in den Hufeisenbögen des südlichen Seitenschiffs (um 1050) und den westgotischen und maurischen Reliefs in den Apsiden zum Ausdruck.

★ San Miguel de Escalada

In der alten Stadt Sahagún (836 m ü. d. M.) kann man die romanischen Backsteinkirchen San Tirso und San Lorenzo (beide 12./13. Jh.) sowie die mudéjare Franziskanerkirche La Peregrina besichtigen. Vom einst großen Benediktinerinnenkloster San Benito aus dem 13. Jh. ist nur noch wenig erhalten, doch zeigt das Museum hier wertvolle Kunstschätze wie eine silberne Custodia von Enrique de Arfe.

Sahagún

★ Lizarra · Estella

C 17

Provinz: Navarra (NA)
Region: Navarra
Höhe: 483 m ü. d. M.
Einwohnerzahl: 14 200

Schon im 12. Jh. wurde Estella von Aimerico Picaud in seinem »Reiseführer« für den Pilgerweg als gastfreundliche Stadt gelobt. Die Könige von Navarra holten Juden und Franken in die Stadt, die eigene Viertel bewohnten. Auch sie mehrten den Reichtum der stolzen Stadt, so dass sie, obwohl klein, ein wirklich lohnendes Ziel im westlichen Navarra darstellt.

Sehenswertes in Lizarra und Umgebung

Über dem rechten Ufer des Río Ega erhebt sich der Turm von San Pedro de la Rúa (12. Jh.). Das Kirchenportal zeigt in seiner Kombination von Spitz- und Zackenbögen maurischen Einfluss. Im Inneren der Kirche fällt eine aus drei ineinander verflochtenen Schlangen bestehende Säule in der zentralen Apsis auf. In der barocken Capilla de San Andrés im linken Seitenschiff wird in einem silbernen Schrein eine Reliquie des hl. Andreas aufbewahrt, die im 13. Jh. der Bischof von Patras der Stadt zum Geschenk machte. Der bei der Zerstörung der benachbarten Burg im Jahr 1572 stark in Mitleidenschaft gezogene Kreuzgang ist wegen seiner **Säulenkapitelle** von besonderem Interesse. Sie zeigen die Ermordung der Knaben durch Herodes, das Leben und Leiden Christi, die Geschichte der Hl. Laurentius und Andreas, die Gefangennahme des Petrus sowie Tier- und Pflanzenmotive.

San Pedro de la Rúa

★

◂ Kreuzgang

Die Kirche kann jeweils eine halbe Stunde vor der Abendmesse bzw. der Sonntagsmesse betreten werden. Beim Touristenbüro kann man eine Führung auch außerhalb dieser Zeiten buchen.

✶ **Palacio de los Reyes de Navarra**

Unterhalb der Kirche verläuft die C. San Nicolás zur Puerta de Castilla, durch die Jakobspilger die Stadt verlassen. Entlang der Straße erstreckt sich der Palast der Könige von Navarra, dessen Grundstruktur aus dem 12. Jh. stammt; Türme und die Galerie wurden im 16. Jh. hinzugefügt. Auffallend sind die beiden **Säulen an der Hauptfassade**: Die linke zeigt den Kampf Rolands mit dem Riesen Ferragut; die rechte Teufel, die Geizhälse traktieren sowie musizierende Tiere. Im Palast widmet sich ein Museum dem Werk des Künstlers Gustavo de Maeztu (1887 – 1947).

An der Einmündung der Pilgerstraße in die **Plaza de San Martín** versammelten sich seit dem 11. Jh. die Bürger der Stadt. Im 16. Jh. errichteten sie das Rathaus mit zwei sehr schönen Stadtwappen.

Vom Rathaus führt ostwärts die **Calle de la Rúa** weg, an der sich Bürgerhäuser und Adelspaläste aufreihen, so die Casa del Fray Diego de Estella (16. Jh.) und der Palacio del Gobernador (17. Jh.). Man passiert auf der rechten Seite die Kirche Santo Sepulcro, Ende des 12. Jh.s begonnen. Im gotischen Tympanon erkennt man Kreuzigung, Begräbnis und Wiederauferstehung Christi; rechts und links vom Portal schöne Apostelstatuen.

LIZARRA · ESTELLA

AUSKUNFT

Oficina de Turismo
Calle San Nicolas, 1,
31200 Estella o Lizarra
Tel. 9 48 55 63 01
www.turismo.navarra.es

ESSEN

► Erschwinglich

Navarra
Calle Gustavo de Maeztu, 16
Tel. 948 55 00 40
Herzhafte navarresische Küche, dazu gute Weine aus der Region.

ÜBERNACHTEN

► Günstig

Yerri
Avda. Yerri, 35
Tel. 948 54 60 34
Am Rande der Altstadt gelegenes preisgünstiges Mittelklassehotel mit freundlichem Service.

San Miguel Arcángel

Am linken Ufer des Río Ega führt eine Treppe hinauf zum Mercado Viejo, an dem sich die auf den ersten Blick schlichte, im romanisch-gotischen Übergangsstil erbaute Kirche San Miguel Arcángel erhebt. Ihr Nordportal ist jedoch eine der **schönsten romanischen Bildhauerarbeiten** in Navarra. Die Kirchentür flankieren je fünf Säulen, deren Kapitelle Geburt und Kindheit Jesu darstellen; die beiden letzten Kapitelle zeigen Jagdszenen und Pflanzenornamente. Der Figurenschmuck setzt sich in den Archivolten fort; im Tympanon thront Jesus, von den Evangelistensymbolen umgeben. Wahre Meisterwerke

✶ Nordportal ►

sind die beiden **Reliefs beiderseits des Portals**: links sind der Kampf des Erzengels Michael mit dem Drachen sowie der Erzengel und Abraham im Kampf mit dem Teufel um die Seelen dargestellt, rechts die Auferstehung Christi.

> ! *Baedeker* TIPP
>
> **Fuente del Vino**
>
> Wer auf Pilgerreise auf dem Jakobsweg unterwegs ist, sollte beim Kloster de Irache Rast machen. Denn ca. 100 m entfernt steht der so genannte Weinbrunnen. Aus zwei Zapfhähnen fließt auf der einen Seite Wasser und auf der anderen Rotwein, beides kostenlos!

Das **Monasterio de Irache** (3 km südwestlich) ging aus einer der ersten Pilgerstationen am Jakobsweg im 11. Jh. hervor. Im 15. und 16. Jh. hatte hier eine angesehene Universität ihren Sitz. Der Baubeginn der Kirche fällt ins 12. Jh., die Apsis ist noch romanisch, während die Fassade dem 17./18. Jh. entstammt. Der Kreuzgang ist im Stil der Renaissance gehalten.

Lleida

E 22

Provinz: Lleida (L)
Region: Katalonien
Höhe: 154 m ü. d. M.
Einwohnerzahl: 137 000

Lleida ist ein idealer Ausgangsort für Ausflüge in die Hochpyrenäen und nach ►Andorra. In der Stadt selbst gibt es nicht so viel zu sehen. Bedeutung hat die größte Stadt des westlichen Kataloniens hauptsächlich für die Vermarktung der Agrarprodukte, die in der fruchtbaren Landschaft des Riu Segre zwischen Barcelona und Zaragoza, einem der wichtigsten Agrargebiete Spaniens, gedeihen.

Geschichte

Lleida ist eine iberische Gründung, die im 2. Jh. v. Chr. als Ilerda römisch wurde. Hier standen sich die Heere Cäsars und Pompejus' gegenüber. Ramón Berenguer IV. jagte 1149 die Stadt den Mauren ab, die seit 713 das Sagen hatten. Jaime II. gründete 1300 hier die erste Universität Kataloniens, die bis 1717 bestand. In den späteren Jahrhunderten litt die Stadt immer wieder unter Kriegen: 1707 im Spanischen Erbfolgekrieg, 1810 bei der Belagerung durch die Franzosen und 1936 im Bürgerkrieg.

Sehenswertes in Lleida

Auf dem Burgberg

Über der Stadt thront der Burgberg, zu erreichen auf der Carrer de la Tallada, oder, bequemer, mit dem Aufzug von der Plaça de Sant Joan. Das mächtige, viertürmige Castell la Suda, maurischen Ursprungs (12. Jh.), diente den Königen von Aragón auch als Palast.

✶ ◄ La Seu Vella

Die Burganlage umschließt die aus dem 13. Jh. stammende und erst im 16. Jh. vollendete Alte Kathedrale (La Seu Vella), die von 1707 bis

1949 Kaserne war und seitdem allmählich restauriert wird. Sie ist über einer Moschee erbaut worden, was erklärt, dass der **Kreuzgang** wie der Vorhof einer Moschee vor der Hauptfassade der Kirche liegt. Der Kreuzgang ist auch der beeindruckendste Teil der Anlage: Hohe Maßwerkfenster geben den Blick frei auf die Stadt, außerordentlich fein gearbeitete Säulenkapitelle zeigen Fabelwesen, verschlungene Pflanzen und Alltagsszenen. Die kunstvolle Ausführung der Kapitelle wiederholt sich in der Kirche und in den Portalen; insbesondere die Puerta dels Fillols am südlichen Seitenschiff, an der sich auch mozarabischer Einfluss zeigt, ist ein hervorragendes Beispiel für die Bildhauerkunst der Schule von Lleida. Schließlich ist auch der achteckige Glockenturm von 1416 in der Nordwestecke eine Besonderheit.

Museu Numismatic

Zurück auf der Plaça de Sant Joan kann man in einer der Bars dort über die avantgardistische Platzgestaltung des Basken Peña Ganchegui sinnieren. Vom Platz kommt man durch die Straße gleichen Namens zum Gebäude der Provinzregierung (Diputaciò), wo eine Münz- und Waffensammlung besichtigt werden kann.

La Paeria

Wenig westlich des Platzes liegt die Paeria aus dem 13. Jh., deren Fassade romanische Bogenfenster aufweist. Sie war Sitz des Paer, der für Recht und Ordnung zu sorgen hatte; heute dient sie als Rathaus und beherbergt ein kleines **archäologisches Museum**.

Hospital de Santa María

Mehr Auswahl – u. a. Iberisches und Römisches – bietet das archäologische Museum im ehemaligen Hospital de Santa María (15./16. Jh.). Hinter dessen schlichter Fassade in katalanischer Gotik offenbart sich der Innenhof mit seiner Freitreppe als eindrucksvolle Schöpfung aus dem 18. Jahrhundet.

LLEIDA ERLEBEN

AUSKUNFT

Centre d'Informació i Reserves
Calle Major, 31 bis
25007 Lleida
Tel. 902 25 00 50
http://turisme.paeria.es

ESSEN

► Erschwinglich

Celleret del Segre
Calle General Bitros, 10
Tel. 973 23 19 42
Sehr freundliches Lokal, in dem lecker zubereitete katalanische Spezialitäten serviert werden.

Nou Forn del Nastasi
Carretera Osca, km 2,5
Tel. 973 24 92 22
Regionale Küche; feine Weine aus dem Anbaugebiet Costers del Segre.

ÜBERNACHTEN

► Komfortabel

① *NH Pirineos*
Gran Passeig de Ronda, 63
Tel. 973 27 31 99
www.nh-hoteles.com
Idealer Ausgangspunkt für Ausflüge in die Täler der Pyrenäen; gutes Preis-Leistungs-Verhältnis.

Die ganz Mutigen rauschen den Riu Noguera im Schlauchboot hinunter.

Gegenüber steht die 1781 vollendete klassizistische Neue Kathedrale, die eine achtbare Sammlung flämischer Wandteppiche besitzt. **La Seu Nova**

Die kleine Kirche Sant Llorenç unweit nordwestlich der Neuen Kathedrale wurde zwischen 1270 und 1300 angeblich über einem in eine Moschee verwandelten römischen Tempel erbaut. Bemerkenswert sind neben dem achteckigen Glockenturm wertvolle Retablos aus dem 14./15. Jh., darunter ein feines, die Geschichte des hl. Laurentius illustrierendes Stück. **Sant Llorenç**

★ Pyrenäenrundfahrt

Die beschriebene Rundfahrt ist ohne Abstecher ca. 450 km lang; drei Übernachtungen sollte man auf jeden Fall einplanen.

Auf der C-1313 fährt man in das jenseits des Riu Segre gelegene Balaguer, Hauptort der Landschaft Noguera. Es besitzt mit dem Kloster Sant Domènech ein anschauliches Beispiel für die Bauweise der katalanischen Gotik. 8 km westlich von Balaguer liegt Castelló de Farfanya mit einer maurischen Schlossruine und der sehenswerten gotischen Kirche Sant Miquel. **Balaguer**

◄ Castelló de Farfanya

! Baedeker TIPP

Mach mal Pause!

Genau richtig für eine Mittagspause ist das Restaurant Casa Lola (C. de Soldevila, 2) im kleinen, mittelalterlichen Talarn bei Tremp: reichlich, günstig, bodenständig.

Von Balaguer begleitet kurvenreich die C-147 den **Riu Noguera Pallaresa**, der heute mehrfach aufgestaut und einer der **wichtigsten Elektrizitätslieferanten** Kataloniens ist. So passiert man den durch eine 151 m lange und 92 m hohe Sperrmauer aufgestauten Pantà de Camarasa, der ein Kraftwerk mit 700 000 kW Leistung versorgt, und, kurz nach Tremp (507 m ü. d. M.), den Pantà de Sant Antoni mit einer 206 m langen und 82 m hohen Mauer und dem 300 000 kW-Kraftwerk.

Museu de la Conca Dellà ►

Hobbypaläontologen kommen um einen Ausflug ins 19 km östlich von Tremp gelegene Isona nicht herum, denn dort zeigt das Museu de la Conca Dellà Funde aus den im Graben von Dellà entdeckten **Sauriernistplätzen**, von denen noch 26 zu sehen sind.

La Pobla de Segur

Am Nordende des Stausees liegt La Pobla de Segur (540 m ü. d. M.), wo der Riu Flamisell in den Riu Noguera Pallaresa mündet. Hier betritt man nun die wirkliche Bergwelt der Pyrenäen; der Ort, in dem Holz- und Milchwirtschaft betrieben wird, ist Ausgangspunkt für Wanderungen und Fahrten ins Gebirge, die umliegenden Flüsse und Bäche quellen über vor Fischen – ein **Paradies für Sportfischer**.

✶ Desfiladero de Collegats ►

Nach wie vor bleibt man im Tal des Noguera Pallaresa, der ab Pobla de Segur immer wilder und reißender wird, gespeist von unterwegs zahlreich zufließenden Bächen mit Wasserfällen. Es geht talaufwärts zu der wilden Kalksteinschlucht Desfiladero de Collegats mit dem 2082 m hohen Bou Mort zur Rechten.

✶ Rafting ►

Einst wurden auf dem Noguera Pallaresa die im Gebirge geschlagenen Baumstämme zu den Sägewerken in La Pobla de Segur hinabgeflößt; heute ist der Fluss das beliebteste Rafting-Revier Kataloniens. Die wildeste Strecke ist der Abschnitt zwischen Llavorsí und Sort; wer es wagen will, in einem der Schlauchboote zusammen mit einem Dutzend Schicksalsgenossen und einem erfahrenen Bootsführer sich in die Fluten zu stürzen, findet am Fluss entlang mehrere Anbieter. Saison ist von April bis August.

Gerrí de la Sal ►

Die Fahrt geht weiter über Gerrí de la Sal, das seinen Namen den Salinen am Fluss verdankt; dort befindet sich auch das ehemalige Benediktinerkloster aus dem 12. Jh., an dem sich ein großer Heuschober entlangzieht. Danach durchquert man wieder eine große Schlucht, passiert Sort und Rialp, von wo eine Zufahrt zum Wintersportort Llesuí (1400 m ü. d. M.) abzweigt, bis man schließlich Llavorsí erreicht. Hier mündet der Riu Cardos ein, dem eine schmale Straße durch sein lieblich grünes Tal bis Tavascan folgt, eingerahmt von zu beiden Seiten über 2000 m aufsteigenden Bergen.

Cardós-Tal ►

Auf der C-147 fährt man weiter im Tal des Nogera Pallaresa über Escaló, wo im Kloster Sant Pere del Burgal (10. Jh.) romanische Wandmalereien zu sehen sind. 6 km links abseits liegt der Wintersportort

Espot ►

Wenn auch nur Kopien – die romanischen Fresken in Sant Climent de Taüll im Tal von Boí begeistern allemal.

Espot, von dem Lifte zur Skistation Super Espot führen. Espot ist der östliche Zugang zum Nationalpark von Aigüestortes (s. u.).

★ **Port de la Bonaigua**

Man verabschiedet sich nun vom Noguera Pallaresa und biegt auf die C-1412 ab. Es wird abenteuerlich, denn die Straße windet sich in zahllosen schmalen Kehren hinauf zum Port de la Bonaigua (2072 m ü. d. M.), der eindrucksvollen Passhöhe auf der **Wasserscheide zwischen Mittelmeer und Atlantik** (Dez. bis Juni gesperrt); Windungen und Kehren führen wieder abwärts in das Tal von Aran.

★ **Vall d'Aran**

Das Tal von Aran, in dem die Quellbäche der Garonne (span./katal. Garona) entspringen, ist eines der schönsten, das die Pyrenäen zu bieten haben. Hier findet man Wanderwege und Bergtouren in herrlicher Landschaft, Angelspaß in den Gebirgsbächen, Winterfreuden in den Skistationen Baqueira-Beret und Tuca-Betrén. Im Tal, das 1308 zu Spanien kam, wird **Aranesisch** gesprochen, ein romanischer, dem Gascognischen verwandter Dialekt mit baskischen Anleihen. Daran zeigt sich einerseits die ethnisch-geografische Zugehörigkeit zu Frankreich, andererseits die jahrhundertelange Isolierung des Tals, die erst mit dem Bau einer Passstraße 1925 und des Vielha-Tunnels 1948 beendet wurde.

Salardú ► Der erste Halt nach dem Pass, Salardú (1265 m ü. d. M.), wo man das Tal der Garona erreicht, besitzt mit Sant Andreu (13. Jh.) eine schöne romanische Kirche; der Ort eignet sich gut als Startpunkt für Wanderungen in die Dörfer des oberen Aran-Tals, z. B. nach Tredós (1295 m ü. d. M.) mit seiner ehemaligen Templerkirche, die auf das 12. Jh. zurückgeht.

Vielha ► Die Straße mündet bei Vielha in die N-230. Im 975 m hoch gelegenen Hauptort des Tals besichtigt man die Kirche aus dem 13. Jh. vor allem wegen ihrer **romanischen Christusfigur** »Crist del Mig Aran«; wer mehr über die Aranesen wissen will, gehe ins Ethnologische Museum in der Carrer Major.

Uelhs deth Joèu ► Ein Abstecher von Vielha führt auf der N-230 und ab Les Bordes auf einer Nebenstraße ins bewaldete Quellgebiet Uelhs deth Joèu, wo die Garona de Joèu entspringt.

✶ **Maladeta**

Die Strecke zurück nach Lleida durchquert zunächst den 5 km langen Tunel de Vielha; bei der Ausfahrt sieht man rechts die majestätischen Spitzen der Maladeta mit dem Pico de Aneto (3404 m ü. d. M.), dem **höchsten Gipfel der Pyrenäen**.

Tal des Noguera Ribagorcana

Dann folgt man der N-230 im Tal des Riu Noguera Ribagorcana, vorbei an Pont de Suert und am 8 km langen Stausee Pantà d'Escale. Bei Puente de Montañana biegt man nach Osten auf die C-1311 nach Tremp ab, von dort geht es via Balaguer zurück nach Lleida.

Abstecher in das Tal von Boí

Von der N-230 kann man auf der L-500 bereits vor Pont de Suert einen Abstecher ins Tal von Boí machen, um einige der schönsten romanischen Kirchen der Pyrenäen kennenzulernen. In Boí, dem westlichen Zugang zum Nationalpark von Aigüestortes, wartet Sant Joan mit schönen Fresken auf. Dann erreicht man Taüll, das mit den Kirchen Sant Climent und Santa María (12. Jh.) geradezu klassische Beispiele für romanischen Kirchenbau in den Pyrenäen sein eigen nennt: ein großes Hauptschiff mit drei Apsiden und ein freistehender Glockenturm, im Fall von St. Climent sogar sechsstöckig. Beide Kirchen besaßen einzigartige Wandmalereien, deren Originale heute im Museum für katalanische Kunst in ► Barcelona zu sehen sind; für Taüll blieben nur Kopien, die aber kaum weniger beeindruckend sind (► S. 447). Am Ende des Tals liegt in herrlicher Landschaft der Thermalbadeort Caldes de Boí.

✶ Taüll ►

Caldes de Boí ►

✶✶ Parc Nacional d'Aigüestortes i Sant Maurici

Zugang Zugang zum Park ist möglich von Espot im Osten und Boí im Westen. In beiden Orten gibt es **Informationszentren**, wo man sich u. a. Karten besorgen kann. Der Nationalpark lockt mit einer einzigartigen, bis knapp unter 3000 m aufsteigenden Bergwelt (Peguera, 2982 m ü. d. M.) und vielen Gletscherseen, deren größter der Estany de Sant Maurici ist. Das Gebiet ist ein »Gletschergarten«, die charakteristische Landschaftsform ist der »Felszirkus«. Hier gedeihen – neben den allgegenwärtigen Nadelbäumen – Lilien, Enzian, Steinbrech, Eisenhut und schließlich Pilze, Moose, Flechten und Algen in zahlreichen Arten. In den Flüssen tummelt sich u. a. der **Pyrenäen-Desman**, ein maulwurfähnliches, seltenes Tier, das hervorragend schwimmen und wenn nötig sogar Stromschnellen überspringen kann. Andere seltene Tiere sind Pyrenäengebirgsmolch und die gelbgrüne Zornnatter, Kaiseradler, Gänsegeier und Schneerebhuhn. Auch Steinböcke bekommt man zu Gesicht.

! *Baedeker* TIPP

Wanderungen

Die klassische Wanderung im Parc Nacional d'Aigüestortes ist die Durchquerung von Ost nach West. Die Strecke Espot–Boí beträgt 30 km und ist nicht übermäßig schwierig; trotzdem sollte man auf jeden Fall zwei Tage ansetzen. Übernachten kann man im Refugi Mallafré (Juni bis Mitte Okt.) am See von Sant Maurici oder im Refugi d'Estany Llong im Westen des Parks (Mitte Juni bis Mitte Okt.; Tel. 973 69 61 07).

Weitere Umgebungsziele

★ Fraga

Malerisch über dem Fluss in die Uferfelsen gebaut wurde das alte Fraga (30 km westlich von Lleida). Adelshäuser und die ursprünglich romanische Kirche San Pedro (12. Jh.), über einer Moschee errichtet und später umgebaut, sind die Sehenswürdigkeiten der Stadt.

Richtung Barcelona

◂ Bellpuig

Die in östlicher Richtung Lleida verlassende N-II führt durch steppenartiges Hügelland nach Bellpuig (373 m ü. d. M.). In der Kirche von Sant Nicolau ist Don Ramón de Cardona, Vizekönig von Neapel, in einem prächtigen Renaissance-Grabmal aus weißem Carrara-Marmor bestattet, das Giovanni da Nola 1525 schuf. Am südlichen Ortsende steht ein ehemaliges Franziskanerkloster mit dreigeschossigem Kreuzgang aus dem 16./17. Jahrhundert.
Danach überquert die N-II den Canal de Urgel und führt, vorbei an **Tárrega** (358 m ü. d. M.), einem alten Städtchen mit einigen beachtenswerten Bauten wie dem **Palacio Sobies** aus dem 13. Jh. und der Burg, hinein in die künstlich bewässerte Ebene Llano de Urgel. Hier liegt, auf einem von der Kirche Santa María (12./13. Jh.) beherrschten Hügel, **Cervera** (565 m ü. d. M.), von 1718 bis 1842 Sitz einer Universität. Beachtenswert sind auch das Rathaus am Fluss (17. Jh.) und das Hospiz der Ritter vom Heiligen Grab.

Les Garrigues

◂ Les Borgues Blanques

Die nach Südosten strebende N-240 zweigt unmittelbar hinter dem Riu Segre von der N-II ab und durchquert die durch Bewässerung fruchtbar gemachte Landschaft Les Garrigues, in der überwiegend Oliven und Mandeln angebaut werden. Streckenweise am Canal de Urgel entlang kommt man nach Les Borgues Blanques (296 m ü. d. M.). Das Städtchen hieß im Altertum Borgiarum Albarum; hübsche Parkanlagen und typische, arkadengeschmückte Gassen bestimmen sein Bild. Der Ort ist ein **Zentrum der Olivenölherstellung**, deren Geschichte in einem kleinen Museum präsentiert wird.

★ Logroño

D 16

Provinz: La Rioja (LO)
Region: La Rioja (autonome Gemeinschaft)
Höhe: 384 m ü. d. M.
Einwohnerzahl: 153 000

Das am Ebro gelegene Logroño, Hauptstadt der Provinz La Rioja, ist als Industriestadt, in der Textilien produziert und Metalle verarbeitet werden, nicht übermäßig attraktiv, doch eine nette Altstadt und vor allem der Wein aus der Rioja, der hier gehandelt wird, lohnen allemal den Aufenthalt. Das wussten auch die Jakobspilger zu schätzen, die hier gerne Station machten.

Logroño liegt am Schnittpunkt der drei Teilgebiete des Weinbaugebiets La Rioja an beiden Ufern des Ebro. Man unterscheidet die bergigere Rioja Alta (Obere Rioja) westlich des Río Leza mit den Städten Haro und Santo Domingo de la Calzada, die flachere Rioja

LOGROÑO ERLEBEN

AUSKUNFT

Oficina de Turismo
Paseo de El Espolón, 1
26071 Logroño
Tel. 941 29 12 60
http://lariojaturismo.com

VERANSTALTUNG

Um den 20. September lockt das Weinlesefest *Fiestas de San Mateo* mit Traubenstampfen, Musik und Tanz.

EINKAUFEN

Zum gepflegten Einkauf laden die von Arkaden flankierte *Calle de Portales* bei der Kathedrale sowie die *Gran Vía del Rey Don Juan Carlos I* ein.

ESSEN

▸ Erschwinglich

Asador Emilio
República Argentina, 8
Tel. 941 25 88 44
Elegantes Lokal, das für seine ausgesprochen leckeren Gerichte aus dem Holzbackofen bekannt ist.

Mesón Egües
Calle Campa, 3
Tel. 941 22 86 03
Schmackhafte Fisch- und Fleischgerichte, und dazu hervorragende Weine aus der Region; nüchternes Ambiente, aber guter Service.

ÜBERNACHTEN

▸ Luxus

Gran Hotel AC La Rioja
Calle Madre de Dios, 21
Tel. 941 27 23 50
www.ac-hotels.com
Fünf-Sterne-Herberge in einem futuristischen Gebäude, sehr modern und stilvoll eingerichtet.

▸ Komfortabel

Husa Bracos
Calle Bretón de Los Herreros, 29
Tel. 941 22 66 08
www.husa.es
Zentral gelegenes Vier-Sterne-Haus, von dem aus man die Altstadt gut zu Fuß erkunden kann.

Edle Tropfen aus der Rioja

Baja östlich von diesem Fluss und die Rioja Alavesa nördlich des Ebro am Südabhang der Sierra de Cantabria. Berühmt ist der **Rotwein**, der zusammen mit dem Ribera del Duero als Spaniens Spitzengewächs gilt. Wein wurde hier schon von alters her angebaut, aber erst französische Winzer, die in den 1870er-Jahren ihre von der Reblaus befallenen Weinberge aufgegeben hatten, führten den Rioja zu höchster Qualität. Die Rotweine werden aus den Traubensorten Tempranillo, Garnacha (Grenache), Graciano und Mazuelo (Carignan) gekeltert; auch Weißwein wird produziert. Die anerkannt besten Weine bringt die Rioja Alta hervor; die Rioja Baja ist auch ein wichtiges Gemüseanbaugebiet, aus dem fast die gesamte Spargelproduktion Spaniens kommt.

Sehenswertes in Logroño

★ Altstadt

Die **Calle Laurel** mit ihren gut zwei Dutzend Tapas-Lokalen ist eine der schönsten Ausgeh-Gassen Spaniens. In einem barocken Palacio an der Plaza de San Agustín, zeigt das **Museo de la Rioja** Gemälde aus dem 19. Jh. und, interessanter, religiöse Kunst z. T. aus Klöstern der Rioja, darunter ausdrucksstarke Bilder des 14. Jh.s aus San Millán. Ein bleibter Treff ist die blumengeschückte Promenade **Espolón**.

★ Catedral

Die Kathedrale Santa María la Redonda (15./18. Jh.), deren Name noch an den früheren runden Grundriss erinnert, besitzt eine schöne zweitürmige Barockfassade; im Inneren findet man gut gearbeitete Schnitzaltäre und ein kunstvolles Chorgestühl.

Santa María del Palacio

Santa María del Palacio ist, wenn auch im 16. Jh. stark verändert, der Überrest des Palastes von Alfons VII., den dieser 1130 den Rittern vom Heiligen Grab schenkte. Ihr 45 m hoher, spitzer Vierungsturm Aguja de Palacio ist das **Wahrzeichen der Stadt**. Der schön ausgeführte Hochaltar stammt von Schülern Berruguetes.

Rioja Alta

Laguardia

Wie fast alle Orte in der Rioja Alta lebt Laguardia (15 km nordwestlich von Logroño) hauptsächlich vom Wein. Der mittelalterliche Ortskern und die Stadtmauer aus dem 13. Jh. sind liebevoll renoviert worden. Um die kleine Stadt herum haben sich in den Lagunen von Laguardia viele verschiedene Tiere und Pflanzen angesiedelt. Die Feuchtgebiete bilden hervorragende Ökosysteme.

◄ Lagunen von Laguardia

★ **Haro** Das Städtchen Haro (470 m ü. d. M.), 38 km nordwestlich von Logroño an der Mündung des Río Tirón in den Río Ebro gelegen, ist nicht nur Hauptort der Rioja Alta, sondern **Spaniens Weinhauptstadt** schlechthin: Über ein Dutzend große Bodegas – die berühmtesten heißen »Muga« und »Bilbaínas« – zählt man hier, und in fast jedem Haus gibt es einen Probeausssschank mit Direktverkauf. Höhepunkt im jährlichen Festkalender ist der 29. Juni (Peter und Paul). Dann findet in Haro die **Batalla del Vino** statt, bei der man sich mit Rotwein bespritzt und ausgealssen feiert.

★ Altstadt ► In der malerischen Altstadt sind der Palacio de Paternina im Stil der Renaissance, der Palacio Conde de Haro aus dem 17./18. Jh. und das von Juan de Villanueva im 18. Jh. erbaute Rathaus mit schönen Arkaden und Galerien an der Plaza de la Paz besonders interessant. Die mit einem plateresken Südportal von Felipe Vigarny ausgestattete Kirche Santo Tomás besitzt ein schönes Sterngewölbe und ein Tabernakel von 1757. Und selbstverständlich gibt es in Haro auch ein **Weinmuseum** – hochmodern und multimedial, zu finden in der Estación Enológico in der Calle Breton de los Herreros.

Casalarreina Von Haro folgt man dem Río Oja, der der Landschaft den Namen gab, 6,5 km bis Casalarreina. Der Ort besitzt mehrere Adelspaläste des 16. Jh.s und den Convento de la Piedad mit einem sehenswerten plateresken Portal. Tirgo, 3 km weiter, ist ein malerisches Dörfchen mit schönen alten Häusern.

Santo Domingo de la Calzada Am Río Oja entlang geht es nach Santo Domingo de la Calzada, eine der bedeutendsten Pilgerstationen am Jakobsweg. Die alte, 24-bogige Steinbrücke erinnert an den heilig gesprochenen Eremiten Domingo de Viloria, besser bekannt als Santo Domingo de la Calzada, der diese Brücke, eine Kirche, ein Hospiz und einen befestigten Weg (span.

? WUSSTEN SIE SCHON ...?

- Einst wurde ein unschuldig wegen Diebstahls verurteilter junger Jakobspilger erhängt. Als nach einigen Wochen seine Eltern zum Galgen kamen, lebte ihr Sohn immer noch. Sofort eilten sie zum Richter, der gerade beim Essen saß und ein gebratenes Huhn und einen Hahn vor sich hatte. Er hörte die Eltern an, erklärte dann aber, dies sei unmöglich, genauso gut könne plötzlich sein Braten aufstehen – und siehe da, Huhn und Hahn erhoben sich vom Teller und krähten nach Leibeskräften. Zum Gedenken an das Wunder wird seither das Federvieh in der Kirche gehalten.

calzada) für die Pilger baute. Die Altstadt umschließt eine im 14. Jh. von Pedro dem Grausamen errichtete Mauer und hat ihren Mittelpunkt in der Plaza del Santo mit dem Pilgerhospiz, heute Parador, und der Kathedrale.

✶ ◄ Kathedrale

Die romanisch-gotische Kathedrale, 1180 geweiht, nimmt den Platz der von Santo Domingo de la Calzada errichteten Kirche ein. Innen beeindruckt der großartige **Hochaltar** mit dem Retablo von Damián Forment; davor erhebt sich ein gotischer Baldachin über der aus dem 12. Jh. stammenden Grabstätte des heiligen Domingo. Von den Seitenkapellen sind interessant die Capilla de Santa Teresa mit dem Sarkophag eines Ritters, die Capilla de Santa Verónica mit der Statue der Heiligen aus dem 15. Jh. und die Capilla de San Juan Bautista, die ein prächtiges spätgotisches Retablo enthält. Am Altar gackern in einem Käfig ein weißer Hahn und eine Henne, die an eine Legende erinnern (►Kasten).

Ezcaray

Etwa 14 km südlich von Santo Domingo liegt inmitten ausgedehnter Pinienwälder die einstige Pilgerstation Ezcaray, heute ein malerischer Sommerferienort im Schatten des Monte San Lorenzo (2262 m ü. d. M.). Atmosphäre schaffen hier die auf Holzsäulen stehenden, verandaartigen Vorbauten der Häuser und Adelspaläste des 17. und 18. Jh.s; die festungsähnliche Kirche wurde im 16. Jh. erbaut.

San Millán de la Cogolla

Von Santo Domingo kommt man auf Nebenstraßen auch zur am Nordhang der Sierra de la Demanda gelegenen Pilgerstation San Millán de la Cogolla (738 m ü. d. M.). Sie verdankt ihren Namen dem Wirken des hl. Millán de Berceo, eines Einsiedlers, der 574 hier in der Zurückgezogenheit starb. Der Ort ist berühmt wegen seiner beiden Klöster, die 1997 von der UNESCO in die Liste der **Weltkulturerbe** aufgenommen wurden.

✶ ◄ Monasterio de Yuso

Das im Tal gelegene Kloster Yuso wurde 1053 gegründet. Die Benediktiner von Yuso schufen mit den »Glosas Emilianenses« die ersten schriftlichen Zeugnisse in kastilischem Spanisch. Der heutige Gebäudekomplex, auch als »Escorial der Rioja« bezeichnet, wurde im 16.–18. Jh. erbaut. Die aus dem 16. Jh. stammende Kirche enthält einen Retablo mit Gemälden von Juan Rizzi; in der Sakristei werden die wunderbaren, elfenbeinverzierten Schreine (11. Jh.) mit den Reliquien der heiligen Millán und Felix verwahrt. Zum Kloster gehören auch mehrere Kreuzgänge, von denen der **Claustro de San Agustín** von 1572 der schönste ist. Die Klosterbibliothek besitzt außerordentlich wertvolle Inkunabeln und Handschriften.

✶ ◄ Monasterio de Suso

Das zweite und ältere der Klöster ist das auf der Höhe in den Fels gebaute Monasterio de Suso. Die kleine mozarabische Kirche, durch Hufeisenbögen in zwei Hälften geteilt, wurde 984 geweiht; in ihr wurde bis 1053 der Sarkophag des hl. Millán aufbewahrt. Heute sieht man in der erst jüngst restaurierten Anlage noch die Grabmäler von sieben Infanten von Lara und ein Grabbild des hl. Millán. Vom Kloster hat man einen schönen Blick ins Tal des Río Cárdenas.

Foliant im Kloster Yuso

Wer ein weiteres Kloster besuchen will, kann im malerischen Tal des Río Najerilla zum **Monasterio de Valvanera**, gegründet im 11. Jahrhundert, am Rande der Sierra de la Demanda fahren.

Nach Norden geht es im Najerilla-Tal zur einst königlichen Residenz **Nájera**, atemberaubend platziert vor einer in der Abendsonne rosarot leuchtenden Felsformation. König García Sanchez soll hier im 11. Jh. auf der Jagd eine Grotte mit einem Altar für die Jungfrau Maria entdeckt und daraufhin den Bau des Klosters Santa María la Real veranlasst haben. Dessen heutige Kirche aus dem 15. Jh. besitzt ein schönes Chorgestühl. Weitaus bedeutender ist jedoch die Grablege der Könige und Prinzen von Navarra und León, deren bemerkenswertestes Grabmal der **Steinsarg von Doña Blanca de Navarra** aus dem 12. Jh. darstellt; die übrigen Sarkophage stammen meist aus dem 15. und 16. Jh. Eine Marienfigur aus dem 13. Jh. markiert die Stelle, an der García Sanchez den Marienaltar gefunden haben will. Den Kreuzgang von 1522, wo im Juni historische Theateraufführungen stattfinden, zeichnen fein gearbeitete Maßwerkbogen aus. Auf der N-120 geht es zurück nach Logroño.

★ Valle de Iregua

Die N-111 zweigt vor der Stadt in südlicher Richtung in das Tal des Río Iregua ab, das sich mehr und mehr verengt und schließlich zwischen steil aufragenden Felswänden verläuft.

Clavijo

In Clavijo, zu erreichen südlich von Logroño über Alberite, entstand die Legende vom Apostel **Jakobus als Maurentöter** (»Matamoros«): Auf dem Castillo de Clavijo schlug Ramiro I. im Jahr 844 die Mauren, wobei der Apostel als Ritter erschienen sein soll und die Schlacht zugunsten der Christen wendete, indem er zahlreiche Mauren tötete. In der Basílica del Monte Laturce stellt ein großes Gemälde dies dar.

Rioja Baja

Calahorra

Im Ebrotal liegt der Hauptort der Rioja Baja, Calahorra (ca. 50 km östlich von Logroño). Reste eines Circus und eines Aquädukts zeugen von der römischen Vergangenheit. In der ursprünglich westgotischen Kathedrale (1485 erneuert) sind in zwei Urnen auf dem Hochaltar die hier enthaupteten Heiligen Emeterius und Celedonius bestattet.

Ruta de los Dinosaurios

In der südlich von Calahorra von den Flüssen Linares, Cidacos und Alhama begrenzten Region haben vor ca. 120 Mio. Jahren Dinosaurier ihre Spuren hinterlassen – 36 gut erhaltene Fußabdrücke wurden gefunden. Man kann die Stätten – so z. B. bei Igea 18 Abdrücke eines Fleischfressers – auf der »Route der Dinosaurier« aufsuchen; in Enciso gibt es ein **Dinomuseum** (nur Sa., So geöffnet).

★ Lugo

B/C 5

Provinz: Lugo (LU)
Region: Galicien
Höhe: 465 m ü. d. M.
Einwohnerzahl: 98 000

Hauptattraktion Lugos ist seine Stadtmauer, die zum Weltkulturerbe erklärt wurde. Das Städtchen inmitten des Berglandes von Galicien ist heute das Zentrum einer weitgehend landwirtschaftlich genutzten, idyllischen Gegend. Innerhalb des alten Mauerrings zeigt sich Lugo als charmante, zugleich beschauliche Ecken bietende Stadt mit schönen historischen Bauten.

Geschichte

Der Name des Ortes geht auf den keltischen Lichtgott Lug zurück; die Römer bauten Lucus Augusti zu einer bedeutenden Stadt und zu einem Heerlager aus, wovon heute noch die größtenteils erhaltene Ringmauer zeugt. Auch die von Muza geführten Mauren konnten 714 diese Wälle nicht zerstören und steckten daher die Stadt in Brand; nur wenige Jahre später erfolgte der Wiederaufbau. Nachdem normannische Invasoren im 10. Jh. wieder vertrieben wurden, durchlebte die Stadt bis ins 19. Jh., als napoleonische Truppen vordrangen, eine relativ friedliche Zeit.

Sehenswertes in Lugo

★★ Stadtmauer

Den Stadtkern von Lugo umschließt vollständig die von den Römern im 2.–3. Jh. n. Chr. erbaute, im 14. Jh. teilweise erneuerte Stadtmauer. Sie ist 2131 m lang, durchschnittlich 11 m hoch und 4,5 m dick. Von den einst 85 Türmen haben 50 die verschiedenen Belagerungen überstanden. Zehn Tore gewähren Einlass; die ältesten sind Porta Minha, Porta Falsa und Porta Rúa Nova. Bei den Toren kann man jeweils auf den Wehrgang hinaufsteigen, auf dem sich die Altstadt in zirka einer halben Stunde umwandern lässt – was man unbedingt tun sollte.

Praza Maior

Lebhaftes Zentrum Lugos ist die Praza Maior, ein sich weit öffnender Platz mit Musikpavillon und einem breiten Boulevard an der Nordseite, wo die langen Tischreihen der Straßencafés einladen. Die Ostseite des Platzes dominiert das um 1735 erbaute Rathaus mit seiner schönen barocken Fassade.

Lugo Orientierung

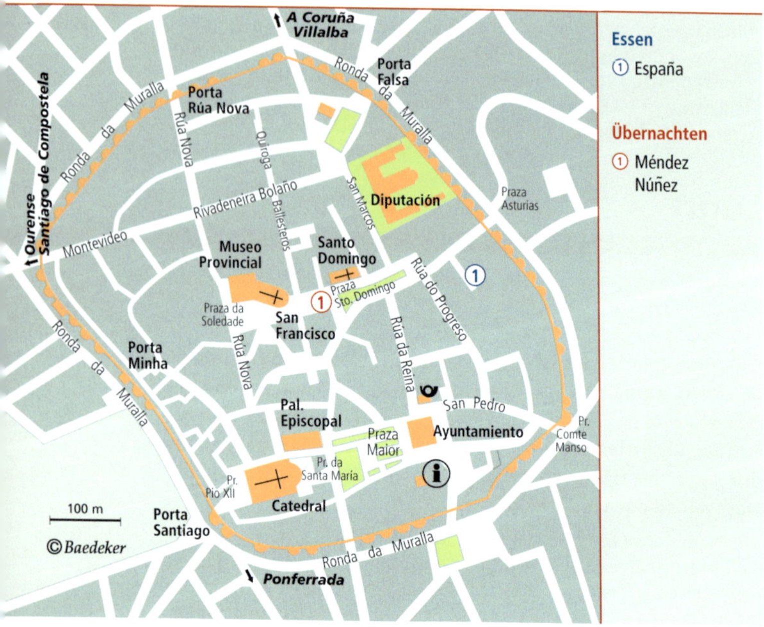

Palacio Episcopal Einige Stufen führen hinunter zur Praza da Santa María, wo rechter Hand der einfache, mit Wappen geschmückte Quaderbau des Palacio Episcopal (Bischöfliches Palais) aus dem 18. Jh. steht.

✶ Catedral de Santa María Gegenüber vom Bischofspalast erhebt sich der Glockenturm der Nordfassade der Kathedrale Santa María. Portal und Vorhalle, wo ein sehr schöner romanischer »Segnender Christus« den Blick auf sich zieht, gehören zu den ältesten Teilen der aus Granit erbauten Kirche, die 1129 von Raimundo de Monforte begonnen wurde. Durch ein Gässchen an der Nordseite vorbei gelangt man zur Praza Pio XII, wo 1768 die barocke Hauptfassade mit ihren zwei Türmen erstellt wurde. Rechts schließt der ebenfalls aus dem 18. Jh. stammende Kreuzgang an; jenseits des Platzes öffnet sich das im 18. Jh. eingebaute Stadttor Porta Santiago mit einer Skulptur des Apostels Jakobus, wo eine breite Rampe auf die Stadtmauer führt.

Innenraum ► Auch die Kircheneinrichtung ist stilistisch sehr vielfältig. Das Chorgestühl wurde 1625 von Francisco Mouro geschaffen. Am Ende beider Querschiffe ragen große Schnitzretablos auf, wobei derjenige im linken ein Werk des Holländers Cornelis de Holanda aus dem 16. Jh. ist. Hinter der Capilla Mayor befindet sich die **Capilla de Nuestra Señora de los Ojos Grandes** (»Unsere Liebe Frau mit den großen Augen«), eines der schönsten Beispiele des galicischen Barock, geschaffen von Fernando Casas y Novóa, dem Schöpfer der Fassade der Kathedrale in ►Santiago de Compostela. In der Kapelle wird eine bemalte Marienstatue (12. Jh.) aus Alabaster verehrt.

✶ **Praza do Campo**

Nördlich der Kathedrale, hinter dem Bischofspalast, dehnt sich die hübsche und verwinkelte **Altstadt** von Lugo aus, deren schönster Platz die kleine Praza do Campo ist, von schiefen Arkadenhäusern umgeben und mit einem Brunnen in der Mitte.

Santo Domingo

Von der Praza Maior gelangt man durch die Rúa da Raina zur lang gestreckten Praza Santo Domingo, in deren Mitte sich eine hohe Adlersäule erhebt. Am Platz steht die 1280 begonnene Klosterkirche Santo Domingo, die ein schönes romanisches Portal und churriguereske Retablos besitzt.

Museo Provincial

In der Verlängerung des Platzes in westlicher Richtung schließt sich das Museo Provincial an, das römische Funde, galicisches Kunsthandwerk, Gemälde, Stiche, Münzen und Keramiken zeigt. Besondere Attraktion ist eine **vollständig eingerichtete Küche**, wie sie einst in galicischen Bauernhäusern benutzt wurde, sowie eine Sammlung galicischer Sonnenuhren.

Termas Romanas

Außerhalb der Altstadt fand man am Río Minho **römische Bäder**. Sie können im Untergeschoss der heutigen Badeanstalt (Balneario) besichtigt werden.

Auf der römischen Mauer kann man die ganze Altstadt von Lugo umwandern.

LUGO ERLEBEN

AUSKUNFT

Lugo Turismo
Galerías Praza Maior, 27
27001 Lugo
Tel. 982 23 13 61
www.lugoturismo.com

ESSEN

► Erschwinglich

① *España*
Rúa do Teatro, 10
Tel. 982 24 27 17
Gute regionale Küche in der Innenstadt von Lugo.

ÜBERNACHTEN

► Komfortabel

① *Méndez Núñez*
Calle Reiña, 1
Tel. 982 23 07 11
www.hotelmendeznunez.com
Das im Stadtzentrum gelegene Drei-Sterne-Hotel bietet 70 gut ausgestattete Zimmer und Suiten.

Umgebung von Lugo

★ Santa Eulalia de Bóveda

Man verlässt Lugo auf der N-540 in südlicher Richtung, biegt nach 4 km nach rechts Richtung Friol ab und folgt bald der bis Santa Eulalia de Bóveda ausgeschilderten schmalen Straße durch eine Wald- und Wiesenlandschaft, vorbei an von Granitmauern eingefassten Weiden und kleinen Äckern. Das winzige Nest ist für sich schon sehenswert: Niedrige schiefergedeckte Granithäuser, von Mauern eingefasst, und Hórreos (Getreidespeicher) formen das Bild eines in früheren Zeiten typisch galicischen Dorfes. Am Ortseingang liegt links im Untergeschoss eines Hauses die eigentliche Sehenswürdigkeit Bóvedas, die zum Nationaldenkmal erklärte Kirche **Santa Eulalia de Bóveda** (Mo. geschlossen). Das Kirchlein war vermutlich schon ein römisches Nymphäum, bevor es zum christlichen Gotteshaus wurde; in der vorchristlichen Katakombe erkennt man noch das Quellbecken in der Mitte und Wandmalereien, die Vögel, andere Tiere und christliche Symbole darstellen.

★ Vilar de Donas

Diese Route verlässt Lugo auf der N-540 nach Süden. Kurz hinter Guntín de Pallares zweigt die N-547 nach Westen ab und führt durch grüne Landschaft nach ► Santiago de Compostela. Nach ca. 12 km geht eine schmale Straße rechts ab nach Vilar de Donas.

Unmittelbar rechts am Ortseingang liegt die sehr einfache Granitkirche aus dem 13. Jh., in deren Apsis man verblasste Wandmalereien aus dem 15. Jh. entdeckt; ihnen verdankt die Kirche ihren Namen, da neben Christus, umgeben von Paulus, Lukas, Petrus und Markus, auch verschiedene weibliche Figuren (galic. donas) dargestellt sind. An der rechten Wand des Kirchenschiffs sind Grabplatten von Santiagorittern aufgestellt; besonders interessant ist eine Platte mit dem vollplastischen Bild eines der Ritter.

Die weiteren Stationen auf dem Weg nach Santiago de Compostela heißen Palas de Rei und Arzúa, wo die Pilger ebenfalls in kleinen romanischen Kirchen Unterschlupf fanden.

Sarria

Von Sarria (40 km südlich von Lugo) führt die LU-633 zum weitläufig angelegten, im 7. Jh. gegründeten Monasterio de San Julián bei Samos. Das Kloster wurde später ebenfalls zur Pilgerstation. Beachtenswert sind die im 17. Jh. erbaute Kirche und der barocke Brunnen im älteren der beiden Kreuzgänge.

Monforte de Lemos

Monforte de Lemos (384 m ü. d. M.) ist ein altes Städtchen über dem Río Cabe, 66 km von Lugo entfernt. Es ist teilweise noch von Mauern umgeben und überragt von der Burg der Herren von Lemos und dem ehemaligen Benediktinerkloster San Vicente del Pino, das schöne Renaissanceportale aus dem 16. Jh. besitzt. In der Unterstadt liegt das ehemalige Jesuitenstift **Colegio de la Compania**, dessen Kirche einen prächtigen Retablo von Francisco Mouro (17. Jh.) sowie drei Bilder von El Greco enthält. Im Convento de Clarisas am rechten Ufer des Río Cabe ist ein Museum für sakrale Kunst eingerichtet.

Vilalba

Bei Rabadé verlässt man die nach ► A Coruña führende N-VI/A-6 auf die N-634 nach Vilalba (480 m ü. d. M.), dem Hauptort der Hochfläche von Terra Cha (Flaches Land), wo vor allem Viehzucht betrieben wird. Alljährlich im Dezember findet hier ein weit bekannter **Kapaunenmarkt** statt. Mitten im Ort erhebt sich der düstere achteckige Turm des Castillo der Condes de Vilalba, in dem heute ein kleiner Parador Nacional eingerichtet ist.

★ Mondoñedo

Aufwärts durch Wiesen und Felder geht es über den Puerto de la Xesta (590 m ü. d. M.) und dann bergab nach Mondoñedo (200 m ü. d. M.), das man schon von der Höhe malerisch im Tal liegend erblickt. Zentrum des alten Bischofsstädtchens ist die leicht ansteigende **Praza de España**, gesäumt von den typisch galicischen Häusern, deren obere hervorspringende Stockwerke auf Holzsäulen ruhen. Hier steht die Kathedrale La Asunción, deren Baubeginn auf das 13. Jh. zurückgeht; beide Türme wurden aber erst im 18. Jh. um das gotische Portal errichtet. Im Inneren ist außer dem plateresken Chor und den beiden Orgeln, unter denen Fresken aus dem 14. Jh. zu sehen sind, vor allem die Skulptur der Nuestra Señora la Inglesa zu beachten, die von englischen Katholiken vor den Verfolgungen durch Heinrich VIII. aus der St. Paul's Cathedral in London hierher in Sicherheit gebracht wurde. Das an die Kirche angegliederte Museo Diocesano zeigt liturgische Gegenstände, Gemälde, Skulpturen und Gewänder.

Grabplatte von Santiagorittern in Vilar de Donas

★ Madrid

H 13

Autonome Region
Höhe: 655 m ü. d. M.

Provinz: Madrid (M)
Einwohnerzahl: 3 300 000

In keiner anderen spanischen Stadt findet man eine solche Fülle von Museen, die teilweise Weltruf genießen, allen voran das Museo del Prado, die Sammlung Thyssen-Bornemisza, das Archäologische Nationalmuseum und das Centro de Arte Reina Sofía. Und was das Nachtleben betrifft – auf diesem Gebiet ist Madrid unschlagbar; wer sich des Abends auf die Móvida, die Tour durch die Bars begibt, weiß nicht, wo er anfangen und wo er aufhören soll.

Landeshauptstadt

Ausführlich beschrieben im Baedeker Allianz Reiseführer »Madrid«

Madrid ist eine politische Schöpfung der spanischen Könige, die eine im wahrsten Sinne des Wortes zentrale Hauptstadt wollten. Dem Flecken Erde auf der kastilischen Hochfläche am Südfuß der Sierra de Guadarrama, den sie dafür bestimmten, fehlten eigentlich alle natürlichen Voraussetzungen für eine schnelle Entwicklung. Erst die Eisenbahn und moderne Straßen machten Madrid zum **Verkehrszentrum** und ermöglichten im 19./20. Jh. den sprunghaften Aufstieg zur größten Stadt des Landes und zum geistigen und kulturellen Zentrum. In Madrid sind zwei allgemeine Universitäten sowie eine päpstliche und die Naturwissenschaftliche Fernuniversität beheimatet; die Stadt ist mit dem Nationalen Dramatischen Zentrum, dem Nationalballett, dem Nationalorchester und über 30 Theatern Mittelpunkt des spanischen Theater- und Musikgeschehens. Einige der wichtigsten spanischen Tageszeitungen – El País, El Mundo und ABC – erscheinen in Madrid, auch das Staatsfernsehen TVE hat hier seinen Sitz.

Klima

Die hohe Lage der Stadt bewirkt **starke Temperaturschwankungen**, die an einem Tag bis 17 °C betragen können – gegen Erkältungen sollte man sich daher in den Übergangsjahreszeiten wappnen. Die Sommer sind heiß (bis 43 °C), auch im Oktober und November wird es oft noch sehr warm; im Winter nähert sich das Thermometer nachts dem Nullpunkt, sogar schon –12 °C wurden gemessen. Die ehedem als klar, wenn auch schneidend gerühmte Luft Madrids wird durch Verkehr und Industrieemissionen immer mehr verschmutzt.

Wirtschaftsmetropole

Madrid entwickelte sich erst spät zum **Wirtschafts- und Finanzzentrum** Spaniens. Heute kommen immerhin 15% der spanischen Industrieproduktion aus dem Großraum Madrid, darunter Lastwagen (Pe-

← *Blick aus der Seilbahn zur Casa de Campo auf Madrid: der Manzares, das königliche Schloss und die Almudena-Kathedrale*

gaso), Traktoren, Elektrogeräte (Zanussi, Marconi, AEG, Siemens), Kosmetik und Textilien. 70% der in Spanien tätigen multinationalen Unternehmen, über die Hälfte der Forschungsinstitute und führende Hightech-Hersteller sind in Madrid vertreten. Weiterhin haben 80% der spanischen Verlagshäuser ihren Sitz in der Hauptstadt, ebenso die Staatsbank (Banco de España) und drei – Banco Central, Banco Hispanoamericano und Banco de Crédito – der fünf größten spanischen privaten Bankhäuser. Weit vor Barcelona, Valencia und Bilbao beherrscht Madrid das spanische Börsenleben.

Fußball Der Name Madrid lässt Fußballfans mit der Zunge schnalzen, denn die in Weiß gekleideten ruhmreichen »Königlichen« von **Real Madrid** sind einer der berühmtesten und erfolgreichsten Fußballvereine der Welt, in dessen Reihen einige der Besten ihrer Zunft kicken. Sie bestreiten ihre Heimspiele im großen Estadio Bernabéu im Nordosten der Stadt. Mittlerweile aus dem Schatten von Real getreten ist **Atlético Madrid**, der im Estadio Vicente Calderón am Río Manzanares im Südwesten des Zentrums antritt; der dritte Erstligaverein der Hauptstadt, der FC Getafe, fühlt sich im Estadio Coliseum Alfonso Pérez recht wohl und ärgert als »Underdog« die Großen.

Geschichte

1103	König Alfons VI. erobert die maurische Festung Madschrít.
1561	Philipp II. verlegte 1561 den Hof von Toledo nach Madrid.
18. Jh.	Herrschaft der Bourbonen
1808	Der Aufstand der Madrider gegen die Franzosen leitet die Erhebung im ganzen Land ein.
14. 4. 1931	In Madrid wird die Republik proklamiert.
1936–1939	Im Bürgerkrieg wird Madrid von Franco-Truppen belagert.
2004	Bei Bombenanschlägen islamistischer Terroristen auf Vorortzüge werden 191 Menschen getötet und über 1800 verletzt.
2009	Einweihung der vier höchsten Türme Spaniens am Boulevard Castellana. Die Giganten ragen mit bis zu 249,5 m in den Himmel.

Madrid ist aus der kleinen maurischen Stadt und Festung Madschrít aus dem 10. Jh. hervorgegangen, erlebte aber erst 600 Jahre später seine erste Blütezeit, und zwar die der spanischen Literatur und Kunst: Miguel de Cervantes schrieb hier den zweiten Teil des »Don Quijote«, Lope de Vega, Diego Velázquez und Pedro de la Barca hielten sich mehr oder weniger lange in der Hauptstadt auf. Unter der Herrschaft der Bourbonen wurden zu Beginn des 19. Jh.s zahlreiche Klöster und ganze Stadtviertel niedergerissen, um Platz zu schaffen.
Gegen Ende des 19. Jh.s schließlich begann Madrids Entwicklung zur modernen Stadt. Während des Bürgerkrieges erlebte die Stadt eine

Highlights Madrid

Plaza Mayor
Wohl der schönste Platz Spaniens
▸ Seite 465

Palacio Real
Bei Königs zu Hause ging's freilich prunkvoll zu. Besonders die Räume Karls III. und die einzigartige Gobelinsammlung sollte man nicht verpassen.
▸ Seite 471

Museo Thyssen-Bornemisza
Die zweitgrößte private Kunstsammlung der Welt zeigt Werke aus 700 Jahren.
▸ Seite 476

Museo del Prado
El Greco, Diego Velázquez, Albrecht Dürer, Peter Paul Rubens, Raffael, um nur einige der berühmtesten Künstler zu nennen, die im Prado mit ihren besten Werken zu sehen sind.
▸ Seite 477

Museo Arqueológico Nacional
Bedeutende Funde aus Spanien und anderen Ländern sowie Kunst und Kulturdenkmäler aus antiken und vorgeschichtlichen Zeiten sind hier zu bewundern.
▸ Seite 481

schwere Belagerung durch Franco-Truppen, die mit einer zweiwöchigen Schlacht im November 1936 vor allem im Gebiet der Universitätsstadt eingeleitet wurde. Trotz schwerster Bombardierungen durch deutsche und italienische Flugzeuge kapitulierte Madrid erst am 28. März 1939. Nach dem Tod des Diktators legte Madrid die Erstarrung des Franco-Regimes ab und gibt sich heute als weltoffene Metropole eines demokratischen Landes.

Centro

Puerta del Sol

◂ Metro: Puerta del Sol (L 1, 2, 3)

Die Puerta del Sol (»Sonnentor«) ist Kilometer Null für die in alle Landesteile führenden Straßen und Fixpunkt des Madrider Lebens, an dem sich die Hauptstraßen der Stadt und die wichtigsten Bus- und Metrolinien treffen. Das sechstürmige Tor, das dem Platz seinen Namen gab, ist heute nicht mehr vorhanden. Rundum haben sich Geschäfte, Bars und Restaurants angesiedelt. Das schönste Gebäude ist die 1786 an der Nordseite von dem Franzosen Jacques Marquet errichtete **Hauptpost**, heute Sitz der Regionalregierung. Auf dem Platz steht auch das Wahrzeichen Madrids, der hoch aufgereckte Bär, der an einem Madroño-Baum (Erdbeerbaum) knabbert.

✶ Real Academia de Bellas Artes de San Fernando

Nicht weit östlich der Puerta del Sol, an der Calle de Alcalá, hat linker Hand in einem barocken Palast die Madrider Kunstakademie ihren Sitz. In ihrer ständigen Ausstellung zeigt sie Zeichnungen u. a. von Tizian und Raffael sowie Gemälde u. a. von Veronese, Correggio, Rubens, van Dyck, Mengs, Fragonard, Zurbarán und Murillo; Werke von Goya sind besonders zahlreich vertreten (Öffnungszeiten: Di. bis Sa. 9.00 – 17.00, So., Fei. 9.00 – 14.30 Uhr).

Madrid Orientierung

Essen

① Botin
② Al Norte
③ Kikuyu
④ Carmencita
⑤ El Espejo
⑥ La Bola
⑦ Cervecería Alemana
⑧ La Taberna de los Cien Vinos
⑨ La Chata
⑩ Almendro 13
⑪ Taberna La Salamandra

Übernachten

① Ritz
② Wellington
③ Emperador
④ De las Letras
⑤ Tryp Gran Via
⑥ Puerta de Toledo
⑦ Hostal Alhambra
⑧ Hostal Edreira
⑨ Hostal Salamanca

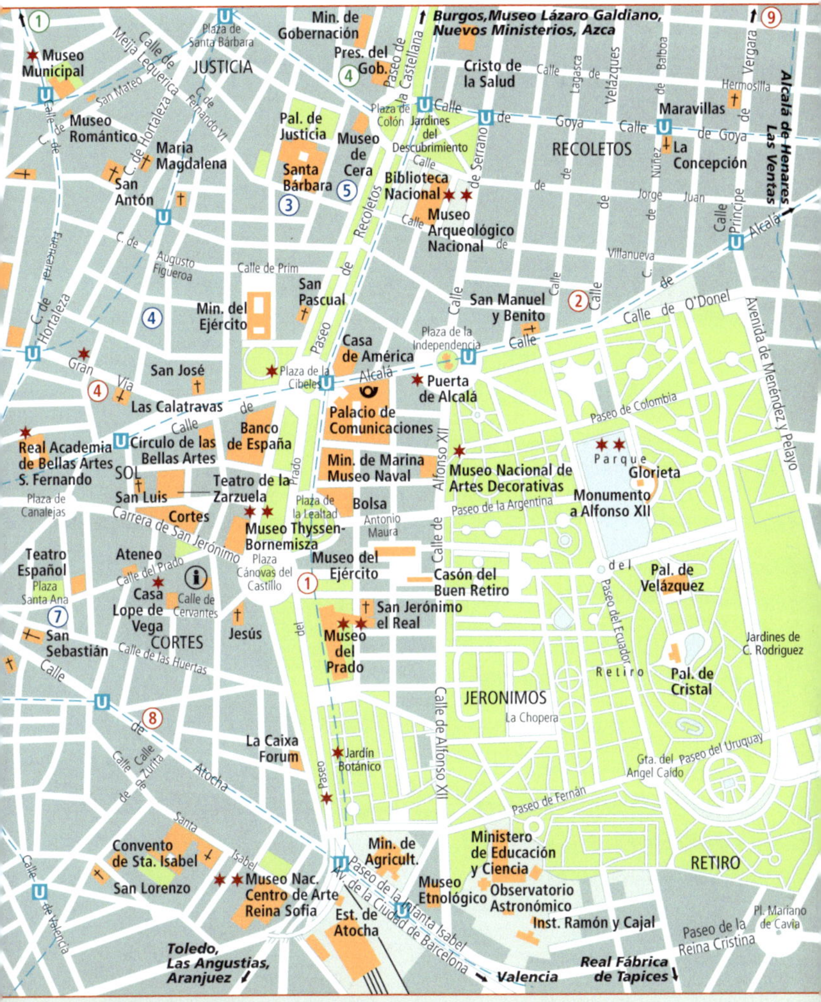

Ausgehen

① Galileo Galilei
② E la Nave va
③ Palacio de Gaviria
④ Bocaccio
⑤ Joy Madrid
⑥ El Balcón de Rosales

MADRID ERLEBEN

AUSKUNFT

Oficina de Turismo
Paza de Colón
28013 Madrid
Tel. 915 88 16 36
www.esmadrid.com

VERKEHR

Der ***Flughafen*** Madrid-Barajas liegt 14 km östlich der Stadt. Die Metrolinie 8 sowie der Bus Airport Express fahren zu ihm hinaus.
Die Fahrt mit dem ***Auto*** ins Zentrum von Madrid sollte man tunlichst sein lassen. Abgesehen vom Parkplatzproblem ist das Fahren in den oft verstopften Straßen kein Vergnügen.
Mit elf ***Metrolinien*** gelangt man reibungslos direkt oder in die Nähe aller wichtigen Sehenswürdigkeiten. Sie verkehrt zwischen 6.00 und 1.30 Uhr; die Hauptverkehrszeiten 7.00–9.30, 13.30–14.30 sowie 19.30–21.00 Uhr sollte man meiden. Es gibt Einzelfahrscheine und eine Zehnfahrtenkarte; diese gilt auch für die roten Stadtbusse.
Über 150 ***Buslinien*** verkehren von 6.00 bis 24.00 Uhr; danach sind 20 Nachtlinien unterwegs.

VERANSTALTUNGEN

Cabalgada de los Reyes
Am Vorabend des Dreikönigsfestes rumpeln bunt geschmückte Wagen von der Calle Alcalá zur Plaza Mayor.

Fiestas de Carnaval
Im Februar Karnevalsumzüge durch die Innenstadt, Musikdarbietungen. und Einläutung der Fastenzeit.

San Isidro
Am 15. Mai finden im gesamten Stadtgebiet Festlichkeiten zu Ehren des Stadtpatrons mit Wallfahrten, Konzerten, Theatervorstellungen und Stierkämpfen statt.

SHOPPING

Wichtige Einkaufsgegenden sind u. a. Preciados, Calles Mayor und Arenal, das Viertel um die Plaza Mayor sowie die Calle Princesa.

Chueca-Viertel
In Sachen Mode sind die Calles Almirante und Piamonte das Herz der spanischen Avantgarde.

Salamanca-Viertel
Zwischen den Calles Príncipe de Vergara und Serrano haben die internationalen Modedesigner ihr Revier, auch Möbel und Antiquitäten gibt es hier.

Großer Andrang herrscht sonntags auf dem Flohmarkt El Rastro.

Rastro-Viertel
Rund um die Ribera de Curtidores ist es nicht nur an Trödelmarktsonntagen interessant, hier findet man auch erstklassige Antiquitätengeschäfte.

Calle Claudio Coello
Die Elite der Madrider Kunstgalerien.

NACHTLEBEN

① ***Galileo Galilei***
Galileo, 100
Salsa und Salontänze, Cantautores und Humoristen. Mal live, mal vom Band, immer mit viel Ambiente.

② ***E la Nave va***
Trujillos, 3
1960er-Jahre-Musik, donnerstags Blues, Jazz oder Live-Flamenco füllen diesen Schiffsrumpf Nacht für Nacht bis unters Deck.

③ ***Palacio de Gaviria***
Arenal, 9
In 13 Salons sind hier dem Nachtleben keine Grenzen gesetzt. Das Ambiente dieses Stadtpalastes verzaubert jede Nacht aufs Neue.

④ ***Bocaccio***
Marqués de la Esenada, 16
Einer der Klassiker der Movida von Madrid.

⑤ ***Joy Madrid***
Arenal, 11
Disko-Wunderwelt in einem ehemaligen Theater, ein unauslöschlicher Nightlife-Klassiker in der Hauptstadt.

⑥ ***El Balcón de Rosales***
Paseo del Pintor Rosales,
Ecke Marqués de Urquijo
Ihre kühle Lage über dem Westpark macht diese etwas versnobte Disko mit Terrasse im Sommer zu einem Genuss.

ESSEN

▸ Fein & teuer

① ***Botin***
Calle de Cuchilleros, 17
Tel. 913 66 42 17
Eines der ältesten Madrider Restaurants zu Füßen der Plaza Mayor in einem verwinkelten Altbau. Spezialität ist u. a. Cochinillo asado (Spanferkelbraten).

② ***Al Norte***
Calle San Nicolás, 8
Tel. 915 47 22 22
Gepflegte Küche im Herzen der Stadt, bei der Fleisch- und Fischliebhaber gleichermaßen auf ihre Kosten kommen. Wesentlich preisgünstiger als abends à la carte: das Mo. bis Fr. servierte Tagesmenü (menú diario).

③ ***Kikuyu***
Bárbara de Braganza, 4
Tel. 913 19 66 11
Junges Team, Minimalismus im Dekor wie bei den Gerichten: aktuell, mediterran, leicht. Schon das Ambiente lohnt den Besuch, den man vorzeitig anmelden muss.

▸ Erschwinglich

④ ***Carmencita***
Libertad, 16
Tel. 915 31 66 12
Taberna, in der Neruda, García Lorca und Benlliure sich wohlfühlten. Heute eher als Bistro mit baskischem Einschlag geführt, doch die exquisiten Escabeches (Eingelegtes) halten an der alten Tradition fest.

⑤ ***El Espejo***
Paseo de Recoletos, 31
Tel. 913 08 23 47
Das Ambiente macht dieses Jugendstil-Etablissement voller Spiegel und einem Eisen-Glas-Pavillon unwiderstehlich.

Baedeker-Empfehlung

Madrid für Tapa-Novizen
Für Tapa-Neulinge ein Vorschlag für eine Tapa-Tour rund um die Plaza de la Paja: Man beginnt in der ⑧ Taberna de los Cien Vinos (Calle Nuncio 17) mit ein paar Pinchos, probiert im ⑨ La Chata (Cava Baja 24) einen traumhaft angemachten Tomatensalat oder »Cordero asado«, begnügt sich im ⑩ Almendro 13 mit einem überbackenen »Almendrito« und lässt sich frühestens im ⑪ La Salamandra (Alfonso VI 6) zum Sitzen verleiten.

⑥ ***La Bola***
La Bola, 5
Tel. 915 47 69 30
www.labola.es
Das Interieur ist mit ein Grund, warum das Restaurant, in dem seit 1870 eines der besten »cocido madrileño« (Eintopf Madrider Art) serviert wird, so gern von Touristen und Einheimischen besucht wird.

► Preiswert
⑦ ***Cervecería Alemana***
Plaza de Santa Ana, 6
Tel. 914 29 70 33
Ein Klassiker an der lebhaften Plaza. Die Calamares wusste schon Ernest Hemingway zu schätzen.

ÜBERNACHTEN

► Luxus
① ***Ritz***
Plaza de la Lealtad, 5
Tel. 917 01 67 67
www.ritzmadrid.com
Prestige und Stil in ihrer reinsten Form. König Alfonso XIII weihte 1910 das Haus höchstpersönlich ein. Hotel der Staatsgäste und gekrönten Häupter, mit Garten und Terrasse.

② ***Wellington***
Velázquez, 8
Tel. 915 75 44 00
www.hotel-wellington.com
Seine Lage im vornehmen Salamanca-Viertel nahe beim Retiro-Park sowie seine etwas schwerfällige Eleganz sind bestechend.

③ ***Emperador***
Gran Vía, 53
Tel. 915 47 28 00
www.emperadorhotel.com
Besonders toll ist die Terrasse mit Schwimmbad und Traumblick; zentral und sehr gepflegt. Zimmereinrichtung im spanischen Stil des 19. Jahrhunderts.

► Komfortabel
④ ***De las Letras***
Gran Vía, 11
Tel. 915 23 79 80
www.hoteldelasletras.com
Schickes Designerhotel in einem liebevoll modernisierten Palast der Belle Époque, 5 Min. zu Fuß von der Plaza Puerta del Sol entfernt; mit Bar und Restaurant.

⑤ ***Tryp Gran Vía***
Gran Vía, 25
Tel. 902 14 44 40
www.solmelia.com
Wer im zentral gelegenen Hotel Tryp absteigt, begibt sich auf die Spuren von Ernest Hemingway. In der Bar – wo sonst? – verfasste er Berichte über den Spanischen Bürgerkrieg.

⑥ ***Puerta de Toledo***
Glorieta Puerta de Toledo, 4
Tel. 914 74 71 00
www.hotelpuertadetoledo.es
Funktionales Hotel nahe dem Rastro-Viertel.

► **Günstig**

⑦ ***Hostal Alhambra***
Calle Espoz y Mina, 6
Tel. 915 21 31 14
www.hostalalhambra.com
Saubere, kleine Stadtpension nahe der Puerta del Sol. Ein Katzensprung ins pralle Cityleben. Auch Dreibett- und Vierbett-Zimmer sind buchbar.

⑧ ***Hostal Edreira***
Calle Atocha, 75, 2°
Tel. 914 29 01 83
www.hostaledreira.com
Schnörkellose Pension, von wo aus das Museumsdreieck sehr gut zu Fuß erreichbar ist. Gute Anbindung mit der Metro. Zimmer mit Bad. Auch Dreibettzimmer.

⑨ ***Hostal Salamanca***
Calle Ortega y Gasset, 89, 3° Izquierda
Tel. 914 02 40 46
www.hostalsalamanca.com
Gute Lage im Salamanca-Viertel, zeitgemäß ausgestattete Zimmer, z.T. mit Bad.

Die Calle de Alcalá führt weiter an der links liegenden **Iglesia de las Calatravas** (17. Jh.), der Ordenskirche der Calatrava-Ritter, und am rechts liegenden Monumentalbau **Círculo de Bellas Artes** (1926) vorbei zur Plaza de la Cibeles (►S. 474).

★★ Plaza Mayor

Einst fanden auf der Plaza Mayor, westlich vom Círculo de Bellas Artes, Turniere, Pferderennen und Stierkämpfe, aber auch Hinrichtungen statt. Heute trifft man sich in den Bars unter den Arkaden. Der nach Plänen von Juan de Herrera, dem Erbauer des Escorial, durch Juan Gómez de Mora ausgeführte und 1619 vollendete Platz ist einer der **schönsten Spaniens** und von bemerkenswerter architektonischer Geschlossenheit. In der Mitte erhebt sich ein Reiterstandbild Philipps III., von Giovanni Bologna modelliert und 1613 von seinem Schüler Pietro Tacca in Florenz gegossen. Die Nordseite nimmt die freskengeschmückte Casa Panadería (1672) ein, ursprünglich Verkaufsstelle für Brot, jetzt Behördensitz; gegenüber an der Südseite die Casa Consistorial.

Calle de Toledo

◄ San Isidro Labrador

Von der Südwestecke der Plaza Mayor führt die steile Treppe des Arco de los Cuchilleros hinab in ein eng bebautes Altstadtviertel. Geradeaus auf der Calle de Toledo erreicht man die Kathedrale San Isidro, 1622–1651 aus Granit errichtet und bis zur Fertigstellung der Kathedrale Nuestra Señora de la Almudena Hauptkirche der Stadt. Sie

Ab mittags und bis tief in die Nacht ist die Plaza Mayor gut besucht.

wurde 1769 dem Schutzpatron von Madrid, dem hl. Isidor »dem Ackersmann« (San Isidro Labrador) geweiht, dessen Gebeine im Chor aufbewahrt werden.

✶ El Rastro ▶ 300 m südlich der Kirche treffen sich jeden Sonntagvormittag die Sammler an der Plaza de Cascorro zum **berühmten Floh- und Trödlermarkt** namens El Rastro. An den Ständen in mehreren Straßen wird wirklich alles angeboten – einfach toll.

Puerta de Toledo ▶ Die Calle de Toledo endet im Süden bei der Puerta de Toledo, einem der beiden noch erhaltenen Stadttore Madrids, das unter der Regierung Josephs I. Bonaparte begonnen und 1813 nach der Vertreibung der Franzosen als Siegessymbol eingeweiht wurde.

Rund um San Andrés

In den Gassen westlich der Calle de Toledo rund um die Kirche San Andrés reiht sich eine Tapa-Bar an die andere (► Baedeker-Empfehlung, S. 468). San Andrés wurde im 17. Jh. erbaut, um den San-Isidro-Schrein aufzunehmen, der bis dahin in der daneben liegenden Capilla del Obispo aufbewahrt wurde. Deren plateresken Retablo schuf 1547 Francisco Giralte, der in der Kapelle begraben ist.

San Francisco el Grande ▶ San Francisco el Grande, weiter südwestlich, ist ein 1761–1770 am Ort eines alten Franziskanerklosters errichteter Kuppelbau. In der ersten Seitenkapelle links sieht man die »Predigt des hl. Bernhard« von Goya; weitere Gemälde stammen von Bayeu, Maella und González Velázquez.

✶ **Plaza de la Villa**

Casa de la Villa ▶ Wieder zurück an der Calle Mayor ist die Plaza de la Villa einer der **schönsten Plätze der Altstadt**. Am ehemaligen Rathaus, der Casa de la Villa an der Westseite, wurde von 1586 bis 1696 gebaut; seine Innenräume sind mit schönen Gobelins und Gemälden von Goya ausgestattet. Hier tagt das Stadtparlament.

Der Bürgermeister amtiert heute im Palacio de los Communicaciones, doch noch bis vor wenigen Jahren in der 1537 erbauten Casa de Cisneros, die eine gedeckte Passage mit dem einstigen Rathaus verbindet. Die Hauptfassade ist eine der wenigen plateresken Fassaden Madrids; auch hier sind wertvolle Wandteppiche zu bewundern. ◄ Casa de Cisneros

Im Turm der Casa de los Lujanes gegenüber vom Rathaus, dem ältesten Teil der Plaza, wurde der in der Schlacht von Pavia 1525 gefangen genommene Franz I. von Frankreich untergebracht, der in diesem »Gefängnis« aber beträchtliche Freiheiten genoss, zu denen auch ihm zu Ehren veranstaltete Festlichkeiten gehörten. ◄ Casa y Torre de los Lujanes

San Nicolás

Wenig nördlich der Plaza de la Villa liegt an der Plaza gleichen Namens die Kirche San Nicolás. Es handelt sich hier um die **älteste Kirche Madrids** und zugleich um eines der wenigen Beispiele mudéjarer Architektur in der Stadt; allerdings ist nur noch der Backsteinturm in diesem Stil erhalten. Der Retablo stammt von Juan de Herrera, dem Erbauer des Escorial.

Nuestra Señora de la Almudena

Hier in der Kathedrale Nuestra Señora de la Almudena, heirateten im Mai 2004 vor 1400 geladenen Gästen der spanische Kronprinz Felipe und die Bürgerliche Letizia Ortiz. Schon seit dem 9. Jh. ist an dieser Stelle eine Kirche nachgewiesen. Der heutige gigantische Bau wurde allerdings 1883 begonnen und erst 1993 geweiht. Ein großer Teil ihrer Ausstattung stammt aus älteren Madrider Kirchen.

★★ Palacio Real

◄ Metro: Ópera (L 2, L 5)

Öffnungszeiten: April – Sept. Mo. – Sa. 9.00 – 18.00, So., Fei. 9.00 – 15.00; Okt. – März Mo. – Sa. 9.30 – 17.00, So., Fei. 9.00 – 14.00

Über dem Río Manzanares erhebt sich der imponierende Palacio Real, das königliche Schloss. Nach dem Brand des aus dem alten Alcázar hervorgegangenen Habsburgerschlosses Weihnachten 1734 beauftragte Philipp V. die italienischen Architekten Giuvara und Sacchetti mit den Plänen für einen Neubau. Sacchetti schließlich erbaute ein geschlossenes Quadrat aus Granit mit Innenhof und vorgeschobenen Ecken, dessen Fassade an den Louvre erinnert. Diese zeigt auf die Plaza de Armería und trägt das königliche Wappen. Im Hof sind die Statuen der vier in Spanien geborenen römischen Kaiser Trajan, Hadrian, Theodosius und Honorius aufgestellt. Die Schlosskapelle im Nordflügel schufen Sacchetti und Ventura Rodríguez in den Jahren 1749 bis 1757. Der **Haupteingang** (C. Bailén) führt über ein imposantes Treppenhaus, das mit dem Fresko »Triumph der Religion und der Kirche« von Giaquinto ausgemalt ist, ins Hauptgeschoss, wo man zuerst den Salón de Alarbarderos (Saal der Hellebardiere) mit dem Deckengemälde »Apotheose des Äneas« von Tiepolo betritt. Die sich anschließenden Räume Karls III. sind bereits der **Höhepunkt der Besichtigung**. In zwei kleinen Sälen sieht man zunächst Deckenfresken von Mengs; es folgt der Salón de Gasparini mit seinen Chinoiserien und Möbeln, ein

✓ NICHT VERSÄUMEN

- Räume Karls III.
- Gobelinsammlung, Museo de Tapices
- Waffensammlung, Real Armería

Palacio Real *Orientierung*

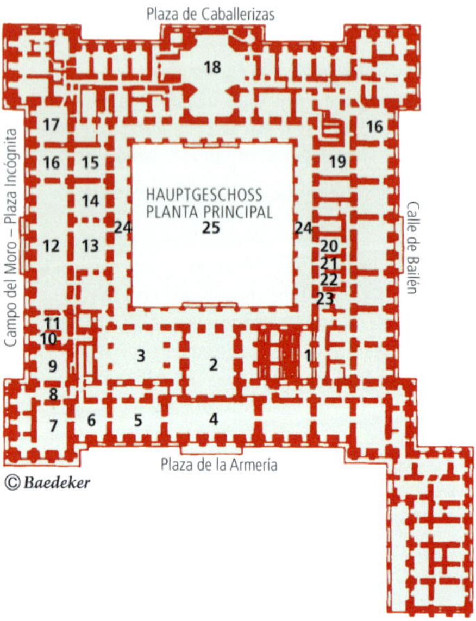

1 Haupttreppe
2 Salon der Leibgarde
3 Säulensaal
4 Thronsaal
5 Saleta Karls III.
6 Vorzimmer Karls III.
7 Ankleideraum Karls III. oder Gasparini-Saal
8 »Tranvia« Karls III.
9 Salon Karls III.
10 Porzellankabinett
11 Gelber Saal
12 Gala-Speisesaal
13 Plateresksaal
14 Tafelsilberkabinett
15 Tafelgeschirrkabinett
16 Stradivarisaal
17 Instrumentensaal
18 Königskapelle
19 Wachensaal der Königin Maria Luisa oder Vorsaal zu den Gemächern der Königin Maria Christina
20 Billiardsaal Alfons' XII.
21 Rauchsalon oder japanischer Salon Alfons' XII.
22 Stuckaturenkabinett der Königin Maria Luisa
23 Edelholzkabinett der Königin Maria Luisa
24 Hauptgalerie
25 Innenhof

★★ Räume Karls III. ►

Prunkstück des Rokoko. Im Salón Carlos III starb der Monarch; es schließen sich die mit Porzellanplatten der Buen-Retiro-Manufaktur ausgelegte Sala de Porcelana und die mit gelber Seide ausgekleidete Sala Amarilla an; danach der Gala-Speisesaal mit Fresken von Mengs, Bayeu und González Velázquez sowie Brüsseler Gobelins, Sèvres-Vasen und chinesischem Porzellan; nach rechts geht es schließlich ins Musikzimmer mit einer kostbaren Uhrensammlung.

Bourbonen-Räume ►

Die von den Bourbonenherrschern Isabella II. bis Alfons XIII. als Wohnung genutzten Räume nehmen den Ostflügel und Teile des Südflügels ein. Am prächtigsten erweist sich der mit rotem Samt ausgeschlagene **Thronsaal** mit dem Deckenfresko »Apotheose der spanischen Monarchie« von Tiepolo. Der Saal ist heute noch Schauplatz von Staatsakten.

★★ Museo de Tapices ►

Die einzigartige Gobelinsammlung wird in den ehemaligen Privaträumen Karls IV. und seiner Frau María Luisa gezeigt. Zu den ältesten Stücken gehören die Serie »Triumph der Muttergottes« nach Kartons von Metsys (um 1490) und Brüsseler Teppiche aus dem 16. Jh.; daneben sieht man flämische, französische und Stücke der Madrider und der Buen-Retiro-Manufaktur.

Nuevos Museos ►

In den Neuen Museen sind viele der vordem im ganzen Schloss verstreuten Einrichtungsstücke und Gemälde zusammengefasst; ein guter Teil befindet sich allerdings im Museo del Prado. Im Schloss kann man noch Werke u. a. von Hieronymus Bosch, Rogier van der Weyden, Caravaggio, Velázquez, El Greco und Goya besichtigen.

Die von Philipp V. angelegte königliche Bibliothek im Erdgeschoss enthält 300 000 Bücher, zahlreiche Manuskripte, Grafiken, Notenblätter und Landkarten; auch Münzen und Stradivaris sind ausgestellt. Im Erdgeschoss befindet sich auch die Real Farmacia, die königliche Apotheke, mit ihren alten Instrumenten und Gefäßen.

◄ Bibliothek

◄ Real Farmacia

Im Vorbau links der Hauptfassade ist die Waffensammlung eingerichtet. Die wertvollsten der über 3000 Stücke sind die Paraderüstungen Karls V. und Philipps II. sowie die Schwerter des Cid, von Boabdil, Cortés und Pizarro.

*

◄ Real Armería

Plaza de Oriente

Gegenüber dem Ostflügel des Palacio Real öffnet sich die Plaza de Oriente, die unter Joseph I. Bonaparte begonnen wurde. In ihrer Mitte erhebt sich das Reiterstandbild Philipps IV., von dem Florentiner Tacca nach Modellen von Montañés gegossen; rundum stehen 44 Standbilder westgotischer und spanischer Könige.

Die Bauarbeiten für das Teatro Real an der Ostseite der Plaza begannen im Jahr 1818 am Ort des alten »Caños del Peral«-Theaters. Das heutige Theater wurde im April 1850 mit Donizettis »La Favorita« eröffnet.

◄ Teatro Real

*

Real Monasterio de la Encarnación

Der Herrera-Schüler Juan Gómez de Mora baute das Kloster der Augustinerinnen nördlich der Plaza de Oriente, heute Museum mit einer beachtenswerten Gemäldesammlung, darunter Bilder von Ribera, Juan Carreño, Bartolomé Román, Carducho und Antonio de Pereda. Peter van der Meulen malte »Entrega en el Bidasoa«, die französisch-spanische Doppelhochzeit auf der Bidasoa-Insel: Ludwig XIII. von Frankreich heiratete Anna von Österreich, Tochter Philipps II., und Philipp IV. von Spanien die Tochter Heinrichs IV. von Frankreich, Isabella (Öffnungszeiten: Di., Mi., Do., Sa. 10.30 – 12.45 u. 16.00 – 17.45, Fr. 10.30 – 12.45, So., Fei. 11.00 – 13.45 Uhr).

*

Monasterio de las Descalzas Reales

Die Tochter Karls V., Johanna von Österreich, stiftete im 16. Jh. dieses Kloster der Barfüßerinnen in jenem Stadtpalast an der Plaza de las Descalzas, in dem sie geboren wurde. Es war für diejenigen Damen des Herrscherhauses und des Hochadels gedacht, die das klösterliche dem Hofleben vorzogen (oder vorziehen mussten). Ihnen ist die Ausstattung mit überaus wertvollen und bedeutenden Kunstwerken zu verdanken.

◄ Metro: Callao (L 3, L 5)

Schon die Treppe im Kreuzgang beeindruckt mit ihrem Prunk und ihrem Freskenschmuck von Claudio Coello (u. a. die »Scheinloggia«), Colonna, Mitelli und Antonio de Pereda (»Kalvarienberg«). In den Sälen, Kammern und Gängen begegnen immer wieder Porträts der habsburgischen Herrscher. Im ehemaligen Nonnenschlafsaal sieht man die einzigartige Brüsseler Wandteppichserie »Triumph der Eucharistie« nach Kartons von Rubens. Die **hervorragende Gemälde-**

Öffnungszeiten: Di., Mi., Do., Sa. 10.30 – 12.45 u. 16.00 – 17.45, Fr. 10.30 – 12.45, So., Fei. 11.00 – 13.45

Die große Treppe, von der Tochter des deutschen Kaisers Rudolf II. gestiftet, gehört zum ältesten Teil des Klosters.

sammlung besitzt u.a. Werke von Hans Memling, Adriaen Isenbrant, Dierik Bouts, Rogier van der Weyden, Zurbarán, Murillo, Ribera, Brueghel d.Ä. (»Anbetung der Hl. Drei Könige«) und Tizian. Von den wertvoll ausgestatteten Kapellen ist besonders die Capilla de la Dormición mit dem Deckengemälde »Himmelfahrt Mariens« von Luca Giordano und einem Rubens zugeschriebenen Porträt der Anna Dorothea zu erwähnen.

Vom Kloster geht es nun nordwärts zur Plaza de Callao an der Gran Vía, der Hauptgeschäftsstraße und Inbegriff des großstädtischen Geistes Madrids. Sie verläuft von der Einmündung in die Calle de Alcalá im Osten bis zur Plaza de España im Westen und wurde nach umfangreichen Abbrucharbeiten in der engen Altstadt im Jahr 1910 begonnen. Von der Plaza de Callao westwärts zur Plaza de España und ostwärts zum Red de San Luis ist die Gran Vía **amerikanisch angehaucht**: Kinopaläste im Broadway-Stil, vor allem das sich wie ein Schiffsbug vorschiebende Kino »Capitol« an der Plaza de Callao, das 1929 fertig gestellte Gebäude der Telefónica an der Red de San Luis, der Palacio de la Prensa (1924) und die Musical-Theater. Der Abschnitt zwischen Red de San Luis und Calle de Alcalá ist der älteste und strömt noch den Charakter des 19. Jh.s in Gebäuden wie La Gran Peña (Nr. 2) oder dem Ybarra-Haus (Nr. 8) aus.

★ **Gran Vía**

Metro: Gran Vía (L 1, 5), Callao (L 3, 5), Plaza de España (L 3, 10) ►

★ **Plaza de la Cibeles**

Metro: Banco (L 2) ►

Gran Via/Calle de Alcalá münden in die Plaza de la Cibeles, den Schnittpunkt der Nord-Süd- und Ost-West-Verkehrsachsen Madrids. Inmitten des brandenden Verkehrs lässt die griechische Göttin Kybele ihren Wagen von Löwen durch den Cibeles-Brunnen (18. Jh.) ziehen. Der Brunnen, ein Entwurf von José Hermosilla und Ventura Rodríguez, ist eines der **Wahrzeichen Madrids**.

Banco de España ►

An der Einmündung der Calle de Alcalá erhebt sich die 1884 erbaute Spanische Staatsbank, deren großzügig proportionierte Räumlichkeiten Werke berühmter Meister wie Bartolomé Esteban Murillo, Anton Raphael Mengs und Francisco de Goya zieren.

Keine Burg, kein Schloss und auch keine Bank: Das imposanteste Bauwerk am Platz ist »bloß« die Madrider Hauptpost, wo heute der Bürgermeister residiert. Der **Palacio de Comuncaciones Correos**

? WUSSTEN SIE SCHON ...?

- ... dass die Madrider ihre Hauptpost im Palacio de Comuncaciones liebevoll »Nuestra Señora de Correos« – »Unsere Liebe Frau von der Post« nennen?

wurde 1905 bis 1918 nach Plänen des dafür heftig gescholtenen Architekten Joaquín Otamendi erbaut. Man sollte unbedingt auch einen Blick in die Schalterhalle werfen.

Die nordöstliche Seite des Platzes wird von dem im 19. Jh. nach Plänen von Carlos Colubi erbauten Linares-Palast eingenommen. Hier ist die Casa de América untergebracht, die Veranstaltungen und Ausstellungen rund um südamerikanische Kulturen organisiert. Außerdem sorgt das **Restaurant Paradis** mit traditioneller mediterraner Kochkunst für Gaumenfreuden.

◄ Palacio de Linares

An der Nordwestecke des Platzes ersteckt sich der Palacio de Buenavista, der 1777 für die Herzogin von Alba begonnen wurde. 1802 erwarb die Stadt den Palast und schenkte ihn Manuel Godoy, dem Minister Karls IV., der 1808 über seine napoleonfreundliche Politik stürzte. Heute ist hier der Sitz des Verteidigungsministeriums.

◄ Palacio de Buenavista

Wer von der Plaza de Cibeles gleich zurück zur **Puerta del Sol** will, geht den Paseo del Prado hinab und biegt am Palacio Villahermosa nach rechts in die Calle de San Jerónimo ab. Sie führt am spanischen Parlament, den Cortes (1843–1850), vorbei, deren Eingang zwei bronzene Löwen bewachen. Sie sind aus Kanonen gegossen, die im Marokkokrieg von 1860 erbeutet wurden. Vom Parlament gelangt man südlich in die Calle de Cervantes, wo das Haus Nr. 11 als Nachbildung des Wohnhauses des Dichters Lope de Vega erbaut wurde.

◄ Cortes

◄ Casa de Lope de Vega

★ Paseo del Prado

Von der Plaza de la Cibeles führt der Paseo del Prado nach Süden. »Prado« bedeutet »Wiese«, und so ist der Paseo del Prado heute noch eine zwischen den Fahrspuren verlaufende, mit Bäumen bestandene grüne Flaniermeile, angelegt im 18. Jh. im Auftrag Karls III.

Grüne Flaniermeile

An der nach Westen abgehenden Calle de Montalbán und vorbei am Museo Naval (Schifffahrtsmuseum) im Marineministerium lädt dieses Museum mit kunsthandwerklichen Kostbarkeiten (Keramik, Möbel etc.) zum Besuch ein.

Museo de Artes Decorativas

Am Paseo folgt die Plaza de la Lealtad mit dem repräsentativen Hotel Ritz. In der Mitte des Platzes ehrt ein Obelisk die Opfer des 2. und 3. Mai 1808, als mit dem Aufstand gegen die Truppen Murats das Ende der französischen Besatzung eingeläutet wurde.

Plaza de la Lealtad

Die Plaza de la Lealtad geht über in die Plaza de Cánovas del Castillo mit dem Neptunbrunnen in ihrer Mitte. Von hier Richtung Retiro-Park stößt man auf den Casón del Buen Retiro (»El Casón«), eine Dependance des Prado-Museums in der einstigen königlichen Residenz Real Sitio del Buen Retiro aus dem 17. Jahrhundert. Das Gebäude wird gegenwärtig renoviert und soll einmal das kunsthistorische Studienzentrum namens **Campus Prado** beherbergen.

Casón del Buen Retiro

★★ **Museo Thyssen-Bornemisza**

Öffnungszeiten: Di. – So. 10.00 – 19.00

Auf der rechten Seite des Paseo, an der Plaza de Cánovas del Castillo, steht der Palacio de Villahermosa. Hier ist die 1992 von Spanien erworbene Sammlung Thyssen-Bornemisza ausgestellt, die **zweitgrößte private Kunstsammlung der Welt**. Die Werke, meist Gemälde, chronologisch und nach Schulen geordnet, decken einen Zeitraum vom 13. bis zum 20. Jahrhundert ab; ein kleinerer Teil der Sammlung ist in ►Barcelona zu sehen.

Der Rundgang beginnt mit Meisterwerken der Frührenaissance, der Renaissance und des Barock, darunter »Christus und die Samariterin« von Duccio di Buoninsegna, »Die Verkündigung« von Jan van Eyck, die überragende Porträtsammlung (Domenico Ghirlandaio: »Bildnis der Giovanna Tornabuoni«, Hans Memling: »Bildnis eines jungen Mannes«, Hans Holbein d. J.: »Heinrich VIII.«).

Im ersten Stock sind holländische Maler des 17. Jh.s, englische und französische Werke des 18. Jh.s und nordamerikanische Malerei des 19. Jh.s zu sehen. Romantik und Realismus (Goya, Constable, Courbet und C. D. Friedrich), Impressionismus und Spätimpressionismus (Monet, Manet, Renoir, Siley, Degas, Pissarro, Gauguin, van Gogh, Toulouse-Lautrec, Cézanne) sind ebenfalls zugegen. Fauvismus und vor allem deutsche Expressionisten repräsentieren u. a. Werke der Künstlergemeinschaften »Brücke« und »Blauer Reiter«.

Im Erdgeschoss wird die Malerei des 20. Jh.s vorgeführt: u. a. El Lissitzky (»Proun 1 C«), Mondrian (»New York City, New York«), Picasso (»Mann mit Klarinette«), Braque (»Frau mit Mandoline«) und Juan Gris (»Sitzende Frau«).

Vor kurzem wurde dem Museum ein neues Gebäude mit 18 Sälen angegliedert, in dem die Sammlung von Carmen Thyssen-Bornemisza aufbewahrt wird. Zwei dieser Säle sind temporären Ausstellungen vorbehalten.

★ **Jardín Botánico**

Nach dem Museo del Prado (s. u.) folgt auf dem Paseo links der Jardín Botánico, der von Juan de Villanueva entworfene und 1781 eröffnete Botanische Garten. Er ist berühmt geworden durch seine aus den spanischen Kolonien in Amerika und von den Philippinen importierten Pflanzen.

★ **Caixa Forum Madrid**

Gegenüber dem Botanischen Garten lädt dieses 2008 eröffnete Kulturzentrum zum Besuch ein. Unter Einbeziehung eines um 1900 errichteten ehemaligen Elektrizitätswerkes entstand ein **architektonisch höchst bemerkenswerter Komplex** nach den Plänen der Schweizer Architekten Herzog & de Meuron, die auch die neue Allianz Arena in München entworfen haben.

Auf sieben Etagen wird ein ziemlich breites Spektrum von Veranstaltungen geboten. Die Palette reicht von vielfältigen Wechselausstellungen antiker, alter, moderner und zeitgenössischer Kunst über Multimediakunst, Musik- und Poesie-Festivals bis zu Workshops zu diversen Themen (Paseo del Prado 36; Öffnungszeiten: tgl. 10.00 – 20.00 Uhr; www.lacaixa.es).

Der Paseo del Prado endet an der Plaza del Emperador Carlos V. Hier erblickt man den Bahnhof Atocha und ihm gegenüber das Centro de Arte Reina Sofía im massigen, aus dem 18. Jh. stammenden Hospital San Carlos, das von 1980 an renoviert wurde und ein wenig an das Pariser Centre Pompidou erinnert. Kern des Zentrums ist die Sammlung des **Museo Español de Arte Contemporáneo**, v. a. mit Werken spanischer Künstler wie Andrés Alfaro, Alvaro Delgado, Salvador Dalí, Juan Gris, Joan Miró, Antonio Saura und Pablo Picasso, zu denen sich viele ausländische Künstler wie Francis Bacon, Pierre Bonnard, Georges Braque, Markus Lüpertz, Wassily Kandinsky oder Henry Moore gesellen. Glanzstück ist Picassos monumentales Antikriegsgemälde »Guernica«, das hier nach längerer Odyssee seinen endgültigen Platz gefunden hat.

✶ **Centro de Arte Reina Sofía**

Öffnungszeiten: tgl. außer Di. 10.00–21.00, So. bis 14.30

✶ ✶ ◄ Picassos »Guernica«

✶ ✶ Museo del Prado

Der Prado gehört zu den ältesten und **berühmtesten Gemäldegalerien der Erde** und ist ohne Zweifel einer der Höhepunkte eines Aufenthalts in Madrid. In ihren Ursprüngen ist die Galerie eine von den Habsburgern begonnene und von den Bourbonen fortgeführte königliche Sammlung. Unter Karl III. entstanden die Pläne, ein Gebäude für die Pinakothek zu erbauen, womit 1785 Architekt Juan de Villanueva beauftragt wurde. 1819 konnte das neue Bauwerk als »Museum der Königlichen Gemäldesammlung« eröffnet werden.

◄ Metro: Banco (L 2), Atocha (L 1)

Öffnungszeiten: Di. bis So. 9.00–20.00

Wer ein Faible für Gemälde hat, sollte den Prado keinesfalls verpassen.

★ Moneo-Neubau ► Im Herbst 2007 konnte der vom Stararchitekten Rafael Moneo konzipierte Erweiterungsbau neben der erhaltenen Kirche auf dem Gelände des ansonsten verfallenen Jerónimo-Klosters eröffnet werden. Im Zentrum des neuen Prado-Würfels mit Ziegelfassade, monumentalen Säulen und Granitsockel befindet sich der wieder aufgebaute barocke Kreuzgang des Klosters, der von einer verglasten Laterne bekrönt wird. Der Neubau bietet Platz für Werkstätten, Labors, Büros, ein Auditorium sowie Ausstellungsflächen für mehrere hundert Kunstwerke. 4Im dreieckigen Übergangsbereich zwischen Neubau und klassizistischem Altbau befinden sich neuerdings der Haupteingang, der Kartenverkauf und der Museumsladen.
Das Kloster San Jerónimo war von 1528 bis 1833 Versammlungsraum der Cortes und Vereidigungsstätte des Kronprinzen, der im Gedenken an den Beginn der Reconquista traditionell den Titel »Príncipe de Asturias« (Prinz von Asturien) führt.

Hauptwerke Der Prado besitzt einige tausend Gemälde, Zeichnungen, Drucke, dekorative Kunst etc., von denen nur ein kleinerer Teil ausgestellt werden kann. Hinzu kommt eine bedeutende Skulpturensammlung. Die verwirrende Vielzahl der Kunstwerke macht eine eingehendere Beschreibung unmöglich. Außerdem werden wegen laufender Bauarbeiten und Renovierungen Säle zeitweise geschlossen und Bilder umgehängt. Genaueres erfährt man vor Ort oder im Internet unter **www.museodelprado.es**. Zu überlegen ist die Teilnahme an einer Führung, die von Privatpersonen ständig angeboten werden. Hier seien einige der Hauptwerke der bedeutendsten im Prado vertretenen Künstler angeführt, die man unbedingt gesehen haben sollte.

✓ NICHT VERSÄUMEN

- Fra Angelico, Die Verkündigung, Saal 49
- Hieronymus Bosch, Garten der Lüste, Saal 56
- Albrecht Dürer, Selbstbildnis, Saal 55b
- Goya, Die Erschießung der Aufständischen, Saal 39
- El Greco, Bildnis eines Edelmannes mit der Hand auf der Brust, Saal 10a
- Raffael, Bildnis eines Kardinals, Saal 49
- Rembrandt van Rijn, Artemisia, Saal 58
- José de Ribera, Jakobs Traum, Saal 16
- Peter Paul Rubens, Die drei Grazien, Saal 9
- Tiepolo, Die Unbefleckte Empfängnis, Saal 89
- Tizian, Kaiser Karl V. zu Pferde nach der Schlacht bei Mühlberg, Saal 11
- Velázquez, Die Hoffräulein, Saal 12
- Jan van Vlaanderen, Die Kreuzigung, Saal 57b
- Rogier van der Weyden, Die Kreuzabnahme, Saal 58

Die **spanische Malerei** nimmt natürlich eine überragende Stellung innerhalb der Sammlungen ein. Im Erdgeschoss sind Mittelalter und Renaissance vertreten, darunter als herausragende Werke die Wandmalereien aus der Heiligkreuzkapelle von Maderuelo (12. Jh.), der Marien-Franziskus-Retabel von Nicolás Francés (1430–1468), Bartolomé Bermejos (1450–1498) Hauptwerk »Heiliger Dominikus« und mehrere Tafelbilder von Pedro Berruguete (um 1450–vor 1504), darunter »Autodafé unter Vorsitz des hl. Dominikus«. Allein drei Säle belegen die Werke von El Greco (1541–1614), u. a. »Edelmann mit Schwurhand», »Anbetung der Hirten« und »Heilige Dreifaltigkeit«.

◄ El Greco

Das spanische 17. und 18. Jh. nimmt Teile des Hauptgeschosses ein, so José Ribera (1591–1652) mit »Der Traum Jakobs« und »Martyrium des hl. Philipp«, Alonso Cano (1601–1667) mit »Das Brunnenwunder«, Francisco de Zurbarán (1598–1664) mit den »Herkulestaten« und einem Stillleben, sowie Bartolomé Esteban Murillo (1618–1682) mit »Der gute Hirte« und »Unbefleckte Empfängnis«.

Stark vertreten ist selbstverständlich Spaniens überragendster Maler jener Zeit, Diego Velázquez (1599–1660), u. a. mit: »Triumph des Bacchus«, »Die Schmiede des Vulkan«, »Die Übergabe von Breda« (»Las Lanzas«), die Bildnisse der Zwerge des spanischen Hofes, »Die Spinnerinnen« und die berühmten »Hofdamen« (»Las Meniñas«).

◄ Velázquez

Das Werk Francisco de Goyas (1746–1828) nimmt auch räumlich eine Sonderstellung ein. Es verteilt sich auf Haupt- und Obergeschoss des rechten Gebäudeflügels. Man sieht außer vielen der frühen, in Öl ausgeführten Entwürfe für die Madrider Teppichmanufaktur u. a. die Werke »Die Familie Karls IV.«, »Die nackte Maya«, »Die bekleidete Maya«, »Der Koloss«, »Die Erschießungen des 3. Mai 1808«, »Die Weinlese«, »Saturn verschlingt seinen Sohn«, zahlreiche der so genannten »Schwarzen Bilder« und in wechselnder Folge Zeichnungen zu seinen Radierzyklen.

◄ Goya

Flämische, niederländische und deutsche Malerei

Flämische Maler des 15. und 16. Jh.s sieht man im Erdgeschoss, so Hieronymus Bosch (um 1450–1516, span. »El Bosco«) mit »Der Garten der Lüste« und »Der Heuwagen«, Pieter Brueghel d.Ä. (um 1525–1569) mit »Triumph des Todes«, Rogier van der Weyden (um 1400–1464) mit »Kreuzabnahme«, Hans Memling und Gerard David. Deutsche Malerei sieht man in Saal 54, darunter von Albrecht Dürer (1471–1528) ein Selbstbildnis und »Adam und Eva«.

Flämische und niederländische Malerei des 17. Jahrhunderts findet man im Hauptgeschoss. Highlights sind darunter Rubens' (1577 bis 1640) »Die Drei Grazien«, »Anbetung der Könige«, »Das Urteil des Paris« und »Bauerntanz«, Rembrandt (1606–1669) mit »Artemisia«, van Dyck (1599–1641) mit »Karl I. von England« und »Porträt Endymion Porter und A. van Dyck« sowie Jacob Jordaens (1593–1678) mit »Die Familie Jordaens im Garten«.

> ! *Baedeker* TIPP
>
> **Ein Ticket für drei**
>
> Kunstfreunde kommen um die drei großen Gemäldesammlungen Madrids – Prado, Museo Thyssen-Bornemisza und Centro de Arte Reina Sofía – nicht herum. Für alle drei gibt es ein Sammelticket, erhältlich an den Museumskassen.

Italienische und französische Malerei

Italienische Malerei hängt im Hauptgeschoss. Zu nennen sind u. a. Fra Angelicos (um 1400 bis 1455) »Verkündigung«, Raffaels (1483 bis 1520) »Heilige Familie« und »Kreuzweg«, Tizians (1476/1477 oder 1489/1490–1576) »Karl V. in der Schlacht von Mühlberg« und Tintorettos (1518–1594) »Fußwaschung Christi». Mit »Der Parnass« ist ein Hauptwerk von Nicholas Poussin (1594–1665) zu sehen.

Spanische Malerei des 19. Jh.s

Spanische Malerei des 19. Jh.s, die früher im Casón del Buen Retiro ausgestellt war, sieht man heute im Obergeschoss. Darunter befinden sich Arbeiten von Madrazo, Eduardo Rosales und Francisco Pradilla.

Rund um den Parque del Retiro

✶ Parque del Retiro

Metro: Retiro (L 2) ►

Hinter dem Museo del Prado erstreckt sich der Parque del Retiro, den der Herzog von Olivares 1632 an Philipp IV. übergab als königlichen Park und Schauplatz glanzvoller Feste. Im 18. Jh. wurden Teile des Parkes für das Publikum geöffnet, und erst 1869 ging er vollständig in den Besitz der Stadt über. Seither ist er ein sehr beliebtes **Erholungsgebiet** für die Madrider, die hier Caféterrassen, Brunnen, Denkmäler, einen Kristallpalast und als Mittelpunkt des Parks einen großen Bootsteich finden, an dem sich ein eindrucksvolles Reiterdenkmal für Alfons XII. erhebt.

Puerta de Alcalá

Der Haupteingang zum Park liegt an der Nordwestecke, der Plaza de Independencia, in deren Mitte die Puerta de Alcalá steht, eines der **Wahrzeichen Madrids**, 1769–1778 nach Plänen Sabatinis errichtet.

Das erklärte Ziel eines jeden Toreros ist ein Auftritt in Las Ventas, der größten Stierkampfarena Spaniens umd Nabel der Stierkampfwelt.

Paseo de la Infanta Isabel

An der Südseite des Parks verläuft der Paseo de la Infanta Isabel nach Osten und berührt dabei das Museo Nacional de Etnología y Antropología (Ethnologisches und Anthropologisches Nationalmuseum). In der engeren Umgebung des Paseo findet man noch das Observatorio Astronómico am Südrand des Retiro-Parkes, das Panteón de los Hombres Illustres (Gedenkstätte für berühmte Männer) und die Real Fábrica de Tapices, die berühmte Madrider Teppichmanufaktur, für die u. a. Goya Entwürfe lieferte.

Las Ventas

Von der Puerta de Alcalá läuft die Calle de Alcalá nach Osten und stößt, bereits im Stadtviertel Salamanca, nach ca. 2 km auf »Las Ventas« (Plaza de Toros), die **größte Stierkampfarena Spaniens** und für die Aficionados der Nabel der Stierkampfwelt. Sie finden im Stierkampfmuseum (Museo Taurino; Öffnungszeiten: Di. – Fr. 9.30 bis 14.30, So. 10.00 – 13.00 Uhr) manche Reliquie.

Salamanca

Calle de Serrano

Von der Puerta de Alcalá zieht die Calle de Serrano, eine elegante Einkaufs- und Geschäftsstraße, nach Norden in den Stadtteil Salamanca. Er wurde im 19. Jh. auf schachbrettartigem Grundriss angelegt und ist heute eines der **teuersten Viertel** der Stadt, sowohl die Preise der Geschäfte als auch die Mieten betreffend.

★★ Museo Arqueológico Nacional

◄ Metro: Serrano (L 4)

Öffnungszeiten: Di. – Sa. 9.30 – 20.00, So., Fei. 9.30 – 15.00

Bald erreicht man das Museo Arqueológico Nacional (Archäologisches Nationalmuseum), das bedeutendste archäologische Museum des Landes. Es wurde 1867 gegründet und 1895 im Gebäude der Nationalbibliothek eingerichtet.
Der **Rundgang** sollte im Museumsgarten beginnen, wo in einer unterirdischen Galerie eine Reproduktion der Höhlengemälde von Altamira (► Santillana del Mar) zu sehen ist. Im Untergeschoss werden Funde aus Spanien, Nordafrika, Ägypten, Palästina, Italien sowie eine hervorragende Sammlung griechischer Vasen gezeigt.
Im Erdgeschoss begegnet zunächst die **iberische Kunst**, unter der die berühmten Frauenplastiken »Dama de Elche« (► S. 56), »Dama de Baza« und »Dama de Ibiza« vom Puig des Molins auf der Insel Ibiza herausragen. In der Abteilung für **römische Kunst** verdient die schöne Mosaikensammlung besondere Aufmerksamkeit; im Mittelpunkt der Kunst der Westgoten steht der Schatz von Guarrazar (Toledo) mit gold- und edelsteingeschmückten Votivkronen. Die folgenden Säle zeigen islamische Keramik, Metallarbeiten und Stuckfragmente sowie hervorragende Beispiele romanischer religiöser Kunst aus Spanien.
Im Obergeschoss zeigen Grabmäler,

> ! *Baedeker* TIPP
>
> **Künstler aus der Altsteinzeit**
>
> In der originalgetreuen Nachbildung der 1879 in der Nähe von Santander (Provinz Cantabria) entdeckten Altamira-Höhle sind 15 000 Jahre alte Felsmalereien und Ritzzeichnungen aus der Altsteinzeit zu bewundern.

Torres Kio, die schiefen Türme von Madrid

Skulpturen, Messkelche, Altaraufsätze u. a. die Meisterschaft der **spanischen Gotik**; hier ist auch die königliche Sammlung italienischer Renaissancebronzen und Talavera-Keramik zu bewundern. Die drei letzten Säle stellen Glas, Keramik, Silber und Porzellan aus dem 17.–19. Jh. aus.

Plaza de Colón Im selben Gebäude ist die Nationalbibliothek mit dem Museo del Libro (Buchmuseum) untergebracht. Gegenüber öffnen sich die Jardínes del Descubrimiento mit einem Kolumbusdenkmal. An der Plaza de Colón befindet sich das Museo de Cera, unter der Plaza das Centro Cultural mit Theater und Ausstellungssälen.

Salesas Reales Etwas weiter südlich geht nach links die Calle de Braganza ab, an der der Justizpalast und die Kirche Salesas Reales liegen, in der Ferdinand VI. begraben ist.

Museo Romántico Von der Plaza de las Salesas kommt man auf der Calle Fernando VI zum Museo Romántico. Architektur, Möbel und Kunstwerke – darunter Gemälde von Zurbarán, Mengs, Murillo und Goya – beschwören die Atmosphäre aristokratischen und großbürgerlichen Lebens im Madrid zur Zeit Isabellas II. (C. San Mateo 13; Öffnungszeiten: Mai – Okt. Di. – Sa. 9.30 – 20.30, So. 10.00 – 15.00, Nov. – April Di. bis Sa. 9.30 – 18.30, So. 10.00 – 15.00 Uhr).

Museo de Historia An der parallel dahinter verlaufenden Calle Beneficencia liegt das ehemalige Hospicio de San Fernando (18. Jh.) mit seiner prachtvollen Barockfassade. Es ist Sitz des stadtgeschichtlichen Museums, in dem wichtige Dokumente, Gemälde, Zeichnungen, der erste Stadtplan von Madrids aus dem Jahre 1656 und ein Stadtmodell von 1830 zeigt (Eingang Calle de Fuencarral, 78; derzeit wegen Renovierung geschlossen; Auskunft: www.munimadrid.es/museodehistoria).

Paseo de la Castellana

Von der Plaza de Colón führt der breite Paseo de la Castellana weiter in den Norden der Stadt, dank seiner Bars und Restaurants, auch auf den Grünstreifen zwischen den Fahrspuren, beliebter Treffpunkt für die betuchte Jugend Madrids. Unterhalb der Glorieta de Emilio Castelar sind in der Fußgängerunterführung von der Calle de Juan Bravo zur Calle de Eduardo Dato verschiedene Skulpturen zu einem **Freilichtmuseum** zusammengestellt. Die Calle de López de Hoyos führt von der Glorieta nordwestlich zum Museo Lázaro Galdiano in der Calle Serrano. Hier kann man die Kunstsammlung des Finanzmannes Lázaro Galdiano besichtigen, der u. a Werke von Velázquez, Zurbáran, Murillo, Ribalta, Bosch, van Dyck, Metsys, Jordaens, Reynolds und Constable sein eigen nannte. Hinzu kommt eine umfangreiche Kollektion von Waffen, Münzen, Elfenbein, Gobelins, Juwelen und vieles mehr (Öffnungszeiten: Mo., Mi. – So. 10.00–16.30 Uhr).

◄ Museo Lázaro Galdiano

Der weitere Verlauf des Paseo de la Castellana führt zum rechts liegenden Museo de Ciencias Naturales (Naturwissenschaftliches Museum) mit zoologischen, geologischen, paläontologischen und mineralogischen Sammlungen (Öffnungszeiten: Di. – Fr. 10.00–18.00, Sa. bis 20.00, So. u. Fei. 10.00–14.00 Uhr).

◄ Museo de Ciencias Naturales

Wenig weiter nördlich erstreckt sich der große, in den 1930er- und 40er-Jahren erbaute Gebäudekomplex »Nuevos Ministerios«, in dem drei Ministerien ihren Sitz haben.

◄ Nuevos Ministerios

Wiederum nördlich hiervon erreicht man links vom Paseo das Azca-Viertel, 1954–1964 als Einkaufs- und Bürozentrum errichtet. Es ist umgeben von mehreren Hochhäusern neueren Datums, darunter die mehrfach geschwungene, 113 m hohe Torre de Europa (1987), die strahlend weiße Torre de Picasso mit 155 m Höhe und weiter nördlich die mit bis zu 249,5 m **höchsten Türme Spaniens** mit Namen Quatro Torres Business Areadas.

◄ Azca-Viertel

An der gegenüberliegenden Seite des Paseo de la Castellana erkennt man die Betonschüssel des Estadio Santiago Bernabéu, das Stadion der »Königlichen« von Real Madrid.

◄ Estadio Bernabéu

Ganz spektakuläre Architektur findet man schließlich noch weiter nördlich: Die beiden 115 m hohen, um 14,3 Grad gegeneinander geneigten Hochhäuser Torres Kio bilden die Puerta de Europa.

◄ Torres Kio

Museo de la Ciudad

Etwas abseits, an der C. Príncipe de Vegara östlich des Paseo de la Castellana, liegt das neue multimediale Museo de la Ciudad, das anders als das Museo Municipal auf die Vermittlung der Stadtgeschichte mit modernster Museumstechnik setzt (Öffnungszeiten: Di. – Fr. 10.00–14.00 und 16.00–19.00, Sa. und So. nur vormittags).

Plaza de España · Ciudad Universitaria

★ **Plaza de España**

◄ Metro: Plaza de España (L 3, 10)

Das Nordwestende der Gran Vía (► S. 474) markieren die Hochhäuser der Plaza de España am Schnittpunkt des habsburgisch-bourbonischen mit dem modernen Madrid. Im 18. und 19. Jh. war der Platz noch von Kasernen geprägt, doch begann in den 20er-Jahren des

! Baedeker TIPP

Seilbahn in Madrid

Jenseits des Río Manzanares beginnt der Casa de Campo, der einstige königliche Wald, mit Vergnügungspark, Zoo und Schwimmbad. Vom Parque de la Montaña unterhalb des Montaña del Príncipe Pío fährt eine Kabinenseilbahn (Teleférico) hinüber. Das sollte man sich nicht entgehen lassen, denn sie offeriert fantastische Ausblicke auf die Stadt und den meist trockenen Manzanares; außerdem kommt man so ruck-zuck vom Zentrum in die grüne Lunge Madrids.

20. Jh.s die Modernisierung. Heute wird der Platz dominiert vom 1948 errichteten, 107 m hohen **Edificio de España**, das in 96 m Höhe sogar ein Schwimmbad bietet, und dem 124 m hohen Wohn- und Geschäftshaus Torre de Madrid von 1957. In der Mitte des Platzes blickt Miguel de Cervantes von hohem Denkmalssockel etwas missmutig auf seine Romanhelden Don Quijote und Sancho Pansa.

Wenig westlich des Platzes befindet sich an der Calle de Ferraz das **Museo Cerralbo**, in dem eine Privatsammlung archäologischer Stücke, Porzellane aus Meißen und Sèvres, Waffen, Möbel und Gemälde u. a. von El Greco, Ribera, Alonso Cano und Goya zu sehen sind (Öffnungszeiten: Di. bis Sa. 9.30–15.00; So. 10.00–15.00 Uhr, Fei. geschlossen).

Montaña del Príncipe Pío

Gegenüber vom Museo Cerralbo hat man vom Montaña del Príncipe Pío einen sehr guten Überblick über den Palacio Real und die umliegenden Viertel. In der Nähe fanden die Erschießungen am 3. Mai 1808 statt, und 1936 stürmte hier die Madrider Bevölkerung die Kaserne des francofreundlichen Militärs, der Auftakt zur Belagerung der Stadt durch die Faschisten. Hier trifft man auf ein in Madrid nicht erwartetes Monument, den Templo de Debod, ein ägyptischer Amun-Tempel des 4. Jh.s v. Chr. aus Assuan, den die ägyptische Regierung Spanien schenkte.

Templo de Debod ►

★ **San Antonio de la Florida (Panteón de Goya)**

Von der Höhe übersieht man auch den Nordbahnhof. Jenseits der Bahnlinie liegt die Ermita de San Antonio de la Florida. In ihr ist Francisco de Goya begraben, der 1798 die Kuppel des schlichten klassizistischen Bauwerks ausmalte (Öffnungszeiten: Di. bis Fr. 10.00 bis 14.00 u. 16.00–20.00, Sa. und So. 10.00–14.00; Fei. geschlossen).

Cuartel del Conde Duque

Rechts abseits der von der Plaza de España nach Nordwesten führenden Calle de la Princesa liegt der Cuartel del Conde Duque, eine zum **Kulturzentrum** umfunktionierte, 1720 errichtete große Backsteinkaserne. Der Palacio de Liria davor war die Residenz der Herzöge von Alba und bewahrt immer noch deren reiche Kunstsammlung, die allerdings nur nach schriftlicher Voranmeldung besichtigt werden kann.

Palacio de Liria ►

Ciudad Universitaria

Im Nordwesten Madrids erstreckt sich um die Ausfallstraße Richtung A Coruña die Ciudad Universitaria, die 1927 von König Alfons XIII. gegründet wurde. Während des Bürgerkriegs tobten hier heftige Abwehrkämpfe zwischen Republikanern und Franco-Truppen, in deren Verlauf manches Gebäude zerstört wurde. Von 1940 an begann der Wiederaufbau. Inmitten des Gewirrs, das man am besten vom 1991 erbauten, 92 m hohen **Aussichtsturm Faro de Moncloa** überblickt, liegt der **Palacio Moncloa** (18. Jh.), der Sitz des spanischen Ministerpräsidenten. Im Flachbau Avda. Juan de Herrera 2 zeigt das **Museo de Reproducciones** Kopien antiker Plastiken; das **Museo de América** (Avda. Reyes Católicos 6) zeigt Interessantes aus der spanischen Kolonialgeschichte bereit, darunter auch einen Maya-Codex.

◂ Metro: Moncloa, Ciudad Universitaria (L 3)

Umgebung von Madrid

★ **El Pardo**

Man wählt die N-VI nach Nordwesten, biegt an der Puerta de Hierro rechts ab auf den Stadtring M 30 Nord und folgt dann der Ausschilderung zum Pardo. Durch den für seine **Steineichen** berühmten ehemaligen königlichen Wildpark kommt man zu dem in der Mitte gelegenen Schloss (Öffnungszeiten: April – Sept. Mo. – Sa. 10.00 – 19.00, So., Fei. 9.00 – 15.00; Okt. – März Mo. – Sa. 9.30 – 16.45, So., Fei. 10.00 – 14.00 Uhr).

◂ Palacio

Der 1543 erbaute und 1772 vergrößerte Palacio war lange Zeit Sommerresidenz der spanischen Könige; bis zu seinem Tod bewohnte Franco das Gebäude. Heute kann der schlichte Palast besichtigt werden und überrascht außer durch seine wertvolle Möblierung mit einer Sammlung von Gobelins, die nach Entwürfen von Goya, Bayeu und González Ruiz gefertigt wurden.

Die Benediktiner von Paular (s. S. 486) stellen einen leckeren Käse her.

Casita del Príncipe ► Die Casita del Príncipe ist ein im 18. Jh. für die Gemahlin Karls III., María Luísa, erbautes Lustschlösschen, kostbar im Geschmack der Zeit ausgestattet, u. a. mit feinen Seidenstickereien und Gemälden von Luca Giordano. Westlich des Schlosses liegt der **Convento del Santo Cristo**, dank seiner polychrom bemalten Holzfigur Christi (17. Jh.) von Gregorio Fernández das meistbesuchte **Wallfahrtsziel** im Raum Madrid.

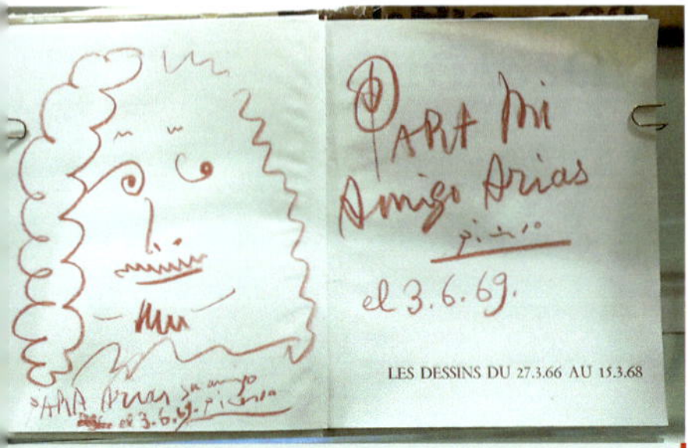

Das hat nicht jeder Friseur: ein persönliches Kunstwerk von Picasso (s. S. 487).

Viele Madrider machen gern einen Wochenendausflug in die **Sierra de Guadarrama** im Norden. Man verlässt Madrid auf der N-I, um kurz hinter dem 9 km entfernten Fuencarral links auf die M-607 abzubiegen. Über Colmenar Viejo (885 m ü. d. M.) und Cerceda geht es nach **Manzanares el Real** (908 m ü. d. M.). Das prächtige Schloss in gotisch-mudéjarem Stil stammt aus dem 15. Jh. und kann täglich außer Mo. besichtigt werden.

Miraflores de la Sierra ► Von Manzanares el Real läuft eine Nebenstraße am Embalse de Santillana entlang und über Soto el Real nach Miraflores de la Sierra (1150 m ü. d. M.), ein besonders im Sommer bei den Madridern beliebtes Städtchen in schöner Lage am Südfuß der Berge.

★ Monasterio del Paular (Abb. S. 485) ► Über den Puerto de la Morcuera (1796 m ü. d. M.) und durch das schöne Tal des Río Lozoya erreicht man das Monasterio del Paular (1153 m ü. d. M.), 1390 als Kartäuserkloster gegründet. Die Gebäude um den schönen Kreuzgang sind heute teilweise Hotel. In der nach dem Erdbeben von 1755 barock wiederaufgebauten Kirche findet man die reich ausgestattete Capilla del Tabernáculo von 1724 sowie einen niederländischen Marmorhochaltar des 15. Jh.s.

★ Puerto de Navacerrada ► Vom Kloster fährt man auf der aussichtsreichen M-604 hinauf zum Puerto de Navacerrada (1860 m ü. d. M.), von dem man einen herrlichen Blick auf die Berglandschaft hat. Auf der Passhöhe steht eine Skistation mit Lift. Danach geht es hinunter ins hübsche Navacerrada und weiter nach Guadarrama, von wo sich ein Abstecher zum Klosterschloss ►El Escorial anbietet.

In die Montes Carpetanos

Die Madrid Richtung Norden verlassende N-I führt durch den Vorort Chamartín an der mittlerweile unbedeutenden Autorennstrecke Jaráma vorbei. Vom folgenden Thermalbadeort El Molar (817 m ü. d. M.) zweigt eine Nebenstraße (15 km) nach rechts zu dem am Südfuß der Sierra de Guadarrama gelegenen, mauerumgebenen Städtchen Torrelaguna (774 m ü. d. M.) ab. Man kann hier die gotische Pfarrkirche aus dem 13./15. Jh. mit ihrem schönen Barock-Retablo und das Geburtshaus des Kardinals Jiménez besichtigen.

Torrelaguna ►

Auf der M-131 fährt man entlang der weltabgeschiedenen, malerischen Sierra Pobre zurück auf die N-I weiter nach Buitrago del Lozoya (977 m ü. d. M.). Das am Westufer des vielverzweigten Lozoya-Stausees gelegene alte Städtchen besitzt noch arabische Mauern und Türme, ein Schloss aus dem 14./15. Jh. und eine gotische Kirche. In einem kleinen Museum werden einige **Werke Picassos** ausgestellt, die der große Künstler einst seinem Friseur schenkte.

◄ Buitrago del Lozoya

Umgebungsziele

►Alcalá de Henares, ►Aranjuez, ►Ávila, ►Segovia, ►Toledo

★ Málaga

P 14

Provinz: Málaga (MA)
Region: Andalusien
Höhe: 8 m ü. d. M.
Einwohnerzahl: 568 500

Málaga, am Fuß der Montes de Málaga inmitten von üppiger subtropischer Vegetation gelegen, ist einer der ältesten Mittelmeerhäfen. Besonders berühmt ist die Stadt wegen ihrer Rosinen (pasas) und ihrer schon von den Mauren gepriesenen Weine, vor allem der süße Pedro Ximenes sowie die Muskateller Dulce und Lágrimas. Der Flughafen von Málaga ist die Drehscheibe des Tourismus an der ►Costa del Sol.

Geschichte

Im 8. Jh. v. Chr. gründeten die Phönizier hier einen **Handelsplatz**. Der Ortsname leitet sich vom phönizischen Begriff »malac« (= salzen) ab. Die Karthager befestigten den Ort, der jedoch von den Römern erobert wurde. 571 kamen die Westgoten, die 711 von den Mauren verdrängt wurden. Lange Zeit war die Stadt Zentrum eines kleinen maurischen Fürstentums, das sich nicht den Emiren von Córdoba fügte. 1487 eroberten die Truppen der Katholischen Könige Málaga zurück. In diese Zeit fällt der Bau vieler Kirchen, von denen im Mai 1931 nach der Ausrufung der Republik über 40 angezündet und zerstört wurden. Im Spanischen Bürgerkrieg hat die Stadt stark gelitten. Bei einem Massaker im Jahre 1937 kamen rund 10 000 Menschen ums Leben.

! *Baedeker* TIPP

El Hammam

In diesem luxuriösen arabischen Bad beim Flamenco-Museum kann man sich bestens entspannen. Nach porentiefer Reinigung wird man auf Wunsch kräftig massiert (Calle Tomás de Cózar, 13; Anmeldung: Tel. 952 21 23 27, www.elhammam.com).

Sehenswertes in Málaga

Hauptverkehrsader von Málaga ist die **Alameda Principal** von der Plaza de la Marina in der Altstadt bis zum Stadtfluss Río Guadalmedina. Von der Alameda führen Nebenstraßen nördlich zur Markthalle

Málaga Orientierung

Essen

① Antigua Casa de Guardia
② Antonio Martín
③ Café de París
④ El Chinitas
⑤ Gorki
⑥ La Cancela

Übernachten

① California
② Hostal Pedregalejo
③ Larios
④ Parador de Málaga Gibralfaro
⑤ Parador de Málaga Golf

(Mercado), wo besonders morgens der **Fischmarkt** sehenswert ist. Wiederum nördlich hiervon zeigt im ehemaligen Gasthof Mesón de Victoria (17. Jh.) das **Museo de Artes Populares** Volkskunst.

Museo Carmen Thyssen

Etwas nördlich des Volkskunstmuseums, in der Calle Compañia 10, öffnete 2011 in dem im 16. Jh. erbauten Palacio de Villalón das »Museo Carmen Thyssen« seine Pforten. Das von der Witwe des Unternehmers und Kunstsammlers Hans Heinrich Thyssen-Bornemisza de Kaszon gegründete Museum stellt über 200 Werke der **Spanischen Malerei des 19. Jhs.** vor und zeigt in Wechselausstellungen die Arbeiten bedeutender internationaler Künstler (Öffnungszeiten: Di. – Fr. 10.00 – 22.00, Sa. u. So. bis 21.00 Uhr).

Paseo del Parque

Östlich der Plaza de la Marina begleitet der von Palmen und Platanen gesäumte Paseo del Parque den Hafen. An seiner Nordseite stehen das ehemalige Zollamt, die Aduana, heute Sitz der Provinzregierung (Gobierno Civil), und das 1912–1919 erbaute Rathaus. Von den Brunnen am Paseo verdient der **Fuente de Neptuno** von 1560 gegenüber dem Rathaus besondere Erwähnung.

◄ Plaza de Toros

Auf dem den Paseo del Parque fortsetzenden Paseo de Reding gelangt man zur Plaza de Toros (Stierkampfarena) von 1874.

★ **Catedral**

Die Altstadt wird von der mächtigen Kathedrale dominiert. Der Kalksteinbau wurde anstelle einer Moschee 1538 nach Plänen von Diego de Siloé begonnen, 1680 durch ein Erdbeben teilzerstört und seit 1719 weitergeführt. In dem 115 m langen dreischiffigen Inneren, das sich durch großartige Proportionen auszeichnet, fällt besonders der Chor (1592–1631) mit seinem schönen Gestühl von 1658 auf. Die 103 Schnitzfiguren wurden von dem in Málaga geborenen Pedro de Mena und José Micael geschaffen. Von Pedro de Mena stammt auch die Skulptur der »Madre Dolorosa de Camponuevo« (erste Kapelle im rechten Seitenschiff); in der Capilla del Rosario (dritte Kapelle im rechten Seitenschiff) findet man eine Rosenkranzmadonna von Alonso Cano; an der linken Wand der Capilla de los Reyes (erste Chorkapelle rechts) die knienden Statuen der Katholischen Könige von Pedro de Mena sowie eine Marienstatuette, die die Könige angeblich auf ihren Kriegszügen stets mit sich führten. Der moderne Altar trägt Passionsbilder von 1580.

Die Kathedrale von Málaga ist eine der wichtigsten Renaissancekirchen von Andalusien.

An der Nordflanke der Kathedrale sollte man die kleine Kapelle mit ihrem sehr schönen isabellinischen Portal beachten. Im **Palacio Episcopal** (Bischofspalais) aus dem 18. Jahrhundert, gegenüber der Kathedrale gelegen, ist das **Diözesanmuseum** eingerichtet.

★ **Museo Picasso**

Die Herzen aller Picasso-Liebhaber schlagen in der Calle San Agustín höher. Denn dort hat im Renaissancepalast Palacio de Bellavista 2003 das Picasso-Museum eröffnet. Grundstock der Sammlung ist die 138 Picasso-Werke umfassende Stiftung der Schwiegertochter des Künst-

MÁLAGA ERLEBEN

AUSKUNFT

Oficina Municipal de Turismo (Central)
Plaza de la Marina, 11
29001 Málaga
Tel. 952 12 20 20
www.malagaturismo.com
Zweigstelle:
Casita del Jardinero
Avenida Cervantes, 1

VERANSTALTUNGEN

Der *Karneval* wird in Málaga ausgelassen gefeiert.
In der *Semana Santa* (Karwoche) werden die größten und schwersten »tronos« (Prozessionsaltäre) ganz Spaniens durch die Staßen der Stadt getragen.
In der ersten Augusthälfte findet die größte *Feria* Andalusiens statt mit Feuerwerk, Musik und Tanz.

EINKAUFEN

Frisches gibt es auf dem Markt in der *Calle Marqués de Larios*. Schätze aus der Hoya und dem Meer, dazu Wein, hält die im 19. Jh. erbaute Markthalle bereit.
Weitere Einkaufszonen sind die Straßen um die *Plaza Flores*, die Plaza de Félix Sáenz, die C. Puerta del Mar und die C. Nueva. Das gigantische Kaufhaus der Kette El Corte Inglés befindet sich in der *Avenida de Andalucía*.

ESSEN

► Fein & teuer

② ***Antonio Martín***
Paseo Marítimo, 4
Tel. 952 22 21 13
(So. und im Juli geschlossen)
Wer im Sommer Appetit auf Fisch verspürt, findet im östlichen Vorort Pedregalejo an der Strandpromenade ein Fischrestaurant am anderen – Spitzenqualität bietet Antonio Martín.

③ ***Café de París***
Vélez Málaga, 8
Tel. 952 22 50 43
In dem Gourmet-Tempel wirkt Starkoch José Carlos García Cortés.

► Preiswert

① ***Antigua Casa de Guardia***
Alameda Principal, 18
Tel. 952 21 46 80
Traditionsbodega im Regierungsgebäude; beste Adresse für Málagaweine und Meeresfrüchte-Tapas.

④ ***El Chinitas***
Moreno Monroy, 4
Tel. 952 21 09 72
Tapas-Bar mit Tradition; bevor der Fisch frittiert wird, sucht man ihn sich im Bassin aus.

⑤ ***Gorki***
Calle Strachan, 6
Tel. 952 22 14 66
Freundliches Lokal mit leckeren Tapas und exzellenten Weinen

⑥ ***La Cancela***
Calle de José Denis Belgrano, 3
Tel. 952 22 31 25
Günstige, schmackhafte, einfache Küche in der Altstadt.

ÜBERNACHTEN

► Luxus/Komfortabel

④ ***Parador de Málaga Gibralfaro***
Castillo de Gibralfaro
Tel. 952 22 19 02
www.parador.es
Er ist bekannt als »Balkon von Málaga«, der von duftenden Pinien

umrahmte Parador auf dem Burgberg.

⑤ ***Parador de Málaga Golf***
Autovía A-7, Salida Coin, km 231
Tel. 952 38 12 55; www.parador.es
Málagas zweiter Parador – im Regionalstil direkt über dem Strand erbaut – ist ideal für Golfer: herrliche hauseigene Anlage unter Palmen.

► Komfortabel

③ ***Larios***
Marqués de Larios, 9
Tel. 952 22 54 90
www.hostallarios.com
Zentral gelegenes Stadthotel mit Blick auf die Türme der Kathedrale.

► Günstig

① ***California***
Paseo de Sancha, 17, Tel. 952 21 51 64
Nette Unterkunft mit Terrassen und Balkonen, zum Strand La Malagueta ist es nicht weit.

② ***Hostal Pedregalejo***
Calle Conde de Navas, 9
Tel. 952 29 32 18
Hübsche Pension im Vorort Pedregalejo, der vor allem für seine guten Fischrestaurants bekannt ist.

lers. Ermöglicht wird auch ein intimer Blick auf **Picassos persönliches und familiäres Umfeld** (Öffnungszeiten: Di. – So. 10.00 – 20.00, Fr. u. Sa. bis 21.00 Uhr).

✶ Casa-Museo Pablo Ruiz Picasso

Vom Museum kommt man auf der Calle San Agustín an der Kirche Santiago el Mayor (15. Jh.) vorbei zur Plaza de la Merced, wo das Haus (Nr. 15) steht, in dem **Pablo Ruiz Picasso** am 25. Oktober 1881 das Licht der Welt erblickt hat. Das Haus ist heute Museum, Galerie und Studienzentrum, in dem auch Originale des Künstlers zu sehen sind (Öffnungszeiten: tgl. 9.30 – 20.00 Uhr, Fei. geschlossen).

✶ Alcazaba

Südöstlich von der Plaza de la Merced steigt die Calle del Mundo Nuevo hinauf zu der am Ort der ältesten Siedlung im 9. Jh. begonnenen Alcazaba, dem Sitz der maurischen Könige. Drei Mauerringe umlaufen den Burgberg. Von der Anlage sind u. a. die Torre de la Vela und der Arco de Cristo erhalten; in der Burg selbst sind das Museo Arqueológico und das Museo de Cerámica mit spanisch-arabischer Keramik einen Besuch wert. Den großen Reiz der Alcazaba machen jedoch die **prächtigen Gärten** in den Höfen aus.

✶ Gibralfaro

Von der Alcazaba sieht man hinüber zum Gibralfaro (170 m ü. d. M.; von arab. »Jabal-Faruk« = »Berg des Leuchtturms«), dessen Befestigung bis ins 13. Jh. zurückgeht. Von der alten Ringmauer hat man eine **fantastische Aussicht** auf Stadt und Hafen. Am schnellsten kommt man per Stadtbus vom Paseo del Parque hinauf.

Teatro Romano

Am Westhang des Burgbergs entdeckte man die Reste eines römischen Theaters, das zur Zeit des Kaisers Augustus erbaut wurde. Es wird zeitweise für Theateraufführungen benutzt.

Umgebung von Málaga

Churriana In Flughafennähe findet man mit dem Parque del Retiro, 1699 von Bischof Alonso de Santo Tomás angelegt, einen der **schönsten spanischen Gärten des 18. Jh.s** und darüber hinaus die größte Vogelvolière des Landes.

Antequera Antequera (510 m ü. d. M.) liegt im Tal des Rió Guadalhorce am Fuß der Sierra del Torcal knapp 50 km nördlich von Málaga, überragt von den Trümmern einer Maurenburg. Sehenswert sind die Kirche Santa María la Mayor mit ihrer geometrischen Fassade, die römischen Inschriften am kleinen Arco de Santa María sowie im Palacio Nájera das stadtgeschichtliche Museum. Ein richtiges Highlight aber stellen an der Ausfallstraße Richtung Granada die Dolmen von Menga, Vera und El Romeral dar, megalithische Steinbauten aus der Jungsteinzeit. Südlich von Antequera erstreckt sich die fantastisch zerklüftete Karstlandschaft des Torcal de Antequera, wo Wind und Wetter bizarre Formationen aus dem porösen Kalkgestein geschaffen haben. Über ein gut ausgebautes Wegenetz kann man schöne Wanderungen durch den Park unternehmen.

✶ Megalithgräber ►

✶ Torcal de Antequera ►

✶ **Garganta del Chorro** Naturerlebnis verspricht auch der Ausflug in die Garganta del Chorro (auf A-357 und MA-402 über Alora; auch Züge und Busse von Málaga). Hier hat der Río Guadalhorce eine tiefe, 3 km lange Schlucht gegraben. Oberhalb der Schlucht ist der Fluss zu vier schönen Seen aufgestaut.

Costa del Sol ►dort

✶ Mérida

L 8

Provinz: Badajoz (BA)
Region: Extremadura
Höhe: 285 m ü. d. M.
Einwohnerzahl: 57 000

Mérida liegt in der an Portugal grenzenden, dünn besiedelten Hochfläche der Extremadura am Ufer des Río Guadiana. Trotz der Abgeschiedenheit gibt es einen triftigen Grund, Mérida zu besuchen: Sie ist die an römischen Bauwerken reichste Stadt Spaniens und deshalb als UNESCO-Weltkulturerbe ausgewiesen.

Geschichte Die Römer gründeten Augusta Emerita um 25 v. Chr. als Kolonie für die Veteranen der V. und X. Legion. Sie entwickelte sich rasch zu großer Blüte und wurde Hauptstadt Lusitaniens; mit 50 000 Einwohnern war sie schließlich die **größte römische Stadt in Iberien**, dessen politisches und kulturelles Zentrum und gehörte zu den bedeutendsten Städten im Römischen Reich. Nach der Einführung des Christentums wurde die Stadt als eine der ersten römischen Städte Sitz eines Erzbischofs. Trotz der Eroberung durch die Westgoten im 5. Jh. hielt ihre Bedeutung noch an, doch mit dem Einzug der Mauren im Jahr 713 begann der Niedergang, der auch nach der Rückeroberung durch Alfons IX. von León, der die Stadt 1229 dem Santiagoorden überließ, nicht aufgehalten werden konnte.

Sehenswertes in Mérida

★ Puente Romano

Den Guadiana überspannt der unter Augustus erbaute, mehrmals erneuerte Puente Romano (Römerbrücke). Mit 60 Bögen aus Granit bringt die Brücke es auf eine Länge von 792 m. Bis 1991, als der wenig unterhalb gelegene, von Santiago Calatrava konzipierte Puente Lusitania eröffnet wurde, rollte der Verkehr noch über die antike Brücke. Links vom östlichen Brückenkopf erstreckt sich das römische Ausgrabungsfeld La Morería.

Alcazaba

Am östlichen Brückenkopf bauten die Römer eine Befestigung, die die Westgoten übernahmen und die Mauren 855 zur heutigen Alca-

Mérida Orientierung

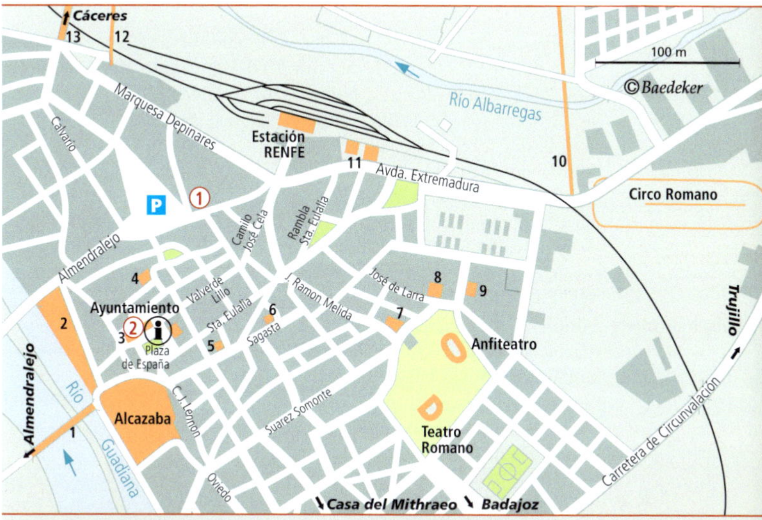

1 Puente Romano
2 La Morería
3 Santa María
4 Arco de Trajano
5 Templo de Diana
6 Foro
7 Museo Nacional de Arte Romano
8 Termas (Thermen)
9 Casa del Anfiteatro
10 Acueducto de San Lazaro
11 Santa Eulalia
12 Acueducto de los Milagros
13 Puente de los Albarregas

Übernachten
① Parador de Mérida
② Mérida Palace

Im Jahr 16 v. Chr. stiftete Agrippa das Theater von Mérida.

zaba vergrößerten. Sie setzten die römische Zisterne im Keller der Festung wieder instand und bauten unter Verwendung römischer und westgotischer Bauteile eine Treppe zu ihr hinab. Die Santiago-Ritter wiederum wandelten die Festung in ein Kloster um.

Plaza de España

Wenige Schritte sind es von der Alcazaba zur arkadenumgebenen Plaza de España (Plaza Mayor) mit der Kirche **Santa María la Mayor** (13./15. Jh.) in ihrer Nordwestecke. Ihr Gründer Alonso de Cárdenas, Großmeister des Santiagoordens, liegt zusammen mit seiner Ehefrau in der Kirche begraben.

Arco de Trajano ▶

Wenig nördlich des Platzes markiert der Arco de Trajano (Arco de Santiago), ein fast 13 m hoher römischer Triumphbogen mit vierfacher Säulenreihe, das einstige Nordtor der römischen Stadt. Nicht weit davon entfernt zeigt das Museo de Arte Visigodo westgotische Architekturteile.

Templo de Diana

Auf der Calle Sagasta kommt man von der Alcazaba zum Templo de Diana, in dem jedoch nicht die Jagdgöttin Diana verehrt, sondern ein anderer, nicht bekannter Kult gepflegt wurde. Im 16. Jh. verwendete man Teile von ihm für den Bau des angrenzenden Palacio. Auf dem Weg zum Nationalmuseum für römische Kunst passiert man anschließend die Reste des römischen Forums.

✶✶

Museo Nacional de Arte Romano

Im Ostteil des Stadtzentrums liegen die wichtigsten römischen Baudenkmäler Méridas. Vom Diana-Tempel kommend gelangt man zunächst jedoch zum auch architektonisch hervorragenden Museo Nacional de Arte Romano (Nationalmuseum für römische Kunst). Es zitiert die römische Ziegelbauweise und nimmt in seiner bogenhaften Innengestaltung die Maße des Arco de Trajano auf. In diesem Bereich zeigt es eine beachtliche **Münzsammlung** mit vielen in Augusta

Emerita geschlagenen Münzen, Skulpturen wie einen Augustus-Kopf aus Carrara-Marmor, eine Glassammlung und im Theater entdeckte Malereien. Das Museumsgebäude überdeckt Teile der alten römischen Stadt (Öffnungszeiten: 8. Dez.–14. Feb. Di. – Sa. 10.00 – 14.00, 16.00 – 18.00, 15. Febr. – Juni u. Okt – 7. Dez. Di. – Sa. bis 21.00, Juli – Sept. Di. – Sa. 9.30 – 15.30, 17.30–20.30, So. u. Fei. jeweils 10.00 – 14.00 Uhr).

★ Teatro Romano

Gegenüber vom Museumsneubau liegen die größten römischen Architekturreste. Rechts erkennt man das in einen Berghang gebaute Theater, das der römische Feldherr Agrippa 16 v. Chr. gestiftet hat. Nach einem Feuer im 2. Jh. n. Chr. wurde es erneuert. Die halbkreisförmig angeordneten Sitzreihen konnten bis zu 3000 Zuschauer aufnehmen. Aus der Zeit des Wiederaufbaus stammt der Figurenschmuck an der Rückfront. Hier diente auch ein Garten als Foyer. (Öffnungszeiten: Juli – Mitte Sept. tgl. 9.30 – 13.45 u. 16.00 – 19.15; Mitte Sept. – Juni tgl. 9.30 – 13.45 u. 16.00 – 18.15 Uhr; im Sommer Theaterfestspiele).

? WUSSTEN SIE SCHON ...?

- ... dass sich das Amphitheater fluten ließ? So konnten hier Schiffe einfahren und Seeschlachten ausgetragen werden.

Anfiteatro Romano

Links daneben erkennt man die freigelegten Überreste des aus dem Jahr 8 v. Chr. stammenden Amphitheaters, in dem bis 15 000 Zuschauer die **Gladiatorenkämpfe** verfolgten. Nach deren Verbot wurden die Baumaterialien z. T. für die Reparatur der Brücke über den Guadiana verwendet.

Casa del Anfiteatro

Das römische Bürgerhaus gegenüber vom Amphitheater ist im 1. Jh. n. Chr. errichtet worden. Reste der Wandbemalung und sehr schöne Fußbodenmosaiken haben die Zeit überstanden. Auf der gegenüberliegenden Straßenseite legte man die Reste **römischer Thermen** frei.

Circo Romano

Nordwestlich vom Amphitheater fand man jenseits der Bahnlinie die baulichen Reste eines Hippodroms, das **einzige seiner Art in Spanien**. 30 000 Menschen konnten hier die Wagenrennen auf der 233 m langen Bahn verfolgen. Nahe beim Zirkus stehen noch drei Pfeiler eines einst 1600 m langen und 16 m hohen Aquädukts.

◄ Acueducto de San Lázaro

Santa Eulalia

An der Bahnlinie entlang erreicht man die beim Bahnhof liegende Kirche Santa Eulalia. Sie wurde im 4. Jh. über einer römischen Kultstätte gegründet und im 13. Jh. völlig neu erbaut.

Acueducto de los Milagros

Weiter an der Bahnlinie entlang kommt man zum mächtigen Acueducto de los Milagros (Wunderbau), von dem noch 37 Pfeiler mit zehn bis zu drei Stockwerken hohen Bogen erhalten sind. Das aus Granit und Ziegelsteinen konstruierte Bauwerk leitete Wasser aus dem 10 km entfernten Stausee Prosérpina hinein nach Mérida.

MÉRIDA ERLEBEN

AUSKUNFT

Info Turística
Plaza de España, 1
06800 Mérida
Tel. 924 33 07 22
www.merida.es

VERANSTALTUNG

Im Juli/August findet das klassische *Festival de Teatro Clásico* im Römischen Theater statt.

ÜBERNACHTEN

► **Luxus/Komfortabel**

① *Parador de Mérida*
Plaza de la Constitución, 3
Tel. 924 31 38 00
www.parador.es
In einem ehemaligen Kloster hat man diese sympathische Herberge mit 82 Zimmern und einem empfehlenswerten Restaurant eingerichtet.

② *Mérida Palace*
Plaza de España, 19
Tel. 924 38 38 00
www.hotelmeridapalace.com
Das am Hauptplatz der Stadt gelegene Haus aus dem 16. Jahrhundert mit seinem schönen Patio bietet in 76 Zimmern und Suiten Behaglichkeit in historischem Ambiente. Es gibt eine Bar und eine Cafeteria sowie ein gutes Restaurant.

Puente de Albarregas Unweit westlich vom römischen Aquädukt überquert der Puente de Albarregas, eine zweite Römerbrücke von 125 m Länge, das Flüsschen Albarregas.

Casa del Mithraeo Die Casa del Mithraeo am südlichen Altstadtrand hat seinen Namen von einer hier gefundenen Stätte des Mithras-Kultes. Man entdeckte außerordentlich schöne Mosaiken, die die Entstehung der Welt darstellen.

Umgebung von Mérida

Römische Stauseen Auch in der unmittelbaren Nachbarschaft von Mérida stößt man auf Römisches, so z. B. auf die Stauseen Pantano Cornalvo (10 km nordöstlich) und Pantano de Prosérpina (10 km nordwestlich); Letzterer war ein großes römisches **Wasserreservoir** für die Versorgung Méridas: Man sieht heute noch die 426 m lange Sperrmauer und zwei allerdings erst im 17. Jh. angelegte Treppentürme, die zum Wasser hinabführen.

Almendralejo Die nach Süden strebende N-630 führt über die fast baumlose Hochfläche Tierra de los Barros und erreicht nach 29 km Almendralejo (336 m ü. d. M.), eine malerische Stadt mit **andalusischer Atmosphäre**; im Palacio Marqués de Monsalud ist eine Sammlung römischer Altertümer zu besichtigen.

★ Montserrat

E 24

Provinz: Barcelona (B) **Höhe:** bis 1237 m ü. d. M.
Region: Katalonien

Das Felsmassiv des Montserrat (= gesägter Berg), als Montsagrat »heiliger Berg« der Katalanen, erhebt sich ca. 50 km nordwestlich von ► Barcelona. Er ist sowohl landschaftlich als auch kulturhistorisch eine der bedeutendsten Sehenswürdigkeiten Spaniens.

Gewaltige Burg aus Fels

Der mächtige **Konglomerat-Kamm**, der sich etwa 10 km lang und bis zu 5 km breit von Nordwest nach Südost erstreckt, erhebt sich ziemlich unvermittelt und fast isoliert aus dem katalanischen Hügelland bzw. aus dem Tal des Riu Llobregat. Nach allen Seiten steil abfallend erscheint das Massiv mit seinen durch Auswaschungen entstandenen fantastischen Felsbildungen von fern wie eine unge-heuere Burg. Der höchste Gipfel des Massivs ist der 1237 m hohe **Sant Jeroni**. Von Südosten durchschneidet ein tiefer Spalt, genannt **Vall Malalt** (= böses Tal) den Berg. Am Beginn dieses Spalts liegt auf einem Felsvorsprung in einer Höhe von 725 m ü. d. M. das Kloster. Den Nordostabhang bedecken Kiefernwälder, die Flanken und die Höhe immergrünes Buschwerk.

! *Baedeker* TIPP

Wanderung auf den Sant Jeroni

Zunächst fährt man mit der Standseilbahn vom Kloster hinauf zur Bergstation von Sant Joan. Von dort geht es auf gut gesichertem, aber steilem Weg bergauf zur Miranda de Sant Jeroni auf der mit 1237 m höchsten Erhebung des Montserrat-Massivs. Von hier oben bietet sich ein überwältigender Panorama-Rundblick.

Der Montserrat wurde lange Zeit fälschlicherweise für den Monsalvatsch der Gralssage gehalten (dieser ist mit größerer Wahrscheinlichkeit bei dem kleinen Wallfahrtsort Salvatierra an der Pyrenäensüdflanke zu suchen). Nach der Legende wurde das Kloster im Jahr 880 zu Ehren eines wundertätigen Marienbildes gegründet; die erste urkundliche Erwähnung stammt von 888. Im Jahr 976 übernahm der **Benediktinerorden** das Kloster, das 1025 Mönche aus Ripoll und Vich erheblich erweiterten. Papst Benedikt XIII. erhob es 1409 zur unabhängigen Abtei. 1522 weilte Ignatius von Loyola, der spätere Gründer des Jesuitenordens, im Kloster. Während der Befreiungskriege gegen Napoleon gingen die ungeheuren Reichtümer des Klosters verloren, und der Konvent wurde 1811 von den Franzosen zerstört. Weitere empfindliche Einbußen brachte die Schließung während der Karlistenkriege (1835–1860). Noch heute besteht die dem Kloster angeschlossene **Schule für geistliche Musik** (Escolanía), die im 15. Jh. gegründet worden ist und deren jugendliche Mitglieder zur Zeit des Ave Maria (13.00 Uhr) das Salve sowie bei der Vesper (19.15 Uhr) zu singen pflegen.

Abenteuerlich ist die Lage des Klosters Montserrat auf einem Felsvorsprung in einer Höhe von 725 m ü. d. M.

★ Klosterareal und Ermitas

Kleine eigene Stadt

Das Kloster mit Basilika und Nebengebäuden bildet eine kleine, in sich geschlossene Stadt. Bei der großen Aussichtsterrasse an der Plaça des Apostols erinnert ein Denkmal an den mallorquinischen Dichter und Mystiker Ramón Llull. Die acht Stufen des Monuments symbolisieren die Erkenntnisstufen: Stein, Flamme, Pflanze, Tier, Mensch, Himmel, Engel, Gott.
Man erreicht das Innere des eigentlichen Klosterkomplexes bei der Plaça de la Creu und betritt die weite Plaça de Santa Maria.

Museu de Montserrat

Rechter Hand geht es hinab zur unter dem Platz gelegenen modernen Abteilung des Museums mit Werken katalanischer Maler aus dem 19. und 20. Jh.; die alte Abteilung befindet sich schräg links vor der Hauptfassade des Kirchenbereichs und umfasst eine kleine ägyptologische Sammlung, Funde aus dem Neolithikum, römische und byzantinische Keramik und Schmuck, Münzen, antike Gläser und jüdische Kultgegenstände.

Basilika

Am Ende des Platzes grenzt ein Torbau aus den Jahren 1942–1968 den Kirchenbezirk ab. Die Reliefs in den oberen drei Rundbogen stellen den hl. Benedikt, die Himmelfahrt Mariä und den hl. Georg, Schutzpatron von Katalonien, dar. Links der Fassade befinden sich Reste des einstigen gotischen Kreuzgangs (15. Jh.).
Die Basilika geht auf das 16. Jh. zurück, wurde aber im 19. und 20. Jh. großenteils verändert und erneuert. Die Fassade zeigt Formen der Renaissance, die Figuren Christi und der Apostel wurden erst 1900 aufgestellt. In das Kircheninnere führen zwei Eingänge: Durch die Hauptportale gelangt man in das Kirchenschiff, während das rechte Seitenportal den direkten Zugang zum Madonnenbild eröffnet (Einbahnverkehr!). Das 68 m lange, 21 m breite und 33 m hohe Kirchenschiff wird von zahlreichen Kerzen schwach erhellt; die Innenausstattung ist neuzeitlich. Das Madonnenbild von Montserrat (katal. Santa Imatge, span. Santa Imagen) ist eines der **bedeutendsten Wallfahrtsziele** in ganz Spanien. Es steht erhöht hinter dem Hauptaltar und ist über silberbeschlagene Treppenaufgänge in den Querhausarmen zu erreichen. Die farbig gefasste hölzerne Skulptur, im 12. oder 13. Jh. entstanden, wird auch »La Moreneta« genannt, da Gesicht und Hände vom Alter schwärzlich geworden sind. Die Legende berichtet, sie sei ein Werk des hl. Lukas, der durch den hl. Petrus nach Spanien kam.

★ ★ ◀ Madonnenstatue

Kreuzweg

An der Plaça de l'Abat Oliva beginnt die Via Crucis (Kreuzweg), deren vierzehn große Statuengruppen zwischen 1904 und 1919 entstanden sind und nach dem Bürgerkrieg erneuert wurden. Der Stationenweg endet an der Kapelle Virgen de la Soledad; bei der vierzehnten Station geht ein Weg zur Ermita Sant Miquel (19. Jh.), deren Vorgängerbau bereits im 10. Jh. bestanden hat.

MONTSERRAT ERLEBEN

ANREISE

Man erreicht den Montserrat von Barcelona über die A-2 bis Martorell und von dort auf der C-1411 bis kurz hinter Olesa, wo eine Brücke zur *Seilschwebebahn (Aeri)* führt. Von Monistrol windet sich eine kurvenreiche, aber landschaftlich lohnende *Bergstraße* zum Kloster hinauf.
Von Barcelona zur Talstation der Seilschwebebahn bei Olesa sowie zur Talstation der neuen *Zahnradbahn (Cremallera)* gibt es eine direkte Bahnverbindung ab der Plaça de Espanya.

PARKEN

Direkt am Kloster gibt es einen großen Parkplatz (gebührenpflichtig).

ÜBERNACHTEN

▶ Komfortabel

Abat Cisneros
Plaza del Monestir, s/n
Tel. 938 77 77 01
www.montserratvisita.com
Das Klosterhospiz mit seinen 56 zeitgemäß ausgestatteten Gästezimmern und seinem viel besuchten Restaurant ist kürzlich mit großem Aufwand renoviert worden.

Cova Santa Von der Plaça de la Creu geht es per Standseilbahn oder zu Fuß hinunter zur **Heiligen Höhle** mit einer im 17. Jh. erbauten Kapelle. In der Grotte sollen Hirten das vor den Mauren hier verborgene Marienbild wiederentdeckt haben. Auf dem Vorplatz beeindruckt der **Rosari Monumental**, ein Ensemble aus Skulpturen von führenden Vertretern der katalanischen Moderne (u. a. Gaudí, Llimona).

Sant Joan Bei der Plaça de la Creu befindet sich auch die Talstation der nach Sant Joan führenden Standseilbahn; nahebei am Weg ein Denkmal für den katalanischen Cellisten Pablo Casals. Sant Joan ist eine der einst dreizehn Einsiedeleien im Gebiet des Montserrat; von der Bergstation bietet sich ein schöner Blick auf das Kloster.

★ Murcia

N 18

Provinz: Murcia (MU)
Region: Murcia
Höhe: 43 m ü. d. M.
Einwohnerzahl: 441 000

Murcia ist Universitätsstadt, Bischofssitz, Hauptstadt der Autonomen Region und Provinz gleichen Namens, die für ihren lukrativen Gemüseanbau bekannt ist. Eine schöne Altstadt mit prachtvoller Kathedrale und zahlreichen Museen lohnt den Besuch.

Heiße, trockene Küstenebene Im Norden von den Ausläufern der Sierra de Orihuela, im Süden von der Cresta de Gallo geschützt, liegt Murcia inmitten einer weiten Gemüseanbauebene, der Huerta de Murcia. Bewässerungskanäle, die vom Río Segura abgeleitet werden, machen aus der heißen und sehr trockenen Küstenebene – im Juli und August kann die Temperatur auf mehr als 40 °C steigen – einen äußerst fruchtbaren Landstrich, der Europa mit Gemüse und Obst versorgt. Einige Kilometer nördlich und östlich dehnen sich bereits wüstenartige Gebiete aus.

Üppig maurisch: das Casino von Murcia

Murcia ist der Geburtsort des Holzbildhauers **Francisco Salzillo** (Zarcillo; 1707–1783), dessen Kunstwerke zahlreiche Kirchen der Stadt schmücken, außer in Santa Eulalia auch in San Nicolás und San Miguel.

Abd ar-Rahman II. gründete um 830 das maurische Mursiya. Seit 1224 bildeten die Stadt und ihre Umgebung ein selbständiges maurisches Königreich, eine so genannte Taifa, die jedoch schon 1243 an Kastilien fiel. Im Spanischen Erbfolgekrieg setzten die Verteidiger der

Murcia Orientierung

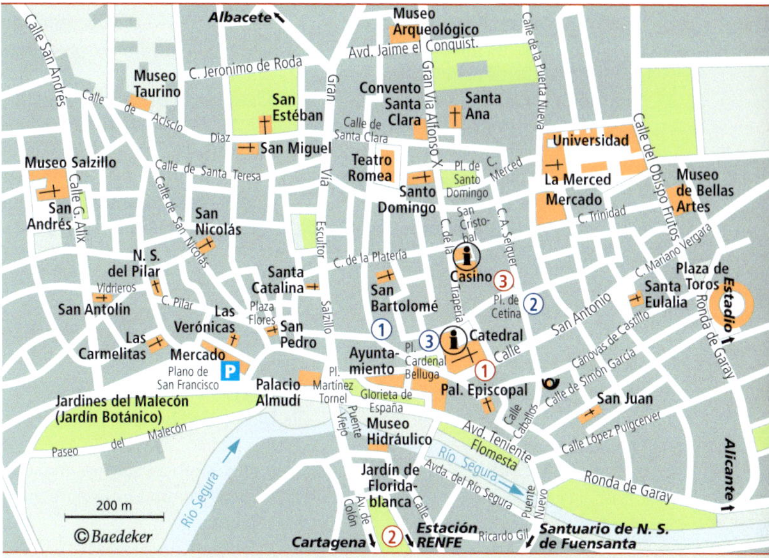

Essen
① Acuario
② Raimundo González
③ Pacopepe

Übernachten
① Rincón de Pepe
② Conde de Floridablanca
③ Hispano 2

Stadt die Huerta unter Wasser und stoppten so den Vormarsch der Österreicher. Im Bürgerkriegsjahr 1936 wurden sehr viele Kirchen in Brand gesteckt oder auf andere Weise zerstört.

Sehenswertes in Murcia

★ **Catedral de Santa María**

Die Hauptsehenswürdigkeit Murcias ist die Kathedrale Santa María. Der stattliche gotische Bau wurde Ende des 14. Jh.s an Stelle einer Moschee begonnen, im 16. Jh. z. T. erneuert und erhielt ab 1748 die überschwänglich-barocke Westfassade. Ein Gang rundum offenbart den Reichtum der Seitenportale: am rechten Querschiff die gotische Portada de los Apóstoles von Antonio Gil und am linken Querschiff die Portada de las Cadenas (16. Jh.). Vom 92 m hohen Turm, 1521 begonnen und erst 1792 vollendet, hat man einen sehr schönen **Rundblick** über Murcia und die Huerta.

◄ Innenraum

Die schönste der Seitenkapellen ist die vierte im rechten Seitenschiff, die **Capilla de Junterón**, ab 1525 in vollendetem Renaissancestil von Jerónimo Quijano erbaut. Der zentrale Altar stellt die »Anbetung der Hirten« dar und ist wohl eine italienische Arbeit.

Die mit einem Gitter von 1497 abgeschlossene Capilla Mayor, deren vergoldeter Retablo erst im 19. Jh. angebracht wurde, bewahrt in einer Nische links die Urne mit den Eingeweiden Alfons' des Weisen, rechts die Gebeine des hl. Fulgentius und der hl. Florentina. Im Chor sieht man ein schönes plastereskes Gestühl von 1571. Unter den Kapellen des Chorumgangs ist vor allem die **Capilla de los Vélez**, die vierte rechts, hervorzuheben. Sie wurde von 1491 bis 1507 als Grabkapelle der Familie Vélez angelegt und besticht durch das außerordentliche isabellinische Portal, die feine, arabisch anmutende Figuren- und Pflanzenornamentik sowie die lichte Kuppel. Vom linken

MURCIA ERLEBEN

AUSKUNFT

Oficina de Turismo
Plaza Cardenal Belluga
30004 Murcia
Tel. 968 35 87 49
www.murciaciudad.com

VERANSTALTUNG

Die *Semana Santa* (Karwoche) wird in Murcia mit besonderer Inbrunst begangen, besonders, wenn die 1411 gegründete Cofradía de la Sangre (Bruderschaft vom Blute) in einer eindrucksvollen nächtlichen Prozession die »Pasos« von Francisco Salzillo durch die Straßen trägt.

ESSEN

► Erschwinglich

① *Acuario*
Plaza Puxmarina, 1
Tel. 968 21 99 55
In dem familiären Restaurant werden lokale Gerichte angeboten, oft in interessanten, neuen Kombinationen die sehr zu empfehlen sind.

② *Raimundo González*
Plaza Raimundo González Frutos, 5
Tel. 968 21 23 77
Geschmackvoll, klassisch eingerichtetes Restaurant, in dem vor allem regionale Spezialitäten angeboten werden.

► Preiswert

③ *Pacopepe*
Calle Madre de Dios, 15
Tel. 968 21 95 76
Hier gibt es schmackhafte murcianische Reisgerichte und ausgesprochen leckere Tapas.

ÜBERNACHTEN

► Luxus/Komfortabel

① *Rincón de Pepe*
Calle Apóstoles, 34
Tel. 968 21 22 39
www.nh-hotels.com
Das »Erste Haus am Platz« bietet allen Komfort. Es beherbergt auch das Gran Casino de Murcia.

► Komfortabel

② *Conde de Floridablanca*
Calle Princesa, 18
Tel. 968 21 46 26
www.hoteles-catalonia.com
Mit Liebe zum Detail eingerichtetes und vor kurzem renoviertes Vier-Sterne-Hotel in Altstadtnähe.

► Günstig

③ *Hispano 2*
Calle Radio Murcia 3
Tel. 968 21 61 52
www.hotelhispano.net
Kleine familiäre Herberge in entraler Lage.

In der Kathedrale von Murcia vereinen sich Gotik und Barock.

Seitenschiff kommt man durch die Portada de la Antesacristía in die Sakristei, in der ein sehr schönes Täfelwerk von Jerónimo Quijano zu bewundern ist.

◀ Museo Catedralicio

In Kreuzgang und Kapitelsaal ist das Kathedralmuseum eingerichtet, zu dessen schönsten Stücken ein römischer Sarkophag, drei Arbeiten von Salzillo, ein blattgoldbelegter Hostienbehälter aus Toledo von 1678 und ein ebensolcher silberner aus dem 18. Jh. sowie die große silberne »Truhe des Gründonnerstags« gehören.

Calle de Trapería

Von der Kathedrale führt die abwechslungsreiche Calle de Trapería, die frühere Hauptstraße Murcias, nördlich durch die Altstadt. Zusammen mit der von ihr links abzweigenden Calle Platería bildet sie den Kern der geschäftigen, ladenreichen Fußgängerzone.

★ ◀ Casino

Eines der auffälligsten Gebäude an der Trapería ist das auf der rechten Straßenseite liegende Casino, ein im 19./20. Jh. in verschiedensten Stilrichtungen gebauter Herrenklub (der aber zugänglich ist). Besonders anziehend gibt sich der Patio Árabe unter seiner Glaskuppel; am eigentümlichsten aber ist der **Frisierraum der Damen** (Tocador de Señoras) mit seinen wunderbaren Wandmalereien.

Museo Arqueológico

Die Calle de Trapería geht an der stattlichen Kirche Santo Domingo (17./18. Jh.) und dem westlich dahinter liegenden Theater in die Gran Vía Alfonso X über, auf der man zum Museo Arqueológico gelangt. Zu sehen sind dort prähistorische, griechische, iberische und römische Sammlungen sowie feine Keramiken, insbesondere maurischer Herkunft.

Museo de Bellas Artes

Vom Casino gelangt man östlich durch die Calle de la Merced zur Calle Obispo Frutos mit dem Museo de Bellas Artes, das u. a. Fresken und Gemälde des in Murcia geborenen Velázquez-Schülers Nicolá Villacís (1616–1694) enthält; außerdem findet man Werke regionaler Künstler sowie einige von Ribera, Degrain und Picasso.

Ein ausgeklügeltes Bewässerungssystem lässt das Gemüse in der Huerta von Murcia gedeihen.

Südwestlich des Museums sollte man einen Blick in die Kirche **Santa Eulalia** werfen: Sie enthält mehrere eindrucksvolle Skulpturen von Salzillo und Roque López. Neben der Kirche wurden maurische und mittelalterliche Befestigungen freigelegt.

Wenig südlich der Kathedrale fließt – meist spärlich und verschmutzt – der Río Segura, an dessen Ufer links vom Bischofspalast die hübsche Anlage **Glorieta de España** mit dem Rathaus liegt.

Museo Hidráulico ►

Am anderen Flussufer erklärt das Museo Hidráulico anhand verschiedener nachgebauter Mühlen und Bewässerungsgräben die Bewässerungstechnik in den Huertas.

★ **Museo Salzillo**

Im äußeren Westen der Stadt steht an der Plaza de San Agustín der barocke Rundbau der Ermita de Jesús (1777). Er beherbergt das Museo Salzillo, das sich den Skulpturen des Holzbildhauers Francisco Salzillo widmet und u. a. die berühmten **Prozessionsfiguren** (»Pasos«) des Meisters zeigt, darunter eine eindrucksvolle Abendmahlszene, Tonentwürfe und eine einzigartige Weihnachtskrippe, deren über 500 Figuren die Trachten Murcias im 18. Jh. tragen (Öffnungszeiten: Di. – Sa. 10.00 – 14.00 u. 17.00 – 20.00, So., Fei. 11.00 – 14.00 Uhr).

San Jerónimo

Etwa 5 km westlich außerhalb liegt das 1578 gegründete und im 18. Jh. erneuerte barocke Kloster San Jerónimo, dessen Kirche einen vorzüglichen hl. Hieronymus von Salzillo (1755) besitzt.

Umgebung von Murcia

Alcantarilla

Auf der N-340 verlässt man in westlicher Richtung Murcia und legt den ersten Stop in Alcantarilla am Eingang in die üppige Huerta ein, zwar nicht unbedingt eine städtische Schönheit, aber lohnend wegen des **Museo de la Huerta**, das mit Ackergeräten, Möbeln und Hausrat die Geschichte der Huerta de Murcia illustriert.

Alhama de Murcia

Durch Orangen- und Zitronenhaine geht es weiter nach Alhama de Murcia (176 m ü. d. M.), einem Städtchen mit warmen Schwefelquellen, die am Fuß des von einem maurischen Turm gekrönten Burgfelsens entspringen. Von hier kann man einen Abstecher in die **Sierra de Espuña**, in der noch Mönchsgeier und Arruis, eine Mufflonart, leben, machen.

Lorca

★

◄ Semana Santa

Das an den Ufern des Río Guadalantín gelegene Lorca (93 000 Einw.), überragt von einem Castillo aus dem 13. Jahrhundert und mit schönem barocken Straßenbild, ist heute vor allem bekannt für die prächtigen Prozessionen während der Karwoche, die auf eine lange Tradition zurückblicken können. Zwei Bruderschaften, die Blauen (Azules) und die Weißen (Blancos), wetteifern Jahr für Jahr darum, wer seine Pasos (Kreuze, Statuen und andere religiöse Gegenstände) am prächtigsten mit wertvollen Stoffen, Stickereien, Schmuck und anderen edlen Materialien ausstattet und wer bei der Prozession den größten Aufwand treibt, um das Mysterienspiel mit römischen Soldaten, gaffendem Volk und dem leidenden Jesus am besten darzustellen. Außerhalb der Karwoche kann man sich in **zwei Museen** zumindest einen Eindruck vom Treiben holen: Dasjenige der Blauen befindet sich in der Calle Nogalte 7, das der Weißen am anderen Ende der Altstadt an der Plaza de Santo Domingo.

Bei der Karfreitagsprozession von Lorca wetteifern auch die Römer um die Gunst der Zuschauer.

Die Fruchtbarkeit der **Huerta de Lorca** beruht auf der Bewässerung aus dem 14 km westlich gelegenen Stausee Embalse de Puentes (3 Mio. m³). Die Staumauer wurde 1789 erbaut und nach einem Dammbruch im Jahr 1802 erst 1884 wiederhergestellt.

In dem burgengekrönten Städtchen **Mula** am Fuß der Sierra del Castillo sind die Kirche San Miguel (1618), der Convento de las Descalzas Reales mit Skulpturen von Salzillo und die etwas südlich gelegene Ermita del Niño sehenswert. Ein kleines Museum zeigt Funde aus der iberischen Nekropole Cigarralejo.

Caravaca de la Cruz

Wenige Kilometer von Cehegín (35 km westlich von Mula) sind es bis Caravaca de la Cruz, das seinen Namen einem mystischen Ereignis im Jahr 1231 verdankt. Damals soll während einer Messe, die ein vom Maurenkönig Said Abuceit festgehaltener Priester las, ein vermisstes Altarkreuz plötzlich wieder erschienen sein, worauf der Maure sich sofort taufen ließ. Das Kreuz wurde bis in die 1930er-Jahre in der innerhalb der Festung liegenden Kirche aufbewahrt, dann wurde es gestohlen. In der Burg befindet sich auch das Geschichts- und Kirchenkunstmuseum. Die hervorragend erhaltene Tempelritterfestung geht auf das 11. Jh. zurück.

Ourense · Orense

D 5

Provinz: Orense (OR)
Region: Galicien
Höhe: 126 m ü. d. M.
Einwohnerzahl: 109 000

Ourense lockt als freundliche, aber etwas provinziell wirkende Einkaufsstadt die Menschen aus der Region an. Die Provinzhauptstadt im Süden von Galicien mit ihrem hübschen und belebten alten Kern war schon zur Zeit der Römerherrschaft wegen ihrer Thermalquellen »As Burgas« bekannt.

Goldstadt

Der Name Ourenses leitet sich vermutlich von dem sagenhaften Gold (span. oro) des Río Miño her, weshalb die Stadt von den Römern Aurium genannt wurde. Sie ist Bischofssitz und war im 6. und 7. Jahrhundert Residenz der suebischen Könige. Nach der Vertreibung der Mauren sah sich Ourense lange Zeit Überfällen von Normannen und Arabern ausgesetzt. Ourenses berühmtester Sohn heißt übrigens Julio Iglesias.

Sehenswertes in Ourense

✶ Catedral San Martíño

Die Bischofskirche von Ourense, nach der berühmten in ►Santiago de Compostela die **schönste in ganz Galicien**, wurde im 12. und 13. Jh. erbaut. Ihre beiden Seitenportale zeigen reichen Skulpturenschmuck. Herausragend ist die romanische Bauplastik des **Pórtico del Paradiso** (»Paradiespforte«) in der nur von innen zugänglichen westlichen Vorhalle. Stilistisch angelehnt an die Skulpturen am Pórtico de la Gloria in Santiago stellen die bemalten Figuren im mittleren Bogen die 24 Alten der Apokalypse dar. Im Mittelpfeiler erkennt man die hl. Jungfrau und den Apostel Jakobus. An den Seiten sieht man die vier Evangelisten (rechts) und vier Propheten (links).

Innenraum ►

Im Inneren teilt ein Gitter das Presbyterium mit dem Reiterbild des hl. Martin vom übrigen Kirchenraum ab. Hinter dem Altar erhebt sich ein **gotischer Retablo** (14. Jh.).

Ein Meisterwerk des galicischen Barock ist die 1567–1574 entstandene **Capilla del Cristo**. Sie beherbergt neben einem großartigen Altar auch eine alte Christusfigur, die einstmals beim Cabo Finisterra angeschwemmt worden sein soll.

Museo Diocesano ►

Das Diözesanmuseum im Kapitelsaal enthält außer wertvollen Emailarbeiten aus dem 13. Jh. auch acht im 10. Jh. gefertigte Schachfiguren aus Bergkristall.

Wenige Schritte von der Kathedrale entfernt liegt am Südende der Praza Mayor der Palacio Episcopal (Bischöflicher Palast), ein romanischer Bau mit schönem Arkadenhof. Hier ist ein Archäologische Museum eingerichtet, das außer sehenswerten Altertümern aus ganzen Provinz auch mittelalterliche Sakralkunst zeigt.

Museo Arqueológico

Im südlichen Teil der Stadt liegt die romanische Kirche La Trinidad aus dem 13. Jh., die man an zwei Rundtürmen und dem gotischen Portal erkennt.

La Trinidad

An der südwestlich der Praza Mayor gelegenen Praza As Burgas treten schon seit dem Altertum geschätzte Thermalquellen mit Temperaturen von 66–68 °C aus.

As Burgas

Ourense Orientierung

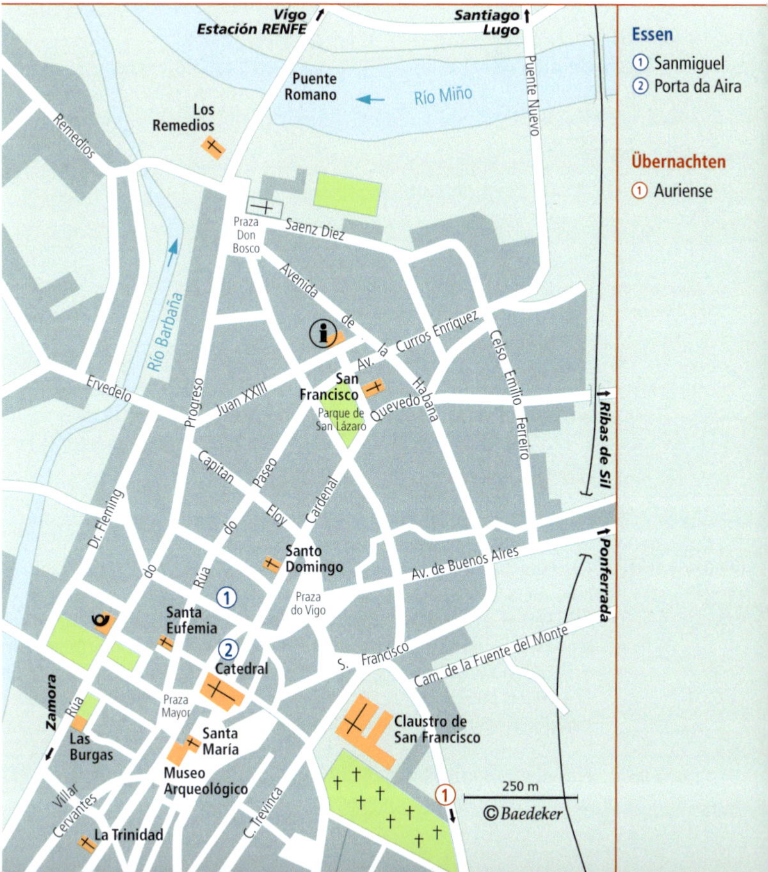

OURENSE ERLEBEN

AUSKUNFT

Turismo Ourense
C. Burgas 12, bajo, 32003 Ourense
Tel. 9 88 36 60 64, Fax 9 88 25 33 43
www.turismourense.com

VERANSTALTUNG

Beim Fest *Os Maios* am 3. Mai begrüßt Ourense den Frühling, im Juli gibt es das Stadtfest *Fiestas de Ourense* und am 11. Nov. zu Ehren des Schutzheiligen St. Martin die *Fiesta El Magosto*, bei der Esskastanien (magostos) im Mittelpunkt stehen.

ESSEN

► Erschwinglich

① *San Miguel*
Rúa San Miguel, 12
Tel. 988 22 07 95
Hier pflegt man mit Hingabe galicische Kochkunst. Dazu gibt es die passenden Weine aus der Region.

► Preiswert

② *Porta da Aira*
Fornos, 2; Tel. 988 25 07 49
Diese traditionelle und gern besuchte Tapas-Bar ist in erster Linie für ihre »Huevos rotos« (kaputte Eier) bekannt und beliebt.

ÜBERNACHTEN

► Komfortabel

① *Auriense*
Cumial, 12
Tel. 988 23 49 00
www.eurostarsauriense.com
Gute und moderne Vier-Sterne-Herberge mit 135 Zimmern und Suiten. Das Restaurant des Hauses serviert galicische Spezialitäten.

Claustro de San Francisco Der Konvent des hl. Franziskus westlich der Praza Mayor besitzt einen filigranen gotischen Kreuzgang aus dem 14. Jh.

★ Puente Romano Den Río Miño überspannt der auf die Römer zurückgehende, 1230 erbaute und wiederholt erneuerte Puente Romano; sein mittlerer Bogen hat eine Höhe von 38 m und eine Spannweite von 43 m.

Umgebung von Ourense

★ Cañón del Sil (Garganta del Sil) Etwa 20 km östlich von Ourense hat sich der Río Sil tief ins anstehende Gebirge eingekerbt und ein wildromantisches Schluchttal geschaffen. Von diversen Punkten kann man herrliche Panoramablicke über die Schlucht genießen.

Parador de Santo Estevo ► Auf einem Felsbalkon hoch über der Schlucht liegt das ehemalige **Monasterio de Santo Estevo de Ríbas de Sil** mit Ursprüngen im 6. Jh., das alle Baustile von der Romanik bis zum Barock zeigt. In den ersten Jahren des 21. Jh.s wurde in dem Kloster ein komfortabler Parador eingerichtet (►Baedeker Special Guide).

Ribadavia Flussabwärts erreicht die N-120 zunächst die Abzweigung der N-541 zu dem von Wäldern umgebenen Thermalbad Carballino.

Bleibt man auf der N-120, geht es über Razamonde durch das prächtige Miño-Tal nach Ribadavia (180 m ü. d. M.). Das altertümliche Weinstädtchen besitzt beachtenswerte Kirchen wie die romanische San Juan (13. Jh.) und die frühgotische Santiago; sehenswert ist auch die gotische Klosterkirche Santo Domingo, einst Sitz der galicischen Könige. Das jüdische Viertel lohnt einen Bummel.

✶ Monasterio de Oseira

Man verlässt Ourense auf der N-525 in nordwestlicher Richtung und erreicht nach ca. 20 km eine schmale Nebenstraße, die nach rechts über die Dörfer Cea und Coletas zum Kloster Santa María la Real de Oseira führt. Die imposante Klosteranlage wurde von den Zisterziensern gegründet; aus dieser Zeit sind noch die Wandfresken der Klosterkirche erhalten, während ihre übrigen Teile ebenso wie die Klostergebäude nach einem Brand barock wieder aufgebaut wurden. Insbesondere die Fassaden sind in überschwänglichem Barock gehalten. Schönster Raum in der Kirche ist die **Sakristei** mit einem Kreuzgewölbe und fächerartigen Säulen aus dem 16. Jh. Das Kloster besitzt zwei Kreuzgänge aus dem 18. bzw. 16. Jh., wovon in Letzterem noch romanische Reste geblieben sind.

Richtung Ponferrada

Die nach Osten führende C-536 erreicht nach rund 19 km Esgos; auf der Höhe bewahrt die angeblich auf einem alten Druidenplatz errichtete Felskirche San Pedro de Rocas noch Reste romanischer Wandmalereien und einen Taufstein aus dem 10. Jahrhundert.

Die Brücke über den Río Miño in Ourense wurde einst von den Römern angelegt.

Alto de Rodicio ► Hinter Esgos windet sich die Straße hinauf zur Passhöhe Alto de Rodicio (949 m ü. d. M.), von wo man eine **weite Aussicht** über die grünen galicischen Berge genießt. Von hier zweigt eine schmale Straße zum 5 km entfernten Maceda mit seiner alten Burg ab.

Montederramo ► Nach der Passhöhe geht in Leboreiro eine Nebenstraße zum 7 km entfernten Montederramo ab. Hier findet man eine sehr große, im 12.–17. Jh. errichtete Klosteranlage mit einem Renaissance-Kreuzgang, einem barocken Retablo von Mateo del Padro in der Capilla Mayor und einem prachtvollen Chor.

Puebla de Trives ► Die C-536 erreicht dann das kleine Schwefelheilbad Castro-Caldelas (890 m ü. d. M.) mit der Burg der Grafen von Lemos (14. Jh.). Dann geht es über den Puerto de Cerdeira (890 m ü. d. M.) zum zwischen Stauseen hübsch gelegenen Ferienort Puebla de Trives (746 m ü. d. M.), den im Süden die 1778 m hohe waldreiche Cabeza de Manzaneda überragt. Die C-536 windet sich dann hinab in die Codos de Laroco, wo sie in die N-120 nach ►Ponferrada mündet.

Südliche Provinz Ourense

Allariz Auf der nach Südosten strebenden N-525 sind es 13 km bis Allariz (470 m ü. d. M.), der Hauptstadt Galiciens während der Reconquista. Der Stadtkern ist von mächtigen, über 1 km langen Mauern umgeben, vielfach säumen stattliche Adelshäuser die Straßen; besonders auffällig ist die **Casa de Armoeiro**, deren beide Teile über die Straße hinweg durch einen Bogenübergang verbunden sind. Von den Kirchen sind besonders interessant die 1205 begonnene romanische Santiago mit einem Bildnis der Jungfrau von Juan de Juni sowie das Monasterio de Santa Clara mit riesigem barocken Kreuzgang, das in seiner Kirche die Gräber der Kinder von Alfons X. bewahrt.

* **Celanova** Auf der schmalen OR-300 kann man einen Abstecher ins 20 km westlich gelegene Celanova (645 m ü. d. M.) machen. Hier steht an der Praza Mayor das 936 gegründete **Benediktinerkloster San Rosendo**, heute überwiegend barock. Die Kirche besitzt eine herrliche Fassade von Melchor de Velasco. Innen überwältigt die barocke Prachtfülle der Retablos, insbesondere desjenigen der Capilla Mayor; auch der schöne Kreuzgang von 1550 und die holzgetäfelten Treppenhäuser fügen sich in das Bild barocker Kunstfertigkeit. Vom ursprünglichen Kloster ist noch die Kirche San Miguel (10. Jh.) im Klostergarten erhalten.

Bande ► Wiederum ein Abstecher führt von Celanova 16 km südlich nach Bande, in römischer Zeit Aquis Ouerquinnis genannt. Südlich davon steht am Stausee Embalse de Las Conchas die westgotische Kirche Santa Comba de Bande (7. Jh.).

* **Castillo de Monterrey** Wenig westlich Veríns mit seinen wohltuenden Thermalquellen erhebt sich das mächtige Castillo de Monterrey, erst Grenzfeste zum nahen Portugal und dann Gefängnis. Die Burg entwickelte sich zu ei-

ner wahren befestigten Stadt mit drei Mauerringen. Innerhalb dieser findet man die im 13. Jh. erbaute Kirche mit einem sehr feinen Portal und einem schönen Retablo, ein Jesuitenkolleg, ein Pilgerhospital aus dem 13. Jh. und die Torre de las Damas (14. Jh.).

★ Oviedo

B 9

Provinz: Asturias (O)
Region: Asturias
Höhe: 228 m ü. d. M.
Einwohnerzahl: 225 000

Oviedo war die Hauptstadt des Königreichs Asturien, der letzten christlichen Bastion gegen die maurische Eroberung; dieses Erbe, manifestiert in der Cámara Santa und in drei kleinen westgotischen Kirchen, machen den touristischen Reiz der Industriestadt aus. In den Gassen rund um die Kathedrale gibt es hübsche Plätzchen, schöne Parkanlagen und gute Tapas- bzw. Sidra-Bars.

Geschichte

An Stelle des antiken Ovetum entwickelte sich im 8. Jh. aus einem Mönchskloster die Stadt. Alfons II. verlegte den asturischen Hof nach Oviedo, das dann von 810 bis 924 Hauptstadt des den Mauren Widerstand leistenden Königreichs war, bis dieses mit León und Kasti-

Der Retablo in der Kathedrale von Oviedo ist ein Werk von Gerald von Brüssel und Juan de Balmaseda.

lien vereinigt wurde. Als man im 18. Jh. mit der Ausbeutung der Kohlevorkommen begann und die königliche Waffenfabrik errichtet wurde, war der Weg für den Aufstieg Oviedos zur Industriestadt vorgezeichnet. Aus dieser Zeit stammt auch der wesentliche Teil der Stadtanlage. Bei dem 1934 ausgebrochenen Aufstand der asturischen Bergarbeiter sowie bei der fast zweijährigen Belagerung durch Truppen der Republik im Spanischen Bürgerkrieg wurde die Stadt schwer in Mitleidenschaft gezogen.

Sehenswertes in Oviedo

✶ Catedral del Salvador

Die 1388 begonnene und 1498 fertig gestellte Kathedrale ist über einem von König Fruela I. im 8. Jh. errichteten Kirchlein errichtet worden. Drei ungleiche Portale, von denen das mittlere ein barockes

Oviedo Orientierung

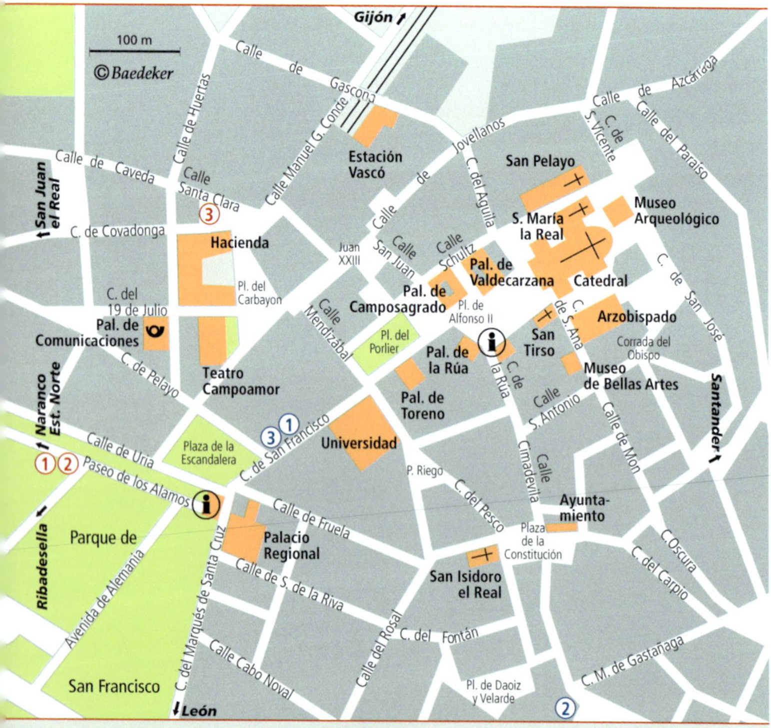

Essen
① Casa Fermín
② La Puerta Nueva
③ Logos

Übernachten
① De la Reconquista
② La Gruta
③ Santa Clara

OVIEDO ERLEBEN

AUSKUNFT

Oficina Municipal de Turismo
Calle Marqués de Santa Cruz, s/n
33007 Oviedo
Tel. 985 22 75 86
http://turismo.ayto-oviedo.es

ESSEN

▸ Fein & teuer

① *Casa Fermín*
Calle San Francisco, 8
Tel. 985 21 64 97
Traditionsreiches Restaurant mit gut bestücktem Weinkeller, besonders beachtlich ist die Auswahl an Dessertweinen.

▸ Erschwinglich

② *La Puerta Nueva*
Leopoldo Alas, 2
Tel. 985 22 52 27
Traditionelle asturische Küche in gemütlicher Umgebung.

▸ Preiswert

③ *Logos*
San Francisco, 10
Tel. 985 21 29 70
Eine vielfältige Auswahl an kleinen Spezialitäten bietet diese Tapas-Bar.

ÜBERNACHTEN

▸ Luxus

① *De la Reconquista*
Gil de Jaz, 16
Tel. 9 85 24 11 00
www.hoteldelareconquista.com
Die beeindruckende denkmalgeschützte Herberge im Zentrum von Oviedo ist wahrlich prunkvoll ausgestattet.

▸ Komfortabel

② *La Gruta*
Alto de Buenavista, s/n
Tel. 985 23 24 50
www.lagruta.com
Von etlichen Zimmern hat man einen sehr schönen Blick auf den Monte Narranco. Das Restaurant des Hauses ist empfehlenswert.

▸ Günstig

③ *Santa Clara*
Calle de Santa Clara, 1
Tel. 985 22 27 27
www.hsantaclara.com
Einfache, aber auch komfortable Zimmer bietet das kleine Hotel Santa Clara, zu dem auch eine öffentliche Bar gehört.

Relief der Verklärung Christi trägt, zeigen zum Domplatz. Der 82 m hohe, 1539 vollendete Turm zählt zu den **schönsten Kirchtürmen Spaniens**.

Innen fällt zunächst der übergroße, prächtige Retablo in der Capilla Mayor mit Darstellungen des Lebens Jesu auf, ein Werk von Gerald von Brüssel und Juan de Balmaseda aus dem Jahr 1520. Im linken Seitenschiff enthält die barocke Capilla de Santa Eulalia eine vergoldete Silberkassette des 11. Jh.s mit den Gebeinen der hl. Eulalia. An das nördliche Querschiff schließt die Capilla del Rey Casto (Kapelle des keuschen Königs) an, die Alfons II. zum »Panteón de los Reyes« machte, der Grabstätte der asturischen Könige. Allerdings ist in ihr nur ein Königssarkophag aus dem 8. Jh. zu sehen. ✶ ◂ Retablo

★★ Cámara Santa ►

Vom südlichen Querschiff führen Treppen in die Cámara Santa, in der der Kirchenschatz mit der Heiligen Truhe (Arca Santa) aufbewahrt wird, einem **äußerst wertvollen Reliquienschatz**, der nach dem Fall des westgotischen Reichs von Toledo vor den Mauren nach Asturien in Sicherheit gebracht wurde. Die Jakobspilger verbanden daher ihre Wallfahrt oft mit einem Besuch in Oviedo. Man betritt zunächst die im 12. Jh. erweiterte Vorhalle, die zu jener Zeit mit je sechs herrlich gearbeiteten Apostelpaaren an den Säulen und einem Christuskopf über der Tür ausgestattet wurde. Im anschließenden Raum steht die silberbeschlagene, mit Reliefs verzierte Heilige Truhe, die aus dem Heiligen Land stammende Reliquien enthält. Zu den weiteren Prunkstücken hier zählen: das Kreuz der Engel (Cruz de los Ángeles) aus edelsteinverziertem und goldbeschlagenem Zedernholz (9. Jh.); das Siegeskreuz (Cruz de la Victoria), das angeblich Pelayo in der Schlacht von Covadonga (► Picos de Europa) begleitete und welches Alfons III. 908 aufarbeiten ließ; eine Achattruhe aus derselben Zeit; ein byzantinisches Diptychon aus dem 6. Jh. und zwei aus dem 13. Jh. stammende Diptychen aus Silber bzw. Elfenbein. Unter der Cámara Santa liegt die Capilla de Leocadia mit Gräbern des 12. Jh.s. An das südliche Querschiff schließt sich ein stimmungsvoller Kreuzgang (9./15. Jh.) an, wo man Gräber aus der Zeit Alfons II. findet.

★ **Plaza de Alfonso II**

Vor der Kathedrale öffnet sich die weite Plaza de Alfonso II. An ihrer Westecke stehen der Palacio de Valdecarzana aus dem 17. Jh. und der Palacio de Camposagrado (Audiencia; 18. Jh.); schräg gegenüber jenseits der Plaza de Porlier der Palacio de Toreno (17. Jh.) und die einfache Universität, 1608 von Erzbischof Fernando Valdés Sala gegründet, dessen Bronzestatue im Hof steht; an der Südseite des Domplatzes erkennt man in der Mitte das älteste profane Gebäude Oviedos, den Palacio de la Rúa (15. Jh.) und, neben der Kathedrale, die Kirche San Tirso, die auf das 9. Jh. zurückgeht, im 18. Jh. jedoch ihre heutige Gestalt erhielt.

Museo Provincial de Bellas Artes ►

Hinter der Kirche San Tirso schließt in der Calle de Santa Ana der barocke Palacio de Velarde an, in dem Museo Provincial de Bellas Artes Werke aus Renaissance und Barock sowie Bilder zeitgenössischer Maler Asturiens zeigt.

Museo Arqueológico

Hinter der Kathedrale wurde im Kreuzgang des ehemaligen Convento de San Vicente (im 8. Jh. gegründet und im 15. Jh. umgebaut) das Museo Arqueológico eingerichtet. Es zeigt im Erdgeschoss präromanische und romanische Kunst vor allem aus Asturien, darunter den **Altarstein von Santa María de Naranco**; im ersten Stock römische Münzen, Skulpturen, Mosaiken und weitere Zeugnisse der römischen Herrschaft in Iberien; schließlich im zweiten Stock steinzeitliche Funde aus der Umgebung.

Plaza de la Constitución

Die Calle de la Rúa/Calle Cimadevilla mündet auf die von Arkaden umgebene Plaza de la Constitución (Plaza Mayor), an deren Süd-

westecke die 1578 erbaute ehemalige Jesuitenkirche San Isidoro und an der Nordseite das Rathaus stehen, ein Bau von Juan de Naveda aus dem Jahr 1662.
Südwestlich der Plaza Mayor öffnet sich die lauschige Plaza de Daoiz y Velarde, die von stattlichen barocken Häusern umstanden ist.

◄ Plaza Daoiz y Velarde

Plaza de la Escandalera

An San Isidoro vorbei erreicht man auf der Calle de Fruela die Plaza de la Escandalera. Hier beginnt die Calle de Uría, der besonders spätnachmittags und abends **belebte Hauptstraßenzug** der Stadt; hier und rund um den gegenüberliegenden großen Parque de San Francisco findet man manch schönes Jugendstilgebäude.

★ **San Julián de los Prados**

Im Vorort Santullano (Via Calle G. Conde Richtung Avilés/Gijón) steht die größte und **vollständigste präromanische Kirche** in ganz Spanien, die 25 x 30 m messende San Julián de los Prados aus der Zeit Alfons' II. Bemerkenswert ist vor allem die zweigeteilte Apsis: unten der Altar, darüber eine versteckte Kammer.

Umgebung von Oviedo

★★ **Naranco**

2 km nordwestlich der Stadt liegt die Ortschaft Naranco am gleichnamigen bis zu 1233 m hohen Bergzug. Hier gibt es zwei zwei sowohl historisch als auch kunstgeschichtlich höchst bedeutende Sakralbauten. **Santa María del Naranco** steht links unterhalb der Straße auf einer von Bäumen umrahmten Wiese, von der man einen schönen Blick auf Oviedo hat. Das kleine Gotteshaus war ursprünglich Empfangshalle im Palast des asturischen Königs Ramiro I. (um 850) und wurde im 10. und 11. Jh. in eine Kirche umgewandelt. Das auf rechteckigem Grundriss errichtete Gebäude besitzt an beiden Stirnseiten dreibogige offene Vorräume und an der der Straße zugewandten Längsseite einen Treppenaufgang zur Kirchentür. Sowohl hier als auch im Inneren fallen die mit dem asturischen Kordelmuster gearbeiteten Säulen auf, die außen korinthische, innen trapezförmige Kapitelle tragen. Zwischen den Bögen erkennt man skulptierte Medaillons (Öffnungszeiten: April bis Sept. Di. – Sa. 9.30 – 13.00 u. 15.30 bis 18.30, Mo., So. 9.30 – 13.00; Okt. – März Di. – Sa. 10.00 – 12.30 u. 15.00 – 16.30, Mo., So. 10.00 bis 12.30 Uhr).

Anschauungsunterricht vor der Kirche Santa María del Naranco, einst Empfangshalle eines Palastes.

! **Baedeker TIPP**

Sidra stilecht

Nordspanien, insbesondere Asturien, ist die Heimat des Sidra, und Nava gilt als »Capital de la sidra«. Stilecht trinkt man den trüben Apfelwein in einer Sidrería: Aus der Flasche wird er in hohem Bogen ins Glas gegossen; den letzten Schluck trinkt man nicht, sondern schüttet ihn – weil vorher das Glas damit gespült wird – auf den meist mit Sägemehl bedeckten Boden. Wer es ganz genau wissen will, geht ins Museo de la Sidra an der Plaza de Príncipe de Asturias in Nava (Mo. geschlossen).

✶✶ San Miguel de Lillo ► Oberhalb von Santa María kommt man zur Kirche San Miguel de Lillo, die einstige Kapelle des nicht mehr erhaltenen asturischen Königspalasts aus dem 9. Jh., die im 15. Jh. erneuert wurde. Auffallend ist das gedrungene Äußere dieser dreischiffigen Kirche, an der sowohl außen als auch innen das vertraute Kordelmotiv begegnet. Zu beiden Seiten des Eingangs haben Steinmetze in byzantinischer Tradition gearbeitete Flachreliefs angebracht: einen von Würdenträgern begleiteten Konsul (Öffnungszeiten wie Santa María).

Pola de Lena Durch das Kantabrische Gebirge fährt man auf der A-66/N-630 über die Industriestadt Mieres (207 m ü. d. M.) nach Pola de Lena. 4 km hinter der in einem weiten schönen Tal liegenden Stadt geht es links auf einen Hügel hinauf zur westgotischen Ermita de Santa Cristína de Lena aus dem 9. Jh., die wie San Miguel de Lillo und Santa María de Naranco dem Baumeister Ramiros I. zugeschrieben wird. Die einschiffige Kirche weist zahlreiche Stützpfeiler auf.

Puerto de Pajares ► Mit einer bis zu 15-prozentigen Steigung geht es hinauf zur Passhöhe Puerto de Pajares (1364 m ü. d. M.) auf dem Hauptkamm des Kantabrischen Gebirges. Der Pass markiert die Grenze zwischen Asturien und León und bietet **wunderbare Aussichten** auf die schroffe Gebirgswelt, durch die sich die Straße zwängt.

Pola de Siero Die nach Osten strebende N-634 erreicht nach 13 km das von Kohlegruben umgebene Pola de Siero, das bekannt ist wegen der an Ostern veranstalteten **Fiesta de Huevos Pintos**, dem »Fest der bemalten Eier«.

Nava ► Es folgt nach weiteren 14 km Nava mit der romanischen Kirche San Bartolomé, Teil eines ehemaligen Benediktinerklosters, sowie zwei Adelspalästen.

El Entrego In den südöstlich von Oviedo gelegenen Ort El Entrego fahren hauptsächlich Bergbau-Interessierte. Denn hier beschäftigt sich das **Technik- und Industriemuseum** mit dem hiesigen Kohlebergbau und Hüttenwesen. Eine Abfahrt unter Tag durch einen zentral im Museum stehenden Förderturm wird simuliert.

Palencia

D 11/12

Provinz: Palencia (P)
Region: Castilia y León
Höhe: 770 m ü. d. M.
Einwohnerzahl: 82 000

Die Stadt Palencia, das Pallatia der Vakkäer, liegt am linken Ufer des Río Carrión auf der Meseta von Altkastilien. Sie ist Hauptstadt der Tierra de Campos, einer dank der Bewässerung durch den Canal de Castilla fruchtbaren Getreideebene. Ferner ist Palencia Standort einer großen Autofabrik von Renault.

Geschichte

In seiner Geschichte wurde Palencia dreimal zerstört: zuerst durch die Römer, dann von den Westgoten und schließlich von den Mauren. Nach dem Wiederaufbau erlebte die Stadt ihre Blüte im 12. Jh., als die kastilischen Könige und die Cortes hier ihren Sitz nahmen. Im 13. Jh. gründete Alfons VIII. von Kastilien in Palencia die erste Universität Spaniens.

Sehenswertes in Palencia

★ Catedral San Antolín

Palencias erste Sehenswürdigkeit ist die 1321–1516 erbaute Kathedrale. Sie umschließt Reste einer westgotischen Kapelle aus dem 7. Jh. und der wiederum darüber im 11. Jh. durch Sancho von Navarra errichteten romanischen Kirche. Die heutige Kathedrale prägen ihr unvollendeter Südturm und die Puerta del Obispo (15. Jh.) links davon mit der Statue des hl. Antolín in der Bogenspitze, ein Werk von Diego Hurtado de Mendoza.

PALENCIA ERLEBEN

AUSKUNFT

Oficina de Turismo
Calle Mayor, 105
34001 Palencia
Tel. 979 74 00 86
www.palenciaturismo.es

ESSEN

► Erschwinglich

① *Isabel*
Calle Valentín Calderón, 6
Tel. 9 79 74 99 98
Das kleine Restaurant zeichnet sich aus durch seine hervorragende regionale Küche und vorbildlichen Service.

► Preiswert

② *Don Rodrigo*
Calle Los Gatos, 1
Tel. 979 17 06 97
Ein einfaches Lokal mit freundlicher Bedienung.

ÜBERNACHTEN

► Komfortabel

① *Rey Sancho*
Avda. Ponce de Leon, s/n
Tel. 979 72 53 00
www.reysancho.com
Modernes Hotel am Ufer des Río Carrión, von viel Grün umgeben, mit schönem Pool.

Palencia Orientierung

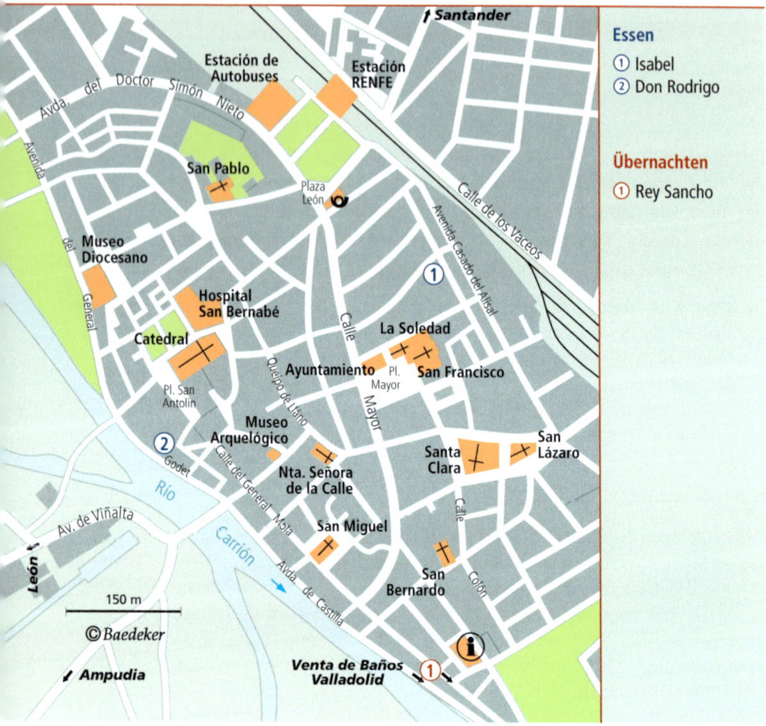

Innenraum ► In der 130 m langen und 28 m hohen Kathedrale beeindruckt der wertvolle Skulpturenschmuck von Simon von Köln und Gil de Siloé am Trascoro. An dessen Rückwand führt eine platereske Treppe hinab zur Krypta, der ursprünglichen Kirche aus dem 7. bzw. 11. Jh.. In der Krypta werden Reliquien des Stadtheiligen Antolín verwahrt. Das Altarbild am Trascoro malte Juan de Holanda im Jahre 1505.

Die mit einer schönen Reja von Cristóbal Andino versehene Capilla Mayor von 1520 besitzt einen prachtvollen plateresken Retablo, dessen Skulpturen hauptsächlich von Felipe Vigarny und die Kreuzigungsszene von Juan de Valmaseda stammen sowie mit zwölf Gemälden von Juan de Flandes. In der Capilla Mayor Vieja, hinter der heutigen Hauptkapelle, befinden sich die Grabstätten der Inés de Osorio (15. Jh.) und der Königin Urraca von Navarra (12. Jh.). Auch der Chor hat eine reiche Reja von 1555; das geschnitzte Chorgestühl wurde 1519 angefertigt. Von den Seitenkapellen sind die Capilla del Sagrario und die Capilla de San Ildefonso mit ihren Retablos von besonderem Interesse, der Letztere stammt von Juan de Valmaseda. Im südlichen Querschiff sieht man ein interessantes Uhrwerk.

Im Kreuzgang und im Kapitelsaal zeigt das **Kathedralmuseum** u. a. vier flämische Gobelins aus dem 15. Jh. sowie Gemälde von El Greco und Zurbarán. In der Schatzkammer sind u. a. eine silberne Custodia von Juan de Benavente (16. Jh.) sowie ein Lucas Cranach zugeschriebenes Porträt Karls V. zu sehen. Das **Diözesanmuseum** im Palacio Episcopal unweit nördlich der Kathedrale ergänzt diese Sammlung.

Museo Arqueológico

Das Museo Arqueológico an der Plaza del Cordón zeigt iberische, römische und mittelalterliche Stücke zur Stadtgeschichte.

Nuestra Señora de la Calle

In der Nähe findet man an der Plaza Isabel la Católica die bescheidene Kirche Nuestra Señora de la Calle (16. Jh.), in der eine Figur der Schutzpatronin der Stadt, die Virgen de la Calle, bewahrt wird.

San Miguel

In der weiter südlich an ihrem mächtigen Zinnenturm zu erkennenden gotischen Pfarrkirche San Miguel (13./14. Jh.) wurde der spanische Nationalheld **El Cid** mit Doña Jímena getraut.

Plaza Mayor

Die Plaza Mayor westlich der Kathedrale ist der schöne Mittelpunkt der Stadt mit einladenden Bars und Cafés. An ihr stehen das Rathaus und die Kirche San Francisco; in ihrer Mitte erhebt sich ein modernes Denkmal zu Ehren des im nahe gelegenen Paredes de Nava geborenen Bildhauers Alonso Berruguete. An der Plaza Mayor führt auch die belebte Hauptgeschäftsstraße der Stadt, die Calle Mayor, vorbei.

Umgebung von Palencia

Ermita Cristo de Otero

Nördlich der Stadt erreicht man diese kleine Eremitage, die alljährlich im April Ziel einer **Wallfahrt** von Palencia aus ist. Das Gotteshaus ist ein Werk von Juan de Tordesillas und wird überragt von einer 20 m hohen Christus-Statue des Künstlers Victorio Macho.

Die nach Norden führende N-611 erreicht, vorbei an den Burgen von Fuentes de Valdepero und Monzón de Campos, nach 30 km das jenseits des Canal de Castilla liegende Frómista, einst Pilgerstation am Jakobsweg. Vom einstigen Benediktinerkloster steht noch die **Sandsteinkirche San Martín** (1086), ein bedeutendes Zeugnis der spanischen Romanik mit achteckigem Vierungsturm und zwei Rundtürmen an der einfachen Hauptfassade. Auch das Innere ist einfach gehalten; lediglich die Säulenka-

Die Sandsteinkirche San Martín in Frómista

pitelle tragen mit Figuren- und Pflanzenornamenten einen Hauch von Schmuck. Auf der P-980 geht es nun 13 km in nordwestlicher Richtung nach **Villalcázar de Sirga**, dessen Kirche Santa María la Blanca (12. Jh.) von den Tempelrittern gegründet wurde. Drei gotische Grabmäler erinnern an den Thronfolger Felipe und seine Gattin Doña Leonora de Castro sowie einen ihrer Ritter, die 1271 von Alfons X. ermordet wurden.

? WUSSTEN SIE SCHON ...?

- ... dass Carrión de los Condes die Heimat der Grafen von Carrión war? Diese freiten, von der Aussicht auf reiche Mitgift getrieben, die Töchter des Cid, verprügelten sie aber auf dem Heimweg und ließen sie zurück. Ihr Vater schickte den ehrlosen Schwiegersöhnen einige seiner Ritter hinterher und ließ sie umbringen.

Der Ort Carrión de los Condes, knapp 7 km weiter, ist noch heute Pilgerstation. Sehenswert sind das

Carrión de los Condes

Benediktinerkloster **San Zoilo** (11. Jh.) dank seines plateresken Kreuzgangs und das Portal der Kirche Santiago (12. Jh.) mit einem beeindruckenden romanischen Figurenfries, auf dem Handwerker dargestellt sind. **Santa María del Camino** (11. Jh.) fällt durch Stierkopfskulpturen an der Fassade und ebenfalls durch sein Portal auf: Auf diesem ist die Übergabe von hundert Jungfrauen an die Mauren verewigt.

Paredes de Nava

Der Weg zurück nach Palencia erfolgt zunächst auf der C-615 und führt dann auf der P-960 nach Paredes de Nava. Dieser Ort ist Heimat von drei berühmten Persönlichkeiten, dem Dichter Jorge Manrique, dem Maler Pedro Berruguete und dem Bildhauer Alonso Berruguete. Wichtigstes Baudenkmal ist der romanische Turm der **Kirche Santa Eulalia**. Im Museum der Pfarrei kann man eine beachtenswerte Kunstsammlung bestaunen mit Werken der beiden Berruguetes sowie von Gil de Siloé, Juan de Flandes und Juan de Valmaseda.

Nach Süden führt die N-611 Richtung Valladolid zum Eisenbahnknotenpunkt Venta de Baños. Das Heilbad **Baños de Cerrato** knapp 3 km östlich hat schon der Westgotenkönig Recceswinth geschätzt, der hier Heilung von einem schlimmen Leiden erfuhr. Als Dank für seine Heilung stiftete er im Jahre 661 die **Basilika San Juan Bautista**. Im 9. Jh. erneuert, ist sie wohl eine der ältesten Kirchen der Iberischen Halbinsel. Im Inneren tragen Hufeisenbögen auf einfachen Säulen mit Blattkapitellen die drei Schiffe; die Jahreszahl der Gründung erkennt man auf dem großen Bogen, der sich zur Apsis öffnet. In dieser steht eine Alabasterfigur Johannes' des Täufers.

San Juan Bautista in Baños de Cerrato

★ Parque Nacional de Doñana

O/P 7/8

Provinz: Huelva, Sevilla
Region: Andalusien
Fläche: 76 500 ha

Der größte und vor allem wegen seiner Vogelwelt interessante Nationalpark Spaniens dehnt sich im Mündungsdelta des Guadalquivir aus Er liegt auf der Route der Zugvögel nach Afrika.

Drei Ökosysteme

Man kann den 1969 gegründeten Nationalpark in drei Ökosysteme aufteilen: die Doñana húmedo (feuchte Donana) mit der Marisma (Salzmarsch) im Flussdelta und den Lagunen, die weitaus größere Doñana seco (trocken Donana) und den Dünengürtel.

Marisma

Diese Zone wird entscheidend durch die Wasserzufuhr des Guadalquivir geprägt. Während der sommerlichen Trockenzeit, wenn der Fluss nur wenig Wasser bringt, erscheint es wüst und verlassen. Ende September, wenn es wieder feuchter wird, erscheinen die ersten Wildgänse. Dann rasten hier auch viele Zugvögel auf ihrem Weg

PARQUE NACIONAL DE DOÑANA ERLEBEN

INFORMATIONSZENTREN

Centro de Visitantes El Acebuche
Besucherzentrum
ca. 3 km von Matalascañas und ca. 2 km abseits der A-483
Tel. 959 43 96 29
E-Mail: en.donana-cvacebuche.cma@juntadeandalucia.es
Öffnungszeiten: tgl. 8.00 – 19.00, im Sommer bis 21.00 Uhr

CV La Rocina
ca. 1 km vor El Rocío

CV Palacio del Acebrón
ca. 7 km von La Rocina

CV Fábrica de Hielo
Sanlúcar de Barrameda

ZUGANG

Der Zugang ist streng reglementiert. Vom Info-Zentrum El Acebuche aus werden halbtägige *Landrover-Exkursionen* angeboten (Mitte Mai bis Anfang Sept. tgl. 8.30 u. 17.00, übrige Zeit Di. – So. 8.30 u. 15.00 Uhr; Fernglas mitnehmen!)
Anmeldung ist (in der Hochsaison Wochen vorher) erforderlich bei: Cooperativa Marismas del Rocío, Plaza del Acebuchal, 16, 21750 El Rocío, Tel. 9 59 43 04 32; oder im Centro de Visitantes El Acebuche.
Alternativ dazu kann man auch von Sanlúcar de Barrameda (►Costa de la Luz) aus zu einer ***Bootsexkursion*** in das amphibische Naturschutzgebiet unternehmen (Abfahrten: tgl. 10.00 u. 16.00 bzw. 17.00 Uhr; Informationen: Tel. 956 363 813; www.visitasdonana.com).

ESSEN & ÜBERNACHTEN

Restaurants und Unterkünfte findet man in der Umgebung in ►Cádiz, ►Huelva, ►Jerez de la Frontera und an der ►Costa de la Luz.

Der kleinste Teil des Nationalparks ist die sog. Marisma im Flussdelta und in den Lagunen. Weitaus größer sind die Trockengebiete und der Dünengürtel.

nach Afrika. Etlich Vogelarten überwintern hier auch. Im Frühjahr nisten Blässhuhn, Stockente, Schnatterente, Haubentaucher, Zwergtaucher, Purpurreiher, Lachseeschwalbe, Weißbartseeschwalbe und die Trauerseeschwalbe. Hinzu gesellen sich zahlreiche andere Wattbewohner und die Rohrweihe.

Lagunen

Weit über das Gebiet verstreut liegen die größeren Lagunen parallel zur Küste (Laguna de Santa Olalla, Laguna Dulce, Laguna del Taraje), die kleineren mehr im Inneren (Laguna del Moral, de Navazo del Toro, del Sapo, del Brezo, del Caballo, del Pino u. a.). Sie sind von Korkeichen, Pinien, Baumheide, Ginster und Farnen gesäumt. Im Wasser wohnen u. a. Seefrosch, europäische Sumpfschildkröte und kaspische Wasserschildkröte.

Korkeichenwald (Alcornocal)

Dieses Biotop ist selten geworden; ein Streifen trennt die Marisma vom Monte de Doñana. Auf den Korkeichen befinden sich ganze Brutkolonien von Graureihern, Seidenreihern, Kuhreihern und Löfflern. Auch Raubvögel nisten dort: Mäusebussard, Rotmilan, Turmfalke und zahlreiche Dohlen.

Monte de Doñana

»Monte« bedeutet in diesem Fall nicht Berg, sondern Buschland. Dieses Biotop setzt sich aus **mittelmeerischer Macchia** mit eingestreuten Korkeichen zusammen, belebt von maurischer Landschildkröte, Treppennatter, Eidechsennatter, der kleinen, sehr giftigen Stülpnasenotter, Ziegenmelker und zahlreichen Rothühnern. Unter den Säugetieren sind die häufigsten Rothirsch, Damhirsch und Wildschwein; ferner Wiesel, Iltis, Wildkatze und Fuchs.

Pinienwälder (Pinares)

Dieses Biotop kommt insbesondere im südlichen Teil des Parks vor. Hier ansässig sind u. a. Ringeltaube, Turteltaube und, jedes Jahr wiederkehrend, Baumfalke und Schlangenadler. Sehr selten ist die fast nur hier anzutreffende Blauelster.

Dünen (Dunas)

Entlang der Küste erstrecken sich lange Wanderdünen, die bei ihrem Vordringen ins Land Pinienwäldchen umschließen, so dass diese wie Inselchen (»corrales«) im Sand stehen bleiben. Die trockenen, bizarren Stämme nennt man »campo de cruces«. An Eidechsen kommt der gewöhnliche Fransenfinger vor, bei den Schlangen sind Stülpnasenotter und Eidechsennatter häufig. Auf sie machen Schlangenadler und Schleiereule Jagd.

Seltene Tierarten

Nur im Nationalpark kommen vor: der unter kontrollierter Aufzucht lebende Pardelluchs, kleiner als der europäische Luchs und gefleckt, sowie der Schlangen fressende eigentliche Ichneumon, einziger Vertreter dieser Familie in Europa, den man häufig in Familienverbänden im Gänsemarsch durch den Park trotten sehen kann. Sehr selten in Europa sind auch Kaiseradler und Flamingo. Hier befindet sich auch die einzige europäische Brutkolonie der Purpurralle. Geschützte seltene Entenarten sind Moorente, Ruderente und Rostgans.

i Bedrohte Natur

- Das fragile Ökosystem des Nationalparks ist gefährdet: Auf den Reisfeldern sowie Obst- und Gemüseplantagen werden große Mengen Dünge- und sog. Pflanzenschutzmittel ausgebracht, die auch in den Nationalpark eingeschwemmt werden. Zudem wurden im April 1998 große Teile des Gebiets von einer Giftschlammwelle überflutet, nachdem das Abwasserbecken eines Bergwerks geborsten war. Die Folgen sind bis heute spürbar.

★ Picos de Europa

B 10/11

Provinzen: Asturias (O), Cantabria (S), León (LE)

Regionen: Asturias, Cantabria, Castilia y León

Im Norden Spaniens bilden die Picos de Europa ein zwischen den Flüssen Deva und Sella aufragendes, wildes und majestätisches Gebirgsmassiv mit tief eingeschnittenen Tälern und steilwandigen Gipfeln, das in seiner Gesamtheit unter Naturschutz steht.

Drei Massive

Reißende, fischreiche Gebirgsflüsse gliedern die Picos de Europa in drei Teile. Im Westen steigt zwischen dem Río Sella und dem Río Cares das Macizo de las Peñas Santas (Macizo de Occidente) mit den 2596 m hohen Peñas Santas de Castilla als höchster Erhebung auf (span. macizo= Massiv). Der Río Cares und der Río Duje begrenzen das Macizo de Urrieles (Macizo Central), das in der Torre de Cerredo (2645 m ü. d. M.) seine höchste Erhebung erreicht und der wild-

Wanderer brechen gerne vom malerischen Lago de Enol zu ihren Touren durch die Picos auf.

romantischste Abschnitt der Picos de Europa ist. Im Osten dehnt sich zwischen Río Duje und Río Deva das Macizo de Andarra (Macizo de Oriente) aus; der höchste Gipfel ist hier der 2470 m hohe Pico Cortés. Die fast 40 km lange, zur Küste parallel laufende Felsenschranke der Picos de Europa wird durch die niedrigere Sierra de Cuera vom Meer getrennt; die kürzeste Entfernung zum Golf von Biskaya beträgt 20 km. Die Menschen in dieser Bergwelt treiben überwiegend Landwirtschaft und Viehzucht; berühmt ist der aus Kuh-, Ziegen- und Schafsmilch hergestellte **Cabrales**, ein dem Roquefort ähnelnder Schimmelkäse. Die Umgebung des Städtchens Potes, die Liébana, liegt sehr windgeschützt, so dass hier auch Wein, Kirschen und Nüsse gedeihen.

Parque Nacional de los Picos de Europa

Nahezu die gesamte Region ist 1995 zum Nationalpark erklärt worden. Besonders die Tierwelt muss dringend vor dem an manchen Orten bereits überhand nehmenden Tourismus geschützt werden. Hier leben noch Stein- und Habichtsadler, Weißkopfgeier, Auerhahn und Mauerläufer; an Säugetieren gibt es Gämse, Wölfe und noch ca. 60 Exemplare des Ursus Ibericus, einer Bärenart.

Rundfahrt um die Picos de Europa

★★ Covadonga

Vor Beginn der Rundfahrt sollte man einen Ausflug nach Covadonga machen. Man erreicht es von Cangas de Onis in östlicher Richtung via AS-114 und ab Soto de Cangas nach rechts auf der landschaftlich sehr schönen AS-262. Covadonga ist eines der **zentralen spanischen Heiligtümer**, aber auch eine etwas merkwürdige Mischung aus echter Frömmigkeit und Wallfahrtsrummel.

In Covadonga liegt die Wiege Spaniens. Nach der Zerstörung des Westgotenreichs durch die Mauren zog sich eine Handvoll westgotischer Krieger unter Führung von Pelayo in die unwegsamen Berge zurück. Im Jahr 722 schlugen sie die ihnen vom Emir von Córdoba nachgeschickten Soldaten – der erste Sieg über die Mauren. Pelayo und seine Männer schrieben ihren Erfolg der Unterstützung der hl. Jungfrau zu und errichteten ihr zu Ehren in einer Grotte, der heutigen Santa Cueva, einen Altar. Aus der Bezeichnung »Covadominica« für diese Stelle wurde im Laufe der Zeit »Covadonga«. Vom neu gegründeten Königreich Asturien mit der Hauptstadt Cangas de Onis nahm die Reconquista ihren Ausgang. Der spanische Thronfolger trägt daher den Titel »Prinz von Asturien«.

◄ Wiege Spaniens

Schon von unten sieht man die 1891 errichtete Basilika, zu der es in steilen Spitzkehren hinaufgeht. Neben der Kirche steht das Standbild des Fürsten Pelayo, über dessen Haupt das asturische Kreuz schwebt. Die Basilika selbst ist von geringem Interesse; im Museum gegenüber jedoch wird der wertvolle **Kirchenschatz** aufbewahrt, darunter die brillantenbesetzte Krone der Jungfrau.

◄ Basilika

PICOS DE EUROPA ERLEBEN

INFORMATIONSZENTREN

Oficina administrativa y centro de información Casa Dago
Avenida Covadonga, 43
33550 Cangas de Onís
Tel. 985 84 86 14
www.picosdeeuropa.com und
www.cangasdeonis.com
Öffnungszeiten: Mo. – Do.
8.00 – 14.30 u. 16.00 – 18.00,
Fr. 8.00 – 14.30 Uhr

Centro de Visitantes Pedro Pidal
Lagos de Covadonga
33550 Cangas de Onís
Öffnungszeiten: Mitte März bis 10. Dez. tgl. 10.00 – 17.00 Uhr

Centro de Visitantes en Sotama
Avenida Luis Cuevas, 2-A
39584 Tama
Tel. 942 73 05 55
Öffnungszeiten: tgl. 9.00 – 18.00, im Sommer bis 20.00 Uhr

WANDERUNGEN

Die Picos de Europa sind ein hervorragendes Gebiet für Bergwanderungen bis hin zum alpinen Bergsteigen. Für schwierige Touren sollte man unbedingt einen Bergführer nehmen. Schutzhütten der Bergsteigerverbände oder der Gemeinden stehen für jedermann offen und sind günstige Ausgangspunkte für weitere Erkundungen. Auskünfte erhält man in den örtlichen Tourismusbüros und bei den oben genannten Infostellen.

ÜBERNACHTEN

► **Komfortabel**

Los Lagos
Plaza del Ayuntamiento, 3
33550 Cangas de Onís
Tel. 985 84 92 77
www.arceahoteles.com
Drei-Sterne-Hotel im Ortskern mit solide eingerichteten, hellen Zimmern. Im angeschlossenen Restaurant »Los Arcos« wird gute kantabrische Küche serviert.

Santa Cueva ► Die Santa Cueva (Heilige Höhle) klebt hoch in der Felswand über einem Teich, in den ein Wasserfall stürzt. Vor einer winzigen Kapelle steht der Altar der Virgen de Covadonga (18. Jh.), ständig von Gläubigen umlagert. In der Nische rechts erkennt man einen Sarkophag, in dem die sterblichen Reste von Pelayo, seiner Frau Gaudiosa und seiner Schwester Hemisinda liegen sollen.

Die Santa Cueva in Covadonga: Hier soll die Reconquista begonnen haben.

Vom Hotel Pelayo führt eine sehr lohnende, aber steile Straße (bis 18% Steigung) weiter südöstlich bergan und erreicht nach 8 km den **Mirador de la Reina**, von wo sich bei schönem Wetter eine prächtige Aussicht auf das Gebirge und das Meer bietet.

★ **Lago Enol** Nach weiteren 3,5 km kommt man abwärts zum Lago Enol; noch 1,5 km weiter folgt der Lago de la Ercina, beide inmitten der herrlichen Bergwelt gelegen und Startpunkt für verschiedene Wanderrouten, z. B. in drei Stunden zur Vega Redonda. Von Juni bis September fahren von Covadonga auch Busse (11.00, 12.00, 15.30 und 17.30 Uhr) zu den Seen.

Tal des Río Cares

Cangas de Onis ► Cangas de Onis (195 m ü. d. M.), im 8. Jh. die erste Residenz der asturischen Könige, ist heute ein Zentrum für Bergwanderer, Angler und Wildwasserfahrer. Am Ortseingang überspannt eine dreibogige Brücke aus dem 13. Jh. den Río Sella, von deren Mitte eine übergroße Nachbildung des asturischen Siegeskreuzes herabhängt, das Pelayo in der Schlacht von Covadonga getragen haben soll. Das Original ist in der Cámara Santa in ►Oviedo zu sehen. Bei der modernen Ermita de la Santa Cruz, die an Stelle einer aus dem 5. Jh. stammenden und im 8. Jh. erneuerten Kapelle steht, kann man auf einem prähistorischen Dolmen noch Gravuren erkennen. Sehenswert ist auch der im 16. Jh. erbaute Palacio de Cortés.

Cueva del Buxu ► Von Cangas de Onis auf der AS-114 in östlicher Richtung sind es 2 km bis zur Abzweigung zur Cueva del Buxu, wo **Höhlenmalereien** aus der frühen Steinzeit (25 000–30 000 v. Chr.) entdeckt wurden.

Arenas de Cabrales ► Auf der AS-114, vorbei an der Abzweigung nach Covadonga, erreicht man nach 27 km das Tal des Río Cares; diesem folgt man abwärts nach Arenas de Cabrales (120 m ü. d. M.), das dem berühmten **Edelschimmelkäse** den Namen gab.

★ Oberes Cares-Tal ► Im Ort zweigt eine schmale und steile Straße (Tunnel) durch das obere Cares-Tal zu dem 6 km südlich am Fuß des Gebirges gelegenen Ort Poncebos ab. Von hier kann man eine längere, aber weniger schwere Bergwanderung (ca. 3½ Std. einfacher Weg) nach Caín entlang der herrlichen Schlucht des Cares, der **Garganta Divina**, unternehmen, eventuell sogar weiter bis Posada de Valdeón. Geübte Alpinisten können von Poncebos mit einem Führer über das abgeschiedene Bulnes – ohne Straßenanschluss, aber seit jüngstem mit Zahnradbahn von Poncebos – auf schwierigen Bergpfaden über das Refugio de Camburero (1375 m ü. d. M.) in etwa 10 Std. den Torre de Cerredo ersteigen.

Tal des Río Deva ✶

Durch die grüne Schlucht des Cares erreicht man schließlich Panes de Peñamellera, wo der Cares mit dem Río Deva zusammentrifft. Nun geht es auf der N-621 nach Süden durch das enge, von steilen Felsen umgebene und immer wieder wunderschöne Anblicke bietende Tal des Río Deva, den Desfiladero de la Hermida.

◄ Desfiladero de la Hermida

Man kommt nach Lebeña, wo mit der kleinen, dreischiffigen Kirche Nuestra Señora de Lebeña (10. Jh.) ein sehenswertes Beispiel mozarabischer Kirchenbaukunst in Kantabrien steht.

◄ Nuestra Señora de Lebeña

Im hübschen Potes (27 km von Panes) ist die wilde Schlucht den malerischen Obst- und Weingärten der Liébana gewichen. Sehenswert ist die zum Rathaus umgewandelte **Torre del Infantado** (15. Jh.).

◄ Potes

✶ ◄ Santo Toribio de Liébana

Von der Zufahrt nach Fuente Dé (s. u.) zweigt eine Nebenstraße zum Kloster Santo Toribio de Liébana ab, das auf das 7. Jh. zurückgeht, sich heute jedoch spätromanisch-gotisch und barock präsentiert. In der Capilla de la Santísima Cruz wird das angeblich **größte Teilstück des Golgatha-Kreuzes** aufbewahrt, das Bischof Toribio im 5. Jh. aus Jerusalem mitgebracht haben soll. Das Kloster ist berühmt durch den Mönch Beatus, der hier im 8. Jh. einen gegen den Arianismus gewandten Apokalypsekommentar schrieb, der vielfach in herrlichen Handschriften kopiert wurde.

✶ ◄ Seilbahn von Fuente Dé

Von Potes führt ein 25 km langer Abstecher westlich über Espinama, das letzte Pfarrdorf im Tal, nach dem 1000 m hoch gelegenen Fuente Dé. Hier gibt es sogar einen Parador Nacional, von dem in den Sommermonaten eine – allerdings manchmal recht überlaufene – Seilbahn (Teleférico) über 800 m steil hinauf zur Aussichtsplattform **Mirador del Cable** (1840 m ü. d. M.) fährt (bei stärkeren Winden stellt sie den Betrieb allerdings ein). Von dort oben bietet sich ein überwältigender Ausblick auf die Bergwelt. Die Bergstation ist Ausgangspunkt eines 1½ Std. in Anspruch nehmenden Pfades in östlicher Richtung nach Áliva (1780 m ü. d. M.) und für Hochtouren auf die umliegenden Gipfel, die man jedoch keinesfalls ohne Führer unternehmen sollte.

! *Baedeker* TIPP

Leckeres aus der Liébana

Die Liébana ist die Speisekammer der Picos, und es lohnt sich, von hier etwas mitzunehmen: Schinken aus Potes, Ziegenkäse aus Santo Toribio, Wein, Likör und Tresterschnaps wie den Orujo. Spezialität in den Restaurants: Cocido Lebaniego, Eintopf mit den besonders kleinen Kichererbsen der Liébana. Zur Verdauung empfiehlt sich der Kräutertee Té del Puertu, verfeinert mit ein paar Tropfen Orujo-Schnaps.

Mirador de Llesba

Von Potes auf der N-621 weiter nach Südwesten kommt man in einem Nebental des Río Deva in Windungen und Kehren ziemlich steil bergauf zum Puerto de San Glorio (1609 m ü. d. M.), von wo man auf einem Fußweg (rechts) in einer halben Stunde den Aussichtspunkt Mirador de Llesba erreicht. Er bietet Ausblicke auf die höchsten Spitzen der Picos.

✶ Puerto de Pandetrave ►

Von der Passhöhe geht es bergab durch das Tal des Río Lechada nach Portilla de la Reina, wo man die LE-243 nach Norden zum Puerto de Pandetrave (1562 m ü. d. M.) im Herzen der Picos de Europa nimmt. Hier erwarten den Besucher herrliche Ausblicke auf die höchsten Gipfel. In Posada de Valdeón trifft man wieder auf den Río Cares; dort bietet sich eine Wanderung in der Schlucht nach Poncebos an.

Tal des Río Sella

✶ Puerto de Panderruedas ►

Von Posada de Valdeón folgt man der LE-244 zum 1450 m hohen Puerto de Panderruedas in herrlicher Lage; von dieser Passhöhe kann man in 20 Minuten zum Aussichtspunkt Mirador de Piedrafitas wandern, von dem man ins Tal von Valdeón hinabblicken kann. Beim Puerto del Pontón mündet die Straße in die N-625.

Von **Oseja de Sajambre** geht ein Seitenweg zum Aussichtspunkt Mirador de Oseja de Sajambre. Von dort blickt man in die enge, tiefe Schlucht des Río Sella, den Desfiladero de los Beyos

✶ Desfiladero de los Beyos ►

Die Fahrt durch diese Schlucht ist der abschließende Höhepunkt vor der Rückkehr nach Cangas de Onis, nirgends in den Picos sind die Felswände so steil wie auf diesen 10 km, die der Sella gegraben hat.

Plasencia

H 8

Provinz: Cáceres (CC)
Region: Extremadura
Höhe: 415 m ü. d. M.
Einwohnerzahl: 41 500

Als Alfons VIII. Plasencia 1159 unter dem Motte »Ut Deo placeat« (»Möge es Gott gefallen«) gründete, ahnte er sicher nicht, dass der Ort auch bald 1000 Jahre später durchaus noch Gottes Gefallen finden würde. Denn die Kathedrale ist mit Abstand das bedeutendste Bauwerk der Stadt.

Hauptort der nördlichen Extremadura

Die alte Bischofsstadt Plasencia ist der Hauptort der nördlichen Extremadura und liegt auf einer vom Río Jerte in tiefer Schlucht umzogenen Bergkuppe an den Ausläufern der Sierra de Gredos. Das Tal des Jerte ist bekannt für seine **Kirschblüte**.

Sehenswertes in Plasencia

Catedrales

Das weitaus bedeutendste Bauwerk der Stadt ist die Kathedrale, die im Grunde aus zwei Teilen besteht: Der romanische Erstbau wurde im 13. und 14. Jh. erbaut; ein neuer Teil im gotischen Stil wurde

Über den Dächern von Plasencia steigen die Türme und Zinnen der teils romanischen, teils gotischen Kathedrale auf.

1498 fortgesetzt und bis ins 16. Jh. plateresk fortgeführt, aber nie vollendet. An ihm arbeiteten mit Franz von Köln, Gil de Hontañón u. a. einige der bedeutendsten Meister ihrer Zeit. Herausragend sind die **platereske Nordfassade** mit ihrem feinen Säulenschmuck und die **Puerta del Enlosado** am nördlichen Querschiff; innen die Capilla Mayor von Juan de Álava, Diego de Siloé und Alonso de Covarrubias, die prächtige Reja von 1604, das Chorgestühl von 1520 mit biblischen und ländlichen Szenen sowie der Retablo mit einem Relief der »Himmelfahrt Mariä« von Gregorio Fernández (1629).

◄ Santa María

Durch eine Tür betritt man den älteren Teil der Kathedrale, die Pfarrkirche Santa María. Hier findet man die romanische Puerta del Perdón und eine polychrome Marienstatue aus dem 13. Jh.; im kleinen **Museum im Kapitelsaal** sind die wertvollsten Stücke Gemälde von Ribera und Morales.

◄ Claustro

Vom Kreuzgang (14./15. Jh.) führt eine Treppe von Gil de Hontañón auf eine Terrasse, von der man gut die Kuppel der Sakristei sieht.

Ciudad Vieja

Zwischen Kathedrale, Plaza de San Nicolás und Plaza Mayor – Bauernmarkt am Dienstagmorgen – dehnt sich der **sehenswerteste Teil der Altstadt** mit Kirchen, Adelspalästen und gekalkten Häusern mit galerieartigen Vorbauten aus. An der Ecke gegenüber der Kathedrale steht der Palacio de los Marqueses de Mirabel, seit dem 15. Jh. Condes de Plasencia. Er umschließt einen Patio und einen Garten mit archäologischen Fundstücken; der schönste Innenraum ist der Salón de Carlos V mit einer Büste Karls V. von Pompeo Leoni. Es lohnt sich auch der Besuch des **Museo Etnográfico y Textil** wegen seiner vielen alten Trachten (C. Trujillo nahe der Kathedrale).

Muralla

Die Stadt ist umgeben von einer aus der Gründungszeit stammenden doppelten Stadtmauer mit 68 Türmen, auf der eine aussichtsreiche Promenade, namentlich auf der Nordostseite, entlangführt.

PLASENCIA ERLEBEN

AUSKUNFT

Oficina de Turismo
Plaza de la Torre de Lucía, s/n
10600 Plasencia
Tel. 927 01 78 40
www.aytoplasencia.es

ESSEN

► **Erschwinglich**

Viña La Mazuela
Avenida de las Acacias, 1
Tel. 9 27 42 57 52
Beliebtes Restaurant mit einer Bar, in dem vor allem die traditionelle Küche angeboten wird.

ÜBERNACHTEN

► **Komfortabel**

Alfonso VIII
Avenida Alfonso VIII, 34
Tel. 9 27 41 02 50
www.hotelalfonsoviii.com
Zentral gelegenes und sehr angenehmes Vier-Sterne-Hotel.

Umgebung von Plasencia

★ Parque Natural de Monfragüe

Der Tajo durchfließt in seiner ganzen Länge dieses Naturschutzgebiet südlich von Plasencia. Vorherrschend sind hier Kork- und Steineichen, Erdbeerbäume und wilde Olivenbäume. Das Faszinierende aber ist die Tierwelt – eine ähnliche **Vielfalt an Raubvogelarten** findet man kaum mehr in Spanien; unter ihnen sind Mönchsgeier und Kaiseradler die imposantesten. Auch Luchse leben hier.

★ Sierra de Gredos

Das Zentralmassiv der Sierra de Gredos mit seinen stets schneebedeckten Gipfeln nordöstlich von Plasencia bietet eine großartige Landschaft und gehört zu den **beliebtesten Wander- und Bergsteigerregionen** Spaniens. Im Almanzor (2592 m ü. d. M.) besitzt es seine höchste Erhebung. An dessen Nordfuß, zu erreichen von Hoyos del Espino, liegt die Laguna de Gredos, zu der man vom Refugio des Club Alpino auf einem schönen, gut markierten Wanderweg marschiert. Von dort führen markierte Wege (Vorsicht!) zu den malerischen fünf Bergseen, den Cinco Lagunas, sowie zu dem südlich über ihnen aufragenden Almanzor. Ein Großteil dieser wildreichen Landschaft, in der noch Steinböcke und Gämsen leben, ist zum Naturpark erklärt. Weitere Informationen über Bergtouren erhält man in den Tourismusbüros von ► Ávila, Arenas de San Pedro und im Parador kurz vor Hoyos del Espino.

Arenas de San Pedro

Der von Wäldern umgebene Luftkurort Arenas de San Pedro (510 m ü. d. M.) eignet sich bestens als Ausgangspunkt für Bergtouren durch die Sierra de Gredos. Zum Ort gehören die gotische Pfarrkirche (14. Jh.), das Pedro de Alcántara (17. Jh.) geweihte Kloster mit dem Grab des Kirchenreformers und das Castillo de la Triste Condesa (»Burg der traurigen Gräfin«), das seinen Namen von Doña Juana de

Pimentel hat, die sich nach der Hinrichtung ihres Mannes Álvaro de Luna hierher zurückzog. Südwestlich außerhalb liegen die Tropfsteinhöhlen Cuevas del Águila.

★ **Monasterio de Yuste**

Ganz im Osten der Sierra de Gredos liegt das 1404 gegründete und 1809 von den Franzosen verwüstete Hieronymitenkloster San Jerónimo de Yuste. Berühmt ist es geworden als letzter Aufenthalt Kaiser Karls V., der 1556 zugunsten seines Sohnes Philipp II. der Krone entsagte, sich nach Yuste zurückzog und am 21. September 1558 hier starb. Der Hauptaltar der **Klosterkirche** trägt die Kopie eines Tizian-Gemäldes, auf dem man Karl V. mit seiner Frau Isabella von Portugal sowie Philipp II. und Maria von Ungarn erkennt. An die Kirche schließt ein plateresker Kreuzgang an. Von der Terrasse bietet sich ein weiter Ausblick bis hin zur Sierra de Guadalupe (Öffnungszeiten: tgl. 10.00 – 18.30, im Winter tgl. 10.30 – 13.30, 15.00 – 17.15 Uhr).

Béjar

Béjar ist der Hauptort der nördlich an die östlichen Ausläufer der Sierra de Gredos anschließenden Sierra de Béjar. Die durch ihre Tuch- und Wollfabrikation bekannte Stadt liegt hübsch auf einer Anhöhe über einem bergumrandeten Tal. Sehenswert ist vor allem der festungsartige Palast der Herzöge von Béjar (16. Jh.) an der Plaza Mayor mit Renaissancehof und prächtiger Treppe. In der im 13. Jh. errichteten Kirche Santa María ist die Skulptur der »Nuestra Señora de las Angustias« von Luis Salvador Carmona zu beachten. Dem in Béjar geborenen Bildhauer Mateo Hernández widmet sich das Museum in der ehemaligen Kirche San Gil. Neben Werken aus seiner Hand werden auch Gemälde der flämischen und spanischen Schule,

◄ Palacio Duqual

Die Herzöge von Alburquerque bauten sich die Burg von Mombeltrán in der Sierra de Gredos.

Emailarbeiten, Porzellane, Elfenbeingegenstände und Miniaturen ausgestellt. Vom oberhalb des Orts gelegenen **Santuario El Castañar** (1050 m ü. d. M.) genießt man eine schöne Aussicht. Hier soll 1447 einigen Mönchen die hl. Jungfrau erschienen sein, die seither Schutzpatronin der Stadt ist. Ihr Bildnis aus dem 15. Jh. wird im barocken Sanktuarium verehrt.

Candelario Weiß getünchte Häuser mit schmiedeeisernen Balkonen und Holzgalerien, eine bezaubernde Plaza Mayor – dieses Dorf 4 km südlich von Béjar ist eines der schönsten und typischsten der Sierra.

Baños de Montemayor Auf der N-630 erreicht man nach 17 km in südlicher Richtung im Tal des Río Ambroz das Heilbad Baños de Montemayor, dessen **Thermalquellen** schon die Römer schätzten. Ein Teil der antiken Anlagen ist restauriert bzw. als Museum zugänglich. 1995 wurde hier ein neues modernes Kurbad eröffnet.

Hervás Hervas, 6 km weiter, besitzt noch ein beinahe unverändertes ehemaliges jüdisches Viertel.

Ponferrada

C 7

Provinz: León (LE)
Region: Castilia y León
Höhe: 543 m ü. d. M.
Einwohnerzahl: 69 000

Ponferrada liegt im Hochtal von Río Sil und Río Boeza, einer Gegend, in der bereits seit der Römerzeit Erzbergbau (Eisen, Gold) betrieben wird. Der Name der Stadt am Jakobsweg rührt von einer hier im 11. Jh. erbauten Brücke (lat. »pons ferrata«; dt. »eiserne Brücke«) für die Pilger her.

Sehenswertes in Ponferrada und Umgebung

Castillo de los Templarios Das trutzige Castillo de los Templarios, der ehemalige Sitz des Templerordens, steht nächst der Plaza Mayor. Die 1178 zum Schutz der Pilger gegründete und in den letzten Jahren gründlich renovierte Festung ist eine der **bedeutendsten Burganlagen Spaniens**.

In der nordöstlichen Vorstadt findet man man das mozarabische Kirchlein **Santo Tomás de las Ollas**. Das um 930 errichtete Gotteshaus zeigt neben mozarabischen wie den neun Hufeisenbögen auch westgotische Stilmerkmale. Bemer-

► PONFERRADA

AUSKUNFT

Ponferrada Turismo
Calle Gil y Carrasco, 4
24400 Ponferrada
Tel. 987 42 42 36
www.ponferrada.org/turismo

Nicht Erosion, nicht Vulkanismus – die Römer schufen die Médulas in den Montes Aquillanos, als sie die Erde nach Gold durchwühlten.

kenswert ist der ovale Grundriss des Altarraums. Innen sieht man noch Reste von Wandmalereien aus dem 16. Jahrhundert.

Bembibre

Ein typisches Bergarbeiterstädtchen und auch Station des Jakobswegs ist das 18 km östlich gelegene Bembibre. Ein Denkmal am Ortseingang ehrt die Bergleute der Region. Im Städtchen selbst lohnt sich ein Gang um die Kirche San Pedro, einst Synagoge, und durch die den Berghang aufwärts führenden Gassen mit ihren windschiefen Häuschen.

Villafranca del Bierzo

Auch Villafranca del Bierzo, das römische Berdigum Flavium, liegt am Jakobsweg, 20 km westlich von Ponferrada. Hier konnten die Pilger zum letzten Mal verschnaufen, bevor sie das galicische Gebirge überqueren oder aufgeben mussten. Den Ablass für Letzteres erhielten sie in der romanischen Kirche Santiago, die ein außerordentlich schönes Portal besitzt. Größtes Gebäude der Stadt ist das mit vier Rundtürmen bestückte **Castillo Marqués de Villafranca** aus dem 15./16. Jh.; weiterhin sehenswert sind die große barocke Jesuitenkirche Santa María und die beschauliche Plaza Mayor.

Puerta do Pedrafita do Cebreiro

Wer in Villafranca noch nicht aufgegeben hatte, musste bald mühsam hinaufsteigen zur Puerta do Pedrafita do Cebreiro, dem ersten, 1109 m hohen Pass über die galicischen Berge auf dem Weg nach Santiago de Compostela. Auf den stürmischen Höhen oberhalb des Dorfes Cebreiro können im **Parque Etnográfico** einige »pallozas« besichtigt werden, runde, strohgedeckte Steinhäuser keltischen Ursprungs, in denen ein kleines Museum eingerichtet ist. Eine frühromanische Kirche im Ort verweist auf eine Legende, in deren Mittelpunkt ein Kelch steht, der »Heilige Gral Galiciens«, der in ihr aufbewahrt wird.

Peñalba de Santiago

An den Hang der Montes Aquilianos führt der Ausflug zum 21 km südlich von Ponferrada liegenden, sehr hübschen Peñalba de Santiago, dessen rein mozarabische Kirche ebenfalls um 930 erbaut wurde. Als Besonderheit zeigt es zwei über Eck gebaute Apsiden.

★ Las Médulas

Inmitten der Montes Aquillanos liegt das Dorf Las Médulas, zu erreichen via C-536 nach Südwesten und einer Stichstraße von Carucedo (21 km von Ponferrada). Am Rand des Dorfes bricht der Bergrücken jäh ab, und man blickt auf eine bizarre Landschaft aus braun-gelbroten Kegeln und Türmen. All das ist nur bedingt ein Werk der Natur: Es handelt sich um die Überreste des einstmals reichsten Goldbergbaus im Römischen Reich, wie Plinius der Ältere beschreibt. Das Gelände ist seit 1997 als UNESCO-Weltkulturerbe ausgewiesen.

Pontevedra

D 3

Provinz: Pontevedra (PO)
Region: Galicien
Höhe: 19 m ü. d. M.
Einwohnerzahl: 82 000

»Lebhaft« ist ein durchaus zutreffendes Attribut für Pontevedra, denn in den Gassen der Altstadt – typisch galicisch mit Granithäusern und großen Fensterfronten – reiht sich Bar an Bar, in die man bedenkenlos gehen und Tapas genießen kann.

Geschichte

Pontevedra, reizvoll im Delta der Flüsse Río Lérez, Río Alba und Río Tomeza an der Ría de Pontevedra (► Rías Gallegas) gelegen, ist die Hauptstadt der gleichnamigen Provinz und war im Mittelalter unter dem Namen Pontis Veteris (Alte Brücke) ein bedeutender Hafenplatz; aus dieser Zeit stammen noch die Reste der alten Stadtmauern. Die Legende berichtet, dass Teukros, Bruder des griechischen Helden Ajax, nach der Rückkehr von Troja an dieser Stelle gelandet sein soll.

Sehenswertes in Pontevedra

★ Museo Provincial

Öffnungszeiten:
Di. – Sa.
10.00 – 21.00,
So. 11.00 – 14.00

Das Museo Provincial, in den beiden aus dem 18. Jh. stammenden Adelshäusern Casa de los Monteaguedos und Casa de los García Flórez an der unglaublich hübschen Praza da Leña, erstaunt mit seinen umfangreichen Sammlungen. Im ersten Gebäude sind frühzeitliche Funde, darunter ein keltiberischer Goldschatz, und die Gemäldeabteilung mit Werken u. a. von Zurbarán, Murillo, Ribera, Giordano und Veronese untergebracht. Im zweiten Haus ist u. a. eine Sammlung von Prozessionskreuzen des 13.–19. Jh.s zu sehen. Eine andere Abteilung widmet sich der spanischen Marine; hier ist die Nachbildung der Admiralskajüte der »Numancia« ausgestellt, 1866 Flaggschiff der spanischen Flotte unter Admiral Méndez Nuñez im Krieg gegen die ehemaligen Kolonien Chile und Peru.

San Francisco

Die große Kirche San Francisco aus dem 14. Jh. war ursprünglich Kirche des Bettelmönchordens; in ihr ist u. a. Don Payo Gómez Chariño begraben, der 1248 an der Eroberung Sevillas teilnahm.

La Peregrina

Daneben erkennt man die Kapelle La Peregrina an ihrer eigenartigen Form: Sie ist ein 1776 von Fernando Souto geschaffener Rundbau mit konvexer Fassade und schlanken Türmen, eines der **schönsten Bauwerke des galicischen Barocks**. In ihr wird die Schutzpatronin der Stadt, die Virgen de la Peregrina, verehrt.

Santo Domingo

Von der Kapelle geht man zur Praza da España mit den Ruinen der Kirche Santo Domingo. Geblieben sind fünf hohe Apsiden aus dem 14. Jh., die, als Lapidarium des Museo Provincial, einige gotische Grabmäler und andere Steinmetzarbeiten bewahren.

Santa María la Mayor

Die Kirche Santa María la Mayor am Westrand der Innenstadt besitzt eine prachtvolle Hauptfassade von Cornelius de Holanda in Form eines Retablos; beim Seitenportal rechts sollte man die Christusfigur »Cristo del Buen Viaje« beachten.

Pontevedra Orientierung

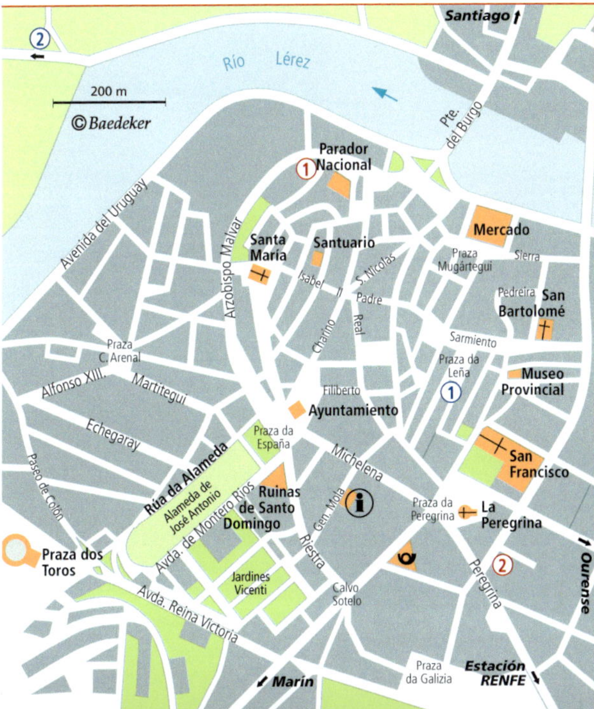

Essen

1. Eirado da Leña
2. Casa Ces

Übernachten

1. Parador de Pontevedra
2. Rías Bajas

PONTEVEDRA ERLEBEN

AUSKUNFT

Oficina de Turismo
Calle Gral. Gutiérrez Mellado, 1 B
36001 Pontevedra
Tel. 986 85 08 14
www.riasbaixas.depo.es

EINKAUFEN

Galiciens Schätze
Unbedingt einen Bummel wert ist die stimmungsvolle, zweistöckige Markthalle von Pontevedra. Alles, was Galiciens Gewässer und Weiden zu bieten haben, ist hier versammelt: Fleisch, Fisch, Käse, Gemüse, Obst.

ESSEN

► Fein & teuer

① ***Eirado da Leña***
Praza da Leña, 3
Tel. 986 86 02 25
Koch Nacho bereitet hier galicische Kost vom Feinsten zu, und da er zunächst eine Konditor-Lehre absolviert hat, sind auch die Desserts sehr lecker

► Erschwinglich

② ***Casa Ces***
Avenida Porteliña, 15
Pojo
Tel. 986 87 29 46
Das Restaurant bietet seit 1908 vor allem landesübliche Speisen an.

ÜBERNACHTEN

► Luxus

① ***Parador de Ponteverdra***
Calle Barón, 19
Tel. 986 85 58 00
www.parador.es
Der Parador liegt im Zentrum in einem Palast aus dem 16. Jh. und strahlt aristokratischen Glanz aus.

► Komfortabel

② ***Rías Bajas***
Calle Daniel de la Sota, 7
Tel. 986 85 51 00
www.hotelriasbajas.com
Beliebtes Hotel mit freundlicher Ausstattung im Zentrum der Stadt.

Malerisch: die Praza da Leña in Pontevedra

Skulptureninsel Pontevedras jüngste Attraktion schufen zwölf internationale Künstler: Sie stellten am Lérez Skulpturen auf, die Galicien und seine Landschaft widerspiegeln sollen.

Umgebung ► Rías Gallegas (Rías Baixas)

★ Rías Gallegas

A-D 2-4

Provinzen: Lugo, La Coruña, Pontevedra **Region:** Galicien

Die tief ins Landesinnere einschneidenden Fjorde der nordwestspanischen Atlantikküste sind von rauer Schönheit. Die regenreiche Gegend bietet grandiose, herbe Landschaften, einsame Strände, verschlafene Fischerdörfer und einige sehenswerte Städte. Hier spielt der Tourismus noch keine große Rolle, hier lebt man vom Fischfang – beste Voraussetzungen für Natururlaub und den Genuss galicischer Spezialitäten.

Rías Altas

Betanzos

Die einstige römische Hafenstadt Brigantum Flavium, das heutige Betanzos, liegt östlich von A Coruña an der tief ins Land einschneidenden Ría de Betanzos. Der Hafen ist versandet, und so kann man die seefahrerische Vergangenheit des Städtchens heute nur noch im Museo das Mariñas (Rúa Emilio Romay) erkennen. Mittelpunkt von Betanzos ist die von den typisch galicischen Häusern mit Glasfassaden umgebene **Praza do Campo**.

★ ◄ San Francisco

Die Kirche des Klosters San Francisco, das 1387 von Graf Fernán Pérez de Andrade gegründet wurde, ist mit ihren großen Apsidenfenstern und dem reichen Figurenschmuck der Portale einer der gelungensten gotischen Kirchenbauten in Galicien. Der Stifter ist in einem prächtigen Sarkophag begraben: Ein Eber und ein Bär tragen den mit Jagdreliefs versehenen Sarg, auf dem die Gestalt des Adligen mit seinen Jagdhunden zu Füßen ruht.

◄ Santa María del Azogue

Die dreischiffige Kirche Santa María del Azogue (14./15. Jh.) gegenüber zeichnet sich durch ihre Fassade mit großer Fensterrose aus. Auch hier finden sich Grabmäler, daneben ein flämischer Retablo.

◄ Santiago

Die Kirche Santiago (15. Jh.) ist die Mutterkirche der Stadt und stammt ursprünglich aus dem 11. Jh.; im 15. Jh. ließ sie die Schneiderzunft renovieren. Im Tympanon sieht man ein Reiterbild des Apostels Jakobus, in der Capilla San Pedro y San Pablo einen plateresken Altar von Cornelis von Holland.

◄ Parque del Pasatiempo

»Pasatiempo« bedeutet Zeitvertreib. Genau hierfür ließ Juan García Naveira Ende des 19. Jh.s am Ufer des Río Mandeo einen fantastischen Garten mit Springbrunnen, Grotten und allerlei exotischen Pflanzen anlegen.

◄ Monasterio San Félix

Nahe des 20 km östlich von Betanzos liegenden **Monfero**, inmitten der Sierra de Moscoso, stößt man auf die große Klosteranlage San Félix, die auf das 12. Jh. zurückgeht. Ein guter Teil liegt in Ruinen, erhalten hat sich aber die Kirchenfassade, schachbrettartig aus Granit und Schiefer zusammengesetzt und mit drei mächtigen Säulen. Im Kreuzgang (16./18. Jh.) findet sich ein schöner Brunnen.

RÍAS GALLEGAS ERLEBEN

AUSKUNFT

Oficina Municipal de Turismo
Praza de Galicia, 1
15300 Betanzos-O-Vello
Tel. 981 77 66 66
www.betanzos.es

! Baedeker TIPP

Porto de Bares

Zauberhaft ist das richtige Wort für den winzigen Fischerhafen Porto de Bares unterhalb des Leuchtturms an der Punta de la Estaca de Bares. Doch damit nicht genug: Es gibt hier auch ein tolles Fischrestaurant, das Marina.

ESSEN

► Preiswert

La Penela
Soportales del Campo, 21
Betanzos
Tel. 981 77 31 27
Spezialität des preiswerten Lokals sind galicische Küche, Tortillas und Fleischgerichte.

ÜBERNACHTEN

► Günstig

Casa de Laxe
O Rueiro, Buño
Tel. 981 71 10 72
www.costadelamuerte.com
Gemütliches Landhotel.

Pontedeume Die Küstenfahrt führt von Betanzos weiter ins 21 km nördlich entfernte Pontedeume (Puentedeume) an der Ría de Ares, einst Sitz des mächtigen Fürstengeschlechts der Andrade, von deren Burg aus dem 14. Jh. nur noch ein Wehrturm erhalten ist. Der Name der Stadt stammt von der erstmals im 14. Jh. gespannten Brücke über den Eume. Die Kirche Santiago (16. Jh.) enthält das Grabmal des Grafen Fernando de Andrade.

Convento de Caaveiro Jenseits der Ría zweigt die AC-141 ab. Entlang des Río Eume gelangt man zu den überwucherten Ruinen des im 10. Jh. gegründeten Klosters Caaveiro.

El Ferrol Über den Ferienort Cabañas geht es nach El Ferrol, **größter spanischer Kriegshafen** an der Atlantikküste, heute unter dem Niedergang der Werftindustrie leidend. Die Altstadt liegt am Handelshafen; die rechtwinklig angelegte Neustadt ist ein typisches Beispiel für die Stadtplanung des 18. Jh.s, als Ferdinand VI. und Karl III. die Stadt zum Kriegshafen ausbauen und mit mächtigen Befestigungsanlagen und dem Arsenal versehen ließen. El Ferrol ist Geburtsort von Francisco Franco, weshalb die Stadt bis vor wenigen Jahren den Zusatz »del Caudillo« im Namen führte.

Cedeira Auf der landschaftlich sehr schönen C-646 gelangt man nach Cedeira, einem angenehmen Ort mit ruhiger Flanierpromenade und schönen Sandstränden, die zum Baden einladen.

Eine nicht einfache Fahrt, die aber durch eine wunderschöne Steilküstenlandschaft belohnt wird, führt um die nordöstlich von Cedeira gelegene Halbinsel der Sierra de la Capelada herum nach Ortigueira. Dabei kommt man durch den Wallfahrtsort **San Andrés de Teixido**, schon in vorchristlicher Zeit von Mythen umweht. Von hier ist es nicht weit zu den Klippen von Vixia de Herbeira, mit 612 m Höhe die **höchsten Europas**. Die einfachere Strecke schneidet die Halbinsel ab und führt direkt nach Ortigueira. Der Fischerhafen in prächtiger Lage an der gleichnamigen Ría bietet schöne Strände.

✶ **Sierra de la Capelada**

? WUSSTEN SIE SCHON ...?

- ... dass derjenige, der die Pilgerfahrt in den Wallfahrtsort San Andrés de Teixido versäumt, angeblich nach seinem Tod als Eidechse oder Wiesel in den Felsen ringsum zu hausen hat?

Von Ortigueira sind es noch weitere 25 km bis zur Punta de la Estaca de Bares, dem von einem Leuchtturm gekrönten nördlichsten Punkt Spaniens.

Punta de la Estaca de Bares

Auf der Küstenstraße geht es weiter über den Río Oro nach Viveiro (Vivero) in der Provinz Lugo, einem angenehmen Städtchen mit hübschen Gassen, auch wenn hier der Tourismus schon etwas stärker zu spüren ist. Von der Stadtmauer ist die noch von Türmchen gekrönte Puerta de Carlos V erhalten. Ebenfalls sehenswert sind die Kirche San Francisco und das malerische Stadtviertel Malecón. Gebadet wird an der Praia de Faro und am Stadtstrand Praia de Covas.

Viveiro

Blühende Hortensien an der Ría von Cedeira

Knapp 40 km östlich von Viveiro zweigt von der N-642 eine Nebenstraße zu den eindrucksvollen Resten des im 8. Jh. gegründeten Klosters San Martín de Mondoñedo ab. Restauriert wurde die romanische Kirche mit schönen Säulenkapitellen und Wandmalereien.

Costa da Morte

Kaum verwunderlich, dass der Küstenabschnitt südlich von A Coruña **Todesküste** heißt. Sind doch an ihren zerklüfteten, sturmumtosten Küsten Hunderte Schiffe zerschellt. Es ist die wildeste, abgeschiedenste der galicischen Küsten, die Heimat keltischer Mythen. Für die Römer war hier »finis terrae«, das Ende der Welt.

Wo heute das Santuario de la Virgen de la Barca steht, wurde einst einem animistischen Kult gehuldigt.

★ **Küstenstraße an der Costa da Morte**

Von Carballo, 35 km westlich von ►A Coruña, kann man einen Abstecher zum schön gelegenen Fischerort Malpica de Bergantiños machen, um dort am tollen Sandstrand zu baden. Wer die Küste genießen will, folgt von hier den Windungen der Küstenstraße AC-430/AC-433 und macht weitere Abstecher ans Meer: zum abgeschiedenen Corme, an die Strände Praia de Niñóns und Praia Balarés, zum etwas belebteren Laxe oder zur Praia de Traba. Auch das an einer geschützten Bucht liegende, hübsche **Camariñas** sollte man besuchen, wo die Herstellung feiner Klöppelspitzen (»encajes«) eine lange Tradition hat. Auf der anderen Seite der Bucht liegt Muxia, wo an den Felsen beim **Santuario de la Virgen de la Barca** ein vorchristlich-animistischer Kult ausgeübt wurde.

Cabo Fisterra

Anstrengende, aber schöne Sträßchen führen schließlich zum oft nebelverhangenen Cabo Fisterra (Cabo Finisterre). Vom Ort Fisterra wandert man an der romanisch-romantischen Kirche Santa María das Areas vorbei zum Leuchtturm und dem darüber liegenden Monte de Facho, von wo sich ein **grandioser Blick** auf den offenen Atlantik bietet.

Rías Baixas

Muros

Die Unteren Rías geben sich nicht so schroff wie die Costa da Morte und die Oberen Rías und sind deshalb auch stärker besucht. Auch diese Landschaft erfährt man am besten auf der Küstenstraße, die vom Cabo Fisterra den Fischerhafen Muros erreicht, wo vor allem **Sardinen** angelandet werden. Dort sollte man durch die Viertel A Cerca und A Xesta spazieren, um unspektakuläre, aber umso unverfälschtere galicische Bauweise zu sehen.

Noia

Um die Ría de Muros e Noia herum geht es nach Noia (Noya), das antike Noega. Man entdeckt sehr schöne Adelshäuser wie die Casa de los Churruachos oder den Palacio Peña de Oro; zu den interessantesten Kirchen gehören **San Martín** aus dem 15. Jh. mit bemerkenswerter Fensterrose und figurengeschmückter Fassade sowie **Santa María Nova** mit ihrem Friedhof mit über 200 teilweise sehr alten Gräbern. 37 km landeinwärts liegt ►Santiago de Compostela.

**** Mirador de la Curota**

◄ Padrón

Wer die gesamten Rías Baixas überblicken will, fährt auf der C-550 an der Ría entlang auf die Landzunge mit dem Aussichtspunkt Mirador de la Curota; andernfalls kürzt man direkt ab nach Padrón an der Mündung des Río Ulla. Der Legende nach soll hier das Schiff mit den Gebeinen des Apostels Jakob gelandet sein. In der Kirche Santiago de Padrón, über einem romanischen und einem gotischen Vorgängerbau errichtet, wird am Hauptaltar ein Stein gezeigt, an dem es angeblich festmachte. In Padrón wurde die hoch verehrte galicische **Dichterin Rosalia de Castro** (1837–1885) geboren; man kann ihr Geburtshaus besichtigen.

Ría de Arousa

*** ◄ Cambados**

An der folgenden Ría de Arousa reiht sich ein schöner Strand an den anderen, was auch ein Blick vom Mirador de Lobeira bestätigt. Wer sehen will, wie Muscheln aufwachsen, sollte eine Bootsfahrt zu den Muschelzuchtinseln unternehmen. Sehenswertester Ort ist Cambados, dessen Stadtmittelpunkt, die außerordentlich schöne **Praza de Fefiñanes**, von einem über Eck gebauten Palast des 17. Jh.s, der Kirche San Benito und Arkadenhäusern begrenzt wird. In der Umgebung von Cambados wachsen die Trauben für den fruchtigen, weißen Albariño-Wein.

*** ◄ A Toxa**

Herrlich auf einer Landspitze liegt das ehemalige Kur- und heutige Seebad A Toxa (La Toja), einer der elegantesten Plätze der galicischen Küste. Das Kontrastprogramm dazu bietet das durchkommerzialisierte O Grove auf der anderen Brückenseite. Außerhalb von O Grove, bei Reboredo, kann man im **Acquariumgalicia** die Unterwasserwelt an dieser Küste studieren.

Ría de Pontevedra

An der Ría von ►Pontevedra lohnen sich – an der Nordseite – Besuche des Badeorts Sanxenxo (Sangenjo) und des Fischerhafens **Combarro** wegen seiner direkt am Wasser stehenden Hórreos und seiner vielen Betsäulen. An der Südseite erreicht man via Pontevedra den Marinehafen und Sitz der Marineakademie Marín. Schönster Strand hier ist die **Praia de Mogor**.

Über Bueu erreicht man an der Ría von ► Vigo Cangas, das sich vom Fischerdorf zum Badeort entwickelt hat. Immer wieder – beson-

! *Baedeker* TIPP

Scharf, aber lecker!

In Padrón sollte man im Sommer in einer Tapas-Bar – mit aller Vorsicht – »pimientos« probieren, denn der Ort ist bekannt für den Anbau und das Einlegen der süßlich-scharfen Peperoni.

Für die Männer, die aus den Häfen Galiciens auf den Atlantik hinausfahren, hat die Fischerei nichts mit Folklore zu tun – für sie ist es harte Arbeit.

ders vom Mirador de Coto Redondo südlich von Pontevedra – eröffnen sich herrliche Blicke auf die im Vergleich zu den anderen Unteren Rías steilere und engere Ría de Vigo, einen der **besten Naturhäfen der Welt**, in der zahllose künstliche Muschelbänke für die Austernzucht verstreut sind.

★ Illas Cíes ▶ Die Illas Cíes in der Ría von Vigo waren schon von Kelten besiedelt; Sir Francis Drake versteckte sich hier auf seinen Kaperfahrten gegen die Spanier. Herrliche Strände zum offenen Atlantik laden zum Verweilen ein; die Inseln **San Martín** und **Monteagudo** sind wegen ihrer Pflanzen- und Tierwelt zum Naturschutzgebiet erklärt worden. Fährverbindungen bestehen von Vigo und Baiona (nur Mitte Juni bis Mitte Sept.).

Baiona Die C-550 läuft weiter südwestlich an der Ría de Vigo entlang; kurz vor Baiona schlägt der Sandstrand von Praia de América einen weiten Bogen. Eine Brücke überspannt die Mündungsbucht des Río Miño nach Baiona (Bayona). Das Hafenstädtchen in sehr schöner Lage ist heute viel besuchter Badeort. Es war die erste Stadt, die von der Entdeckung Amerikas erfuhr, als 1493 die »Pinta« hier nach der Überquerung des Atlantiks wieder anlegte. Auf den Mauern des im 16. Jh. erbauten **Castillo Monterreal**, heute Parador Nacional, sollte man einen Rundgang machen, um die überwältigenden Ausblicke auf das Meer zu genießen. Sehenswert wegen ihrer Steinmetzarbeiten ist die romanisch-gotische Kollegiatskirche (12./13. Jh.).

★ **Monte Santa Tecla** Weiter am Meer entlang erreicht man A Guarda, einen kleinen Hafenplatz nahe der Mündung des Río Miño, der die Grenze zu Portugal bildet. Auf der südlich liegenden Landspitze Monte Santa Tecla (314 m ü. d. M.) entdeckte man 1913 die Reste einer einst sehr großen keltischen Siedlung, die von 500 v. Chr. bis ins erste nachchristliche Jahrhundert bewohnt war und dann von den Römern kolonisiert wurde. Man vermutet, dass über 1000 steinerne, strohgedeckte Rundhütten hier standen, von denen zwei rekonstruiert worden sind. Ein kleines Museum zeigt Funde.

Ripoll

D 25

Provinz: Gîrona (GI)
Region: Katalonien
Höhe: 682 m ü. d. M.
Einwohnerzahl: 11 000

Weit im katalanischen Landesinneren an der Südrampe des Pyrenäengebirgszugs Collado de Ares, dort wo Riu Ter und Riu Freser zusammenfließen, wartet das Städtchen Ripoll mit einem der bedeutendsten Zeugnisse der spanischen Romanik auf, dem Benediktinerkloster Santa María.

Sehenswertes in Ripoll und Umgebung

Monasterio de Santa María

Wilfried der Haarige (Guifré el Pelos), Graf von Barcelona, gründete das Kloster im Jahr 888 am Ort eines westgotischen Kirchleins aus dem 6. Jh. In der ersten Hälfte des 11. Jh.s drückte Abt Oliva dem Kloster seinen Stempel auf – sowohl geistig als auch durch seine Bautätigkeit. Ausgestattet mit einer immensen Bibliothek, entwickelte es sich zu einem Brennpunkt des mittelalterlichen Geisteslebens, der Wissbegierige aus ganz Europa anzog. Unter ihnen war auch der Ordensmann Gerbert von Aurillac (um 940 – 1003), der spätere **Papst Silvester II.** Von der fünfschiffigen Basilika hat ein Brand 1835 nur

RIPOLL ERLEBEN

AUSKUNFT

Oficina de Turismo
Plaça Abat Oliba, s/n
17500 Ripoll
Tel. 972 70 23 51
www.ajripoll.org

ÜBERNACHTEN/ESSEN

▸ **Komfortabel/Günstig**

La Trobada Hotel
Passeig Honorat Vilamanyà, 4
Tel. 972 70 23 53
www.latrobadahotel.com
In dem gemütlichen Zwei-Sterne-Haus kann man nicht nur gut übernachten, sondern auch leckere landesübliche Gerichte probieren.

ÜBERNACHTEN

▸ **Komfortabel**

Solana del Ter
Ctra. Barcelona – Ripoll, s/n
Tel. 972 70 10 62
www.solanadelter.com
Freundliches Ferienhotel mit Swimming Pool und Campingplatz, großem Sportangebot und vorzüglichem Restaurant.

Eine reiche bildliche Darstellung ziert das Hauptportal des Klosters Santa María in Ripoll.

wenig übrig gelassen, die heutige Kirche (1883) an der Plaça d'Ajuntament gibt aber den romanischen Raumeindruck recht gut wieder.

Der bedeutendste Rest der romanischen Kirche ist das insgesamt gut erhaltene **Hauptportal** aus dem 12. Jh. Es beeindruckt durch die überreiche Fülle der bildlichen Darstellungen aus dem Alten und Neuen Testament. Im obersten Teil finden sich Szenen aus der Offenbarung des Johannes – der thronende Christus, flankiert von Engeln und den Evangelistensymbolen –, darunter links vom Portal Szenen aus dem Buch der Könige, rechts aus dem Buch Exodus, u. a. Auszug des Volkes Israel aus Ägypten; im untersten Teil erkennt man König David, von Musikanten umgeben, und Fabelwesen. Die Figuren im Portal stellen die Heiligen Petrus und Paulus dar; ferner Jonas mit dem Wal sowie im innersten Bogen Kain und Abel.

Das fünfschiffige **Innere** der Kirche strahlt düstere Majestät aus. Das mächtige Chorhaupt besitzt je drei Nebenapsiden beiderseits der großen Hauptapsis. Im rechten Querhausarm befindet sich das Grabmal von Berengar III. († 1131), im linken dasjenige von Wilfried dem Haarigen.

Kreuzgang ► Rechts vom Portal führen einige Stufen zum Kreuzgang (12.–15. Jh.). Sein Figurenschmuck ist später entstanden als jener der Hauptfassade und auch kunsthistorisch nicht ganz so bedeutend.

Museu dels Pirineos

Die Kirche Sant Pere links neben dem Kloster ist zum Museu dels Pirineos umfunktioniert worden. Es zeigt Exponate zur Geschichte und Volkskunde der Region, darunter Waffen – Ripoll hatte eine bedeutende Waffenindustrie –, Keramik, Kunstgewerbe und Textilien.

Modernisme

Auch der Modernisme hat im Städtchen seine Spuren hinterlassen: Joan Rubió i Bellver baute u. a. das Kirchlein Sant Miquel de la Roqueta und die Casa Bonada, beide im Stadtteil jenseits des Riu Ter zu finden.

Sant Joan de les Abadesses

Auch im Städtchen Sant Joan de les Abadesses (San Juan de los Abadesas), 10 km nordöstlich von Ripoll an der C-151, gründete Wilfried der Haarige ein Kloster. Dessen große, 1150 geweihte Kirche birgt ein bedeutendes romanisches Kunstwerk: die geschnitzte Kreuzabnahmegruppe, »el santissim misteri de Sant Joan de les Abadesses« genannt. In der späten Romanik (um 1250) entstanden, verrät sie bereits Anklänge der Gotik. Die Gruppe besteht aus Christus, Maria, den beiden Schächern (das Original des Guten Schächers allerdings wurde 1936 zerstört und durch eine Kopie ersetzt), den Heiligen Johannes und Nikodemus sowie Joseph von Arimathia. Sehenswert ist auch – im rechten Querhaus – der aus Alabaster gearbeitete gotische Marienaltar aus dem Jahr 1423 sowie der im 14. Jh. geschaffene Sarkophag des seligen Miró, Kanoniker von Sant Joan, mit dessen liegender Figur. Links neben der Kirchenhauptfassade öffnet sich die Pforte zum Kreuzgang mit seinen zierlichen gotischen Säulenarkaden und Kassettendecken. Das Klostermuseum zeigt vor allem Exponate aus dem einstigen Kloster und anderen Kirchen des Ortes.

★ ◄ Kreuzabnahmegruppe

! *Baedeker* TIPP

Vall de Núria

Naturerlebnis und Eisenbahntechnik verspricht ein Ausflug ins Vall de Núria nördlich von Ripoll. In Ribes-Enllacebes de Freser startet eine Zahnradbahn (Cremallera) stündlich zur Fahrt in das abgeschiedene Pyrenäental. 15% Steigung, 1000 m Höhenunterschied und neun Tunnel sind auf der 12,5 km langen Strecke zu bewältigen, bis man am Stausee und dem riesenhaften Santuario der hl. Jungfrau von Núria angelangt ist. Die Bahn verkehrt täglich; nur im November ist der Betrieb eingestellt (Informationen: Tel. 9 72 73 20 20, www.valldenuria.com).

★ ★ Ronda

J 20

Provinz: Málaga (MA)
Region: Andalusien
Höhe: 750 m ü. d. M.
Einwohnerzahl: 37 000

Durch ihre einzigartige Lage an der Kante eines Hochplateaus und ihre maurische Altstadt gehört Ronda zu den schönsten Orten in Südspanien. Darüber hinaus gilt die Stadt als Wiege des heutigen Stierkampfes, als Wallfahrtsort für seine Liebhaber.

Stadt der Inspiration

Aus einer fruchtbaren Vega am Fuß der Serranía de Ronda steigt ein nach Süden zugespitztes Plateau auf, das durch die 40–90 m breite, bis 150 m tiefe Schlucht des Río Guadalevín (Tajo) in zwei Teile geschieden wird und nach Westen in fast senkrechten Felswänden abstürzt. Zu beiden Seiten dieser Schlucht liegt Ronda, geteilt in die Altstadt im Süden, die auf das römische Arunda und das maurische Madinat Runda zurückgeht, und die Neustadt im Norden, eine Gründung der Katholischen Könige, die 1485 die Mauren vertrieben. In Ronda wurde 1844 die Guardia Civil gegründet, denn hier hatten Schmuggler und Räuber eine Hochburg. Nicht zuletzt diese Szenerie inspirierte Prosper Merimée zu seiner »Carmen«, die auch in Ronda den Männern den Kopf verdreht. Andere Schriftsteller waren ebenfalls von der Stadt angetan; geradezu berühmt wurde der Aufenthalt

Rainer Maria Rilke ►

von Rainer Maria Rilke, der den Winter 1912/1913 hier verbrachte und Ronda in einem Brief folgendermaßen beschrieb: »... *wunderbar, dass ich Ronda gefunden habe, in dem alles Erwünschte sich zusammenfasst: die spanischste Ortschaft, fantastisch und überaus großartig auf zwei enorme steile Gebirgsmassive hinaufgehäuft, die die enge tiefe Schlucht des Guadaro auseinanderschneidet; die starke reine Luft, die über das weithin geöffnete, von Feldern, Steineichen und Ölbäumen freundlich ausgenutzte Flusstal aus den, die spannendste Ferne bildenden, Gebirgen herüberweht.*«

Neustadt

✶✶ **Blick vom Puente Nuevo**

Jeder Besucher Rondas wird zuallererst den atemberaubenden Blick in die über 100 m tiefe Schlucht des Río Guadalevín, genannt El Tajo (Kerbe oder Schramme), riskieren. Sie überspannt der zwischen 1751 und 1793 erbaute, 70 m lange Puente Nuevo.

Ronda *Orientierung*

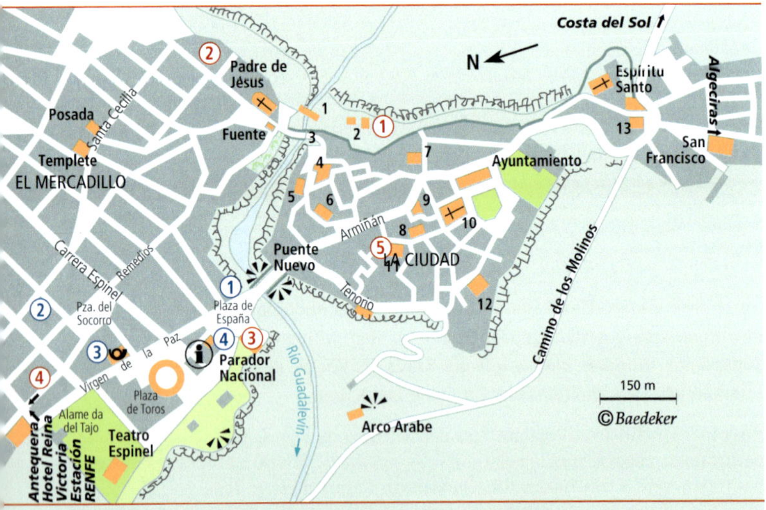

1 Puente Árabe
2 Baños Árabes
3 Puente Romano
4 Casa del Marqués de Salvatierra
5 Casa del Rey Moro
6 Museo Lara
7 Museo Histórico Popular del Bandolero
8 Museo Peinado
9 Minarett
10 Santa María la Mayor
11 Casa del Marqués de Moctezuma
12 Palacio de Mondragón
13 Puerta de Almocábar

Essen
① Don Miguel
② Patatín Patatán
③ Pedro Romero
④ Tragabuches

Übernachten
① La Alavera de los Baños
② En Frente Arte
③ Parador de Ronda
④ Reina Victoria
⑤ San Gabriel

Einmalig und gewagt: Der Ponte Nuevo überspannt die Schlucht des Río Guadalevín – am besten zu sehen vom Grund des Tajo.

Auf der neustädtischen Brückenseite öffnet sich die Plaza de España mit dem Parador Duque de Parcent. Kurz dahinter befindet sich die 1785 erbaute Plaza de Toros, die älteste Stierkampfarena Spaniens, die sich durch ihr zweigeschossiges, hölzernes Arkadenrund auszeichnet. Ronda ist für Stierkampfaficionados ein Wallfahrtsort, denn hier entwickelte Pedro Romero (1754–1839) aus der Stierkämpferdynastie der Romeros die als **»Schule von Ronda«** noch im Wesentlichen heute gültigen Regeln des Stierkampfes. Das Stierkampfmuseum behandelt besonders die Geschichte der Arena (Öffnungszeiten: tgl. 10.00 – 20.00, im Winter bis 18.00 Uhr).

★ **Plaza de Toros**

Um die Arena herum gelangt man zur Aussichtspromenade über der Schlucht, von deren vergitterten Vorsprüngen man einen herrlichen Blick auf das fast 200 m tief eingeschnittene Flusstal und über die Vega auf das Gebirge hat.

★★ **Aussichtspromenade**

An der Kirche La Merced vorbei kommt man zum Hotel Reina Victoria, in dem Rainer Maria Rilke das Zimmer 208 bewohnte, das heute Erinnerungen an ihn enthält; im Hotelgarten steht seine Bronzestatue (1966) von dem Bildhauer N. Díaz Piquero.

Hotel Reina Victoria

★ La Ciudad (Altstadt)

Über den Puente Nuevo geht es in die Altstadt (La Ciudad). An der malerischen Plaza de la Duquesa de Parcent stehen das Rathaus und die Kirche Santa María la Mayor, ursprünglich Moschee und noch

Santa María la Mayor

RONDA ERLEBEN

AUSKUNFT

Turismo de Ronda
Paseo de Blas Infante, s/n
29400 Ronda
Tel. 952 18 71 19
www.turismoderonda.es

VERANSTALTUNG

Die Zeiten der Gebrüder Romero werden lebendig, wenn Ronda jährlich um den 12. September herum die *Fiestas de Pedro Romero* mit Stierkampf, Umzug, Flamenco und vielem mehr feiert.

ESSEN

► Fein & teuer

④ ***Tragabuches***
José Aparicio, 1
Tel. 952 19 02 91
Der Shooting Star an Rondas Restaurant-Himmel: einfallsreich variierte andalusische Küche.

► Erschwinglich

① ***Don Miguel***
Plaza de España, 3 y 5
Tel. 952 87 10 90
Zur andalusischen Küche gibt es den atemberaubenden Blick in die Schlucht unterhalb des Puente Nuevo.

③ ***Pedro Romero***
Virgen de la Paz, 18
Tel. 952 87 11 10
In diesem mit vielen Stierkampf-Devotionalien ausgestatteten Restaurant wird sehr gut bodenständig gekocht, z. B. Rabo de Toro.

► Preiswert

② ***Patatín Patatán***
Borrego, 7
Angesagte und recht witzig eingerichtete Tapas-Bar.

ÜBERNACHTEN

► Komfortabel

② ***En Frente Arte***
Real, 40
Tel. 952 87 90 88
www.enfrentearte.com
Mit Antiquitäten eingerichtete Zimmer, Pool und Sauna.

③ ***Parador de Ronda***
Plaza de España, s / n
Tel. 952 87 75 00
www.parador.es
Modernes Hotel hinter historischer Fassade, in zentraler Lage direkt über der Tajo-Schlucht und in Nachbarschaft zur Stierkampfarena.

Baedeker-Empfehlung

④ ***Reina Victoria***
Jerez, 25
Tel. 952 87 12 40
www.hotelhusareinavictoriaronda.com
Den herrlichen Garten, die atemberaubenden Blicke in die Schlucht und weit hinaus in die Serranía bewunderte schon Rainer Maria Rilke, der hier den Winter 1912/1913 in Zimmer 208 verbrachte.

⑤ ***San Gabriel***
Calle Marqués de Moctezuma, 19
Tel. 952 19 03 92
www.hotelsangabriel.com
Freundliches Hotel in der Altstadt.

► Günstig

① ***La Alavero de los Baños***
Calle San Miguel
Tel. 952 87 91 43
www.alaveradelosbanos.com
Gemütliches andalusisches Landhaus nahe den maurischen Bädern, was auch die Einrichtung inspiriert.

von vier maurischen Kuppeln überwölbt; in christlicher Zeit wurde sie um die gotischen Seitenschiffe und die hoch ragende plateresken Capilla Mayor erweitert. Sie besitzt ein kunstfertiges Renaissance-Stuhlwerk und einen feinen maurischen Mihrâb, die nach Mekka gerichtete Gebetsnische.

Palacio de Mondragón

Das Portal des Palacio de Mondragón, westlich der Kirche am Abgrund erbaut, trägt ein recht rustikales Abbild von Adam und Eva. Hier übernachteten 1485 die Katholischen Könige; heute ist hier das **Museo Municipal** untergekommen.

? WUSSTEN SIE SCHON ...?

- ... dass der Architekt des Puente Nuevo, José Martín de Aldehuela, von ihr in den Tod stürzte? Angeblich soll er Selbstmord begangen haben, weil er glaubte, etwas derart Perfektes nie wieder konstruieren zu können.

Wenig rechts vom Palacio de Mondragón führt von der Plaza del Campanillo beim Abhang des Stadtfelsens ein Fußweg zu den verfallenen Mühlen in der Schlucht des Río Guadalevín. Man kann entweder auf dem Hauptweg in Kehren hinab zu den unteren Mühlen (½ Std.) oder auf einem nach rechts abzweigenden Weg durch das kleine maurische Tor Arco Árabe (Arco del Cristo) am Abhang hin zum Elektrizitätswerk (20 Min.) und weiter zu den oberen Mühlen gehen. Der Marsch wird belohnt mit **herrlichen Ausblicken** auf die Wasserfälle und die Brücke.

Casa del Rey Moro

Vom Puente Nuevo gelangt man nach links durch die Calle del Comandante Linares zur Casa del Rey Moro, einem maurischen Adelshaus; eine Treppe mit 365 Stufen, in den Fels geschlagen von christlichen Sklaven, führt hinab zum Fluss.

Untere Flussbrücken

◄ Baños Árabes

Die Calle del Comandante Linares senkt sich weiter und führt durch die 1742 erbaute Puerta de Felipe V hinunter zu den unteren Flussbrücken Puente Viejo von 1616 und Puente de San Miguel. Rechts vom Puente Viejo ließen sich die maurischen Herrscher im 13. und 14. Jh. eine große, von Hufeisenbögen unterteilte Badeanstalt bauen.

Alcazaba

Am Südende der Altstadt kommt man zur 1808 von den Franzosen zerstörten Alcazaba, der Burg der maurischen Könige. Von ihr führt der Paseo de San Francisco durch das maurische Tor Puerto de Almocávar hinunter zur Vorstadt San Francisco. Die Kirche Espiritu Santo nahebei ließen die Katholischen Könige erbauen.

Umgebung von Ronda

★ Serranía de Ronda

Südöstlich von Ronda ersteckt sich das karge Felsengebirge der Serranía de Ronda, in dem noch Königsadler und Steinböcke leben; bei einem Ausflug lernt man malerische Dörfer wie **Junquera** oder **Tolox** kennen.

Einüben der großen Pose

DIE CORRIDA – LETZTE BASTION DES MACHISMO

Was für viele Mitteleuropäer und inzwischen selbst auch für Spanier nichts weiter als ein blutiges Spektakel ist, ist für die Aficionados, die Kenner und Begeisterten des Stierkampfs, eine hohe Kunst. Sie sprechen von der »arte de lidiar«, von der Kunst, den Stier zu bannen, im Kampf gegen ihn zu bestehen und ihn nicht nur körperlich zu besiegen.

Die Stierkämpfe aufzugeben, hieße für Spanier, einen Teil einer tief verwurzelten Kultur, ja ein Stück der eigenen Identität zu verlieren. Für viele Spanier ist die Corrida de toros eine der letzten Annäherungen an den archaischen Kampf zwischen Mensch und Tier. Ein Kampf, bei dem es nicht nur einen Verlierer geben kann und bei dem das Tier mehr Wertschätzung erfährt als bei manch anderer kultureller Äußerung unserer Zeit.

Die klassische Landschaft des Stierkampfs ist Andalusien, auch wenn sich die Matadores in allen großen Städten Spaniens, in einigen Ländern Lateinamerikas und selbst in Südfrankreich dem Stier in der Arena stellen. Die größte **Plaza de Toros** besitzt zwar Madrid, doch im andalusischen Ronda befindet sich die älteste. So verwundert es nicht, dass die gefeiertsten Toreros aller Zeiten meist Andalusier waren und sind: Manolete, Lagartijo, Joselito, Paquirri und El Cordobés – einige von ihnen haben ihr Leben in der Arena verloren. Die **»toros bravos«**, diese vor Kraft strotzenden halbwilden Tiere, werden größtenteils seit vielen Generationen von andalusischen Züchterdynastien herangezogen. In den Provinzen Sevilla, Huelva und Cádiz liegen deren riesige Latifundien, geradezu und nach wie vor der Inbegriff alter Señorito-Herrlichkeit.

Ursprünge

Die historischen Spuren des Kampfes zwischen dem Stier und dem Menschen sind alt, sie verlieren sich bis in prähistorische Zeiten in verschiedenen Kulturkreisen. Bis das heute gültige **Regelwerk der Corrida** sich im Verlauf des 18. Jh.s herausbilden konnte, gab es die unterschiedlichsten Formen des Kampfes. Während und nach der Reconquista waren es meist nur Angehörige der obersten Schichten, die bei Festen am Hof und bei Waffenübungen zu Pferd gegen den Stier antraten. Im Verlauf des 18. Jh.s

– die Bourbonen tolerierten Kampfspiele bei Hofe immer weniger – waren es dann Dienstleute der Adligen, die ohne Pferd vor Publikum gegen den Stier kämpften und damit die heutige Form des Stierkampfs begründeten. Gleichzeitig begann die **systematische Aufzucht** von »toros bravos« in der Umgebung des Städtchens Utrera und heute reichen die Stammbäume der berühmtesten Stiere bis in diese Zeit zurück. Goya hat in seinem Radierungszyklus »Tauromaquia« den historischen Moment illustriert, als der berittene Stierkämpfer Ende des 18. Jh.s in den Hintergrund gedrängt wurde und durch den Torero a pie, den Stierkämpfer zu Fuß, ersetzt wurde.

»Einen Stier kann man nur einmal betrügen, beim zweiten Mal sucht er den Körper.«

Drama in drei Akten

Stierkämpfe finden im Allgemeinen zur Feria oder zu anderen lokalen Festen statt. Von Ostern bis Ende Herbst versammeln sich dann die Aficionados zu Tausenden am späten Nachmittag in der kreisrunden Plaza de Toros. Wer kann, weicht der unerträglichen Hitze der auf der Sonnenseite gelegenen »Sol-Plätze« aus und erwirbt eine weit teurere Karte für die beschattete **»Sombra-Seite«**. Fast immer sind es drei Toreros oder Matadores, die mit ihrer Cuadrilla – den Helfern – an einem Nachmittag sechs Stiere zu töten haben.

Das Zeremoniell beginnt mit dem farbenprächtigen Einzug aller Beteiligten unter Paso-doble-Klängen. Die über und über pailettenbestickten Uniformen (sog. Lichtanzüge) sind ein Relikt aus den adligen Zeiten des Stierkampfes. Bevor der Stier getötet werden kann, muss er zuerst von der **Cuadrilla** gereizt und geschwächt werden. Mit der grellfarbenen weiten Capa wird er in Erregung gebracht, damit seine Kräfte dem Publikum offenbar werden und der Torero seine Stärken und Schwächen kennen lernen kann. Nach diesem ersten Kontakt zwischen Matador und Toro erscheinen die berittenen Picadores. Während der Stier das gepanzerte Pferd des Picadors angreift, versucht dieser, ihn durch Lanzenstiche in den Nacken zu schwächen. Danach treten die Banderilleros auf. Mit tänzelnden, schnellen Schritten laufen sie dem Stier frontal entgegen und stechen ihm im letzten Augenblick ein Paar

Stierkämpfer Cayetano Ordóñez vor der Arena von Ronda

Banderillas, mit Flitterwerk und Widerhaken versehene Spitzstäbe, in den Nacken. Dann tritt der Matador wieder auf und es beginnt der Höhe- und Endpunkt des Kampfes.

Die Geschicklichkeit des Menschen muss über die Brachialgewalt des um 500 Kilo schweren Tiers siegen. Mit dem scharlachroten Tuch, der Muleta, muss der Torero den Stier bannen und ihn an seinem Körper vorbeiführen. Jede der tänzerischen Bewegungen (»paso«) hat einen eigenen Namen in der **Stierkampf-Terminologie**. Erst wenn der Wille des Stieres gebrochen ist und der Torero wagt, sich mit dem Rücken zum Tier vom Publikum feiern zu lassen, kann der Todesstoß erfolgen. Der Stier muss den Kopf senken, damit der estoque genannte Degen in einen ganz bestimmten Bereich seines Nackens eindringen kann und das Herz trifft. Matadore, die dieses Ziel verfehlen, werden vom Publikum gnadenlos ausgebuht und verspottet.

Archaisches Relikt

Ernest Hemingway, selbst ein Aficionado, hat in seinem Roman »Tod am Nachmittag« wie kein anderer die Angst und Achtung des Toreros vor dem Stier, die spielerische Leichtigkeit, aber auch die tiefe Trauer dieses rituellen Tötungsakts in der Arena beschrieben. Mut, Todesverachtung und Körperkraft, aber auch Ästhetik und bei manchen Bewegungen Erotik vereinigen sich in den heißen Nachmittagsstunden einer Corrida in einer einzigen Figur, dem Torero. Er ist die Verkörperung des sprichwörtlichen, im Grunde jedoch bereits der Vergangenheit angehörigen andalusischen Machismo schlechthin.

Die Gegner

Fast solange es den Stierkampf gibt, gibt es auch seine Gegner und Kritiker. Sie sprechen von unnötiger **Tierquälerei** und von grausamen Schmerzen, die dem Tier vor und während des Kampfes zugefügt werden. Außerdem wird kritisiert, dass sich Tausende von Menschen in den Arenen und am Fernseher an der Qual der Tiere ergötzen. Besonders die Frage der zeitgleichen Fernsehübertragungen von Stierkämpfen wird in den letzten Jahren kontrovers diskutiert. Inzwischen muss vor jeder Übertragung ein Warnhinweis eingeblendet werden, dass das Programm für Kinder unter 13 Jahren ungeeignet ist.

Mit ihren Kork-, Stein- und Traubeichenwäldern und der nur hier wachsenden Pinsapotanne gibt sich die **Sierra de Grazalema** westlich von Ronda nicht weniger wildromantisch; man erkundet sie auf einer Rundfahrt über die wunderbaren weißen Dörfer Grazalema, El Bosque und Ubrique – inklusive Abstecher in das zauberhafte Zahara de la Sierra –, oder natürlich in Wanderstiefeln.

Die nach ►Jerez de la Frontera führende, landschaftlich sehr ansprechende A-378 zweigt nach 12 km nach Benaoján (11 km) ab, von wo es noch einmal 4 km zur **Höhle von La Pileta** sind. Hier wurden bis zu 25 000 Jahre alte Tiermalereien aus der Steinzeit gefunden, ähnlich denen von Altamira (►Santillana del Mar), jedoch älter als diese.

Das weiße Dorf **Setenil**, 19 km nördlich, wird von einem großen gotischen Kirchenbau beherrscht; wesentlich interessanter jedoch sind die zahlreichen in den Fels hineingebauten Wohnhäuser.

Zwischen den Wohnungen im Fels geht's eng zu in Setenil.

★ Sagunt · Sagunto

K 5

Provinz: Valencia (V)
Region: Valencia
Höhe: 46 m ü. d. M.
Einwohnerzahl: 66 000

In Sagunt, ca. 25 km nördlich von ►Valencia, wurde Weltgeschichte geschrieben: Die Belagerung der iberischen Stadt im Jahr 218 v. Chr. und ihre Zerstörung im Jahr darauf löste den Zweiten Punischen Krieg aus. Von der einstigen Bedeutung der Stadt zeugen die mächtigen Ruinen der berühmten iberischen Festung Saguntum.

Geschichte

Die Bewohner von Sagunt hatten sich 221 v. Chr. mit Rom verbündet, obwohl die Stadt südlich des Ebro lag, in einem Gebiet also, das 226 v. Chr. im karthagisch-römischen Vertrag den Karthagern als Einflusssphäre zugesichert worden war. Daraufhin belagerte Hannibal neun Monate die Stadt, bis die Saganter in ihrer Verzweiflung die Häuser anzündeten und sich selbst verbrannten – denn von Rom erhielten sie keine tätige Hilfe. Erst als Hannibal den Ebro überschritt und zu seinem berühmten Zug über die Alpen ansetzte, griffen die Römer ein. 214 v. Chr. eroberten sie die Stadt auf einem nach allen Seiten steil abfallenden, 170 m hohen Bergrücken wieder zurück.
In Sagunt wurde der **Komponist Joaquín Rodrigo** (1901–2000) geboren, dessen »Concierto de Aranjuez« ein Klassiker geworden ist.

Sehenswertes in Sagunt und Umgebung

★ **Teatro Romano**

Das im 1. Jh. n. Chr. auf halber Höhe des Burgfelsens erbaute römische Theater wurde restauriert, um den Erfordernissen der jährlichen Sommervorstellungen zu genügen – das Ergebnis allerdings ist so **heftig umstritten**, dass manche bereits die »Restauration der Restauration« fordern. Wie auch immer: Die 50 m durchmessenden Zuschauerränge bieten 5000 Menschen Platz, und wenn das Stück nicht gefällt, können sie immer noch den tollen Blick aufs Meer genießen (Öffnungszeiten: Di. bis Sa. 10.00–14.00 und 16.00–18.00, So. nur vormittags). An der Zufahrt zur Burg liegt das archäologische Museum mit iberischen, karthagischen und römischen Funden.

★ **Castillos de Sagunto**

Die Einheimischen sprechen von »den Burgen«, denn Iberer, Karthager, Römer, Mauren und auch Franzosen, die die Stadt 1811 belagerten, hinterließen auf dem Berg ihre Spuren und bauten kräftig an den Festungswerken. Die ausgedehnten Mauern, die hübsche Blicke auf die Stadt und die Küste bieten, stammen überwiegend aus arabischer und französischer Zeit (Öffnungszeiten wie Theater). Beim Eingangstor sind Reste des römischen Forums freigelegt.

Foro Romano ►

Iberer, Karthager, Römer, Mauren, Spanier und Franzosen beherrschten vom Burgberg aus Sagunt.

SAGUNT ERLEBEN

AUSKUNFT

Oficina de Turismo
Plaza Cronista Chabret, s/n
46500 Sagunto
Tel. 962 66 22 13
www.aytosagunto.es

ÜBERNACHTEN

▶ Günstig

La Pinada
Ctra. Sagunto – Burgos, km 3
Tel. 962 66 08 50
www.serbit.com/lapinada
Freundliches Ferienhotel mit zeitgemäß eingerichteten Zimmern, Restaurant, Bar, Cafeteria, vier Swimmingpools und Sonnenterrassen. Zum Strand sind es nur fünf Minuten. Das einfache Restaurant bietet ordentliche regionaltypische Hausmannskost.

El Bergantín
Pl. del Sol, Puerto de Sagunto
Tel. 962 68 03 59
www.elbergantin.com
Familiäres Hotel mit 24 gut eingerichteten Zimmern.

Judería

Unterhalb des Theaters bis hinab zur Plaça Major dehnt sich das ehemalige Judenviertel aus, so **gut erhalten** wie selten in Spanien. Hier stehen auch die Reste des Dianatempels aus dem 5./4. Jh. v. Chr., der als einziges Bauwerk die Zerstörung überstanden hat.

Plaça Major

Die arkadenumgebene Plaça Major beherrscht die 1344 begonnene gotische Pfarrkirche Santa María.

El Puig

Das Kloster von El Puig, gute 10 km südlich von Sagunt, verdankt seine Gründung im Jahr 1237 der Entdeckung einer byzantinischen Marienskulptur, der Virgen del Puig, die zur Schutzheiligen Valencias erhoben wurde und den Altar der Kirche schmückt. Für viele interessanter als die Klostergebäude mag aber das hervorragende **Museo de la Imprenta y de la Arte Gráfico** sein, das Druck- und Buchkunst seit dem Mittelalter vorstellt.

Segorbe

Prächtig zwischen zwei von Burgen gekrönten Hügeln liegt 30 km landeinwärts das stille Bischofsstädtchen Segorbe (362 m ü. d. M.), das iberische bzw. römische Segobriga. Seine Kathedrale stammt aus dem 15./16. Jh., der Kreuzgang aus dem 13. Jh. Das Museo Catedralicio zeigt eine feine Sammlung gotischer Gemälde, Bilder von Vicente Macip (Vater von Juan de Juanes) und eine Marienskulptur von Donatello. Die Kirche San Martín de las Monjas (17. Jh.) birgt eines der besten Bilder von Ribalta: »Christus in der Vorhölle«.

Parque de la Naturaleza El Pla

Vor allem Kindern wird der Naturpark El Pla gefallen – Tiergehege, Streichelzoo, Kletterparcours –, zu finden via N-234 Richtung Teruel, Ausfahrt Torres-Torres.

✶✶ Salamanca

G 9

Provinz: Salamanca (SA)
Region: Castilia y León

Höhe: 802 m ü. d. M.
Einwohnerzahl: 154 500

Die ausnahmslos aus leuchtend goldgelbem Stein aus Villamayor errichteten Gebäude der Altstadt von Salamanca strahlen überwältigend im klaren Licht der Meseta, aus der Ferne am schönsten zu genießen vom linken Ufer des Río Tormes. In den engen Gassen der Altstadt, von Studenten aus aller Welt bevölkert, spürt man noch den Geist der einst großen Universität von Salamanca.

Weltkulturerbe

Die altberühmte Universitätsstadt liegt am rechten Ufer des Río Tormes. Hier herrscht ein raues Klima: Der Winter ist oft bitter kalt, der Sommer zuweilen unerträglich heiß. Und trotzdem – das wunderbare Salamanca ist eines der allerersten Reiseziele in Spanien. Die Stadt wurde wegen ihres Reichtums an alten Bauten, darunter besonders schöne Beispiele des hier zum Höhepunkt gelangten plateresken Stils, in ihrer Gesamtheit zum Nationaldenkmal erklärt und von der UNESCO in die Liste des Weltkulturerbes aufgenommen.

Geschichte

Salamanca ist das römische Salmantica, das 217 v. Chr. von Hannibal erobert und im 8. Jh. n. Chr. maurisch wurde. Die anhaltenden Kämpfe zwischen Christen und Mauren zerstörten die Stadt fast vollständig, so dass sie erst um 1100 unter der Herrschaft Alfons' VI. von Kastilien zu neuer Bedeutung gelangte. Den Weltruf Salamancas begründete jedoch die 1215 von Alfons IX. von León gegründete **Universität**, die mit den Hochschulen von Bologna, Paris und Oxford wetteiferte und dem übrigen Europa die arabische Wissenschaft vermittelte. Im 16. Jh. zählte die Universität Salamanca über 7000 Studenten. Mit der Errichtung eines Bistums in Valladolid (1593), das bis dahin Salamanca untergeordnet war, sowie der Vertreibung der Moriscos, wie die in Spanien verbliebenen Mauren genannt wurden (1610), begann Salamancas Niedergang. Während der Besetzung Spaniens durch napoleonische Truppen war Salamanca mehrmals Quartier der Franzosen. 1811 schlugen englische Truppen im wenig südlich gelegenen Tal von Arapiles das französische Heer und leiteten damit den Rückzug Napoleons von der Iberischen Halbinsel ein. Heute knüpft Salamanca wieder an seine große Zeit als Universitätsstadt an.

! *Baedeker* TIPP

Tapas à la Salamanca

In Salamanca kann man sich bei wunderbaren Kneipenbummeln quer durch die neuesten Musik-Pubs und Tapas-Bars bestens vergnügen; auf der Plaza Mayor steht ein Tresen am anderen. Preislich etwas günstiger als hier kommt man in den Bars an der benachbarten Plaza del Mercado und rings um die Universität.

Ein Musterbeispiel des Churriguerismus: die Plaza Mayor mit dem Rathaus. Der Glockenturm wurde allerdings erst später aufgesetzt.

Zwischen Plaza Mayor und Universität

★★ **Plaza Mayor**

Der glanzvolle Mittelpunkt Salamancas ist die von einheitlichen dreistöckigen Häusern mit Arkaden umgebene, quadratisch anmutende, jedoch leicht trapezförmige Plaza Mayor. Sie wurde 1729 auf Geheiß Philipps V. nach Plänen von Alberto de Churriguera begonnen und 1755 vollendet. Als »städtischer Festsaal« ist sie in ihrer Geschlossenheit einer der großartigsten Plätze Spaniens, auf dem bis ins 19. Jh. hinein auch Stierkämpfe abgehalten wurden.
An der Nordseite erhebt sich das **churriguereske Ayuntamiento** (Rathaus), gekrönt vom 1852 aufgesetzten Glockenturm. Rechts davon steht der Pabellón Real von Alberto de Churriguera mit einer Büste Philipps V.

San Martín

An die Südwestecke der Plaza Mayor schließt die kleine Plaza Corillo mit der Kirche San Martín (12. Jh.) an, einem spätromanischen Bau mit einem Relief des hl. Martin (13. Jh.) am Nord- und plateresken Dekor am Südwestportal; sie besitzt gotische Grabmäler und einen Retablo von Alberto de Churriguera (1731).

★ **Casa de las Conchas**

Von der Plaza Corillo erreicht man auf der Rúa Mayor einen kleinen Platz, an dessen Ecke rechts leicht bergauf die 1514 erbaute Casa de las Conchas (»Haus der Muscheln«) steht. Es war der Stadtpalast des Santiagoritters Talavera Maldonado, der sein Haus mit Jakobsmuscheln verzieren ließ, die je nach Sonnenstand ein reizvolles Schattenspiel werfen. Bemerkenswert sind auch die kunstvoll gearbeiteten Fenstergitter. Hier ist das **Touristenbüro** untergebracht, so dass man den sehr schönen zweistöckigen Patio und das Treppenhaus mit herrlicher Kassettendecke kostenlos besichtigen kann.

La Clerecía Gegenüber erhebt sich La Clerecía (1617), eine weiträumige kuppelgekrönte Jesuitenkirche mit wirkungsvoller zweitürmiger Fassade von Quiñones und einem prächtigen churrigueresken Hauptaltar.

Universidad Pontífica Direkt an die Kirche angebaut ist die Universidad Pontífica, an der Theologie, Philosophie und kanonisches Recht gelehrt werden. Über einen Treppenaufgang gelangt man in den im ersten Stock liegenden Umgang des außerordentlich schönen Barockhofs.

SALAMANCA ERLEBEN

AUSKUNFT

Oficina Municipal de Turismo
Plaza Mayor, 32
s/n, 37008 Salamanca
Tel. 923 21 83 42
www.salamanca.es

ESSEN

▸ Fein & teuer

① ***Catalonia Salamanca Plaza***
Espoz y Mina, 25
Tel. 923 28 17 17
www.hoteles-catalonia.es
Das Restaurant im gleichnamigen Luxushotel bietet fein zubereitete Menüs mit regionalen Spezialitäten.

▸ Erschwinglich

② ***La Posada***
Calle del Aire, 1
Tel. 923 21 72 51
www.laposada.net
Das bei Einheimischen beliebte Posada serviert regionale Küche, besonders Wildgerichte. Nahe der Plaza Mayor gelegen.

▸ Preiswert

③ ***Momo***
San Pablo, 13
Tel. 9 23 28 07 98
Das kleine, einfach eingerichtete Lokal bietet Tapas. Wie der Name vermuten lässt, findet man Hinweise im Interieur auf die bekannte Geschichte von Michael Ende.

ÜBERNACHTEN

▸ Luxus

① ***Parador de Salamanca***
Teso de la Feria, 2
Tel. 923 19 20 82
www.parador.es
Moderner Parador mit einzigartiger Aussicht auf das alte Salamanca.

▸ Komfortabel

② ***Torre del Clavero***
Consuelo, 21
Tel. 923 28 04 10
www.hoteltorredelclavero.com
Modern eingerichtetes Hotel im Innenstadtbereich von Salamanca.

▸ Günstig

③ ***Hostería Casa Vallejo***
San Juan de la Cruz, 3
Tel. 923 28 04 21
www.hosteriacasavallejo.com
Zu einem guten Preis werden hier in zentraler Lage gut gepflegte Zimmer angeboten.

★ Universität

Von La Clerecía sind es auf der Calle Libreros nur wenige Schritte zu den linker Hand liegenden Gebäuden der einst weltberühmten Universität von Salamanca. An ihr unterrichteten u. a. der Humanist Fray Luis de León (1527–1591), der Mystiker Juan de la Cruz (1542–1591) und der Philosoph Miguel de Unamuno (1864–1936), der auch Rektor war. Auch Cervantes studierte hier, und zu Zeiten, als dies noch für hochgradige Ketzerei galt, erkannte man in Salamanca schon das Kopernikanische Weltsystem an.

Öffnungszeiten:
Mo.–Sa.
9.30–13.30 u.
16.00–19.00,
So., Fei.
10.00–13.00

Der in den Jahren 1415–1433 errichtete Bau war noch recht einfach. Erst 1534 fügte man die Hauptfassade mit ihrer verschwenderischen Fülle plateresken Schmucks an, das unübertroffene **Meisterwerk** dieses Stils in Spanien. Über den beiden Türen reihen sich auf drei Feldern aufs feinste ausgeführte Steinmetzarbeiten aneinander, unterbrochen von Pilastern. In der Mitte der ersten Etage erkennt man ein Medaillon mit dem Bildnis der Katholischen Könige, darüber das Wappenschild Karls V. und den kaiserlichen Doppeladler; wiederum darüber der Papst, von Kardinälen umgeben, rechts davon Venus, Priamos und Bacchus sowie links Herkules, Juno und Jupiter. Am rechten Pilaster im ersten Feld hockt auf einem Totenkopf ein Frosch, eine Allegorie auf die Ausschweifung, aber auch der Glücksbringer der Studenten.

★★ **Hauptfassade**

Die verschwenderische Fülle der plateresken Hauptfassade zeugt von der einstigen Bedeutung der Universität.

Das Gebäude umschließt einen großen zweistöckigen Patio, um dessen unteren Gang sich die Hörsäle, die Aula, die Capilla de San Jerónimo und der Musiksaal gruppieren. Letztere ist ausgestattet mit wertvollen Wandteppichen und zwei Gemälden von Juan de Flandes.

Die ins Obergeschoss führende Treppe (16. Jh.) zeigt Schnitzereien mit Turnier-, Morisken- und Jagdszenen und trägt am Schlussstein das **Wappen der Universität**. Über den mit einer Artesonadodecke versehenen Umgang erreicht man

Bibliothek ► das isabellinische Portal der 1254 gegründeten Bibliothek. Der ursprünglich gotische Bibliothekssaal wurde 1749 umgestaltet; aus dieser Zeit stammen auch die mit ca. 40 000 Büchern und 3500 Manuskripten gefüllten Bücherschränke.

Salamanca Orientierung

1 Universidad
2 Museo Provincial
3 Escuela Menores
4 Palacio de Anaya
5 Convento de Dueñas
6 Santiago
7 Museo de Art Nouveau
8 Las Bernardas
9 Torre de Clavero
10 Palacio de la Salina
11 Casa de las Conchas
12 La Clerecía
13 Universidad Pontífica
14 San Benito
15 San Martín
16 Mercado
17 San Julián
18 Ayuntamiento

Essen
① Catalonia Salamanca Plaza
② La Posada
③ Momo

Übernachten
① Parador de Salamanca
② Torre del Clavero
③ Hostería Casa Vallejo

Die Universitätsfassade blickt auf den Patio de las Escuelas, dessen Mitte ein Denkmal für Fray Luis de León aus dem Jahr 1869 ziert. Um den Platz gruppieren sich – außer dem Universitätsgebäude – weitere Bauten im reinsten plateresken Stil, die ihm eine **einzigartige Atmosphäre** verleihen.

★ **Patio de las Escuelas**

Die südwestliche Seite des Platzes nimmt eine lange, von durchbrochenen Zierzinnen gekrönte Gebäudefront ein, deren linkes Portal ins Hospital del Estudio führt, das 1533 vollendete Studentenhospiz, heute Rektorat.

◄ Hospital del Estudio

Die rechte Hälfte der Gebäudefront gehört zu den Escuelas Menores, deren einstöckigen Patio man durch ein doppelbogiges, mit prächtigen Wappenfeldern geschmücktes Portal und durch ein Vestibül betritt. In die Sala Calderón de la Barca wurde die Ausstattung der ehemaligen Universitätsbibliothek gebracht, allem voran das einmalige Deckenfresko »Cielo de Salamanca« (um 1480) von Fernando Gallego, das den Stand der Himmelskunde im ausgehenden 15. Jh. darzustellen versuchte. Nicht alle Bilder sind erhalten geblieben, man erkennt aber noch Tierkreiszeichen, einige Sternbilder und die vier Winde. Weiterhin sehenswert sind Skulpturen von Felipe de Vigarny und Gemälde von Juan de Vigarny.

◄ Escuelas Menores

★

◄ »Cielo de Salamanca«

An der Stirnseite des Platzes liegt der Eingang zum Museo Provincial de Bellas Artes (v. a. Malerei des 16.–19. Jh.s) im Palacio de los Abarca Alcaraz, den sich der Leibarzt Isabellas der Katholischen Ende des 15. Jh.s erbauen ließ. Die Hauptfassade des Palasts wendet sich allerdings der Plaza Fray Luis de León zu.

◄ Museo Provincial de Bellas Artes

Rund um die Kathedralen

Durch eine Gasse entlang der Universität gelangt man zur Kathedrale, deren Turm man schon vom Patio de las Escuelas aufragen sieht. Die Catedral Nueva (Neue Kathedrale), ein 1513 von Juan Gil de Hontañón begonnener, aber erst 1733 vollendeter stattlicher Bau mit spätgotischen, plateresken und barocken Formenelementen, zeichnet sich durch ihre **plateresken Portale** aus, von denen das dreiteilige Westportal sowie das Nordportal (Puerta de Ramos) mit dem Relief »Christi Einzug in Jerusalem« die schönsten sind. Der 110 m hohe Turm, dessen Kuppel vermutlich von Joaquín Churriguera stammt, wurde 1755 zum Schutz gegen Erdbeben in den unteren Geschossen ummauert. Der reich ausgestattete, 104 m lange und 48 m breite Kirchenraum wirkt trotz des Choreinbaus durch seine Weite und Höhe von 38 m großzügig. Im Chor befinden sich ein schön geschnitztes barockes Gestühl und Skulpturen von Alberto de Churriguera. Im Scheitel des Chorumgangs wird in der Capilla del Cristo de las Batallas ein aus dem 11. Jh. stammendes Kruzifix gezeigt, das El Cid seinem Kampfgefährten Jerónimo, dem späteren Bischof von Salamanca, geschenkt haben soll. Die **Kapellen** bewahren zahlreiche Kunstwerke, darunter das Grabmal des Stifters Sanchez de Palenzuela in der Capilla Dorada sowie die Virgen de la Cueva, die Schutzheilige

★ **Catedral Nueva**

◄ Innenraum

Der Turm der Neuen Kathedrale

Salamancas, in der Capilla del Mariscal. Beachtenswert sind auch die Rokoko-Dekorationen der Sakristei und das Relicario.

Vom rechten Seitenschiff der Neuen Kathedrale aus gelangt man in die unmittelbar folgende romanische Alte Kathedrale (**Catedral Vieja** oder Santa María de la Sede). Sie wurde um 1100 gegründet, wohl noch vor 1200 vollendet und ist eine der glänzendsten Schöpfungen dieser Zeit in Spanien.
Im Inneren beeindruckt in der Hauptapsis ein monumentaler **Retablo** mit 53 Darstellungen aus dem Leben Christi und dem Leben Mariä; er ist ebenso wie das große Fresko des Jüngsten Gerichts im Gewölbe ein Werk von Nicolás Florentino, der ab 1445 daran arbeitete. Im Zentrum des Retablos steht die bronzeverkleidete, mit Edelsteinen geschmückte Statue der Virgen de la Vega aus dem 12. Jh.

★ Claustro ► Der Kreuzgang aus dem 12. Jh. wurde 1755 beim Erdbeben von Lissabon, das sich bis Salamanca auswirkte, schwer beschädigt und ab 1785 ausgebaut, so dass aus romanischer Zeit nur noch wenig erhalten ist. Dazu gehören die mudéjare Capilla de Talavera mit Skulpturen von Alonso Berruguete und dem Grabmal des Stifters, der auch die Casa de las Conchas erbauen ließ, sowie die Capilla de Santa Bárbara aus dem 14. Jh., in der die Doktoranden die Nacht vor der Prüfung verbringen mussten und auch ihre Prüfung ablegten.

Museo Diocesano ► Das Museo Diocesano in den Kapitelsälen besitzt u. a. hervorragende Werke von Fernando Gallego (»Triptychon der Jungfrau mit der Rose«, »Krönung der Jungfrau«), ein Triptychon von Juan de Flandes, eine elfenbeinerne Marienfigur aus dem 13. Jh. und eine Renaissanceorgel aus der Universität.

Museo de Historia

Im ehemaligen Palacio Episcopal gegenüber der Westfassade der Neuen Kathedrale ist das Museo de Historia de la Ciudad mit seiner stadtgeschichtlichen Sammlung eingerichtet.

Museo de Art Nouveau y Art Decó

An der Straße von der Catedral Vieja hinab zum Ufer des Río Tormes liegt links die Casa Lis. Hier ist eines der wenigen **Jugendstilmuseen** Spaniens zu Hause, das u. a. Glaskunst von Lalique und Gallé ausstellt.

Puente Romano

Von hier sieht man den Puente Romano über den Tormes. Von den 27 Bögen der Brücke sind die 15 auf der Stadtseite tatsächlich noch aus römischer Zeit.

Flussaufwärts und bald links geht man zum etwas erhöht stehenden Dominikanerkloster San Esteban, dessen Kirche von 1524 bis 1610 erbaut wurde. Auch hier ist die Fassade mit überreichem platereskem Dekor überzogen. In ihr schuf José de Churriguera mit dem vergoldeten Hauptaltar (1693), den Claudio Coellos »Hl. Stephan« krönt, eines seiner **Meisterwerke**; die drei Nebenaltäre fertigten seine Schüler. Links vom Hochaltar sieht man des Grabmal des Herzogs von Alba, Statthalter der Spanischen Niederlande. An der Westwand über dem Hochchor brachte Antonio Palomino 1705 das große Fresko »Triumph der Kirche« an. An die Kirche stößt der zweigeschossige Kreuzgang mit sehr schönen Medaillons, Figurenschmuck und einer Treppe von Gil de Hontañon an.

✶ Convento de San Esteban

Nördlich gegenüber von San Esteban steht der Convento de las Dueñas, dessen platereske Fassade aus dem Jahr 1533 stammt. Er zeichnet sich durch seinen zweigeschossigen **Renaissance-Kreuzgang** aus, denn die Säulenkapitelle sind mit Fabelgestalten behauen, die ihre Vorbilder möglicherweise in Dantes »Commedia Divina« haben.

✶ Convento de las Dueñas

Leicht bergan führt von hier die Calle San Pablo zur Plaza Mayor. Nach wenigen Schritten stößt man auf der linken Straßenseite auf den Palacio de la Salina, 1516 für den Erzbischof Fonseca erbaut. Große Arkadenbögen mit skulptierten Medaillons prägen die Fassade, hinter der sich ein hübscher Patio verbirgt.

Palacio de la Salina

Blickt man die gegenüber vom Palacio abgehende Seitenstraße hinab, erkennt man die klotzige, acht angebaute Ecktürmchen tragende Torre del Clavero (15. Jh.), Rest des festungsartigen Palais von Francisco de Sotomayor.

Torre del Clavero

Weitere Sehenswürdigkeiten

Von der Südwestecke der Plaza Mayor führt die Calle del Prior westlich zum stattlichen, um 1540 erbauten Palacio de Monterrey, dessen lange Galerie an der Südseite zwei reich ausgebildete, niedrige Türme flankieren.

Palacio de Monterrey

In der Kirche La Purísima des Convento de las Agustinas (1598–1636) gegenüber sind Bilder von Ribera zu sehen, darunter am Hauptaltar »La Asunción«, eines seiner Hauptwerke (1635).

Convento de las Agustinas

Weiter westlich kommt man zum ehemaligen Colegio Mayor Arzobispado Fonseca (1527–1578), auch Colegio de los Irlandeses genannt, da es für irische Studenten erbaut wurde. Das Portal ist wiederum plateresk; in der Kirche findet man einen schönen Retablo von Alonso de Berruguete und Gemälde von seinen Schülern. Der zweistöckige Hof mit reizvollen Säulenkapitellen und Medaillonbüsten ist ein Werk von Diego de Siloé.

Colegio Mayor Arzobispado Fonseca

Convento de las Úrsulas

Im Ursulinerinnenkloster an der Calle de las Úrsulas ist Erzbischof Alonso Fonseca in einem prächtigen Alabastergrabmal, das Diego de Siloé geschaffen hat, begraben. Im zugehörigen kleinen Museum sind u. a. Werke von Michelangelo, Morales und Juan de Borgoña ausgestellt.

Casa de las Muertes

Am Ende der Calle de las Úrsulas öffnet sich ein kleiner Platz, auf dem ein modernes Denkmal des ehemaligen Universitätsrektors Miguel de Unamuno steht. Gegenüber die **Casa de las Muertes**, ein platereske Palast des 15. Jh.s, der seinen Namen den Totenköpfen im oberen Teil der Fassade verdankt. Im Medaillon über dem Portal erkennt man den Erzbischof Alonso Fonseca.

Umgebung von Salamanca

★ **Alba de Tormes**

Das an einem Hügel auf der rechten Seite des Río Tormes erbaute altertümliche Städtchen Alba de Tormes liegt 22 km südöstlich von Salamanca. Es ist einer der **bedeutendsten Wallfahrtsorte Spaniens**, denn hier starb 1582 die hl. Teresa de Ávila. Durch die Hofhaltung der Herzöge von Alba war die Stadt im »Goldenen Zeitalter« ein geistiges und politisches Zentrum Spaniens, das in seiner Glanzzeit über 22 000 Einwohner und achtzehn Kirchen zählte, von denen allerdings nur noch vier erhalten sind. Mit dem Wegzug des Adelsgeschlechts nach Piedrahita im 18. Jh. verlor Alba seine Bedeutung. Vom Palast der Herzöge ist nur die mächtige Torre de la Armería erhalten, die sich düster über der Stadt erhebt.

! *Baedeker* TIPP

Souvenir

Alba de Tormes ist bekannt für seine Keramik im traditionellen kastilischen Stil. Eine gute Adresse für den Einkauf: die Werkstatt von Bernardo Pérez Correas in der C. Matadero.

★ Grab der hl. Teresa ►

Der Ort ist voller Erinnerungen an das Wirken der großen Mystikerin Teresa de Ávila. Ihr Grab befindet sich in der reich ausgestatteten Kirche des 1570 von ihr gegründeten Karmeliterklosters La Anunciación. Die Überreste der Heiligen – Herz und Arm – werden über dem Altar in einem Schrein aufbewahrt, der ein Geschenk der Infantin Isabel Clara Eugenia ist, der Tochter Philipps II. Die Karmeliterpadres unterhalten im Nebengebäude auch ein **kleines Museum**, in dem weitere Reliquien der Heiligen und des hl. Juan de la Cruz gezeigt werden.

San Juan ►

An der hübschen Plaza Mayor steht die Backsteinkirche San Juan, ein romanisch-byzantinischer Bau aus dem 12. Jh., in der ein churrigueresker Retablo von 1771 und eine romanische Apostelgruppe in der Apsis besonders auffallen.

Museo Arqueológico ►

Am Rande des Ortes befindet sich im Kloster San Jerónimo ein sehenswertes kleines archäologisches Museum mit überwiegend römischen Funden aus der Umgebung.

Auf der nach ►Zamora führenden N-630 erreicht man nach 28 km von Salamanca das Städtchen Villanueva de Cañedo, wo schon von weitem die mächtigen Rundtürme des Castillo de Buen Amor grüßen. Die im 13. Jh. von Alfons VII. errichtete Burg war Stützpunkt der Katholischen Könige im Kampf gegen Isabellas Halbschwester Juana »La Beltraneja«, die ihr bis 1479 das Anrecht auf die Krone von Kastilien bestritt und sie offen bekämpfte. Prachtvoll geben sich die Räume in der Burg, insbesondere die **Deckentäfelung** im Mudéjarstil im großen Saal.

Castillo de Buen Amor

✶ Santander

B 13

Provinz: Cantabria (S)
Region: Cantabria
Höhe: 15 m ü. d. M.
Einwohnerzahl: 182 000

Kantabriens Hauptstadt Santander genießt einen guten Ruf als traditionelles Seebad. Die Strände und Promenaden sind mit die schönsten in Nordspanien. Diese und auch hochkarätige sommerliche Kulturereignisse locken Besucher aus aller Welt an.

Handelsplatz und Seebad

Santander liegt an einer malerischen, von Hügeln, Felsklippen, Stränden und Dünen umkränzten Bucht der Kantabrischen See. Der schon in römischer Zeit bekannte Hafen ist bis heute einer der wichtigsten Handelsplätze im spanischen Norden. Waren es im Mittelalter die Agrarprodukte Kastiliens und vom 16. bis zum 19. Jh. der Amerikahandel, so kamen später noch die Ausfuhr von Kohle und Erzen hinzu. 1857 wurde die mächtige Banco de Santander gegründet, heute eines der größten Geldinstitute der Welt. Im 19. Jh. erkor das spanische Königshaus die Stadt zum Sommersitz und leitete damit ihren Aufstieg zum mondänen Badeort ein. Die 1932 erfolgte Gründung der Sommeruniversität brachte weitere Impulse. Im Frühjahr 1941 wurden große Teile der Altstadt durch eine Feuersbrunst zerstört.

Sehenswertes in Santander

Avenida Alfonso XIII

Mittelpunkt von Santander ist seit dem Wiederaufbau die platzartige Avenida de Alfonso XIII, die unterhalb des Altstadthügels vom Hafen weg zur Hauptstraße Avenida de Calvo Sotelo/Paseo de Pereda und der jenseits der Magistrale liegenden Plaza Porticada führt.

✶ Catedral

Westlich der Avenida de Alfonso XIII erhebt sich die ursprünglich aus dem 13. Jh. stammende gotische Kathedrale, die nach dem Brand wiederhergestellt wurde. Sie birgt die große **Krypta Iglesia del Cristo** (um 1200) mit den Gebeinen der Märtyrer Celedonis und Emeterius; im Kreuzgang ist der in Santander geborene Schriftsteller und Gelehrte Marcelino Menéndez Pelayo (s. S. 566) bestattet.

Museo de Prehistoria y Arqueología

Unweit nördlich vom Kleinen Hafen stellt dieses Museum zahlreiche Exponate aus den Höhlen der Umgebung, darunter sog. »Kommandostäbe« aus Hirschknochen, deren Bedeutung bis heute nicht geklärt ist. Daneben sieht man römische Funde und Grabstelen aus der vorrömischen Zeit.

✶ Museo Municipal de Bellas Artes

Auf der Avenida de Calvo Sotelo kommt man zur Calle Rubio, wo das städtische Kunstmuseum interessierte Besucher einlädt. Es zeigt. u. a. neben mehreren Radierungen auch ein **Porträt Ferdinands VII. von Francisco de Goya**, ferner Werke regionaler Künstler sowie einiger namhafter italienischer, flämischer und spanischer Maler des 17. und 18. Jahrhunderts.

Biblioteca y Casa-Museo Menéndez y Pelayo

In der Calle Gravina trifft man auf das frühere Wohnhaus des berühmten Philosophen und Literaturwissenschaftlers **Marcelino Menéndez Pelayo** (1856 – 1912) und seine knapp 42 000 Bände umfassende Bibliothek. Architekt Leonardo Rucabado hat diese in neobarockem Stil gehalten.

Paseo de Pereda

Östlich der Avenida de Alfonso XIII ziehen sich bis zum Puerto Chico (Kleiner Hafen) die Anlagen des aussichtsreichen Paseo de Pereda hin. Hier befindet sich auch das Stammhaus der Banco de Santander, die derzeit größte Bank der Euro-Zone.

Santander Orientierung

Essen
① Bodega Cigaleña
② Machinero

Übernachten
① Central
② NH Ciudad de Santander

SANTANDER ERLEBEN

AUSKUNFT

Oficina de Turismo
Jardines de Pereda, s/n
39002 Santander
Tel. 942 20 30 00
http://portal.ayto-santander.es

VERANSTALTUNGEN

Den ganzen August treten hochkarätige internationale Gruppen bei den ***internationalen Theater- und Musikfestspielen*** an verschiedenen Spielstätten in Santander auf.

ESSEN

▸ Erschwinglich

② ***Machinero***
Calle Ruiz de Alda, 16
Tel. 942 31 49 21
Küche mit Tradition, aber auch mit modernem Touch. Es werden ausgefallene und interessante Gerichte kreiert.

▸ Preiswert

① ***Bodega Cigaleña***
Daoiz y Velarde, 19
Tel. 942 21 30 62
Traditionelle kantabrische Küche in uriger Umgebung, mit Weinmuseum.

ÜBERNACHTEN

▸ Komfortabel

① ***Central***
General Mola, 5
Tel. 942 22 24 00
www.elcentral.com
Mitten in der Stadt liegendes Hotel mit dem Charme der Jahrhundertwende und freundlichem Service.

② ***NH Ciudad de Santander***
Menéndez Pelayo, 13
Tel. 942 31 99 00
www.nh-hotels.com
Moderne Zimmer mitten im Einkaufsviertel, in der Nähe des beliebten Puertochico und etwa 1 km vom berühmten Sardinero-Strand entfernt.

Einladend und gepflegt: der Strand bei Santander

Museo Maritimo del Cantábrico

Im meereskundlichen Museum zwischen der Altstadt und der Península de la Magdalena wird man umfassend über das Leben in der Kantabrischen See sowie über die Bedeutung des Fischfangs für die Küstenregion informiert.

★ Península de la Magdalena

Im Osten der Stadt stößt die Halbinsel La Magdalena ins Meer vor. Hier steht der 1912 nach Plänen von Javier Gonzáles Riancho und Gonzalo Bringas Vega erbaute **Palacio Real de la Magdalena**. Der ehemalige Sommerpalast von König Alfons XIII. beherbergt heute Institute der Sommeruniversität. Außerdem gibt es hier noch einen

Fast unberührt: Im kantabrischen Hinterland breitet sich der Ebro-Stausee aus.

kleinen Hafen und Nachbauten der Galeonen des Amazonas-Entdeckers Francisco de Orellana.

★ Strände ▶ Die Halbinsel unterteilt die beiden Strandzonen von Santander. Sie beginnen im Stadtzentrum mit der **Playa de los Peligros**. Es folgt die sehr schöne **Playa de la Magdalena**. Nördlich der Halbinsel erstreckt sich der fantastisch schöne und genauso saubere Badestrand **El Sardinero** mit seinen Strandterrassen, dem Gran Casino, Restaurants und mondänen Hotels, die heute noch einen Hauch von Belle Epoque verbreiten.

Cabo Mayor ▶ 3 km nördlich von El Sardinero blinkt der Leuchtturm des Cabo Mayor über dem Puente Forado, einer natürlichen Kalkfelsbrücke von beträchtlicher Höhe und Spannweite.

Umgebung von Santander

Muriedas In der Casa Pedro Velarde in Muriedas, wenige Kilometer südlich von Santander, ist das Museo Etnográfico Cantábrica eingerichtet. Die Ausstellung führt Möbel und Gerätschaften aus Kantabrien vor.

Cuevas de Puente Viesgo Man folgt von Muriedas der N-623, bis es bei Renedo in das Tal des Río Pas und weiter nach Puente Viesgo geht, einem hübsch gelegenen kleinen Thermalbad. In der Nähe wurden in mehreren Höhlen prähistorische, 10 000–15 000 Jahre alte **Felsmalereien** gefunden, so in der Cueva del Castillo (1903 entdeckt) und in der Cueva de la Pasiega (1911 entdeckt). Beide zeigen überwiegend Tiere, man sieht aber auch geometrische Muster und Darstellungen von Händen.

Reinosa Verlässt man Santander auf der A-67, passiert man Torrelavega, das Zentrum der Eisen- und Stahlproduktion Kantabriens. Von dort folgt man der N-611 südlich durch das Tal des Río Besaya aufwärts in das prächtig bewaldete Kantabrische Gebirge zunächst zum Thermalbadeort Las Caldas de Besaya (65 m ü. d. M.). Dahinter windet sich die Straße bald durch die wilde Schlucht Hoces de Bárcena stark bergauf nach Reinosa (847 m ü. d. M.), einem alten Städtchen. Es bietet dem Besucher kaum Attraktives, ist jedoch günstiger Standort für **Bergwanderungen** ins Kantabrische Gebirge – insbesondere zum westlich gelegenen Pico de Tres Mares – und für Ausflüge ins Skigebiet Alto Campoó.

◄ Nacimiento del Ebro

Bei Fontibre, 4 km westlich von Reinosa, entspringt in einem kleinen waldigen Tal der Ebro – zumindest offiziell, denn man hat festgestellt, dass er bis hier schon einige unterirdische Kilometer zurückgelegt hat und die eigentliche Quelle daher am Pico de Tres Mares zu suchen ist. Schon nach wenigen Kilometern wird er östlich von Reinosa zum **Embalse de Ebro** aufgestaut; die von Reinosa abgehende C-6318 führt an dessen Nordufer entlang.

* El Soplao

Ca. 60 km südlich von Santander kann man eine Höhle mit vielfältigen Tropfsteinbildungen und höchst eindrucksvollen Kristallisationen von **Kalzit** und **Aragonit** besichtigen. In ihrer Nähe hat man 2007 eines der größten Bernsteinvorkommen Europas entdeckt.

** Santiago de Compostela

C 3

Provinz: La Coruña (C)
Region: Galicien
Höhe: 260 m ü. d. M.
Einwohnerzahl: 95 000

Santiago de Compostela, im Nordwesten Spaniens etwa 35 km von der atlantischen Küste entfernt, ist der berühmteste spanische Wallfahrtsort und wegen seiner großartigen Kathedrale, aber auch seiner wunderbaren Altstadt eine der sehenswertesten Städte des Landes.

Dritter Wallfahrtsort der Christenheit

Nach der Legende fand ein Eremit im Jahr 813 hier die Gebeine des Apostels Jakobus des Älteren (span. Santiago), Bruder des Evangelisten Johannes und Schutzpatron der Spanier. Seither strömen die Pilger auf dem Jakobsweg (►Baedeker Special S. 577) aus ganz Europa und mittlerweile aus aller Welt zum – nach Jerusalem und Rom – an dritter Stelle stehenden Wallfahrtsziel der Christenheit. Der Beiname der Stadt geht ebenfalls auf die Legende zurück, denn der Eremit soll von einem Stern zur Fundstelle auf einem Feld (lat. campus stellae) geleitet worden sein. Santiago de Compostela ist nicht allein Wallfahrtsort, es war auch die einstige Hauptstadt des Königreichs Galicia und ist heute Hauptstadt der Autonomen Region Galicien und Universitätsstadt, was eine **variantenreiche Kneipenszene** zur angenehmen Folge hat. Darüber hinaus gehört es zu den regenreichsten Städten Spaniens, was u. a. erklärt, warum aus allen Ritzen der Kathedrale Moos wuchert.

CATEDRAL DE SANTIAGO

★★ **Hier in der Kathedrale von Santiago de Compostela endet die Pilgerreise auf dem Jakobsweg. Ziel der Gläubigen ist das Grab des Apostels Jakobus (span.: Santiago Apóstol) bzw. die Apostelfigur in der Capilla Mayor über dem Grab, die am Ende der Reise umarmt wird. Das beeindruckende Bauwerk wurde im 16. und 17. Jh. von außen barock umgestaltet, im Inneren jedoch herrscht reinste Frühromanik.**

Die Porta Santa wird nur in einem Heiligen Jahr geöffnet.

① Claustro
Im 1521 bis 1586 in platereskem Stil erbauten Kreuzgang, einem der größten und schönsten in Spanien, sind Bibliothek, Teppichmuseum und archäologisches Museum untergebracht.

② Portal
Eine 1606 angelegte Freitreppe führt zum Portal der Kirche. Darunter befindet sich das romanische Gewölbe der Catedral Vieja, dem ältesten noch erhaltenen Teil (11. Jh.) der Kathedrale.

③ Krypta
Unter dem Altar der Capilla Mayor geht es hinab zur Krypta mit den Gräbern des Jakobus und seiner Schüler Theodorus und Athanasius; die silberne Kassette mit den Gebeinen des Apostels wurde im 19. Jh. gefertigt.

④ Kuppel
In der 1445 vollendeten Vierungskuppel erkennt man die 1604 angebrachte Vorrichtung zum Schwingen des Weihrauchfasses »Botafumeiro«. Das Fass selbst wird in der Bibliothek aufbewahrt.

⑤ Capilla del Sagrado Corazón
Eine hohe runde Marmorkuppel im linken Seitenschiff überspannt die Capilla del Sagrado Corazón mit Bischofsgräbern.

⑥ Capilla de la Concepción
Sie birgt das Grabmal des Chorherrn Rodríguez von Cornelis de Holanda.

⑦ Capilla de Mondragón
Die Capilla de Mondragón im rechten Chorumgang ziert eine herrlich gearbeitete Decke.

⑧ Capilla de San Fernando
Hier ist der Kirchenschatz (Tesoro) untergebracht. Unter den Ausstellungsstücken (v.a. Prunkgewänder und Silberarbeiten) ragt eine silberne Custodia von Antonio de Arfe (1545) hervor.

⑨ Bibliothek
Wer sich für schöne große Gesangbücher und Handschriften interessiert, ist in der Bibliothek im Kreuzgang richtig. Außerdem kann man das gewaltige Weihrauchfass bestaunen.

Der Jakobus-Tag (25. Juli) wird mit einem Stadtfest und mit Feuerwerk festlich begangen.

Die V
druck
Span
verzi
Porta

Über
begeg
Jakob
Kirch
einst
er als
darge
der M
Blum

Jakobustag, Heiliges Jahr Der Namenstag des Apostels (Fiesta de Santiago Apóstol) ist der 25. Juli, an dem eine große Prozession begangen und natürlich eine Messe gelesen wird. Deren Höhepunkt ist das Schwenken des 1,5 m hohen und 50 kg schweren Räucherfasses »Botafumeiro« in der Kathedrale. Es hängt an einem 35 m langen Pendel vom Kirchenschiff herab und wird von acht Männern, den Tiraboleiros, in Schwingung versetzt, bis es mit aberwitziger Geschwindigkeit durch die Kathedrale pfeift und seinen Weihrauch verteilt. Das Fass wird an hohen Feiertagen und in Heiligen Jahren auch zu jeder Pilgermesse geschwenkt. Ein von Papst Calixtus II. erteiltes Privileg macht jene Jahre, in denen das Namensfest des Apostels auf einen Sonntag fällt, zu einem Heiligen Jahr. Es beginnt traditionsgemäß am Silvesterabend des Vorjahrs mit der Öffnung der Puerta Santa. Das nächste Heilige Jahr ist 2021.

? WUSSTEN SIE SCHON ...?

- ... dass man früher den Weihrauch in der Kathedrale nicht nur aus religiösen, sondern auch aus ganz profanen Gründen verteilte? Denn nach ihrem monatelangen Marsch rochen die Jakobspilger oft recht streng.

★★ Praza do Obradoiro

Erstes Ziel aller Besucher von Santiago de Compostela ist die von stattlichen Gebäuden umgebene Praza do Obradoiro (Plaza del Obradoiro), über der sich mächtig die Kathedrale erhebt. Es wimmelt nur so von Touristen, Jakobspilgern zu Fuß, auf dem Fahrrad oder gar zu Pferd und fliegenden Händlern.

★ Hospital de los Reyes Católicos An der Nordseite des Platzes steht das 1489 von den Katholischen Königen gegründete Hospital Real, heute Parador de los Reyes Católicos, mit herrlich-platereskem, wappengeschmücktem Portal. Das Gebäude umschließt vier Höfe aus dem 16.–18. Jh.; im Schnittpunkt der Innentrakte befindet sich die **gotische Kapelle** mit schön skulptierten Vierungspfeilern und einem Gitter von 1556. Wenn auch nicht im teuren Restaurant, sondern in einem einfachen Nebensaal, so bekommen die ersten 10 Pilger des Tages hier doch noch immer ein Frühstück, ein Mittag- und ein Abendessen.

Pazo de Xelmírez Links neben der Kathedrale befindet sich der schlichte Erzbischöfliche Palast, der über dem wiederhergestellten, romanischen Pazo (Palacio) de Xelmírez des 12./13. Jh.s errichtet wurde. Im Obergeschoss besticht der über 30 m lange Salón de Fiestas mit einem hervorragenden Kreuzrippengewölbe, dessen skulptierte Konsolen das Hochzeitsbankett Alfons' IX. darstellen. Durch einen weiteren sehr großen Saal im Untergeschoss gelangt man in die mittelalterliche Küche. Zur Kathedrale hin liegt die offene Säulengalerie des Kreuzgangs.

Pazo de Raxoi

Gegenüber der Kathedrale zieht sich über die ganze Längsseite des Platzes der 1777 erbaute Pazo de Raxoi, in dem heute sowohl das Rathaus der Stadt als auch die Regierung der Autonomen Gemeinschaft von Galicien untergebracht sind.

Colegio de San Jerónimo

An der Südseite steht das Colegio de San Jerónimo, heute Institut für galicische Studien, das kleinste und vergleichsweise schlichteste Gebäude am Platz. Das schöne Figurenportal stammt von 1490.

Colegio de Fonseca

Südlich dahinter liegt das 1544 errichtete Colegio Fonseca, jetzt u. a. pharmazeutische Fakultät und Hauptstelle der Universitätsbibliothek. Hier versammelt sich auch das galicische Parlament.

✶✶ Catedral de Santiago

Die Kathedrale, trotz ihrer heute barocken Fassade eines der hervorragendsten Denkmäler frühromanischer Baukunst, wurde von 1060 bis 1211 an Stelle einer Kirche des 9. Jh.s erbaut. Diese frühe Basilika wurde 997 von den Mauren unter Almansur zerstört, doch achtete er die Religion seiner Feinde dahingehend, dass er die Reliquien nicht antastete. Unter Alfons VI. begann der Neubau; nach Abschluss der wesentlichen Arbeiten kamen immer wieder neue Bauelemente hin-

Catedral de Santiago de Compostela Orientierung

1 Freitreppe
2 Obradoirofassade
3 Pórtico de la Gloria
4 Torre de la Carraca
5 Torre de las Campanas
6 Biblioteca
7 Sala Capitular
8 Torre de la Corona
9 Torre del Tesoro
10 Museumseingang
11 Sacristía
12 Tesoro
13 Vestíbulo
14 Capilla de las Reliquias
15 Puerta de las Platerías
16 Torre del Reloj
17 Capilla del Pilar
18 Capilla de Mondragon
19 Capilla de San Pedro
20 Puerta Santa
21 Capilla del Salvador
22 Capilla de N. Sra. Blanca
23 Capilla de San Juan
24 Capilla de la Corticella
25 Capilla de San Andrés
26 Capilla de San Fructuoso
27 Capilla del Espíritu Santo

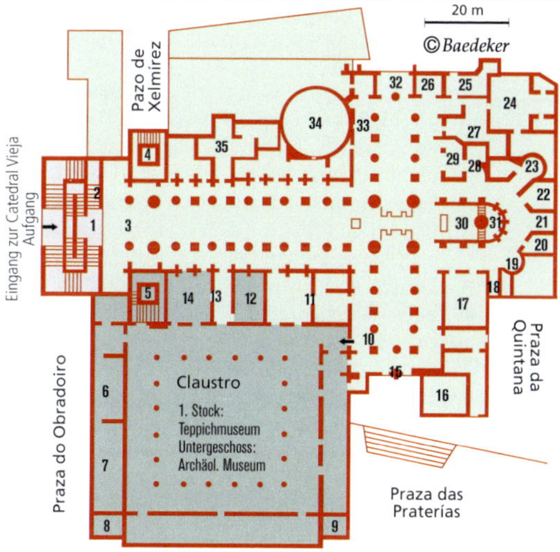

28 Capilla de San Bartolomé
29 Capilla de la Concepción
30 Capilla Mayor
31 Apostelfigur mit Aufgang, darunter Krypta
32 Puerta de la Parroquia
33 Capilla de Santa Catalina
34 Capilla del Corazón
35 Capilla del Cristo de Burgos

zu, bis schließlich im 16. und 17. Jh. die entscheidende **barocke Umgestaltung** der Außenseiten erfolgte. In der Kathedrale herrscht jedoch reinste Frühromanik vor.

✶✶ Westfassade ► Die dem Platz zugekehrte Westfassade (Obradoirofassade) ist eine der eindrucksvollsten Kirchenfassaden Spaniens. Sie wurde 1738–1747 von Fernando Casas y Novoa in verschwenderischem Barockstil ausgeführt. Über dem Mittelgiebel, von zwei 76 m hohen, reich gegliederten Türmen flankiert, erhebt sich das Standbild des hl. Jakobus.

✶✶ Pórtico de la Gloria ► Bevor man in das eigentliche Kirchenschiff eintritt, steht man unmittelbar hinter dem Westportal vor dem Pórtico de la Gloria, der alten Fassade, die durch die barocke Umgestaltung von außen verborgen bleibt. Diese dreiteilige Vorhalle wurde zwischen 1166 und 1188 von **Meister Mateo** ausgeführt. In der Archivolte sind die 24 Ältesten der Apokalypse dargestellt. Die die Wurzel Jesse symbolisierende Mittelsäule ist noch heute das erste Ziel der Pilger. In ihrer Mitte steht frei eine eindrucksvolle Statue des Apostels; das Kapitell zeigt die hl. Dreifaltigkeit. An der Säulenbasis zeugt der abgeschliffene Marmor vom jahrhundertealten Brauch, sie am Ende der Wallfahrt mit der Hand zu berühren. Ebenso war es Brauch, mit dem Kopf die dem Altar zugewandte, kniende Statue des Meisters Mateo zu berühren. Die gebündelten seitlichen Säulen tragen rechts Skulpturen von Petrus, Paulus, Jakobus und Johannes und im Bogen darüber Gottvater, Gottsohn und Szenen des Jüngsten Gerichts; links erkennt man Moses, Jesaja, Daniel und Jeremias, im Bogen den Erlöser, Adam und Eva, alttestamentarische Gestalten und die Gefangenschaft der Stämme Israels.

? WUSSTEN SIE SCHON ...?

- Als einzige Figur im Pórtico de la Gloria lächelt Daniel, kirchenoffiziell zur Ankündigung des heiligen Engels von Reims. Der Volksmund will es besser wissen: Ihm zufolge freut(e) sich Daniel über die barbusige Maid gegenüber. Das missfiel der geistlichen Obrigkeit, weshalb sie die Brüste abschleifen ließ. Flugs formten die Bauern ihren Käse nach dem verlustig gegangenen Busen und nannten ihn »Queso de Tetilla«.

✶✶ Capilla Mayor ► Den 94 m langen, im Mittelschiff 24 m und in der Kuppel 33 m hohen Kirchenraum beherrscht die über dem Grab des Apostels errichtete, verschwenderisch gearbeitete Capilla Mayor. Der Hauptaltar besteht aus einem figurenreichen Aufbau aus Jaspis, Alabaster und Silber (1665–1669) und dem 1715 von Figuera fertig gestellten eigentlichen **Altar**. Am Ende der Pilgerreise umarmen die Gläubigen die Apostelfigur auf dem Hochaltar.

Altstadt

Praza das Platerías

✶ Porta das Platerías ► Verlässt man die Kathedrale durch das Südportal (Porta das Platerías), öffnet sich unterhalb der Freitreppe die stimmungsvolle Praza das Platerías. In ihrer Mitte steht ein hübscher Brunnen; jenseits davon die barocke Casa del Cabildo mit ihrem geometrischen Fassadenschmuck. Wendet man sich zur Kathedrale zurück, kann man die mit zahllosen romanischen Bildwerken geschmückte Porta das Platerías studieren, das **älteste noch erhaltene Kirchenportal**. Ihr Figurenschmuck stammt teilweise vom 1117 zerstörten Nordportal. Man erkennt u. a. im Tympanon die Geburt Christi, die Anbetung der Könige und die Versuchung Christi; im Gewände die Erschaffung Adams und die Vertreibung aus dem Paradies; darüber den Segnenden Christus mit Jakobus und Moses zu seinen Seiten; schließlich den aus dem Grab aufstehenden Abraham. Zwei bemer-

Santiago de Compostela Orientierung

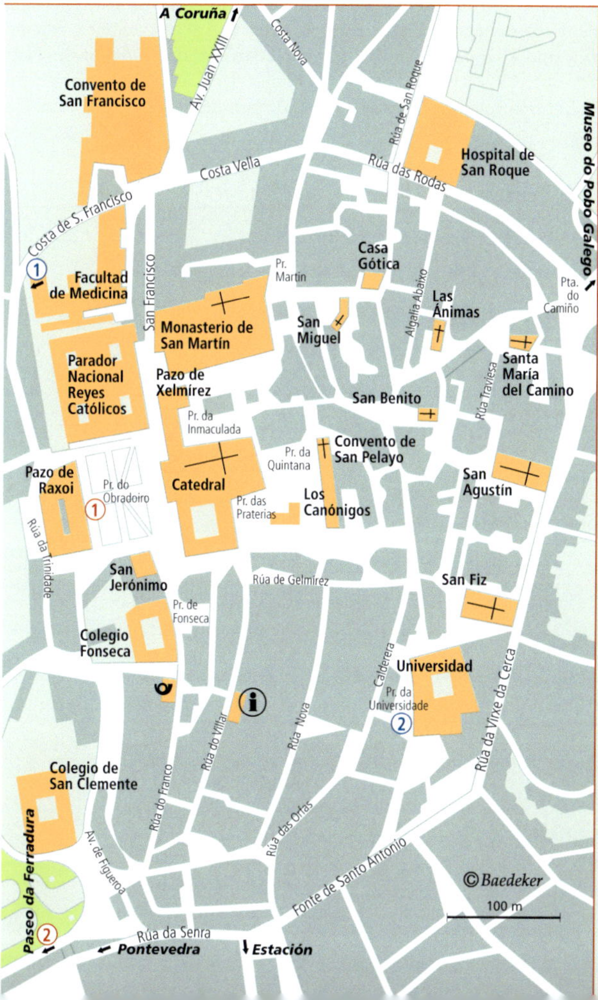

Essen

① El Mercadito
② El Asesino

Übernachten

① Parador Hostal das Reis Católicos
② Hesperia Peregrino

kenswerte Türme flankieren das Tor: links vorn die altmexikanisch anmutende Torre del Tesoro (Turm des Kirchenschatzes; ihr Pendant an der Praza do Obradoiro ist die Torre de la Corona), rechts die gotische Torre del Reloj (Uhrturm) aus dem 14. Jh., die eine 2,5 m durchmessende Glocke trägt; wiederum links des Portals der äußere Abschluss des Kreuzgangs, ein Werk von Gil de Hontañón.

✶ **Praza da Quintana**

Porta Santa ►

Vor der Ostflanke der Kathedrale breitet sich die majestätische Praza da Quintana (Praza dos Literários) aus, einer der beliebtesten Treffpunkte der Stadt. Hier befindet sich die nur in Heiligen Jahren offene Porta Santa, im 17. Jh. gebaut, jedoch mit Skulpturen von Propheten, Aposteln und Kirchenvätern aus dem 12. Jh. geschmückt. Die über dem Tor stehenden Figuren des Apostels und seiner Schüler Athanasius und Theodorus wurden 1694 gefertigt. An der Südseite des Platzes erstreckt sich die lange Säulenhalle der Casa de los Canónigos (17./18. Jh.), einst Wohnhaus der Chorherren.

SANTIAGO DE COMPOSTELA ERLEBEN

AUSKUNFT

Oficina de Turismo
Rúa do Vilar, 63
15705 Santiago de Compostela
Tel. 981 55 51 29
www.santiagoturismo.com

VERANSTALTUNG

In der zweiten Julihälfte wird der Apostel Jakobus bei den *Fiestas del Apóstol* mit Messen, Folklorefestival, Konzerten und Theater geehrt.

ESSEN

► **Fein & teuer**

① ***El Mercadito***
Galeras 18
Tel. 981 57 42 39
Der junge Gonzalo Rei hat schon mehrere Preise für seine innovative Kochkunst gewonnen. Erlesene Weinauswahl

► **Erschwinglich**

② ***El Asesino***
Plaza Universidad, 16
Tel. 981 58 15 68
Seit mehr als hundert Jahren kommt hier klassische galicische Hausmannskost auf den Tisch.

ÜBERNACHTEN

► **Luxus**

① ***Parador Hostal dos Reis Católicos***
Plaza del Obradoiro, 1
Tel. 981 58 22 00
www.parador.es
Der Parador ist in der 1492 von Isabella und Ferdinand von Spanien gestifteten Pilgerherberge eingerichtet, einem der schönsten Gebäude der Stadt im Stil der Gotik und der Renaissance, mit vier Innenhöfen und plätschernden Brunnen. Hinzu kommen die unvergleichliche Lage direkt an der Kathedrale und das hervorragende Restaurant.

► **Komfortabel**

② ***Hesperia Peregrino***
Avda. Rosalía de Castro, s/n
Tel. 981 52 18 50
www.hesperia.com
Modernes Hotel am Rand des Zentrums, solide und gut.

DER JAKOBSWEG

Der Jakobsweg war im Mittelalter die Route der Wallfahrer aus Mitteleuropa zum Grab des Apostels Jakobus (Santiago Apóstol) in Santiago de Compostela. Er ist gesäumt von romanischen Klöstern, Stiften, Kapellen, Hospitälern und Rasthäusern, die zu einem guten Teil heute noch erhalten sind und ein einzigartiges Zeugnis ablegen von einem der bedeutendsten Pilgerwege der Christenheit.

Der Pilgerweg geht zurück auf die Entdeckung des Apostelgrabs im westlichen Teil Galiciens um das Jahr 813. Der Überlieferung nach soll Jakobus den Auftrag erhalten haben, **Hispanien zu missionieren**, wo er an der galicischen Küste bei Ulla gelandet sein soll. Nach mehrjährigem Aufenthalt kehrte er nach Palästina zurück, wo ihn König Herodes Agrippa 44 n. Chr. ermorden ließ. Seine Anhänger entführten den Leichnam und brachten ihn auf ein Schiff, das, von einem Engel geleitet, wiederum in Galicien landete. Dort wurde der Apostel begraben, sein Grab aber geriet in Vergessenheit. Ein Einsiedler, geleitet von einem Stern, entdeckte es wieder, woraufhin Alfons II. an dieser Stelle eine Kirche errichten ließ, um die schließlich das heutige Santiago de Compostela entstand. In der Schlacht von Clavijo im Jahr 844, so die Legende, tauchte der Apostel zu Pferde auf und führte die christlichen Heere zum Sieg gegen die Mauren. Seither trägt er den Beinamen »metamoros«, der Maurentöter, und wird als Ritter zu Pferde dargestellt.

Ein Wallfahrtsort entsteht

Die ersten Pilger aus Mitteleuropa wanderten Mitte des 10. Jh.s. von Frankreich über die Pyrenäen nach Santiago de Compostela, unter ihnen sehr viele Franzosen, weshalb der Weg auch Camino Francés (Französischer Weg) genannt wird. Die **Blütezeit der Wallfahrt** fiel zwischen Anfang des 11. Jh.s und des 12. Jh.s, als die

Das erste Ziel für müde Pilger ist die Praza do Obradoiro.

heiligen Stätten Jerusalems wegen der moslemischen Herrschaft dort nicht zugänglich waren. Danach versiegte der Pilgerstrom mehr und mehr, und die im späten Mittelalter entlang der Wege ihr Unwesen treibenden Räuberbanden, die oft als Pilger verkleidet die echten Wallfahrer ausraubten, taten ein Übriges, um den Weg zum Apostelgrab zu einem großen Wagnis zu machen. Als 1589 eine englische Flotte unter **Sir Francis Drake** vor der galicischen Küste auftauchte, brachte man die Reliquien aus Santiago de Compostela an einen Ort, der so sicher war, dass man ihn nicht mehr wiederfand. Damit war das Ende der Pilgerzüge gekommen. Erst 1879 wurden die Reliquien wiederentdeckt, und nachdem sie Papst Leo XIII. als echt anerkannt und gebilligt hatte, wurde erneut zu Wallfahrten aufgerufen.

Die Pilger

Aus aller Herren Länder pilgerten die meisten Gläubigen aus tiefer Frömmigkeit nach Santiago de Compostela, nicht wenige darunter, um Buße zu tun; doch gab es auch solche wie den französischen Dichter François Villon (1431–1463), der sich dem lukrativen Geschäft des **Pilgerausraubens** hingab. Denn die Pilger waren leicht zu erkennen: Sie wanderten aus Sicherheitsgründen meist in Gruppen, trugen Überrock, Umhang, Pilgerstock, einen ledernen Beutel, eine Kürbisflasche und auf dem Kopf einen breitkrempigen, vorne hochgeschlagenen Hut, an dem ihr Wahrzeichen, die Jakobsmuschel (vieira), befestigt war. (Diese geht zurück auf den Ritter Pimentel, der bei der Verfolgung von Mauren durch einen Meeresarm schwimmen musste und mit Muscheln bedeckt wieder herauskam.) Am Weg fanden sie Kirchen und von Mönchen eigens für sie eingerichtete Spitäler und Rasthäuser, um die herum sich im Laufe der Zeit Wirtshäuser, Werkstätten und Läden ansiedelten, woraus Städte wie Puente la Reina und Santo Domingo de la Calzada entstanden. Für die Sicherheit der Pilger und die Instandhaltung der Wegmarkierung sorgten **Tempel- bzw. Santiagoritter**. Verlauf, Einkehrmöglichkeiten, Sehenswürdigkeiten, Gefahren und auch die halsabschneide-

Jakobsweg · Camino de Santiago

rischen Wirte beschrieb der französische **Mönch Aimerico Picaud** in der ersten Hälfte des 12. Jh.s im »Liber Sancti Jacobi« (Buch vom hl. Jakob bzw. Calixtinischer Kodex), in dem er sämtliche Geschichten über den Heiligen zusammentrug und allerlei praktische Ratschläge gab, mithin einen echten Reiseführer schrieb. Am Ziel angekommen, berührten die Pilger zuerst mit der Stirn die Säule des Apostels Jakobus an der Pórtico de la Gloria in der Kathedrale von Santiago de Compostela als Zeichen des Dankes. Besonders erstrebenswert für die Gläubigen war und ist eine Pilgerfahrt im **Heiligen Jahr**, das immer dann ausgerufen wird, wenn der 25. Juli, der Jakobstag, auf einen Sonntag fällt (nächstes Heiliges Jahr: 2021).

Pilgern heute

Auch heute noch pilgern jedes Jahr tausende Gläubige die knapp 800 Kilometer auf dem spanischen Teil des Jakobswegs, also von Roncesvalles am Fuß der Pyrenäen nach Santiago de Compostela. Alle paar Kilometer stehen den Wallfahrern spezielle Herbergen zur Verfügung. Diese sind sehr einfach, kosten aber auch fast nichts. Meist wird nur eine Spende erwartet (2 – 5 Euro). Wer etwas mehr Komfort braucht, kann aber auch eine der zahlreichen Pensionen entlang der Strecke nutzen (ca. ab 10,- Euro).

Für die Herbergen braucht man einen **Pilgerausweis**, den man am besten in der ersten Herberge kauft. Im Sommer (besonders August und September) sind die Herbergen oft überlaufen, vor allem auf den letzten 200 km bis Santiago de Compostela und vor allem in einem Heiligen Jahr, deshalb sollte man unbedingt zu dieser Zeit einen Schlafsack und eine Isomatte mitnehmen. Kann sein, dass man im Freien oder im Zelt vor der Herberge schlafen muß.

Man darf prinzipiell nur eine Nacht in den Herbergen übernachten, es sei denn, man ist krank. Als »Beweis« erhält man einen Stempel in seinen Pilgerausweis, der am Ende der Wanderung in Santiago de Compostela als Grundlage für die **Pilgerurkunde** genommen wird. Diese erhält, wer die letzten 100 km gewandert ist bzw. die letzten 200 km mit dem Rad zurückgelegt hat.

Convento de San Pelayo ► Die gesamte Ostflanke des Platzes nimmt die fast abweisende Fassade des Convento de San Pelayo ein, der im 18. Jh. sein heutiges Aussehen erhielt. Im Norden schließt eine Freitreppe den Platz ab, die zur nördlich der Kathedrale gelegenen Praza da Inmaculada führt.

Praza da Inmaculada

San Martín ► Auf diesen Platz blickt die 1769 erbaute Porta da Azabachería (Bernstein-Tor). Dominiert wird er aber vom 899 gegründeten ehemaligen Benediktinerkloster San Martín Pinario, jetzt Priesterseminar. Sein mächtiges Säulenportal wurde 1590 begonnen. Zum Seminarkomplex gehört auch die Kirche San Martín, deren Fassade zur Praza San Martín hin liegt. Die Kirche wurde 1590 von Mateo López vollendet. Casas y Novoa und Miguel de Romay schufen ihren außerordentlich **prächtigen Retablo**; das nicht minder schöne Chorgestühl stammt von 1644.

Casa Gótica (Pilgermuseum)

Wer sich näher für die Geschichte des Jakobswegs und seiner Pilger interessiert, sollte einen Besuch im Pilgermuseum in der Casa Gótica an der nahen Praza San Miguel (Museo das Peregrinaciones) nicht auslassen.

★ Rúa do Vilar, Rúa Nova

Südlich der Kathedrale und der Praza das Platerías ziehen die arkadengesäumen Straßen Rúa do Vilar (an ihrem Beginn links die Casa de Deán) und Rúa Nova durch die Altstadt. Sie sind die **Lebensadern Santiagos**, denn hier reihen sich die meistens Bars, Restaurants und allerlei Souvenirgeschäfte aneinander.

Universität

Im Südosten liegen an der Praza da Universidade die Ende des 18. Jh.s erbauten Gebäude der 1532 gegründeten Universität.

Wer die Pilgerreise bis Santiago de Compostela geschafft hat, kann sich auf dem Markt bei regionalen Produkten wieder stärken.

Außerhalb des Zentrums

Paseo da Herradura

Am Südwestrand der Altstadt erstreckt sich rechts der breiten Alameda der Paseo da Herradura, von dem man eine schöne Aussicht auf die Kathedrale und die Stadt hat. In der Mitte des Parks liegt die 1105 begonnene Kirche Santa Susana; südlich vom Park beginnt die **Universitätsstadt**.

Convento de San Francisco

Unmittelbar nördlich außerhalb des Altstadtrings kommt man zum Kloster San Francisco (13. Jh.; 1613–1783 erneuert), das Franz von Assisi höchstselbst bei seiner Pilgerfahrt nach Santiago de Compostela gegründet hat; sein Denkmal steht vor dem Portal der zweitürmigen Kirche. Vom gotischen Kreuzgang sind nur noch Reste erhalten.

✶ Museo do Pobo Galego

Im Osten der Stadt liegt das Monasterio de Santo Domingo aus dem 18. Jh., in dem das Museum des Galicischen Volkes eingerichtet ist. Es verschafft eine umfassende Übersicht über galicisches Kunstschaffen, Lebensweise und Handwerk (Öffnungszeiten: Di. – Sa. 10.00 bis 14.00 und 16.00 – 20.00, So. 11.00 – 14.00 Uhr).

Centro Galego de Arte Contemporánea

Nachbar des Klosters ist der außen eher einfache, innen aber labyrinthische Neubau des Galicischen Zentrums für zeitgenössische Kunst des portugiesischen Architekten Alvaro Siza Vieira. Es veranstaltet Wechselausstellungen.

Santa María de Sar

In der südöstlichen Vorstadt Barrio de Sar (1 km) befindet sich die im 12. Jh. erbaute Kirche Santa María de Sar, deren Säulen und Wände wahrscheinlich infolge des schlechten Baugrundes beträchtlich schief stehen; beachtenswert ist der teilweise erhaltene **Kreuzgang** (13. Jh.) mit reichen Ornamenten des Meisters Mateo.

Ciudad de la Cultura

Östlich der Stadt entsteht derzeit die hypermoderne Anlage Ciudad de la Cultura im Grundriss einer Jakobsmuschel. Die »Stadt der Kultur« von Peter Eisenman soll in wenigen Jahren fertiggestellt sein.

Umgebung von Santiago de Compostela

Sobrado dos Monxes

Auf der bergauf nach Osten führenden N-547 kommt man am Flughafen vorbei nach Arzúa, einst Jakobspilgerstation; von hier geht es in nordöstlicher Richtung auf der AC-234 und ab Corredoiras auf der AC-232 nach Sobrado dos Monxes (Sobrado de los Monjes), einem ursprünglich romanischen Kloster. Es besitzt mehrere Kreuzgänge aus dem 17./18. Jh., eine Sakristei im Renaissancestil und eine elegante Barockfassade; auch die Küche ist noch erhalten.

Pazo de Oca

Einen galicischen Gutshof besonderer Art lernt man bei Valboa, 25 km südöstlich auf der N-525 kennen: Äußerlich einfach, versteckt er hinter seinen Mauern einen **herrlichen Park**.

★★ Santillana del Mar

B 12

Provinz: Cantabria (S)
Region: Cantabria

Höhe: 40 m ü. d. M.
Einwohnerzahl: 4000

Würde man in Santillana del Mar plötzlich Gil Blas, dem Titelheld eines Romans von Alain René Le Sage (1668–1747) begegnen, man würde sich kaum wundern. Denn das bezaubernde Städtchen präsentiert ein einzigartiges Bild vom Leben des alten spanischen Landadels. Als »mittelalterliches Gesamtkunstwerk« steht es unter Denkmalschutz.

Geschichte Das Städtchen entstand schon im 5. Jh. um das Monasterio de Santa Juliana und erhielt im 13. Jh. das Stadtrecht; zwei Jahrhunderte später wurde es Herrensitz, nachdem sich der spanische Dichter Iñigo López de Mendoza (1398 – 1458) den Titel eines Marqués de Santillana im Kampf gegen die Mauren, insbesondere in der Schlacht von Olmedo 1445, erworben hatte. Zahlreiche Adlige zogen nun hierher und bauten sich wundervolle Paläste und Häuser.

Sehenswertes in Santillana del Mar

Spaziergang Ein Spaziergang auf den gepflasterten Straßen und Gassen der Stadt führt an den äußerlich schlichten, meist jedoch mit **prächtigen Wappen** versehenen Herrenhäusern vorbei. In der warmen Jahreszeit tragen die meisten Balkone Blumenschmuck und geben so ein buntes Straßenbild ab. Man betritt den Ort auf der Calle de Santo Domingo, wo auf der linken Seite der Balkon der aus dem 18. Jh. stammenden Casa de la Villa, heute ein Hotel, auffällt. An der Gabelung hält man sich links und kommt auf die Plaza de Ramón Pelayo, an der rechts der Palacio Barreda-Bracho (17. Jh.) steht, heute »Parador Nacional Gil Blas«; links die große, mit Spitzbogentor versehene Torre Borja-Barreda (15. Jh.). Ecke Calle de las Lindas und Calle del Cantón steht die Casa de los Valdivieso. In der Calle del Cantón sind die interessantesten Gebäude der Palast des Marqués de Santillana und die Casa de los Hombrones mit einem

Santillana del Mar – ein »mittelalterliches Gesamtkunstwerk«

von zwei Kriegsleuten flankierten Wappenschild. Man wendet sich nach links an einem kleinen Wasserlauf entlang, der auf dem Kirchenvorplatz (Plaza de la Colegiata) eine Viehtränke speist. Auffallendste Häuser hier sind die Casa de los Quevedos im Renaissancestil und die leicht barocke Casa de los Cossio. Rechts an der Stiftskirche vorbei kommt man auf die Plaza de las Arenas, wo sich rechts die dreistöckige, zinnenbewehrte Casa de los Velarde erhebt, ein etwas ungewöhnlich klotziger Bau.

★ La Colegiata

Die Kollegiatskirche von Santillana del Mar ist die **bedeutendste ihrer Art** in Kantabrien. Sie nimmt die gesamte Nordseite der Plaza de la Colegiata ein. Im 12. Jh. über einer älteren Kirche erbaut, die die Gebeine der hl. Juliana bewahrte, zeigt sie über dem Hauptportal deren Bildnis. Im mit Kreuzrippengewölben gotisch gestalteten Inneren sieht man den Sarkophag der hl. Juliana (15. Jh.), einen Retablo mit Gemälden von Jorge Inglés (1453) und eine silberne mexikanische Altarblende sowie romanische Skulpturen am Hauptaltar.

★ ◄ Claustro

Besonders sehenswert ist die Nordseite der Kirche mit einem prächtigen romanischen Kreuzgang (Ende 12. Jh.). Doppelsäulen mit fein skulptierten Kapitellen tragen die drei erhaltenen Gänge.

◄ Museo Jesús Otero

Neben der Kirche ist ein Museum dem aus Santillana stammenden Bildhauer Jesús Otero gewidmet.

Convento Regina Coëli

Etwas außerhalb des historischen Kerns liegt in der Nähe des großen Parkplatzes der Convento Regina Coëli. Er ist zum Museo Diocesano umgewidmet, in dem u. a. sehr schöne Holzplastiken ausgestellt sind.

SANTILLANA DEL MAR ERLEBEN

AUSKUNFT

Oficina de Turismo
Calle Jesús Otero, 20
39330 Santillana del Mar
Tel. 942 81 88 12
www.santillana-del-mar.com

SHOPPING

In den Altstadtgassen findet man feines Kunsthandwerk und vielerlei originelle Souvenirs.

ÜBERNACHTEN/ESSEN

► Komfortabel

Parador de Santillana Gil Blas
Plaza Ramón Pelayo, 11
Tel. 942 81 80 00
www.parador.es
Man übernachtet und speist in einem altehrwürdigen kantabrischen Stadtpalais aus dem 17./18. Jh. mitten im Ort. Vorzüglich zubereitete Spezialitäten der kantabrischen Küche werden im Restaurant serviert.

Altamira
Cantón, 1
Tel. 942 81 80 25
www.hotelaltamira.com
Auch dieser gut geführte Hotelbetrieb samt feinem Restaurant ist in einem geschichts-trächtigen Palais (16. Jh.) eingerichtet. Unbedingt probieren sollte man die »Fideua de marisco«.

Die Besichtigung der Originale von Altamira ist leider nicht möglich, aber ein Nachbau im Museum lässt die Einzigartigkeit der Felszeichnungen erahnen.

✶✶ Cuevas de Altamira

Altsteinzeitliche Höhlenmalereien

Die Höhlen von Altamira, nur 2 km südlich des Städtchens Santillana del Mar gelegen, bewahren eines der großartigsten Kulturzeugnisse der Menschheit, verbergen sich doch in ihnen **vor etwa 15 000 Jahren geschaffene Felsbilder**, die in ihrer Darstellungsweise und Farbkraft einzigartig sind.

Die Höhlen wurden 1869 zufällig von einem Jäger entdeckt. 1875 begann der Naturwissenschaftler Marcellino Sanz de Sautuola sie zu erforschen; 1879 fand er die unterirdischen Säle mit den Malereien. Seine Einschätzung, prähistorische Zeugnisse gefunden zu haben, wurde jedoch von der Fachwelt nicht geteilt, und erst seit 1901/1902, als man im südfranzösischen Font-de-Gaume ähnliche Bilder entdeckte, wird die Echtheit der Malereien von Altamira nicht mehr bestritten. Sie werden in der Mehrzahl auf die ausgehende Magdalenién-Zeit (ca. 15 000 bis 10 000 v. Chr.) datiert, einige primitivere Zeichnungen sind noch ca. 10 000 Jahre älter.

Die schönsten Malereien brachten die Steinzeitmenschen in der sog. **Sala de Pinturas** (Saal der Malereien) an, die auch als »Sixtinische Kapelle der Felsmalerei« bezeichnet wird. Die Decke des 9 x 18 m großen Saales ist mit mehrfarbigen, teilweise plastischen Tierdarstellungen bemalt, u. a. mehrere Wisente, ein rotes Wildpferd, ein Wildschwein und eine Hirschkuh. Die steinzeitlichen Künstler nutzten die Struktur des Untergrundes und den Schattenwurf, um räumliche Eindrücke und Bewegungseffekte hervorzurufen. Vorherrschende Farben sind Rot, Ocker und Braun, die man aus Mineralien, vermischt mit Wasser gewann und mit dem Finger, einem Stäbchen oder direkt abgerieben auftrug. Die Umrisse der Tiere sind mit Holzkohle ausgeführt; einige der Bilder sind durch Ritzen und Abschaben des Felsens in ihrer Wirkung verstärkt.

Die Höhlen selbst können leider nicht mehr von normalen Touristen besichtigt werden, da die Gefahr der Zerstörung der Bilder durch den Besucheransturm zu groß geworden ist. Neuerdings gibt es in der Nähe der Höhlen ein Museum und eine sog. Neocueva, den originalgetreuen **Nachbau der Höhle** von Altamira mit exakten Kopien der Felsmalereien (Öffnungszeiten: Mai – Okt. Di. – Sa. 9.30 bis 20.00, Nov. – April Di. – Sa. 9.30 – 18.00, ganzjährig So. u. Fei. 9.30 bis 15.00 Uhr).

★ **Museo de Altamira, Neocueva**

Da der **Zutritt zur Neocueva begrenzt** ist, empfiehlt sich vor allem während der sommerlichen Hauptreisezeit eine Vorbestellung der Eintrittskarten (Tel. 942 81 88 15; http://museodealtamira.mcu.es).

◄ Hinweis

★★ Segovia

G 12

Provinz: Segovia (SG)
Region: Castilia y León
Höhe: 1008 m ü. d. M.
Einwohnerzahl: 56 000

Schon von weitem sieht man Segovia majestätisch auf einem fast 100 m hohen Felssporn über den Flüsschen Eresma und Clamores thronen. Auf engstem Raum ballt sich in dem zum Weltkulturerbe ernannten Städtchen zusammen, was Kastilien so schön macht: hochherrschaftliche Häuser, malerische Gassen, großartige Kirchen, eine stolze Burg; dazu kommen die Ausblicke von der Stadt in die karge Hochebene und auf die Sierra de Guadarrama.

Geschichte

Das von den Iberern gegründete Segovia, Zentrum des Widerstands gegen die Römer, erlangte durch mehrere Jahrhunderte hindurch oftmals große Bedeutung. Unter den Römern, die es 80 v. Chr. eroberten, war Segovia Schnittpunkt zweier Heerstraßen. Nach der Herrschaft der Westgoten und der Araber begann unter den kastilischen Grafen eine Neubesiedlung, und Segovia wurde für lange Zeit bevorzugte Residenz der kastilischen Könige, unter ihnen Alfons X. der Weise. Hier wurde 1474 Isabella die Katholische zur Königin von Kastilien ausgerufen; Juan Bravo, einer der Anführer des Aufstandes der Comuneros gegen Karl V., kam in Segovia zur Welt (und wurde in seiner Geburtsstadt auch geköpft). Es folgten weitere Glanzzeiten unter dem Geschlecht der Trastamara, und nach einer Periode der Vergessenheit kam mit den Bourbonen im 18. Jh. neuer Glanz in die Stadt, von dem man auch heute noch einiges verspürt.

Altstadt

★★ **Acueducto Romano**

Ausgangspunkt für einen Spaziergang durch die Altstadt ist die in einer Senke gelegene Plaza del Azoguejo, die der Acueducto Romano überquert, der römische Aquädukt, der vermutlich unter Kaiser Tra-

Einmalige Adresse: Mesón de Cándido auf der Plaza de Azoguejo

jan im späten 1. Jh. n. Chr. errichtet wurde und neben den Mauern von ►Tarragona das **größte erhaltene römische Baudenkmal** in Spanien ist. Eine noch heute aus der Sierra de Fuenfría kommende 18 km lange, aber mittlerweile ausgetrocknete Wasserleitung überschreitet – mit 166 aus Granitquadern ohne Mörtel und Klammern erbauten Bogen von 7–28 m Höhe und mit einer Gesamtlänge von 728 m – das Tal südlich der Altstadt und führt bis zur Oberstadt, wo sie unterirdisch beim Alcázar endet. Den Platz selbst überquert der Aquädukt, nachdem er in der südlichen Vorstadt noch einen Knick vollführt, auf 43 zweistöckigen Bogen auf einer Länge von 276 m.

Casa de los Picos

Die Calle Cervantes führt rampenartig links vom Aquädukt hinauf in die Altstadt, wo man zunächst zur Casa de los Picos gelangt. Dieser ehemalige Palast des Pedro López de Ayala (15. Jh.) verdankt seinen Namen den facettierten Quadern seiner Fassade.

★ Plazuela San Martín

Man geht weiter durch die von Läden, Bars und Restaurants gesäumte Calle Juan Bravo zur rechts erhöht gelegenen malerischen Plazuela de San Martín, in deren Mitte ein Brunnen mit zwei Meerjungfrauen und ein Denkmal für Juan Bravo stehen, einen der Anführer der Comuneros. Wendet man sich auf der Treppe zurück, erkennt man gegenüber sein zwischen zwei größeren Häusern etwas eingeklemmtes Geburtshaus an seiner vierbogigen Galerie. Linker Hand erhebt sich die mächtige Torreón de los Lozoya, die im 16. Jh. erbaut wurde.

Die romanische Kirche San Martín aus dem 12. Jh. umgibt an ihrer Nord-, Süd- und Westseite eine ebenfalls romanische Säulenhalle, deren reich skulptierte Kapitelle florale Muster und vorwiegend biblische Szenen tragen. Innen findet man die gotische Capilla de Herrera mit den Gräbern der Familie Herrera und in der Capilla Mayor einen »Liegenden Christus« von Gregorio Fernández; auch der Kirchenschatz ist sehenswert. An die Kirche schließt das ehemalige Gefängnis an.

✶ ◄ San Martín

Museo Esteban Vicente

Nahebei, im ehemaligen Palast Heinrichs IV. an der Plaza Espejos, widmet sich das Museo Esteban Vicente dem in Turégano geborenen expressionistischen Maler.

Plaza Mayor

Lebhafter Mittelpunkt der Altstadt ist die Plaza Mayor mit Straßencafés und einem Musikpavillon in der Mitte. An ihrer Nordseite steht

SEGOVIA ERLEBEN

AUSKUNFT

Oficina de Turismo
Plaza Mayor, 6
40001 Segovia
Tel. 921 46 60 70
www.turismodesegovia.com

ESSEN

► Erschwinglich

① *Mesón José María*
Calle Cronista Lecea, 11
Tel. 921 46 11 11
Kastilische Fleischgerichte auf beste traditionelle Art.

► Preiswert

② *La Oficina*
Calle Cronista Lecea, 10
Tel. 921 46 02 83
Der Nachbar von José María versteht sich gut auf Wildgerichte und bietet auch ein günstiges Menü an.

ÜBERNACHTEN

► Komfortabel

① *Acueducto*
Avda. del Padre Claret, 10
Tel. 902 25 05 50
www.hotelacueducto.com
Komfortables Haus ohne übertriebenen Luxus in zentraler Lage am römischen Aquädukt.

► Günstig

② *Las Sirenas*
Juan Bravo, 30
Tel. 921 46 26 63
www.hotelsirenas.com
Charmantes, aber leicht angestaubtes Stadthotel, genau richtig für Leute, die von modernen Unterkünften genug haben.

! Baedeker TIPP

Schweinereien

Segovia gilt als kulinarischer Fixpunkt Kastiliens. Grund dafür ist Spanferkel aus dem Backofen, spanisch »cochinillo asado«. Jedes Restaurant der Stadt bietet es an – hervorragend und authentisch (weil nach alter Väter Sitte mit einem Teller zerteilt) im Mesón de Cándido an der Plaza de Azoguejo, Tel. 921 42 59 11; gut auch Mesón José María, C. Cronista Lecea 11, Tel. 921 46 11 11 und La Oficina, C. Cronista Lecea 10, Tel. 921 46 02 83.

Segovia Orientierung

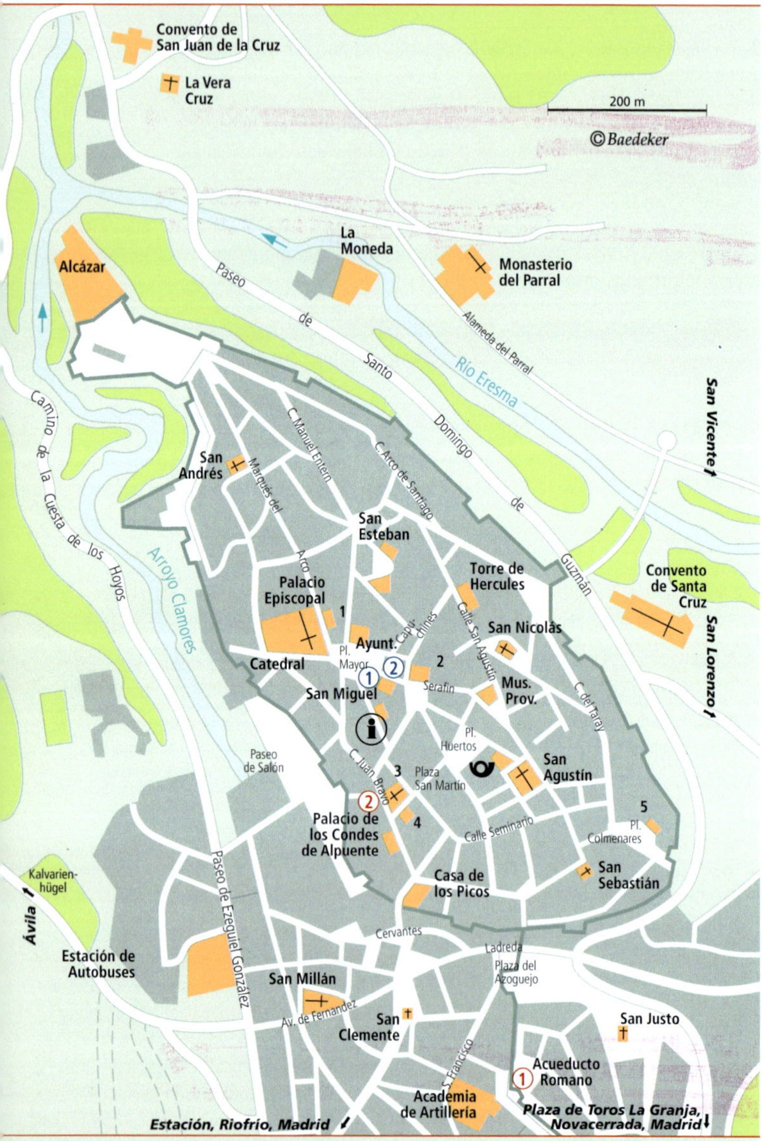

1 Palacio del Marques del Arco
2 La Trinidad
3 San Martin
4 Torréon de los Lozoya
5 San Juan de los Caballeros (Museo Zuloaga)

Essen
① Mesón José María
② La Oficina

Übernachten
① Acueducto
② Las Sirenas

das schlichte Rathaus aus dem 17. Jh., an der Südostseite die 1558 vollendete gotische Kirche San Miguel von Gil de Hontañón, die einen beachtenswerten Hauptaltar von 1572 birgt. In dieser Kirche wurde **Isabella die Katholische** zur Königin ausgerufen. ◄ San Miguel

★ **Catedral**

Auf dem höchsten Punkt der Altstadt erhebt sich die aus gelbem Gestein erbaute Kathedrale. Die spätgotische Basilika, außen geradezu lebhaft gegliedert, wurde 1525–1593 von Juan und Rodrigo Gil de Hontañón errichtet und setzt mit ihrem 100 m hohen Glockenturm mit kuppelförmigem Helm von 1558 eine weithin sichtbare Landmarke (Öffnungszeiten: tgl. 9.00–18.00, im Sommer bis 19.00 Uhr).

◄ Innenraum

Der helle, 105 m lange und sehr hohe Innenraum ist geprägt von einem reichen Sterngewölbe und farbenprächtigen Glasgemälden. Der marmorne Hochaltar trägt die Elfenbein-Madonna »Virgen de la Paz« (14. Jh.). Rechts vom Chorumgang sieht man in der Capilla del Santísimo Sacramento einen kostbaren Altar. Im linken Seitenschiff, rechts vom Eingangsportal, liegt die Capilla de la Piedad mit einer farbigen Holzgruppe der »Beweinung Christi« von Juan de Juni (1571) und einem Triptychon des Flamen Ambrosius Benson. Jenseits des Chors zeichnet sich die Capilla del San Cristo del Consuelo durch ihr reiches Portal und die Grabmäler der Bischöfe Raimundo de Losana und Diego de Covarrubias aus.
Der Kreuzgang wurde 1524–1530 größtenteils mit dem Material des beim Alcázar gelegenen Kreuzgangs der im 16. Jh. zerstörten alten Kathedrale erbaut. In den anstoßenden Räumen sowie eine Treppe höher im Archiv ist das Museo Catedralicio eingerichtet. Zu den Ausstattungsstücken gehören Gemälde, u. a. von Ribera, vor allem aber sehr schöne **Brüsseler Gobelins** aus dem 16. und 17. Jh., darunter eine Serie mit der Geschichte der Königin Zenobia von Palmyra; in der Sala Capitular eine hübsche Artesonado-Decke.

Museo de Segovia

Von der Plaza Catedral führt die Calle Marqués del Arco weg. Links geht eine Treppe hinab zum Museo de Segovia in der Casa del Sol direkt an der Stadtmauer, wo man die reiche Geschichte der Stadt studieren kann.

San Andrés

Auf der Calle Marqués del Arco passiert man die romanische, innen barocke Kirche San Andrés (12. Jh.) und geht dann auf der Calle Daoiz zur Plaza del Alcázar, von der man gute Aussichten vor allem auf die östlich im Tal liegenden Kirchen hat.

★★ **Alcázar**

Der auf einem steilen Felsvorsprung zwischen den sich vereinigenden Tälern von Eresma und Clamores aufragende Alcázar, ein vortreffliches Beispiel altkastilischer Burganlagen, geht auf das 11. Jh. zurück. Er wurde im 13. Jh. von Alfons dem Weisen neu erbaut und im 15. und 16. Jh. durch prachtvolle Ausgestaltung erweitert. In dieser Burg ehelichte Philipp II. Anna von Österreich (Öffnungszeiten: tgl. 10.00–18.00, im Sommer 19.00 Uhr).

ALCÁZAR

★★ Auf der Nordwestspitze eines Felsvorsprungs zwischen den beiden Flüssen Río Eresma und Río Clamores thront der Alcázar von Segovia, Paradebeispiel eines kastilischen Castillo. 1862 wurde er bei einem Brand stark beschädigt. Die Innenausstattung der Prachträume wurde im 19. Jh. mit Hilfe von älteren Zeichnungen rekonstruiert.

Öffnungszeiten:
April – Sept. tgl. 10.00 – 19.00,
Okt. – März tgl. 10.00 – 18.00

① **Torre de Juan II**
Die Zugangsseite der Burg wird von dem unter Johann II. begonnen Bergfried beherrscht. Ihn bekrönen ein Wehrgang und 10 runde Erkertürme.

② **Barbakane**
Zu dem Vorwerk gehören eine Hebebrücke und Wachräume. Über dem Eingangstor prangt das Wappen der Katholischen Könige.

③ **Sala de la Galera**
Über die Sala del Trono geht es in die Sala de la Galera. Ihre Süd-West-Wand war ursprünglich eine Außenmauer des mittelalterlichen Kastells, daran erinnern die romanischen Doppelfenster, die später freigelegt wurden. Von hier hat man eine schöne Aussicht.

④ **Sala de las Piñas**
Benannt ist der Saal nach den Pinienzapfenmotiven seiner Artesonado-Decke. Sie ist eine Kopie der ursprünglichen Decke von 1452.

⑤ **Sala de los Reyes**
Der Königssaal war der Hauptsaal der Burg. Der Wandfries mit der spanischen Königsgenealogie stammt aus dem 19. Jahrhundert.

⑥ **Dormitorio del Rey**
Im königlichen Schlafzimmer befindet sich ein gotisches Bett aus Nußbaumholz.

⑦ **Kapelle**
Durch einen Laufgang, dessen moderne Glasfenster nach alten Stichen angefertigt wurden, gelangt man in die Kapelle. Ihre Decke stammt aus Cedillo de la Torre (15. Jh.; Provinz Segovia).

⑧ **Real Colegio de Artelleria**
In drei Sälen ist eine kleine militärhistorische Sammlung zu sehen.

⑨ **Torre de Homenaje**
Sie schließt die Burg nach Westen hin ab. Von der Terrasse blickt man über den Eresma auf das Kloster El Parral und die Kirche Vera Cruz.

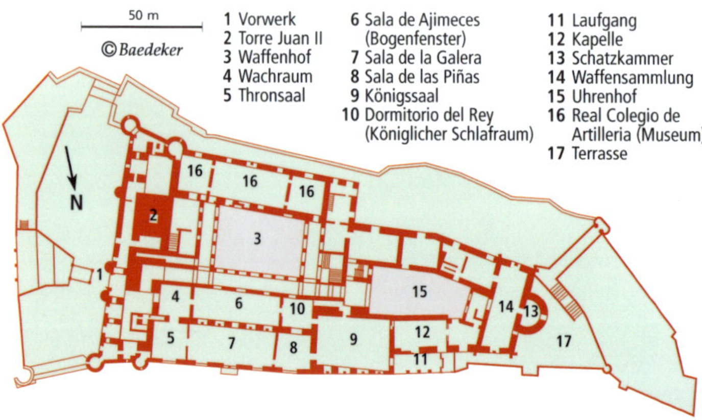

1 Vorwerk
2 Torre Juan II
3 Waffenhof
4 Wachraum
5 Thronsaal
6 Sala de Ajimeces (Bogenfenster)
7 Sala de la Galera
8 Sala de las Piñas
9 Königssaal
10 Dormitorio del Rey (Königlicher Schlafraum)
11 Laufgang
12 Kapelle
13 Schatzkammer
14 Waffensammlung
15 Uhrenhof
16 Real Colegio de Artilleria (Museum)
17 Terrasse

Di
Jua
typ
me

Die von zehn halbrunden Türmen (Cubos) umkränzte Torre de Juan II, durch die man die Burg betritt, sowie die runde, spitzhelmbekrönte Torre del Homenaje am entgegengesetzten Ende stammen aus dem 14. Jh. Der mühevolle, weil sehr enge Aufstieg auf die Torre de Juan II wird mit einer überragenden Aussicht auf die Stadt, die Sierra de Guadarrama und die Hochebene belohnt. Beim Gang durch die Burg lernt man den Lebensstil des Hochadels im 15. und 16. Jh. kennen. Der Rundgang beginnt rechts und kommt u. a. durch die Sala de la Trono (Thronsaal) mit ihrer prächtigen vergoldeten Sternendecke. An diesen schließt die Sala del Galería an, deren Bogenfenster schöne Ausblicke auf das Flusstal freigeben. Darauf folgen mehrere historisch ausgestaltete Säle mit Möbeln, Gobelins, Waffen und Rüstungen sowie die Kapelle. Vom kleinen Burghof unterhalb der Torre del Homenaje geht man zurück in drei weitere Säle, die einem militärhistorischen Museum vorbehalten sind.

★ **San Esteban**

Vom Alcázar geht es auf den engen Gassen Velarde und Pozuelo zur Plaza de San Esteban, wo der Turm der aus dem 13. Jh. stammenden Kirche San Esteban in die Höhe steigt. Er besteht aus sechs durch Bögen aufgelockerten Segmenten und wird von einem Helm mit Wetterhahn abgeschlossen. In der Säulenloggia fanden die Zunftversammlungen statt. Der Palacio Episcopal (Bischöflicher Palast) am selben Platz wurde vom 16. bis 18. Jh. erbaut.

Plaza de la Trinidad

Weiter geht es auf der Calle Trinidad zur Plaza de la Trinidad mit der Torre de Hércules und der romanischen Kirche La Trinidad.

Plaza del Conde de Cheste

Nun spaziert man ein längeres Stück auf der Trinidad und der Calle San Agustín zur Plaza del Conde de Cheste an der Südspitze der Stadtmauer, wo mit der Casa del Marqués de Lozoya (14. Jh.), der Casa de los Marqueses de Moya und dem Palacio de Quintanar **sehenswerte Adelshäuser** stehen.

San Juan de los Caballeros

Etwas links abseits liegt die Plaza Colmenares mit der ehemaligen Kirche San Juan de los Caballeros, einst Begräbnisstätte der vornehmen Familien Segovias. Heute beherbergt sie das **Museo Zuloaga**, das Werke des Malers Ignacio Zuloaga und seines Onkels, des Keramikers Daniel Zuloaga, zeigt.

Rund um die Stadtmauer

Um die Plaza del Azoguejo

Um den Altstadthügel läuft eine Straße, die an einigen sehenswerten kirchlichen Bauten vorbeiführt und von der sich immer wieder **überwältigende Ausblicke** auf die ummauerte Stadt ergeben. Startpunkt ist die Plaza del Azoguejo unterhalb des Aquädukts. Wenig östlich bergauf befindet sich die Kirche San Justo, deren Apsis mit farbintensiven romanischen Fresken ausgemalt ist.

Südwestlich führt die Avenida de Fernández Ladreda zur romanischen Kirche San Clemente, die rechts der Capilla Mayor Wandmalereien aus ihrer Erbauungszeit im 13. Jh. besitzt. ◄ San Clemente

San Millán

Ebenfalls romanisch ist die wenig entfernte Kirche San Millán, zwischen 1111 und 1124 erbaut und somit eine der ältesten Kirchen der Stadt. Im Altarraum erkennt man noch Reste romanischer Fresken.

Stadtmauer

Von San Millán kommt man auf das Umgehungssträßchen. Rings um den Hügel ziehen sich fast lückenlos die alten Stadtmauern, die in ihren Fundamenten iberisch sind, von den Römern ausgebaut und im 11./12. Jh. wiederhergestellt wurden; sie sind bestückt mit 86 halbrunden Cubos und drei stattlichen Toren.

✶ Blick auf den Alcázar

Die Straße vollführt einen Bogen um die Nordostspitze der Stadt und überquert den Río Eresma. Von hier zeigt sich der aufragende Alcázar in seiner ganzen Majestät.

Convento de San Juan de la Cruz

Kurz nach der Brücke zweigt ein Sträßchen zu drei kirchlichen Bauten ab: Zunächst kommt man links in einer Bruchsenke zur etwas klobigen Wallfahrtskirche Virgen de la Fuencisla aus dem 17. Jh.; darauf folgt der Convento San Juan de la Cruz, ein 1576 von Juan de la Cruz gegründeter Konvent der Barfüßigen Karmeliter, dem der Heilige und Weggefährte von Teresa de Ávila zeitweise als Prior vorstand und das heute ein Altersheim ist. Auf der gegenüber liegenden Straßenseite erkennt man die als Zwölfeck angelegte Kirche Vera Cruz, eine nach dem Vorbild der Grabeskirche von Jerusalem 1208–1217 erbaute ehemalige Templerkirche mit Wandmalereien aus dem 13. Jh.; hier sollen die Ritter einst ein Stück vom Kreuz Christi bewacht haben. Vom Turm hat man eine herrliche Aussicht auf Segovia. ◄ Vera Cruz

? WUSSTEN SIE SCHON ...?

- ... dass in der alten Münze (span. Moneda) gegenüber dem Monasterio El Parral bis 1730 das Geld des Spanischen Königreichs geprägt wurde?

Monasterio El Parral

Nach wenigen hundert Metern zweigt eine Nebenstraße über den Eresma zu dem links am Hang gelegenen Monasterio El Parral. Das 1447 von Heinrich IV. gegründete Hieronymitenkloster wurde vom Marqués de Villena finanziert; die isabellinische Kirche besitzt einen mächtigen Retablo (16. Jh.) und zwei Alabaster-Grabmäler von 1528, darunter auch jenes des Klosterstifters.

Convento de Santa Cruz

Unterhalb der Stadtmauer nähert man sich allmählich wieder der Plaza del Azoguejo. Links sieht man den 1217 gegründeten Convento de Santa Cruz mit seinem isabellinischen Portal.
Beim Konvent geht eine Straße in die Vorstadt San Lorenzo mit der Kirche gleichen Namens ab. Deren Turm ist wie die dreiteilige Apsis ein hervorragendes Beispiel des **Mudéjarstils**. ◄ San Lorenzo

Umgebung von Segovia

★ **Riofrío**

Eine noch im Stadtgebiet Segovias von der N-603 nach Südwesten abgehende Nebenstraße führt zum Schloss von Riofrío, das die Gemahlin Philipps V. nach dessen Tod von 1752 an erbauen ließ, da sie nicht mehr nach La Granja (s. u.) zurückkehren wollte – in Riofrío allerdings ist sie nie eingezogen. Das Schloss beherbergt heute ein **Jagdmuseum** und ist umgeben von einem weitläufigen Hirschpark, den man nur mit dem Auto durchfahren darf.

★★ **La Granja de San Ildefonso**

Öffnungszeiten: April – Sept. Di. – So. 10.00 – 18.00; Okt. – März Di. – Sa. 10.00 – 13.30 u. 15.00 – 17.00, So., Fei. 10.00 – 14.00

Auf der südöstlich in die Sierra de Guadarrama führenden N-601 erreicht man durch ein vor allem am Wochenende von den Madridern heimgesuchtes Picknickgebiet das Städtchen San Ildefonso (1156 m ü. d. M.), reizvoll am Fuß der gewaltigen Peñalara gelegen. Der Ort entwickelte sich aus einem von Mönchen betriebenen Bauernhof mit Herberge (»Granja«). Im frühen 18. Jh. erkor Philipp V. es wegen der guten Luft zum Standort eines Schlosses, das an Versailles erinnern sollte und an dem von 1721 bis 1739 gebaut wurde. Schloss und Park wurden im Jahr 2000 zum 25-jährigen Thronjubiläum von König Juan Carlos renoviert.

Man nähert sich dem Schloss von der Rückseite, die von der stattlichen Schlosskirche beherrscht wird. Eine **Führung** stellt den Thronsaal und andere Räume mit hervorragenden flämischen, spanischen und französischen Wandteppichen vor. Die Schlosskirche enthält das rotmarmorne Grabmal Philipps V. und seiner Gemahlin Isabella Farnese.

Gärten ►

Einzigartig sind die Gärten an der Schauseite des Schlosses, auf die die prächtige Große Kaskade zuführt. Sie sind ein Werk der Franzosen Etienne Boutelou und René Carlier. Man ist überwältigt von der Formenvielfalt der Brunnenfiguren und Gartenplastiken, die meist der Fantasie von René Fremin und Jean Fermy entsprungen sind. Fast nach jeder Ecke, um die man geht, überrascht eine neue allegorische Gruppe mit der Lebendigkeit ihrer Gestaltung.

Real Fábrica de Cristales ►

Das Museum der 1770 erbauten Glasmanufaktur zeigt Glaskunst aus La Granja und dem übrigen Europa.

! *Baedeker* TIPP

Wasserspiele

Wer die grandiosen Wasserspiele von La Granja sehen möchte, der muss mittwochs, samstags oder sonntags um 17.30 Uhr in den Schlosspark kommen. Denn dann werden 4 der 26 Brunnen angestellt. Alle 26 kann man nur zu Ostern, am 30. Mai, am 25. Juli und am 25. August bewundern.

Hinter San Ildefonso steigt die N-601 hinauf auf die bewaldeten Höhen der Sierra de Guadarrama zum Puerto de Navacerrada (1860 m ü. d. M.; ►S. 486).

Puerto de Navacerrada

Große Burgenrundfahrt (ca. 220 km)

Coca

Die C-605 verlässt in nordwestlicher Richtung Segovia und erreicht den 28 km entfernten Ort Santa María la Real de Nieva, dessen Kirche einen besonders schönen Kreuzgang besitzt. Von dort sind es noch 20 km auf der SG-341 nach Coca. Im antiken Cauca wurde 347 n. Chr. Theodosius I. geboren, seit 379 oströmischer Kaiser, der 394 noch einmal das Römische Reich vereinte und das Christentum als Staatsreligion einführte. Die Hauptkirche im Ort enthält vier schöne gotische Grabmäler der Familie Fonseca.

★★ Castillo de Coca

Öffnungszeiten:
tgl. 10.30 – 13.00 u. 16.30 – 18.00 Uhr

Die Burg von Coca ist ein **einzigartiges Beispiel des mudéjaren Burgenbaus**. Sie wurde im 15. Jh. auf Geheiß des Bischofs Alfonso Fonseca von maurischen Handwerkern auf quadratischem Grundriss erbaut. Baumaterial waren einzig die für den Mudéjar-Stil charakteristischen, in geometrischen Mustern angeordneten Backsteine. Eine Brücke über den Burggraben führt durch das stattliche Haupttor Arco de la Villa hinter den ersten Verteidigungswall. An dessen Ecken erheben sich mächtige polygonale Türme, die wiederum mit kleinen Wehrtürmchen versehen sind. Der Kernbau, ebenfalls mit hohen polygonalen Ecktürmen und runden Flankentürmen, wird dominiert vom rechts vom Haupttor sich erhebenden Lehnsturm, einem mächtigen quadratischen Turm mit zinnenbewehrten Rundtürmen in den Ecken und je zwei kleinen Türmen an den Seiten. Lehnsturm und Kapelle können besichtigt werden. In der Burg ist heute eine landwirtschaftliche Schule untergebracht.

Turégano

Weiter geht es über die kastilische Hochfläche 50 km ostwärts via SG-332, SG-221 und SG-222 nach Turégano (936 m ü. d. M.), einem Bischofsstädtchen mit laubenumgebener Plaza Mayor am Fuß der teilweise verfallenen Kirchenburg aus dem 13. bis 15. Jh., deren zinnenbewehrter Mauerring mit dem Bergfried die romanische Kirche San Miguel mit ihrem auffallenden Glockengiebel einschließt.

Fuentidueña

Nun der C-603 folgend, erreicht man die Abzweigung nach Cantalejo, über das man zum insgesamt 24 km nördlich davon gelegenen Fuentidueña, das Reste zweier romanischer Kirchen und einer mächtigen Burg besitzt, fahren kann.

Sepúlveda

Bleibt man auf der C-603, kommt man nach 36 km zum malerischen Städtchen Sepúlveda (1032 m ü. d. M.), das hoch über einer Schlinge des Duratón liegt und als ehemaliges Septem Portale (Sieben Tore) noch wohl erhaltene römische Befestigungen und mehrere romanische Kirchen vorweisen kann, darunter in beherrschender Lage die

Kirche El Salvador (11. Jh.) mit Arkadengang und freistehendem Glockenturm, von dem man einen überwältigenden Panoramablick genießt. Die Burg ist eine Gründung von Fernán González.

Castilnovo Von Sepúlveda folgt man der SGP-2332 Richtung Pedraza; bei der Kreuzung »Las Cuatro Carreteras« kann man nach links zum ursprünglich maurischen Schloss Castilnovo (12.–15. Jh.) abbiegen.

Pedraza Pedraza, 24 km von Sepúlveda, ist ein mauerumgürtetes Städtchen, dessen mächtige Burg auf einem riesigen Felsblock thront. Um die hübsche, für Kastilien typische Plaza Mayor liegen die romanische Torre San Juan und eine Hostería in der Casa de la Inquisición. Nach 10 km von Pedraza erreicht man die N-110, auf der man nach Segovia zurückkehrt

Umgebung ►Ávila, ►El Escorial, ►Madrid

La Seu d'Urgell · Seo de Urgel

D 23

Provinz: Lleida (L)
Region: Katalonien
Höhe: 700 m ü. d. M.
Einwohnerzahl: 13 000

Inmitten des weiten Talbeckens des Riu Segre, umrahmt von den Pyrenäen, liegt La Seu d'Urgell (Seo de Urgel). Die Stadt lebt traditionell von Milchwirtschaft und Textilverarbeitung, immer wichtiger aber wird – vor allem seit der Austragung der olympischen Kanuwettbewerbe 1992 – der Naturtourismus.

Besuch Andorras Der Bischof von La Seu d'Urgell ist zusammen mit dem französischen Staatspräsidenten repräsentativer Koregent des nahen Kleinstaates ►Andorra. Für dessen Besuch bietet sich La Seu d'Urgell als ruhiger Standort an.

Winter- und Sommersport La Seu d'Urgell ist der Hauptort des Wintersportgebiets Alt Urgell, das ideale Bedingungen für **Skilanglauf** bietet. In unmittelbarer Umgebung findet man um die Skistationen Sant Joan de l'Erm und Tuixént-La Vansa gespurte Loipen unterschiedlicher Länge und für alle Ansprüche, die durch die herrlichen Pyrenäenwälder führen. Auch in der östlich anschließenden Landschaft Cerdanya sind bei Núria, La Molina, Lles und Aránser gute Möglichkeiten zum Langlauf bereitet.
Im Sommer bevölkern **Wildwasserfahrer** die beiden Hauptflüsse von Alt Urgell, den Riu Segre und den Riu Valira. Die Hänge der Pyrenäen sind schließlich ein einzigartiges Wandergebiet; an Flüssen und Bächen kommen die Angler auf ihre Kosten.

Sehenswertes in La Seu d'Urgell

Catedral La Seu

Die der hl. Jungfrau geweihte Kathedrale La Seu steht an der Stelle einer schon 839 geweihten Kirche. Den Bau der heutigen Kathedrale veranlasste 1116 der hl. Hermengol; sie verdankt ihre Gestalt im Wesentlichen dem aus Italien stammenden Baumeister Ramón Llombard, der von 1175 bis 1183 an ihr arbeitete und italienische Stileinflüsse einbrachte, so z. B. vier Nebenapsiden in den Seitenschiffen und die Fassadengestaltung. Im 18. Jh. umgebaut, wurde die Kathedrale Anfang des 20. Jh.s wieder in ihren romanischen Zustand zurückversetzt. Innen sieht man einen gotischen Hochaltar und mehrere Reliquienschreine. Glanzpunkt des Bauwerks ist jedoch der **Kreuzgang**, der im 13. Jh. von aus dem Roussillon gekommenen Meistern geschaffen wurde, wie die skulptierten Säulenkapitelle erkennen lassen.

Beatus-Handschrift im Museu Diocesà

◄ Museu Diocesà

Wertvollstes Stück im Diözesanmuseum ist eine im 11. Jh. gefertigte Kopie der Apokalypse des Beatus von Liébana mit schönen Buchmalereien. Auch eine Papyrus-Bulle von Papst Silvester II. aus dem Jahr 1001 und der silberne, im 18. Jh. von Pedro Llopart gearbeitete Sarkophag des hl. Hermengildo ragen hervor.

Sant Miquel

Neben dem Kreuzgang, von diesem aus zugänglich, erhebt sich die Kirche Sant Miquel (auch Sant Père) aus dem 11. Jh., deren Innenraum mit romanischen Malereien geschmückt ist.

Altstadt

Um die Kathedrale erstreckt sich das mittelalterliche Stadtviertel mit dem Bischofspalast und weiteren alten Häusern, vor allem entlang der Straßen Carrer Major und Carrer dels Canonges.

Parc Olímpic del Segre

Am Südrand der Altstadt liegt am Fluss der Olympiapark, auf dessen Wildwasserkanal die Kanuwettbewerbe der Olympischen Spiele von Barcelona ausgetragen wurden.

Castellciutat

Die beste Aussicht auf La Seu d'Urgell bietet das 1 km außerhalb jenseits des Flusses gelegene Castellciutat.

Rund um die Serra de Cadí

Serra de Cadí

Diese Fahrt umrundet den Parc Natural de Cadí-Moixeró, das Kerngebiet der im Cristal bis 2647 m ü. d. M. aufsteigenden Serra de Cadí.

LA SEU D'URGELL ERLEBEN

AUSKUNFT

Oficina de Turismo
Avenida Valls d' Andorra, 33
25700 La Seu d'Urgell
Tel. 973 35 15 11
www.turismeseu.com

VERANSTALTUNGEN

Festa de la Patum in Berga
Das dreitägige Fest an Fronleichnam in dem südöstlich von La Seu d'Urgell gelegenen Ort Berga ist eines der spektakulärsten Feste Kataloniens.

ESSEN/ÜBERNACHTEN

► Luxus/Komfortabel

El Castell de Ciutat
N-260, km 229
Tel. 9 73 35 00 00
www.hotel-castell-ciutat.com
Etwas außerhalb in der beeindruckenden Pyrenäenlandschaft gelegene feudale Unterkunft mit komfortablen Zimmern. Im renommierten Restaurant kommen Produkte der benachbarten Huerta auf den Teller; großer Weinkeller.

Wer diese Berglandschaft kennenlernen will, muss die Wanderstiefel schnüren, z. B. ab Guardiola de Berguedá, Bage, Saldes oder Fornols, wo es jeweils auch **Campingplätze** gibt.

Bellver de Cerdanya

Die Fahrt führt von La Seu d'Urgell auf der N-260 nach Osten durch das obere Segre-Tal nach Bellver de Cerdanya, für Angler ein **Forellenparadies** und für Kunstfreunde einen Halt wert wegen der romanischen Kirche Santa María de Talló und der engen Altstadt.

Puigcerdá

Kurz hinter Bellver zweigt die Straße ab in das alte Grenzstädtchen Puigcerdá (1147 m ü. d. M.), reizvoll gelegen über dem Zusammenfluss von Riu Segre und Riu Carol und deshalb im Sommer wie im Winter von Urlaubern gern besucht. Puigcerdá musste im Bürgerkrieg schwere Zerstörungen über sich ergehen lassen, so dass im Ort nur der Glockenturm der Kirche Santa María aus dem 14. Jh. und das im 12. Jh. gegründete Kloster erhalten sind.

★ Llívia ►

5 km nordöstlich erreicht man durch französisches Hoheitsgebiet die seit 1659 spanische Enklave Llívia, ein mittelalterliches, denkmalgeschütztes Städtchen. Im Museu Municipal kann man die **älteste Apothekeneinrichtung** (15. Jh.) in Europa besichtigen.

Cardona

Über Berga mit seiner berühmten Festa de la Patum an Fronleichnam gelangt man in südlicher Richtung nach Cardona, wo seit alters her Steinsalz gewonnen wird, wie die riesige **Saline** am Fluss zeigt. Zweiter markanter Punkt der Stadt ist die zum Parador umfunktionierte **Burg**, deren bemerkenswertester Teil die im 11. Jh. errichtete zylinderförmige Torre de la Minyona ist; innerhalb der Burganlage stellt die Stiftskirche Sant Vicenç de Cardona eines der schönsten Beispiele für den lombardischen Stil in Katalonien dar. Das dreischiffige, 1040 vom Bischof von Urgell geweihte Gotteshaus vom Basilikatyp besitzt mit der achteckigen Kuppel eine der ältesten dieser Art in Spanien.

Solsona

18 km weiter erreicht man die alte Bischofsstadt Solsona (665 m ü. d. M.). Deren Kathedrale Santa María, die auf eine 1163 geweihte romanische Kirche zurückgeht, von der noch drei Apsiden und der Glockenturm erhalten sind, bewahrt eine Marienskulptur aus schwarzem Stein, die »Mare de Déu del Claustre«. Das **Diözesanmuseum** im Bischofspalast sollten Kenner katalanischer religiöser Malerei nicht verpassen, denn hier können sie einige außerordentliche Stücke bewundern: ein beinahe archaisches Fresko aus Sant Quirze in Pedret, romanische Altarvorsätze und Jaime Ferrers »Abendmahl mit der hl. Konstanze« (15. Jh.). Im selben Gebäude ist auch das Salzmuseum untergebracht.

★ Grau de la Granta

23 km hinter Solsona erreicht man die C-1313, auf der es nach Norden über Oliana durch die von hohen Felswänden umrahmte Schlucht Grau de la Granta zu dem über 10 km langen Stausee Panta d'Oliana geht; an dessen Nordende liegt das Dorf Coll de Nargó in malerischer Lage mit der aus dem 11. Jh. stammenden ehemaligen Pfarrkirche Sant Climent. Hinter Organya geht es talaufwärts durch die Schlucht Grau de Organya und schließlich entlang einiger Dörfchen zurück nach La Seu d'Urgell.

Abendliche Impressionen in der Serra de Cadí

★★ Sevilla

O 7/8

Provinz: Sevilla (SE)
Region: Andalusien

Höhe: 10 m ü. d. M.
Einwohnerzahl: 704 000

Sevilla ist einer der heißesten Orte des europäischen Festlands – kein Wunder also, dass die Stadt erst erwacht, wenn man anderswo ins Bett geht – die Nächte Sevillas haben es in sich. Das andalusische Flair und eine Fülle eindrucksvoller Kunstdenkmäler aus allen Epochen rechtfertigen den alten Spruch »Quien no ha visto Sevilla, no ha visto maravilla« (Wer Sevilla nicht gesehen hat, hat noch kein Wunder gesehen).

Hauptstadt Andalusiens

Zwar kann Sevilla mit den großartigen Zeugnissen der maurischen Vergangenheit von ►Córdoba oder ►Granada nicht mithalten, doch ist hier die Synthese aus muslimischer und christlicher Baukunst am besten gelungen, zu bestaunen in der Kathedrale und im Alcázar. Sevilla ist die Geburtsstadt der Maler **Diego Velázquez** (1599–1660) und **Bartolomé Esteban Murillo** (1617–1682). Gedenktafeln erinnern an Szenen aus Dichtungen von Cervantes; bekannt ist Sevilla als Schauplatz berühmter Opern: Mozarts »Don Juan« und »Figaros Hochzeit«, Bizets »Carmen« spielen hier; um den Laden von Rossinis »Barbier von Sevilla« streiten sich mehrere Straßen.

Wer ein bisschen Ruhe braucht, kann auf der Plaza de España mit ihren Sitzbänken und Wasserläufen entspannen.

Highlights Sevilla

Kathedrale
Die größte gotische Kirche der Welt mit dem größten Altar der Welt ist nicht nur in ihren Ausmaßen einmalig.
▸ Seite 602

Real Alcázar
Einst residierten im Palast mit Mudéjar-Innenhöfen und arabischen Gärten maurische, später die christlichen Könige.
▸ Seite 605

Museo de Bellas Artes
Eine der besten Kunstsammlungen des Landes.
▸ Seite 612

Casa de Pilatos
Sevillas prächtigster Stadtpalast neben dem Alcázar soll angeblich eine Kopie Nachahmung des Hauses von Pontius Pilatus in Jerusalem sein.
▸ Seite 612

Obwohl die Hauptstadt Andalusiens und die viertgrößte Stadt Spaniens in einer fruchtbaren Ebene am linken Ufer des Río Guadalquivir fast 100 km vom Meer entfernt liegt, macht sich die Flut hier noch bemerkbar und erlaubt größeren Seeschiffen das Einlaufen in den vor der Stadt liegenden **Hafen**.

205 v. Chr.	Römer erobern die Region.
411	Sevilla wird Hauptstadt der Vandalen.
441	Sevilla wird Hauptstadt der Westgoten.
712	Die Mauren erobern die Region.
1147	Mit der Herrschaft der Almohaden blüht die Stadt auf.
1248	Ferdinand III. von Kastilien erobert die Stadt und wählt sie zur Residenz.
1493	Kolumbus erhält nach der Rückkehr von seiner ersten Entdeckungsfahrt einen festlichen Empfang in Sevilla.
1929	Ibero-Amerikanische Ausstellung in Sevilla
1992	Die Expo findet in Sevilla statt.
2006	Der FC Sevilla erringt den Europäischen Supercup.

Geschichte

Aus der ehemals iberischen oder phönizischen Siedlung wurde unter Caesar die bedeutende Hafenstadt Colonia Iulia Romula. Nach den Vandalen und den Westgoten kamen die Mauren und nannten die Stadt Ichbilija, die dann seit 1147 von den Almohaden beherrscht wurde. Jûsuf Abu Ja'kub (reg. 1163–1184) und Ja'kub Ibn Jûsuf (reg. 1184–1198) errichteten glänzende Bauten, so dass Sevilla zeitweise selbst Córdoba an Einwohnerzahl übertraf.
Mitte des 13. Jh.s kommt Sevilla zum Königreich Kastilien. In der folgenden Zeit brachte es Sevilla zur Monopolstellung im Überseehandel und entwickelte sich zum Haupthafen Spaniens. Mit dem

Catedral de Sevilla Orientierung

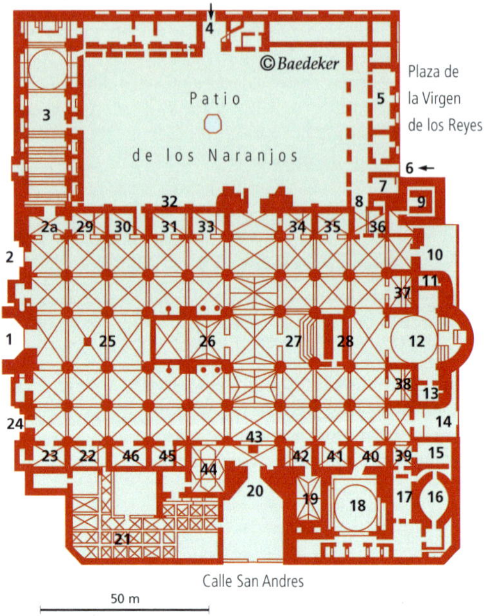

1 Puerta Mayor
2 Puerta del Bautismo
2a Giraldillo
3 Sagrario
4 Puerta del Perdón
5 Biblioteca Colombina
6 Puerta de Oriente
7 Capilla de la Granada (Granatapfelkapelle)
8 Puerta del Lagarto (Eidechsenpforte)
9 Giralda
10 Puerta de los Palos
11 Sala Capitular
12 Capilla Real
13 Sakristei
14 Puerta de las Campanillas (Portal der Glöckchen)
15 Contaduría Mayor
16 Sala Capitular
17 Antecabildo
18 Sacristía Mayor
19 Sacristía de los Cálices (Sakristei der Kelche)
20 Puerta de San Cristóbal (Puerta de la Lonja)
21 Dependencias de la Hermandad Sacramental
22 Capilla de Santa Ana
23 Capilla de San Laureano
24 Puerta del Nacimiento
25 Grabplatte des Fernando Colón
26 Coro
27 Capilla Mayor
28 Sacristía Alta
29 Capilla de San Antonio
30 Capilla de Escalas
31 Capilla de Santiago
32 Capilla Sacramental
33 Capilla de San Francisco
34 Capilla de las Doncellas
35 Capilla de los Evangelistas
36 Capilla del Pilar
37 Capilla de San Pedro
38 Capilla de la Concepcíon Grande
39 Capilla del Mariscal
40 Antesala (Vorraum)
41 Capilla de San Andrés
42 Capilla de Dolores
43 Grabdenkmal des Kolumbus
44 Capilla de la Antigua
45 Capilla de San Hermenegildo
46 Capilla de San José

Untergang des Kolonialreichs verlor Sevilla an Bedeutung, bis die Regulierung des Guadalquivir den Seehandel erneut hierher zog. Die Weltausstellung Expo'92 brachte wesentliche Verbesserungen der Infrastruktur – u. a. den Ausbau des Flughafens und den Neubau des Bahnhofs Santa Justa für den Hochgeschwindigkeitszug AVE nach Madrid – und einige spektakuläre Neubauten, doch haben sich die Hoffnungen auf einen wirtschaftlichen Schub nur bescheiden erfüllt.

★★ Catedral de Santa María de la Sede

Eingang
Puerta del Oriente und Puerta del Lagarto an der Giralda ►

An Stelle der maurischen Hauptmoschee wurde zwischen 1402 und 1506 die Kathedrale Santa María de la Sede erbaut, mit 117 m Länge, 74 m Breite und 40 m Höhe der größte und einer der reichsten gotischen Dome, unübertroffen in Raumwirkung und Fülle der Kunstschätze. Einer der beteiligten Baumeister war Simon von Köln.

An der Nordseite erhebt sich die Giralda (= Wetterfahne), das 97 m hohe und weithin sichtbare, berühmte Wahrzeichen Sevillas. Der Turm wurde als Minarett der maurischen Hauptmoschee von 1184 bis 1196 auf römischen Sockeln errichtet; im Jahr 1568 setzte man eine Glockenstube auf, deren Spitze die 4 m hohe Windfahne, den so genannten Giraldillo trägt. Sie ist eine Allegorie auf den Glauben in Gestalt einer weiblichen Figur, die das Banner Konstantins trägt. Auf dem Turm steht heute eine Kopie, das Original ist in der Nordwestecke der Kathedrale nahe des Hauptportals aufgestellt. Von der ersten Galerie mit 24 Glocken – zu ihr führt eine sanft ansteigende, weil auch für Reiter gedachte Rampe – hat man aus 70 m Höhe eine weite Aussicht über die Dächer der Stadt. Darüber liegt die Matraca, ein hohes Holzgehäuse mit den in der Karwoche statt der Glocken benutzten Klappern.

★★ Giralda

NICHT VERSÄUMEN

- La Giralda: ursprünglich als Minarett erbauter Glockenturm
- Patio de los Naranjos: der Hof der Moschee ist erhalten geblieben.
- Capilla Mayor: die Kapelle birgt das größte Altarbild der Welt.

Von den reich geschmückten **Portalen** der Kathedrale sind besonders beachtenswert die Puerta del Perdón am Orangenhof, einst Haupteingang zur Moschee, noch mit bronzenen Torplatten aus maurischer Zeit, sowie die Puerta del Bautismo (Portal der Taufe) und die Puerta del Nacimiento (Portal der Geburt) links bzw. rechts der Puerta Mayor an der Westfassade mit Figuren von Lorenzo Mercadante und Pedro Millán. Der Eintritt in die Kathedrale erfolgt durch die Puerta del Perdón oder durch den Orangenhof.

Der **Patio de los Naranjos** (Orangenhof) war der Hof der Moschee. Der achteckige westgotische Brunnen in der Mitte ist der Rest der islamischen Midhâ, des Brunnens für die religiösen Waschungen. Im Ostflügel ist die im 13. Jh. gegründete, durch eine Stiftung von Fernando Colón vermehrte Biblioteca Colombina eingerichtet, die wertvolle Werke über die Entdeckung Amerikas sowie kostbare Handschriften besitzt, darunter aus der Hand von Kolumbus. Auch die Capilla de Grana-

Die Giralda ist das Wahrzeichen von Sevilla.

da in der Südostecke ist noch von der Moschee geblieben. Durch den Hufeisenbogen der Puerta del Lagarto, dem mit einem Holzkrokodil geschmückten Tor der Eidechse, tritt man in die Kathedrale.

Innenraum Der fünfschiffige Kirchenraum gehört zu den eindrucksvollsten der spanischen Gotik und zeichnet sich besonders durch die Klarheit seiner Proportionen, die Schönheit der Linienführung und die Fülle der Kunstwerke aus, von denen nur eine Auswahl genannt werden kann.

Seitenkapellen ► Die Seitenkapellen bewahren zahlreiche Grabmäler und Altargemälde; beachtenswert sind bei der Puerta Mayor rechts das Schutzengelbild von Murillo sowie vom selben Maler in der zweiten Kapelle des linken Seitenschiffs (Capilla de San Antonio) die »Taufe Christi« und »Das Christkind erscheint dem heiligen Antonius von Padua«; in dieser Kapelle auch ein Gemälde von Jordaens. Von den Grabmälern verdienen besondere Erwähnung das gotische Grabmal von Juan de Cervantes in der Capilla de San Hermenegildo und das plattereske Grab des Erzbischofs Mendoza in der Capilla de la Antigua.

Chor ► Den Chor schließt ein schönes Gitter (Reja) von 1519 ab; das gotische Gestühl (Sillería) ist 1475–1479 entstanden.

★★ Retablo in der Capilla Mayor ► Fast die gesamte Capilla Mayor, ebenfalls mit großer Reja (16. Jh.), nimmt der Retablo ein, ein Hauptwerk gotischer Holzskulptur in Spanien und mit 23 m Höhe und 20 m Breite das größte Altarbild der Welt. Mehrere Meister, unter ihnen der Flame Pieter Dancart, arbeiteten von 1482 bis 1564 daran. Die Mitte zeigt das in Silber getriebene Bild der Virgen de la Sede, umgeben von 45 holzgeschnitzten Darstellungen aus dem Leben Christi und Mariä.

★ Capilla Real ► Hinter der Capilla Mayor erstreckt sich an der Ostwand der Kathedrale die Capilla Real, ein 38 m langer Renaissancebau mit hoher Kuppel, der 1551–1575 an Stelle der alten königlichen Grabkapelle erbaut wurde. Hier sind Ferdinand III. der Heilige, seine Frau Beatrix von Schwaben und beider Sohn Alfons X. der Weise bestattet. In der Apsis vorn ein Altar mit dem 1729 verfertigten silbernen Reliquienschrein des hl. Ferdinand; hinten ein weiterer Altar mit der Virgen de los Reyes (13. Jh.), der Schutzpatronin der Stadt (ihre mit Edelsteinen übersäte Krone ist in der Contaduría Mayor ausgestellt). Hinter Ferdinands Schrein führen Stufen hinab in die Krypta mit den Gräbern Pedros des Grausamen, seiner Geliebten María de Padilla und mehrerer Infanten. Links der Capilla Real die Capilla de San Pedro mit Retabelgemälden von Zurbarán.

Sala Capitular ► In der Südostecke der Kathedrale hängt in der plateresken Sala Capitular (1530–1592) eine »Unbefleckte Empfängnis« von Murillo.

★★ Kirchenschatz in der Sacristía Mayor ► Über einen Vorraum betritt man die Sacristía Mayor, einen im 16. Jh. erbauten Prachtraum mit schöner Kuppeldecke. Sie enthält den großartigen Kirchenschatz, zu dem u. a. die Schlüssel von Sevilla (1248) gehören.

Sacristía de los Cálices ► Die anschließende Sacristía de los Cálices birgt ein berühmtes Kruzifix von Montañés; ferner Gemälde von Goya, Zurbarán, Morales und Murillo.

Nach Verlassen der Sacristía de los Cálices steht man vor dem von Arturo Mélida geschaffenen Grabdenkmal des Christoph Kolumbus, das zunächst 1892 in der Kathedrale von Havanna aufgestellt und nach dem Verlust Kubas im Spanisch-Amerikanischen Krieg 1898 hierher überführt wurde. Ob Kolumbus tatsächlich darin begraben ist, ist strittig – auch Santo Domingo, Hauptstadt der Dominikanischen Republik, reklamiert ein Kolumbusgrab für sich.

◂ Kolumbus-Grab

✶ Real Alcázar

Der gegenüber der Südostecke der Kathedrale jenseits der Plaza del Triunfo gelegene Alcázar war das Schloss der maurischen, später der christlichen Könige und wurde in seiner jetzigen Gestalt in der zweiten Hälfte des 14. Jh.s unter Pedro dem Grausamen durch maurische Baumeister errichtet.

Öffnungszeiten:
April – Sept.
tgl. 9.30 – 19.00,
Okt. – März
tgl. 9.30 – 17.00

Man gelangt zunächst in den mit Orangen bepflanzten **Patio del León** und weiter in den **Patio de la Montería**, den Hof der königlichen Leibgarde. Im Gebäudetrakt rechts, dem **Cuarto de Almirante**, saß die Casa de Contratación, die für den Handel mit der Neuen Welt zuständige Kammer. Eine Prunktreppe führt von hier nach oben zu den Gemächern der Katholischen Könige.

Auch christliche Herrscher schätzten die Baukunst der Mauren, wie der Saal der Gesandten im Alcázar von Sevilla beweist.

Sevilla Orientierung

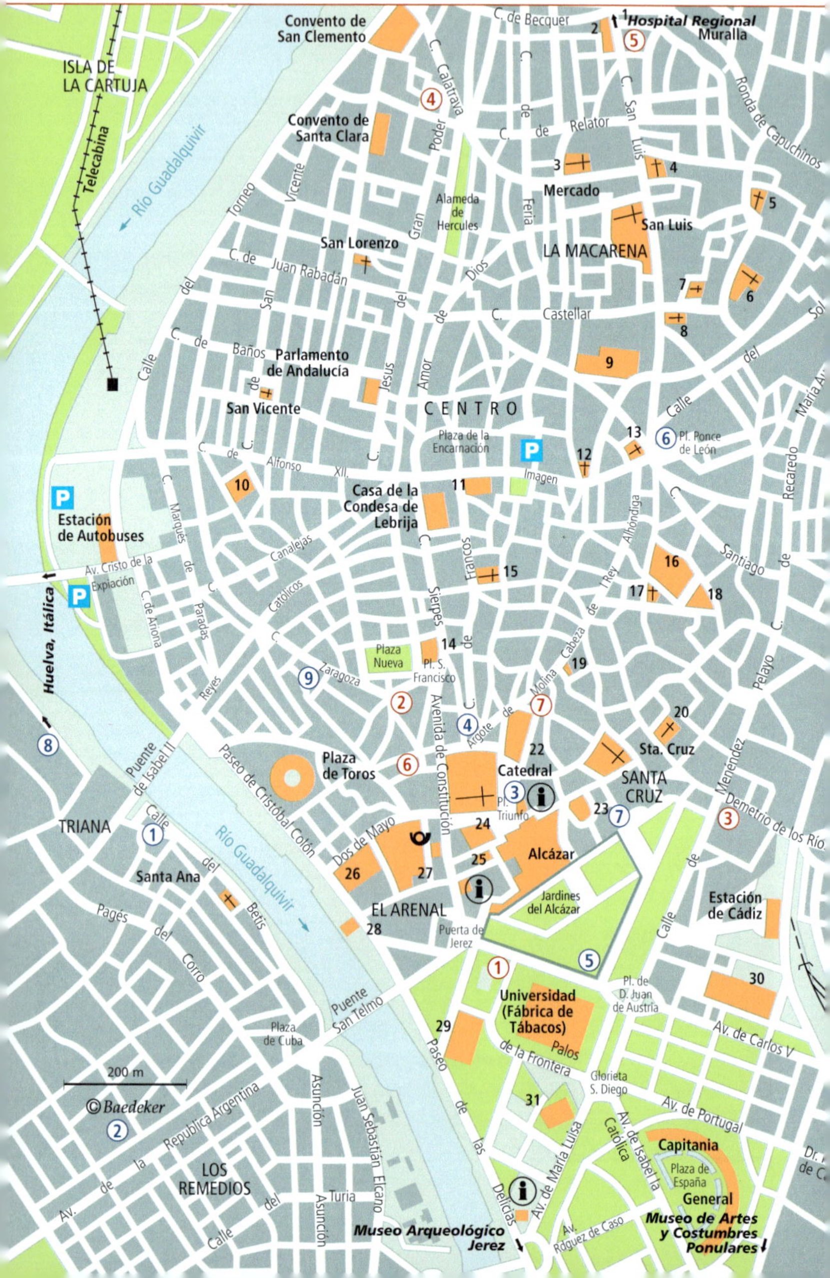

1 Puerto Macarena
2 Basilica de la Macarena
3 Omnium Sanctorum
4 Santa Marina
5 San Julián
6 Convento de Santa Paula
7 Santa Isabel
8 San Marcos
9 Casa de las Dueñas
10 Museo de Bellas Artes
11 Universidad Vieja
12 San Pedro
13 Santa Catalina
14 Ayuntamiento
15 San Salvador
16 Convento de San Leandro
17 San Illdefonso
18 Casa de Pilatos
19 Monolitos Romanos
20 Santa Maria La Blanca
21 Acueducto
22 Palacio Arzobispal
23 Hospital de los Venerables
24 Archivo de Indias
25 Museo de Arte Contemporáneo
26 Teatro La Maestranza
27 Hospital de la Caridad
28 Torre del Oro (Museo Marítimo)
29 Palacio San Telmo
30 Estación de Autobuses
31 Teatro Lope de Vega

Essen

① Albariza
② Ancora
③ Bar Giralda
④ Casa Robles
⑤ Egaña Oriza
⑥ El Riconcillo
⑦ La Albahaca
⑧ Sol y Sombra
⑨ Taberna de Alabardero

Übernachten

① Alfonso XIII
② Europa
③ Las Casas de la Judería
④ Patio de la Cartuja
⑤ San Gil
⑥ Simón
⑦ Los Seises

★★ **Palast Pedros des Grausamen**

An der Südseite des Patio erstreckt sich die prächtige Hauptfassade des eigentlichen Palastes Pedros des Grausamen. Durch den Pasillo geht man in den **Patio de las Doncellas** (Mädchenhof), den bezaubernden Mittelpunkt des Palastes. 1369–1379 erbaut, zeigt er prachtvolle Zackenbogen und durchbrochene Oberwände, getragen von 52 Marmorsäulen; die Verspieltheit der maurischen Dekore und Formen lässt an die Alhambra denken. Steht man in der Hofmitte und blickt auf die Westwand, liegt links der **Salón de Carlos V** mit prachtvoller Kassettendecke; rechts das herrlich gekachelte Dormitorio de los Reyes Moros, das Schlafgemach der maurischen Könige.

★★ ◄ Salón de Embajadores

Geradeaus betritt man den Salón de Embajadores (Gesandtensaal). Dieser älteste und **schönste Saal des Alcázar**, mit arabischen Schriftzeichen und Schmuckfriesen übersät, besitzt eine prachtvolle Stalaktitenkuppel von 1420 aus Zedernholz. Rechts und links davon richtete Pedro der Grausame seiner Favoritin María de Padilla Wohnräume ein; geht man nach rechts weiter, gelangt man in den kleinen maurischen Patio de las Muñecas (Puppenhof), den Innenhof der Privatgemächer. An ihn schließt sich links das Dormitorio de Isabel la Católica (Schlafzimmer der Königin) an; voraus liegt der Salón del Príncipe. Der den Salón de Embajadores abschließende lang gestreckte Saal ist der Comedor, der Speisesaal Philipps II.

★★ **Palast Karls V.**

Über den Patio del Crucero geht man in die beiden Gemächer Karls V. Die Hauskapelle ist reich mit Kacheln ausgekleidet, während im anderen Raum flämische Wandteppiche (16.–18. Jh.) hängen, darunter einige mit der Darstellung der Eroberung von Tunis.

★ **Gärten**

Die von Karl V. angelegten Gärten des Alcázar sind durch eine Grottenwand in zwei Hälften geteilt und enthalten u. a. unterirdische Badeanlagen sowie den Pabellón de Carlos V aus dem Jahr 1540.

Rund um Kathedrale und Alcázar

★ **Archivo General de Indias**

Öffnungszeiten: Mo. – Fr. 8.00 – 15.00

Rechts vom Alcázar erkennt man an der Plaza del Triunfo die Casa Lonja (ehem. Börse), 1583–1598 nach Plänen von Juan de Herrera im Hochrenaissancestil erbaut. Im ersten Stock ist seit 1781 das Archivo General de Indias eingerichtet, das die Urkunden aufbewahrt, die sich auf die Entdeckung und Eroberung Amerikas und der Philippinen beziehen. Zu den Stücken gehören u. a. Autografen von Magellan, Pizarro und Cortés, das Tagebuch von Kolumbus und Stadtpläne der spanischen Gründungen in der Neuen Welt.

★ **Barrio de Santa Cruz**

Östlich vom Alcázar dehnt sich der durchaus malerische, aber auch schon durchfolklorisierte Stadtteil Santa Cruz aus, in arabischer Zeit das Judenviertel (Judería), das heute mit blumengeschmückten Plätzen, Gassen, Patios und vor allem unzähligen Bars und Restaurants zum Bummeln einlädt. Hier befindet sich das Hospital de los Venerables, dessen Kapelle Fresken von Valdés Leal, ein Elfenbeinchristus von Alonso Cano und Werke von Roelas sowie Rubens schmücken.

Casa Murillo ►

In der Calle Santa Teresa 8 glaubt man das Wohnhaus des Malers Bartolomé Esteban Murillo gefunden zu haben. Über die hübsche Plaza de Santa Cruz kommt man zur Kirche Santa María la Blanca, bis 1391 Synagoge; die Kuppelmalereien stammen aus dem Jahr 1659.

Hospital de la Caridad

Gegenüber der Südwestecke der Kathedrale, jenseits der Avda. de Constitución, steht das Hospital de la Caridad (1661–1664), eine Stiftung des Miguel de Mañara, der als Urbild der Figur des »Don Juan« gilt. Die mit Azulejos geschmückte Kirche ist bekannt für ihre Gemälde und Wandmalereien von Valdés Leal und Murillo.

> **! Baedeker TIPP**
>
> **Sevilla per Boot**
>
> Am Torre del Oro legen tgl. ab 10.00 Uhr Ausflugsboote zu Flusskreuzfahrten auf dem Guadalquivir ab. Um 22.15 Uhr beginnt die beliebte nächtliche Rundfahrt mit ausgelassener Sangria Fiesta an Bord. Infos: Tel. 954 56 16 92, www.crucerostorredeloro.com

Vorbei am anlässlich der Expo erbauten Kulturzentrum La Maestranza erreicht man den Paseo de Cristóbal Colón, die **Uferpromenade** am Guadalquivir. Links erkennt man am Fluss die sechseckige **Torre del Oro** (1220, z. T. 1760), ursprünglich ein mit Goldazulejos geschmückter maurischer Wachturm, von dem eine Kette zu einem nicht mehr existierenden Turm auf dem Gegenufer gespannt werden konnte, um den Fluss zu sperren. Unter Pedro dem Grausamen diente er als Schatzhaus und Gefängnis, heute präsentiert hier das **Marinemuseum** die ruhmreiche Seefahrervergangenheit Sevillas.

Andalusische Folklore bereichert im Barrio de Santa Cruz oftmals das Mahl.

Plaza de Toros

Am Fluss entlang nach rechts geht man zur Plaza de Toros La Maestranza, mit 14 000 Plätzen die **zweitgrößte Stierkampfarena Spaniens** nach der von Madrid. Natürlich gehört auch ein Stierkampfmuseum zu ihr.

Nördliche Innenstadt

Plaza de San Francisco ★

◀ Ayuntamiento

Mittelpunkt der Stadt ist die unweit nördlich der Kathedrale gelegene Plaza de San Francisco, auf der einst Hinrichtungen, Turniere und Stierkämpfe stattfanden. An ihr erhebt sich das Ayuntamiento (Rathaus), ein stattlicher Renaissancebau (1527–1564), dessen reich verzierter östlicher Teil als eine der reizvollsten Schöpfungen des plateresken Stils gilt.

Calle de las Sierpes

Jenseits des Rathauses beginnt die Calle de las Sierpes (Schlangenstraße), die Hauptgeschäftsstraße, eine Fußgängerzone mit Läden, Cafés und Restaurants. Gegen die Sommerhitze spannt man Segel über sie, was eine ganz eigene Atmosphäre schafft.

★ Museo del baile Flamenco

Wenige Schritte vom Rathaus kann man sich umfassend über die Ursprünge und Varianten des leidenschaftlichen Flamenco informieren und auch feurige Darbietungen miterleben (Calle Manuel Rojas Marcos 3; Öffnungszeiten: tgl. 9.00 – 18.00, im Sommer bis 19.00 Uhr).

San Salvador

Auf der Calle Jovellanos Gallegos kommt man zur Kirche San Salvador aus dem 16. Jh., Ende des 18. Jh.s im Stil Churrigueras umfassend erneuert; sie besitzt Werke von Montañés (»Ecce homo«) und ein Gemälde von Bartolomé Esteban Murillo.

SEVILLA ERLEBEN

AUSKUNFT

Oficina Municipal de Turismo
Plaza del Trifuno, 1
41013 Sevilla
Tel. 954 21 00 05
www.turismosevilla.org

VERANSTALTUNGEN

Eindrucksvoll sind die Feierlichkeiten in der ***Semana Santa*** (Karwoche). Am Palmsonntag beginnen die Umzüge der Cofradias (Bruderschaften) in den Stadtvierteln, bei denen üppigst geschmückte Pasos (Heiligenschreine) durch die Straßen getragen werden.
Die ***Feria de Abril*** (Beginn in der zweiten Woche nach Ostern) ist das sechstägige weltliche Hauptfest Sevillas. Täglich prächtige Reiter- und Kutschenumzüge und Stierkämpfe in der Arena La Maestranza.

EINKAUFEN

Die Haupteinkaufszone liegt zwischen der ***Plaza Nueva*** und der ***Plaza San Francisco*** und nördlich der Plaza del Duque de la Victoria.
Haupteinkaufsmeile der Stadt ist die ***Calle Sierpes***, die Mode (z. B. das bekannte Modedesignerduo Victorio y Lucchino), Spanisches (z. B. Tücher und Schals bei Molina, Sierpes 11, Spitzen bei Artesanía Textil in Nr. 70, Sevillarte mit Fächern und Kunstgewerbe), Schmuck und Konditorwaren bietet.
Flohmärkte gibt es sonntags auf der Alameda de Hércules und donnerstags in der C. Feria.
Ein Besuch im ***Barrio Triana*** lohnt sich für alle, die Keramik suchen, z. B. in der C. San Jorge und um die Plaza Callao.

Während der Semana Santa werden in Sevilla üppig geschmückte und sehr schwere Heiligenschreine durch die Straßen getragen

ESSEN

► Fein & teuer

④ *Casa Robles*
Alvarez Quintero, 58
Tel. 954 21 31 50
Hier probiert man die gehobene sevillanische Küche samt ausgezeichneten Tapas in einem der besten Restaurants der Stadt.

⑤ *Egaña Oriza*
San Fernando, 41
Tel. 954 22 72 54
Feinste spanische Küche wird in einem ehemaligen Palast serviert.

⑦ *La Albahaca*
Plaza Santa Cruz, 12
Tel. 954 22 07 14
Restaurant der Oberklasse mitten im Barrio, sehr stilvolle Einrichtung.

► Erschwinglich

② *Ancora*
Virgen de las Huertas, s/n
Tel. 954 27 38 49
Gut besuchtes Fischrestaurant im Triana-Viertel.

③ *Bar Giralda*
Mateos Gago, 1
Tel. 954 22 74 35
Edle Bar mit preisgekrönten Tapas.

⑨ *Taberna del Alabardero*
Zaragoza, 20
Tel. 954 50 27 21
www.tabernadelalabardero.es
Dafür berühmt, sevillanische Gerichte in den Olymp der verfeinerten Küche gehoben zu haben.

► Preiswert

① *Albariza*
Betis, 6
Tel. 954 33 89 60
Sevilla authentisch: Revueltos, Tortillas und Frituras al Andaluz.

Baedeker-Empfehlung

⑥ *El Rinconcillo*
Gerona, 42
Tel. 954 22 31 83
Traditionsbar seit 1670, hier trifft man sich unter einem Himmel voller Schinken.

⑧ *Sol y Sombra*
Castilla, 151
Tel. 954 33 39 35
Angesagte Tapas-Bar

ÜBERNACHTEN

► Luxus

① *Alfonso XIII*
Calle San Fernando, 2
Tel. 954 91 70 00
www.hotel-alfonsoxiii.com
Grandhotel der Extraklasse, erbaut zur Weltausstellung 1929, Flaggschiff der andalusischen Hotellerie. Hier wohnen der spanische König und die Seinen, wenn sie Sevilla besuchen; auch andere gekrönte Häupter zählen zu den Gästen.

⑦ *Los Seises*
Calle Segovia, 6
Tel. 954 22 95 47
www.hotellosseises.com
Architektonisches Kleinod aus dem 16. Jh. mit geschmackvollem Interieur in unmittelbarer Nähe der Kathedrale.

► Komfortabel

③ *Las Casas de la Judería*
Plaza Santa María la Blanca, 5
Tel. 954 41 51 50
www.casasypalacios.com
Mehrere Häuser des Duque de Béjar, die untereinander mit Patios und Gewölbegängen verbunden sind, bilden dieses Stadthotel, das mit stilvollen Zimmern und Brunnenhöfen verzaubert.

► **Günstig**

② ***Europa***
Calle Jimios, 5
Tel. 9 54 50 04 43
www.hoteleuropasevilla.com
Stilvolles Haus aus dem 18. Jh. zwischen Plaza Nueva und Kathedrale.

⑤ ***San Gil***
Calle Parras, 28
Tel. 954 90 68 11
www.hotelsangil.com
Freundliche Herberge mit hübsch eingerichtenten Gästezimmern und Dachterrassenpool

⑥ ***Simón***
Calle García de Vinuesa, 19
Tel. 954 22 66 60
www.hotelsimonsevilla.com
Gut geführtes familiäres Haus in der Nähe der Kathedrale.

Baedeker-Empfehlung

④ ***Patio de la Cartuja***
Calle Lumbreras, 8
Tel. 954 90 02 00
www.patiosdesevilla.com
Eine kleine Perle abseits vom großen Luxus am Nordende der Alameda de Hércules: Stilvolle, komfortabel-schlicht eingerichtete, großzügige Apartments gruppieren sich um einen zentralen Patio.

Casa de la Condesa de Lebrija

Von der Plaza San Salvador führt die Calle de la Cuna zur Casa de la Condesa de Lebrija (Nr. 8), einem schönen Beispiel für ein Sevillaner Adelshaus mit großer Freitreppe und Stuckdecke. Hier sind nun Funde aus der vor den Toren Sevillas liegenden Römerstadt Itálica (►S. 615) ausgestellt.

★★ Museo de Bellas Artes

Öffnungszeiten: Di. – Sa. 9.00 – 20.30, So. 9.00 – 14.30

Das Museo de Bellas Artes besitzt die nach dem Prado in Madrid wohl bedeutendste Gemäldesammlung Spaniens, vorwiegend spanische Maler des 17. Jh.s; es ist im westlich von der Casa de Lebrija liegenden Convento de la Merced (17. Jh.) untergebracht.
In insgesamt 14 Sälen, dessen prächtigster die reich ausgemalte ehemalige **Klosterkirche** ist, sind u. a. ausgestellt: Francisco de Zurbarán: »Hl. Hieronymus«, »Der hl. Bruno besucht Papst Urban II.«, »Apotheose des Thomas von Aquin« sowie »Jesus am Kreuz«; Bartolomé Esteban Murillo: »Der hl. Thomas von Villanueva verteilt Almosen«, »Unbefleckte Empfängnis«, »Die hll. Justa und Rufina«, »Vision des hl. Franziskus«; El Greco: »Bildnis seines Sohnes Jorge Manuel«; Francisco Pacheco: »Porträt des Ehepaares Orantes«, »Vermählung der hl. Ines«; Uceda: »Heilige Familie«; Uceda/Vazquez: »Verklärung des hl. Hermengildus«; Lucas Cranach: »Kalvarienberg«; Maerten de Vos: »Jüngstes Gericht«. Auch von spanischen Malern aus dem 18. Jh. besitzt das Museum sehr bemerkenswerte Stücke.

★★ Casa de Pilatos

Der Volksmund bezeichnet die ungefähr 500 m östlich von San Salvador an der Plaza de Pilatos stehende Casa de Pilatos als eine Nachahmung des Hauses des Pilatus in Jerusalem. Der ursprüngliche Mudéjarstil des im 16. Jh. von christlich-maurischen Baumeistern errichteten Gebäudes hat Abwandlungen durch Bauelemente der Gotik und der Renaissance erfahren. Das Haus ist um einen **einzigartigen Patio** angelegt, der mit antiken Skulpturen und den Büsten von 24 römischen Kaisern geschmückt ist. Im Untergeschoss bestechen der Goldene Saal mit Fayenceschmuck und Kassettendecke, die herrliche Treppe ins Obergeschoss und die Hauskapelle; hier ist auch ein Museum für griechisch-römische Skulpturen eingerichtet. Das Obergeschoss zeichnet sich durch grünlichen Azulejoschmuck und eine Stalaktitendecke aus; ausgestellt sind u. a. alte Archivalien (März–Sept. tgl. 9.00 – 19.00, Okt. – Feb. bis 18.00 Uhr).

Sevillas prächtigster Stadtpalast ist die Casa de Pilatos.

San Pedro

In der gotischen Kirche (14. Jh.), nördlich der Casa de Pilatos und erkenntlich an ihrem schönen mudéjaren Glockenturm, wurde Diego Velázquez getauft.

Casa de las Dueñas

Von San Pedro führt die Calle Gerona zur Casa de las Dueñas (15. Jh.), die einen schönen Patio im Mudéjarstil umschließt.

Alameda de Hércules

Die nördliche Fortsetzung der Calle de las Sierpes führt am andalusischen Parlament vorbei zur Alameda de Hércules, einer stattlichen Promenadenanlage, an deren Südseite seit 1574 zwei von einem römischen Tempel stammende hohe Granitsäulen mit den Statuen des Herkules und Julius Cäsars stehen.

San Lorenzo

Der Hochaltar von San Lorenzo westlich davon ist ein Werk von Montañés; die viel verehrte Christusstatue »Nuestro Señor de Gran Poder« in einer Seitenkapelle stammt von Juan de Mena.

Klöster

Auch den Hauptaltar der Kirche des im 13. Jh. von Ferdinand dem Heiligen gegründeten Convento de Santa Clara schuf Montañés; interessanter ist aber die Artesonadodecke. Nördlich davon ist im ebenfalls von Ferdinand gegründeten Convento de San Clemente Maria von Portugal, Mutter Pedros des Grausamen, begraben.

★ Puente de la Barqueta

Gegenüber dem Convento de San Clemente verbindet der Puente de la Barqueta, ein Entwurf von Santiago Calatrava, die Innenstadt mit dem ehemaligen Weltausstellungsgelände.

Stadtmauer

Am Nordrand der Altstadt ist zwischen der Puerta de Córdoba und der Puerta Macarena ein ansehnliches Stück der alten, noch auf römische Anlagen zurückgehenden Stadtmauer erhalten.

Die Plaza de España in Sevilla war 1929 Schauplatz der Ibero-Amerikanischen Ausstellung.

Basílica de la Macarena

Links der Puerta Macarena wird in der Basilika gleichen Namens die Virgen de la Macarena, Schutzheilige der Stierkämpfer, verehrt. In einem Museum kann man den Schmuck des Gnadenbilds und Kostüme berühmter Toreros besichtigen.

Südliche Innenstadt

Palacio de San Telmo

Im Süden der Stadt liegt unweit des Puente de San Telmo am Paseo de las Delicias der Palacio de San Telmo, der 1743 als Seemannsschule erbaut wurde und heute Priesterseminar (Universidad Pontífica) ist. Sehenswert ist sein hohes **Barockportal**.

Fábrica de Tabacos

Östlich davon liegt an der Calle de San Fernando die aus »Carmen« bekannte ehemalige Tabakfabrik (Fábrica de Tabacos), in der die Schöne schuften musste. Der 1757 errichtete Barockbau gehört heute der Universität.

★ **Parque de María Luisa**

Plaza de España ▶

Museo de Artes y Costumbres Populares ▶

Gegenüber der Tabakfabrik beginnt der Parque de María Luisa, gestiftet von der Infantin von Spanien, María Luisa Fernanda de Bourbón. Von den Bauten der hier 1929/1930 abgehaltenen Ibero-Amerikanischen Ausstellung sind noch die halbkreisförmige Plaza de España mit dem Palacio Central (zwei 82 m hohe Ecktürme) sowie an der Plaza de América der Pabellón Real, der Palacio del Renacimiento und der Pabellón Mudéjar erhalten. In letzterem zeigt das Museo de Artes y Costumbres Populares Trachten aus dem 19. Jh., Kunsthandwerk, Möbel, Gerätschaften u. a.

★ Museo Arqueológico ▶

Das Museo Arqueológico, ebenfalls im Park, stellt prähistorische, phönizische, griechische und römische Altertümer aus, u. a. eine hervorragende Dianastatue, Goldschmuck und Funde aus Itálica.

Auf dem rechten Ufer des Guadalquivir

Barrio de Triana

Die Vorstadt (Barrio) Triana auf dem rechten Ufer des Río Guadalquivir ist eines der volkstümlichsten Viertel Sevillas und seit altersher Wohnsitz der **Töpfer**, die die besten Azulejos Sevillas herstellen. In der Nähe des Puente San Telmo legte auf dieser Flussseite Magellan zur Weltumsegelung ab. Heute geht man vor allem am Abend hierher, denn das Viertel ist legendär für seine Restaurants.

Isla de la Cartuja

1992 war Sevilla Schauplatz der **Weltausstellung Expo '92**, die mit dem **Hauptthema »Zeitalter der Entdeckungen«** ganz im Zeichen der 500-Jahr-Feier der Entdeckungsfahrt des Kolumbus von 1492 stand. Als Ausstellungsgelände wurde die Guadalquivir-Insel La Cartuja nördlich des Barrio de Triana ausgewählt, die man mittels einer Magnetschwebebahn, einer Kabinenbahn (Telecabina) und der beiden Brückenneubauten Alamillo und La Barqueta von Santiago Calatrava mit der Altstadt verband.

◂ Santa María de las Cuevas

Mittelpunkt war als Königlicher Pavillon das einzige alte Gebäude auf der Insel, das 1401 gegründete Kartäuserkloster Santa María de las Cuevas, in dem Kolumbus seine Fahrt plante und das von 1839 an von dem Engländer Pickman als Keramikfabrik benutzt wurde. Die alten Brennöfen der Fabrik können besichtigt werden.

◂ Centro Andaluz de Arte Contemporáneo

Im Kloster präsentiert heute das Centro Andaluz de Arte Contemporáneo (CAAC) zeitgenössische Kunst (Öffnungszeiten: Di. – Sa. 11.00 bis 21.00, So. 11.00 – 15.00 Uhr).

Von den ehemals 70 Länderpavillons sind inzwischen viele wieder abgerissen worden. Pläne zur Realisierung eines Hochtechnologie-Forschungsparks mussten mangels Interesse revidiert werden.

★ ◂ Isla Mágica

Trotzdem ist das alte Expo-Gelände zu einer echten Attraktion Sevillas geworden: als **Hightech-Freizeitpark** Isla Mágica (Magische Insel). Hier dreht sich alles um »Entdeckungen«, und so rauscht man nun waghalsig durch die Wasserfälle des Iguaçu, erlebt im Kuppelkino Movimás die Abenteuerwelt im »Vergessenen Tempel« oder verfolgt eine (fast) echte Seeschlacht zwischen zwei Galeonen auf dem künstlichen See im Herzen der Anlage. Und im Puerto de Indias führen zahlreiche Akteure in historischen Kostümen vor, wie es in Sevilla zuging, als es der wichtigste Hafen des spanischen Königreichs für die Goldschiffe aus Süd- und Mittelamerika war (www.islamagica.es; Öffnungszeiten: tgl. ab 11.00 bis mindestens 19.00, im Sommer bis 23.00 bzw. 24.00 Uhr).

Umgebung von Sevilla

★ **Ruinen von Itálica**

Auf der N-630 erreicht man 9 km nördlich von Sevilla die Ruinen von Itálica. Die um 205 v. Chr. von Scipio Africanus d. Ä. gegründete römische Stadt war Geburtsort der Kaiser Trajan und Hadrian. Erhalten sind das Amphitheater, das 25 000 Besucher fassen konnte, Reste von Häusern und Brunnen und vor allem außerordentlich

Römische Mosaiken in Itálica

schöne **Mosaiken**, die größtenteils allerdings ins Archäologische Museum von Sevilla geschafft worden sind. Doch auch die wenigen vor Ort gebliebenen lohnen die Besichtigung, in erster Linie einige Bodenmosaiken.

Am Flughafen vorbei folgt man der N-IV nach Nordosten zum fast 30 km entfernten Carmona (215 m ü. d. M.), das römische Carmo und maurische Karmuna. Das stolze, altertümliche Landstädtchen thront über der Vega de Corbones auf einem kahlen Hügelrücken, umringt von römischen Mauern mit mächtigen Stadttoren. Vom Alcázar Pedros des Grausamen ist wenig erhalten, der Parador an dieser Stelle ist ein Neubau. An der Durchgangsstraße rechts liegt die Kirche San Pedro, deren Turm der Sevillaner Giralda ähnelt. Weiterhin sehenswert sind die Kirche Santa María (15./16. Jh.) mit ihrem hohen geweißten Innenraum, die Plaza Mayor und die vielen Herrenhäuser in den Gassen.

✶ Carmona

Was aber Carmona so besonders macht, ist seine **römische Nekropole** etwas westlich außerhalb der Mauern. Sie besteht aus über 900 Gräbern, z. T. mit Vorhöfen und Triklinen (Ruhebänke) für die Leichenmahle. Besonders interessant: das aus drei Räumen bestehende Triclinio del Elefante, das seinen Namen von einer Elefantenskulptur hat, und die große Tumba de Servilia, ein Familiengrab in Gestalt eines Bienenkorbs.

Alcalá de Guadaira

Auf der autobahnähnlichen A-92 fährt man in südöstlicher Richtung durch die andalusische Tiefebene zum 16 km entfernten Alcalá de Guadaira (37 m ü. d. M.). Die am rechten Ufer des Río Guadaira gelegene Stadt wird überragt von den Ruinen der **größten almohadischen Burg** in Spanien; in den riesigen unterirdischen Kornkammern lagerte man das Getreide für Sevilla. Die angebaute, heute in Ruinen liegende Kirche San Miguel war einst Moschee; in der Umgebung stehen noch alte maurische Mühlen.

✶ Osuna

In Osuna sollte man einen Gang durch die historische Altstadt machen, um die Reste des Palasts der einst mächtigen Herzöge von Osuna und die hoch gelegene Kollegiatskirche (1534) mit fünf Gemälden von Ribera, einer Madonnenfigur von Alonso Cano, einer »Madonna mit Granatapfel« katalanischer Schule und der Familiengruft der Osuna zu besichtigen. Die viertürmige ehemalige Universität (1549–1824) erwähnt Cervantes im »Don Quijote«.

Dos Hermanas

Auf der N-IV Richtung Süden fahrend kommt man zu dem etwas links abseits gelegenen Ort Dos Hermanas, der bekannt ist für seine **Wallfahrt** am dritten Oktobersonntag und als Zentrum eines Olivenanbaugebiets.

Wer den Pico de Veleta erstiegen hat, genießt scheinbar grenzenlose Aussicht.

★★ Sierra Nevada

P/Q 14/15

Provinz: Granada (GR) **Höhe:** bis 3482 m ü. d. M.

Die Sierra Nevada (dt. = schneebedecktes Gebirge), deren Kerngebiet seit 1986 als UNESCO-Biosphärenreservat und seit 1999 als Nationalpark ausgewiesen ist, erstreckt sich als gut 100 km langes Hochgebirge südöstlich von ►Granada. Die wundervolle Bergwelt lädt zu vielfältigen Freiluftaktivitäten ein, in der warmen Jahreszeit zum Wandern, Reiten, Mountainbiking und Paragliding, von November bis Mai zum Skilaufen und Snowboarden.

Die höchsten Gipfel Iberiens

Aus diesem vor ca. 100 – 50 Mio. Jahren herausgehobenen alpidischen Faltengebirge ragen die höchsten Berggipfel der Iberischen Halbinsel auf: der **Cerro de Mulhacén** (3482 m ü. d. M.) und der **Pico de Veleta** (3396 m ü. d. M.). In der von Gletschern, Bächen und Flüssen reliefierten Bergwelt sind die einzelnen Vegetations-Höhenstufen geradezu lehrbuchhaft ausgebildet. Und oberhalb der Vegetationsgrenze kann man mit etwas Glück sogar Steinböcke beobachten.

★ Gipfeltour

Von ►Granada führt eine Bergstraße zunächst in östlicher Richtung am rechten Talhang des Río Genil aufwärts und erreicht nach 6 km Cenes de la Vega (737 m ü. d. M.). Weiter bergauf überquert man den Fluss, passiert die Abzweigung nach Pinos Genil und steigt dann in vielen Windungen an dem anfangs noch mit Olivenbäumen be-

SIERRA NEVADA ERLEBEN

AUSKUNFT

Parque Nacional de Sierra Nevada Centro de Información Turística
Avenida de la Alpujarra, s/n
18420 Lanjarón
Tel. 958 77 04 62
http://reddeparquesnacionales.mma.es/parques/sierra

Centro de Información
Güéjar Sierra (Granada)
Tel. 958 48 45 00

ÜBERNACHTEN

► **Günstig**

Taray Alpujarra
Ctra. A-348, km 18
18400 Órgiva
Tel. 958 78 45 25
www.hoteltaray.com
Angenehmer dieser kleine maurisch-andalusischer Gutshof in den malerischen Alpujarras mit 15 Ferienwohnungen und Restaurant, ideal als Ausgangspunkt für Wanderungen

standenen Hang bergan. Dabei bietet sich ein prächtiger Rückblick ins Tal. Nach gut 20 km Fahrt erreicht man die Baumgrenze. Nach weiteren 8 km ist die 2000-m-Grenze erreicht. Hier beginnt das Wintersportgebiet **Sol y Nieve** (dt. = Sonne und Schnee; 2000 bis 3380 m ü. d. M.), wo sich im sonnenreichen Winter auf mehreren Dutzend von modernen Liftanlagen erschlossenen Pisten Skiläufer und Snowboarder tummeln. Hauptort ist **Pradollano** (dt. = flache Almwiese), eine reichlich fantasielosen Retortensiedlung (2100 m ü. d. M.), von der u. a. eine Sesselbahn östlich zum ehemaligen Parador Nacional (2500 m ü. d. M.) sowie eine Kabinenbahn hinauf zur Hotelsiedlung **Borreguiles** (2600 m ü. d. M.) führen.

? WUSSTEN SIE SCHON ...?

- ... dass der höchste Gipfel des spanischen Festlandes, der Cerro de Mulhacén, seinen Namen einer Legende verdankt, wonach auf ihm Muley Hacen, der Vater von Boabdil, des letzten Königs von Granada, begraben sein soll?

Man kann Pradollano auch umfahren, bleibt auf der Hauptstraße und erreicht zur Linken das höchstgelegene Hotel Spaniens (den ehemaligen Parador) und kurz dahinter links abseits die Residencia Universitaria (2550 m ü. d. M.). Ein wenig höher folgt der Kontrollpunkt Hoya de la Mora. Hier ist die Fahrt zu Ende. Von Juni bis September fahren Kleinbusse der Nationalparkverwaltung bis in die Gipfelregion des **Pico de Veleta**.

Las Alpujarras Gut ausgerüstete Wanderer können vom Endhaltepunkt der Busse in fünf bis sechs Stunden die Sierra Nevada zu Fuß überqueren. Die Wanderung endet bei einer Kleinbushaltestelle am Südhang im Gebiet Cascajar Negro, von wo es durch die Alpujarras in das malerische Dorf Capileira weitergeht.

★ Sigüenza

F 15

Provinz: Guadalajara (GU)
Region: Castilia-La Mancha
Höhe: 982 m ü. d. M.
Einwohnerzahl: 5000

Die Stille Kastiliens herrscht in den Gassen des über dem linken Ufer des Río Henares gelegenen Sigüenza. Das Städtchen kann auf eine lange Geschichte zurückblicken: Im Kampf gegen die Römer war Segontia 195 v. Chr. Stützpunkt der Keltiberer, unter den Westgoten wurde es Bischofssitz. Mit »El Doncel« besitzt Sigüenza eine der berühmtesten spätgotischen Skulpturen Spaniens.

Sehenswertes in Sigüenza und Umgebung

Altstadt

Die Altstadt von Sigüenza mit ihren Adels- und Bürgerhäusern erkundet man am besten bei einem Spaziergang von der Plaza Mayor mit dem Rathaus von 1511 hinauf zur Plaza del Castillo mit der Burg aus dem 12. Jh., die heute zum Parador Nacional umgewandelt ist; von ihr hat man eine schöne Aussicht.

★ Catedral

Die Kathedrale (12./14.Jh.) von Sigüenza gehört zu den **bedeutendsten spätromanischen Bauten** Spaniens; mit ihren zwei zinnengekrönten Türmen hat sie das Aussehen einer Festung und lässt sowohl romanische als auch gotisch-platereske Elemente erkennen. Der Retablo in der Capilla Mayor stammt von Giraldo de Merlo, geschaffen 1619; beachtenswert sind auch die Gräber von Kardinal Carillo de Albornoz und zweier Bischöfe sowie die Chorgitter. Die Capilla de Santa Librada im linken Seitenschiff, entworfen von Alonso de Covarrubias, enthält das Grab der Stadtheiligen; rechts daneben das gotische Grabmal für Dom Fanrique de Portugal. Die Sakristei besticht durch ihre einzigartige Kassettendecke, ebenfalls von Covarrubias. Berühmt aber wurde die Kathedrale wegen **»El Doncel«**, einer der schönsten spätgotischen Skulpturen Spaniens in der Capilla del Doncel. Sie zeigt den aus Sigüenza stammenden Knappen (= doncel) Isabellas der Katholischen, Martín Vázquez de Arce, der 1486 vor Granada im Kampf gegen die Mauren fiel, in der Rüstung eines Santiagoritters, entspannt in einem Buch lesend. In den gotischen Kreuzgang gelangt man vom linken Seitenschiff aus durch ein schönes Portal von 1503.

Der Knappe Isabellas der Katholischen, »El Doncel«, hat die Kathedrale in Sigüenza berühmt gemacht.

SIGÜENZA ERLEBEN

AUSKUNFT

Oficina de Turismo
Ermita del Humilladero
Calle Serrano Sanz, 9
19250 Sigüenza
Tel. 949 34 70 07
www.siguenza.com

ESSEN

► Erschwinglich

El Doncel
Paseo de la Alameda, 1
Tel. 949 39 00 01
Neben obligatorischen Touristenmenüs bieten Enrique und Eduardo Pérez auch hervorragende kastilische Spezialitäten. Man probiere einfach das sog. Degustationsmenü.

ÜBERNACHTEN

► Komfortabel

Parador de Sigüenza
Plaza del Castillo, s/n
Tel. 949 39 01 00
www.parador.es
Hier lässt sich das Ritterleben ausprobieren: Der Parador ist mit all seinen modernen Annehmlichkeiten in einer 1123 errichteten maurischen Burg eingerichtet.

Museo Diocesano Das Museo Diocesano gegenüber der Kathedrale zeigt vor allem religiöse Kunst von der Romanik bis zum Barock. Herausragende Stücke aus der Sammlung sind Grabfiguren von Pompeo Leoni und unter den Gemälden eine »Verkündigung« von El Greco.

Atienza Die CM-110 führt zum 31 km nordwestlich liegenden mittelalterlichen Festungsstädtchen Atienza (1169 m ü. d. M.), wo über dem Ort die Ruinen einer Burg aufragen. Atienza besitzt gleich zwei Museen mit religiöser Kunst: eines im romanischen Kloster San Bartolomé (auch mit archäologischen Stücken), eines in der Kirche San Gil.

Medinaceli Via CM-110 und N-II sind es 37 km nordöstlich nach Medinaceli. Das etwas verlassen wirkende 900-Seelen-Dorf hoch über dem Río Jalón war das Ocilis der Römer und das Medina Selim der Mauren, die im Mittelalter hier eine wichtige Grenzfestung gegen die Christen unterhielten. Von ihr stehen noch die Außenmauern. Obwohl heute völlig unbedeutend, ist der Ort der Stammsitz des einst mächtigen Geschlechts der Herzöge von Medinaceli, die jahrhundertelang Ansprüche auf den kastilischen Thron erhoben. Ihr Palast steht zusammen mit kleineren Herrenhäusern an der Plaza Mayor; viele Familienmitglieder sind in der Stiftskirche Santa María (16. Jh.) begraben. Auch die Römer hinterließen ihre Spuren, und das nicht unbedeutend – der **römische Triumphbogen** aus dem 2. Jh. n. Chr. ist der einzige in Spanien, der drei Bögen besitzt. Er markierte die Grenze zwischen den römischen Provinzen Hispania Tarraconensis und Hispania Lusitania.

Ambrona ► Etwa 11 km westlich liegt die steinzeitliche Siedlung Ambrona mit einem Museum, in dem einige Funde gezeigt werden.

Jadraque

26 km südwestlich von Sigüenza erreicht man im Tal des Río Henares Jadraque, über dem weithin sichtbar das **Castillo del Cid** thront. Der spanische Nationalheld eroberte die Bilderbuchburg im 11. Jh. Die Pfarrkirche San Juan Bautista (16. Jh.) offenbart einen unverhofften Schatz: das Gemälde »Christus nach der Geißelung, seine Kleider aufhebend« von Zurbarán.

★ Soria

E 16

Provinz: Soria (SO)
Region: Castilia y León
Höhe: 1063 m ü. d. M.
Einwohnerzahl: 40 000

Soria, in einem rauen Hochtal am Ufer des Río Duero gelegen, war, nachdem Aragons König Alfonso el Batallador sie den Arabern entrissen hatte, im Mittelalter wichtige Grenzstadt an der Duero-Linie, die das christliche vom maurischen Spanien trennte. Ihr Reichtum an romanischen Baudenkmälern macht die noch immer ummauerte Provinzhauptstadt zu einem lohnenden Reiseziel.

Sehenswertes in Soria und Umgebung

San Juan de Rabanera

Wenige Schritte westlich der Plaza Mayor führt die Calle San Juan zur Apsis der Kirche San Juan de Rabanera, im 12. Jh. in byzantinisch-romanischem Stil errichtet. Das figurengeschmückte Tympanon wurde von der Kirche San Nicolás hierher gebracht; innen ein Retablo von Juan de Baltanás und Francisco de Ágreda.

★ Palacio de los Condes de Gómara

Nicht weit nördlich der Plaza Mayor kommt man an der Calle de Aguirre zum großartigen Palacio de los Condes de Gómara, einem Renaissancebau des 16. Jh.s mit elegantem viereckigem Turm. Er ist das **prächtigste Relikt aus der Glanzzeit der Mesta**, der Vereinigung der wohlhabenden Schafzüchter, die vom 13. bis zum 19. Jh. die sommerliche Wanderung der Herden von der Extremadura in die gemäßigteren Gebiete des östlichen Spanien überwachte und eine beträchtliche politische und wirtschaftliche Macht darstellte.

Santo Domingo

Die Kirche Santo Domingo an der Plaza de los Condes de Lérida stammt aus der zweiten Hälfte des 12. Jh.s und zeigt die schönste romanische Kirchenfassade Sorias. Der Figurenschmuck des Portals gibt Szenen aus der Schöpfungs- und Heilsgeschichte wieder; zu beiden Seiten des Portals laufen zwei Blindbogenreihen mit Säulenkapitellen, auf denen die Schöpfungsgeschichte dargestellt ist.

Museo Numantino

Wenig östlich außerhalb der Stadtmauer, am Paseo del Espolón, widmet sich das Museo Numantino der Erforschung und Sammlung iberischer und römischer Funde aus der nahen Siedlung Numantia.

SORIA

AUSKUNFT

Oficina de Turismo
Calle Medinaceli, 2
42003 Soria
Tel. 975 21 20 52
www.soriayturismo.com

ÜBERNACHTEN/ESSEN

► **Luxus/Komfortabel**

Parador de Soria
Parque del Castillo, s/n
Tel. 975 24 08 00
www.parador.es
Dem in Soria geborenen Dicher Antonio Machado begegnet man in vielen Räumen des modernen Ziegelbaus hoch über dem Duero. Das Restaurant bietet typisch kastilische Gerichte.

Richtung Duero hinab liegt links die große Nebenkathedrale **San Pedro** (12./16. Jh.) Sie besitzt ein platereskes Portal und einen Kreuzgang (12. Jh.) mit wunderbaren romanischen Zwillingssäulen und figurenreichen Kapitellen. Ein **flämisches Triptychon** von 1559 in der Capilla San Saturio ist ihr wertvollstes Ausstattungsstück.

Die Höhe am rechten Duero-Ufer, auf der noch Überreste der Burg zu sehen sind, bietet, insbesondere vom (modernen) Parador Nacional aus, eine schöne Aussicht auf die Stadt und die Landschaft.

✶ San Juan de Duero

Von den zahlreichen Sakralbauten Sorias ist das Kloster San Juan de Duero (13. Jh.), das außerhalb der Stadt am linken Flussufer steht, besonders beachtenswert. Es ist das ehemalige Kloster des Templerordens, um dessen Ruinen herum ein kleines **archäologisches Freilandmuseum** entstanden ist. Der romanisch-gotische Kreuzgang zeigt eine erstaunliche Vielfalt von Bogenformen, von denen verschlungene Spitzbögen die ungewöhnlichsten sind.

Numantia

8 km nördlich der heutigen Stadt bauten die Keltiberer auf einem steilen Hügel in strategisch günstiger Lage ihre Stadt Numantia (Numancia). 15 Monate lang widerstanden sie heldenmütig den römischen Belagerern, bis im Jahr 134 v. Chr. Cornelius Scipio Aemilianus (»Numantinus«) die Stadt zerstören ließ. Die Ruinenstätte selbst bietet wenig Interessantes, wesentlich informativer sind die Exponate im Museo Numantino in Soria.

? WUSSTEN SIE SCHON ...?

- ... wie die Keltiberer von Numantia sich der sicheren Sklaverei bei den Römern entzogen? Sie steckten ihre Häuser in Brand und begingen Selbstmord. An dieses Ereignis erinnert ein 17 m hoher Obelisk.

Die über 2000 m aufsteigende Sierra de Urbión nordwestlich von Soria gehört zu den noch kaum entdeckten landschaftlichen Schönheiten Nordkastiliens. **Antonio Machado** allerdings schätzte die aus Gletscherseen, jäh abfallenden Felswänden, Wäldern und grünen Matten geformte Bergregion so sehr, dass er sich manche Inspiration für seine Gedichte hier holte. Auf seinen Spuren kann man z. B. von Vinuesa (43 km nordwestlich von Soria) zur 1700 m hoch gelegenen, ringsum von Felswänden eingeschlossenen Laguna Negra (Schwarze Lagune) fahren – die letzten Kilometer sind allerdings recht holprig. Ein zweiter wunderschöner Platz ist die Laguna Negra de Neila auf 2000 m Höhe, zu erreichen via Quintanar de la Sierra, ca. 95 km nordwestlich von Soria.

Almazán

Die N-111 folgt zunächst dem Río Duero nach Süden und zieht dann über die einförmige Hochfläche der Pinares de Almazán und auf einer 163 m langen, dreizehnbogigen Brücke nach Almazán (950 m ü. d. M.). Von dessen Kirchen ist **San Miguel** an der Plaza Mayor wohl die interessanteste: Sie zeigt an der Altarfront Steinreliefs mit Motiven des Martyriums des hl. Thomas von Canterbury. Am Platz fällt weiterhin der Palacio Hurtado de Mendoza aus dem 16. Jh. auf.

✶ Calatañazor

Die N-122 klettert in südwestlicher Richtung über die Passhöhe Altos de Villaciervos (1200 m ü. d. M.) und erreicht das Dorf Calatañazor. Alte Mauern umziehen den Stadthügel mit den Resten der Burg, zu deren Füßen die Wappen an den mittelalterlichen Fachwerkbauten von stolzeren Zeiten künden.

Tarazona

E 17

Provinz: Zaragoza (Z)
Region: Aragon
Höhe: 475 m ü. d. M.
Einwohnerzahl: 11 000

»La Ciudad mudéjar«, die Stadt des Mudéjar-Stils, nennt sich das Bischofsstädtchen Tarazona, das malerisch am Río Queiles im Norden der Sierra del Moncayo liegt. Tatsächlich findet man im Ort, der aus dem iberischen Turiasso hervorgegangen ist und den die aragonischen Könige vorübergehend zu ihrer Residenz erkoren hatten, eine erkleckliche Zahl dieser typischen Backsteinbauten.

Sehenswertes in Tarazona

✶ Catedral

Warum man Tarazona die Stadt des Mudéjar-Stils nennt, wird nicht zuletzt an ihrer Kathedrale deutlich. Glockenturm und Kreuzgang aus dem 16. Jh. weisen die typischen Baumerkmale dieses Stils auf. Die Kathedrale selbst stammt aus dem 12./13. Jh., weist aber zahlreiche Stilmerkmale aus den Veränderungen im 15. und 16. Jh. auf. Darunter fallen die Skulpturen und Reliefs am Nordportal von Juan de Talavera und die gotische Capillo de los Calvillo in der linken Hälfte des Chorumgangs. In ihr sind Kardinal Calvillo und sein Bruder, Bischof Pedro, in kostbaren Alabastersarkophagen begraben. Das hervorragende Altarbild schuf Yojanan Leví, der vom Judentum zum Christentum übertrat.

Figurenschmuck an der Kathedrale von Tarazona

★ **Plaza de Toros**

Nicht mudéjar, aber eine **Rarität**: Die Plaza de Toros ist keine Stierkampfarena im klassischen Sinn, sondern ein dreistöckiges Häuserachteck aus dem 18. Jh. mit Arkadenbalkonen auf der Innenseite, auf denen man zur Corrida Platz nahm.

Palacio Episcopal

Die eigentliche Altstadt Tarazonas zieht sich am linken Flussufer den Hang hinauf und wird dominiert vom schlanken, mudéjaren Turm von La Magdalena, der ältesten Kirche der Stadt. Der Bischöfliche Palast ihr gegenüber stammt aus dem 14. / 15. Jh. und war einst der Palast der aragonischen Könige; er besitzt eine kunstvolle Artesonado-Decke. Hinter dem Palast lag einst das **jüdische Viertel**, dessen Gassenführung unverändert geblieben ist.

★ **Ayuntamiento**

Die Fassade des Rathauses aus dem 16. Jh. schmücken vollplastische Reliefs sowie ein langer Fries, der die Ankunft Karls I. von Habsburg in Spanien und dessen Krönung zum Kaiser Karl V. zum Thema hat. Wappenfelder und eine Bogengalerie im oberen Stockwerk vollenden die Pracht des Gebäudes.

Umgebung von Tarazona

★ **Monasterio de Veruela**

Man verlässt Tarazona auf der N-122 in südöstlicher Richtung und biegt bei Vera de Moncayo rechts zum Monasterio de Veruela ab. Dieses imposante, von einer zinnengekrönten Mauer umschlossene Kloster wurde im 12. Jh. von den Zisterziensern begonnen und im 15. Jh. vollendet. Es dient heute als Jesuitenkolleg. Der Übergang vom romanischen zum gotischen Baustil kommt in der Klosterkirche besonders gut zum Ausdruck. Der gotische Kreuzgang wiederum ist ein ansehnliches Beispiel für den Stil der Zisterzienser. In ihm finden sich Grabmäler der Äbte. Der Dichter **Gustavo Adolfo Becquér** (1836–1870) lebte mehrere Jahre im Kloster, wo er die »Briefe aus meiner Zelle« schrieb, eine poetische Reise durch Aragón.

Parque Natural de la Dehesa del Moncayo

Südlich von Tarazona kann man im Naturpark der Sierra del Moncayo wandern und Tiere beobachten. In dieser zwischen 800 und 2300 m hohen bewaldeten Gebirgslandschaft leben u. a. noch Steinadler und Gänsegeier.

Tudela

Tudela (20 km nördlich von Tarazona) ist die zweitgrößte Stadt der Provinz Navarra und Hauptort der Region Ribera, die als Gemüseanbaugebiet bekannt ist. Bis zum 16. Jh. galt sie als ein glänzendes Beispiel für das friedliche Nebeneinander von Christen, Moslems und Juden, die in teilweise heute noch zu erkennenden eigenen Vierteln lebten. Aus der jüdischen Gemeinde gingen so berühmte Männer wie der Rabbiner und Geograf Benjamin von Tudela, der Dichter Abraham ben Ezra und der Philosoph Jehuda Halevi hervor. Erst 1512 gab Tudela den Widerstand gegen die Eingliederung ins kastilische Reich auf.

◀ Catedral von Tudela

Bedeutendstes Bauwerk der Stadt ist die Kathedrale, im 12. und 13. Jh. im Übergang von der Romanik zur Gotik an Stelle einer Moschee erbaut. Sie wird überragt von einem achteckigen Glockenturm und einem zweiten Turm mit Spitzhaube. Das Westportal trägt in den acht Archivolten eine großartige Figurengruppe, die das Jüngste Gericht darstellt.

Bardenas Reales

Ein Ausflug in die Bardenas Reales nordwestlich von Tudela entführt in eine knochentrockene Wüstenei, deren skurrile Felsgebilde Wind und Erosion geformt haben.

TARAZONA ERLEBEN

AUSKUNFT

Oficina Municipal de Turismo
Plaza de San Fernando, 1
50500 Tarazona
Tel. 976 64 00 74
www.tarazona.es

ESSEN

▸ Erschwinglich

El Galeón
Avenida de la Paz, 1
Tel. 976 64 29 65
Spezialität des am Rande der Altstadt gelegenen Restaurants ist Zickleinbraten.

ÜBERNACHTEN

▸ Günstig

Ituri-Asso
Virgen del Río, 3
Tel. 976 64 31 96
www.rurismo.com
Kleines Hotel in der Nähe der Kathedrale. Das Restaurant im Hause gehört zu den besten des alten Bischofsstädtchens.

★ Tarragona

F 23

Provinz: Tarragona (T) **Höhe:** 60 m ü. d. M.
Region: Katalonien **Einwohnerzahl:** 140 000

Sieht man von ►Mérida ab, findet man in Spanien keinen anderen Ort, der ähnlich viele architektonische Zeugnisse der römischen Herrschaft auf der Iberischen Halbinsel besitzt wie Kataloniens zweitgrößte Stadt Tarragona. Ihr Kern thront malerisch auf einem bis 160 m über dem Mittelmeer ansteigenden Hügel, den die Kathedrale krönt.

Geschichte Die Ursprünge der Felsenfeste Tarraco gehen bis ins 3. Jahrtausend v. Chr. zurück. Die ersten Stadtmauern stammen von den iberischen Kessetanern. Nach der Eroberung durch die Römer im Zweiten Punischen Krieg (218 v. Chr.) wurde die Stadt dann Hauptstützpunkt der römischen Macht in Spanien und seit Augustus Hauptstadt der ganzen spanischen Provinz. Noch heute zeugen Reste vieler Prachtbauten vom Reichtum Tarracos, der beeindruckendsten Stadt des römischen Hispanien. Nach dem Abzug der Römer wurde die Stadt mehrfach zerstört, so von den Westgoten (475), den Mauren (713), die bis zu Beginn des 9. Jh.s hier herrschten, und zuletzt 1811 von den Franzosen.

Von 1903 bis 1929 brauten aus der Grande Chartreuse bei Grenoble vertriebene Mönche hier ihren berühmten **Kartäuserlikör**.

Römische Kunst im Museu Nacional Arqueològic

Rambla Nova Hauptverkehrsstraße des jungen Tarragona ist die breite baumbestandene Rambla Nova. An ihrem Südende bietet der Balcò del Mediterraní eine weite Aussicht auf das Meer, die Küste, den Hafen, der der zweitwichtigste Kataloniens ist, und auf den Hausstrand Platja del Miracle.

Römisches Tarragona

★★ Passeig Arqueològic Am Portal del Roser beginnt der Passeig Arqueològic und zieht entlang der gewaltigen, 3–10 m hohen antiken Mauern (Portella Ciclòpea = »Zyklopenmauern«), die den höchsten Teil der Stadt umgeben

Tarragona Orientierung

▬	Ibero-römische Mauer
⌐- - -⌐	Antike Reste (z. T. unterirdisch)

1 Zirkusgewölbe
2 Prätorenpalast und Provinzforum
3 Amphitheater
4 Stadtforum

Essen
① C'al Brut
② Les Fonts de Can Sala

Übernachten
① Urbis
② Imperial Tarraco

und fast ohne Unterbrechung in einer Länge von 1000 m erhalten sind, zum Ostende des Stadthügels. Die unterste Schicht, der Rest der etwa aus dem 6. Jh.v. Chr. stammenden iberischen Stadtmauer, besteht aus mächtigen unregelmäßigen Werkstücken. Darüber liegt die nach 218 v. Chr. unter den Scipionen hochgezogene römische Mauer; zahlreiche ihrer Quader tragen iberische Steinmetzzeichen. Über dieser erhebt sich der Festungsbau aus der Zeit des Augustus, während die sechs erhaltenen Tore aus der ältesten Zeit stammen. Westlich des Portal del Roser bezeugen die Blöcke in Stampferde die Zeit der maurischen Herrschaft.

Öffnungszeiten:
Di. – Sa.
9.30 – 18.00, im Sommer bis 20.30,
So., Fei.
10.00 – 14.00

Museu Nacional Arqueològic

Das Archäologische Museum enthält eine der bedeutendsten Sammlungen **römischer Kunst** in Spanien. Herausragend sind verschiedene Mosaiken, darunter ein beeindruckendes Medusenhaupt, eine Bacchusszene, und, in der Halle, ein großes Mosaik aus La Pineda mit über 40 verschiedenen Fischen; außerdem zeigt das Museum Architekturteile aus Tarragona, römische Skulpturen und Keramik sowie als Besonderheit eine 23 cm große Elfenbeinpuppe des 4. Jh.s n. Chr., die einem Kindergrab beigegeben war (Öffnungszeiten: Okt. – Mai Di. – Fr. 10.00 – 13.30 und 16.00 – 19.00, Juni – Sept. tgl. 10.00 bis 20.00; So. ganzjährig 10.00 – 14.00 Uhr).

TARRAGONA ERLEBEN

AUSKUNFT

Tarragona Turisme
Calle Major, 39
(gegenüber dem Treppenaufgang zur Kathedrale)
43003 Tarragona
Tel. 977 25 07 95
www.tarragonaturisme.cat

ESSEN

► Erschwinglich

① *C'al Brut*
Sant Pere, 14
Tel. 977 24 14 05
Gemütliches Hafenrestaurant mit viel frischem Fisch auf der Speisekarte.

② *Les Fonts de Can Sala*
Ctra. de Valls, 62
Tel. 977 22 85 75
Eines der kulinarischen Highlights der Stadt: feine katalanische Küche mit »Picapica« und frisch gegrilltem Fisch zu annehmbaren Preisen.

ÜBERNACHTEN

► Komfortabel

② *Imperial Tarraco*
Passeig Palmeres
Tel. 977 23 30 40
www.hotelhusaimperialtarraco.com
Das komfortabel ausgestattete und gut geführte Hotel ist berühmt für seine fantastische Lage mit wundervoller Aussicht auf das Mittelmeer.

► Günstig

① *Urbis*
Plaça Corsini, 10
Tel. 977 24 01 16
www.hotelurbiscentre.com
Zentral gelegenes Drei-Sterne-Hotel mit 44 modern ausgestatteten Zimmern und sehr gutem Preis-Leistungs-Verhältnis

Die Carrer Major führt direkt zur Kathedrale.

An das Museumsgebäude stößt der klotzige so genannte Prätorenpalast (Pretori Romà) aus dem 1. Jh. v. Chr. an, in dem angeblich Pontius Pilatus geboren worden sein soll. Es handelt sich allerdings nicht um einen Palast, sondern um einen der – im Lauf der Zeit oft umgebauten – Türme, die das Richtung Kathedrale liegende Provinzforum begrenzten, dessen Reste man vom Turmdach überschaut. Unter den im Turm ausgestellten Grabungsfunden ragt der wunderbar skulptierte **Sarkophag des Hippolitus** heraus; Computergrafiken machen die Römerstadt sichtbar. Direkt an den Turm schloss der Zirkus an, von dem Fundamente und Gewölbe erhalten sind.

Pretori Romà, Museu de la Romanitat

Zur Platja del Miracle hin kommt man im Parc del Miracle zu den Ruinen des Amphitheaters (Amfiteatre Romà) aus der Zeit des Augustus. Es konnte 12 000 Zuschauer fassen; 259 n. Chr. starben hier Bischof Fructuoso und die Diakone Augurio und Eulogio den Märtyrertod (Öffnungszeiten s. Passeig Arqueològic).

✶ Amfiteatre

Westlich der Rambla Nova zeigen nahe der Plaça Corsini Säulen und einige Bogenreihen den Ort des Stadtforums an (Zugang Carrer Lleida), auch zahlreiche Reste römischer Wohnhäuser sind erhalten. Als Provinzhauptstadt besaß Tarraco ein städtisches und ein Provinzforum.

Forum Locàl

Ein gutes Stück weiter im Westen, jenseits der Stierkampfarena am Ufer des Riu Francoli, entdeckte man beim Bau einer Tabakfabrik eine altchristliche Nekropole aus dem 3.–6. Jh.; die sehenswertesten Funde wie Blei- und Marmorsärge, Urnen, Mosaiken, Schmuckgegenstände u. a. werden im Museu paleocristiàns ausgestellt.

Museu i Necròpolis paleocristiàns

Weitere Sehenswürdigkeiten

Oben in der Altstadt erhebt sich die an Stelle eines römischen Jupitertempels und einer Moschee im Wesentlichen im 12. / 13. Jh. erbaute Kathedrale. Sie ist eines der glänzendsten Werke des Übergangsstils von der romanischen zur gotischen Bauweise in Spanien. An der 1278 begonnenen, oben unvollendeten Westfassade gewährt ein von mächtigen Strebepfeilern eingefasstes tiefes gotisches Giebelportal mit reichem Skulpturenschmuck und großer Fensterrose Einlass, während die Seitenportale romanisch sind. Die festungsartige Apsis ist der älteste Teil der Kathedrale.

✶ Catedral

Im Querschiff, dessen Vierung von einer achteckigen Kuppel überwölbt wird, zeigen die beiden Fensterrosen prächtige Glasmalereien von 1574. Den Chor (14. Jh.) nehmen ein 1478–1493 gearbeitetes Gestühl sowie eine Orgel von 1563 ein. In der Capilla Mayor dominiert der Retablo der Heiligen Thekla – ein Werk von Pere Joan um 1430 – mit Statuen der Heiligen, der hl. Jungfrau sowie des Apostels Paulus, der Thekla bekehrt hatte; rechts vom Hauptaltar befindet sich das Grabmal von Erzbischof Juan de Aragón aus dem 14. Jh. Am

◄ Innenraum

✶ ◄ Retablo

Ende des linken Seitenschiffs öffnet sich die von Wandmalereien geschmückte, fünfeckige **Capilla de los Sastres** (Schneiderkapelle, 14. Jh.) mit einem frühgotischen Marienaltar. Die **Capilla de Montserrat** im linken Seitenschiff birgt einen hervorragenden von Lluis Borrasà geschaffenen Retablo.

✶ Claustro ►

Links der Capilla de los Sastres tritt man durch ein fein gearbeitetes romanisches Portal in den im 13. Jh. begonnenen **Kreuzgang** (Claustro). Den großzügig angelegten, baumbestandenen Hof umgeben gotische Bögen, die jeweils drei Rundbögen vereinen. Der Mihrâb im Westflügel, eine arabische Gebetsnische, ist noch ein Überrest der alten Moschee. Das **Diözesanmuseum** in der Nordostecke des Kreuzgangs zeigt Messgewänder, Dutzende Wandteppiche aus dem 15. bis 17. Jh.s sowie antike und mittelalterliche Bildwerke. Eindrucksvolle Grabsteine und Skulpturen sind in der an den Kreuzgang stoßenden kleinen Kirche Santa Tecla (12. Jh.) aufgebaut.

Museu Diocesà ►

Palau Arquebispal

Hinter der Kathedrale steht der Erzbischöfliche Palast aus dem Anfang des 19. Jh.s; an ihm markiert der alte Festungsturm Torre del Arquebisbe, der das römische Castrum ersetzte und nun eine schöne Aussicht bietet, den **höchsten Punkt der Stadt**.

Weitere Museen in der Altstadt

Außer dem archäologischen und dem Diözesanmuseum findet man in der Altstadt noch drei weitere lohnende Museen: Im **Museu d'Armes Antigues** werden historische Waffen präsentiert, das **Museu d'Art Modern** zeigt moderne Kunst. Besondere Beachtung verdient das im 15. Jh. erbaute Haus der Patrizierfamilie Castellarnau, das heute mit seiner gesamten Inneneinrichtung in ein Museum umgewandelt ist und auch Keramik, Glas, Metall, Münzen und Stadtgeschichtliches ausstellt.

Museu Castellarnau ►

Die Kathedrale von Tarragona mit ihren mächtigen Strebepfeilern ist am Übergang von der Romanik zur Gotik erbaut worden.

Umgebung von Tarragona

Strände

Vom Balcò del Mediterraní ziehen sich aussichtsreiche Promenaden hoch über dem Meer über Rabasada und Sabinosa bis zur Punta de la Mora hin zu den westlich gelegenen Badestränden; in südöstlicher Richtung gibt es Bademöglichkeiten an der Playa de la Pineda und in Salou (►Costa Daurada).

★ **Mausoleu de Centcelles**

6 km nordwestlich vom Stadtzentrum in Richtung Constantí befindet sich das spätantike Mausoleum von Centcelles. Das römische Bauwerk aus dem 4. Jh. n. Chr. besitzt eine gut erhaltene Mosaikkuppel, die christliche Szenen wie »Daniel in der Löwengrube« zeigt. Es sind die ältesten frühchristlichen Kuppelmosaiken; zum Verständnis hilft ein audiovisuelles System (Öffnungszeiten: Juni – Sept. Di. – Sa. 10.00 – 13.30 u. 16.00 – 19.30, Okt. bis Mai Di. – Sa. 10.00 – 13.30 u. 15.00 – 17.30, ganzjährig So., Fei. 10.00 – 14.00 Uhr).

> ! *Baedeker* TIPP
>
> **Serallo**
>
> Tarragonas vor gut hundert Jahren angelegter Fischerhafen Serallo liegt zwar etwas außerhalb vom Zentrum (eine Viertelstunde westlich vom Bahnhof am Industriehafen entlang), aber der Weg lohnt sich: An der Mole tischt ein Restaurant am anderen fangfrischen Fisch auf.

★ **Aqüeducte de les Ferreres**

4 km nördlich von Tarragona verläuft der im Volksmund Puente del Diablo (»Teufelsbrücke«) genannte römische Aquädukt. Der wahrscheinlich zu Anfang der Kaiserzeit errichtete zweistöckige Bau mit 25 Bogen (unten 73 m, oben 217 m lang) ist eines der **stattlichsten römischen Bauwerke** in Spanien. Die ganze Länge der Leitung beträgt 35 km.

Richtung Barcelona

◄ Torre dels Escipions

An der Küstenstraße N-340 Richtung Barcelona sieht man nach 6 km links der Straße das so genannte Grabmal der Scipionen (Torre dels Escipions). Der 8 m hohe viereckige Bau stammt aus dem 1. Jh. n. Chr.; die Bezugnahme auf die bei Amtorgis gefallenen römischen Feldherren und Brüder Gnaeus und P. Cornelius Scipio ist unbegründet – die beiden Statuen zeigen die phrygische Gottheit Attis. Nach weiteren 2 km führt links eine Abzweigung zum römischen Steinbruch von El Medol, dessen ursprüngliche Abbauhöhe ein Monolith anzeigt.

◄ Villa romana d'Els Munts

★ ◄ Arc de Berá

Kurz nach der Abzweigung nach Altafulle, 12 km östlich von Tarragona, liegen zum Meer hin die Reste eines Landguts, das sich ein hoher römischer Beamter erbauen ließ. Hinter Torredembara führt die Straße um den Arc de Berá, ein 12 m hohes Triumphtor aus dem 2. Jh. n. Chr., das dem reichen Lucius Licinius Sura, einem Freund Kaiser Trajans, gewidmet war.

Reus

Wer den Modernisme liebt, sollte an der Industrie- und Handelsstadt Reus, 13 km landeinwärts von Tarragona, nicht vorbeifahren. Hier

Französische Mönche waren die Ersten, die im Kloster von Poblet lebten.

wurde nämlich dessen »Erfinder« **Antoni Gaudí** geboren. Zwar gibt es von ihm kein Gebäude in der Stadt, aber Pere Casalles i Tarrats und Lluís Domènech i Montaner haben hier um so kräftiger in dieser katalanischen Form des Jugendstils gebaut. Bei der Touristeninformation an der Plaça de la Llibertat erhält man einen Stadtplan mit der Ruta del Modernisme, auf der man über 30 Modernisme-Bauten abwandern kann. Architektur der Sechzigerjahre von Ricardo Bofill sieht man im Barrio Gaudí hinter dem Bahnhof.
Einen Besuch wert sind auch das nach dem aus Reus stammenden Altertumsforscher Salvador Vilaseca benannte Museum mit archäologischen Funden sowie das Museo Comarcal, das sich ebenfalls mit der Archäologie und in einer Sonderabteilung mit der in Reus im 17. Jh. erfundenen Kunst der Herstellung von Emaille mit metallischem Effekt beschäftigt.

Die großen Zisterzienserklöster Kataloniens

✶ **Monestir de Santes Creus**

Die N-240 folgt dem Tal des Riu Francoli nach Valls (215 m ü. d. M.), wo die C-246 nach Osten abzweigt, von der nach 7 km wiederum die TP-2002 zum Zisterzienserkloster Santes Creus führt. Der 1157 gegründete Konvent ist neben dem von Poblet (s. u.) der **bedeutendste Klosterbau** Kataloniens. In der 1254 vollendeten romanischen Kirche mit zisterziensertypischer festungsartiger Fassade, achteckiger Vierungskuppel und großer Fensterrose sind einige Könige von Aragón in schönen Grabmälern bestattet, darunter Pedro III. und Jaime II. sowie dessen Gemahlin Blanca von Anjou.

Im Klosterkomplex gibt es zwei Kreuzgänge: den gotischen Neuen Kreuzgang mit einem einfachen Brunnenhaus und kunstvollen Säulenkapitellen, darunter die Geschichte von Adam und Eva und eine sehr heitere Darstellung eines Steinmetzen, sowie den romanischen Alten Kreuzgang, den man von der Nordwestecke des Neuen Kreuzganges erreicht. Weitere sehenswerte Räume sind der Kapitelsaal mit in den Boden eingelassenen Grabplatten von Domherren, das Dormitorium und der Palau Real, in dem die aragonischen Könige die Osterwoche verbrachten.

* ◄ Kreuzgänge

Von Valls windet sich die N-240 über den Port de L'Illa (581 m ü. d. M.) nach Montblanc (310 m ü. d. M.). Das malerische alte Städtchen, von mit 32 Türmen bewehrten Mauern umgürtet, wird überragt von der großen Kirche Santa María aus dem 14. Jh., die ein schönes barockes Portal und eine noch schönere Orgel besitzt. In der Casa Josa-Andreu bei der Kirche ist ein kleines Museum mit Keramik, frühgeschichtlichen Funden und Kunsthandwerk untergebracht.

* **Montblanc**

Vom 6 km weiter gelegenen Heilbadeort L'Espluga de Francoli geht es zum Kloster Santa María de Poblet, dem **größten Zisterzienserkloster Kataloniens**. Es wurde 1151 von Ramón Berenguer IV. gegründet, der Mönche aus dem französischen Narbonne hierher holte. Die Bauten waren im Wesentlichen bis zum Ende des 14. Jh.s vollendet, doch Anfang des 19. Jh.s wurde das Kloster z. T. zerstört. Seit 1940 wird es restauriert und wieder von Zisterziensern bewohnt. Das Kloster ist berühmt als **Grabstätte der aragonischen Könige** und noch heute von größter Wirkung: Die gesamte Anlage ist von Mauern umgeben, die die Nebengebäude und die im Zentrum gelegenen eigentlichen Klostergebäude schützen.

** **Monestir de Poblet**

Innerhalb des ersten Mauerrings liegt die 1452 vollendete spätgotische Kapelle Sant Jordi. Durch das Goldene Tor (Porta Daurada) daneben betritt man den Komplex der Nebengebäude mit dem Hospital links und der Herberge rechts; es schließt sich der Hauptplatz an, der von der in den innersten Mauerring eingelassenen barocken Kirchenfassade dominiert wird.

Vom Hauptplatz gelangt man durch das von zwei großen Türmen flankierte Königstor (Porta Reial) in die Klostergebäude, die von einer hohen Mauer umringt sind. Vorbei am links liegenden Dormitorium der im Ruhestand lebenden Brüder (heute Museum der Klosterrestaurierung) kommt man zum **frühgotischen Kreuzgang**, der allein schon durch seine Größe beeindruckt. Seine herrlichen Bögen enden in Kapitellen mit floraler Ornamentik; der der Kirche zugewandte Flügel wurde noch in romanischem Stil begonnen. Am gegenüberliegenden Flügel legte man ein Brunnenhaus mit 30 kleinen Fontänen an; ihm gegenüber befinden sich die Küche und der Speisesaal aus dem 12. Jh. An den Kreuzgang schließt sich der **prächtige Kapitelsaal** mit den Grabmälern zahlreicher Äbte an, weiterhin links davon die Bibliothek, das einstige Scriptorium. Das Dormitorium

◄ Klostergebäude

der Laienbrüder über dem Weinkeller ist heute als Klostermuseum eingerichtet. Über dem Westflügel des Kreuzgangs liegt der Palau del Rei Martí (Zugang über die Treppe rechts vom Königstor), 1392–1452 im schönsten Flamboyantstil erbaut.

★★ Panteó Reial ► Die Klosterkirche wurde in der zweiten Hälfte des 12. Jh.s erbaut. Einzigartig ist die auf Veranlassung Pedros IV. angelegte **gotische Grablege der aragonischen Könige** beiderseits der Vierung. Steht man vor dem Chor, den der meisterhafte alabasterne Hochaltar (1527) von Damián Forment ausfüllt, erkennt man rechts die Liegefiguren von Alfonso II. († 1196), Juan I. (1350–1395) mit seinen Ehefrauen María de Armanyach und Violante de Bar sowie Juan II. (1398–1479) mit Juana Enríquez; links Jaime I. (1208–1276), Pedro IV. (1320–1387) mit seinen drei Ehefrauen María von Navarra, Eleonor von Portugal und Eleonor von Sizilien sowie, neben der Kapelle links vom Chor bestattet, der 1410 verstorbene Martín I.

Die Grablege der Könige Aragóns

Bereits in der Provinz Lleida, ca. 20 km nordwestlich von Montblanc, liegt das letzte und kleinste der drei Zisterzienserklöster, der 1157 von Ramón de Vallbona gegründete Nonnenkonvent von Vallbona de les Monges. Die Anlage ist insgesamt schlichter als die beiden anderen, besitzt aber ebenfalls einen schönen gotischen Kreuzgang. In der Kirche sind, vor dem Hochaltar mit der großen Marienfigur, Äbtissinnen des Klosters und Violante von Ungarn, Gattin Jaimes I., bestattet.

★ Teruel

H 18

Provinz: Teruel (TE)
Region: Aragon
Höhe: 920 m ü. d. M.
Einwohnerzahl: 35 000

Der langen Anwesenheit der Mauren verdankt Teruel einmalige Beispiele mudéjarer Bauweise, insbesondere die prächtigen, z. T. über die Straßen hinweg gebauten Glockentürme, die getrennt von der jeweiligen Kirche stehen.

Geschichte Die am Río Turia auf einer von Schluchten umgebenen Höhe gelegene Provinzhauptstadt Teruel ist aus dem iberischen Turba hervorgegangen, das 215 v. Chr. von den Römern verwüstet wurde. Noch lange nach der Reconquista lebten Mauren hier, die Sonderrechte genossen und sich frei entfalten konnten; erst 1502 verloren sie ihre letzte Moschee. Teruel beherbergte auch eine große jüdische Gemeinde, die mit Christen und Mauren friedlich zusammenlebte, bis 1486 ein Pogrom das Einvernehmen der Religionen zerstörte und den Niedergang der Stadt einleitete. Im Bürgerkrieg war Teruel vom Dezember 1937 bis Februar 1938 Schauplatz einer entscheidenden Schlacht, die große Zerstörungen hinterließ.

Sehenswertes in Teruel

★ **Torre de San Salvador**

Über der Calle El Salvador im südlichen Stadtteil reckt sich der Turm der Kirche San Salvador in die Höhe, mit seinem Fliesenschmuck, den Ziegelsteinmustern und den Zinnen **der schönste Mudéjar-Turm** der Stadt. An ihm wurde von 1277 bis 1315 gebaut.

San Pedro

Über die Plaza del Torico kommt man nach rechts zur Kirche San Pedro, die einen mudéjaren Turm (14. Jh.) besitzt, der in Dekor und Ausführung demjenigen der Kathedrale ähnelt. Das Chorhaupt ist ebenfalls mudéjar. Der aus dem 16. Jh. stammende Retablo des Hauptaltars wird Gabriel Joly zugesprochen.

★ **Mausoleo de los Amantes**

Unter dem Turm hindurch kommt man zu einer Kapelle mit einem recht schaurigen Schaustück: In verglasten Särgen liegen zwei menschliche Skelette. Es sollen die Überreste der »Liebenden von Teruel« (»Los Amantes de Teruel«) sein, die als marmorne Liegefiguren auf den Sarkophagen dargestellt sind. Um sie rankt sich eine von mehreren Dichtern viel besungene Liebesgeschichte (► Wussten Sie schon...?), die seit 1997 an drei Tagen im Februar in Teruel aufgeführt wird.

Der Turm der **Kathedrale** wurde im 13. Jh. begonnen und im 16. Jh. in seine heutige Form gebracht. Typisch für den Mudéjar-Stil sind die Verzierungen mit grünen und schwarzen Azulejos sowie die Verwendung glasierter Ziegel. Auch der Vierungsturm ist mudéjar. Die Kirche selbst geht auf das 12. und 13. Jh. zurück, doch erst im 16. Jh. wurde sie zur Kathedrale erhoben. Für die Capilla Mayor schnitzte der aus der Picardie stammende Gabriel Joly den prächtigen Retablo (1535) auf dem Hauptaltar. Das schönste Kunstwerk in der Kathedrale ist die Artesonado-Decke (Beleuchtungsautomatik einschalten!). Sie wurde im 13. und 14. Jh. mit herrlichen Motiven aus dem damaligen Leben bemalt, darunter Jagdszenen, Berufe und höfische Szenen, umrahmt von maurischen Blumenmustern, geometrischen Mustern und arabischen Schriftzeichen.

★ ◄ Artesonado-Decke

? WUSSTEN SIE SCHON ...?

- Im 13. Jh. wollte Juan Diego Martínez de Marvilla Isabella de Segura ehelichen, doch ihr Vater, der seine Tochter reich verheiraten wollte, verweigerte die Zustimmung. Zu Isabellas Hochzeit mit einem anderen kehrte Diego reich und unerkannt aus der Fremde zurück, um sie ein letztes Mal zu küssen, aber sie musste ihm den Kuss verweigern. Sein Herz brach und er starb. Tags darauf erschien eine tief verschleierte Frau zu seinem Begräbnis, küsste den Toten – und starb ebenfalls. Es war Isabella, die dem lebenden Geliebten keinen Kuss mehr hatte geben können.

Der Turm der Kathedrale von Teruel zeigt den typischen Mudéjar-Stil: glasierte Ziegel und Azulejos.

Die Sakristei schließlich bewahrt zwei kunstvoll gestaltete, 3 m hohe Silbermonstranzen, ein romanisches Prozessionskreuz und andere wertvolle Gegenstände.

Unter dem Bogen des Kathedralturms hindurch gelangt man zu dem im 16. Jh. erbauten Bischofspalast. Er beherbergt die kleine Sammlung des **Diözesanmuseums**.

Im **Museo Provincial**, dem Museum der Provinz Teruel, sind Gerätschaften, historische Dokumente und Gegenstände ausgestellt, in einer besonderen Abteilung kann man Keramiken besichtigen, für deren Herstellung Teruel berühmt war.

Westlich der Kathedrale erkennt man den letzten der Mudéjar-Türme Teruels, den Glockenturm der Kirche San Martín (Torre de San Martín), errichtet in den Jahren 1315/1316.

Los Arcos Im Norden der Altstadt überspannt der 1558 nach römischem Muster erbaute Aquädukt Los Arcos eine Schlucht. Sein unterer Bogengang ist zugleich **Fußgängerbrücke**.

Dinosaurier-Freizeitpark Dinópolis Jüngste Attraktion in Teruel ist der Freizeitpark Dinópolis bei der Straße nach Valencia. In einem Dschungelpark kann man z. B. auf Dinorobotern fahren oder sich über die Geschichte und den Untergang der Dinosaurier in Filmen und Ausstellungen informieren.

Umgebung von Teruel

★ Albarracín Rund 40 km westlich von Teruel liegt die Stadt Albarracín (1182 m ü. d. M.) inmitten der Sierra de Albarracín. Das Städtchen war im 11. Jh. ein maurisches Taifa-Königreich, später selbstständiger Besitz der Azagra, bis es schließlich zu Beginn des 14. Jh.s Aragón einverleibt wurde. In die Hänge über dem Río Guadalavir gebaut, von mächtigen Mauern umgeben und mit engen, malerischen Gassen ist die gesamte Stadtanlage von Albarracín heute unter Denkmalschutz gestellt. Besonders um die Plaza Mayor herum verspürt man noch die mittelalterliche Vergangenheit. Die Kathedrale (13./16. Jh.) beherbergt in der Sakristei und im Kapitelsaal ein Museum, dessen wertvollste Stücke Brüsseler Wandteppiche aus dem 16. Jh. sind.

TERUEL ERLEBEN

AUSKUNFT

Oficina de Turismo
Calle San Francisco, 1
44001 Teruel
Tel. 978 64 14 61
www.dpteruel.es

ESSEN

▸ **Erschwinglich**
La Tierreta
Calle Francisco Piquer, 6
Tel. 978 61 79 23
Hier trifft moderne, kreative Küche auf die regionalen Spezialitäten.

ÜBERNACHTEN

▸ **Luxus/Komfortabel**
Parador de Teruel
Carretera Sagunto – Burgos, N-234, km 122,5
Tel. 978 60 18 00
www.parador.es
Noble Herberge im Mudéjar-Stil mit Garten, Tennisplatz und Pool.

Südlich von Albarracín (4 bzw. 6 km) kann man in den Höhlen El Callejón de Plou und Cueva del Navazo vorgeschichtliche Malereien, u. a. Jagdszenen, besichtigen. ◂ Höhlen

Rincón de Ademuz

Die N-330 führt nach Süden zu einer politischen Kuriosität: Rincón de Ademuz ist eine geografisch-historische Enklave der Provinz Valencia mitten in Aragón. Die kleine Bezirkshauptstadt Ademuz zeichnet sich durch ihre herrlich abgeschiedene Lage aus.

★ Toledo

H 12

Provinz: Toledo (TO)
Region: Castilia-La Mancha
Höhe: 529 m ü. d. M.
Einwohnerzahl: 82 500

Allein die atemberaubende Lage Toledos verdient das Attribut »stolz«: Die Kirchen, Paläste und Häuser der Stadt türmen sich auf einer an drei Seiten vom Río Tajo in tiefer Schlucht umflossenen Granithöhe. Mit ihrem Kranz gotisch-maurischer Befestigungen, dem hoch gelegenen Alcázar und der Kathedrale bietet sie von Ferne ein Bild von unvergleichlicher Wirkung.

Freilichtmuseum kastilisch-spanischer Geschichte

Lässt man sich durch die regellos gezogenen engen Straßen treiben, die auf die maurische Grundanlage verweisen, wird ein Besuch Toledos zum einzigartigen Erlebnis – allenfalls getrübt durch die große Menge gleich gesinnter Touristen, die an Wochenenden und in der Hochsaison hereinströmen. Auch die Häuser mit ihren wenigen Fenstern, den vergitterten Erkern und den offenen Innenhöfen lassen den orientalischen Einfluss erkennen, während in christlicher Zeit

Highlights Toledo

Kathedrale
Eine der bedeutendsten gotischen Kathedralen des Landes.
► Seite 639

»Begräbnis des Grafen von Orgaz«
Wer das berühmte Bild von El Greco genau betrachtet, sieht auch den Künstler selbst.
► Seite 643

Casa y Museo El Greco
Hier lebte und arbeitete der aus Kreta stammende Meister, im Museum sind seine und Werke anderer spanischer Künstler ausgestellt.
► Seite 644

Sinagoga del Tránsito
Nur drei jüdische Gotteshäuser sind in ganz Spanien unzerstört geblieben. Eines davon ist die Sinagoga del Tránsito.
► Seite 645

Museo de Santa Cruz
Verschiedene Sammlungen von der Vorgeschichte bis zur Neuzeit haben im ehemaligen Hospital eine gemeinsame Heimat gefunden.
► Seite 648

Rundfahrt um Toledo
So präsentiert sich Toledo am schönsten!
► Seite 649

Kirchen, Klöster und Hospitäler entstanden. So bildet die Stadt auf engstem Raum ein einzigartiges Freilichtmuseum kastilisch-spanischer Geschichte, das die UNESCO in der Liste des **Kulturerbes der Menschheit** führt. Dazu tragen natürlich auch das Erbe El Grecos bei, der in Toledo lebte, und die berühmten Toledaner Stahlklingen und Einlegearbeiten in Gold und Silber, eine handwerkliche Tradition, die die Mauren eingeführt haben, und nicht zuletzt das jüdische Erbe, das sich in zwei von insgesamt nur drei in ganz Spanien erhaltenen Synagogen zeigt.

Geschichte

Toledo, eine der ältesten Städte Spaniens, war einst die Hauptstadt der iberischen Carpetaner und wurde 192 v. Chr. von den Römern erobert, die es Toletum nannten. Die Westgoten erkoren Toletum 534 zur Hauptstadt ihres Reichs und hielten in ihr zahlreiche Konzile ab. Das bedeutendste fand 589 statt, auf dem Westgotenkönig Reccared zum christlichen Glauben übertrat. In maurischer Zeit (712 bis 1085) erhielt die Stadt als Sitz eines Emirs unter der Oberherrschaft des Kalifen von Córdoba den Namen Tolaitola; seit 1035 selbstständiges Königreich (Taifa), erzielte sie durch Waffenfabrikation, Seiden- und Wollindustrie einen hohen Wohlstand, und auch die Wissenschaften fanden eifrige Pflege. Im Jahr 1085 verloren die Mauren Toledo an Alfons VI.; zwei Jahre später wurde die Stadt Residenz der Könige von Kastilien und zugleich religiöser Mittelpunkt von ganz Spanien. Mit dem Namen der Kardinalerzbischöfe Mendoza, Jiménez, Albornoz u. a. sind die bedeutendsten Ereignisse der damaligen spanischen Geschichte verknüpft. Unter Ferdinand III. und Alfons X. dem Weisen stieg Toledo zu einem Zentrum des Geistes und der

Wissenschaften auf, geprägt durch die Toleranz unter den drei großen Religionen. Die ca. 12 000 Köpfe zählende jüdische Gemeinde war die größte auf der Iberischen Halbinsel. In der Mitte des 14. Jh.s kam es zu ersten Pogromen; mit dem Einzug der Inquisition 1485 und der Vertreibung der Juden war die glanzvolle Zeit des Judentums in Spanien endgültig zu Ende.
Im 16. Jh. hatten auch die Comuneros einen ihrer Hauptstützpunkte in Toledo. Erst mit der endgültigen Verlegung der königlichen Residenz nach Madrid durch Philipp II. im Jahr 1561 verlor die Stadt ihre politische Bedeutung. Im Spanischen Bürgerkrieg belagerten republikanische Truppen den Alcázar, der dabei vollständig zerstört wurde.

★ Catedral

Außenansicht

Die Kathedrale ist das **Wahrzeichen der Stadt** und »Catedral Primada« Spaniens. Sie wurde 1227–1493 an Stelle der maurischen Hauptmoschee erbaut, die wiederum den Platz einer westgotischen Kirche einnahm, und ist nach derjenigen von ►Burgos die bedeutendste gotische Kathedrale des Landes. Im 90 m hohen Nordturm (1380–1440) hängt die 1753 gegossene Glocke »Campana gorda« (17 515 kg); der unvollendete Südturm trägt eine Barockkuppel (Öffnungszeiten: Mo. bis Sa. 10.00 – 18.30, So., Fei. 14.00 – 18.30 Uhr).

Königlich und stolz thront Toledo auf einer von drei Seiten umflossenen Granithöhe.

Portale ► An der Hauptfassade öffnen sich drei gotische Portale (1418–1450) mit reichem Skulpturen- und Reliefschmuck; am mittleren, der Puerta del Perdón, stellte Hans der Deutsche (Juan Alemán) die Jungfrau Maria dar, die dem hl. Ildefonso ein Messgewand reicht. Von den Seitenportalen ist am Ende des südlichen Querschiffs die 1458–1466 in reichstem gotischen Stil erbaute **Puerta de los Leones** besonders beachtenswert. An der Nordseite liegt zwischen Kreuzgang und Sakristeibau die Puerta de la Chapinería (13. Jh.), das älteste Kirchenportal.

Innenraum Das Innere der Kathedrale ist ohne die Capilla de San Ildefonso 110 m lang und schöpft seine große Wirkung aus den 88 reich gegliederten Bündelpfeilern. Die prächtigen Glasgemälde stammen aus dem 16. Jahrhundert.

✶ Chorgestühl ► Der von einer plateresken Reja von 1548 umschlossene Chor (Coro) birgt ein aus Walnussholz gefertigtes Gestühl (Sillería), ein **Meisterwerk der Schnitzkunst der Renaissance**. Für den unteren Teil schuf 1495 Rodrigo Alemán 54 historische Reliefs mit Szenen von der Eroberung Granadas. Am oberen, 1543 vollendeten Teil schuf Alonso Berruguete die linke Seite mit biblischen Szenen einschließlich der alabasternen »Verklärung Christi«, die rechte Seite ist ein Werk von Felipe Vigarny. Auf dem Altar steht die romanische Steinfigur der Virgen Blanca (um 1300).

✶ Capilla Mayor ► Die reich vergoldete Capilla Mayor birgt den 1504 vollendeten riesigen **Retablo** aus vergoldetem und bemaltem Lärchenholz. Er stellt in vier Abteilungen übereinander in lebensgroßen Figuren Szenen aus dem Neuen Testament dar; in der Mitte steht eine prachtvolle pyramidenförmige Custodia. Zu beiden Seiten des Hauptaltars befinden sich die Gräber (Sepulcros Reales) der Könige Sancho II. und dessen Sohnes (rechts) und Alfons VII. (links). Links in der Capilla Mayor ist Kardinal González de Mendoza bestattet.

Chorumgang An der Rückseite der Capilla Mayor, mit zahlreichen Heiligenfiguren und Reliefs geschmückt, befinden sich das Grab des Kardinals Diego de Astorga und der **Transparente**, ein mächtiger marmorner Muttergottesaltar in churrigueresken Stil, der in eine bemalte und durchbrochene Kuppel übergeht (1722). Die Kapellen im Chorumgang enthalten allesamt kunstvolle Grabmäler. In der Capilla de San Ildefonso, der mittleren Chorkapelle, sieht man u. a. das Grab des Kardinals Albornoz;

✶ Capilla de Santiago ► links daneben die Capilla de Santiago mit prachtvollen gotischen Marmorgrabmälern des Condestable Álvaro de Luna und seiner Gemahlin. Gleich neben dieser Kapelle liegt der Zugang zur prachtvoll plateresken Capilla de Reyes Nuevos mit dem Grab Enriques II. de Trastamara.

✶ Sala Capitular ► Vom Chorumgang erreicht man durch ein prächtiges Portal die Sala Capitular von 1512, die von einer wundervollen **Artesonado-Decke**

90 m ragt der Nordturm mit der Glocke »Campana gorda« auf. →

Catedral de Toledo Orientierung

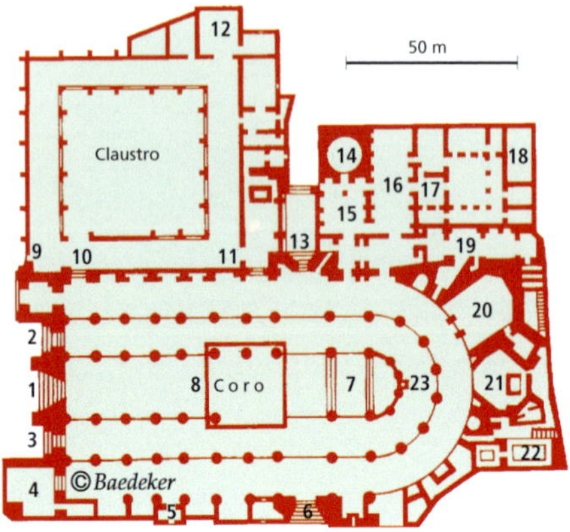

1 Puerta del Perdón
2 Puerta de la Torre
3 Puerto de los Escribanos
4 Capilla Mozárabe
5 Puerta Llana
6 Puerta de los Leones
7 Capilla Mayor
8 Trascoro
9 Puerta del Mollete
10 Puerta de la Presentación
11 Puerta de Santa Catalina
12 Capilla de San Blas
13 Puerta de la Chapinería (Puerta del Reloj)
14 Ochavo
15 Capilla del Virgen del Sagrario
16 Sacristía
17 Vestuario (Ankleideraum)
18 Ropería (Kleiderkammer)
19 Capilla de Reyes Nuevos
20 Capilla de Santiago
21 Capilla de San Ildefonso
22 Sala Capitular
23 Transparente

abgeschlossen wird. Die dreizehn Wandgemälde mit Bildnissen der Toledaner Erzbischöfe stammen größtenteils von Juan de Borgoña, zwei davon malte Francisco de Goya.

✱ **Sacristía**

Die 1592–1616 erbaute Sacristía ist heute eine **Gemäldegalerie**: am Altar die »Entkleidung Christi« (»El Expolio«, 1579) von El Greco, rechts davon die »Gefangennahme Christi« (1788) von Francisco de Goya; an den Wänden ferner ein Zyklus von 16 Apostelbildern von El Greco, die Deckenbemalung stammt von Lucas Jordán. Des Weiteren sieht man Werke von Morales, van Dyck, Raffael, Tizian, Mengs und eine Skulptur des hl. Franziskus von Pedro de Mena. Durch das anschließende Vestuario (Ankleideraum), wo Messgewänder zu sehen sind, geht man in die »Salas nuevas« des Dommuseums, wo sich die Gemäldegalerie mit Werken u. a. von El Greco, Bellini und Caravaggio fortsetzt. Westlich grenzt an die Sakristei die Capilla Virgen del Sagrario, die ein kostbar bekleidetes und hoch verehrtes Standbild der thronenden Jungfrau (um 1200) enthält; anschließend

Ochavo ►

das Ochavo, ein Achteckraum mit hoher, 1670 von Ricci und Carreño ausgemalter Kuppel, in dem annähernd 400 Reliquien versammelt sind.

✱ Tesoro ►

Hauptstück des Domschatzes (Tesoro) in der Capilla de San Juan unter dem Nordturm ist die berühmte **Custodia von Enrique de Arfe** (1524), fast 3 m hoch und 172 kg schwer, mit 260 Statuetten aus vergoldetem Silber.

Capilla Mozárabe

In der Capilla Mozárabe (1504) wird jeden Tag nach westgotischem (mozarabischem) Ritus um 9.30 Uhr die Messe gelesen.

Im rechten Seitenschiff sieht man schön die kostbaren Holzreliefs des 16. Jh.s an der Innenseite der Puerta de los Leones; darüber die »Kaiserorgel« von 1594 mit einem steinernen Resonanzboden.

Claustro

An der Nordseite der Kathedrale erstreckt sich der 1389 begonnene Kreuzgang (Claustro). Den Claustro bajo (unterer Kreuzgang) an der Süd- und Ostseite schmücken Fresken von Francisco Bayeu und Maella (1776). In der Nordostecke liegt die (verschlossene) Capilla de San Blas mit florentinischen Gewölbemalereien des frühen 15. Jh.s; in einem Nebenraum des Claustro alto (oberer Kreuzgang), mit Zugang von der Calle Hombre de Palo, werden die »Gigantones«, etwa 6 m hohe, mit Gewändern des 18. Jh.s bekleidete Prozessionsfiguren aufbewahrt.

Westliche Altstadt

Die **Plaza del Ayuntamiento** vor der Kathedrale umstehen das Erzbischöfliche Palais an der Nordwestseite und an der Südwestseite das 1618 erbaute Rathaus. Das mit zwei Ecktürmen und einem schönen Kachelfries von 1595 im Kapitelsaal ausgestattete Gebäude ist ein Entwurf von Jorge Manuel Theotocopuli, dem Sohn El Grecos.

★★

◄ »Begräbnis des Grafen von Orgaz«

Westlich der Kathedrale liegt an der Plaza **Santo Tomé** am Rande des einstigen jüdischen Viertels (Judería) die Kirche Santo Tomé, ursprünglich eine Moschee, jedoch im 14. Jh. auf Veranlassung des Grafen von Orgaz in gotischem Stil umgebaut und mit einem schönen Turm im Mudéjar-Stil versehen. Sie bewahrt eines der **Hauptwerke El Grecos**, das »Begräbnis des Grafen von Orgaz«, gemalt 1586. Es stellt die Legende dar, nach der die Heiligen Stephanus und Augustinus den toten Grafen ins Paradies holten. El Greco hat sich auf dem Bild selbst porträtiert: Er ist die fünfte Person von links.

Museo de Arte Contemporáneo

Wenig nördlich der Kirche zeigt das Museo de Arte Contemporáneo in der Casa de Cadena (16. Jh.) Kunst des 20. Jahrhunderts.

Taller del Moro

In dem etwas südlich der Kirche liegenden Gebäude Taller del Moro (»Maurenwerkstatt«), eigentlich ein Palast aus dem 15. Jh., ist heute das kleine Museo de Arte Mudéjar eingerichtet, das Beispiele mudéjarer Steinmetzkunst zeigt. Im Palacio de Fuensalida daneben starb 1539 Isabella von Portugal.

★★ Casa y Museo El Greco

Öffnungszeiten:
April – Sept.
Di. – Sa.
9.30 – 20.30,
So. 10.00 – 15.00,
Okt. – März
Di. – Sa.
9.30 – 18.30,
So. 10.00 – 15.00

Ob El Greco tatsächlich im Haus an der Calle Samuel Leví wohnte und 1614 dort starb, ist nicht gesichert; zumindest ist es das einzige erhaltene der an die Synagoge El Tránsito angrenzenden Häuser des Marqués de Villena, in denen der Maler verbürgt seit 1585 lebte. 1906 wurde das Gebäude renoviert und mit Möbeln und Bildwerken von El Greco eingerichtet. Das 1910 im Anbau eröffnete Museo El Greco zeigt in vier Sälen im ersten Stock über 20 Originalgemälde des aus Kreta stammenden Meisters, darunter die berühmte »Ansicht von Toledo«, »Christus mit den Aposteln«, »Dornenkrönung« und »San Bernardino« in der Kapelle. Neben El Greco sind in den Erdgeschossräumen weitere namhafte spanische Künstler (u. a. Zurbarán und Miranda) vertreten.

Toledo *Orientierung*

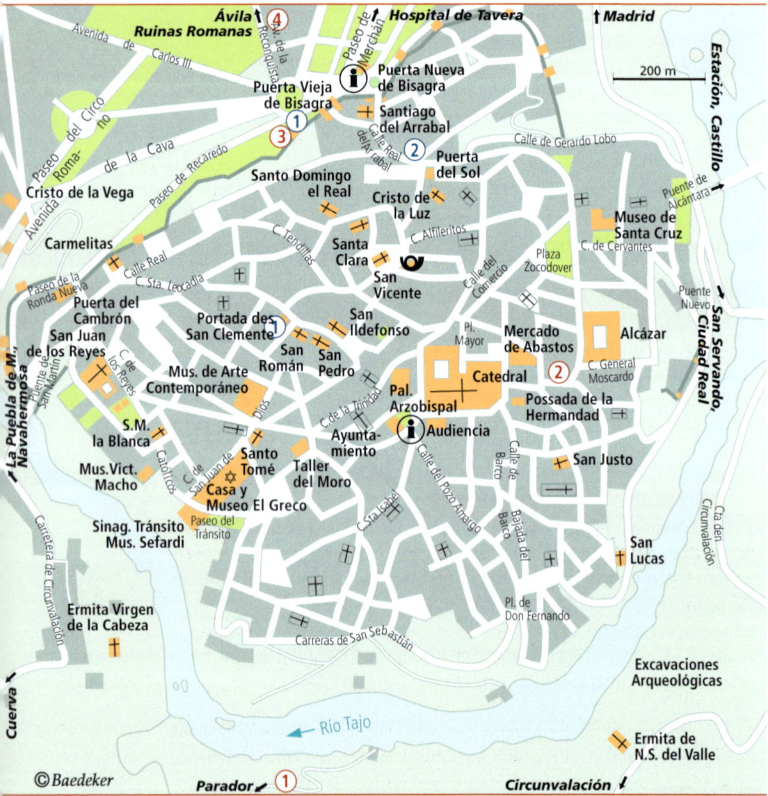

Essen
① Hostal del Cardenal
② La Lumbre

Übernachten
① Parador de Toledo
② Carlos V
③ El Cardenal
④ Almazara

Spätgotik in Vollendung: der Kreuzgang von San Juan de los Reyes

Nur wenige Schritte sind es vom El-Greco-Haus zur 1366 von Samuel ha-Levi, Schatzmeister Pedros I. von Kastilien, erbauten mudéjaren Sinagoga del Tránsito, die nach der Vertreibung der Juden 1492 dem Calatrava-Ritterorden übergeben wurde. Der einschiffige Raum ist dekoriert mit umlaufenden hebräischen Schriftzeichen mit Preisungen Jahwes, Samuel ha-Levis und Pedros I. ober- und unterhalb der prächtigen Zackenbogenfenster; ebenso sehenswert sind die Schmuckfriese und die Zedernholzdecke (►Abb. S. 73).

★★ **Sinagoga del Tránsito**

In den anschließenden Räumen ist das Museo Sefardí eingerichtet, das die Geschichte und Kultur der Juden in Spanien, der so genannten Sephardim (Sepharden) darstellt; u. a. wird der Sarcófago de Tarragona mit dreisprachiger Inschrift in Hebräisch, Lateinisch und Griechisch gezeigt.

◄ Museo Sefardi

Die heutige Kirche Santa María la Blanca war die für die jüdische Gemeinde bedeutendere der beiden noch erhaltenen Synagogen Toledos. Im 12./13. Jh. erbaut, wurde sie dem Calatrava-Orden übergeben und ist seit 1405 christliche Kirche; ihren Namen verdankt sie den 28 blendend-weißen Hufeisenbogen mit Kapitellen in Pinienzapfenform, die die prächtige Artesonado-Decke stützen.

★ **Sinagoga de Santa María la Blanca**

Wenig weiter liegt das Franziskanerkloster San Juan de los Reyes, das 1476 nach dem Sieg über die Portugiesen bei Toro als Grablege für die Katholischen Könige und ihre Nachkommen gegründet, aber erst im 17. Jh. vollendet wurde. An den Außenwänden der 1553 begonnenen Kirche mit einem isabellinischen Hauptportal von Covarrubias

★ **San Juan de los Reyes**

sieht man Ketten von aus maurischer Gefangenschaft im andalusischen Ronda befreiten christlichen Sklaven. Im von Juan Guas prächtig gearbeiteten Inneren sind besonders sehenswert die Friese mit von Adlern gehaltenen Wappen der Katholischen Könige im Querschiff, das Gewölbe der Chorgalerie und der Retablo von Felipe Vigarny und Francisco de Comontes.

TOLEDO ERLEBEN

AUSKUNFT

Patronato Municipal de Turismo
Ayuntamiento de Toledo
Plaza del Consistorio, 1
45071 Toledo
Tel. 925 25 40 30
www.toledo-turismo.com

VERANSTALTUNG

Zum *Fronleichnamsfest* (Corpus Christi) werden die Straßen der Altstadt farbenprächtig geschmückt für die feierliche Prozession.

ESSEN

► Fein & teuer

① ***Hostal del Cardenal***
Paseo de Recaredo, 24
Tel. 925 22 08 62
Das beste und teuerste Restaurant der Stadt, sehr stilvoll in der ehemaligen Kardinalsresidenz eingerichtet. Spezialitäten sind Lamm. Rebhuhn und Spanferkel, dazu gibt's gute Weine.

► Erschwinglich

② ***La Lumbre***
Calle Real de Arrabal, 3
Tel. 925 22 03 73
Das geschmackvoll dekorierte Lokal empfiehlt sich für Freunde von Fleischgerichten und herzhaften Pasteten.

ÜBERNACHTEN

► Luxus

① ***Parador de Toledo***
Cerro del Emperador, s/n
Tel. 925 22 18 50
www.parador.es
Der Parador im Landhausstil der Region steht auf einer Anhöhe hoch über dem Tajo und bietet einen herrlichen Panoramablick auf die geschichtsträchtige Altstadt.

► Komfortabel

② ***Carlos V***
Trastamara, 1
Tel 925 22 21 00
www.carlosv.com
Gut geführtes Haus, ruhig gelegen in der Altstadt zwischen Alcázar und Kathedrale.

Baedeker-Empfehlung

③ ***Hostal del Cardenal***
Paseo Recaredo, 24
Tel. 925 22 49 00
www.hostaldelcardenal.com
Stilvolles kleines Hotel in der erzbischöflichen Palais aus dem 18. Jh. mit Garten auf drei Ebenen. Zum Haus gehört ein ausgezeichnetes Restaurant.

► Günstig

④ ***Almazara***
Crta. Toledo – Arges y Polan, km 3
Tel. 925 22 38 66
www.hotelalmazara.com
Hübsches kleines Hotel in einem alten Landhaus etwas außerhalb der Stadt für Leute, die es etwas ruhiger mögen.

Der südöstlich anstoßende **Kreuzgang** (1504) ist eine der glänzendsten Schöpfungen des spätgotischen Stils in Spanien; er besitzt in der oberen Galerie eine kunstvolle Artesonado-Decke.

Puente de San Martín

Von San Juan kann man zum 30 m hohen Puente de San Martín (1212 erbaut und 1390 erneuert) hinabgehen, um von dort den großartigen Blick in die **Schlucht des Río Tajo** zu genießen.

Puerta del Cambrón

Von der Brücke aus innerhalb der Stadtmauer entlang kommt man zu dem 1102 erbauten stattlichen **Doppeltor** Puerta del Cambrón (»Dornbuschtor«), das auf die Westgoten zurückgeht und von den Mauren im 11. Jh. sowie noch einmal im 16. Jh. umgebaut wurde. Durch das Tor gelangt man zur außerhalb der Stadtmauern gelegenen Ermita del Cristo de la Vega. Hier stand schon im 4. Jh. ein Kirchlein, das nach 660 neu gebaut wurde, nachdem der hl. Leokadius hier dem hl. Ildefonso, Erzbischof von Toledo, erschienen sein soll. Von dieser Kirche ist noch die Apsis erhalten.

◄ Ermita del Cristo de la Vega

Nordwestliche Altstadt

In der nordwestlichen Altstadt verdienen drei Kirchen besondere Beachtung. In San Román (13. Jh.), die sich durch ihren schönen mudéjaren Turm auszeichnet, zeigt das Museo de los Concilios y de Cultura Visigoda eine Sammlung westgotischer Altertümer, darunter Kronen, Skulpturen und Schmuck. Etwas weiter die Straße hinauf sieht man links die stattliche Barockfassade der zweitürmigen Kirche San Ildefonso. Sie besitzt zwei Werke von El Greco. Der Künstler ist in der Kirche des Klosters Santo Domingo el Antiguo bestattet.

? WUSSTEN SIE SCHON ...?

- ... dass der Alcázar für die Anhänger Francos bis heute ein Symbol für das Heldentum seiner Verteidiger ist, das sich mit einem fragwürdigen Ereignis verbindet? Der Sohn des Kommandanten Moscardó war in die Hände der Belagerer gefallen. In einem Telefonat mit Moscardó drohten sie die Erschießung seines Sohnes an, falls die Festung sich nicht ergeben sollte. Der Kommandant lehnte ab, sein Sohn wurde hingerichtet.

Östliche Altstadt

Alcázar

Die dreieckige, von Arkadenhäusern gesäumte **Plaza de Zocodover** ist der eigentliche Mittelpunkt der Stadt.Von ihr gelangt man hinauf zum Alcázar, der über dem Ostabhang am höchsten Punkt Toledos thront. Am alten Ort eines römischen Kastells auf viereckigem Grundriss mit Ecktürmen erbaut, gaben ihm Covarrubias und Herrera im 16. Jh. seine strenge Fassade. Die Franzosen brannten ihn 1810 nieder, und nach dem Wiederaufbau diente er seit 1882 als Kriegsschule. Zu Beginn des Bürgerkriegs wurde der Alcázar 68 Tage lang von republikanischen Truppen belagert und beschossen, bis er regelrecht in die Luft flog; auch dann ergaben sich die Franco-Truppen nicht. Erst Tage später wurden die Belagerten entsetzt. Im Alcázar ist heute das **Heeresmuseum** untergebracht (Öffnungszeiten: Juni bis Sept. tgl. 10.00 – 21.00, Okt. – Mai tgl. 10.00 – 19.00 Uhr).

★★
Museo de Santa Cruz

Öffnungszeiten:
Mo. – Sa.
10.00 – 18.00,
So. 10.00 – 14.00

Östlich der Plaza de Zocodover gelangt man durch den maurischen Arco de la Sangre zum ehemaligen Hospital de Santa Cruz. Es wurde im 15./16. Jh. auf Veranlassung des Kardinals Mendoza, des Beichtvaters von Königin Isabella, von Enrique de Egas im Renaissancestil erbaut und mit einem frühplateresken Portal versehen. Dieses zeigt den Kardinal zwischen den hl. Petrus, Paul und Helena vor dem Kreuze kniend.
Das Hospitalsgebäude beherbergt das Museo de Santa Cruz, das mehrere einst in der Stadt verstreute Sammlungen in sich vereint. In der **archäologischen Abteilung** rund um den Patio sieht man prähistorische, römische und westgotische Ausgrabungsfunde. Die **Gemäldesammlung** beginnt im Erdgeschoss, wo vor allem die flämischen Wandteppiche aus dem 15./16. Jh. und ein für die Kathedrale angefertigter Tierkreiszeichenteppich (Astrolabios) beeindrucken. Unter den alten Meistern ragen ein flämisches Porträt Philiberts II. von Savoyen und ein »Gefesselter Christus« von Morales hervor; hier sieht man auch die Standarte des Schiffes von Don Juan d'Austria aus der Seeschlacht von Lepanto 1571. Im Obergeschoss sind die bedeutendsten Gemälde und Skulpturen ausgestellt: u. a. ein Marienretablo mit Figuren von Alonso Berruguete, Werke des Greco-Schülers Luis Tristán, von Ribera und vom Meister von Sigena, eine Kreuzigungsszene von Goya und vor allem eine hervorragende Sammlung von El-Greco-Gemälden, darunter das Spätwerk »Mariä Himmelfahrt«. Auch die Abteilung für **Kunsthandwerk** mit Glas und Keramik befindet sich im Obergeschoss.

Frühplatereskes Portal am Hospital de Santa Cruz in Toledo

★
Puente de Alcántara

Östlich unterhalb des Hospitals überbrückt der Puente de Alcántara den tief eingeschnittenen Río Tajo. Die Brücke, ursprünglich ein römischer Bau, wurde von den Mauren 866 vollständig erneuert und erhielt ihre jetzige Gestalt im Wesentlichen im 13. und 14. Jh.; ihr Westende markiert der 1484 erbaute Torturm Puerta de Alcántara, am Ostende ein Barocktor von 1721. Von der Brücke hat man einen prächtigen Blick auf die steil aufsteigende Stadt. Flussabwärts sieht man den 1933 erbauten Puente Nuevo und Reste eines römischen Aquädukts. Hoch über dem linken Flussufer thront das im 11. Jh. angelgte Castillo de San Servando, heute Jugendherberge.

Nördliche Altstadt

Paseo del Miradero

Von der Plaza de Zocodover geht man durch die Calle de Armas bergab zum Paseo del Miradero, einer Promenade mit hoch gelegener Aussichtsterrasse, von der man bei klarem Wetter bis zur Sierra de Gredos sehen kann. Der Paseo führt zu dem mächtigen zweitürmigen Torbau **Puerta del Sol** (14. Jh.) im Mudéjar-Stil.

Santo Cristo de la Luz

Danach links und unter der Puerta Cristo de la Luz hindurch kommt man zur Ermita Santo Cristo de la Luz. Diese kleine **ehemalige Moschee** aus dem 10. Jh. besitzt noch neun maurische Kuppeln und Säulen aus einer westgotischen Vorgängerkirche; der Chor wurde in christlicher Zeit hinzugefügt und zeigt noch Reste romanischer Wandmalereien. Ihr Name ist mit **El Cid** verbunden: Nach der Eroberung der Stadt soll dessen Pferd vor der Moschee in die Knie gegangen sein. Man entdeckte in einer Wandnische eine brennende Lampe vor einem westgotischen Kreuz.

Santiago del Arrabal

Von der Puerta del Sol führt die Calle Real del Arrabal in nordwestlicher Richtung hinab in die Vorstadt Santiago zu der im 13. Jh. im Mudéjar-Stil erbauten Kirche Santiago del Arrabal.

Puerta Vieja de Bisagra

Unweit der Kirche erkennt man das maurische Stadttor Puerta Vieja de Bisagra (9. Jh.) an seinem einfachen Hufeisenbogen; durch dieses Tor zog 1085 angeblich Alfons VI. in die Stadt ein.

★ Puerta Nueva de Bisagra

An der Stadtmauer rechts entlang kommt man zum Doppeltor Puerta Nueva de Bisagra, ein 1550 erneuertes **glänzendes Beispiel der Festungsbaukunst**. Von der Stadtseite betritt man durch einen von zwei Türmen gekrönten Vorbau den Hof mit einer Statue Karls V.; die der Stadt abgewandte Fassade trägt das kaiserliche Wappen.

Von der Puerta Nueva führt der parkartige **Paseo de Merchán** zur Vorstadt Las Covachuelas. Hier erstreckt sich der große Komplex des von Kardinal Tavera gestifteten **Hospital de Tavera**, an dem von 1541 bis 1599 gebaut wurde. In der Kirche (1561), die eine Marmorfassade von Alonso Berruguete trägt, ist unter der Kuppel in einem schönen Grabmal – zugleich Berruguetes letztes Werk – der Kardinal begraben. Den Retablo entwarf El Greco. Im 17. Jh. bezog die **Duquesa de Lerma** einige Räume; nun kann man einen Teil ihrer Kunstsammlung besichtigen, darunter Tizian, Claudio Coello (»Bildnis der Infantin Clara Eugenia«), El Greco (u. a. sein letztes Werk »Taufe Christi«), Tintoretto (»Geburt

! *Baedeker* TIPP

Rundfahrt um Toledo

Die Schönheit Toledos offenbart sich auf einer Fahrt rund um die Stadt. Sie führt von der Puerta Nueva de Bisagra auf der Avenida de la Cava zum Puente de la Cava; auf diesem überquert man den Río Tajo, biegt bald nach links ab und fährt hinauf zur Höhe unweit westlich der Ermita Nuestra Señora de la Cabeza, von wo man eine prächtige Aussicht auf die Stadt hat. Entlang der Carretera de Circunvalación geht es auf der aussichtsreichen Höhe zur Ermita de la Virgen del Valle. Von dort über den Puente Nuevo de Alcántara und den Puente de Azarquiel zurück zum Ausgang.

Die Burg von Maqueda wurde auf einem arabischen Vorgängerbau errichtet.

des Messias«) und Zurbarán. Hinzu kommen Archiv und Bibliothek, wo El Grecos »Heilige Familie« hängt, und die originalgetreu rekonstruierte Hospitalsapotheke aus dem 16. Jh. (Öffnungszeiten: tgl. 10.30–13.30 und 15.30–18.00 Uhr).

Umgebung von Toledo

Illescas Die Richtung Madrid führende N-401 erreicht nach 34 km Illescas (588 m ü. d. M.), wo Karl V. mit dem nach der Schlacht von Pavia gefangen genommenen französischen König Franz I. zusammentraf. In der **Kirche des Hospitals** La Caridad kann man fünf Bilder von El Greco bewundern: »Verkündigung«, »Christi Geburt«, »Marienkrönung«, »Nächstenliebe« und »San Ildefonso«.

Mora Die CM-400 führt nach Südosten am Castillo de Guadamur vorbei, einer sehr gut erhaltenen, beeindruckenden Burg aus dem 15. Jh., und erreicht Mora, ein Städtchen mit beachtenswerter gotischer Kirche und interessanten römischen Überresten. Von hier aus erreicht man das 10 km südwestlich gelegene Orgaz (744 m ü. d. M.). Schon von weitem sieht man die wuchtige Burg aus dem 14. Jh.; sehenswert auch eine römische Brücke und die typische Plaza Mayor.

Orgaz ▶

Maqueda In dem altertümlichen Städtchen Maqueda (ca. 40 km nordöstlich von Toledo) kann man die Kirche Santa María (15. / 16. Jh.) mit einem Schnitzretablo von 1554 und das auf arabischen Resten errichtete Castillo mit fünf Rundtürmen besuchen.

Talavera de la Reina Man folgt ab Maqueda der N-V nach Südwesten und erreicht Talavera de la Reina, das römische Caesarobriga, am Río Tajo. Zwei Brücken überspannen hier den Fluss: eine 35-bogige aus dem 15. Jh. und eine erst 1908 eingeweihte. Das Städtchen, das noch Reste der römischen und maurischen Befestigung besitzt, ist berühmt für seine Stickereien und vor allem für die **Herstellung von kunstvollen Kacheln** (azulejos), auch wenn heute überwiegend Haushaltskeramik produziert wird. Dennoch gibt es genügend kleine Werkstätten. Überall, wo sich Kacheln anbringen lassen, hat man es in Talavera auch getan: an Hausfassaden, in Patios, an der Plaza del Pan und besonders prächtig in der Ermita de la Virgen del Prado. Sie ist herrlich ausgekleidet mit gelben und blauen Talaverakacheln aus allen Epochen ihrer Produktion. Die ältesten findet man in der Sakristei. Das Museo de Cerámica Ruiz de Luna in der ehemaligen Kirche San Agustín el Viejo präsentiert einen Querschnitt der Talavera-Keramiken – Kacheln, Teller, Gefäße, Skulpturen – vom 16. Jh. bis heute. Es trägt den Namen des Keramikmeisters Ruiz de Luna (1863–1945).

◄ Ermita de la Virgen del Prado

★ Trujillo

K 9

Provinz: Cáceres (CC)
Region: Extremadura
Höhe: 584 m ü. d. M.
Einwohnerzahl: 10 000

Trujillo nennt sich heute die »Wiege der Konquistadoren«, denn aus ihr stammen über 600 Männer, die in der Neuen Welt ihr Glück suchten, allen voran Francisco Pizarro, der Eroberer von Peru. Sie brachten ihren Reichtum in ihre Heimatstadt zurück und ließen große Paläste bauen, die das Bild der Stadt nachhaltig prägen. Besonders, wenn sich die vielen Störche auf den Dächern niedergelassen haben, steht die Zeit in Trujillo still.

Wiege der Konquistadoren

Aus dem römischen Turgalium hervorgegangen, von den Mauren fünf Jahrhunderte lang beherrscht, wurde Trujillo im 13. Jh. von den Christen zurückerobert. In der »Wiege der Konquistadoren« wurde nicht nur Francisco Pizarro geboren, auch Francisco de Orellana, der als erster den Amazonas befuhr, der bärenstarke »Simson der Extremadura« Diego García Paredes, Offizier Karls V., der die Stadt Trujillo in Venezuela gründete, und Nuño de Chaves, Gründer des bolivianischen Santa Cruz, kamen in Trujillo zur Welt.

Sehenswertes in Trujillo

★★ Plaza Mayor

Mittelpunkt der Altstadt ist die terrassierte Plaza Mayor mit einem Reiterstandbild Pizarros (1927) in der Mitte, umgeben von mehreren **Palästen der Konquistadorenfamilien**. Die Südostecke des Platzes nimmt der Palacio de Piedras Albas ein, ein gotischer Bau mit Renaissancegalerie. Es folgt in der Nordostecke der Palacio de San Carlos, heute ein Nonnenkloster. Hervorstechend an dem Renaissance-

Trujillo Orientierung

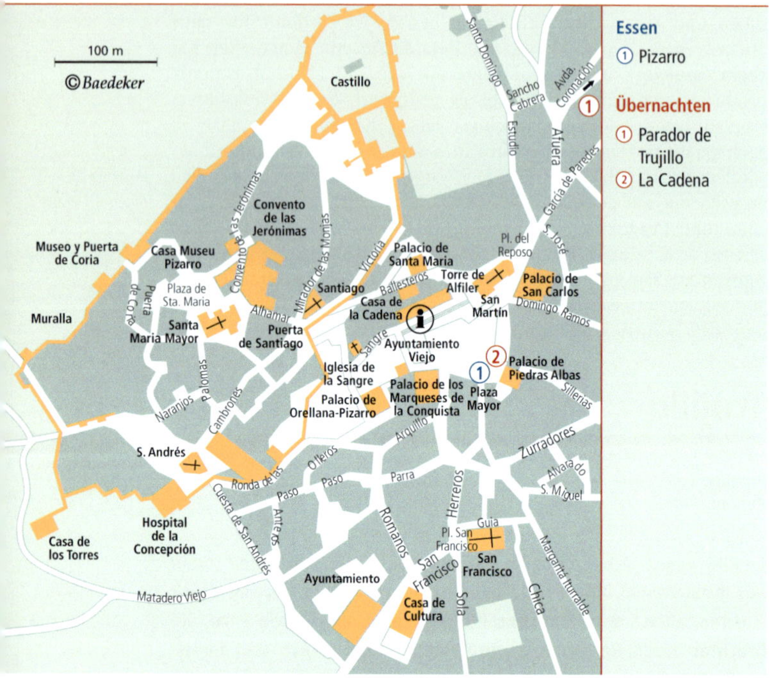

bau mit zweistöckigem Patio sind über einem Eckbalkon der doppelköpfige Adler, das Wappen der Familie Vargas-Carvajal, und die Schornsteine in Form von Bauten aus den eroberten Ländern – Maya-, Azteken- und Inka-Pyramiden. Daneben steht etwas erhöht die mit zwei ungleichen Türmen ausgestattete Kirche San Martín (15./16. Jh.), in der die Gräber der Konquistadoren Orellana und Vargas-Carvajal zu sehen sind. Die Casa de la Cadena (Haus der Ketten) links davon war Sitz der Familie Chaves-Orellana; in der Gasse dahinter erhebt sich die Torre de Alfiler (Nadelturm). Über die Freitreppe geht man wieder hinab zur Südwestecke der Plaza zum plateresken Palacio de los Marqueses de la Conquista, dem **prächtigsten der Paläste** rundum, den sich Hernán Pizarro, Bruder und zugleich Schwiegersohn von Francisco Pizarro, errichten ließ. Zwölf die Monate symbolisierende Statuen zieren den Dachsims, die Fenster sind kunstvoll vergittert. Zu beiden Seiten des Eckfensters erkennt man die Büsten Francisco Pizarros und seiner Frau, der Inkaprinzessin Yupanqui, ihrer Tochter Juana und das Porträt des Bruders von Francisco Pizarro; über dem Fenster das prächtige Familienwappen. Rechts davon sollte man in den Patio des Palacio Orellana-Pizarro schauen.

San Martín ►

★ Palacio de los Marqueses de la Conquista ►

Palacio Orellana-Pizarro ►

Santa María la Mayor

Durch die Puerta de Santiago betritt man den ummauerten Teil der Altstadt. In der gotischen Hauptkirche Santa María la Mayor (13. Jh.) sind der 1466 in Trujillo geborene Diego García de Paredes und Juana Yupanqui, Tochter Francisco Pizarros und gleichzeitig seine Schwägerin, bestattet. Die Gemälde am Retablo stammen von Fernando Gallego. Am Kirchenplatz steht auch das Geburtshaus von Francisco de Orellana.

? WUSSTEN SIE SCHON ...?

- ... dass der Bruder von Francisco Pizarro, Hernán, seine eigene Nichte, die Tochter der Inkaprinzessin Yupanqui heiratete?

Casa Museo de Pizarro

Im Geburtshaus Francisco Pizarros findet man leider kaum Stücke aus dem Besitz des Mannes, der als Schweinehirt in Trujillo begann und als grausamster aller Konquistadoren Geschichte schrieb.

Castillo

Beim Pizarro-Haus beginnt der Aufstieg zum Castillo, von den Mauren auf römischen Resten errichtet, dann im 15./16. Jh. ausgebaut.

Museo y Puerta de Coria

Das Museo de Coria an der nördlichen Stadtmauer bietet eine durchaus interessante Ausstellung über die Konquistadoren.

Alberca

Nahe der Kirche San Andrés entdeckte man eine römische Badeanstalt aus der Zeit des Augustus. Zu sehen ist noch die 11 m tiefe Zisterne (alberca).

Umgebung

►Cáceres, ►Mérida

TRUJILLO ERLEBEN

AUSKUNFT

Oficina de Turismo
Plaza Mayor, s/n
10200 Trujillo, Caceres
Tel. 927 32 26 77
www.trujillo.es

ESSEN

► Preiswert

① *Pizarro*
Plaza Mayor, 13
Tel. 927 32 02 55
Die beiden Schwestern Carassco servieren in ihrem Restaurant leckere regionale Küche, u.a. »Gallina trufada« und »Huevecillos con leche«. Dazu gibt es gute Weine aus der Extremadura.

ÜBERNACHTEN

► Luxus/Komfortabel

① *Parador de Trujillo*
Calle Santa Beatriz de Silva, 1
Tel. 927 32 13 50
www.parador.es
Ruhe, Zurückgezogenheit und Gerichte der Extremadura in einem ehemaligen Kloster aus dem 16. Jh.

► Günstig

② *La Cadena*
Plaza Mayor, 8
Tel. 927 32 14 63
Diese kleine und gemütliche Herberge mit Restaurant im Zentrum der Stadt ist eine preisgünstige Alternative zum Parador.

✶ Valencia

K 20

Provinz: Valencia (V)
Region: Valencia

Höhe: 0 – 14 m ü. d. M.
Einwohnerzahl: 810 000

»Ein auf die Erde gefallenes Stück Himmel« – so wird Valencia schon seit alters her beschrieben. Tatsächlich sind die Voraussetzungen dafür gegeben: ein ungemein mildes und trockenes Klima, eine summende, von den bunten Azulejoskuppeln vieler Kirchen überragte Altstadt und ein aufregendes Nachtleben, dazu die umliegende fruchtbare Huerta de Valencia und die Mittelmeerküste.

Mediterrane Schönheit

Die Altstadt der drittgrößten Stadt Spaniens und Hauptstadt der Autonomen Region Valencia liegt auf dem rechten Ufer des Río Turia, des Guadalaviar (»weißer Fluss«) der Araber. Der Fluss ist inzwischen allerdings höchstens noch als Rinnsal wahrzunehmen, weil man sein Bett in die Jardines de Turia umgewandelt hat, die den Stadtkern im Norden und Osten umziehen. Aus Valencias **Hafen El Grao** werden Zitronen, Orangen, Wein, Rosinen, Öl und Reis aus der Huerta verladen; in dieser Zone hat sich auch eine vielfältige Industrie mit Autobau, Metallverarbeitung, Werften, Chemie- und Textilfabriken angesiedelt. Verstärkt setzt man auch auf Kongresse –

Die Plaza de la Reina mit Kathedrale und Torre del Miguelete

dafür schuf Norman Foster ein Kongresszentrum, mit dessen architektonischer Finesse die neue Brücke und das neue Kunst- und Wissenschaftszentrum, beide von Santiago Calatrava, konkurrieren. Auch eine Metro hat sich Valencia gegönnt; sie erschließt allerdings nur die Außenbezirke.

Geschichte

2. Jh. v. Chr.	Römische Kolonie
413 n. Chr.	Valencia fällt an die Westgoten.
714	Die Mauren erobern die Region.
1021	Valencia und das Küstenland werden Königreich.
1092	Das Königreich Valencia fällt an die Almoraviden.
1094	Unter El Cid erobern die Christen die Stadt.
1102	Valencia fällt erneut in die Hände der Mauren.
1238	Jaime I. von Aragón erobert die Stadt endgültig zurück.
15. Jh.	Blüte durch den Handel mit Seide, Textilien und Keramik
18. Jh.	Valencia steht auf Seiten des Erzherzogs von Österreich.
1808	Die Stadt erhebt sich gegen die Franzosen.
1936/1937	Valencia ist Sitz der Regierung der Republik.
2001	Valencia bewirbt sich um den Titel Kulturhauptstadt Europas.
2007	In Valencia wird um den America's Cup gekämpft, die begehrteste Trophäe im Segeln – übrigens zum ersten Mal in der Geschichte dieser Regatta im Mittelmeer.

Eine griechische Gründung, wurde Valencia später karthagisch und im 2. Jh. v. Chr. als Valentia römische Kolonie, die unter Augustus zu hoher Blüte gelangte. Nacheinander waren die Westgoten, die Mauren und nach kurzer Selbstständigkeit die Almoraviden Herren in Valencia. Unter El Cid eroberten die Christen die Stadt 1094. Fünf Jahre später starb er bei ihrer Verteidigung, doch die Einnahme Valencias ist im **Cantar de Mio Cid**, Spaniens ältestem literarischen Dokument, verewigt. Die erneute maurische Herrschaft wurde endgültig 1238 durch Jaime I. von Aragón beendet. Im 18. Jh. schlug sich Valencia auf die Seite des Erzherzogs von Österreich, 1808 erhob sich die Stadt gegen die Franzosen. Während des Bürgerkriegs war Valencia von 1936 bis 1937 Sitz der Regierung der Republik; als letzte Bastion der Republik fiel es am 30. März 1939, zwei Tage nach Madrid.

Rund um die Kathedrale

★ Catedral

Die Kathedrale an der Plaza de la Reina und das umgebende Gassengeflecht sind der Kern der Altstadt. Der äußerlich überwiegend gotische Kirchenbau mit barocker Fassade wurde 1252–1482 an Stelle

Valencia Orientierung

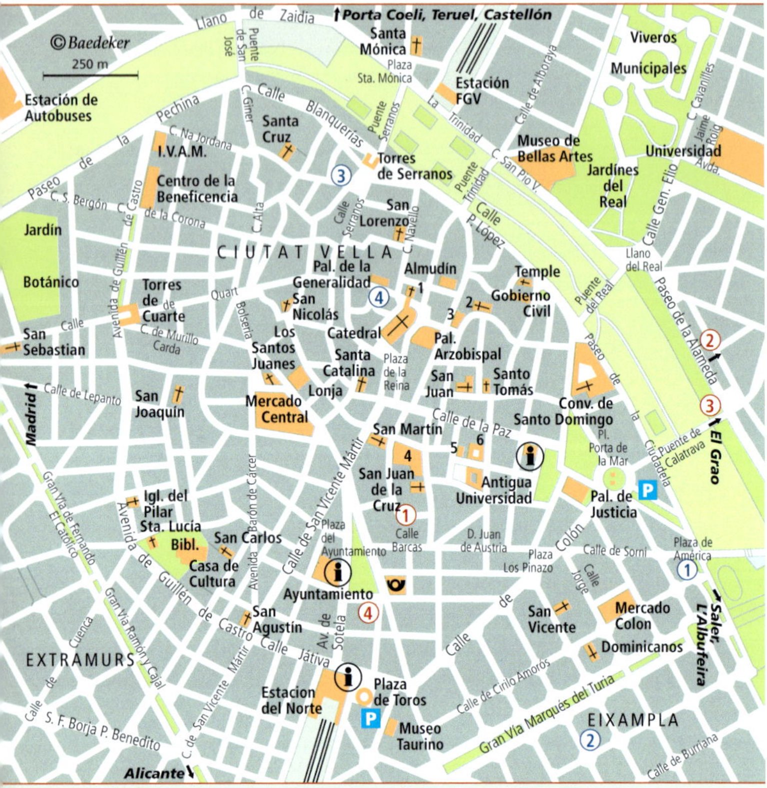

1 N. Sra. de los Desamparados
2 San Esteban
3 Museo de la Ciudad
4 Museo de Cerámica
5 Corpus Christi
6 Colegio del Patriarca

Essen
① Albacar
② Riff
③ El Forcat
④ Bodegó de la Sarieta

Übernachten
① Astoria Palace
② The Westin Valencia
③ Renasa
④ Europa

einer Moschee errichtet. An seiner Südwestecke erhebt sich der 68 m hohe, unvollendet gebliebene Glockenturm Torre del Miguelete (»Micalet«) mit der gleichnamigen, am Michaelstag getauften Wasserglocke, deren Klang früher die Bewässerung der Huerta regelte; von der **Aussichtsplattform** in 50 m Höhe (Zugang vom linken Seitenschiff) bietet sich ein prächtiger Blick auf die Stadt. Am östlichen Querschiff öffnet sich die romanische Puerta del Palau, am westlichen die mit Skulpturen geschmückte gotische Puerta de los Apóstoles, über der eine Fensterrose des 14. Jh.s schwebt.

★ Torre del Miguelete ►

Das Innere der Kathedrale, im 18. Jh. vollständig erneuert, enthält zahlreiche Gemälde, so u. a. von Goya in der zweiten Kapelle im rechten Seitenschiff und von Palomino. Über der Vierung wölbt sich die mächtige achteckige Kuppel (Cimborrio). Die Capilla Mayor nimmt ein prachtvoller Hochaltar des 15. Jh.s mit 1509 von dem Leonardo-Schüler Fernando de Llanos und von Fernando Yáñez de la Almedina gemalten Flügelbildern ein. Hinter der Capilla Mayor sollte man das **Kruzifix von Alonso Cano** in der Capilla de la Buen Muerte und daneben einen Alabasteraltar betrachten, zu dem auch als Reliquie ein Unterarm von San Vicente Mártir gehört. ◄ Innenraum

Vom rechten Seitenschiff betritt man die Capilla del Santo Cáliz, den 1369 erbauten alten Kapitelsaal, den ein sehr schönes gotisches Sterngewölbe abschließt. Die Kapelle birgt den mit Rubinen und Perlen besetzten Santo Cáliz (»Heiliger Kelch«), den manche als den sagenhaften Gral ansehen, mit dem das Blut Christi aufgefangen wurde. Das Gefäß war bis zum 15. Jh. im Kloster San Juan de la Peña in den Pyrenäen (Umgebung von ►Jaca) aufbewahrt. ✶ ◄ Capilla del Santo Cáliz

Im Kathedralmuseum sieht man u. a. Gemälde von Künstlern der Valencianer Schule wie Juan de Juanes sowie von Zurbarán. ◄ Museum

Nuestra Señora de los Desamparados

Ein Bogen verbindet die Nordseite der Kathedrale mit der Basílica de Nuestra Señora de los Desamparados von 1667. Das geschnitzte Marienbild von 1416 am Hauptaltar ist die »Beschützerin der Obdachlosen«, Schutzpatronin Valencias. Die Fresken in der Kuppel schuf Palomino. Wenig nordöstlich davon steht der Almudín, das mittelalterliche Kornhaus, heute städtische Ausstellungshalle.

Museo de la Ciudad

Die Geschichte Valencias präsentiert das Museo de la Ciudad im Palacio Marqués de Campo hinter dem Erzbischöflichen Palast.

! *Baedeker* TIPP

Tribunal de las Aguas

An der Puerta de los Apóstoles kann man jeden Donnerstag Schlag 12.00 Uhr noch ein Stück mittelalterliche Rechtsprechung erleben. Dann tritt das Wassergericht (Tribunal de las Aguas) zusammen. Die acht in Schwarz gekleideten Herren entscheiden über Zwistigkeiten um die Wasserrechte in der Huerta, die aus acht Kanälen bewässert wird. Sie können sich dabei auf eine 960 unter dem Kalifen Al-Hakam begründete Tradition berufen. Zwar fallen heute kaum noch Streitigkeiten an, doch im Ernstfall sind die Urteile der Richter – Wasserentzug oder Geldstrafe – keinesfalls Folklore, sondern verbindliches Recht.

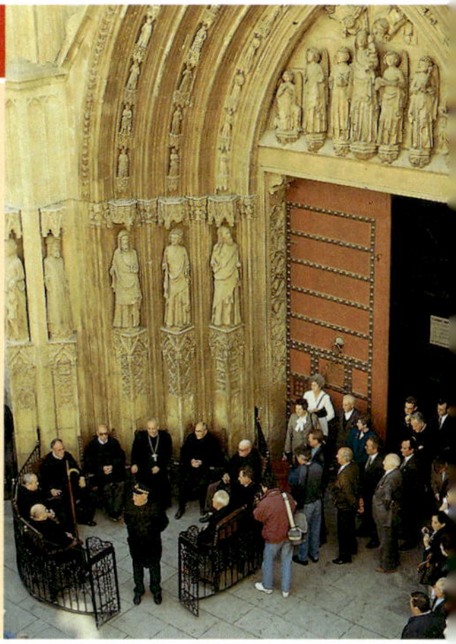

VALENCIA ERLEBEN

AUSKUNFT

Tourismo Valencia
Avenida Cortes Valencianas, 41
46015 Valencia
Tel. 963 39 03 90
www.turisvalencia.es

VERANSTALTUNGEN

Alljährlich in der Woche vor dem 19. März werden große Aufbauten (*Fallas*) mit teils riesigen Stoff- und Pappfiguren in den Straßen errichtet und am 19. März um Mitternacht verbrannt. Zuvor, am 17. März, bewerben sich die hübschesten Mädchen der Stadtviertel bei der Ofrenda de Flores um den Preis der schönsten valencianischen Tracht. Zwei Museen beschäftigen sich mit dem Thema »Fallas«: Museo Fallero am südöstlichen Ende der Jardines de Turia an der Plaza Monteolivete und das Museo del Artista Fallero am entgegengesetzten Ende der Innenstadt in der Avda. San José Artesano.

EINKAUFEN

Ein Muss ist der Bummel durch den 1928 vollendeten *Mercado Central* (Zentralmarkt). Die Markthalle ist reich mit Azulejos ausgestattet und bietet an etwa 130 Verkaufsständen alle Köstlichkeiten Spaniens, insbesondere natürlich die aus der Huerta. Rund um die Brunnenanlage auf dem Plaza Ayuntamiento wird täglich bis ca. 21.00 Uhr ein schöner *Blumenmarkt* abgehalten.

ESSEN

► Fein & teuer

① ***Albacar***
Calle de Sorní, 35
Tel. 963 95 10 05
Der Gourmettempel ist in einem Lokal mit Garten untergebracht.

② ***Riff***
Calle Conde de Altea, 18
Tel. 963 33 53 53
Eine der feinen Adressen der Stadt, ausgesuchte Weine.

► Erschwinglich

③ ***El Forcat***
Calle Roteros, 12
Tel. 963 91 12 13
www.elforcat.es
Das Restaurant liegt in einem Altstadthaus und bietet ein großzügiges Ambiente. Spezialität sind die Reisgerichte, vor allem Paella.

④ ***Bodegó de la Sarieta***
Calle Juristas, 4
Tel. 963 92 35 38
Hier werden die typischen Reisgerichte zu erschwinglichen Preisen serviert.

Am Ende der Fallas gehen die prächtigen Figuren in Flammen auf.

ÜBERNACHTEN

▶ Luxus

① ***Astoria Palace***
Plaza Rodrigo Botet, 5
Tel. 963 98 10 00
www.hotelastoriapalace.com
Luxuriöses Hotel nahe der Kathedrale.

② ***The Westin Valencia***
Amadeo de Saboya, 16
Tel. 963 62 59 00
www.starwoodhotels.com
Nobelherberge in einem zentrumsnahen, 1917 im modernistischen errichteten Gebäude, mit zwei Restaurants und Wellness Center

▶ Komfortabel

③ ***Renasa***
Avenida de Cataluña, 5
Tel. 963 69 24 50
www.hotel-renasa.com
Gutes Mittelklassehotel mit lobenswertem Restaurant.

▶ Günstig

④ ***Europa***
Calle Ribera, 4
Tel. 963 52 00 00
www.hoteleuropa-valencia.com
Preiswerte Unterkunft in einem schönen Gebäude in Bahnhofsnähe mit 51 einfachen Zimmern.

✶ Palacio de la Generalidad

Die Calle de Caballeros gleich nördlich der Kathedrale säumen einige schöne mittelalterliche Häuser; unübertroffen aber ist der Palacio de la Generalidad (Audiencia), das 1510–1579 errichtete ehemalige Abgeordnetenhaus des Königreichs Valencia, heute Diputación Provincial. Es zeichnet sich durch prunkvolle Räume aus, besonders im ersten Stock der **Salón de Cortes** (Sitzungssaal) mit Kassettendecke und gekacheltem Fries sowie die **Sala Dorada** mit einer prächtigen, vergoldeten Artesonado-Holzdecke (Führungen nach Voranmeldung Tel. 963 18 44 30).

✶ Lonja de la Seda

Von der Westseite der Plaza de la Reina, vorbei an der gotischen Kirche Santa Catalina mit ihrem reich verzierten sechseckigen Glockenturm, kommt man an der Plaza del Mercado – sie war einst Schauplatz von Turnieren und allerlei Festen – zur Lonja de la Seda, der **Seidenbörse**, an der die weit in Europa verkaufte Valencianer Seide gehandelt wurde. Der 1498 an Stelle des maurischen Alcázars fertiggestellte, prächtige spätgotische Bau ist mit besonders reichen Portalen und Fensterdekorationen sowie schönen Wasserspeiern (»gárgolas«) ausgestattet. Der Börsensaal, wo die Geschäfte abgeschlossen wurden, besitzt ein reiches Sterngewölbe, das von spiralartig gewundenen Säulen getragen wird; vom Saal kann man über einen kleinen Hof zum Consulado del Mar von 1548 gehen, wo das Valencianer Handelsgericht tagte (Öffnungszeiten: So. 9.00 – 14.00, Di. – Sa. 9.15 bis 14.00 u. 17.30 – 21.00, im Winter 16.30 – 20.00 Uhr).

San Nicolás

Die Kirche San Nicolás nördlich der Markthalle nimmt die Stelle einer Moschee ein. Sie besitzt zwei Werke von Juan de Juanes: in der Taufkapelle von Rodrigo de Osona eine Darstellung der Kreuzigung und in einer Seitenkapelle links einen Retablo.

Übriges Stadtzentrum

Torres de Cuarte

Die Calles de Caballeros und de Cuarte führen vom Palacio de la Generalidad westlich zu den Torres de Cuarte (auch Puerta de Cuarte), dem 1440–1490 errichteten westlichen Stadttor.

Centro de la Beneficencia

Nordwestlich davon wurde das ehemalige Augustinerkloster zu einem Kulturzentrum mit zwei Museen umgebaut: das Museo de Etnología zeigt bäuerliche Geräte, Möbel, Kücheneinrichtungen u. ä. aus der Region Valencia, das Museo de Prehistoria beschäftigt sich mit der regionalen Vorgeschichte.

> ! *Baedeker* TIPP
>
> **Miserere**
>
> Wem Spezialeffekte zusagen, der sollte freitags in die Kirche Corpus Cristi gehen, wenn dort das Miserere stattfindet. Ganz plötzlich verschwindet dann das Hochaltarbild Ribaltas hinter einem Vorhang, der scheinbar zerreißt, und ein hölzernes Kruzifix erscheint. Dieses ist angeblich eine deutsche Arbeit des 16. Jahrhunderts.

Direkt daran schließt das postmoderne Gebäude des **I.V.A.M.** an, des Instituto Valenciano de Arte Moderno. Es zeigt Kunst des 20. Jh.s bis zur Gegenwart.

✶ Torres de Serranos

Am Nordrand der Innenstadt erheben sich die Torres de Serranos, das alte nördliche Stadttor, 1398 auf römischen Grundmauern erbaut und 1930 wiederhergestellt; von den mächtigen Türmen hat man einen guten Blick auf die Stadt. Innen zeigt das **Museo Marítimo** im Meer gefundene antike Objekte.

Museo Benlliure

Von den Türmen nach links erreicht man an der Calle Blanquerías das Museo Benlliure, das dem valencianischen Maler José Benlliure, der hier wohnte, sowie seinen Brüdern Juan Antonio und Mariano gewidmet ist.

San Martín

Südlich der Plaza de la Reina liegt an der Calle San Vicente die gotische Kirche San Martín (1372), deren Barockportal eine bronzene Reiterstatue des hl. Martin krönt, ein niederländisches Werk aus dem 15. Jahrhundert.

✶✶ Museo Nacional de Cerámica

Öffnungszeiten: Di. – Sa. 10.00 – 14.00 u. 16.00 – 20.00, So., Fei. 10.00 – 14.00

Nachbar der Kirche ist der auf das 15. Jh. zurückgehende und im 18. Jh. umgebaute Palacio del Marqués de Dos Aguas, dem Ignacio Vergara ein überschwänglich-barockes Alabasterportal anpasste. Der Palast ist Heimstatt des Museo Nacional de Cerámica, des ersten und **besten Keramikmuseums Spaniens**. Es wurde 1947 auf dem Grundstock der Sammlung González Martí gegründet und besitzt über 12 000 Stücke der traditionellen volkstümlichen Töpferkunst: aus Valencia und Umgebung (Alcora, Paterna, Manises), Azulejos aus Teruel, Fayencen aus Toledo und Sevilla, griechische, römische und arabische Stücke, auch chinesisches und japanisches Porzellan, moderne Arbeiten z. B. von Mariano Benlliure und Picasso. Das Glanzstück des Museums ist eine vollständig mit Fliesen ausgekleidete und komplett mit allen Geräten ausgestattete **Valencianer Küche** vom Anfang des 19. Jahrhunderts.

✶ **Colegio del Patriarca**

Östlich vom Museum liegt das Colegio del Patriarca, 1586–1610 als Seminargebäude für das von Juan de Ribera, Erzbischof und Vizekönig von Valencia, gegründete Priesterseminar im Stil der Renaissance erbaut. Hier sind **bedeutende Werke alter Meister** (u. a. Dierick Bouts, van der Weyden, Juanes, Ribalta, Morales, El Greco), prachtvolle Brüsseler Teppiche und schöne Beispiele valencianischer Kirchenkunst zu sehen (Öffnungszeiten: tgl. 11.00–13.30 Uhr).
In dem 1586 erbauten Gotteshaus beeindruckt ein Hochaltar mit einem »Abendmahl« von Ribalta (1606).

◄ Corpus Cristi

Universidad

Dem Colegio südlich gegenüber liegt die Universität, an Stelle älterer Bauten 1830 errichtet. Ihre wertvolle **Bibliothek** besitzt zahlreiche Inkunabeln und Handschriften.

Calle de San Vicente Mártir

Von der Plaza de la Reina führt die Calle de San Vicente Mártir nach Südosten. Besonders in ihrem nördlichen Teil ab der Plaza wird sie ihrem Ruf als sehr belebte Hauptstraße der Stadt gerecht.

Plaza Ayuntamiento

Sie streift bald die Plaza Ayuntamiento, an deren Westseite das **Rathaus** steht, in dem auch das **Stadtgeschichtliche Museum** untergebracht ist

Handbemalte Kacheln mit Jagdszenen im Museo Nacional de Cerámica

Weitere Sehenswürdigkeiten

★ **Museo de Bellas Artes**

Öffnungszeiten: Di. – So. 10.00 – 20.00

Das im 1683 erbauten Priesterseminar untergebrachte Museo de Bellas Artes liegt nordöstlich des Zentrums bei den Jardines de Turia. Es widmet sich in erster Linie Meistern der **Schule von Valencia**. Im EG sieht man archäologische Funde und Skulpturen. Im 1. Stock sieht man u. a. das anonyme Altarbild des Fray Bonifacio Ferrer (14. Jh.), ein Passionstriptychon von Hieronymus Bosch, Werke der frühen Valencianer Schule von Rodrigo de Osona (»Pietà«), Nicolás Falcó, Jacomart u. a.; aus der späteren Valencianer Schule Ribalta (»Abendmahl«, »Hl. Bruno«), Ribera (»San Gerónimo«), Macip, Espinosa sowie andere Spanier wie Velázquez, Murillo, El Greco, Goya, Morales und die Italiener Pinturicchio und Andrea del Sarto. Im 2. Stock sind Arbeiten valencianischer Meister des 19. und 20. Jh.s ausgestellt. Der 3. Stock widmet sich der Historienmalerei.

Jardines del Real ►

An das Museum schließen sich die mit zahlreichen neueren Denkmälern geschmückten Jardines del Real an.

Estación del Norte

Südlich der Plaza Ayuntamiento sieht man bald die Estación del Norte, einen wunderschönen **Jugendstilbahnhof**, dessen Pracht man in der zum Café umfunktionierten Wartehalle bewundern kann. Die Kacheln dort entwarf José Benlliure.

Plaza de Toros

Direkt daneben liegt die Plaza de Toros, mit 18 000 Plätzen eine der größten Stierkampfarenen Spaniens, der das Museo Taurino (Stierkampfmuseum) angeschlossen ist, das von sich behauptet, das erste der Welt gewesen zu sein.

Jardín Botánico

Der Botanische Garten westlich der Torres del Cuarte wurde 1802 gegründet und war einer der ersten Spaniens. Dahinter liegt das interessante **Museo de Ciencias Naturales** (Naturkundemuseum).

★★ **Ciudad de las Artes y de las Ciencias**

Öffnungszeiten: Juli – 12. Sept. tgl. 10.00 – 21.00, sonst bis 19.00

Ganz im Südosten der Stadt, am Südende der Jardines del Turia, entstand in den letzten Jahren der neue Stolz Valencias: die Stadt der Künste und der Wissenschaften, entworfen von Santiago Calatrava und Félix Candela. Im **L'Hemisféric**, ein wie ein riesiges Augenlid dreinschauendes Gebäude, sind ein Planetarium und ein IMAX-Kino untergebracht. Das **Museo de las Ciencias Príncipe Felipe** arbeitet mit wichtigen wissenschaftlichen Einrichtungen auf der ganzen Welt zusammen und bietet die Möglichkeit, neueste Entwicklungen der Wissenschaft und Technik hautnah kennenzulernen. Ganz ohne Wasserrutschen und Achterbahnen wird man im 2003 eröffneten **Aquapark L'Oceanografic** unterhalten. Hier wandern die Besucher durch 13 Biosysteme der Weltmeere, meist Aug in Aug mit Haien, Rochen oder Barrakudas. Noch gewaltiger sind die Ausmaße des 2005 eröffneten **Palau de les Arts Reina Sofía**. In dem Kunst- und Kulturzentrum, in dem 4000 Besucher Platz haben, werden vor allem Opern aufgeführt.

Neueste Attraktion ist das 2008 im Westen der Stadt eröffnete »Stück Afrika in Valencia«, in dem sich Leoparden, Giraffen, Elefanten usw. relativ unbeeinträchtigt bewegen können. **★ Bioparc**

Umgebung von Valencia

Burjassot In der nordwestlichen Vorstadt Burjassot gibt es noch alte Höhlenwohnungen und unterirdische, von den Mauren angelegte Getreidespeicher, die im 16./18. Jh. umgebaut wurden.

Manises 8 km westlich von Valencia, über die Avenida del Cid zu erreichen, liegt das einstige Töpferdorf Manises, heute Vorstadt von Valencia. Dort werden noch Keramikwerkstätten betrieben; ein kleines Museum zeigt die Geschichte der örtlichen Töpferkunst.

Chiva Die A-3 führt nach Westen durch die reich bebaute Huerta de Valencia zunächst zu dem rechts abseits liegenden Städtchen Chiva (282 m ü. d. M.). Es wird überragt von der Ruine einer maurischen Burg; südlich der Straße, in einem reizvollen fruchtbaren Tal, das die »Valencianische Schweiz« genannt wird, liegt das **Thermalbad Buñol**, das ebenfalls noch Reste einer maurischen Zitadelle vorweist.

Durch die Sierra de las Cabrillas erreicht die A-3 dann **Requena** (292 m ü. d. M.), einen hübsch auf zwei Hügeln über dem Río Magro gelegenen Weinort im D.O.-Gebiet von Utiel-Requena. Außer der Schlossruine sind vor allem die Kirchen Santa María mit ihrem prachtvollen spätgotischen Portal sowie San Salvador mit einem ebenfalls schönen Portal und Azulejoschmuck im Innenraum sehenswert.

> ! *Baedeker* TIPP
>
> **Weinprobe mit Museumsbesuch**
>
> Wer sich für den Wein der Gegend interessiert, kann ihn z. B. in der Bodega Redonda in Requena verkosten und dabei auch gleich das Weinmuseum anschauen.

Utiel Die Strecke führt weiter hinen in das fruchtbare Tal des Río Magro und erreicht schließlich Utiel (700 m ü. d. M.). In dem altertümlichen Städtchen ist man stolz auf die im 16. Jh. erbaute Kirche mit Tonnengewölbe.

Xàtiva Großflächige Wein- und Orangenhaine dehnen sich um Xàtiva (Játiva) aus. Das schon im Altertum durch seine Tuche berühmte römische Saetabis und maurische Xateba liegt 56 km südlich von Valencia (via N-340) und 35 km landeinwärts von der ►Costa Blanca prächtig am Nordfuß des doppelgipfligen Monte Bernisa, den zwei Burgen krönen. Philipp V. ließ Xàtiva im Spanischen Erbfoglekrieg niederbrennen, da es die Partei der österreichischen Habsburger ergriffen hatte. In Xàtiva wurde der Maler **José de Ribera** (1591–1652) geboren; die Familie Borja (Borgia), aus der die berüchtigten Päpste Calixtus III. und Alexander VI. hervorgingen, hatte hier ihren Sitz. An Calixtus III., zuvor Kardinal Alfonso Borja, erinnert die ihm geweihte Kapelle in der Stiftskirche La Colegiata (16./18. Jh.), die durch ihren 60 m hohen Glockenturm gekennzeichnet ist. Die malerischste Straße der Stadt ist die Calle de Moncada, an der sich einige alte Paläste und schöne Brunnen aufreihen.

La Colegiata ►

Museo Municipal ►

Das Museo Municipal (Städtisches Museum) in der ehemaligen Getreidebörse aus dem 16. Jh. in der Calle José Carchano besitzt als Prunkstück ein mit sehr feinen Reliefarbeiten verziertes **maurisches Marmorbecken** aus dem 11. Jh., das erstaunlicherweise mit menschlichen Darstellungen verziert ist, die der Islam normalerweise eigentlich verbietet.

Ermita San Feliu ►

★

Castillo Mayor ►

In der am Hang liegenden romanisch-gotischen Einsiedelei finden sich schöne Retablos des 15. Jh.s aus der Valencianer Schule. Zudem genießt man eine hervorragende Aussicht auf die Stadt. Auch von dem auf iberische und römische Anlagen zurückgehenden Castillo Mayor oben auf dem Monte Bernisa kann man weit über die Landschaft blicken. Viele berühmte Spanier lernten die Burg allerdings als Staatsgefängnis kennen.

Umgebung ►Costa del Azahar, ►Costa Blanca, ►Sagunt

Nicht die Chinesische, sondern »nur« die Mauern von Xátiva.

★ Valladolid

E 11

Provinz: Valladolid (VA)
Region: Castilia y León
Höhe: 694 m ü. d. M.
Einwohnerzahl: 316 000

Dass Valladolid eine Stadt der Künste ist, offenbart sich erst bei näherem Hinsehen. Die Stadt auf der fruchtbaren Hochebene von Altkastilien hat sich aus ihrer großen Vergangenheit als Residenz der spanischen Könige und Wirkungsstätte bedeutender Künstler des isabellinischen Stils, der Renaissance und des herreranischen Stils hervorragende Gebäude und Kunstwerke erhalten.

Geschichte

Schon die Araber kannten eine Siedlung, der man vermutlich den Namen Velad-Olid (Stadt des Statthalters) oder Balad-Walîd (Stadt des Walîd) gab. Seit 1452 hatte hier die Real Cancillería, das **höchste Gericht Kastiliens**, seinen Sitz. Im Jahr 1469 feierten die Katholischen Könige Ferdinand und Isabella ihre Hochzeit in der Stadt, von 1504 bis 1506 verbrachte Kolumbus, kränklich und enttäuscht, seine beiden letzten Lebensjahre in Valladolid. Unter Philipp II. und Philipp III. war Valladolid im 16./17. Jh. vorübergehend königliche Residenz; Napoleon wählte es 1809 zu seinem Hauptquartier.

Sehenswertes in Valladolid

Plaza Mayor

Mittelpunkt von Valladolid ist die weite, von Arkaden eingefasste Plaza Mayor mit dem 1908 errichteten Rathaus.

San Benito

Nordwestlich dahinter wurde 1499 – 1504 das Colegio de San Benito erbaut, dessen Kirche eine mächtige offene Turmvorhalle besitzt; schmiedeeiserne Gitter von 1571 umschließen den Chor.

◄ Patio Herreriano

Im Kreuzgang ist das Museo Patio Herreriano, eine Sammlung zeitgenössischer spanischer Kunst, untergebracht.

Museo de Valladolid

Die Calle San Ignacio hinauf und vorbei an der Kirche San Miguel (Retablo von Adrián Alvarez) erreicht man den Palacio de Fabio Nelli. In ihm ist das Museo de Valladolid eingerichtet. Es zeigt vorgeschichtliche Funde, Stücke aus der Römerzeit, darunter Mosaiken und Büsten, sowie gotische Fresken, Skulpturen und kunsthandwerkliche Gegenstände aus der Geschichte der Stadt.

Um die Plaza de San Pablo

Vom Museum ist es nicht weit zur Plaza de San Pablo mit dem 1527 vollendeten Renaissancebau des Palacio Real (Palacio de Felipe II.), Sitz der spanischen Könige von Karl V. bis Isabella II. An der Einmündung der Calle de las Angustias steht der Palacio de los Pimentel, in dem 1527 Philipp II. geboren wurde; links daneben der Palacio del Marqués de Villena, im Gässchen dazwischen das Geburtshaus des romantischen Dichters José Zorilla (1817–1893).

◄ Palacio de los Pimentel

An der Fassade des Colegio de San Gregorio ließ Gil de Siloé seiner Fantasie freien Lauf.

Dominiert aber wird die Plaza von der seit 1276 belegten Kirche **San Pablo**. Ihre zwischen den schlichten Ecktürmen emporsteigende Fassade (1492) ist ein Werk von **Simon von Köln**, das an dekorativem Reichtum mit der des dahinter anschließenden Colegio de San Gregorio wetteifert; dargestellt ist die Marienkrönung. Innen schließen schöne platereske Portale das Querschiff ab; die Statue des hl. Domingo stammt von Gregorio Fernández.

★★ **Colegio de San Gregorio**

An San Pablo schließt das 1488–1496 erbaute Colegio de San Gregorio an, der Höhepunkt der Besichtigung Valladolids. Es wurde auf Geheiß des Beichtvaters Isabellas der Katholischen, Alonso de Burgos, Bischof von Palencia, errichtet. Einzigartig in ihrer Pracht und ein grandioses Musterbeispiel des isabellinischen Stils ist die **Gil de Siloé** zugeschriebene Fassade mit ihren Statuen, Wappen und naturalistischen Ornamenten. Nicht minder prachtvoll gibt sich der zweite Patio: Über einer mit einfachen gedrehten Säulen ausgestatteten Bogengalerie zu ebener Erde verläuft eine zweite Galerie mit Doppelbögen, die aufs reichste skulptiert sind, darüber ein Wappenfries und als Abschluss zum Dach hin in größeren Abständen gesetzte Wasserspeier in Form von Fabelwesen.

★★ Museo Nacional Colegio de San Gregorio ►

Öffnungszeiten: So., Fei. 10.00 – 14.00, Di. – Sa. 10.00 – 14.00 u. 16.00 – 18.00, im Sommer bis 21.00 Uhr

Das Kollegium beherbergt heute das Museo Nacional Colegio de San Gregorio (vormals »Museo Nacional de Escultura«), das bedeutendste Museum für **religiöse Holzbildhauerei** in Spanien und eines der wichtigsten dieser Art in Europa. Die Sammlung umfasst Werke der namhaftesten Künstler des 16. und 17. Jh.s. Im Erdgeschoss sind die Säle I, II und III ausschließlich den Werken Alonso Berruguetes (1489–1561) vorbehalten. Herausragend unter den hier ausgestellten Skulpturen sind sein für die Kirche San Benito in Valladolid geschaffener Retablo und im dritten Saal das »Martyrium des hl. Sebastian«. Vom Saal III steigt man dann hinauf in den ersten Stock. Dort ist der Saal X besonders sehenswert: Der fünfteilige gotische Schnitzretablo, um 1515 von einem unbekannten flämischen Künstler geschaffen, zeigt die Heilsgeschichte mit der Kreuzabnahme im Zentrum; ebenfalls in diesem Saal sind u. a. eine »Heilige Familie« von Diego de Siloé und eine wohl deutsche Pietà zu sehen. Überwältigend ist der große Saal XI: Ihn nimmt fast vollständig das **prächtige Chorgestühl der Kirche San Benito** ein, das in den Jahren 1525 bis

1529 entstand. Im Mittelpunkt des Saales XV steht ein Hauptwerk der spanischen religiösen Bildhauerei, die 1544 von Juan de Juni (1507–1577) geschaffene »Grablegung Christi« (►Abb. S. 60).

◄ Casa del Sol

Am Ende der vor dem Kolleg verlaufenden Straße liegt der mit plateresker Fassade ausgestattete Palacio del Conde de Gondomar (16. Jh.), genannt Casa del Sol.

Palacio de Vivero

Auf der Calle Padilla kommt man zum Palacio de Vivero, wo 1469 Isabella von Aragón und Ferdinand von Kastilien heirateten. Er war der Sitz der Cancillería.

Casa de Colón

Weiter südöstlich liegt die Casa de Colón auf einem Grundstück, das **Kolumbus** gehörte. Sie ist aber nur ein Nachbau seines Hauses in Santo Domingo in der heutigen Dominikanischen Republik, ausgestellt sind hier auch einige Kulturzeugnisse der indianischen Maya, Azteken und Inka.

Valladolid Orientierung

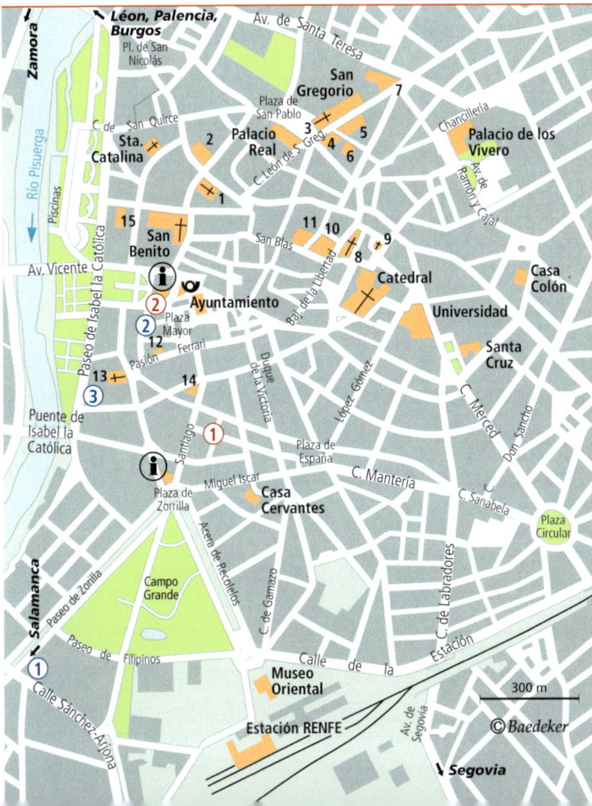

1 San Miguel
2 Museo de Valladolid
3 San Pablo
4 Palacio de los Pimentel
5 Casa del Marqués de Villena
6 Casa Zorilla
7 Casa del Sol
8 Las Angustias
9 Santa María la Antigua
10 Teatro Calderón
11 Palacio Arzobispal
12 La Pasión
13 Santa Ana
14 Santiago
15 Patio Herreriano

Essen

① La Goya
② Santi
③ La Parrilla de San Lorenzo

Übernachten

① Mozart
② Imperial

Colegio de Santa Cruz Als eines der ersten Renaissancegebäude Spaniens ließ Lorenzo Vázquez das Colegio de Santa Cruz erbauen. Die mit eindrucksvollen Skulpturen versehene Außenfront zeigt u.a. den Gründer Kardinal Pedro González de Mendoza. Das Gebäude umschließt einen dreistöckigen Patio und beherbergt heute mehrere Universitätsinstitute.

Universidad Auf dem Weg zur Kathedrale passiert man die 1346 gegründete Universität, deren stattliche Barockfassade von 1715 die Brüder Diego und Narciso Tomé schufen.

Catedral Die Kathedrale wurde 1580 von Juan de Herrera begonnen, seit 1730 von Alberto Churriguera fortgeführt, in ihren von Herrera vorgesehenen gewaltigen Ausmaßen aber nicht vollendet. Dennoch wirkten seine Pläne stilbildend für zahlreiche Kirchenbauten in Spanien und in den südamerikanischen Kolonien. Die wuchtige, einfache Bauweise setzt sich deutlich ab von der vorangegangenen Pracht des plateresken Stils. Von den vier geplanten Ecktürmen wurde nur der Südturm erbaut. Im Mittelpunkt des weiträumigen Inneren (122 m lang, 62 m breit) steht ein aus der Kirche Santa María la Antigua stammender Hochaltar von Juan de Juni (1561); ferner sind ein schönes Renaissancegestühl und ein Gemälde »Mariä Himmelfahrt« von Velázquez zu beachten.

VALLADOLID ERLEBEN

AUSKUNFT

Oficina de Turismo
Calle Acera de Recoletos, s/n
47004 Valladolid
Tel. 983 21 93 10
www.valladolidturismo.com

ESSEN

► Erschwinglich

② *Santi (El Caballo de Troya)*
Correos, 1
Tel. 9 83 33 93 55
Das Restaurant befindet sich in einem Renaissancegebäude und hat einen traumhaften Innenhof.

③ *La Parrilla de San Lorenzo*
Pedro Niño, 1
Tel. 983 33 50 88
Hier speist man im Keller eines Klosters aus dem 16. Jahrhundert.

► Preiswert

① *La Goya*
Calle del Puente Colgante, 79
Tel. 983 35 57 24
Klassische Regionalküche

ÜBERNACHTEN

► Komfortabel

② *Imperial*
Peso, 4
Tel. 983 33 03 00
www.himperial.com
Man logiert in einem Herrenhaus aus dem 16. Jahrhundert.

► Günstig

① *Mozart*
Menéndez Pelayo, 7
Tel. 983 29 77 77
www.hotelmozart.net
Freundliches Haus mit 38 zweckmäßig eingerichteten Zimmern.

In der sich anschließenden ehemaligen Stiftskirche zeigt das Museo Diocesano u. a. eine 2 m hohe silberne Custodia in Tempelform von 1590, ein Hauptwerk des genialen Silberschmieds Juan de Arfe (1535 bis 1603), Skulpturen von Gregorio Fernández (1576 – 1636), darunter »Ecce homo«, geschaffen 1619, sowie Gemälde aus dem 15. Jahrhundert.

◄ Museo Diocesano

Die hinter der Kathedrale liegende Kirche Santa María la Antigua (12./14. Jh.) ist das älteste Gotteshaus der Stadt und zeichnet sich durch ihren **romanischen Glockenturm** aus.

Santa María la Antigua

Die benachbarte Kirche Las Angustias (1597–1604) bewahrt ein Meisterwerk Juan de Junis von 1560, die hoch verehrte »Virgen de los Siete Cuchillos« (»Jungfrau mit den sieben Dolchen«).

Las Angustias

Zurück zur Plaza Mayor gelangt man weiter zur ehemaligen Kirche La Pasión, in der eine **Gemäldegalerie** mit Werken spanischer Meister des 16. und 17. Jh.s eingerichtet ist. Die herausragendsten Künstler sind Vicente Carducho (1578–1638) und Gregorio Martínez (1547–1597), der in Valladolid geboren wurde.

La Pasión

Zwei weitere Kirchen nahebei sind für Kunstfreunde ebenfalls interessant: die Klosterkirche von Santa Ana besitzt Gemälde von Goya und Bayeu, in Santiago kann man einen Retablo von Berruguete sowie einen Christus von Francisco de la Mata bewundern.

Ein wahres Kleinod im sonst eher tristen Häusermeer von Valladolid findet man im Süden der Innenstadt: die Casa de Cervantes in der Calle del Rosario.

✶ Casa de Cervantes

Das völlig von Efeu und wildem Wein überwachsene Haus, in dem Miguel de Cervantes Saavedra von 1603 bis 1606 wohnte und wahrscheinlich den ersten Teil des **»Don Quijote«** schrieb, versteckt sich hinter einem hohen schmiedeeisernen Zaun. Davor floss einst der Río Esgueva; die heutige großstädtische Umgebung lässt nichts mehr davon ahnen. Eine Führung zeigt die Lebensverhältnisse in einem besser gestellten Haushalt des 16. Jh.s in Spanien. Man sieht u.a das Speisezimmer, den Schreibtisch Cervantes', den Alkoven und die Küche (Öffnungszeiten: Di. – So. 10.00 – 15.00 Uhr).

Beim Bahnhof liegt das Augustinerkloster Convento de los Filipinos. Es beherbergt das Museo Oriental, in dem Kunstgegenstände aus China und von den Philippinen ausgestellt sind, die die Augustiner im Lauf ihrer Missionstätigkeit gesammelt haben.

✶ Museo Oriental

Aus China kommen bronzene Gegenstände aus der Zeit von 1600–200 v. Chr., Porzellan aus der Sung- und Mingzeit, Jade- und Lackarbeiten sowie Tuschemalereien; in der den Philippinen gewidmeten Abteilung sieht man Waffen und Musikinstrumente sowie christliche Skulpturen (Öffnungszeiten: Mo. – Sa. 16.00 – 19.00, So. 10.00 – 14.00 Uhr).

Patio Herreriano

Zu den neuesten Museen der Stadt zählt der Patio Herreriano (**Iuseo de Arte Contemporáneo Español**) in der Calle Jorge Guillén, in dem moderne Kunst seit 1918 bis in die Gegenwart gezeigt wird, darunter Werke von Antoni Tàpies und Pablo Serrano (Öffnungszeiten: Di. bis Fr. 11.00 – 20.00, Sa. 10.00 – 20.00, So. 11.00 – 15.00 Uhr).

Umgebung von Valladolid

Castillo de Simancas

Die Region Valladolid ist ein Land der Burgen. Dazu gehört das 11 km südwestlich von Valladolid gelegene Castillo de Simancas. 1540 ließ Karl V. in ihm das **Generalarchiv des Königreichs** einrichten, das heute über 30 Mio. Dokumente bewahrt. Auch bei einer Rundfahrt um Valladolid (mit Abstechern gut 300 km lang) stößt man immer wieder auf stattliche mittelalterliche Festungsanlagen.

Valbuena de Duero

Die Fahrt beginnt auf der N-122 Richtung Osten. Die Straße folgt dem Lauf des Río Duero und erreicht Quintanilla de Onésimo, wo man den Fluss überquert und nach Valbuena de Duero fährt, um dort das Kloster Santa María mit den Ruinen der Zisterzienserkirche aus dem 12. Jh. sowie dessen spätgotischen Kreuzgang anzuschauen.

★ Peñafiel

Am Duero entlang geht es nach Peñafiel (55 km von Valladolid). Dessen 211 m lange, im 10. Jh. von den Grafen von Kastilien gegründete, großartige Burg wurde im 15. Jh. mit 12 Rundtürmen und einem 24 m hohen Bergfried ausgebaut. Im Ort findet man den Convento de San Pablo (14. Jh.) im Mudéjarstil und die große Plaza del Corso, auf der einst Stierkämpfe stattfanden.

Im Castillo de la Mota lebte Johanna die Wahnsinnige.

Von Peñafiel fährt man auf der VA-223 29 km nach Südosten zum in der Provinz Segovia liegenden **Cuéllar** (775 m ü. d. M.), ebenfalls wiederholt Residenz der Katholischen Könige. Auch hier findet man eine gut erhaltene Burg aus dem 15. Jh. mit einer gotischen Kapelle und schönem Renaissancehof.

Olmedo, 37 km westlich von Cuéllar via C-112, rühmt sich, Europas einziges **»Mudéjar-Freilichtmuseum«** zu besitzen: Zwölf maßstabsgetreue Repliken klassischer mudéjarer Gebäude, u. a. vom Castillo de Coca, erläutern diesen arabisch-christlichen Baustil.

Von Olmedo sind es noch 19 km bis zu dem am Río Zapardiel gelegenen Städtchen **Medina del Campo**. Schon in früheren Zeiten profitierte der Ort von der günstigen Lage, denn bis Ende des 16. Jh.s war er einer der wichtigsten Handelsplätze Europas, was die Katholischen Könige veranlasste, ihn zur Residenz zu erheben. Hier starb 1504 Isabella die Katholische.

! *Baedeker* TIPP

Verkaufsoffener Sonntag

Die Tradition als Marktort lebt in Medina del Campo weiter. Sie äußert sich nicht nur in großen jährlichen Ferias, sondern auch darin, dass am Sonntag alle Geschäfte geöffnet haben, dafür aber donnerstags geschlossen bleiben. Denn sonntags ist großer Viehmarkt; dabei wird auch manche Flasche des Rueda-Weißweins aus der Umgebung geleert.

Der Ort wird überragt vom Castillo de la Mota (15. Jh.), einer der **schönsten Burgen** in Spanien. Die 1440 von Fernando Carreño erbaute Backsteinburg war Wohnsitz von Johanna der Wahnsinnigen, der Tochter Isabellas der Katholischen. Zu Beginn des 16. Jh. wurde die Burg Staatsarchiv und Gefängnis; einer der ersten Insassen war von 1504 bis 1506 Cesare Borgia (Öffnungszeiten: So., Fei. 11.00 – 14.00, Mo. – Sa. 11.00 – 14.00 u. 16.00 – 18.00, im Sommer bis 19.00 Uhr).

★ ◄ Castillo de la Mota

In der Kollegiatskirche San Antolín (um 1480) beeindruckt der große Retablo, an dem Künstler wie Juan Rodríguez und Cornelis de Holanda mitwirkten. Für die Capilla de los Quiñones schuf Juan de Juní ein Relief. Sehenswert sind auch das **Hospital**, das der Kaufmann und Bankier Simón Ruiz im 16. Jh. stiftete und in dem noch heute die Krankensäle und in der angeschlossenen Kirche ein sehr schöner Retablo von Juan de Ávila zu sehen sind; der **Palacio de las Dueñas** in der Calle Santa Teresa ist ein prächtiges, wappengeschmücktes Adelshaus mit Renaissancegalerie und schönem Innenhof.

◄ San Antolín

★ **Tordesillas**

Auf der N-VI fährt man dann 25 km nach Norden zum alten kastilischen Markt Tordesillas, wo sich häufig die spanischen Könige aufhielten. 1494 einigten sich im Kloster Santa Clara nach einem Schiedsspruch Papst Alexanders VI. Spanien und Portugal auf den so genannten **Vertrag von Tordesillas**, der die damals bekannte Neue Welt und noch zu entdeckende Gebiete unter beiden Ländern aufteilte: Östlich einer Linie, die 370 Meilen westlich der Kapverdischen Inseln von Pol zu Pol lief, sollten alle Ländereien an Portugal fallen, alles westlich dieser Linie mit Ausnahme Brasiliens wurde Spanien zugeschlagen (►Geschichte, Karte S. 47). Die Stadt war auch Sitz der »Heiligen Junta« der Comuneros beim Aufstand gegen die spanische Zentralmacht: Als Karl V. 1520 einen Flamen zum Gouverneur von Kastilien ernannte und übermäßige Abgaben forderte, erhoben sich die kastilischen Städte unter Führung von Segovia und Toledo gegen diese Entscheidung. Bei dem 14 km nordwestlich von Tordesillas liegenden Städtchen Villalar de los Comuneros wurde am 23. April 1521 die entscheidende und für die Comuneros verhängnisvolle Schlacht geschlagen.

◄ Die Comuneros

! Baedeker TIPP

Wein vom Duero

Rund um Valladolid gibt es nicht nur Burgen, hier baut man auch Spitzenwein an. Das D.O.-Weinanbaugebiet Ribera del Duero beginnt wenige Kilometer östlich der Stadt und reicht weit bis in die Provinz Burgos hinein. Vor allem mit seinen hochkarätigen Roten macht es den Weinen aus Rioja den spanischen Spitzenplatz streitig. Geradezu berühmt und sehr teuer ist der Vega Sicilia Único vom Weingut Vega Sicilia in Valbuena; auch Fernández in Pesquera produziert einen vorzüglichen Roten.

★ Real Monasterio de Santa Clara ►

Das heutige Klarissinnenkloster war einst Schloss von Alfons XI. Pedro der Grausame ließ es, inspiriert vom Alcázar von ► Sevilla, in maurischem Stil umbauen und brachte hier die in illegaler Zweitehe mit ihm verheiratete María de Padilla unter. Nach dem Tode Pedros zogen die Klarissinnen ein. Johanna die Wahnsinnige lebte nach dem Tod ihres Mannes Philipp I. bis zu ihrem eigenen Ende 46 Jahre lang im Kloster. Der maurische Einfluss zeigt sich besonders in den Hufeisen- und Zackenbögen im Patio Árabe und in der Kuppelkonstruktion der Capilla Dorada, deren Freskenschmuck aus dem 16. Jh. stammt. In dieser sind u. a. das Harmonium Johannas der Wahnsinnigen und ein flämisches Klavichord, auf dem auch Philipp II. und Karl V. gespielt haben sollen, ausgestellt. Am prächtigsten ausgestattet ist die **Capilla Mayor** der gotischen Kirche, deren einzigartige Artesonado-Decke aus dem Thronsaal Alfons' XI. stammt. Die Capilla del Contador Saldaña bewahrt einen flämischen Retablo mit Gemälden von Nicolás Francés.

Umgebung ►Palencia

Vigo

D 3

Provinz: Pontevedra (PO)
Region: Galicien
Höhe: 0 – 278 m ü. d. M.
Einwohnerzahl: 297 000

Galiciens größte Stadt verdankt ihre Entwicklung ihrem hervorragenden Naturhafen, der bereits eit dem Altertum genutzt wird. Für Touristen interessant sind die schönen Strände in der Umgebung der Stadt (►Rías Gallegas bzw. Rías Baixas).

Geschichte Nach ihrer Zerstörung durch **Almansur** im Jahr 997 wurde Vigo erst im 12. Jh. wieder besiedelt. Nach der Entdeckung Amerikas durch Kolumbus wuchs Vigo rasch zu einem bedeutenden Übersee-Handelsplatz heran, der Begehrlichkeiten bei Piraten aus aller Herren Länder weckte, unter ihnen auch **Francis Drake** (1588).

Wirtschaft Der Hafen von Vigo ist momentan Europas größter Fischereihafen. Bedeutende Wirtschaftszweige sind trotz Krise bis heute auch der Schiffbau und die Automobilindustrie.

Sehenswertes in Vigo

Castillos

Vigo zieht sich am Abhang eines von Bergen umkränzten Hügels hin, den die alten Befestigungen **Castillo de San Sebastián** (55 m ü. d. M.) und **Castillo del Castro** (125 m ü. d. M.) krönen; bei klarem Wetter hat man eine gute Fernsicht von der Höhe. Im Osten des Burghügels erstreckt sich die Neustadt.

Altstadt

Nordwestlich der Neustadt winden sich die engen Gassen der Altstadt vom Meer zum Burghügel hinauf. In ihrer Mitte erhebt sich die klassizistische **Colegiata Santa María**, die Anfang des 19. Jh.s erbaute

VIGO ERLEBEN

AUSKUNFT

Oficina de Turismo
Calle Teófilo Llorente, 5
36201 Vigo
Tel. 986 22 47 57
www.turismodevigo.org

ESSEN

▶ Fein & teuer

Puesto Piloto Alcabre
Avenida Atlántida, 98
Tel. 986 24 15 24
Hübsches Strandrestaurant der gehobenen Klasse, ein Paradies für Freunde von gegrilltem Fisch, Meeresfrüchten und hervorragenden Weinen.

▶ Erschwinglich

Bitácora
Carral, 28
Tel. 986 43 96 99
Urige Taverne mit typisch galicischer Kost. Lecker sind die Meeresfrüchte und die Paella zum spritzigen Ribeiro-Weißwein aus der Region.

ÜBERNACHTEN

▶ Komfortabel

Parador de Baiona
Ctra. de Baiona, km 16; Monterreal
Tel. 986 35 50 00
www.parador.es
Einer der am schönsten gelegenen Paradores, 30 km südwestlich von Vigo: meerumspült auf der Halbinsel Monterreal, im Nachbau eines Landsitzes auf dem Gelände der alten Burg.

América
Pablo Morillo, 6
Tel. 986 43 89 22
www.hotelamerica-vigo.com
Modern eingerichtetes, komfortables Haus. Vom Frühstücksraum aus genießt man einen schönen Blick auf den Fluss.

Frischer geht es kaum: Wer Austern mag, ist in Vigo am richtigen Platz.

Hauptkirche Vigos. Rund um die Rúa Real und am Fischmarkt herrscht der größte Trubel: Kneipen, Fischrestaurants, Austernstände und Geschäfte für maritime Ausrüstung lösen einander ab. Das Ganze setzt sich fort im historischen **Fischerviertel Berbés**. Oberhalb davon zieht sich am Hang der **Paseo de Alfonso XIII** hin, der schöne Ausblicke über die Stadt, den Hafen und die Bucht bietet.

Museo Municipal Im Süden der Stadt erstreckt sich der Parque de Castrelos mit dem **Pazo (Palacio) de Castelos** (17./18. Jh.). Dieser beherbergt neben einer stadtgeschichtlichen Ausstellung auch eine Gemäldesammlung vornehmlich galicischer Künstler.

Mirador de la Guía Am nordöstlichen Stadtrand bietet sich vom Mirador de la Guía ein schöner Ausblick über die Ría und die vorgelagerten Illas Cíes.

Umgebung von Vigo

*** Illas Cies** In der warmen Jahreszeit starten Ausflugsboote zu den Illas Cies am Eingang der Ría de Vigo. Die schroffen Felsen sind heute Teil des Parque Nacional Islas Atlánticas. Ihr höchst Punkt ist die bis knapp 200 m hohe **Illa de Monte Agudo**. Die lang gestreckte Praia de Rodas verbindet diese Insel mit der oft fotografierten, von einem Leuchtturm bekrönten **Illa do Faro**. Den südlichen Abschluss des kleinen Archipels bilden die Illa de San Martiño und die Illa de Boerio.

*** Tui** Ein Ausflug in die 25 km südlich gelegene alte Bischofsstadt Tui (span. Tuy) lohnt sich hauptsächlich wegen der **Catedral de Santa María**, einer der imposantesten Wehrkirchen Spaniens, mit deren Bau um 1120 begonnen wurde. Ein spitzbogiges Portal gibt den Weg frei in die Vorhalle. Im Tympanon sieht man eine Anbetung der Hl. Drei Könige. Sehenswert im Innern des Gotteshauses sind das geschnitzte Chorgestühl (17. Jh.), das Retablo de la Expectación (18. Jh.) und der Kirchenschatz.

? WUSSTEN SIE SCHON ...?

- ... dass zu Beginn des Spanischen Erbfolgekrieges (1702) eine englisch-holländische Flotte die spanische Silberflotte im Hafen von Vigo angriff und einen Teil der Schätze raubte? Der Rest versank in der tiefen Bucht und ist bis heute nicht gehoben worden.

Am Wochenende nach Ostern begeht Tui sein Patronatsfest zu Ehren von **San Telmo**, einem Dominikaner, der 1246 hier verstarb. An ihn erinnert auch die im 18. Jh. erbaute Capela San Telmo.

* Ponte Internacional ► Den Río Minho, der hier die spanisch-portugiesische Grenze bildet, überspannt eine 333 m lange, nach Plänen von **Gustave Eiffel** konstruierte Eisengitterbrücke, die 1886 für den Verkehr freigegeben wurde.

Monte Aloia ► Wegen der herrlichen Ausblicke über die Flusslandschaft lohnt ein Abstecher in einen kleinen Naturpark nördlich der Stadt mit dem 629 m hohen Monte Aloia.

Valle del Tea

Über das Industriestädtchen Porriño, das bekannt für sein schmackhaftes Brot ist, erreicht man auf der N-120 nach Osten Pontearenas und ab dort auf der PO-254 den Thermalbadeort Mondariz-Balneario (121 m ü. d. M.) im Tal des Río Tea. Dessen bewaldete Höhen laden zum Wandern ein; der Fluss selbst ist sehr fischreich und daher ein beliebtes **Angelrevier**.

Umgebung

►Rías Gallegas (Rías Baixas)

★ Zamora

E/F 9

Provinz: Zamora (ZA)
Region: Castilia y León
Höhe: 654 m ü. d. M.
Einwohnerzahl: 66 000

Viele der insgesamt 26 Kirchen von Zamora sind im romanischen Stil des 12./13. Jh.s erbaut, weshalb die in ihrem Kern altertümlich gebliebene Stadt auch als »Museum der Romanik« bezeichnet wird. Darüber hinaus ist Zamora bekannt für seine besonders feierlich und getragen begangene Semana Santa.

Geschichte

Zamora ist eine Gründung der Mauren und war Schauplatz mancher Schlacht der Reconquista, die im spanischen Nationalepos **»Cantar de mio Cid«** ihren Niederschlag gefunden haben. Ferdinand I. nannte die Stadt »das wohlbefestigte Zamora« und vermachte sie seiner Tochter Doña Urraca. Bei der Belagerung Zamoras durch deren Bruder Sancho II El Fuerte und den Cid fiel Sancho einem Verrat zum Opfer, und noch heute erinnert der »Portillo de la Traición« (Verräterpforte) am Aufgang zur Burg an diesen Meuchelmord. Auch während des Aufstands der Beltraneja im 15. Jh. war Zamora heftig umkämpft.

Sehenswertes in Zamora

★ Catedral

Im südlichen, etwas erhöht gelegenen Teil der ummauerten Altstadt, erhebt sich über dem Río Duero die größtenteils romanische Kathedrale (1151–1174). Die mit Ecktürmen versehene Kuppel des Glockenturms fällt durch ihr mit Steinplatten schuppenartig gedecktes Dach auf. Das Innere, wo man einen Blick in das fein gearbeitete Kuppelgewölbe werfen sollte, birgt ein beachtenswertes **Chorgestühl** (1480) von Rodrigo Alemán, der in seinen Schnitzereien neben Heiligen auch Figuren der Antike und derbe, lebensfrohe ländliche Szenen darstellte. Die Capilla Mayor trägt einen schönen Marmorretablo; zu beiden Seiten des Hauptaltars sieht man zwei mudéjare Kanzeln. Gaspar Bercerra schuf die große Christusfigur in der **Capilla del Cristo de las Injuras** rechts vom Südportal. Von den Grabmälern ist die filigrane Steinmetzarbeit des Grabes des Doctor Grado in der

Zamora Orientierung

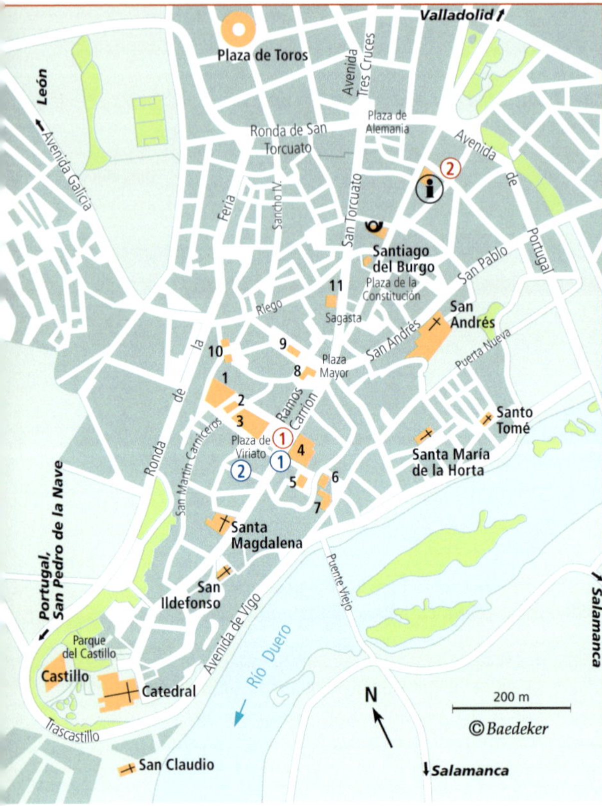

1 Museo de la Semana Santa
2 Santa María la Nueva
3 Diputación Provincial
4 Palacio de los Condes Alba y Aliste (Parador Nacional)
5 San Cipriano
6 Santa Lucia
7 Palacio del Cordón
8 San Juan
9 Ayuntamiento
10 Puerta de Doña Urraca
11 Palacio de los Momos

Essen

① Parador de Zamora
② El Rincón de Antonio

Übernachten

① Parador de Zamora
② Hotel Dos Infantas

Capilla San Juan an der Ostwand besonders bemerkenswert; der Altar der Capilla del Cardenal an gleicher Stelle stammt von Fernando Gallego. Im Kreuzgang aus dem 17. Jh. zeigt das Kathedralmuseum u. a. eine spätgotische Custodia von 1515, vor allem jedoch kostbare flämische Wandteppiche des 15.–17. Jh.s., die die Eroberung Trojas, Hannibals Kriegszug nach Italien und das etruskische Tarquinii zum Thema haben.

Museo Catedralicio ►

San Ildefonso

Von der Kathedrale Richtung Plaza Mayor streift man die rechts liegende Kirche San Ildefonso (13. Jh.; später erneuert), in der Reliquien der beiden Schutzheiligen der Stadt, San Atilano und San Ildefonso, aufbewahrt werden.

Santa Magdalena

Darauf folgt die romanische Templerkirche Santa Magdalena aus dem 12. Jh., die der Straße ihr **prächtiges Bogenportal** mit Löwen-

und Drachenköpfen und einer Rosette darüber zuwendet. Der Kirchenraum zeichnet sich durch kunstvolle Säulenkapitelle und Reliefs sowie zwei reich gearbeitete Grabmäler aus dem 13. Jh. aus.

Plaza de Viriato

An der Plaza de Viriato steht rechts der zum Parador Nacional umgewandelte Palacio de los Condes de Alba y Aliste; dahinter liegt die kleine romanische Kirche San Cipriano, in deren Apsis man das vermutlich **älteste Gitterwerk in Spanien** bewundern kann.

◄ San Cipriano

Museo de la Semana Santa

Vom Platz nach links kommt man – vorbei an der seit dem 7. Jh. existierenden Kirche Santa María la Nueva – zum Museo de la Semana Santa (Museum der Karwoche). Ausgestellt sind die prachtvollen Prozessionsfiguren, die die Bruderschaften durch die Straßen tragen. Wenige Schritte vom Museum flankieren zwei mächtige Türme das Stadttor Puerta de Doña Urraca.

Palacio de los Momos

Jenseits der Plaza Mayor mit dem Rathaus von 1622 liegt an der Plaza de Sagasta der Palacio de los Momos aus dem 16. Jh., jetzt Audiencia (Gericht). Das Haus verdankt seinen Namen der Renaissancefassade, an der Figuren von »momos« (Wilde) die Wappenkartusche halten.

ZAMORA ERLEBEN

AUSKUNFT

Oficina Municipal de Información Turística
Plaza de Arias Gonzalo, 5
49001 Zamora
Tel. 980 53 36 94
www.zamora.es

VERANSTALTUNG

Semana Santa
In Zamora wird die Karfreitagspression mit besonderer Inbrunst durchgeführt.

ESSEN

► Erschwinglich

① ***Parador de Zamora***
Plaza Viriato, 5
Tel. 980 51 44 97
Das Restaurant des Paradors serviert sehr schmackhafte kastilische Gerichte, darunter Spezialitäten wie Spanferkel und gefüllten Kalbsbraten.

② ***El Rincón de Antonio***
Rúa de los Francos, 6
Tel. 980 53 53 70
Hervorragende Küche in einem sehr ästhetischen Ambiente.

ÜBERNACHTEN

► Komfortabel

① ***Parador de Zamora***
Plaza de Viriato, 5
Tel. 9 80 51 44 97
www.parador.es
Glanzstück des sonnendurchfluteten, als Nobelherberge hergerichteten Renaissancepalast (15. Jh.) ist der von Kolonnaden umfasste Innenhof.

② ***Hotel Dos Infantas***
Cortinas de San Miguel, 3
Tel. 9 80 50 98 98
www.hoteldosinfantas.com
Modernes und gut geführtes Haus in zentraler Lage.

Santa María la Mayor in Toro birgt die »Madonna mit der Fliege«.

Santa María de la Horta Zum Fluss hin geht man zur Kirche Santa María de la Horta (12. Jh.), die einen stattlichen Turm, ein schönes Portal und einen gotischen Retablo besitzt.

Puente Viejo Von der alten Duerobrücke Puente Viejo, die auf römischen Fundamenten steht, bietet sich ein reizvoller Ausblick auf die Stadt.

Umgebung von Zamora

★ San Pedro de la Nave Von der N-122 Richtung Westen biegt man nach 12 km nach El Campillo am Stausee des Río Esla ab. Hierher versetzte man 1931 die westgotische Kirche San Pedro de la Nave, die sonst im neu angelegten Stausee untergegangen wäre. Die vermutlich um 681 erbaute Kirche verdankt ihre Bedeutung den **Skulpturen der Säulenkapitelle**, die eine der größten und wichtigsten bildhauerischen Leistungen des christlichen Spaniens vor der Maurenzeit darstellen. Zu sehen ist u. a. die Opferung Isaaks durch Abraham.

Benavente Das zwischen dem Río Esla und dem Río Orbigo 66 km nördlich von Zamora gelegene Städtchen (736 m ü. d. M.) Benavente besitzt einige romanische Baudenkmäler. Dazu gehört die 1182 begonnene Kirche **San Juan del Mercado**, deren Südportal aus dem 12. Jh. ein schönes Tympanon und über dem Presbyterium eines der ältesten gotischen Gewölbe Spaniens und ein Kruzifix aus dem 13. Jh. trägt. Um 1180 veranlasste Ferdinand II. den Bau der Kirche **Santa María del Azogue** (von arab. souk = Markt), beachtenswert sind die fünf Apsiden, die Portalskulpturen und der Barockretablo. Der Burgpalast Castillo de los Pimentel wurde von napoleonischen Truppen niedergebrannt; nur noch die Torre del Caracol (Schneckenturm) aus dem 16. Jh. ist geblieben, die heute Teil eines Parador Nacional ist.

Toro

Richtung Osten erreicht man nach 30 km auf der N-122 Toro. In die auf einem steil zum Duero abfallenden Plateau gelegene, von Getreide- und Weinfeldern (seit 1987 D.O.-Gebiet) umgebene Stadt fährt man, um eine der schönsten romanischen Kirchen der Region zu sehen. In der Nähe wurde Geschichte geschrieben: Im Jahr 1476 unterlag das portugiesische Heer Alfons' V., der Juana la Beltraneja im Kampf um den kastilischen Thron unterstützte, in der entscheidenden Schlacht gegen die Katholischen Könige. Juana verlor damit ihre Ansprüche auf die Krone, und der Weg zur Vereinigung von Kastilien und Aragón war frei.

✶ ◄ Santa María la Mayor

Die von 1160 bis 1240 erbaute Stiftskirche Santa María la Mayor ist das bedeutendste Kirchenbauwerk Toros. Besondere Beachtung verdient das **Westportal** mit seinem überaus schönen Figurenschmuck aus dem 13. Jh., darunter auf der Mittelsäule die Jungfrau Maria, die himmlischen Heerscharen in den Bogenläufen, das Jüngste Gericht auf der äußersten Archivolte und die Marienkrönung im Tympanon. In der Sakristei hängt das vielleicht von Gerard David geschaffene Gemälde »La Virgen de la Mosca« (»Die Madonna mit der Fliege«; die Fliege sitzt auf dem linken Knie der Jungfrau); ebenfalls in diesem Raum ein italienischer Kalvarienberg aus Elfenbein.

◄ Weitere Sehenswürdigkeiten

Die einschiffige Backsteinkirche San Lorenzo ist ein sehr gut erhaltener romanischer Bau mit Mudéjar-Elementen wie dem Sägezahnfries in den Blendarkaden. Der Retablo aus dem 15. Jh. stammt von Fernando Gallego. Im zu Beginn des 14. Jh.s gegründeten Kloster Sancti Spiritus mit einem Kreuzgang aus dem 16. Jh. ist in einem prächtigen Alabastergrabmal Beatrix von Portugal bestattet, die Witwe von Johann I. von Kastilien. Die Kirche San Salvador ist zu einem Museum für christliche Skulpturen umfunktioniert. Im Palacio de las Leyes (de las Cortes) traten 1505 die Cortes zusammen.

★ Zaragoza

E 19

Provinz: Zaragoza (Z)
Region: Aragon
Höhe: 200 m ü. d. M.
Einwohnerzahl: 675 000

Seit alters her ist die aragonische Königsresidenz Zaragoza (Saragossa) wichtigste Brückenstadt für den Verkehr aus den Pyrenäen nach Kastilien. Die Flüsse Ebro, Huerva und Gallego treffen hier mit dem Canal Imperial zusammen und bringen Wasser für die dadurch überaus fruchtbare Huerta. Das Wasser war auch das Hauptthema der EXPO 2008, die in Zaragoza stattfand.

Geschichte Die alte iberische Siedlung Salduba erhielt vom römischen Kaiser Augustus den Namen Colonia Caesaraugusta. Im Jahr 452 wurde die Stadt von den Sueben, 476 von den Westgoten, 712 von den Mauren erobert, die sie über 400 Jahre lang beherrschten und Saraqusta nannten. Nach der Einnahme durch Alfons I. von Aragón im Jahr 1118 wurde Zaragoza die Residenz der aragonischen Könige und gewann große Bedeutung, die es jedoch durch die Verlegung des Hofes nach Kastilien (15. Jh.) verlor. Berühmt geworden ist die zweimalige Belagerung der Stadt im Spanischen Befreiungskrieg (1808/1809) durch die Franzosen.

Altstadt

Plaza del Pilar Mittelpunkt der von den Calles César Augusto und Coso umzogenen Altstadt ist die riesige Plaza del Pilar – 30 000 m² Fläche zwischen Basilika und Kathedrale, an deren Beginn ein Brunnen in Gestalt Südamerikas die »Hispanidad« symbolisiert.

Plaza de César Augusto ► Vor dem Brunnen liegt noch die kleine Plaza de César Augusto mit dem mudéjaren Torreón de la Zuda aus dem 14. Jh., an den sich noch große Reste der römischen Stadtmauer anschließen.

An der Stelle der Basílica de Nuestra Señora del Pilar soll einst die Muttergottes den Apostel Jakobus angewiesen haben, ihr zu Ehren ein Gotteshaus zu errichten.

Diese barocke Basilika ist das **Wahrzeichen** der Stadt. Sie wurde am Ort eines legendären Marienwunders erbaut, bei dem die Muttergottes am 2. Januar des Jahres 40 n. Chr. den hier missionierenden Apostel Jakobus von einer Säule (span. pilar) herab anwies, ihr zu Ehren ein Gotteshaus zu errichten. Dieses Wunder gilt nicht als *Erscheinung* Mariens, sondern wird von der katholischen Kirche als *leibhaftiges Auftreten der Muttergottes* (die zu dieser Zeit wohl noch gelebt hat) bewertet. Die heutige Kirche ist ein rechteckiger Bau mit großer Mittelkuppel, zehn kleineren Azulejos-Kuppeln und vier hohen Ecktürmen. Sie wurde 1681 von Francisco Herrera d. J. begonnen, aber erst gegen Ende des 19. Jh.s fertiggestellt.

** **Basílica de Nuestra Señora del Pilar**

Der Innenraum ist klassizistisch ausgestattet. Im Chor gefallen ein schönes Gitter (1574) und das prachtvolle Gestühl (1548). Am gotischen Retablo aus teils Alabaster (1484–1515) in der Capilla Mayor hat auch Damián Forment gearbeitet.

◄ Innenraum

Das **bedeutendste Heiligtum** ist diese 1765 vollendete kleine Kirche hinter dem Hochaltar. Ihr Entwurf stammt von Ventura Rodríguez, die prachtvollen Deckengemälde von Alejandro González Velázquez, Bayeu (1781) und Francisco de Goya (1771). An der Westwand steht über drei kerzenbeladenen Altären die aus dem frühen 15. Jh. stammende kleine Alabasterfigur der Jungfrau auf einer mit Silber beschlagenen Marmorsäule (Pilar), die täglich mit einem neuen Umhang bekleidet wird. Zwischen der Kapelle und dem Hauptaltar im nördlichen Seitenschiff küssen viele Gläubige einen Stein mit dem angeblichen Fußabdruck der Jungfrau.

** ◄ Capilla de Nuestra Señora del Pilar

Das Museum im nördlichen Querschiff stellt Geschenke an die Jungfrau sowie Kronen, Gewänder etc. aus, mit denen die Statue an Festtagen geschmückt wird. Außerdem sieht man hier die Originalentwürfe von Velázquez, Goya und Bayeu für die Deckenfresken. In der Sakristei im südlichen Querschiff gegenüber werden liturgische Gerät, Silberarbeiten und Brokatumhänge der Marienstatue gezeigt.

◄ Museo Pilarista

◄ Sacristía Mayor

Auf die Basilika folgt nach dem Rathaus die äußerlich schlichte Lonja (ehem. Börse). Der 1551 vollendete stattliche Renaissancebau besteht aus einem einzigen großen Saal, der schönen Wappenschmuck und ein herrliches Kreuzrippengewölbe aufweist (Öffnungszeiten: Di. – Sa. 10.00 – 14.00 u. 17.00 – 21.00, So., Fei. 10. 00 – 14.00 Uhr).

* **Lonja**

An der Plaza de la Seo mit dem Erzbischöflichen Palais (18. Jh.) stellt dieses über den Ausgrabungen errichtete Museum das römische Caesaraugusta vor. Zu sehen sind noch Baureste aus der Gründungszeit unter Kaiser Augustus sowie das zur Zeit von Kaiser Tiberius errichtete Forum Romanum (Öffnungszeiten: Di – Sa. 9.00 – 21.00, So, Fei. 9.00 – 14.00 Uhr).

* **Museo del Foro de Caesaraugusta**

An der Plaza de la Seo erhebt sich die fünfschiffige gotische Kathedrale, 1119 bis 1520 an Stelle der maurischen Hauptmoschee errichtet. Ihr Hauptportal stammt von 1795, die Vierungskuppel von 1520

* **Catedral San Salvador, La Seo**

und der schlanke Glockenturm von 1686. In schönem Mudéjar-Stil ist das Chorhaupt erhalten geblieben.

Innenraum ▶

Der **Chor** zeichnet sich durch ein prachtvolles Gitter und ein spätgotisches Gestühl aus. In der **Capilla Mayor** erhebt sich hinter dem Altar ein großer alabasterner Retablo, dessen drei große Bildtafeln im 15. Jh. entstanden sind. Zu beiden Seiten der Capilla Mayor sieht man Grabmäler aragonischer Adliger. Von den Seitenkapellen seien hervorgehoben die **Capilla de San Bernardo** (links vom Südwesteingang) mit den plateresken Grabmälern des Erzbischofs Fernando und seiner Mutter Ana Gurrea (1552), beide von Diego Morlanes, die als Pfarrkirche dienende **Capilla de San Martín** (links neben dem Haupteingang) mit dem gotischen Grabmal des 1382 gestorbenen Erzbischofs Lope Fernández de Luna, schließlich die **Capilla de San Pedro Arbués** mit dem Grab des 1485 in der Kathedrale ermordeten und 1867 heilig gesprochenen Inquisitors Pedro Arbués.

★ Museo de Tapices y Capitular ▶

In der Sakristei wird der **Kirchenschatz** ausgestellt, der vor allem aus einer Vielzahl von sakralen Gerätschaften aus Gold und Silber besteht. Prunkstück ist eine 1541 entstandene große Silbermonstranz aus 24 000 Teilen. Das **Gobelinmuseum** im ersten Stock besitzt über 60 wertvolle gotische und Renaissance-Wandteppiche aus Brüssel und Tournai. Zwar wird nur ein kleinerer Teil dieser Teppiche ausgestellt, doch schon diese rechtfertigen es, die Kollektion zu den besten ihrer Art auf der Welt zu zählen (Öffnungszeiten: Di. – So. 11.00 bis 14.00 u. 16.00 – 18.30 Uhr).

Zaragoza Orientierung

1 Römische Mauern
2 Torreón de la Zuda

Essen
① Casa Emilio
② Rinconada de Lorenzo

Übernachten
① Rey Alfonso I
② Ramiro I
③ Palafox

ZARAGOZA ERLEBEN

AUSKUNFT

Oficina de Turismo
Palacio de Congresos
Calle Eduardo Ibarra, 3
50010 Zaragoza
Tel. 976 72 13 33
www.zaragoza.es/ciudad/turismo

VERANSTALTUNGEN

Fiestas del Pilar
Am 12. Oktober, dem *Día de la Hispanidad* (Tag der »Entdeckung« Amerikas) wird Zaragoza zum Mittelpunkt der spanischsprachigen Welt. Dies ist auch der Ehrentag der hier verehrten Virgen del Pilar. Ihre Basilika ist das älteste Zentrum des Marienkults der Welt.

ESSEN

► Erschwinglich

② ***Rinconada de Lorenzo***
Calle Lasalle, 3
Tel. 976 55 51 08
klassische aragonesische Küche mit Wild, Geflügel und Fisch.

► Preiswert

① ***Casa Emilio***
Avda. de Madrid, 5
Tel. 976 43 58 39
Traditionelle Küche zu vernünftigen Preisen; bei den Einheimischen ist das Lokal sehr beliebt.

ÜBERNACHTEN

► Luxus

③ ***Palafox***
Marqués de Casa Jiménez s/n
Tel. 976 23 77 00
www.palafoxhoteles.com
Das luxuriöse Hotel wurde von dem berühmten Innenausstatter Pascua Ortega eingerichtet. Hier verbinden sich Prestige, Tradition und Design zu einem Wohnerlebnis erster Klasse.

► Komfortabel

① ***Rey Alfonso I***
Coso, 17 – 19
Tel. 976 39 48 50
Modernes Hotel an der zentralen Ringstraße.

► Günstig

② ***Ramiro I***
Coso, 123
Tel. 976 29 82 00
www.pretur.es/hotel_ramiro_i.php
Das Hotel liegt ebenfalls im Zentrum und bietet ein gutes Preis-Leistungs-Verhältnis.

Audiencia

Die Audiencia (Gericht) in der Südwestecke der Altstadt hat ihren Sitz im Palacio de los Condes de Morata o Luna, der 1537 erbaut wurde und nach den beiden riesigen Türhütern auch Casa de los Gigantes genannt wird.

Gelände der Expo 2008

Am Ufer des Río Ebro fand 2008 eine große Weltausstellung zum Thema Wasser statt. Wahrzeichen der Ausstellung war der 73 m hohe **Torre del Agua** (Wasserturm), architektonischer Höhepunkt die von der irakischen Star-Architektin Zaha Hadid entworfene **Pabellón Puente**, eine imposante Konstruktion, die den Fluss Ebro überbrückt. Eine besondere Attraktion für Groß und Klein ist bis heute das **Acuario Fluvial** (Flusswasser-Aquarium).

Weitere Sehenswürdigkeiten

San Pablo Die um das Jahr 1259 erbaute romanisch-gotische Kirche San Pablo westlich der Calle César Augusto erkennt man am achteckigen mudéjaren Turm. Ihren prachtvollen Hauptaltar hat Damián Forment 1511 gerschaffen.

✶ La Aljafería Am Westrand der Stadt entstand bereits im 9. Jh. eine maurische Feste, die unter Abu Yafar ibn-Hud im 11. Jh. zur Residenz ausgebaut wurde. Nach der Vertreibung der Mauren wählten sie die Könige von Aragón zu ihrem Sitz, und auch die Katholischen Könige residierten hier. Nach ihnen zog die Inquisition ein. Die Franzosen beschädigten 1809 große Teile des Gebäudes, das in den vergangenen Jahren grundlegend renoviert wurde und seither Sitz des Parlaments von Aragón ist. Die Aljafería ist das einzige erhaltene Bauwerk aus der **maurischen Epoche** Zaragozas. Davon kündet vor allem die prachtvolle kleine Moschee im Erdgeschoss, das auch in den übrigen Räumen alle Feinheiten maurischen Bauschmucks zeigt. Eine einzigartige gotische Treppe mit Kassettendecke führt ins Zwischengeschoss, den Palast der Katholischen Könige, dessen Mittelpunkt der Thronsaal mit einer überreich gearbeiteten und bemalten Artesonado-Decke ist. Im Obergeschoss residierten die aragonischen Könige; hier wurde in der Sala de Santa Isabel 1271 die hl. Elisabeth von Portugal geboren. Die Torre del Trovador war zu Zeiten der Inquisition Gefängnis; hier spielt ein Teil des »Troubadours« von Verdi (Öffnungszeiten: April – Okt. tgl. 10.00 bis 13.30, 16.30 – 19.30, Führungen: 10.30, 11.30, 12.30, 16.30, 17.30 und 18.30 Uhr; Nov. – März tgl. 10.00 – 14.00, 16.00 – 18.30, Führungen: 10.30, 11.30, 12.30 und (außer So.) 16.30, 17.30 Uhr).

> **! *Baedeker* TIPP**
>
> **Espacio Goya**
>
> Wer sich für bislang wenig bekannte Werke von Francisco de Goya interessiert, wird in der Ausstellung Espacio Goya in der Hauptstelle der Bank Ibercaja beim Kloster Santa Engracia fündig: Unter den zehn hier ausgestellten Goyas findet man u. a. ein unbekanntes (und wenig schmeichelhaftes) Porträt der Königin María Luisa von Parma von 1789 und ein frühes Selbstporträt von 1773 (C. San Ignacio de Loyola, 16).

An der Plaza de España beginnt der lange Paseo de la Independencia. Fast an seinem Ende kommt man hinter dem Postamt zum ehemaligen Kloster **Santa Engracia**, im 15./16. Jh. in reichstem plateresken Stil erbaut. Es wurde bei der französischen Belagerung 1809 fast völlig zerstört und 1898 wiederhergestellt; nur das Alabasterportal ist aus der Gründungszeit. Die Krypta bewahrt zwei frühchristliche Marmorsarkophage.

Museo de Zaragoza Weiter östlich liegt das Museo de Zaragoza. Es zeigt römische Funde, darunter ein Orpheus-Mosaik, Exponate aus maurischer Zeit sowie romanische und gotische Skulpturen. Die **Gemäldegalerie** widmet

Die Aljafería ist das einzige erhaltene Bauwerk aus Zaragozas maurischer Vergangenheit.

sich in erster Linie spanischen Meistern wie Ribera, Goya und Bayeu. Es sind aber auch eindrucksvolle Werke italienische und flämischer Meister zu sehen.

Umgebung von Zaragoza

Cartuja de Aula Dei

Nach Norden am linken Ufer des Río Gallego entlang erreicht man nach 12 km auf der A-123 die Cartuja de Aula Dei, ein 1564 von Ferdinand II. gegründetes Kloster. Den Kreuzgang schmücken Bilder aus dem Leben des hl. Bruno von Antonio Martínez; in der Klosterkirche findet man Fresken von Goya aus dem Leben der hl. Jungfrau (1772).

Canal Imperial

Die N-232 begleitet nach Südosten den 90 km langen Schifffahrtskanal Canal Imperial de Aragón (Kaiserkanal), der 1528 unter Karl V. begonnen wurde, jetzt jedoch nur noch der Bewässerung dient. Er endet bei Fuentes de Ebro (196 m ü. d. M.), wo noch der **Palast der Grafen von Fuentes** erhalten ist.

Auf Goyas Spuren

◄ Muel

◄ Fuendetodos

Auf der N-330 nach Süden fährt man in das Dörfchen Muel, bekannt für sein **Töpferhandwerk**. Die Ermita de la Virgen de la Fuente ist mit Fresken von Goya ausgemalt. Die Fahrt geht weiter über Longares, dessen Pfarrkirche einen eindrucksvollen »Ecce Homo« besitzt, nach Cariñena (410 m ü. d. M.), berühmt für seinen Wein. Dort zweigt die A-220 zum 24 km östlich gelegenen winzigen Dorf Fuendetodos, Geburtsort von Francisco de Goya, dessen Erbe man in seinem wiederhergestellten Geburtshaus hochhält.

Umgebung

►Alcañiz, ►Huesca, ►Tarazona

GLOSSAR

Ajaraca Rautenmuster an maurischen Bauten
Ajímez Zwillingsfenster mit Mittelsäule
Alcázar (arab. a-kasr) Maurische Burg oder Palastanlage
Alcazaba Schloss
Alfiz Rechteckiger Rahmen um Bogenfenster und Portale
Aljibe Arabische Zisterne
Archivolte Bogenlauf an romanischen und gotischen Portalen
Artesonado Reich verzierte Kassetten- oder Felderdecke mit geometrischen Mustern
Ayuntamiento Rathaus
Architrav Auf Säulen oder Mauern aufliegender steinerner Quersturz, Träger des Oberbaus oder der Dachkonstruktion.
Azulejos Bemalte und glasierte Kacheln (urspr. blau = azul)
Camarín Altarnische hinter dem Hauptaltar
Capilla Mayor Hauptkapelle mit dem Hochaltar
Cartuja Kartause
Casa Haus, im engeren Sinne Adelshaus
Castillo Burg
Churriguerismus Barrockstil mit überreicher Ornamentik, benannt nach dem Bildhauer und Baumeister José Benito Churriguera (1665–1725)
Cimborio Vierungskuppel
Colegio Konvikt, Erziehungsanstalt
Concepción Empfängnis
Convento Konvent, Kloster
Coro Chor, die Sitze der Geistlichkeit
Crucero Querschiff
Custodia Meist silbernes Gehäuse für die Monstranz
Ermita Kleine Landkirche, Wallfahrtskapelle
Estrella Fensterrose
Fuente Brunnen
Gewände Schnittflächen an Fenstern oder Portalen, oft mit Säulen oder Skulpturen besetzt
Herrera-Stil Feierlich-strenger Renaissancestil, benannt nach dem Baumeister Juan de Herrera (1530–1597)
Isabellinischer Stil Spätgotischer, nach Isabella der Katholischen (1451–1504) benannter Stil, der gotische und maurische Elemente verschmelzt und sich durch reichste Ornamentik und Skulpturenschmuck auszeichnet
Kapitell Meist kunstvoll ausgearbeiteter oberer Säulenschlussstein
Lonja Börse
Mantilla Kopftuch aus Spitzen und Tüll
Manuel-Stil Portugieischer Zierstil der ersten Hälfte des 16. Jh.s; charakteristisch sind Formen der Neuen Welt (Muscheln, Korallen) und Seefahrermotive (Tauwerk).
Maßwerk Geometrische Bauornamentik der Gotik
Mezquita (arab. mesdschid) Moschee

Minhâ Wasserbecken für rituelle Waschungen im Vorhof einer Moschee
Mihrâb Richtung Mekka weisende Gebetsnische in Moscheen
Mirador Söller, Dachterrasse, Aussichtspunkt
Mozarabischer Stil Baustil der unter den Mauren lebenden Christen
Mudéjar-Stil Stil der von Christen unterworfenen Mauren, in dem sich gotische und maurische Elemente vereinen
Nave Kirchenschiff
Palacio Schloss, Palast
Parroquia Pfarrkirche
Paso Prozessionsgruppe mit Heiligenfiguren
Patio Innenhof maurisch-spanischer Häuser
Plateresker Stil Filigran-ornamentaler Baustil; der Name leitet sich vor der Verwandtschaft zu den Formen von Silberschmiedearbeiten (span. platero = Silber) her.
Puerta del Perdón Name des Haupttors vieler Kathedralen, weil es den Eintretenden der Vergebung der Sünden versprach.
Predella Unterbau des Retablos
Reja Kunstvoll gearbeitetes Ziergitter
Retablo Mit Gemälden oder Skulpturen geschmückter Altaraufsatz
Sagrario Sakristei
Sala Capitular Kapitelsaal
Seo Kathedrale (von span. seda = Bischofsstuhl)
Sillería Chorgestühl
Trascoro Umfassungswand des Coro
Trassagrario Rückseite des Hochaltars
Triforium Laufgang unter den Fenstern von Mittelschiff, Querschiff und Chor
Tympanon Meist skulpturengeschmücktes Bogenfeld zwischen Türsturz und Portalbogen

REGISTER

a

b

c

VERZEICHNIS DER KARTEN & GRAFISCHEN DARSTELLUNGEN

BILDNACHWEIS

Archiv für Kunst und Geschichte S. 45, 49, 50, 67, 75, 78, 82, 83, 84, 85, 287 Mitte rechts
Baedeker-Archiv S. 7, 34, 60, 62, 66, 73, 178, 247, 303, 397, 584, 597, 619, 643
Bilderberg / Horacek S. 391 unten rechts
Dieterich S. 451
dpa S. 76, 800
dpa / Baumgart S. 391 oben links
Dreikluft S. 336, 372
DuMont Bildarchiv S. 8/9 unten, 13, 15 Mitte, 29, 58, 64, 86/87, 105, 137, 150, 152, 154 oben rechts, 172, 176, 197, 222, 234, 252, 285, 288, 294, 295, 297, 301, 304, 311, 315, 317, 321, 324, 330, 338, 360, 368, 377, 380, 383, 405, 411, 414, 431, 440, 445, 454, 457, 466, 485, 486, 498, 500, 503, 504, 516, 522, 524, 540, 542, 554, 571 oben rechts, 599, 609, 617, 626, 628, 632, 634, 648, 657, 658, 664, 673, hintere Umschlagklappe
DuMont Bildarchiv / Gonzalez S. 15 unten, 135, 157 oben links, 174, 262, 286, 287 oben links, 287 Mitte, 287 unten rechts, 288, 292, 391 oben rechts, 392, 425, 489, 610
DuMont Bildarchiv / Pompe S. 120, 209, 213, 219, 220, 226 (unten), 227 (4 x), 228, 231
DuMont Bildarchiv / Renckhoff S. 6 oben, 16 oben, 65, 142/143, 145, 148 unten, 148 oben, 159, 238, 240, 250, 341, 353, 514, 519, 536, 567, 568, 570 unten, 571 unten links, 571 oben links, 571 unten rechts, 572, 578, 580
DuMont Bildarchiv / Selbach S. U 2, 8 oben, 12/13, 16 Mitte, 74, 147, 232, 630
DuMont Bildarchiv / Schmidt S. 6 (unten) 25, 79, 242 rechts, 267, 276, 335, 452, 526, 531
DuMont Bildarchiv / Widmann S. 14 oben, 15 Mitte, 153, U 4
Eisenschmid S. 38, 71, 151 unten, 156 oben, 156 unten, 193, 249, 253, 386/387, 398, 404, 426, 438, 603, 605, 666
Feltes-Peter S. 16 unten, 269, 359
Franz Marc Frei S. 474, 586
Frei S. 18, 201, 287 unten links, 613
Fründt S. 6 unten, 98, 122, 329, 332, 334, 354
Huber, Bildagentur S. 26, 100, 153 unten links, 158/159, 160, 636, 680, 685
Huber / Gräfenhain S. 241 unten rechts
Huber / M. Pignatelli S. 190
Huber S. 99, 654
IFA-Bildagentur S. 10, 157 unten, 236, 639, 661
Irek S. 363 oben rechts
Janicke S. 180, 216, 229, 241 Mitte links
Lade S. 1
laif-Bildagentur S. 225, 356
laif / Christensen S. 433
laif / Gonzales S. 241 oben links, 241 oben rechts, 242
laif / Huber S. 42, 600
laif / Neumann S. 287 unten Mitte
laif/Redux Pictures S. 241 unten links
laif / Tophoven S. 552
laif / Westrich S. 189 oben rechts, 189 oben links
laif / Zanetti S. 189 unten links
Kirchgessner S. 550, 551
Maier S. 11, 24, 30, 33, 151 oben, 155 oben links, 154 oben links,155 oben rechts, 157 oben rechts, 188, 196, 206, 400, 429, 459, 520, 553, 557, 559, 562, 570 oben, 582, 614, 616
Nahm / Pfaffinger S. 192
Necke S. 4, 20, 107, 149 oben, 155 unten, 165, 185, 199, 256, 275, 278, 281, 326, 344, 347, 402, 409, 417, 419, 421, 423, 437, 447, 494, 511, 529, 533, 544, 547, 645, 650, 678
picture alliance / akg / J. Martin S. 189 unten rechts
Reich S. 143, 245, 571 oben Mitte, 577
Schapowalow / Huber S. 539
Schapowalow / Atlantide S. 670
Schleicher / Schliebitz S. 5, 7, 56, 141, 154 unten links, 168, 182, 362, 363 (3 x), 364, 460, 477, 480, 594, 641
Selbach S. 3
Siepmann S. 149 unten
Spanisches Fremdenverkehrsamt S. 92, 95, 96, 119, 407, 509, 624
Strüber S. 435
Walder S. 591 unten, 592
Widmann S. 40, 153 unten rechts, 308, 505
White Star / Gumm S. 54, 287 oben rechts, 391 unten links, 432, 468, 482, 591 oben links, 591 oben rechts
White Star / M. Pasdzior S. 17
White Star / Steinert S. 470
ZEFA S. 15 oben, 264

Titelbild: age fotostock / Avenue Images

IMPRESSUM

Ausstattung: 360 Abbildungen, 80 Karten und grafische Darstellungen, eine große Reisekarte
Text: Achim Bourmer, Tobias Büscher, Rainer Eisenschmid, Hans-Jürgen Fründt, Helmut Linde, Dieter Luippold, Reinhard Zakrzewski
Bearbeitung:
Baedeker Redaktion (Dieter Luippold)
Kartografie: Franz Huber, München; MAIRDUMONT / Falk Verlag, Ostfildern (Reisekarte)
3D-Illustrationen: jangled nerves, Stuttgart
Gestalterisches Konzept: independent Medien-Design, München (Kathrin Schemel)

Chefredaktion: Rainer Eisenschmid, Baedeker Ostfildern

14. Auflage 2012

Urheberschaft: Karl Baedeker Verlag, Ostfildern

Nutzungsrecht: MAIRDUMONT GmbH & Co KG; Ostfildern

Sprachführer in Zusammenarbeit mit Ernst Klett Sprachen GmbH, Stuttgart,Redaktion PONS Wörterbücher

Anzeigenvermarktung:
MAIRDUMONT MEDIA
Tel. 0049 711 4502 333
Fax 0049 711 4502 1012
media@mairdumont.com
http://media.mairdumont.com

Printed in China
Gedruckt auf 100% chlorfrei gebleichtem Papier

i atmosfair

Reisen bereichert und verbindet Menschen und Kulturen. Jedoch wer reist, erzeugt auch CO_2. Dabei trägt der Flugverkehr mit bis zu 10% zur globalen Erwärmung bei. Wer das Klima schützen will, sollte sich somit nach Möglichkeit für die schonendere Reiseform entscheiden (wie z. B. die Bahn). Wenn keine Alternative zum Fliegen besteht, kann man mit atmosfair handeln und klimafördernde Projekte unterstützen.
atmosfair ist eine gemeinnützige Klimaschutzorganisation unter der Schirmherrschaft von Klaus Töpfer. Die Idee: Flugpassagiere spenden einen kilometerabhängigen Beitrag für die von ihnen verursachten

nachdenken • klimabewusst reisen
atmosfair

Emissionen und finanzieren damit Projekte in Entwicklungsländern, die dort den Ausstoß von Klimagasen verringern helfen. Dazu berechnet man mit dem Emissionsrechner auf **www.atmosfair.de** wieviel CO_2 der Flug produziert und was es kostet, eine vergleichbare Menge Klimagase einzusparen (z.B. Berlin – London – Berlin 13 Euro). atmosfair garantiert die sorgfältige Verwendung Ihres Beitrags. Auch der Karl Baedeker Verlag fliegt mit *atmosfair*. Unterstützen auch Sie unser Klima. Alle Informationen dazu auf www.atmosfair.de.

BAEDEKER VERLAGSPROGRAMM

- Ägypten
- Algarve
- Allgäu
- Amsterdam
- Andalusien
- Argentinien
- Athen
- Australien
- Australien • Osten
- Bali
- Baltikum
- Barcelona
- Bayerischer Wald
- Belgien
- Berlin • Potsdam

- Bodensee
- Brasilien
- Bretagne
- Brüssel
- Budapest
- Bulgarien
- Burgund
- Chicago • Große Seen
- China
- Costa Blanca
- Costa Brava
- Dänemark
- Deutsche Nordseeküste
- Deutschland
- Deutschland • Osten
- Djerba • Südtunesien
- Dominik. Republik
- Dresden
- Dubai • VAE
- Elba
- Elsass • Vogesen
- Finnland
- Florenz
- Florida
- Franken
- Frankfurt am Main
- Frankreich
- Frankreich • Norden
- Fuerteventura
- Gardasee
- Golf von Neapel
- Gomera
- Gran Canaria
- Griechenland
- Griechische Inseln
- Großbritannien
- Hamburg
- Harz
- Hongkong • Macao
- Indien
- Irland
- Island
- Israel
- Istanbul
- Istrien • Kvarner Bucht
- Italien
- Italien • Norden
- Italien • Süden
- Italienische Adria
- Italienische Riviera
- Japan
- Jordanien
- Kalifornien
- Kanada • Osten
- Kanada • Westen
- Kanalinseln
- Kapstadt • Garden Route
- Kenia
- Köln
- Kopenhagen
- Korfu • Ionische Inseln
- Korsika
- Kos
- Kreta
- Kroatische Adriaküste • Dalmatien
- Kuba
- La Palma
- Lanzarote
- Leipzig • Halle
- Lissabon
- Loire
- London
- Madeira
- Madrid
- Malediven
- Mallorca
- Malta • Gozo • Comino
- Marokko
- Mecklenburg-Vorpommern
- Menorca
- Mexiko
- Moskau
- München
- Namibia
- Neuseeland
- New York

- ▶ Niederlande
- ▶ Norwegen
- ▶ Oberbayern
- ▶ Oberital. Seen • Lombardei • Mailand
- ▶ Österreich
- ▶ Paris
- ▶ Peking
- ▶ Piemont
- ▶ Polen
- ▶ Polnische Ostseeküste • Danzig • Masuren
- ▶ Portugal
- ▶ Prag
- ▶ Provence • Côte d'Azur
- ▶ Rhodos
- ▶ Rom
- ▶ Rügen • Hiddensee
- ▶ Ruhrgebiet
- ▶ Rumänien
- ▶ Russland (Europäischer Teil)
- ▶ Sachsen
- ▶ Salzburger Land
- ▶ St. Petersburg
- ▶ Sardinien
- ▶ Schottland
- ▶ Schwäbische Alb
- ▶ Schwarzwald
- ▶ Schweden
- ▶ Schweiz
- ▶ Sizilien
- ▶ Skandinavien
- ▶ Slowenien
- ▶ Spanien
- ▶ Spanien • Norden • Jakobsweg
- ▶ Sri Lanka
- ▶ Stuttgart
- ▶ Südafrika
- ▶ Südengland
- ▶ Südschweden • Stockholm
- ▶ Südtirol
- ▶ Sylt
- ▶ Teneriffa
- ▶ Tessin
- ▶ Thailand
- ▶ Thüringen
- ▶ Toskana
- ▶ Tschechien
- ▶ Tunesien
- ▶ Türkei
- ▶ Türkische Mittelmeerküste
- ▶ Umbrien
- ▶ Ungarn
- ▶ USA
- ▶ USA • Nordosten
- ▶ USA • Nordwesten
- ▶ USA • Südwesten
- ▶ Usedom
- ▶ Venedig
- ▶ Vietnam
- ▶ Weimar
- ▶ Wien
- ▶ Zürich
- ▶ Zypern

BAEDEKER ENGLISH

- ▶ Andalusia
- ▶ Australia
- ▶ Austria
- ▶ Bali
- ▶ Barcelona
- ▶ Berlin
- ▶ Brazil
- ▶ Budapest
- ▶ Cape Town • Garden Route
- ▶ China
- ▶ Dresden
- ▶ Dubai
- ▶ Egypt
- ▶ Florence
- ▶ Florida
- ▶ France
- ▶ Gran Canaria
- ▶ Greece
- ▶ Greek Islands
- ▶ Iceland
- ▶ India
- ▶ Ireland
- ▶ Italian Lakes
- ▶ Italy
- ▶ Japan
- ▶ London
- ▶ Madeira
- ▶ Mexico
- ▶ Morocco
- ▶ Naples, Capri & Amalfi Coast
- ▶ New York
- ▶ New Zealand
- ▶ Norway
- ▶ Paris
- ▶ Portugal
- ▶ Prague
- ▶ Rome
- ▶ South Africa
- ▶ Spain
- ▶ Sri Lanka
- ▶ Thailand
- ▶ Turkish Coast
- ▶ Tuscany
- ▶ Venice
- ▶ Vienna
- ▶ Vietnam

LIEBE LESERINNEN, LIEBE LESER,

ein herzliches Dankeschön, dass Sie sich für einen Baedeker Allianz Reiseführer entschieden haben. Er wird Sie zuverlässig auf Ihrer Reise begleiten und Sie nicht im Stich lassen.
Natürlich beschreibt er die wichtigen Sehenswürdigkeiten, aber er empfieh auch die nettesten Kneipen und Bars, dazu Hotels für den großen und kleine Geldbeutel, gibt Tipps für Restaurants, Shopping und für vieles mehr, was eir Reise zum Erlebnis macht. Dafür haben unsere Autoren und die Redaktion Sorge getragen. Sie sind für Sie regelmäßig nach Spanien gereist und habe all ihre Erfahrungen und Kenntnisse in diesen Reiseführer gepackt.

Trotzdem: Die Erfahrung zeigt, dass Fehler und Änderungen nach Drucklegung, für die der Verlag keine Haftung übernehmen kann, nicht ausgeschlossen werden können. Für Kritik, Berichtigungen und Verbesserungsvorschläge sind wir Ihnen außerordentlich dankbar. Schreiben Sie uns, mailen Sie uns oder rufen Sie an:

▶ **Verlag Karl Baedeker GmbH**
Redaktion
Postfach 3162
D-73751 Ostfildern
Tel. (0711) 4502-262, Fax -343
E-Mail: info@baedeker.com

Besuchen Sie uns auch im Internet unter www. baedeker.com. Hier finden Si jeden Monat den aktuellen Reisetipp der Redaktion und das gesamte Verlagsprogramm. Hier können Sie auch lesen, wer Karl Baedeker war und w er seinen ersten Reiseführer geschrieben hat. Mit seinen über 180 Jahren ist d Karl Baedeker Verlag der älteste Reiseführer-Verlag der Welt.

www.baedeker.com

ZU GEWINNEN: STADTREISE NACH LONDON

Unter allen Einsendungen verlos der Verlag am Jahresende – unt Ausschluss des Rechtswegs – ein Städtekurzreise für zwei Person nach London.
Freuen Sie sich auf ein spannenc Wochenende in London. Natürlic ist ein Baedeker Allianz Reiseführ London auch dabei!

Baedeker

Allianz Reiseführer

Spanien

Festland

www.baedeker.com

Verlag Karl Baedeker

TOP-REISEZIELE ✶✶

Reiseziele, die man alle nicht verpassen sollte: Vom kulturellen Zentrum Madrid mit seinen weltberühmten Museen über Naturerlebnisse besonderer Art wie die Pyrenäen oder die Rías Gallegas bis hin zu mittelalterlichen Städten wie Ronda, Toledo oder Ávila – Spanien ist nicht nur eine Reise wert.

1 ✶✶ Costa Verde
Der Name ist Programm: Sattes Grün beherrscht den asturischen Küstenstreifen zwischen Atlantik und den Cordilleras Cantábricas. ► **Seite 338**

2 ✶✶ Santillana del Mar · Altamira
Die altsteinzeitlichen Felsbilder in den Höhlen von Altamira sind eines der großartigsten Zeugnisse menschlicher Kultur. ► **Seite 582**

3 ✶✶ Pyrenäen
Skifahren, Bergwandern, Klettern – für sportliche Betätigungen ist das Gebirge zwischen Frankreich und Spanien genau die richtige Kulisse.
► **Seite 409, 415, 421, 445**

4 ✶✶ Rías Gallegas
Wer Natururlaub abseits der großen Touristenzentren sucht, ist an den tief ins Landesinnere einschneidenden Fjorden der nordwestspanischen Atlantikküste gut aufgehoben. ► **Seite 537**